珠江钢琴集团

集团介绍 Group Introduction

企业使命：创造完美声音之源，做人类和谐生活、高雅文化的使者。

Our mission: to create the source of the perfect voice, to do the harmonious life of mankind, the messenger of elegant culture.

广州珠江钢琴集团股份有限公司（以下简称“珠江钢琴集团”），成立于1956年，是一家钢琴、数码乐器、音乐教育、文化产业、文创产品协同发展的综合乐器文化企业，是A股整体上市的乐器文化集团，具有国际化水平的产品创新能力和全球化规模的钢琴产销能力，曾荣获“首批制造业单项冠军示范企业”“国家文化产业示范基地”“国家创新型试点企业”“全国质量管理卓越企业”“国家文化出口重点企业”“国家AAAA级标准化良好行为企业”“中国轻工业百强企业”“广东500强企业”等荣誉称号，是荣获“全国质量奖”“广东省政府质量奖”的质量效益型企业，荣获国际音乐制品协会“里程碑奖”、“特别贡献奖”等荣誉的民族乐器企业，企业已形成三大业务板块、六大产业基地的国际化运营格局，形成了实质的跨国运营企业、多元业务联动发展的综合乐器文化平台。

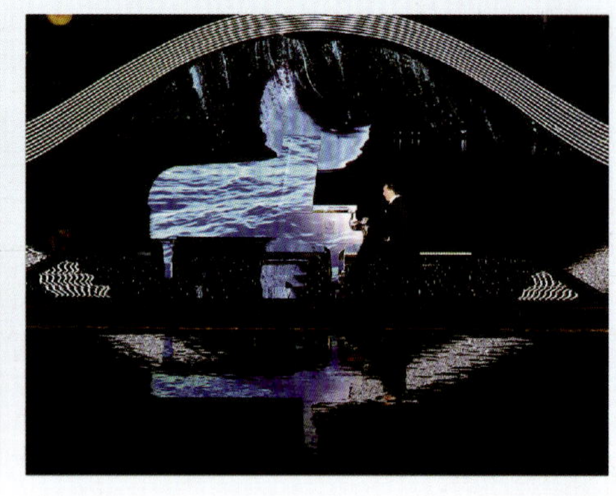

钢琴产业产销规模全球化

珠江钢琴集团旗下拥有广州、佛山、北京、浙江、德国、波兰六大钢琴制造产业基地，营销和服务网络覆盖全球112个国家和地区，其中国内市场形成以省会及地级城市为中心，向周边城市辐射的营销服务网络，全国拥有300多个直接经销商，1000余家销售网点；国际以亚洲、欧美为核心，形成销售服务网点200多个；钢琴年产销量超过16万架，建厂至今已累计产销钢琴超过280万架。自2021年推出关联性产品“珠江提琴”，2022年再度推出“珠江·吉他”系列新品，包括古典吉他、民谣吉他、电吉他以及尤克里里系列，打破单一钢琴产品体系，满足多元化消费需求，提高老字号市场竞争力。

数码乐器产业发展迅猛

旗下专注于数码乐器制造的艾莱森公司始建于2008年，至今已研发出Amason、Pearlriver avec KORG、Harpsichord等知名数码品牌，产品线覆盖数码钢琴、智能数码钢琴、MIDI键盘、电子鼓、电吉他、电吉他贝斯音箱、数码钢琴集体课音乐教室、6+1儿童启蒙数字音乐教室、音乐教学系统、高级电子琴、效果器等，其中多款产品获得广东省高新技术产品、广东省名牌产品等荣誉称号，艾莱森公司也被相关部门认定为高新技术企业；近年来持续保持了较快的发展速度，产品产销量突破4万架，进入国内前列，并于2018年4月成为在新三板挂牌的数码乐器公司。艾莱森公司把握世界数码技术发展趋势，大力推动数码乐器产业发展，通过优化“产品+服务”，自主研发出处于行业领先地位的音乐教育系统，构建数码乐器生态链，致力成为国内一流数码乐器企业。

音乐教育与文化产业协调发展

2014年以来，珠江钢琴集团设立文化教育投资公司，将音乐教育作为重点发展业务进行培育，秉承“提升全民艺术修养”的使命，致力于音乐艺术培训、乐器销售、专业赛事运营、权威师资培训认证、国内外研学游学、留学等业务，专注开拓发展珠江钢琴集团全国音乐艺术教育业务，构建珠江钢琴教育生态圈。珠江钢琴艺术中心直营系统包括北京艺术之家，广州、佛山旗舰店，天河等社区店已正式开业，成为珠江钢琴艺术教育战略的线下实验基地和服务中心。2018年积极开拓文化产业创业园区建设，增加营业收入和利润，以培训、音乐文化活动、音乐教育论坛等为主线的艺术教育生态圈已初步形成，建成珠江钢琴创梦园，目前创梦园园区着力引入文化名家工作室和文化机构，包括叶小钢、金铁霖、马秋华等国内顶尖音乐艺术名家的工作室；广州美术学院城市学院、齐白石艺术中心、Dior潮玩展览馆等项目也先后入驻园区，实现集团发展的多元化，促进集团由乐器制造业向文化产业转型。

品牌培育至世界知名

珠江牌钢琴是新中国历史悠久的钢琴民族自主品牌之一，1999年行业首批获得"中国驰名商标"，2003年行业首批获得"中国名牌产品"认证，连续多年评为"全国用户满意产品"，是深受顾客喜爱的中国乐器品牌；"Ritmüller" 钢琴是"广东省著名商标""广东省名牌产品"；恺撒堡牌钢琴是2007年推出的高档钢琴品牌，被科技部列入多期"国家重点新产品计划"，荣获"中国轻工业联合会科学技术进步二等奖"，是中国音乐金钟奖(2007年—2015年)指定用琴，曾光荣入选广州亚运会开幕式、深圳大运会开幕式、联合国多元文化艺术节巴黎卢浮宫"珠江·恺撒堡之夜音乐会"、国庆67周年江山如画交响音乐会、中国东盟艺术教育论坛等重大国际活动；恺撒堡演奏会钢琴以优异品质成为G20峰会文艺演出、广州财富全球论坛指定用琴，为各国政要及中外嘉宾展现民族强音，充分体现了民族乐器品牌的国际影响力。珠江钢琴还以推广高档音乐，弘扬高雅艺术、传播先进文化为宗旨，多年来与教育部联合主办珠江恺撒堡钢琴全国高校音乐教育专业基本功展示活动、"珠江·恺撒堡"国际青少年钢琴大赛等，进一步提升珠江钢琴的品牌形象。在2023年中国品牌价值评价结果通知书中，珠江钢琴集团品牌强度为917，品牌价值为56.29亿元。

产业融合创钢琴+时代

珠江钢琴集团积极探索互联网时代的智能营销、智能制造，成立了专注于电商业务的子公司音乐制品公司，设立了直营的天猫、京东线上品牌旗舰店、淘宝品牌店，采用O2O、B2C等模式，通过互联网实现终端消费者的私人定制，受到广大消费者关注，增长趋势良好。致力融合互联网+乐器制造，探索在声学钢琴上加载智能功能，实现了教师与学生的远程互动，满足了互联网时代人们对乐器在线学习的需求；联手知名互联网公司共同研发智慧钢琴，打造出高科技钢琴产品，在传统声学钢琴上实现人机互动电子谱、精准实时评分、真人示范视频等数字化在线教育功能，共同开发钢琴产品增量消费市场。2016年9月1日，集团与阿里云达成战略合作，携手广证珠江壹号、广东惠尔云网络科技等共同打造国内大型互联网乐器服务平台——91琴趣乐器云服务平台，聚焦钢琴后服务存量市场，倾力打造"云上钢琴服务"生态系统，构建公司"制造——租售——服务——教育"的产业链闭环。91琴趣旗下"91琴趣"与"91调律"两个平台已正式上线，2017年9月，91琴趣发布首款人工智能音乐教育互联网产品——"钢琴云学堂"，音乐教育和人工智能相结合，成为将传统音乐教育带上人工智能这趟快车的先行者。

珠江文创匠心智造

作为一个拥有六十多年历史的老字号品牌，创新是流淌在珠江钢琴人血液里的基因，在相继推出"珠江提琴""珠江吉他"同名延伸产品后，珠江钢琴再次大胆探索，推出"珠江文创"品牌，向内深入挖掘品牌特色，向外紧抓"国潮"复兴趋势，精心为大家提供别致有趣的文创产品，展示珠江钢琴独特艺术审美，进一步扩大品牌知名度与美誉度。珠江文创板块设立以来，依托公司资源优势，积极打造具有珠江钢琴特色的文创精品，并持续做好文创产品创意设计、产品研发及市场化运营工作。2022年累计新开发文创产品共32款，其中包括文创音乐礼盒、文创月饼、珠江匠机器人系列、文创雪糕、艺术贺卡、香薰片等周边产品，将珠江钢琴的企业文化内涵和文化元素巧妙地融入产品当中，匠心智造获得社会大众的一致好评。目前珠江文创已获得23项外观设计专利证书，1项实用新型专利证书，14项产品登记证书。

恺撒堡艺术馆

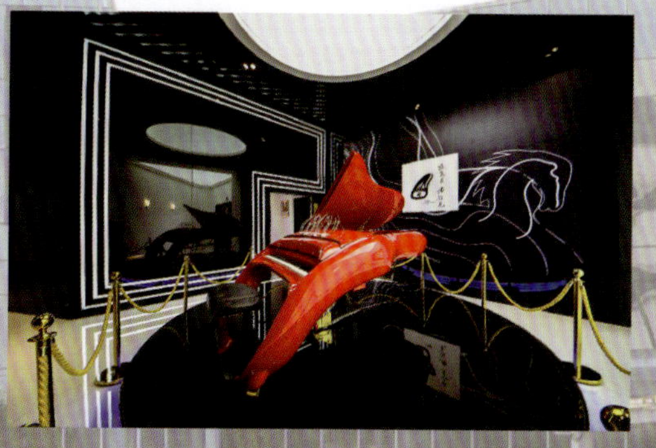

广州珠江钢琴集团股份有限公司

GUANGZHOU PEARL RIVER PIANO GROUP CO., LTD.

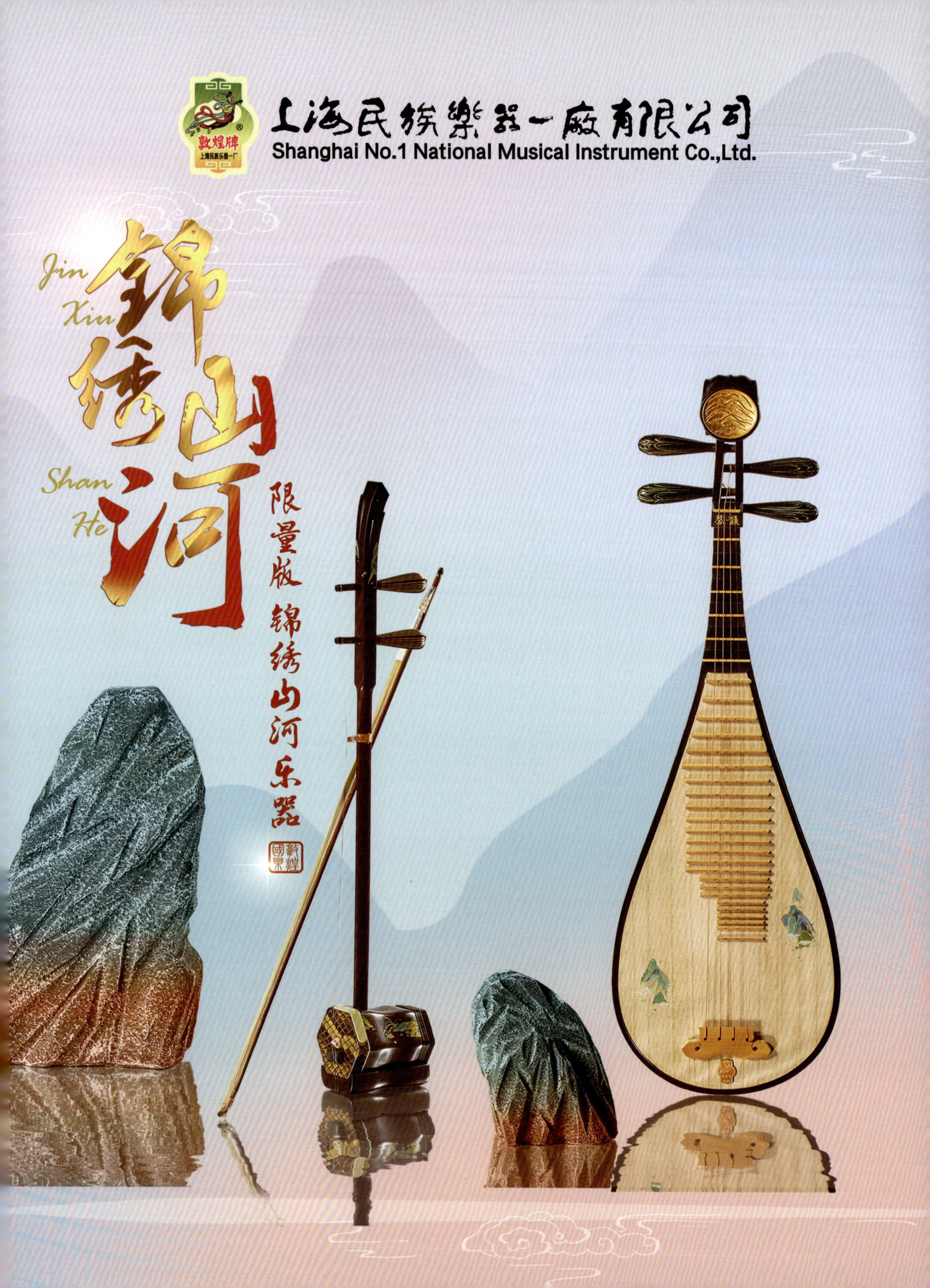

上海民族樂器一廠有限公司
Shanghai No.1 National Musical Instrument Co.,Ltd.

锦绣山河

Jin Xiu Shan He

限量版 锦绣山河乐器

2022年，“敦煌”携手上海工艺美术大师翁纪军，用大漆工艺让民族乐器绽放出新的光彩，推出限量版“锦绣山河”系列乐器，包含古筝、二胡和琵琶，以中国传统山水画作为主题，应用裱绢、描金、彩绘、晕染、金箔工艺，通过大胆的色彩运用和现代的审美构图，经由大漆的特性完美呈现了中国锦绣山河的辽阔壮美，以卓越艺术远见再现这片广袤而又多姿的土地。

近年来，上海民族乐器一厂有限公司坚持以艺术驱动创新设计，强化和实践以“打造文化产品”为定位的产品研发工作，拓宽产品开发的主题视角和工艺合作范围，从文化视角研发产品，从产品角度挖掘文化，在产品外观设计上积极嫁接优秀民间工艺和非遗技艺，让民族乐器不仅体现中华声音之美，更展现中华工艺之美，推动民族乐器的创造性转化、创新性发展。所推出的“敦煌牌”民族乐器，融合了青花瓷、竹刻留青、木雕、贝雕、景泰蓝、漆器、古典文学、名人书画等多种工艺和元素。

“上海品牌”认证

中国非物质文化遗产

中华老字号 China Time-honored Brand

联系地址：上海市闵行区七宝镇联明路400号
服务热线：400-1518-400
敦煌国乐网：http://www.dunhuangguoyue.com
敦煌乐器旗舰店（天猫）：https://dunhuang.tmall.com
敦煌牌乐器官方旗舰店（京东）：https://dunhuangguoyue.jd.com

2023年8月，“敦煌杯”中国弹拨乐(琵琶/阮/柳琴)演奏比赛暨“敦煌国风·浦江”国风音乐周成功举办。本届大赛由中国乐器协会、上海民族乐器一厂有限公司、“敦煌杯”中国民族器乐比赛组委会主办，北京华夏璇音艺术传播中心、浦江县文化和广电旅游体育局承办。

“敦煌杯”全国民族器乐演奏比赛专业覆盖面广、群众参与度高、赛制合理，被誉为民族器乐四大赛事之一。自创办以来，凭借高标准、高规格、高参与度，受到了业内人士高度认可和广泛好评，成功成为弘扬民族器乐的重要平台、联系中外友谊的桥梁。

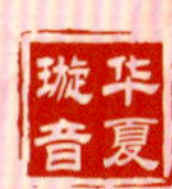

本届大赛联动海内外，共吸引了世界各地的3000多名选手参赛，水平高、亮点多、成色足。除了紧凑的比赛和国乐名家音乐会外，本届大赛期间共举办3场专场音乐会、5场国风乐团音乐会，为业内人士和国乐爱好者带来精彩的多元化国乐欣赏和体验。比赛同期还举行了6场专业论坛和讲座，专家在现场答疑解惑，分享民乐知识与演奏技巧，带大家领略中国民族乐器的奥妙。

本次“敦煌杯”在“诗画之乡”浦江成功举办，为广大乐友创造了一次文化穿越之旅。希望“敦煌杯”中国民族器乐演奏比赛能够在未来将属于国乐的乐章持续奏响，为国乐发展和传承提供一个稳定而高质的平台！

長江
Yangtze River
影响世界 感动生命
柏斯音樂
PARSONS MUSIC
35周年
Music is life
旗下品牌

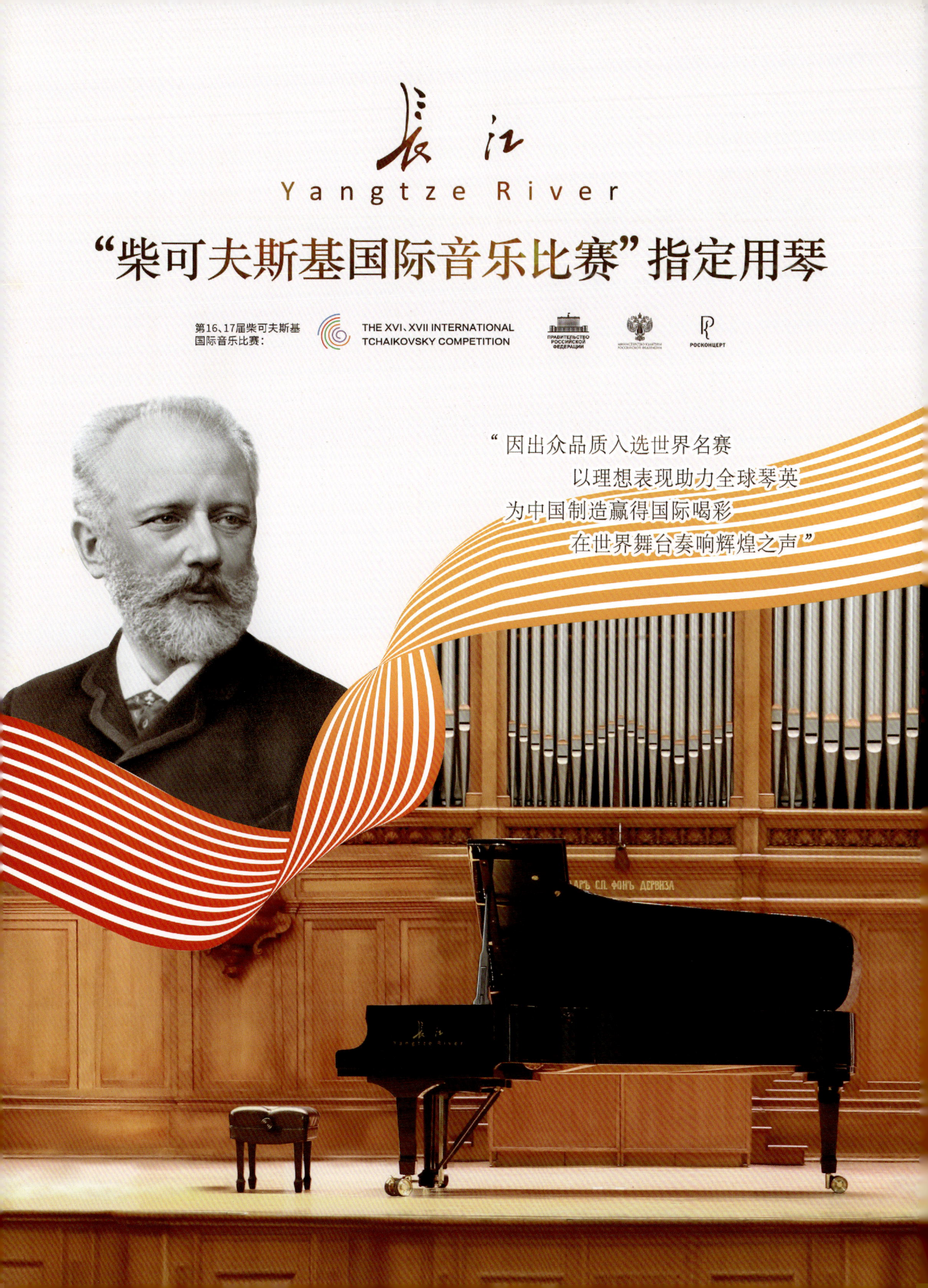
長江
Yangtze River
“柴可夫斯基国际音乐比赛”指定用琴
第16、17届柴可夫斯基国际音乐比赛：
THE XVI、XVII INTERNATIONAL TCHAIKOVSKY COMPETITION
ПРАВИТЕЛЬСТВО РОССИЙСКОЙ ФЕДЕРАЦИИ
РОСКОНЦЕРТ
“因出众品质入选世界名赛
以理想表现助力全球琴英
为中国制造赢得国际喝彩
在世界舞台奏响辉煌之声”

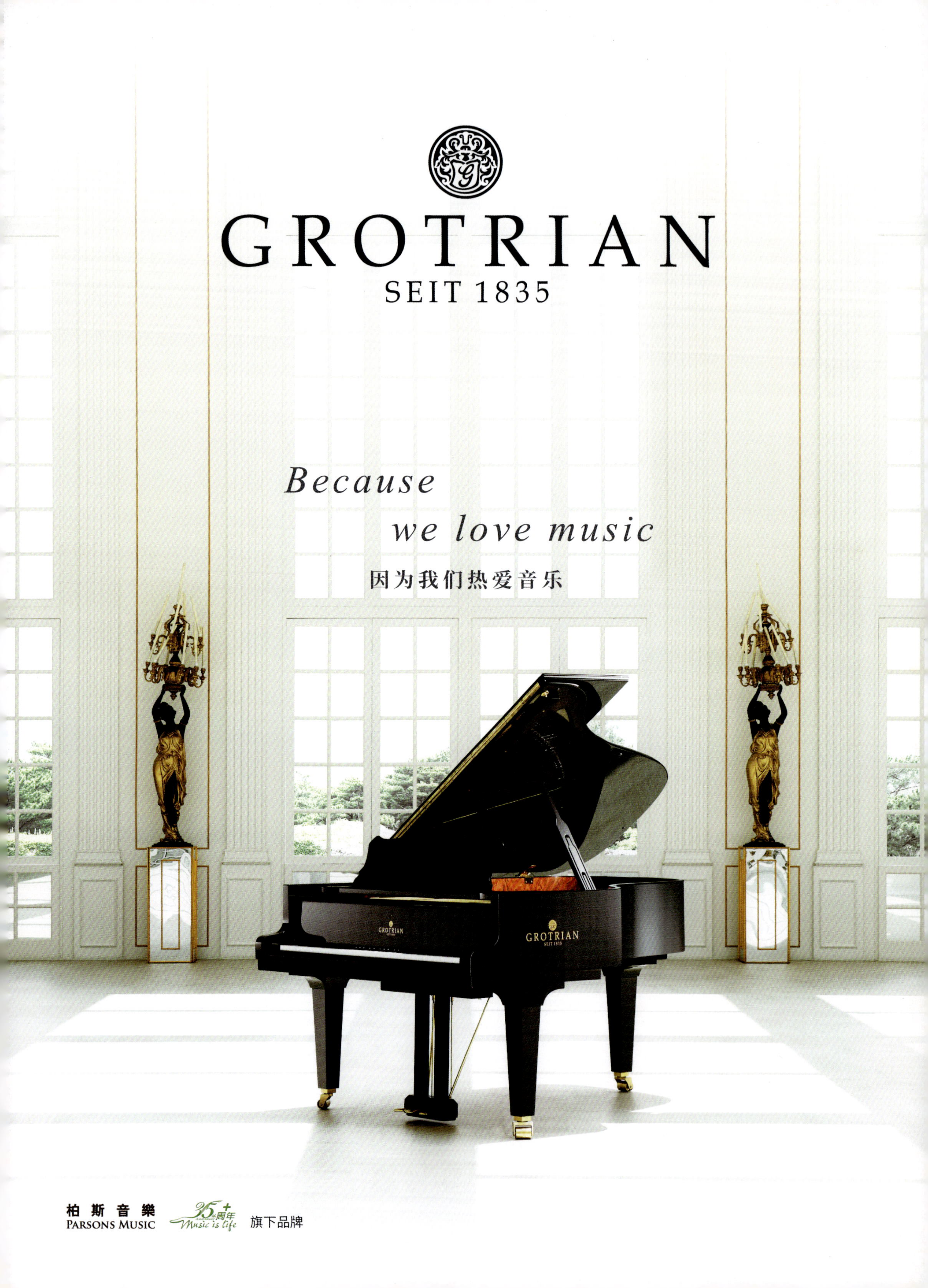

VG 278

国家轻工业乐器质量
监督检测中心参照样琴

国家钢琴标准
起草修订单位之一

金音叉欧洲钢琴家盲测
国际六星评价

奥地利创新大奖
尚彼德奖

四次荣获美国MMR年度声学钢琴大奖
美国MMR终身成就奖，入列MMR“名琴堂”

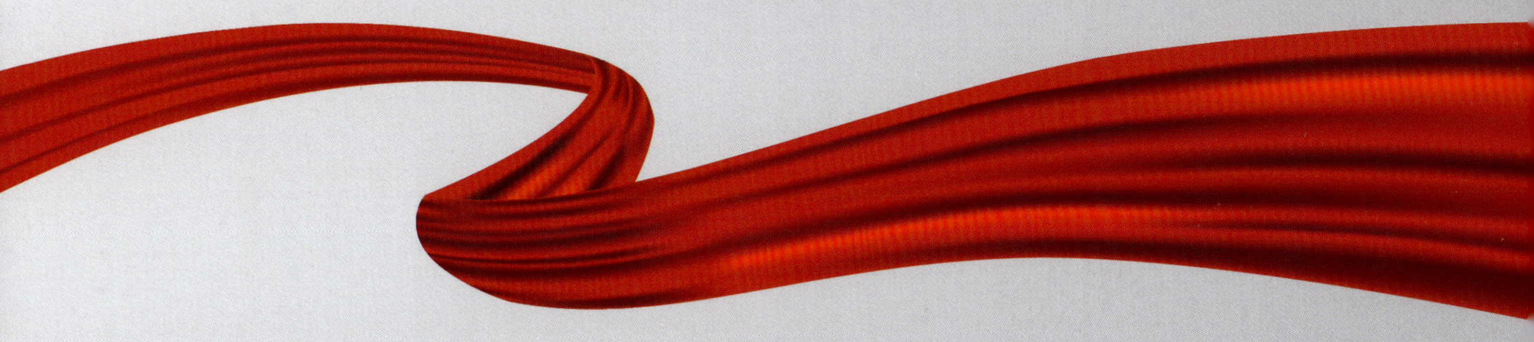

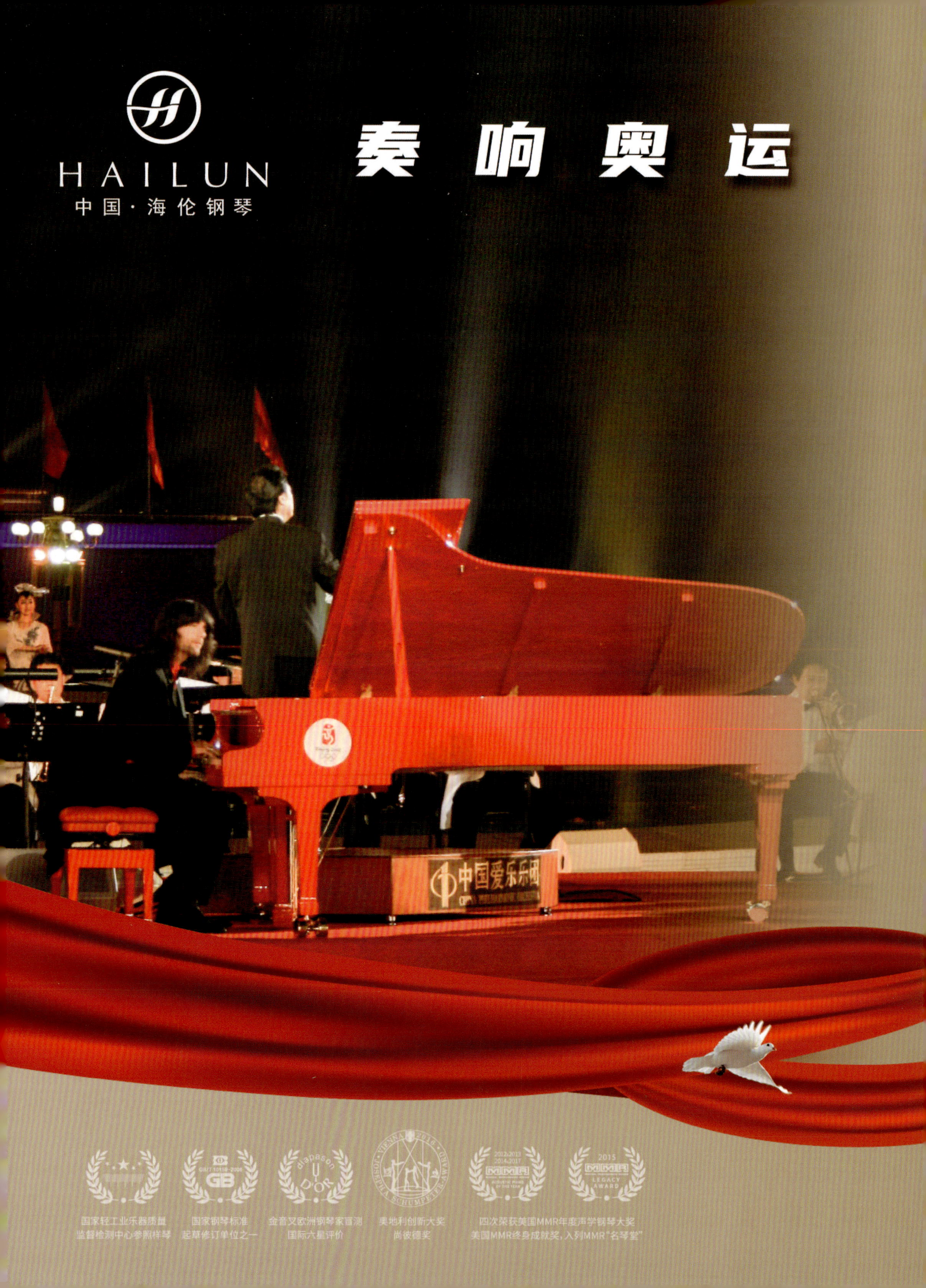

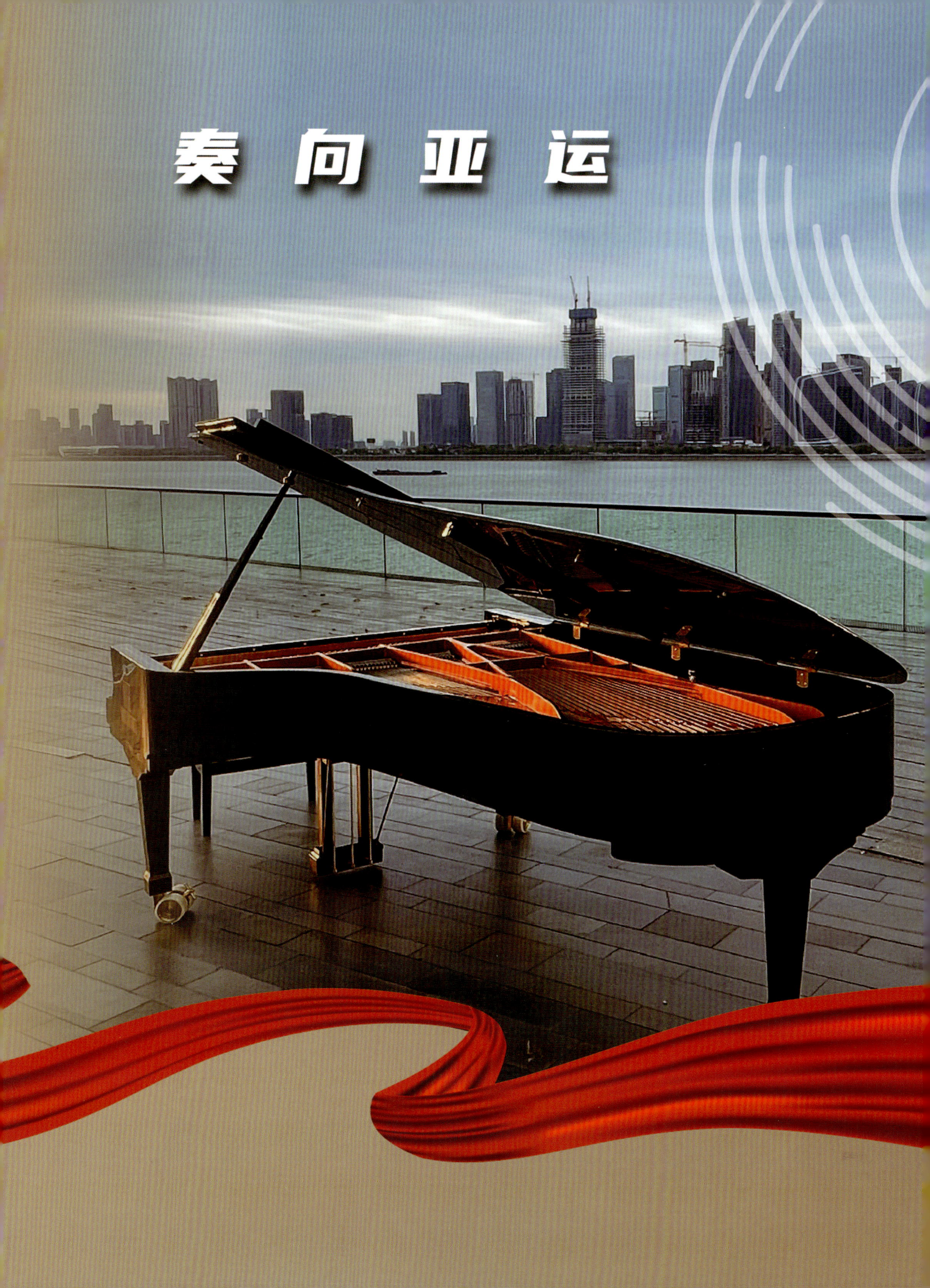
奏向亚运

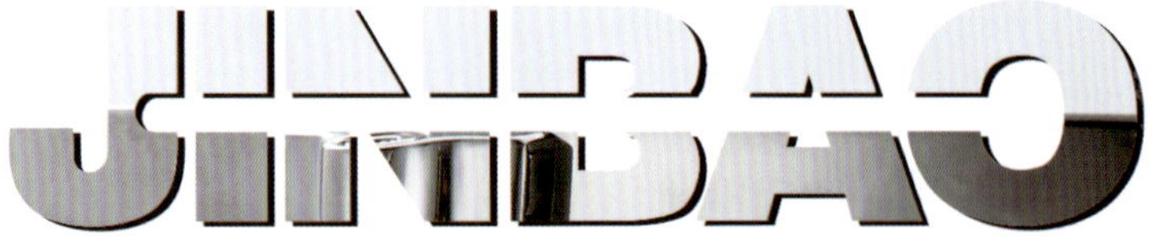
JINBAO

TIMPANI

JBTC-2208系列 定音鼓

津宝打击乐设计师与音乐学院教授、乐团演奏家联合开发，结构新颖，设计巧妙，做工精湛。
鼓腔采用整张紫铜板无缝旋压成型，对紫铜鼓腔抛光打点，强化金属特性，声音浑厚通透、穿透力强、共振延绵悠远。
鼓压圈采用整体钢板机加工完成，变形小、精度高、强度大。
支架采用精铸黄铜具有强度高、声音传导快的特点，可调节高度84~88厘米。

国际摆放

29" 26" 23" 32" 20"

型号	规格	音域	支架	鼓腔	鼓皮
JBTC-2208-20	20"(51cm)	D-C	黄铜	紫铜	REMO
JBTC-2208-23	23"(58cm)	B-A			
JBTC-2208-26	26"(66cm)	G-F			
JBTC-2208-29	29"(74cm)	E-D			
JBTC-2208-32	32"(81cm)	C-B			

天 津 市 津 宝 乐 器 有 限 公 司
Tianjin Jinbao Musical Instruments Co.,Ltd
地址:天津市宝坻区宝平街道迎薰街1-2号
NO.1-2 YINGXUN ROAD, BAOPING SUB-DISTRICT, BAODI COUNTY, TIANJIN CITY, CHINA

巴松

BASSOON

JBAS-850

木材严选自海拔1500米高的优质色木，木材细密，花纹明晰，坚硬有光泽。

Body material wood is carefully selected from high-quality maple at an altitude of 1500 meters, which is dense, with clear patterns, hard and shiny.

音键处6个滚轮键的设计，使切换音键更加自然顺畅，而加长音键的设计大大提高了演奏舒适度，适合手小的乐手。

JBAS-850

凤灵乐器
音质感动世界

FineLegend®
凤灵
-SINCE1968-
五十五年匠心传承
只为将最好的给你

丰富的课程设置
满足不同年龄所需

互动智能电鼓课程

钢琴演奏与编曲创作

互动智能吉他课程

互动智能声乐课程

互动智能乐队课程

互动智能音基课程

幼儿园乐鼓宝贝课程

敦煌·罗兰智能古筝学堂

银龄音乐教育课程

吟飞
Ringway

自主研发
RWA音源

制定国家标准
制定行业标准

国家重点
文化出口企业

规范严密的
质量检测系统

EFNOTE 智能电子鼓

吟飞智能电子管风琴

中国领先的电子乐器企业
乐器行业十强企业

国内和国际
多项产品认证

与百所院校
展学研合作

畅销50+
国家和地区

全国200+
售后服务网点

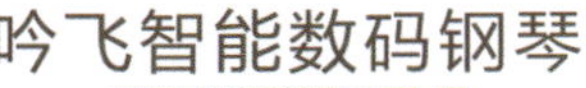

吟飞智能数码钢琴

artesia PRO 音乐工作室

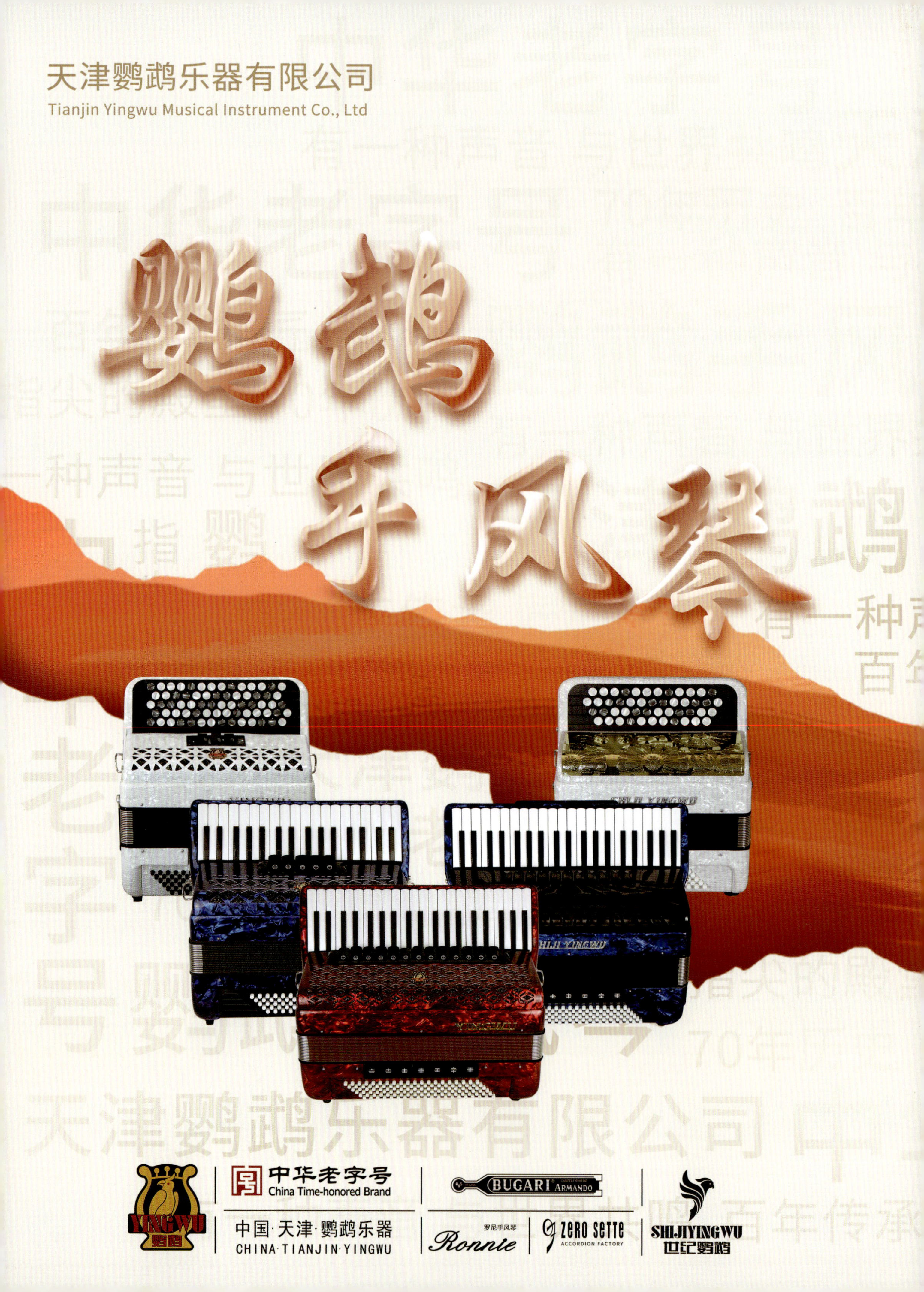

天津鹦鹉乐器有限公司
Tianjin Yingwu Musical Instrument Co., Ltd
鹦鹉手风琴
YINGWU
鹦鹉
中华老字号
China Time-honored Brand
中国·天津·鹦鹉乐器
CHINA·TIANJIN·YINGWU
BUGARI ARMANDO
罗尼手风琴
Ronnie
zero sette
ACCORDION FACTORY
SHIJIYINGWU
世纪鹦鹉

Ronnie
JUBILATE 120
41键120贝斯
ZERO SETTE
ACCORDION FACTORY
ALLURE FRENCH
81键96贝斯
BUGARI ARMANDO
BAYAN SPECTRUM
106键120贝斯

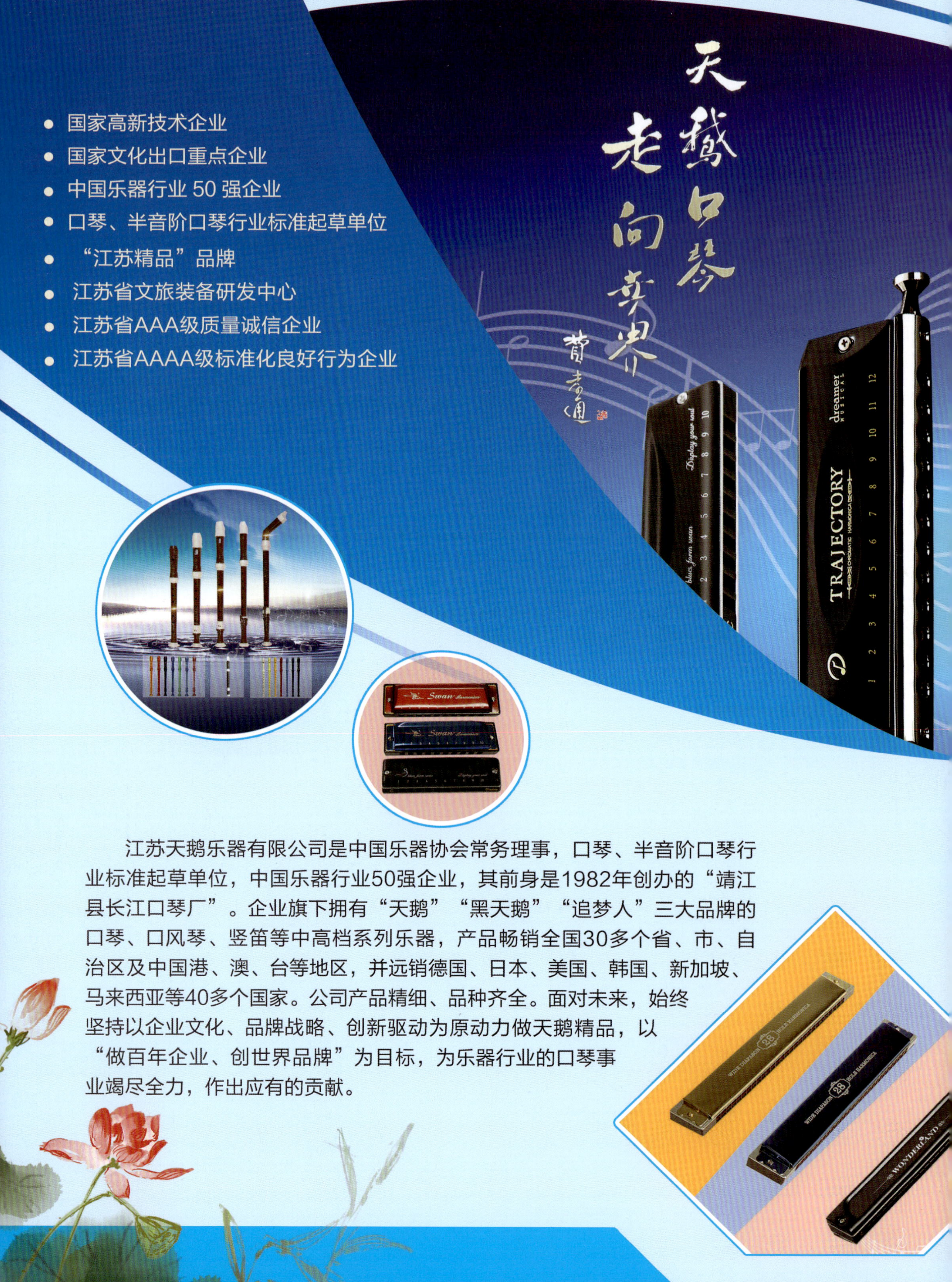

天鹅口琴
走向世界
• 国家高新技术企业
• 国家文化出口重点企业
• 中国乐器行业 50 强企业
• 口琴、半音阶口琴行业标准起草单位
• “江苏精品”品牌
• 江苏省文旅装备研发中心
• 江苏省AAA级质量诚信企业
• 江苏省AAAA级标准化良好行为企业
TRAJECTORY
dreamer
Display your soul
Swan
江苏天鹅乐器有限公司是中国乐器协会常务理事，口琴、半音阶口琴行业标准起草单位，中国乐器行业50强企业，其前身是1982年创办的“靖江县长江口琴厂”。企业旗下拥有“天鹅”“黑天鹅”“追梦人”三大品牌的口琴、口风琴、竖笛等中高档系列乐器，产品畅销全国30多个省、市、自治区及中国港、澳、台等地区，并远销德国、日本、美国、韩国、新加坡、马来西亚等40多个国家。公司产品精细、品种齐全。面对未来，始终坚持以企业文化、品牌战略、创新驱动为原动力做天鹅精品，以“做百年企业、创世界品牌”为目标，为乐器行业的口琴事业竭尽全力，作出应有的贡献。

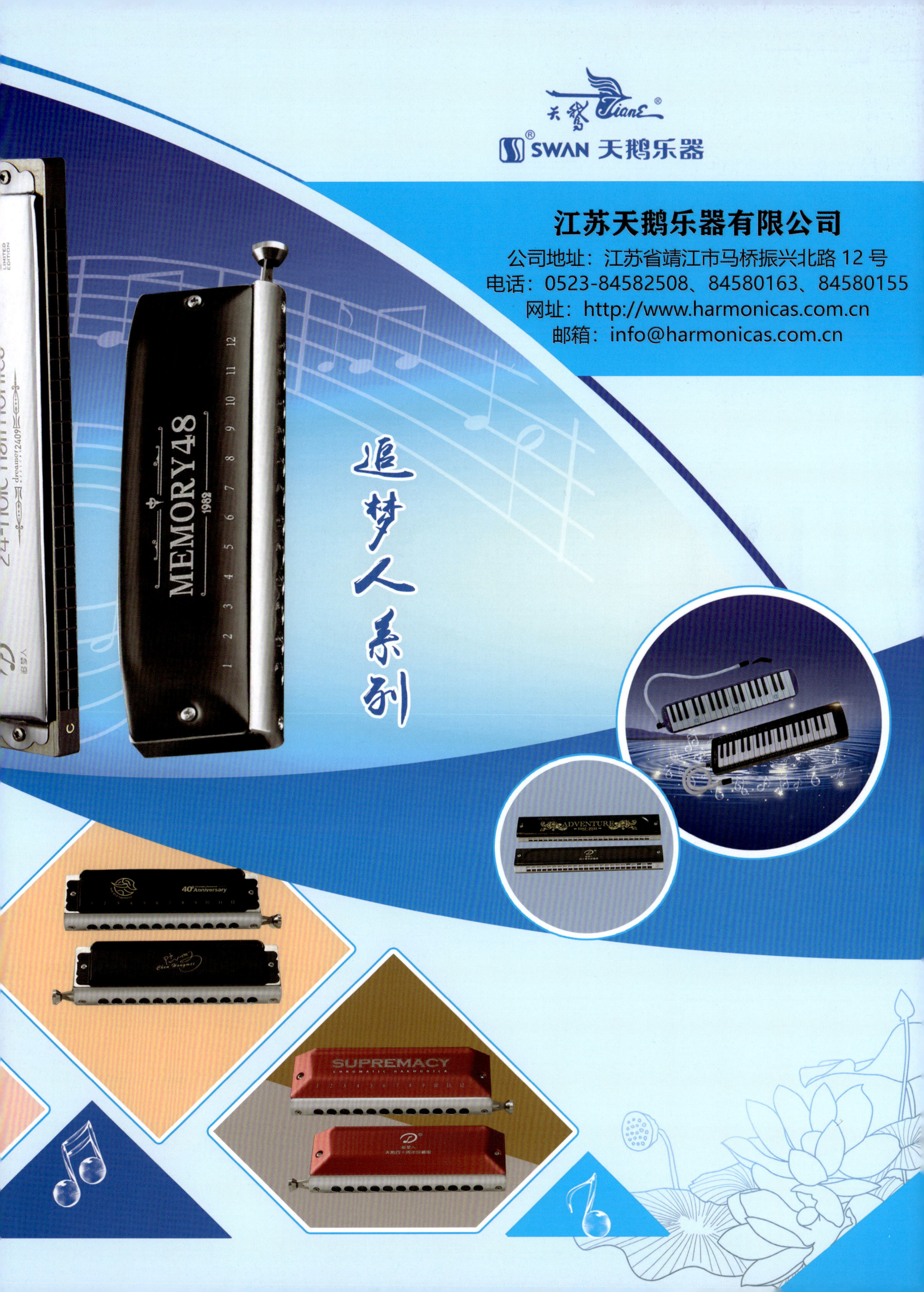
SWAN 天鹅乐器
江苏天鹅乐器有限公司
公司地址：江苏省靖江市马桥振兴北路 12 号
电话：0523-84582508、84580163、84580155
网址：http://www.harmonicas.com.cn
邮箱：info@harmonicas.com.cn
追梦人系列
MEMORY48
1982
40th Anniversary
ADVENTURE
SUPREMACY
CHROMATIC HARMONICA

琴有限责任公司

www.seiler-pianos.net

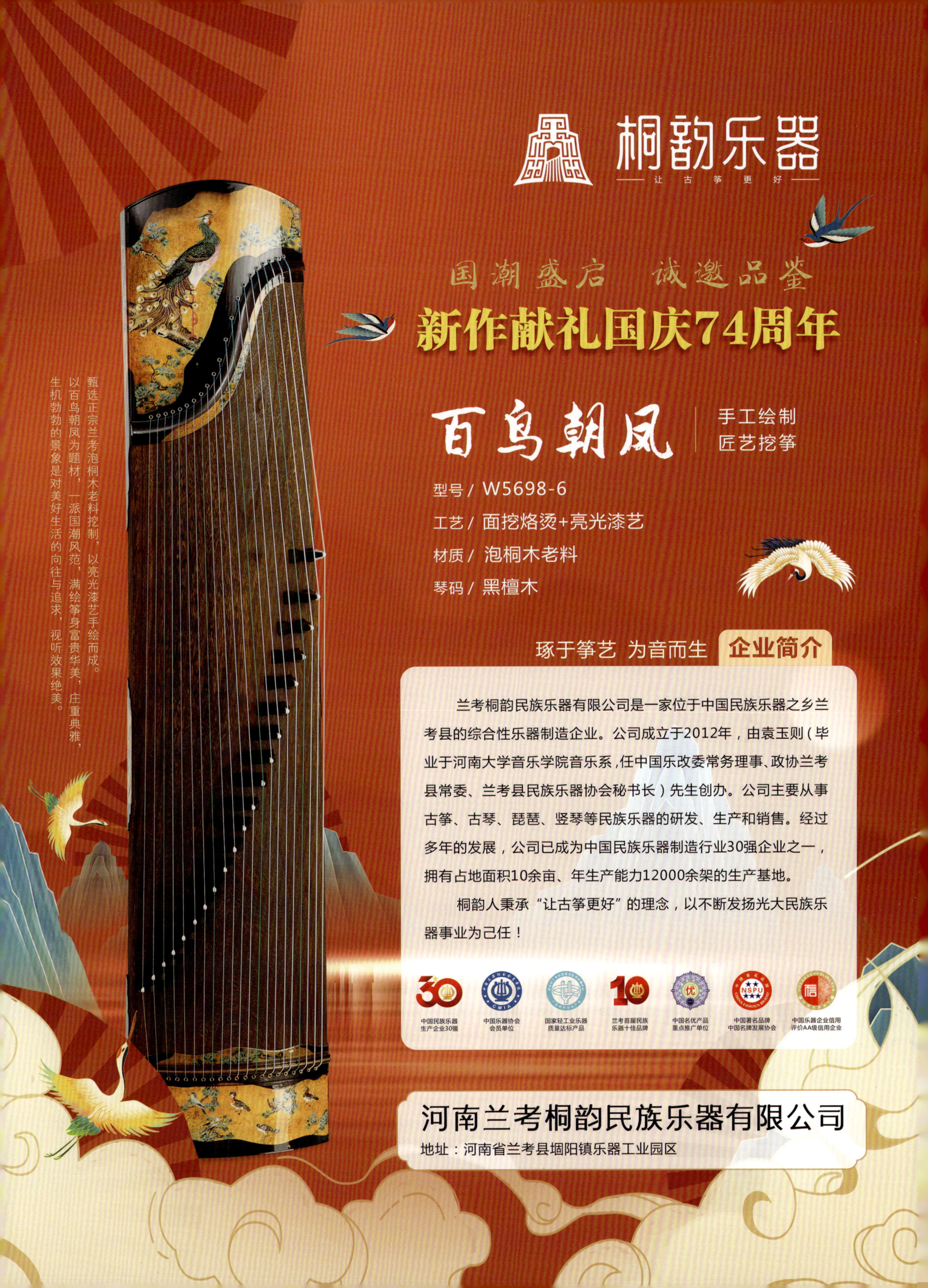
桐韵乐器
让古筝更好
国潮盛启 诚邀品鉴
新作献礼国庆74周年
百鸟朝凤
手工绘制
匠艺挖筝
型号 / W5698-6
工艺 / 面挖烙烫+亮光漆艺
材质 / 泡桐木老料
琴码 / 黑檀木
甄选正宗兰考泡桐木老料挖制，以亮光漆艺手绘而成。以百鸟朝凤为题材，一派国潮风范，满绘筝身富贵华美，庄重典雅，生机勃勃的景象是对美好生活的向往与追求，视听效果绝美。
琢于筝艺 为音而生
企业简介
兰考桐韵民族乐器有限公司是一家位于中国民族乐器之乡兰考县的综合性乐器制造企业。公司成立于2012年，由袁玉则（毕业于河南大学音乐学院音乐系，任中国乐改委常务理事、政协兰考县常委、兰考县民族乐器协会秘书长）先生创办。公司主要从事古筝、古琴、琵琶、竖琴等民族乐器的研发、生产和销售。经过多年的发展，公司已成为中国民族乐器制造行业30强企业之一，拥有占地面积10余亩、年生产能力12000余架的生产基地。
桐韵人秉承“让古筝更好”的理念，以不断发扬光大民族乐器事业为己任！
中国民族乐器生产企业30强
中国乐器协会会员单位
国家轻工业乐器质量达标产品
兰考首届民族乐器十佳品牌
中国名优产品重点推广单位
中国著名品牌中国名牌发展协会
中国乐器企业信用评价AA级信用企业
河南兰考桐韵民族乐器有限公司
地址：河南省兰考县堌阳镇乐器工业园区

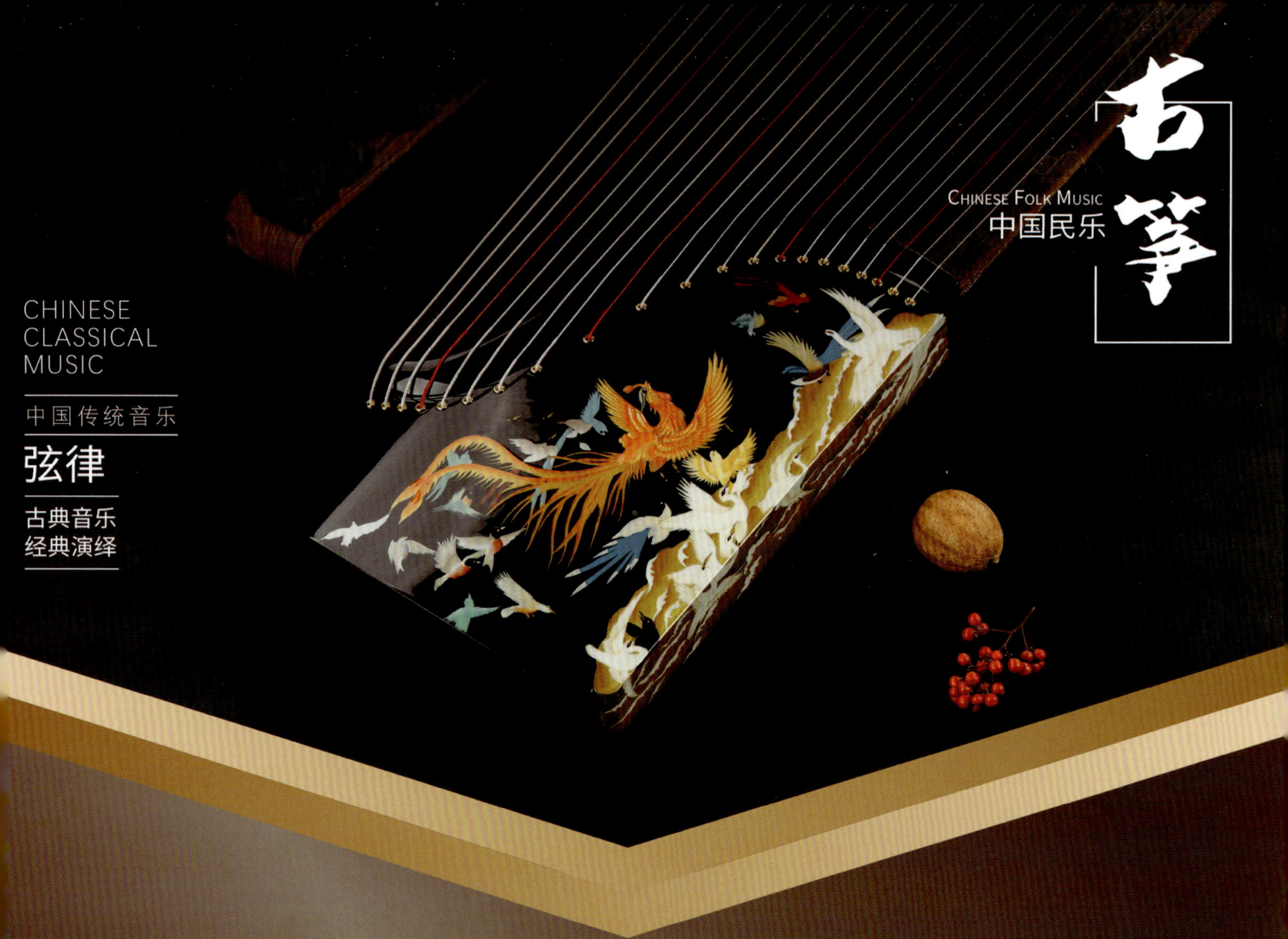

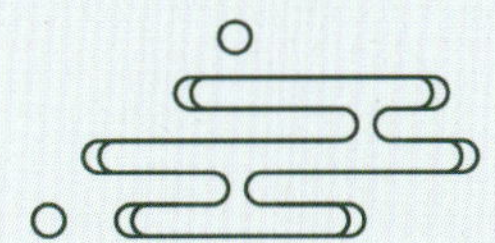

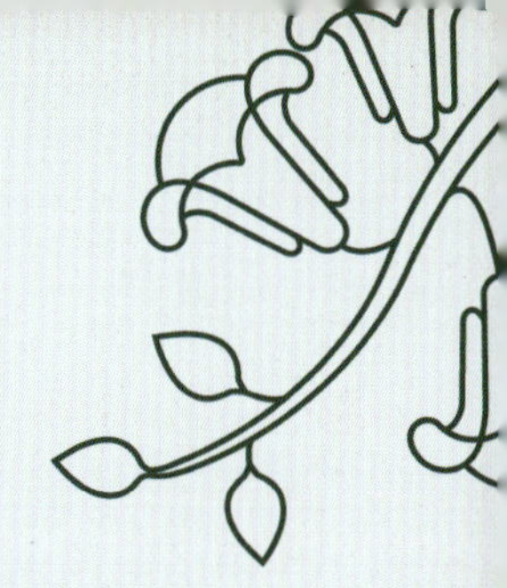

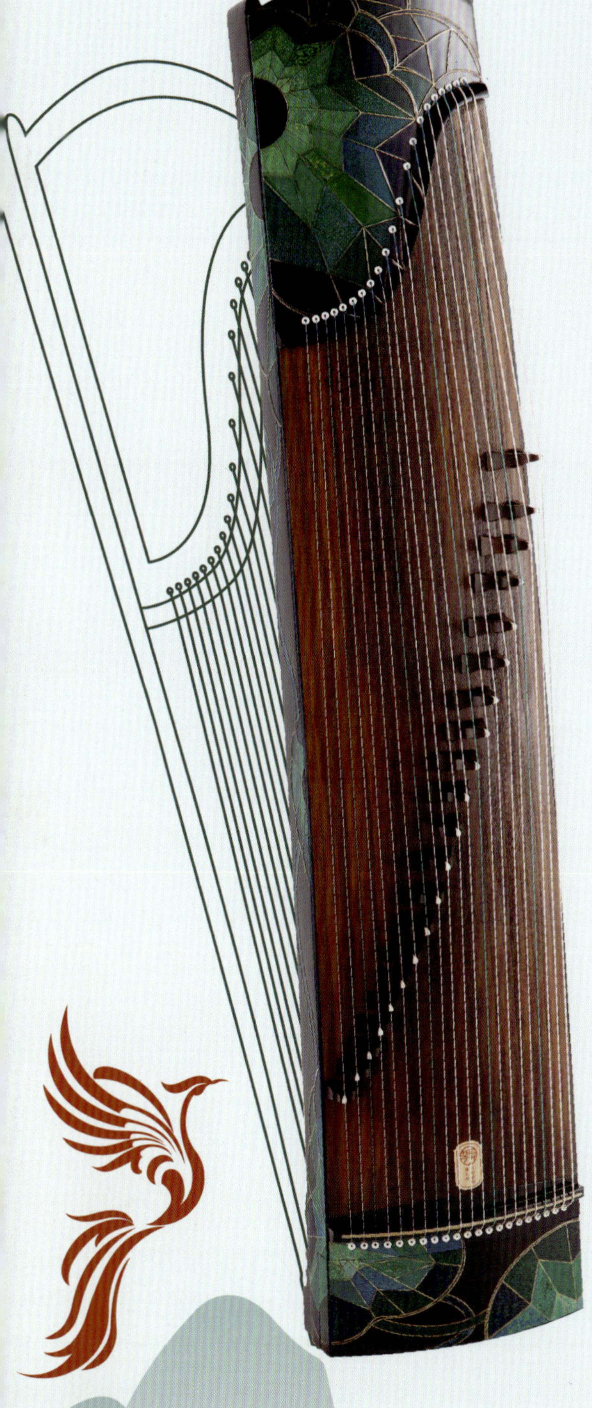

传世中国筝·琴昇伴一生

琴昇乐器生根于1995年，创立于2009年，源自中国民族乐器之乡——兰考。琴昇乐器主要围绕民族乐器进行自主研发、生产、销售。

民乐之昇在于琴。琴昇全国首创演奏级135厘米小挖筝——秋之漩，取得很好的市场反响；工厂占地面积33000平方米，自有200余亩泡桐林；作为民族乐器之乡古筝生产十大品牌之一，销售渠道遍及全国；同时，琴昇还是中国乐器协会会员单位。

企业理念：初心、匠心、决心、诚心

企业使命：与用户共创美好音乐生活，成为全国领先的民族乐器综合服务商

企业愿景：推动全民共享音乐美好，让中国乐器走向世界

开封悦音乐器有限公司

服务热线：400-0339-789

琴昇官网：http://www.qinshengguzheng.cn

生产地址：河南省开封市兰考县闫楼乡郭庄工业区

中国乐器

年鉴

2023

中国乐器协会　编

CHINA MUSICAL
INSTRUMENT YEARBOOK
（2023）

中国轻工业出版社

中国乐器年鉴（2023）
CHINA MUSICAL INSTRUMENT YEARBOOK

主办单位：中国乐器协会

协办单位：广州珠江钢琴集团股份有限公司

支持单位：上海民族乐器一厂有限公司
海伦钢琴股份有限公司
江苏凤灵乐器集团
吟飞科技（江苏）有限公司
江苏天鹅乐器有限公司
天津奥维斯乐器有限公司
兰考民族乐器协会（部分企业）
柏斯音乐集团
天津市津宝乐器有限公司
北京罗兰盛世音乐教育科技有限公司
天津华韵乐器有限公司
烟台金斯伯格钢琴制造有限公司
赛乐尔三益乐器（上海）有限公司

地　　址：北京市丰台区顺三条 21 号嘉业大厦二期 1 号楼 706 室
电　　话：010-67665718
传　　真：010-67666220
邮　　编：100079
网　　址：www.cmia.com.cn
电子邮箱：zgyq@vip.sina.com

《中国乐器年鉴》编辑委员会

编 辑 说 明

一、《中国乐器年鉴》是由中国乐器协会主办，中国乐器协会信息部编撰的综合性、公报性年刊，每年出版1卷。本书以汇总乐器行业年度经济运行主要指标数据、发展特点、大事记及趋势预测为主，囊括当年度全行业管理、生产、经营、进出口等主要方面发展的基本情况，国内各省市乐器制造业及市场信息、国外乐器发展动态等重要内容，翔实、全面、系统地反映上年度我国乐器行业的发展脉络，是一本为乐器行业及社会相关部门和单位提供最新资讯服务的大型权威性行业工具书。

《中国乐器年鉴（2023）》是继《中国乐器年鉴（2022）》之后第十七次出版发行。年鉴编辑部以乐器行业发展为主线，按时间顺序，力求客观真实记载展现年度乐器行业发展脉络和特点，配合方便查阅的分类设置，用尽可能详尽的数据图表展示，希望能在编辑的内容和形式上有所突破，突出特色，编出新意，以更好地满足读者不断提升的要求。

二、《中国乐器年鉴（2023）》在内容框架方面不断完善，设有“行业篇”“指标数据篇”“协会工作篇”“科技创新篇”“职业技能篇”“音乐教育篇”“产业集群篇”“海外信息篇”8个栏目，各篇框架体系逐步充实。

三、2022年，全乐器行业凝心聚力，践行新发展理念，深入贯彻执行党的二十大精神，努力拓展高质量发展之路。抗疫、稳产销、重创新、谋发展，共筑行业的光明未来。全年市场恢复势头明显，效益回稳向好。在“两翼发力、六轮驱动”框架下，行业科技创新平台达56个，实现了19%的增幅。重点企业工业设计取得显著成绩，22家核心企业科技创新投入强度达到5.23%，多个科研项目和中高端新品受到了国家级认可和推广。创新成果为乐器行业智能化、数字化进程注入新动能；人才培育得到前所未有的重视，科技之星和大国工匠展现科技人才创业精神，各类人才培训和技能大赛构筑科技人才竞技平台，新增“乐器工匠学院”和乐器学高峰论坛加强了行业的学术交流和人才合作。与此同时，新职业“乐器设计师”和“斫琴师”纳入国家职业分类大典，为行业持续发展提供人才保障。拓展音乐消费人口，推广国民音乐教育。自2018年起，中国乐器协会积极倡导音乐成为生活中的必需品。2022年的“6·21国际乐器演奏日”和“国民音乐教育大会”成功汇聚众多音乐爱好者，弘扬了音乐文化，传递了音乐的正能量。复盘2022全年各项工作，乐器行业在坚持与创新中迸发出新的生机与活力，积极响应国家号召，以科技驱动发展，以人才培养为根本，为未来的腾飞奠定坚实基础。

四、在年鉴编辑工作中，鉴于时间仓促、能力所限，将乐器行业年度重要新闻事件和相关资讯收录本集确有难度。今后，我们将持续加强信息汇集工作，不断提高年鉴编辑质量和水平。我们真诚希望社会各界同人继续关心和支持年鉴的编辑出版工作，针对内容编撰的不足之处，敬请提出批评和修订意见，使之日臻完善。

五、《中国乐器年鉴（2023）》在组稿、编辑、出版过程中得到乐器生产企业、经营单位、音乐艺术教育单位以及我国台湾、香港、澳门地区的同人、朋友们的大力支持和帮助，在此谨表示衷心感谢！

《中国乐器年鉴》编辑部

2023年9月

目录

行业篇

新闻综述

2022年中国乐器行业二十大要闻……（2）

年度报告

2022年中国乐器行业年度报告……（6）

专题

思想大旗引领航向　踔厉奋发创新发展
——党的二十大报告在乐器行业引起热烈反响……（29）

凝心聚力新时代十年　砥砺奋进新征程启航
——中国乐器行业高质量发展十年……（31）

2022年中国乐器行业经济运行持续放缓　行业稳步释放发展韧性……（35）

2021年度中国乐器行业科技创新与人才建设调研报告……（40）

2022“中国6·21国际乐器演奏日”活动盛装启幕……（45）

惠企政策激发活力　护航企业健康发展
——2022年上半年乐器行业减税降费政策落实情况……（47）

名企对话

创新引领　协同升级　推动企业数字化转型……李建宁（50）

融合古今　挖掘非遗　敦煌乐器闪耀全球舞台……王国振（51）

智能发展　以人为本　文创助力民族品牌建设……陈海伦（52）

家国情怀　传承经典　创新引领文化艺术风潮……吴天延（54）

匠心独运　智造引领　助力品牌走向国际舞台……刘运斌（55）

工匠之魂　质量之道　绿色低碳赋能高端市场……顾冰峰（56）

传承经典　重塑未来　红色基因激活文化创新……张小川（58）

校企联动、宣贯强标　推动数字音源技术创新发展……范廷国（60）

传承韵魂　弘扬国乐　展现民族音乐之美……宋从甲（61）

三个变革　跨界创新　开拓数字营销新模式……黄茂强（62）

质量标杆　工艺升级　再创手风琴品质新高地……时建明（64）

技术献礼　和弦共鸣　推动文旅与产业跨界融合……陈学孔（66）

科技艺术　跨界融合　打造音乐创新之年……赵　哲（67）

稳固资源　开拓未来　专业护航乐器材料转型升级……张华君（68）

声学攻关　产品矩阵　塑造品牌新高度……黄志康（69）
数据驱动　文化协同　精准营销激发消费增量……朱文玉（71）
工匠精神　传承百年　塑造品牌独特内涵价值……孙　强（72）
数字赋能　智造未来　开启音教智慧之旅……程建铜（73）
以人为本　质量共振　重塑自主品牌文化价值……张绪斌（75）
匠心传承　奏响经典　智造文化创意双赢……张　敏（76）
音乐之城　跨界融合　打造艺术教育惠民新引擎……秦　川（77）
声动乐坛　琴韵天下　打造乐器文化交流新平台……刘为明（78）
民族魂韵　匠心智造　奏响传统与现代和谐旋律……张礼东（79）
世纪鹦鹉　专注卓越　中意合作手风琴新力量……罗金琦（81）
纯净韵律　匠心铸就　精彩演绎个性品质创意结合……陈莲琴（82）
创新驱动　品质为基　引领个性化钢琴定制潮流……郑明统（84）
指间旋律　网络共鸣　塑造音乐教育新蓝图……姜　伟（85）
跨越挑战　激情共享　携手音乐家共创美妙乐章……李炯国（86）
洞察挑战　品牌坚守　探索钢琴制造产业新领域……方　扬（87）
至臻工艺　奏响希望　成就音乐未来之星……位　炜（88）
乐器展览
2022中国（上海）国际乐器展览会·南京的通知……（89）
关于2022中国（上海）国际乐器展览会延期举办的通知……（89）
2022美国NAMM展在美国洛杉矶阿纳海姆举办……（90）
德国法兰克福国际乐器展不再举办……（90）
品牌建设
乐器产品品牌建设情况……（91）

指标数据篇

2022年乐器行业经济运行分析……（104）
2022年中国乐器海关出口量值……（113）
2022年中国乐器出口世界各大洲概况……（115）
2022年中国乐器出口贸易组织概况……（115）
2022年中国乐器出口贸易方式……（116）
2022年中国乐器出口国家和地区……（117）
2022年立式钢琴出口国家和地区……（126）
2022年三角钢琴出口国家和地区……（131）
2022年中国乐器海关进口量值……（136）
2022年中国乐器进口国家和地区……（137）
2022年立式钢琴进口国家和地区……（142）
2022年三角钢琴进口国家和地区……（143）

协会工作篇

工作要点

中国乐器协会2022年工作要点……（146）

中国乐器协会2022年工作总结……（149）

中国乐器协会八届三次理事（扩大）在线会议在京隆重召开……（153）

王世成理事长在中国乐器协会八届三次理事（扩大）会议上的讲话……（155）

协会活动

中国乐器协会一行赴肃宁“中国北方乐器之都”走访调研……（162）

王世成理事长一行赴北京星海钢琴集团公司调研……（162）

中国乐器协会八届三次理事（扩大）在线会议在京隆重召开……（162）

天津蔡公庄“乐器文化创意产业基地”项目评价会成功举办……（163）

2022“中国6・21国际乐器演奏日”活动盛装启幕……（163）

中国乐器协会副理事长孙瑞勇走访调研吟飞科技……（164）

知党恩，忆党情，跟党走

——中国乐器协会党支部举办主题党日活动……（164）

中国乐器协会、河南兰考县委县政府“共建”产业集群座谈会在京举办……（165）

中国乐器协会古琴专业委员会成立大会在京召开……（165）

中国乐器协会专业技术人员高级研修班在苏举办……（166）

中国乐器行业2022年经济运行座谈会在苏举办……（166）

中国乐器协会理事长王世成一行考察黄桥产业集群……（166）

中国乐器协会理事长王世成赴北方乐器之都肃宁考察并授牌……（167）

“2022国民音乐教育大会”在京圆满收官……（167）

中国民族乐器产业集群专家组赴河南省兰考县进行实地考评……（168）

中国乐器协会在线参加“6・21国际乐器演奏日”国际交流会……（168）

中国乐器协会、《中国音乐教育》杂志社举行合作签约仪式……（168）

中国轻工业联合会党委书记、会长张崇和赴卞留念工作室调研座谈……（169）

中国乐器协会召开产业集群、分支机构、地方行业协会工作会议……（169）

《乐器行业国家职业技能标准》制定工作启动会议召开……（170）

中国乐器协会党支部组织学习《求是》杂志习近平总书记重要文章《新时代中国共产党的历史使命》……（170）

乐器行业科技创新与产业发展大会在京举办……（171）

国际交流

2022年中国乐器协会国际交流与合作……（172）

会员名录

中国乐器协会团体会员名录……（173）

科技创新篇

科技工作报告

稳中求进　跨界推动“创新融合年”

——乐器行业科技创新与产业发展大会在京举办……(205)

2022年乐器行业科技工作报告……(206)

踔厉奋发　勇毅前行　持续推动乐器行业科技创新融合发展

——王世成理事长在2022年度中国乐器行业科技创新与产业发展大会上的讲话……(210)

人才建设年

“产学研用”跨界合作　统筹推进“人才建设年”……(217)

2022年“人才建设年”工作报告……(219)

2022年“人才建设年”有关奖项……(221)

科技奖项

2022年度中国乐器协会推荐获得中国轻工业联合会等部委有关奖项名单……(224)

2022年协会表彰“科技十强企业”等奖项获奖名单……(227)

乐器检测

2022年国家轻工业乐器质量监督检测中心工作总结……(230)

行业工匠

郑荃——雕琢艺术提琴，缔造中国制琴梦想……(231)

陈德然——传承工匠精神，助力中国“匠”造……(233)

周力——不忘初心，勇担重任前行……(235)

李素芳——年少与筝结缘，一生挚爱古筝……(237)

顾冰峰——造“中国芯”　发“中国音”……(238)

赵哲——激行在品牌自主创新的路上……(239)

刘正辉——既为操琴者　又作“斫”琴师……(241)

满瑞兴——匠心筑梦，德艺双馨……(242)

梁钊明——践行工匠精神　传承工匠精神……(244)

谭宝利——古典钢琴的守望者，钢琴美学的践行者……(246)

于慧东——艺无止境处，匠心铸琴魂……(248)

曹卫东——韵源天地　琵琶情缘三十余载……(250)

徐小峰——“琴”定终身的逐梦匠师……(252)

宋恩辉——三十年铸一剑，钟情民族乐器研发……(254)

宋少康——“择一事终一生，不为繁华易匠心”……(256)

贺相宜——空谈不如实干，踱步何不前行……(258)

赵宏亮——三十余载制笙情，非遗传承赵家笙……(259)

金海鸥——钟鸣盛世　复兴华夏雅乐之器……(261)

王国兴——盛世弦和　制作演奏家满意的二胡……(263)

新产品

2022中国乐器行业科技创新成果巡礼……（266）

乐器标准

2022年全国乐器标准化技术委员会工作报告……（285）

《国家标准、行业标准（轻工）目录》（乐器部分）……（290）

乐器专利

2022年乐器专利发布分析……（293）

2022年中国乐器专利发布目录……（294）

职业技能篇

职业技能考核

2022年中国钢琴调律师行业概况……（391）

2022年全国钢琴调律师职业能力等级评价统计表……（392）

2022年通过钢琴调律师国家职业资格考核鉴定名单……（393）

音乐教育篇

音教大会

关于举办“2022国民音乐教育大会”的通知……（412）

相信音乐，热爱生活　奏响新时代华彩乐章“2022国民音乐教育大会”在京圆满收官……（414）

音教市场

关于艺术培训机构现状调研报告……（417）

产业集群篇

管理办法

中国轻工业特色区域和产业集群共建管理办法（2022年版）……（426）

工作会议

中国乐器协会举办“产业集群、分支机构、地方行业协会”工作会议……（429）

坚持抱团融合发展，努力实现回稳向上

——在产业集群、分支机构、地方行业协会工作会议上的讲话……（431）

经验分享

园区规划引领　产业融合发展　推动肃宁乐器产业迈向高质量
——中国北方乐器之都·肃宁 ……（438）

品牌带动　电商赋能　助力乐器产业突出重围、抢占国际市场
——中国电声乐器产业基地·郾郚 ……（439）

海外信息篇

全球乐器报告

日本 ……（442）

德国 ……（449）

澳大利亚 ……（454）

加拿大 ……（458）

英国 ……（463）

法国 ……（469）

意大利 ……（473）

巴西 ……（479）

俄罗斯 ……（482）

Contents

Industry

News Events

Twenty Important News of the Chinese Musical Instruments Industry in 2022 ....(2)

Annual Reports

2022 Annual Report of the Chinese Musical Instrument Industry ....(6)

Featured Events

The report of the 20th National Congress of the CPC receives positive response in the musical instrument industry... (29)

Ten Years of High Quality Development in Chinese Musical Instrument Industry ....(31)

The economic performance of 2022 Chinese musical instrument industry continues to slow down and the industry steadily releases development resilience ....(35)

Report on Technological Innovation and Talent Nurturing in 2021 Chinese Musical Instrument Industry ....(40)

2022 Make Music Day kicks off....(45)

Implementation of Tax and Fee Reduction Policies in the Musical Instrument Industry in the First Half of 2022 ....(47)

Dialogue with leading companies

Li Jianning ....(50)

Wang Guozhen ....(51)

Chen Hailun ....(52)

Terrence Wu ....(54)

Liu Yunbin....(55)

Gu Bingfeng....(56)

Zhang Xiaochuan ....(58)

Fan Tingguo ....(60)

Song Congjia....(61)

Huang Maoqiang....(62)

Shi Jianming....(64)

Chen Xuekong ....(66)

Zhao Zhe ....(67)

Zhang Huajun....(68)

Huang Zhikang....(69)

Zhu Wenyu ....(71)

Sun Qiang....(72)

Cheng Jiantong....(73)

Zhang Xubin ....(75)

Zhang Min....(76)

Qin Chuan ....(77)

Liu Weiming ....(78)

Zhang Lidong (79)
Luo Jinqi (81)
Chen Lianqin (82)
Zheng Mingtong (84)
Jiang Wei (85)
Lee Hyungguk (86)
Fang Yang (87)
Wei Wei (88)

Musical Instrument Exhibitions

Notice on organizing Music China (Nanjing) 2022 (89)
Notice on suspending Music China 2022 (89)
2022 NAMM Show takes place in Anaheim (90)
Musikmesse quits (90)

Brand Products

Brand Musical Instrument Products that are awarded the Title of State and Provincial Level and Famous Trademarks (91)

Statistical Data

Report on the economic performance of 2022 Chinese musical instrument industry (104)
China Musical Instrument Export Unit and Value in 2022 (113)
Basic Information on Export of Chinese Musical Instruments to All Continents in 2022 (115)
Basic Information on Export of Chinese Musical Instruments to Trade Organizations in 2022 (115)
2022 Chinese Musical Instrument Export Trade Mode (116)
Export destinations of China musical instruments in 2022 (117)
Export Destinations of Upright Pianos in 2022 (126)
Export Destinations of Grand Pianos in 2022 (131)
China Musical Instrument Import Unit and Value in 2022 (136)
Import countries and regions of China musical instruments (137)
Import Sources of Upright Pianos in 2022 (142)
Import Sources of Grand Pianos in 2022 (143)

Tasks of Association

Points of Work

Work Minutes of the CMIA in 2022 (146)
Summary Report of the CMIA in 2022 (149)
Third plenary of the Eighth CMIA Online Council Meeting takes place in Beijing (153)
Remarks by CMIA President Wang Shicheng at the Third plenary of the Eighth CMIA Online Council Meeting (155)

Activities of CMIA

CMIA visits “China North Musical Instrument Capital” Suning County (162)
CMIA pays a visit to Beijing Hsinghai Piano Group Limited (162)
Third plenary of the Eighth CMIA Online Council Meeting takes place in Beijing (162)

"Musical Instrument Cultural and Creative Industry Base" Project Evaluation Meeting Successfully Held in Tianjin Caigongzhuang Town .... (163)
Make Music Day 2022 kicks off........ (163)
CMIA Vice President Sun Ruiyong pays a visit to Ringway .... (164)
CMIA Party Branch organizes party learning event........ (164)
Industry cluster construction meeting between CMIA and Lankao Party Committee and Lankao County Government takes place in Beijing .... (165)
The Founding Conference of the CMIA Guqin Professional Committee held in Beijing........ (165)
The CMIA Senior Training Course for Professional and Technical Personnel held in Jiangsu Province .... (166)
The 2022 Economic Performance Symposium of the Chinese Musical Instrument Industry held in Jiangsu Province .... (166)
CMIA President Wang Shicheng inspected the Huangqiao Industrial Cluster........ (166)
CMIA President Wang Shicheng visited "China North Musical Instrument Capital" in Suning County .... (167)
The 2022 National Music Education Conference successfully concluded in Beijing........ (167)
The expert group of the Chinese national musical instrument industry cluster visits Lankao County, Henan Province for on-site evaluation........ (168)
CMIA participated the online Make Music Day International Exchange Conference .... (168)
Cooperation signing ceremony between CMIA and "China Music Education Magazine" held........ (168)
Zhang Chonghe, President of the China National Light Industry Council, visits Bian Liunian's Studio .... (169)
CMIA Holds Work Meetings on Industrial Clusters, Branches, and Local Industry Associations .... (169)
The kickoff meeting for the development of the National Vocational Skills Standards for the Musical Instrument Industry held .... (170)
CMIA Party Branch organizes to study the important article "The Historical Mission of the CPC in the New Era"... (170)
CMIA convenes 2022 Musical Instrument Science and Technology Meeting........ (171)

International Communications

CMIA International Communications and Cooperation in 2022........ (172)

List of Members

List of Corporate Members of CMIA .... (173)

Science &Technology

Working report of Science &Technology

2022 CMIA Science &Technology Meeting takes place in Beijing........ (205)
2022 CMIA Science &Technology working report........ (206)
Constantly push forward the integration and innovation of musical instrument industry development —remarks by CMIA President Wang Shicheng at 2022 CMIA industry Science & Technology meeting .... (210)

Year of Talent Nurturing

Push forward cross-sector cooperation in the Year of Talent Nurturing........ (217)
Work Report in the Year of Talent Nurturing........ (219)
Relevant awards in the Year of Talent Nurturing........ (221)

Science and Technology Awards

Relevant award list by China National Light Industry Council and other ministries .... (224)
Decision on awarding Top Ten "Science and Technology Enterprises" .... (227)

Musical Instrument Inspection

Work Report of National Light Industry Musical Instrument Quality, Supervision and Inspection Center (2022)...... (230)

Industry Craftsman

Zheng Quan...... (231)
Chen Deran...... (233)
Zhou Li...... (235)
Li Sufang...... (237)
Gu Bingfeng...... (238)
Zhao Zhe...... (239)
Liu Zhenghui...... (241)
Man Ruixing...... (242)
Liang Zhaoming...... (244)
Tan Baoli...... (246)
Yu Huidong...... (248)
Cao Weidong...... (250)
Xu Xiaofeng...... (252)
Song Enhui...... (254)
Song Shaokang...... (256)
He Xiangyi...... (258)
Zhao Hongliang...... (259)
Jin Haiou...... (261)
Wang Guoxing...... (263)

New Products

2022 New Products in musical instrument industry...... (266)

Musical Instrument Standards

2022 Work Report at National Musical Instrument Standardization Committee...... (285)
List of National Standards and Light Industry Standards (Musical Instruments)...... (290)

Patents

2022 Analysis of Musical Instrument Patents in China...... (293)
2022 Catalog of Musical Instrument Patents Issued in China...... (294)

Career Skills

Professional and Technical Ability Appraisal

General situation of Chinese Piano tuners and technicians in 2022...... (391)
Statistics on National Piano Tuners and Technicians Evaluation and Appraisal in 2022...... (392)
List of Piano-tuners of Passing the Evaluation and Appraisal of National Vocational Qualifications in 2022...... (293)

Music Education

National Music Education Conference

Notice of organizing 2022 National Music Education Conference...... (412)
"Believe in Music. Passion for Life"-2022 National Music Education Conference takes place in Beijing...... (414)

Music Education Market

Investigation report of current art training institutions .... (417)

Industrial Cluster

Management Measures

Management Measures for the construction of Chinese Light Industry Characteristic Regions and Industrial Clusters (2022 Edition) .... (426)

Work Meeting

China Musical Instrument Association Holds a Work Conference on "Industrial Clusters, Branches and Local Industry Associations" .... (429)

Remarks on "Industrial Clusters, Branches and Local Industry Associations" .... (431)

Experience Sharing

Capital of Musical Instruments in Northern China—Suning County .... (438)

China Electric Musical Instrument Industry Base—Tangwu Town .... (439)

Overseas Information

2022 Global Report

Japan .... (442)

Germany .... (449)

Australia .... (454)

Canada .... (458)

the United Kingdom .... (463)

France .... (469)

Italy .... (473)

Brazil .... (479)

Russia .... (482)

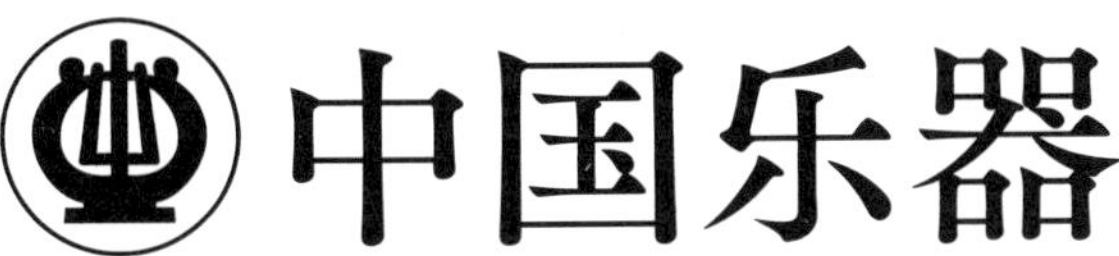

年鉴

—2023—

CHINA MUSICAL
INSTRUMENT YEARBOOK
（2023）

行业篇 1

指标数据篇 103

协会工作篇 145

科技创新篇 204

职业技能篇 390

音乐教育篇 411

产业集群篇 425

海外信息篇 441

新闻综述

2022年中国乐器行业二十大要闻

1．直面行业新格局，“云上乐器周”激发消费增量

1月18日—22日，由中国乐器协会、上海国展展览中心有限公司、法兰克福展览（香港）有限公司共同主办的“云上乐器周”在线举办。活动吸引174家展商携664件展品参展，在线平台访问人次达32.1万。活动集云展示、云发布、云营销、云对接、云课程等功能于一体，旨在推动海内外贸易对接、促进行业科技进步、激发消费市场增量。活动采取音视频一体化创意营销模式，为中国（上海）国际乐器展的线上服务延伸、展商线上业务拓展、观众线上观展体验开启了全新的思路。

2．助力冬奥文化建设，乐器行业传递中国声音

2月，北京冬奥会成功举办，广大乐器企业以实际行动助力冬奥，传递“一起向未来”的美好期许。活动期间，星海冬奥主题三角钢琴成功入驻冬奥村，中国设计元素博得组委会赞许的目光；龙凤古筝入选奥林匹克青少年音乐全国总展演专用古筝；博兰斯勒水晶钢琴亮相国风版《一起向未来》MV，展现钢琴艺术与现代科技的完美融合。逐梦冬奥，乐享冰雪，乐器企业奏响冰雪旋律，向世界传播中国声音，展示中国风采。

3．宣贯两会精神，协会党支部召开扩大会议

3月，中国乐器协会党支部召开扩大会议，专题学习全国两会精神，中国轻工业联合会党委副书记、协会党支部书记、理事长王世成领学并强调，党支部要紧密联系行业实际，深入学习习近平总书记重要讲话精神，认真把握《政府工作报告》的精神内涵，在践行国家战略、服务人民美好生活、服务乐器行业高质量发展中，始终坚持党的领导，提高政治站位，增强“四个意识”、坚定“四个自信”、做到“两个维护”，不断提升服务能力与水平。

4．统筹布局人才建设，理事会助推行业高质量发展

4月12日，中国乐器协会八届三次理事（扩大）在线会议隆重召开。大会审议通过2021年度理事会工作报告、财务报告及中国乐器协会第八届理事会人事调整议案，表彰了2021年度中国乐器行业50强及先进集体，三家企业代表分享了人才建设工作经验。王世成理事长从国家战略、人才建设、科教融合、强化服务、表彰激励五个维度统筹布局“人才建设年”工作，建议会员企业深化“产、学、研、用”结合，打通科技创新堵点，推进人才队伍建设，强化科技音教有效融合，构筑乐器行业高质量发展创新引擎。

5．“技能强国、创新有我”，工匠精神征文谱写行业主旋律

5月8日，为深入贯彻习近平致首届大国工匠创新交流大会的贺信精神，乐器协会推出“技能强国、创新有我”主题征文活动，中国乐器协会官微、《中国乐器》杂志相继刊载来自钢琴、提琴、电鸣、民族乐器、艺术教育领域的大国工匠、非遗传承人和科技创新先进人物事迹共计20篇，激励全行业职工爱岗敬业、弘扬工匠精神，在全球乐器制作舞台上塑造“中国品牌”群体形象。让大国工匠的情怀、科技创新精神成为行业发展主旋律，扎实推动行业向中高端现代乐器制造产业快速迈进。

6．云端连世界，“6・21国际乐器演奏日”共谱新华章

6月，“6・21国际乐器演奏日”器乐文化展演活动在我国180座城市成功举办。有近800家组织单位创意策划2500场专题汇演，直接参与人数达到30万人。活动期间，乐器协会120余家会员企业积极参与文化展演，天猫、抖音在线直播教学、演奏活动观看人流达31万人次，在线点击量达2.4亿人次。9月，在“6·21国际乐器演奏日”创办40周年国际线上交流会中，来自美国、澳大利亚和肯尼亚的代表对中国“6·21国际乐器演奏日”的活动规模和效果表示赞赏，希望今后以“6·21国际乐器演奏日”活动为载体，加强国际间器乐文化活动的横向合作与交流。

7. 夯实人才根基，技术研修班推动“产、学、研、用”高效联动

7月20日，由中国乐器协会主办，江苏省泰兴市黄桥镇人民政府承办的专业技术人员高级研修班在江苏黄桥成功举办。中国轻工业联合会党委副书记、中国乐器协会理事长王世成，泰兴市人民政府副市长惠星，黄桥镇人民政府镇长蒋益公等领导出席开班仪式。来自全国15个省市地区的42名会员企业的技术骨干参加培训。研修班按照“定位要准、水平要高、效果要好”的工作要求，邀请相关专业领域的权威教授专家授课，群策群力夯实产业人才根基，推动“产、学、研、用”高效联动，构筑行业专家、科技之星、能工巧匠、技术能手相互映衬的创新人才体系新格局。

8. 解放发展思想，经济运行座谈推动企业数智化转型

7月21日，针对国家减税降费等扶持政策落地情况、上半年企业经营状况等，中国轻工业联合会党委副书记、中国乐器协会理事长王世成与长三角地区和来自全国其他9个地区的19位企业家进行了座谈交流。针对近年乐器行业经济运行下行压力加大的情况，广大会员企业不断转换经营思路，加大研发技改投入，做强做大自主品牌产品，持续推动企业数字转型。王世成理事长强调，协会将加大政策反映力度，企业要解放思想，科学地算好“加法”和“减法”，深化“产、学、研、用”的融合，依靠科技创新推动行业高质量发展，以实际行动迎接党的二十大胜利召开。

9. 直面产业链挑战，国民音教大会推动美育创新发展

8月，“2022国民音乐教育大会”在京圆满收官。200位专家在九大分会场举行60余场音教成果展示交流。大会特别策划首届民族器乐展演，汇聚1000多名器乐选手。700余名音乐教育工作者，2700多名“万叶杯”论文参评教师，以及腾讯、央视频网络平台近70万在线观众热情参会。三天展会期内，与会专家直面音教产业发展热点，切入难点和痛点，分享艺术人才培养的真知灼见。全体音乐教育工作者心怀赤诚，共同推动美育创新发展，奏响迎接党的二十大的华彩乐章。

10. 品牌提档升级，轻工升级和创新消费品名录乐器榜上有名

9月9日，中国轻工业联合会公示2022年度《升级和创新消费品指南（轻工第九批）》入围产品，共计126项产品，其中58项产品入围升级消费品建议名单，68项产品入围创新消费品建议名单。乐器产品入围升级消费品4项，入围创新消费品5项，分别占到入围产品总量的6.9%和8.6%。此次多项乐器产品的入围，表明乐器行业在“增品种、提品质、创品牌”方面取得新突破，同时也展现出广大乐器科研人员追求卓越、精益求精、攻关克难的创新精神，必将带动一批高质量乐器消费的新升级，释放乐器市场消费的新潜力。

11. 完善职业建设，“乐器设计师”“斫琴师”入选《国家职业分类大典》

9月27日，人力资源和社会保障部正式向社会发布新修订的《中华人民共和国职业分类大典》。由中国乐器协会通过中国轻工业联合会向人社部申报的“斫琴师”和“乐器设计师”两个新职业获批入选。自此，国家职业分类大典涵盖的乐器行业职业扩充为11类，基本涵盖乐器专业门类，为培养一线乐器的能工巧匠队伍提供保障。新职业的发布，对于增强从业人员社会的认同度，促进就业创业，拓展职业技能培训与评价工作，推动完善行业发展都具有重要意义。

12. 企业发展韧性增强，《2022年上半年乐器行业经济运行分析》发布

9月，中国乐器协会发布《2022年上半年乐器行业经济运行分析》报告。中国乐器协会直报数据显示，骨干企业抗压韧性明显增强，上半年骨干企业利润率7.47%，高于规模以上企业1.54个百分点；企业研发技改投入强度超过6.2%，全员劳动生产率同比提高28%；东盟累计乐器出口额1.16亿美元，同比增长10.48%，《区域全面经济伙伴关系协定》（RCEP）出口支撑作用持续显现。

13．推动制造强国，“专精特新”助推中小企业转型升级

10月10日，中国乐器协会印发《关于在全行业内加强和推广“专精特新”工作的实施意见》，引领全行业聚焦关键技术和重点产品，致力向专业化、精细化、特色化、新颖化发展，旨在进一步激发中小企业活力和发展动力，推动中小企业转型升级。目前全行业已有吟飞、幻音、奇美、艾立卡等8家企业被认定为省（市）级专精特新“小巨人”企业，海伦、吟飞、乐海、北京珠江、北京罗兰盛世、乐界乐、森鹤、奥维斯等38家企业被认定为省（市）级“专精特新”中小企业。

14．共促美育发展，乐器协会、中国音乐教育杂志强强联合

10月11日，中国乐器协会和人民音乐出版社双方签署合作协议，明确依托国民音乐教育大会平台，合力将“万叶杯”音乐教育论文（教案）征集评选特色项目做大做强，落实中央、国务院新时代美育工作文件精神，促进音乐教育领域基础理论研究和基层教学工作。双方将共同携手做好音乐教育普及和音乐文化推广工作，努力实现“乐器成为家庭标配，音乐成为生活刚需”的奋斗目标。

15．新起点、新征程，党的二十大报告引发全行业热烈反响

10月16日，中国乐器协会和珠江钢琴、星海钢琴、得理乐器、吟飞科技、江苏奇美等会员企业党支部组织广大党员群众收看二十大开幕实况转播，认真听取了习近平总书记的报告。党的二十大报告引发全行业热烈反响，广大党员群众展开热烈讨论与交流。中国轻工业联合会党委副书记、中国乐器协会党支部书记、理事长王世成强调，协会党支部要按照中国轻工业联合会党委的统一要求，联系行业工作实际，按照边学习、边理解、边贯彻、边落实的原则，将二十大精神贯穿在行业工作中，为企业加大创新投入，提高中高端产品比重，扩大音乐人口赋能，力保乐器行业平稳回升。

16．展器乐文化魅力，中国乐器品牌绽放进博会

11月5日—10日，第五届中国国际进口博览会在国家会展中心（上海）成功举办。乐器企业作为各地方展团文化要素，绽放多彩文化魅力。上海民族乐器一厂有限公司携敦煌“东西物语”新品乐器亮相大会，共谱一曲“礼遇东西”；柏斯音乐集团总裁吴天延出席中欧企业家大会，积极推动中欧音乐文化合作交流；津宝乐器创意展示国庆大典军号、定音鼓，为天津展区增色添彩；老字号龙凤乐器向海内外友人展示筝声琴韵风采，热情推广中国琴筝文化。中国乐器产业为进博会增添了一道靓丽的风采。

17．稳经济、保增长，产业集群、分支机构、地方协会工作会在京召开

11月14日，产业集群、分支机构、地方行业协会工作会议在京召开。国内特色产业集群、分支机构、地方行业协会及乐器企业代表130余人线上参会。王世成理事长指出，年终行业工业增速下降、出口持平，累计利润和营收利润增长，骨干企业科技创新明显带动生产效率提升，产业集群、分支机构和地方行业协会组织发挥重要作用。王世成对3个领域的工作提出要求。他指出，分支机构提高政治站位，抓实职业能力评价与标准化工作；产业集群工作坚持特色建群、优势强群，完善一平台六中心建设工作；地方行业协会共同把握好一家人、一盘棋原则。在党的二十大精神指引下，用足政策红利，夯实人才队伍建设，推进“乐器三进”工程，强化全产业链融合，努力为实现乐器强国共同不懈奋斗。

18．增强标准适应性，职业技能标准启动会在京召开

11月14日，《乐器行业国家职业技能标准》编制启动会议在京召开。会议采用线上线下相结合的方式进行，近80余人参加会议。与会领导表示，随着技术岗位发展变化，原有7项职业技能标准已不能适应行业现状和市场发展需要，修订国家职业技能标准，增强职业教育适应性，建立以职业活动为导向、以职业能力为核心的国家职业技能标准体系势在必行。职业技能标准编制意义重大，需从产业发展高度认识技能人才培养工作。《标准》制定需把握乐器行业发展趋势，围绕人才培养评价需要，有序提升从业人员素质，促进行业高质量发展。

19.《乐器有害物质限量》标准助推产业绿色发展

12月29日，乐器行业强制性国家标准GB 28489—2022《乐器有害物质限量》发布，并于2024年1月1日正式实施，该标准将代替GB/T 28489—2012《乐器有害物质限量》。作为乐器行业首个国家标准，GB/T 28489—2012《乐器有害物质限量》于2012年11月正式实施，对于严格防控乐器有害物质对室内环境的污染，降低乐器污染对人身体健康的伤害，提升乐器行业整体产品质量，保护消费者的身体健康权益具有重要意义。此次标准的修订，为进口旧钢琴等设置了红线，从源头上推进乐器行业向安全、健康、可持续道路发展。

20.稳中求进，科技大会推动“创新融合年”

岁末年初，乐器行业科技创新与产业发展大会在京召开。大会主题聚焦“科技·人才·创新·融合·发展”。与会代表围绕“推进三个创新，统筹三个融合，持续扩大两个比重”展开探讨交流。大会对中国轻工业联合会“科学技术奖”、数字化转型先进单位暨领军人物，以及年度科技强企、科技之星、行业工匠进行隆重表彰。会议同期，8家单位举行了云端科研创新、校企联合项目签约。王世成理事长指出，乐器行业要以中央经济工作会议的“稳字当头、稳中求进”精神为统领，扩大中高端产品和音乐人口比重，统筹深化产业链、产业集群、国内外资源跨界融合，启航乐器行业“创新融合年”。

年度报告

2022年中国乐器行业年度报告

综述篇

2022年，全行业深入贯彻党的二十大精神和中央经济工作会议精神，企业和业界同人们抓抗疫、稳产销、重创新、谋发展，市场蓄势恢复，行业效益回稳向好。全体乐器人以新发展理念为统领，以高质量发展为首要任务，以科技、人才、创新“三个第一”要求为遵循，凝心聚力，坚定信心，统一思想，融通全产业链，共同推动行业高质量转型发展。

一、2022年度乐器产业运行数据分析

全国乐器行业规模以上企业227家，增长10.19%；营收同比下降12.41%，月度走势宽幅波动；其中：中国民族乐器类企业营收增长12.31%，利润下降13.68%，同比2020年增长6.74%；利润率6.50%，高于同期全国轻工行业6.37%的平均水平；营业成本同比下降12.17%，生产效率逐步提升。

全行业89家骨干企业累计完成营业收入117.96亿元，同比下降12.02%；实现利润总额10.59亿元，同比下降9.18%；利润率8.98%，高于同期规模以上乐器企业及全国轻工行业的平均水平（骨干企业主营业务收入占规模以上乐器企业总额48.79%，具有一定代表性）。

海关数据显示，2022年我国累计完成乐器出口21.90亿美元，同比下降6.25%，同比2020年增长16.25%。进口额5.63亿美元，同比下降1.37%，钢琴进口占比接近一半。总的来说，2022年延续降势也显示当前我国外贸复苏基础依然不牢固。但是，近几年，国际市场布局多元化更加明显，传统贸易市场表现分化。据海关数据显示，出口贸易组织中，我国乐器行业对RCEP、东盟、“一带一路”沿线国家和地区等新兴市场的出口保持较快增长，其中对RCEP其他14个成员国出口额为5.89亿元，同比增长3.76%，成为我国乐器出口的第三大贸易伙伴；对“一带一路”沿线国家和地区乐器出口4.75亿美元，同比增长6.62%；对东盟乐器出口2.77亿美元，同比增长15.35%，它们为中国外贸发展注入新动力，对稳定我国外贸发挥了积极作用。

总体而言，2022年是骨干企业发挥行业引领作用，带动产业链上下游中小微企业复工达产，实现产业链上下游各要素环节共同发展，合作共赢的一年，全行业跨界融合创新，创新文化营销方式，推动行业高质量可持续发展，迈进创新融合年。

二、2022年度乐器产业经济运行特点

（一）党建引领，市场企稳，智能制造推动产业升级

1．宣贯两会精神，力保行业平稳回升

新的历史起点，中国乐器行业在党的领导下迈进新征程。2022年3月，中国乐器协会党支部召开扩大会议，协会党支部紧密联系行业实际，深入学习习近平总书记重要讲话精神，把握《政府工作报告》的内涵，提高政治站位，增强“四个意识”、坚定“四个自信”、做到“两个维护”，以提升服务能力和水平。10月13日，中国乐器协会党支部组织全体党员集中学习《求是》杂志发表的习近平总书记重要文章——《新时代中国共产党的历史使命》和中国共产党第十九届中央委员会第七次全体会议公报。10月16日，中国乐器协会携手珠江钢琴、星海钢琴、得理乐器等会员企业党支部，组织广大党员群众收看二十大开幕实况转播，并认真聆听习近平总书记的报告。报告在乐器行业引发热烈反响。王世成理事长强调，要结合行业工作实际，提倡企业加大创

新投入，提高中高端产品比重，扩大音乐人口赋能，以保障乐器行业平稳回升。

2022年，中国乐器行业在党的领导下，通过学习党的精神和理念，不断提升服务能力和水平，积极贡献于乐器行业的高质量发展。在国家战略和人民生活服务中，坚持党的领导，以创新和提升产品质量为核心，为推动乐器行业的繁荣和进步发挥着积极作用。

2．市场止损企稳，产业结构转型升级

2022年，全行业呈发展震荡下行态势，运行压力显著加大，运行质效水平趋于下滑，运行情况呈现出“三降、两增、两高、一提升”的特点。“三降”即工业增加值下降9.0%，规模以上企业营业收入下降12.41%，利润下降13.68%；“两增”是指规模以上企业数量增长10.19%，中乐器营收增长12.31%；“两高”即骨干企业利润率8.98%、产业集群利润率10.91%，均高于规模以上企业平均值；“一提升”即生产效率提升，营业成本同比下降12.17%。

但要看到，随着人工智能、大数据、云计算等新技术的快速发展，我国乐器行业骨干企业在智能制造、自动化生产和智能供应链等领域持续发力，有序提高生产效率和产品质量。另外，随着城镇化进程推进和居民收入水平提高，消费者对乐器品质和创新需求不断增加，“一带一路”倡议促进中国制造业的技术升级和产业转型，推动中国制造业走向全球价值链的高端。面对产业发展挑战，行业同人抓住技术创新机遇，开拓国内市场和“一带一路”市场，加强与高校和科研机构的合作，保持固有竞争优势，推动全行业绿色可持续高质量发展。

3．务实商研会员诉求，企业迈进数智化转型

2022年，为统筹布局创新融合年各项工作，助推行业高质量发展，中国乐器协会八届三次理事（扩大）在线会议成功召开。王世成理事长从国家战略、人才建设、科教融合、强化服务、表彰激励5个维度统筹布局“创新融合年”工作，建议会员企业深化“产、学、研、用”结合，打通科技创新堵点，推进人才队伍建设，强化科技音教的有效融合，构筑乐器行业高质量发展创新引擎。

2022年，乐器行业经济运行下行压力加大，广大会员企业不断转换经营思路，加大研发技改投入，做强做大自主品牌产品，持续推动企业数字转型。针对国家减税降费等扶持政策落地情况、上半年企业经营状况等，中国轻工业联合会党委副书记、中国乐器协会理事长王世成与长三角地区和来自全国其他9个地区的19位企业家进行了座谈交流。王世成理事长强调，协会将加大政策反映力度，企业要解放思想，科学地算好“加法”和“减法”，深化“产、学、研、用”融合，依靠科技创新推动行业高质量发展，以实际行动迎接党的二十大胜利召开。

4．稳经济、保增长，集群、分支机构建设有序推进

复盘2022年行业发展，乐器制造工业增速下降、出口持平，累计利润和营收利润增长，骨干企业科技创新明显带动生产效率提升，产业集群、分支机构和地方行业协会组织发挥重要作用。在产业集群、分支机构、地方行业协会工作会议中，王世成理事长指出，分支机构提高政治站位，抓实职业能力评价与标准化工作；产业集群工作坚持特色建群、优势强群，完善“一平台六中心”建设工作。2022年，行业共建的11个乐器产业集群，共计1760家企业，从业人员11万余名，累计完成营业收入126.19亿元，实现利润总额13.77亿元，同比增长3.35%；利润率10.91%，高于同期规模以上企业。

2023年3月，中国乐器协会赴珠三角、京津冀以及川贵、河南等地区，调研走访各地会员企业和产业集群，召开10次座谈会，从调研总体情况来看，上游材料配件产业紧扣市场需求，克服原料采购和物流困难，尽量满足下游产业所需。各地产业集群启动早、生产势头旺，音乐教育市场在恢复与完善中调整定位，积极应对市场变化与需求；总体情况来看，全行业生产需求逐步恢复向好。

（二）两翼发力，六轮驱动，科技创新推动产业升级

1．科技创新喜结硕果，科研综合水平持续提高

2022年，中国乐器协会始终把科技创新放在重要位置，按照“两翼发力、六轮驱动”的整体思路，务实推动科技创新各项工作。协会以行业专家委为支撑，搭建了科技创新工作体系，致力于引导全行业围绕科技创新综合水平提高制定目标和采取措施。

在平台建设方面，行业科技创新平台得到显著提升。现有的56个平台中，有19%的增长，相比原先的47个基础平台有了显著提升。其中，天津津宝的设计中心荣获国家工信部授予的“国家级工业设计中心”称号，其他7个则是省级研发平台。上海民族乐器一厂设计创新中心荣获上海市经济和信息化委授予的“2022年度上海市级设计创新中心”称号。

科技投入方面，尽管今年各地受到新冠疫情和成本高企的影响，企业综合效益波动较大，但全行业科技创新投入的势头并未减弱。22家规模较大企业科技研发投入抽样统计结果显示，科技创新投入强度高达5.23%。在科技成果方面，协会积极指导企业申报中国轻工业科学技术奖。中国乐器协会推荐的16个项目全部入围，并经过中经联组织专家评审初步确定，其中一等奖1个、二等奖2个、三等奖5个。申报的项目内容涉及发明类、智能化、数字化等领域，科技含量明显提高，占比达到56%。

在乐器学研究方面，中国乐器协会与南京艺术学院合作创办全国乐器学研究高峰论坛，论坛共征集103篇论文，并经过组委会初步审核和有关专家会审，选取86篇论文录入论文集，并推荐参与后期的论坛交流活动。其中，乐器行业提供的论文占总数的32.6%，充分反映了乐器行业在乐器研究、创新、创优和培育高层次技术人才方面取得的显著进展。通过会员企业的不懈努力，推动了行业的科技创新，为行业的发展注入了新的活力。

2．中高端产品不断崛起，创新引领行业发展

近年来，乐器行业通过一系列举措，如技术引进、品牌合作、人才交流和兼并整合等，成功提升中高端产品在市场中的份额。钢琴行业中高端产品占据三分之一以上的市场份额，而弦乐器、管乐器和打击乐器的中高端产品比例约占40%。在民族乐器领域，中档产品占比约为30%，高端产品占比约为20%。此外，拥有自主品牌和自主知识产权的电子乐器中高端产品的比例也超过了20%。值得一提的是，2022年工信部组织开展的《升级和创新消费品》审定中，乐器行业有9项中高端新品入选，其中4项为升级消费品，5项为创新消费品，分别占轻工入围产品总量的6.9%和8.6%。近年来，协会组织的“全球首发新品”征集活动也逐渐增多，近70家企业共研发了110多项新品，并将在第二十届上海国际乐器博览会期间进行发布。

为进一步推动行业发展，2022年，中国乐器协会制定了《关于在全行业内加强和推广“专精特新”工作的实施意见》，引导企业专注关键技术和重点产品，推动专业化、精细化、特色化和创新化发展。通过促进中小企业的“专精特新”发展，激发了中小企业的活力和发展动力，推动了它们的转型升级。目前，已有吟飞、幻音、奇美、艾立卡等8家企业被认定为省（市）级专精特新“小巨人”企业，海伦、吟飞、乐海、北京珠江、北京罗兰盛世、乐界乐、森鹤、奥维斯等38家企业被认定为省（市）级“专精特新”中小企业。此外，天津市津宝乐器有限公司在工信部组织的第七批制造业单项冠军企业培育遴选中获得认可，珠江钢琴集团作为第一批单项冠军产品入选企业也通过了复评。在不断创新的引领下，乐器行业中高端产品的崛起为行业发展注入了新的动力。

3．乐器行业标准与专利研发能力不断提升

2022年，全国乐器标准化工作着力提升标准的规划与研发能力，涵盖声学品质测评技术、产品标准质量分级、定制产品标准、低碳环保与绿色设计、强制标准制定与宣传实施、国际或出口国标准采用鼓励、团体标准培育和发展、促使优势技术标准成为国际标准等10个方面。

复盘2022年行业标准化建设工作，乐器行业按计划完成了21项标准的审定和报批工作，另外21项标准正在陆续研发和报批。其中，国家标准委于2022年发布了《乐器有害物质限量》强制性国家标准，其他包括《电鸣乐器合成器通用技术条件》等4项标准正在进行审定，并将提交报批。

在团体标准方面，乐器行业申报备案的7项团体标准中，已有1项在2021年底发布。2022年9月，中国轻工业联合会组织对《电子钢琴绿色设计产品评价

技术规范》和《电鸣乐器智能功能等级评价》等两项团体标准进行了审定，并在修改后提交报批。同时，根据国家知识产权局发布的统计数据显示，乐器行业2022年累计授权专利达到1453项，同比增长11.7%。其中，发明专利和实用新型专利达到1130项，占总量的77.8%，同比增长10.6%。涉及研究与创新的专利数量为482项，占总量的33.2%，创下历年之最。这一数据充分说明乐器行业在专利创新水平上不断提高，为乐器行业的技术进步和创新发展提供了更广阔的空间。

4．乐器行业大项目投资、数字技术应用持续提升

2022年，乐器行业在大项目投资和数字技术应用方面取得了显著进展。一系列大项目相继投入，如珠江的文化产业创新创业孵化园、海伦的钢琴及钢琴配件项目、宜昌金宝的旅游工厂及夷陵生产基地、天津津宝的研发与生产基地等。同时，星海的肃宁产业基地项目已正式投产，乐海的文化产业园项目也开始运营。上民一在兰考和肃宁的新产业基地也已签约实施。这些投资2亿～5亿元大项目的完成，将为乐器行业的“十四五”高质量发展提供强大的动力和后劲。此外，各产业集群也纷纷采取实际行动，推出一系列举措。黄桥被誉为“中国提琴产业之都”，实施了“绿岛”项目；肃宁则实施“三海”联盟发展新战略，成为“中国北方乐器之都”；郾部打造了“中国电声乐器产业基地”，推动乐器跨境电商平台等发展。

数字技术应用在乐器行业也呈现有序提升的态势。在国家大力推动数字化转型政策的指导下，乐器行业积极响应并加大了数字技术应用的力度。珠江钢琴引入了全自动生产线体系；吟飞建立了云数字音乐共享平台和乐器数字接口（MIDI）智能数字音乐工作站；天津津宝应用机械人喷涂技术以及鼓圈与鼓腔、铜管乐器气缸与萨克斯管体全自动生产线；得理推出了智联云采供应商关系管理（SRM）供应链管理系统和智联云仓仓库管理系统（WMS）仓储数据管理平台等数字技术应用项目。此外，得理、吟飞、蔚科、幻音、艾茉森、罗兰、乐界乐等企业也积极进行数字技术产品的研发和推广，全行业朝着自动化、高端化和数字化的方向迈进了一大步。

以上努力使珠江、得理、吟飞、津宝4家企业荣获中国轻工业“数字化转型先进单位”称号，同时珠江的李建宁、得理的顾冰峰、吟飞的范廷国、蔚科的赵哲被授予中国轻工业“数字化转型领军人物”荣誉。乐器行业在大项目投资和数字技术应用方面取得的持续进展将为行业的未来发展带来巨大的推动力。

（三）夯实人才建设工作，完善职业评价认证体系

1．推进高技能人才培养和专业发展

2022年是协会确立的“人才建设年”，乐器行业在推进高技能人才培养和专业发展方面取得了积极进展。首先，人才培养机制逐步完善，职业技能培训、考评和鉴定工作持续加强。国家人力资源社会保障部刚刚公布的“斫琴师”和“乐器设计师”两个新职业，使乐器行业已有11个职业被列入国家职业大典，基本涵盖了乐器的各个专业门类。相关分支机构已编制了各个专业技能的标准、教材和题库。同时，合作筹建“乐器工匠学院”的工作也已列入议事日程，为肃宁成为“中国北方乐器之都”做出努力；其次，钢琴调律师专业的考评鉴定工作取得了积极成果。尽管受到疫情的影响，各个鉴定站仍发挥地区优势，全年考评鉴定人次达到1012人次，比2021年增长了11.2%。截至目前，钢琴调律师专业已累计完成考评和鉴定10061人次，突破了万人大关；另外，为了更好地传承中华传统文化和推动“斫琴师”新职业技能的发展，乐器行业适时增设了“古琴专业委员会”。为了超前布局、推进数字化转型和全方位融合音乐产业，乐器行业联结各方资源，成立了“未来音乐专业委员会”，既完善了行业产业布局，也为培养特色技能人才提供了基础和保障。

2．推进高素质人才培养和专业发展

2022年，乐器行业在推进高素质人才培养和专业发展方面成效显著。首先，协会组织开展了乐器行业“技能强国、创新有我”主题征文活动，响应习近平总书记的重要指示。行业先进科技工作者们积极撰写文章，包括轻工大国工匠、行业科技之星、民乐制作技艺非遗传承人的代表，如郑荃、陈德然、顾冰峰、赵哲、谭宝利、周力、曹卫东等。这些文章弘扬了大国工匠情怀，体现了科研创新精神，激励着乐器行业同人坚守初心、担当使命。

其次，乐器行业举办了全行业的“专业技术人才高级研修班”。研修班按照“定位要准、水平要高、效果要好”的要求开展，取得了预期的效果。课程设置专业、专家阵容强大，组织力度大，参与研修的学员中，超过60%是总经理和技术副总。行业骨干企业都派人员参与，一些企业的老总亲自带队组团参加。此外，黄桥镇政府从各个方面给予了大力支持，提供人力、财力、物力和社会资源的支持。乐器行业对科技创新和人才培养工作的高度重视令人欣慰。

乐器行业在推进高素质人才培养和专业发展方面的努力，为行业的未来提供了坚实的支持。我们将继续深入贯彻落实习近平总书记的重要指示，加强人才培养和教育工作，推动乐器行业向着更高水平迈进。

3．推进高标准人才评价和培育工作

乐器行业在推进高标准人才评价和培育工作方面持续发力，协会逐步建立了评价工作的两套体系，助力人才成长和企业创新能力建设。首先，通过全国职业技能竞赛体系，乐器行业评选出了一大批优秀的高技能人才。这些人才的选拔和竞赛活动提高了行业内技能水平，促进了人才的成长和交流。其次，协会建立了高端人才培育评价体系，包括从“科技之星”到“行业工匠”再到“轻工大国工匠”的评价体系。2023年，协会进行了初审和专家评审，最终评选出2022年度的31名科技之星和24名行业工匠。

目前，乐器行业已培育出2名轻工大国工匠、51名行业工匠和158名行业科技之星。这些人才的培养和评价工作不仅提升了行业的科技创新水平，也打造出一批科技创新精英团队和行业专家。乐器行业在高标准人才评价和培育方面的努力为行业的发展提供了强有力的支持。我们将继续加强人才评价体系的建设，提高评价标准和质量，培养更多高素质、高技能的人才，为乐器行业的创新发展和国际竞争提供有力的支撑。

（四）拓展音教服务，有序扩大社会音乐人口

2022年，促进国民音乐教育，奏响时代华彩乐章。自2018年起，中国乐器协会向全社会发出“乐器成为家庭标配、音乐成为生活刚需”的倡议，并通过协会主办的各种活动，在全社会掀起学习音乐、乐玩乐器的热潮，为扩大全社会音乐人口发挥了积极的助推作用。2022年，“6・21国际乐器演奏日”和“国民音乐教育大会”成功举办，知名专家、教育家、演奏家、音乐家与音乐爱好者、乐迷齐聚一堂，共同享受音乐带来的美好，冲破阴霾，相信音乐，热爱生活。

1．直面行业新格局，“云上乐器周”激发消费增量

1月18日—22日，由中国乐器协会、上海国展展览中心有限公司、法兰克福展览（香港）有限公司共同主办的“云上乐器周”在线举办。活动吸引174家展商携664件展品参展，在线平台访问人次达32.1万。活动集云展示、云发布、云营销、云对接、云课程等功能于一体，旨在打破疫情桎梏，推动海内外贸易对接、促进行业科技进步、激发消费市场增量。活动采取音视频一体化创意营销模式，为中国（上海）国际乐器展展会的线上服务延伸、展商线上业务拓展、观众线上观展体验开启了全新的思路。

2．云端连世界，“6・21国际乐器演奏日”共谱新华章

6月，“6・21国际乐器演奏日”器乐文化展演活动在我国180座城市成功举办。有近800家组织单位创意策划2500场专题汇演，直接参与人数达到30万人。活动期间，乐器协会120余家会员企业积极参与文化展演，天猫、抖音在线直播教学、演奏活动观看人流量达31万人次，在线点击量达2.4亿人次。同年9月，在“6・21国际乐器演奏日”创办40周年国际线上交流会中，来自美国、澳大利亚和肯尼亚的代表对中国“6・21国际乐器演奏日”的活动规模和效果表示赞赏，希望今后以“6・21国际乐器演奏日”活动为载体，加强国际间器乐文化活动的横向合作与交流。

3．直面产业链挑战，国民音教大会推动美育创新发展

8月，“2022国民音乐教育大会”在京圆满收官。200位专家在9大分会场举行60余场音教成果展示交流。大会特别策划首届民族器乐展演，汇聚1000多名器乐选手。700余名音乐教育工作者，2700多名“万叶杯”论文参评教师，以及腾讯、央视频网络平台近70万在线观众热情参会。三天展会期内，与会专家直面音教产业发展热点，切入难点和痛点，分享艺术人才培养的真知灼见。全体音乐教育工作者心怀赤诚，共同推动美育创新发展，奏响迎接党的二十大华彩乐章。

10月11日，中国乐器协会和人民音乐出版社双方签署合作协议，明确依托国民音乐教育大会平台，合力将“万叶杯”音乐教育论文（教案）征集评选特色项目做大做强，落实中央、国务院新时代美育工作文件精神，促进音乐教育领域基础理论研究和基层教学工作。双方将共同携手做好音乐教育普及和音乐文化推广工作，努力实现“乐器成为家庭标配，音乐成为生活刚需”的奋斗目标。

4．助力冬奥文化建设，传递中国声音

2022年2月，北京冬奥会的成功举办得到了广大乐器企业的积极支持，他们以实际行动助力冬奥，传递着“一起向未来”的美好期许。在活动期间，星海冬奥主题三角钢琴成功入驻冬奥村，其中国设计元素也赢得了组委会的赞赏。龙凤古筝作为奥林匹克青少年音乐全国总展演专用乐器，也受到了青睐。此外，博兰斯勒水晶钢琴在国风版《一起向未来》音乐视频中亮相，展现了钢琴艺术与现代科技的完美融合。乐器企业通过这些举措，不仅奏响了冰雪旋律，向世界传播了中国声音，也展示了中国的风采。

乐器行业还在11月的第五届中国国际进口博览会中展示了其文化魅力。作为各地方展团的重要文化元素，乐器企业展现了多样化的魅力。上海民族乐器一厂有限公司带着敦煌“东西物语”新品乐器亮相会场，共同奏响了一曲“礼遇东西”的乐章。柏斯音乐集团总裁吴天延参加了中欧企业家大会，积极推动中欧音乐文化的合作交流。津宝乐器展示了国庆大典军号和定音鼓，为天津展区增添了色彩。老字号品牌龙凤乐器向海内外的朋友展示了中国筝声和琴韵的风采，热情推广了中国的琴筝文化。乐器行业的参与为进博会增添了一抹亮丽的风采。

乐器行业在助力冬奥文化建设和参与进博会中发挥了重要作用，传递了中国的声音和文化魅力。我们将继续推动乐器产业的创新发展，为推广中国音乐文化做出更大的贡献。

三、2023乐器行业展望

2023年，乐器行业面临复杂的外部环境和艰巨的稳定任务，同时也迎来了发展的机遇。恢复和扩大需求成为当前经济持续回升的关键，预计乐器行业运行指数将逐步回升，盈利能力有所改善。然而，全球经济增长放缓和国际市场需求复苏的不确定性仍然存在。

面对这一形势，乐器行业需要坚持深化转型升级，提高产业韧性和抗风险能力。充分抓住市场复苏的机遇，制定发展规划，实施“创新融合年”工作，落实“三创新、三融合、两提升”目标。同时，要结合当前形势制定“恢复期”的具体方案，调整产品结构以适应市场需求的变化。在经济增长的道路上，乐器行业要着力提升创新能力，激发新动力、转换新动能、创造新业态。同时，要推进人才培养、器材升级和用才方面的工作，为行业发展注入新活力。通过务实的推进，乐器行业将实现温和复苏并迈向可持续、高质量发展。在经济发展的大盘中，乐器行业必将发挥自身优势，为国家经济做出积极贡献。

钢琴篇

2022年，中国钢琴产业再度面临发展关键节点，总体呈现稳健上升态势。随着市场规模扩大和消费者需求的深化，钢琴价值已从物质符号提升为精神追求的象征。面对市场需求收缩、价格竞争加剧等困难，我国钢琴产业积极寻找新的生产销售模式以适应市场变化。科技进步，尤其是AI、VR和大数据的应用，为钢琴产业带来新的机遇，在提高生产效率和产品质量的同时，也为教育推广开辟新的道路。在国际领域，中国钢琴产业抓住机遇，积极开拓新兴市场，尤其是“一带一路”沿线国家，政策驱动的市场拓展成果显著，促成我国在钢琴生产和消费领域仍保持领先地位。2022年，市场规模、消费者需求以及科技应用的变化，为中国钢琴产业未来发展提供新的历史机遇和发展视角。

一、2022年钢琴行业运行数据分析

2022年，钢琴行业的全球化、科技化和多元化发展势头更加明显。根据中国海关数据，中国作为全球领先的钢琴制造国，继续保持强大的产能，成功出口198569架钢琴，总值达到68475927美元。尽管这一数字同比有所下滑，但中国仍然是全球钢琴生产的重要力量。另一方面，中国对钢琴的进口数量达到143368架，总金额为224255048美元，这体现出高端和专业市场对进口钢琴的稳定需求。

在此背景下，技术创新成为推动钢琴行业发展的重要驱动力。2022年，中国钢琴配件的出口数量为4676774架，出口总金额为42014161美元，进口数量为4910096架，总金额为30303687美元。这些数据清晰地显示了钢琴配件市场的增长势头，以及中国在全球钢琴产业链中的深度参与。值得关注的是，虽然大钢琴的出口数量为5686架，但其出口总金额高达33374315美元，远超竖式钢琴的出口金额29245579美元。这进一步说明，高价值大钢琴市场是中国钢琴出口的重要领域，也体现出中国制造商在满足全球高端市场需求方面的竞争优势。

科技进步正在深刻影响乐器行业的发展。AI、VR、3D打印等前沿技术在乐器设计、制造以及教学领域得到广泛应用，推动乐器生产自动化水平的显著提升。特别是线上教学的兴起，突破了地理界限，为更多人提供了学习乐器的机会，也推动了钢琴行业的数字化进程。

总的来说，2022年，中国钢琴行业凭借其强大的生产能力、技术创新和产品多元化，推动了全球钢琴市场的发展，深化了在全球钢琴产业链中的重要地位。这不仅反映了钢琴行业的当前状态，也描绘了行业的未来发展趋势。在追求音乐文化和生活品质的消费者驱动下，乐器种类和风格的多样化已经成为未来乐器行业的重要发展方向。从古典音乐到流行音乐，从民族乐器到现代电子乐器，各种乐器都在满足人们对音乐的多元化需求。

二、2022年钢琴行业经济运行特点

（一）政策激励，多元驱动，产业推动数智化转型

2022年，钢琴产业在产值、销量和出口额等关键经济指标上均展示出稳定增长趋势，彰显其强大的发展潜力和竞争力。首先，政策环境在其中起到举足轻重的作用。2022年，我国政府实施了刺激文化产业发展的利好政策，成功驱动钢琴制造商提升产品质量，扩大品牌影响力，同时刺激了技术研发和市场拓展的进程。其次，钢琴产业在2022年的总产值实现显著增长。国家统计局数据显示，截至2022年末，乐器行业规模以上企业较2021年增加21家；资产总计245.98亿元，比2019年疫情前仍增长了1.22%，骨干企业利润率8.98%、高于规模以上企业平均值，生产效率提升显著。这些增长得益于多元化的驱动因素，包括对高品质钢琴的持续需求，钢琴教育市场的扩展，以及数字化和智能化钢琴的快速发展，多元要素共同推动行业产值的提升，标志着中国钢琴产业的持续增强。另外，线上销售和在线教育迅速发展，以及家庭消费需求的增长，为钢琴销量的增长提供持久动力，反映出我国钢琴行业面对疫情挑战时的适应性和韧性。再者，出口额的增长展现出中国钢琴在国际市场上的竞争力。2022年，尽管全球贸易环境面临着不确定性，骨干企业凭借高质量的产品和专业化服务赢得海外消费者的认可，特别是在亚洲市场，国产钢琴的出口额表现尤为突出。

总的来说，政策环境、市场需求、技术创新等因素，共同塑造了我国钢琴产业的经济表现。由于近几年全球供应链发生变化，而消费者需求的多样化和个性化也给我国钢琴产业带来新的挑战。因此，面对挑战，钢琴行业同人应进行更深入地研发和创新，以期在变革中寻找新的发展机会。

（二）困境中逆袭，创新服务提升消费黏性

2022年，钢琴行业乃至全球制造业的生产、销售、消费等环节都出现了不同程度的波动，但也促使行业内部采取一系列应对措施，彰显出行业的发展韧性和创新精神。

首先，在生产环节，原材料的供应和产品生产受到影响，许多会员企业面临生产力下降和生产成本上升的困境。尽管如此，钢琴行业展示出显著的韧性和创新能力。骨干企业采用分散生产、多元化原材料供应等策略以维持生产，并加大对自动化和数字化的设备投入，以提高生产效率。

在销售环节，由于零售店关闭和消费者购买力下降，钢琴销售受到不同程度的影响。为应对这种形势，会员企业纷纷转向线上销售，并提供个性化服务，改变销售模式。众多钢琴品牌利用社交媒体和直播等工具进行线上展示和销售，同时提供定制乐器、在线教学等服务，以增强消费者体验。

在消费方面，随着居家时间的增多，许多人选择学习乐器，从而增加了对乐器的消费需求。同时，由于经济下行压力，消费者对钢琴的价格和品质要求更为严格。钢琴行业为应对此变化，推出更经济、性价比高的产品，满足消费者的需求，并通过提供线上教学和乐器租赁等服务，增强消费者的黏性。

（三）文化拓展，品牌塑造，创意赋能品牌创新

2022年，国内钢琴会员企业积极应对行业挑战，不断拓展新的发展领域，使得我国钢琴市场呈现出活跃的创新氛围和稳健发展态势。其中，珠江钢琴和海伦钢琴在产品创新上持续发力，推出的智能钢琴丰富了市场产品线，也提升了品牌在业内的影响力。珠江钢琴以高性价比产品受到市场青睐，成功在国内外市场建立良好的品牌形象，珠江钢琴保持了5%的研发投入比，营收继续位居行业前列。同时，海伦钢琴在智能仓储有所突破，凭借其产品线的多样化，成功扩大市场份额。两家骨干企业在国内市场持续发展，同时积极拓展国际市场业务，为我国钢琴产业发展起到积极的推动作用。

柏斯音乐集团作为拥有多个子品牌的集团公司，在品牌形象的建设上具有显著的优势。旗下的长江钢琴、高天钢琴等品牌针对不同市场需求，形成清晰的市场定位和份额。通过多品牌运营策略，柏斯音乐集团有效地拓展市场份额，对行业的多元化发展产生了积极影响。

在品牌文化创建上，珠江钢琴、海伦钢琴、柏斯音乐集团、星海钢琴、博兰斯勒钢琴和施坦威钢琴等骨干企业通过创建钢琴杯赛和音乐节，有效地扩大了品牌知名度，骨干企业更是通过科技创新，成功开拓数字钢琴市场。韩国三益钢琴通过持续的技术创新和市场拓展，尤其在东南亚取得初步成功。嘉德威钢琴以其稳定的销售业绩和良好品牌形象在行业中崭露头角，其对产品质量的严格控制和持续的技术创新赢得了市场的认可。

总的来看，会员企业都有自身的独特优势，企业间形成了良性的竞争格局。通过技术创新、品牌塑造和市场拓展等策略，骨干企业在钢琴行业中发挥了重要的推动作用，共同推动了行业的稳步健康发展。

（四）迎接挑战，展现韧性，钢琴调整市场角色定位

2022年，钢琴行业在乐器市场中仍占据显著地位，其影响力和发展潜力有目共睹。无论从市场份额，还是从文化消费和艺术教育影响力来看，钢琴行业都是乐器行业的重要组成部分，具有稳定的市场份额、深远的影响力以及巨大的创新潜力。

首先，尽管新冠疫情对全球乐器市场构成压力，但钢琴行业的市场份额仍然保持稳定，甚至呈现增长态势。这主要归因于钢琴广泛的应用场景，包括教育、表演、家庭娱乐等消费应用场景，以及消费者对钢琴优质音色和教育价值的认可。

其次，钢琴的文化和教育影响力突显其在全球乐器行业中的重要地位。作为许多重要音乐作品以及音乐教育的艺术载体，钢琴的地位无可替代。另外，消费者需求的变化和科技发展正在驱动钢琴行业的产品创新和业务模式转型。例如，推出智能钢琴和发展线上教学等，都是对新市场需求的积极响应。然而，钢琴行业也面临着挑战，包括供应链和销售渠道面对的冲击，以及满足消费者多样化和个性化需求的压力。如何应对挑战并充分释放创新潜力，将成为钢琴行业未来发展的关注点。

三、2023中国钢琴行业未来展望

（一）数字营销重塑业界格局，VR/AR技术革新传统学习方式

展望2023年，我们预见几个关键领域将对钢琴行业产生重大影响。首先，市场需求将继续增长，特别是亚太地区和新兴市场。随着全球经济的逐步复苏，人们对文化艺术的需求将同步增加，将为钢琴行业带来更多销售机会。

其次，科技要素在钢琴制造和演奏中的应用将不断扩大。过去几年里，自动演奏技术已经取得巨大进步，能够实现更加精确和高质量的演奏。预计在未来一年内，这一技术将进一步完善，为钢琴学习者提供更多便利和可能性。此外，虚拟现实和增强现实技术也有望在钢琴学习和演奏中发挥更大作用，为钢琴消费者们提供更加沉浸式的体验。

另外，产品创新将成为钢琴行业未来一年的重要趋势。各大钢琴企业将继续推出新型号和限量版钢琴，以吸引消费者的注意。新型钢琴产品可能会融入更多智能化和数字化元素，以满足消费者的个性化需求。同时，环保和可持续发展也将成为钢琴制造领域的重要因素，钢琴企业可能会采用更环保的材料和生产工艺，以降低对环境的影响。

在分析影响中国钢琴行业关键因素后，预计未来一年钢琴行业的增长和市场动向如下：

首先，2023年中国钢琴行业的增长率将持续稳定，预计将在5%～10%。政策扶持和市场需求的增长将继续推动行业发展，尤其在家庭和教育市场。另一方面，随着生产和销售技术的不断提升，预计产量和销售额也将有所增长。具体的市场动向包括：一是高端市场的竞争将加剧，随着消费者品位的提升，对高品质钢琴的需求将增长；二是数字钢琴和智能钢琴的市场将继续扩大，创新产品以其独特的功能和体验吸引了大量的年轻消费者；三是线上销售和教育将继续发展。在“双减”政策出台后，在线钢琴教育和销售已成为重要的市场趋势。

数字化营销和社交媒体将继续在钢琴行业中发挥重要作用。钢琴企业将加大在线销售渠道和社交媒体平台的投入，以吸引更多的消费者，并与他们建立更紧密的互动关系。通过精准的数字化营销策略，企业可以更好地了解消费者的需求，满足他们的个性化音乐消费需求。

（二）全球化背景下的钢琴行业，中外品牌竞逐中国市场

钢琴产业的发展受到政策、竞争和全球经济环境等因素影响。企业需要密切关注行业动态，积极应对挑战，抓住机遇，通过创新和优化保持竞争力，实现可持续发展。

首先，政策调整将对产业发展产生显著影响。全球各国对文化产业的支持政策、贸易政策以及税收政策直接影响钢琴产业。政府扶持可推动行业创新，但面对贸易壁垒或高关税可能激化市场竞争。因此，钢琴企业需灵活应对外贸环境的变化。

其次，市场竞争日趋激烈。随着市场的全球化和竞争格局的变化，国际钢琴品牌在中国市场的竞争加剧，同时，本土企业也需要拓展海外市场。竞争将驱使企业提升产品质量、降低成本，同时加强品牌推广，争取市场份额。全球经济环境也对国内钢琴产业产生影响。经济的不稳定性和不确定性会影响消费者的购买意愿和消费行为。经济下行可能导致高端产品需求减少，中低端产品需求增加。因此，钢琴企业需根据经济变化适时调整市场策略。

2022年，尽管面对压力，我国钢琴产业仍显示出稳健发展态势。随着市场需求的逐渐回暖，消费者对高品质钢琴的需求依然旺盛。我国作为全球最大的乐器消费市场，钢琴产业对国际知名品牌具有极大吸引力，而国产钢琴也在积极拓展海外市场。市场竞争加剧和环保问题成为钢琴产业的两大挑战，品牌间的差异化竞争和价格竞争推动会员企业对产品品质和技术创新的关注。同时，环保问题也促使钢琴行业寻求绿色可持续发展方向。

展望未来，科技创新和政策支持预计将推动钢琴产业的稳步增长。智能化、数字化钢琴产品市场的关注度逐步增强，而品牌建设和服务水平的提升也成为会员企业在市场竞争中脱颖而出的关键要素。总的来说，尽管面临挑战，但在政策支持和科技创新的推动下，我国钢琴产业依然具有强大的发展潜力，希冀会员企业抓住发展机遇，加强技术研发，

优化产品结构，提高品牌影响力，最终实现钢琴行业高质量转型升级，以及绿色低碳可持续发展。

民族乐器篇

2022年，我国广大民族乐器产业工作者全面贯彻习近平新时代中国特色社会主义思想，努力克服外界压力给社会经济发展和人民生活带来的影响，逐渐复工复产，投入到全面恢复正常生产的工作中，取得了全年民族乐器产业继续保持稳定增长的业绩，这一成绩的取得来之不易。

一、2022年度民族乐器产业运行数据分析

2022年整个乐器行业发展震荡下行，总体呈现了“三降、两增、两高、一提升”的发展态势，民族乐器行业在其中表现优异。2022年乐器行业规模以上企业共计227家，其中，民族乐器企业27家，占乐器行业规模以上企业数量的11.8%。相比2021年，2022年民族乐器规模以上企业主营业务收入同比增长12.31%；相比2020年，同比增长29.29%；相比2019年，同比增长0.64%。近3年平均增速为0.32%。利润总额相比2021年，同比下降11.52%，但相比2019年，同比增长7.17%。民族乐器行业年度利润率11.50%，同比下降3.1%，但比2019年增长0.7%。民族乐器行业出口交货值相比2021年，同比增长25.26%，总资产相比2021年增长13.24%。以上数据表明，2022年民族乐器除利润率有所下降以外，其他各项经济指标都呈现增长状态，企业经营状态略好于其他乐器行业。

2022年，围绕中国乐器协会“十四五”规划总体要求，民族乐器企业以人才建设为年度重点工作，开展了人才技能化、项目产业化的实践交流。主要工作有：

（1）在技术研发层面，各企业加强创新研发投入，特别是针对民族乐器制造中的“卡脖子”技术，各骨干企业带头进行多项技术攻坚战。

（2）在人才培养层面，一方面，开展民族乐器制作工职业能力考核标准、教材的制修订工作，以完善企业的基础工作；另一方面，不断地加强技术练兵，提升员工队伍的技能水平与综合素质。

（3）在品牌培育层面，持续不断地参与“6・21国际乐器演奏日”、国民音乐教育大会等活动，从而强化民族乐器制造与音乐教育产业的联系，并深入开展各类线上文化活动，利用视频号、B站、抖音等社交媒体进行持续广泛的宣传，推进企业品牌影响力的提升。

（4）在产品力建设层面，持续地推进改良创新，打造具有竞争力的文化产品。

（5）在生产管理与质量管理层面，各企业以问题导向为突破口，把产品做细做精，提升产品品质，并且进行产品结构的调整，向中高端方向发展。

二、2022年度民族乐器产业经济运行特点

（一）乐器强制性安全标准填补空白，行业专利发布适度收缩

2022年民族乐器专利发布共计660项，同比下降22.98%。其中，发明专利的67项，同比下降9.45%，占全部专利的10.15%；实用新型专利226项，同比下降44.19%，占全部专利的34.24%；外观设计专利367项，同比下降2.91%，占全部专利的2.91%。企业专利数量排序依次为：上海民族乐器一厂有限公司、扬州金韵乐器御工坊有限公司、炫音文化创意（东莞）有限公司、北京乐界乐科技有限公司、内蒙古鑫龙玉业集团有限公司、四川省蜀乐佳音文化科技有限公司、乐海乐器有限公司、扬州市琼花民族乐器有限公司、杭州竹笛行业协会、河南中州民族乐器有限公司等。

2022年全国乐器标准化技术委员会在江苏常州召开《乐器有害物质限量》强制性国家标准审定会议。《乐器有害物质限量》系国家标准化管理委员会2019年4月下达的44项强制性国家标准制修订计划中的一项。《乐器有害物质限量》强制性国家标准审定通过后，将于2024年初正式施行，此项标准对乐器行业未来发展意义深远，影响重大。该标准发布与实施填补了我国乐器行业强制性安全标准的空白。

（二）文化政策助力民乐复兴，民族乐器经济蓬勃发展

2022年，在党的二十大的指引下，我国政府不

遗余力地推动文化体制的改革，尤其在音乐文化工作方面取得了显著进展，同时助推区域民族乐器产业健康有序发展。

首先，教育部在3月25日发布了《义务教育艺术课程标准（2022年版）》。这是自2011年以来首次以音乐、美术为主线，加入舞蹈、戏剧、影视课程，制定的综合性艺术课程标准，对培育音乐文化人才起到了重要的推动作用。在传统音乐文化的保护和发扬范畴，5月18日，湖北省博物馆等全国15家文博机构联手举办的“龢：音乐的力量——中国早期乐器文化”展览，集中展示了我国早期乐器的文化底蕴。6月11日，扬州分会场活动在运河三湾风景区举行的第17个“文化和自然遗产日”，扬州市的两家乐器厂入选非遗生产性保护示范基地，再次强调了我国政府对非遗乐器保护的决心。

在文化交流方面，第五届中国国际进口博览会于11月5日开幕，上海民族乐器一厂有限公司旗下的新艺民族室内乐团携“敦煌牌”联名款“东西物语”系列乐器亮相上海音乐厅“音乐午茶”，在新闻中心呈现“东西物语”主题音乐会。此外，中国-东盟博览会旅游展也是我国传统乐器的展示窗口，这些都推动了我国乐器业的发展，并向世界展示了我国深厚的音乐文化底蕴。值得一提的是，北京轻工技师学院（北京乐器研究所）的彭丽颖团队，他们紧紧遵循党的关于“加大文物和文化遗产保护力度”的指示，以古籍、出土文物、国内外流变现状的理论资料为研究基础，成功地复原了唐宋时期的“筑”和“轧筝”，让这些已经失传的古老乐器恢复了原有的实物形象和声音。

随着政府各项文化扶持政策的出台，国内区域特色民族乐器经济取得长足进步发展。2022年，河南兰考县民族乐器产业展现出明显优势，泡桐树经济带动了近两万人的就业，成为了民族乐器行业的一大亮点。目前全县各类民族乐器及配套企业达到200余家，年产民族乐器70万台把、配件500万套，年产值达30亿元，市场占有率达到35%，8月份被中国轻工业联合会、中国乐器协会评为“中国民族乐器之乡”。兰考民族乐器产业基地表示，2023年将以创建国家级文化示范园区为目标，围绕“内涵做深、外延做大、品牌做强”的工作思路，不断推动民族乐器高质量发展，叫响“好乐器兰考造”。

另一方面，通过对蟒蛇皮的合理进出口管理，我国政府成功缓解了二胡、三弦等民族乐器生产企业的生产困难。2020年，乐器用蟒蛇皮进口受限，导致全国200多家民族乐器生产企业的二胡、三弦等产品生产受到严重影响。2022年经过中国乐器协会多次反映企业诉求，国家市场监管总局、农业农村部及国家林草局发布公告，停止执行《关于禁止野生动物交易的公告》，国家濒管办和海关总署联合出台了《中华人民共和国濒危物种进出口管理办公室海关总署公告》，从而有序规范蟒蛇皮的进出口。

（三）民乐科技创新成果显著，国潮新品引领复兴浪潮

2022年，中国民族乐器企业纷纷推出创新作品和服务，标志着行业进入一个全新的发展阶段。上海、乐海、扬州、苏州等地的乐器厂展示了对传统与创新的精妙平衡，开发了大量新产品，并积极利用科技推动业务发展。同时，西安音乐学院乐器厂严格复原了唐代乐器，传承了深厚的历史文化。河南中州民族乐器有限公司和北京乐界乐科技有限公司在产品和服务上进行了创新，进一步拓宽了行业的发展空间。

上海民族乐器一厂在2022年推出共同家园、快乐星球、宝藏新见、大唐夜宴、梦回敦煌等系列新品乐器达百余件。其中，为庆祝著名作曲家、音乐家何占豪先生九十岁生辰，公司与上海博物馆联名推出了限量款耄耋童心古筝，荣获首届“非遗新体验”国潮文创设计大赛最具潜力作品奖。在追求乐器设计创新的同时，公司严格把关乐器的声学品质，推出了敦煌典藏·鸣玉·名家鉴定琵琶、敦煌典藏·鸣玉·名家鉴定二胡；乐海乐器2022年累计签约11位艺术家，为公司的研发和营销夯实了发展基础；公司筹建的“河北省民族乐器技术创新中心”通过河北省科技厅验收；推出线上线下相结合的“乐海琴坊”新零售模式，打造集乐器销售、体验、音乐文化交流于一体的民族音乐文化空间。

扬州民族乐器研制厂有限公司2022年企业在努力扩大产品销售渠道的同时坚持产品研发和科技创新，新研发小童筝、整挖、半挖筝10多种，复原唐代轧筝并创新研发高音轧筝、低音轧筝、立奏凤首低音轧筝等系列产品。苏州民族乐器一厂有限公司设计制作的“十二花神”款二胡，荣获2022中国（苏州）第六届“苏艺杯”工艺美术大赛金奖，企业荣获由苏州市工信局和苏州文旅局颁发的“苏工苏作品牌企业”称号。

2023年5月，中国–中亚峰会在陕西省西安市举行，国家主席习近平夫人彭丽媛女士邀请出席中国–中亚峰会的吉尔吉斯斯坦总统夫人扎帕罗娃、乌兹别克斯坦总统夫人米尔济约耶娃共同参观西安易俗社。客人看到的实物展品与壁画上仿唐乐器箜篌、唐筝、琵琶、唐笙、古琴均由西安音乐学院乐器厂自主研发制作。制作团队根据历史古籍、出土文物等理论资料为基础，严格按照古籍中记载的详细情况，针对唐乐器复制反复讨论分析，相继完成了创新性研究与复原制作。

2022年乐器AI智能产品也有新的进展，北京乐界乐科技有限公司自主研发的“智能演奏记录仪”，在8月举行的由中央音乐学院、国家大剧院和北京星海钢琴集团主办的第19届“星海杯钢琴比赛”中，提供了比赛全流程的平台应用系统，在全行业内首次实现了线上音乐比赛的全流程落地。河南中州民族乐器有限公司2022年对专利产品“整木挖筝”进行了创新，研发出了100，135，163cm等改进型整木挖筝系列产品以及不上油漆的实木抛光工艺。复盘全年民族乐器骨干企业科技创新，各项成果显著，可圈可点。

（四）民乐文化交流活跃，民企推动传统文化创新

2022年，中国民族音乐市场通过3年的不懈努力，开始缓慢复苏。在这个特殊的时刻，中国音乐家协会民族弓弦乐学会在北京成立。该学会集合了中国音协二胡学会、刘天华研究会、雷琴研究会，并将京胡、板胡、高胡及马头琴等民族弓弦乐器纳入，这是对中国民族弓弦乐研究的极大拓展。同时，二胡演奏家和教育家宋飞被选为新会长，邓建栋被选为常务副会长，他们的领导将进一步推动民族弓弦乐的发展。在此背景下，中国民族管弦乐学会在新的时代、新的征程、新的使命面前，继续承担起守正创新的历史责任，讲述中国故事。学会举办了多项活动，如扩展原有的华乐论坛，举办11期“华乐讲坛——中国民乐名家系列讲座”，并成功进行了首届“国韵杯”民族器乐艺术展演和后续的民乐人才扶持计划。学会还组织实施了第八届民族管弦乐（仪式音乐）新作品征集活动，这些活动在民乐界引起了强烈的反响，得到了广大参与者的热烈响应。

2022年7月，中国乐器协会古琴专业委员会在北京成立。浙江音乐学院古琴硕士生导师徐君跃被选为主任，进一步推动古琴艺术的传承和发展。而北京乐器学会以创新思维、活动、组织、工作和领导活动方式为“五大亮点”，在为科技工作者服务的同时，也召开了“数字化赋能工作推进会”。与此同时，他们与北京外国语大学联合开办了高校乐器选修课程，为全校学生开设了古筝、古琴、琵琶、二胡、葫芦丝、竹笛、陶笛等乐器普及课程，以此普及和传承民族音乐文化。

2022年，中国各民族乐器生产企业的音乐文化活动的展开取得显著成果。这些企业通过活动与比赛，推动了民族音乐的发展。上海民族乐器一厂有限公司继续以构建民乐生态圈为驱动，联动开展“敦煌”系列文化活动。该公司通过举办一系列的比赛与音乐会，提升了民族音乐的影响力。此外，它们的产品也在国内外获得了广泛的认可。乐海乐器有限公司在2022年举办了20余场音乐文化活动，其中包括乐海大讲堂和直播音乐会等，活动形式多样，吸引了大量的参与者。河南新乡的久鼎文化产业发展有限责任公司也在推进箜篌博物馆建设方面取得了一系列的成果。

北京钧天坊古琴文化艺术传播有限公司在文化交流和古琴艺术培训方面做出了突出贡献。他们在北京和广东省博物馆举办了古琴展览，并建立了教育机构“钧天琴院”。扬州金韵乐器御工坊有限公司也通过举办全国千人古琴师培训班等活动，推动了古琴艺术的传播。苏州民族乐器一厂有限公司充分利用已有的民族乐器博物馆资源，弘扬中华传统文化，传承非遗制作技艺。西安音乐学院乐器厂则通过开展各种形式的音乐文化活动，成功举办了多场大赛和音乐会。

在新兴民族乐器企业方面，炫音文化创意（东莞）有限公司和豫乐佳音文化科技有限公司都在2022年有不俗的表现。他们研发出新一代的乐器，并举办了多场活动和展览。除了专业音乐表演团体和企业文化音乐活动，民间社会团体音乐推广活动同样活跃。文琴研制人文正球先生在研发成功系列文琴和3D打印文琴的基础上，通过乐队实践推动了改革乐器的进展。

总的来看，2022年各民族乐器生产企业的音乐文化活动继续以强大的动力和创新的形式推动着民族音乐的复兴。他们充分利用了资源，勇于创新，取得了显著的成果，这对于中国民族音乐的发展起到了积极的推动作用。

三、2023民族乐器行业展望

在人力资源和社会保障部于9月27日发布新修订的《中华人民共和国职业分类大典》后，新职业“乐器设计师”和“斫琴师”的入选反映了我国在乐器行业人才培养上的进一步完善。中国乐器协会于11月14日召开了《乐器行业国家职业技能标准》制定工作启动会议，全面启动了乐器职业技能标准的制定及后期培训大纲、教材、题库的编写工作。

进入2023年，随着我国生活服务消费的恢复，乐器行业各大生产企业也开始做好全新的计划和准备。上海民族乐器一厂有限公司将与社会上有影响力的工艺大师、设计大师开展合作，并开展“高师带徒”“首席技师”“岗位培训”等培训项目。乐海乐器有限公司力争到2025年在全国各专业音乐学院及专业民族乐团等市场覆盖率达到30%以上，积极推动民族乐器高质量发展。

另一方面，北京钧天坊古琴文化艺术传播有限公司将完善传承体验设施，引导社会力量参与“博物馆之城”的共建。苏州民族乐器一厂将大力投入产品提档升级、技术创新等方面，力求在创新驱动上有所突破。西安音乐学院乐器厂计划深化机械设备研发，推进现代化企业建设进程。河南中州民族乐器有限公司将加大对原材料的选材、储备及处理，保证原材料的干燥时间，为乐器制作打下坚实基础，并将民乐高端化、民乐数字化、民乐系列化作为今后的研发目标。“久鼎”企业文化建设将抓好箜篌展馆集群的建设。北京竹乐团将在2023年坚持创新，增加竹二胡、马骨胡及改造升级的“安格隆”。乐团计划加强与院校、单位等的联系，进一步拓宽演出渠道，增加演出场次，并计划挖掘使用新的乐器品种，如黎族民间乐器灼巴、广西苗族大筒箫等。

面向2023年，民族乐器产业将进一步挖掘和传承我国丰富的音乐文化遗产。我们期待各大乐器企业继续引领技术创新，培养新一代的乐器“设计师”和“斫琴师”，实现产品升级和市场拓展。通过进一步的技术改革和文化创新，为推动我国传统音乐文化复兴和民族乐器行业繁荣发展做出更大的贡献。

电鸣乐器篇

电鸣乐器行业是近年来乐器行业中发展迅速的一个子行业。电鸣乐器以其高音质、易于携带和适用于现代音乐表演等特点，越来越受到音乐爱好者和专业音乐人的欢迎。2022年，受原材料价格、劳动力、运输成本持续上涨以及汇率波动等因素影响，企业运营成本压力持续增长。面对新的挑战，全行业不断加大创新投入，逐步调整产品结构，使得产品附加值增速较快，行业创新动能增强明显。

一、2022年电鸣乐器行业运行数据

根据中国乐器行业经济运行报告显示，全国乐器行业规模以上企业227家，增长10.19%；营收同比下降12.41%，月度走势宽幅波动；出口额21.90亿美元，同比下降6.25%，分行业运行不均衡；进口额5.63亿美元，同比下降1.37%。2022年乐器行业产销形势呈现不均衡态势，电鸣乐器行业的效益指标下降较为明显，营收下降25.88%，利润下降44.99%，资产总额下降17.75%。其中，电吉他产品由于订单充足，加之吉他行业新模式、新业态逐步加力，制造业全产业链优势明显，趋势向好优势大。另外，电鸣乐器企业研发技改强度明显高于传统乐器制造企业，平均超过10%。

从行业整体形势分析，在经历了2021年的恢复性高增长后，2022年全行业发展震荡下行，随着防疫政策的逐步调整、产销循环畅通、运输渠道恢复、市场

需求回暖、音乐文化活动的开展以及社会艺术培训机构逐渐恢复正常，乐器行业生产形势逐步恢复向好。

二、2022年电鸣乐器行业运行特征

（一）搭建技术交流桥梁，助力企业创新发展

随着消费者对音乐教育需求的不断增加以及数字化技术的不断进步，电鸣乐器行业有着广阔的发展空间。同时，消费者对于音质、外观、使用便捷性等方面的要求也将不断提高，这也推动了电鸣乐器厂商不断提升产品品质和服务水平以满足市场需求。

经过多年深耕，电鸣乐器企业拥有自主品牌和自主知识产权的中高端产品达到了30%以上；在2022年工信部消费品司指导开展的轻工第九批《升级和创新消费品指南》审定工作中，乐器行业有9项中高端新品入选，其中升级消费品4项，创新消费品5项。电鸣企业中，深圳市蔚科电子的“B-6萨克斯风无线传输系统”入选升级消费品建议名单、长沙幻音电子科技有限公司的“蓝牙智能MIDI控制器（EC-4）”入选创新消费品建议名单。

2022年，中国乐器协会根据《关于开展2022年行业“科技十强企业”申报工作的通知》要求，经企业申报及专家组评审，共有16家企业入选2022年行业“科技十强企业”名单，电鸣乐器企业中吟飞科技（江苏）有限公司、得理乐器（珠海）有限公司、深圳市蔚科电子科技开发有限公司、长沙幻音电子科技有限公司成功获评。

为培养适应乐器行业高质量发展的高素质人才，中国乐器协会在全行业开展了第二届“行业工匠”推荐活动。最终，根据《关于开展乐器行业第二届“行业工匠”推荐工作的通知》要求，经个人申报、单位推荐及专家组评审，广州珠江艾茉森数码乐器股份有限公司的刘春清、卢毅明，深圳市蔚科电子科技开发有限公司的孟艳军，长沙幻音电子科技有限公司的郭润博、曹强成功入选乐器行业第二届“行业工匠”名单。

在乐器行业年度“科技之星”评选中，吟飞科技（江苏）有限公司的盛鹏云、赵晓东，得理电子（上海）有限公司的徐钊、唐林、谢应宸，深圳市蔚科电子科技开发有限公司的朱明云、郭瑜，长沙幻音电子科技有限公司的刘杰、旷世强，以及广州珠江艾茉森数码乐器股份有限公司的鲁业斌荣获2022年度中国乐器行业“科技之星”称号。

（二）积极应对把握机遇，拓展创新提升能力

在刚刚过去的2022年，受俄乌战争和欧美通货膨胀的影响，国外民众购买力下降，欧美消费市场普遍萎缩。国内供应链受阻，生产企业受到一定程度的影响。面对不利影响，电鸣乐器企业通过加强市场营销的力度、大力投入技术创新和产品研发、提升管理效率和成本控制等措施，在产品创新、市场拓展、渠道拓展、价格策略等方面取得了不少进展。

标准对于一个行业具有重要的意义，它不仅可以提高生产效率和产品质量，还可以增强消费者的信任和认可，推动行业的规范化发展和国际市场的开拓。2022年，吟飞作为第一起草单位修订的强制性国家标准GB 28489—2022《乐器有害物质限量》经国家市场监管总局和国家标准委批准发布。该项标准的发布与实施，体现了标准的引领作用，将达到倒逼乐器行业转型升级，促进乐器行业整体健康、安全、绿色生产、可持续的目的，同时也为保护消费者的健康安全权益起到了积极的作用。2022年，吟飞科技参与了多场大型活动，作为常州文化和科技融合领域代表，参与中国（南京）文化和科技融合成果展览交易会；携百台吟飞智能电子管风琴助力杭州亚运会倒计时300天主题活动，为传递全民喜迎亚运的热情，激发全民蓄力迈入新征程的信心决心，营造全社会关心亚运、参与亚运、服务亚运的浓厚氛围添砖加瓦。受线下培训影响，吟飞积极布局线上平台，打造“津津乐（yue）道”“勤学堂”等业内专家公益课堂、师资培训、青年演奏家创编学习系列课程。

得理集团在核心技术、高端产品和基础技术等方面加大投入，已规划投资2000多万元研发新一代高端音源集成电路。2022年多款ASM合成器、高端键盘产品和高端电子鼓推向市场，获得广泛好评。在电子琴和电钢琴的键盘方面，得理集团投入研发力量进行大范围的升级换代，在手感、综合性能、生产工艺等方面获得了进一步提升。2022年8月，得理集团获广东省科学技术协会批准，建立“广东省

科技专家工作站”，助推粤港澳大湾区国际科技创新中心建设。在低碳节能方面，得理工业园上马了1万多平方米的光伏发电项目，每年太阳能发电超过200万千瓦·时，每年减少碳排放约500多吨。2022年投资500多万元对喷油丝印车间进行全面改造，建立水性漆生产线，全面导入水性漆，大幅度减少对环境污染的影响。

蔚科科技在全球芯片供应依然紧张的情况下，坚持自主研发推出新品，并且将产品高端化、专业化作为首要任务。全年在效果器、音箱、专业音频、无线系统、电鼓、电钢琴、校音器、节拍器等方面都收获了全新的产品，其中包括多个旗舰级产品的问世。在各行业普遍受到影响的市场背景下，2022年依然迎来了总体增长。蔚科小天使节拍器作为神舟十五号航天员邓清明训练中的节奏设备，辅助航天员一次又一次挑战自身极限，以确保任务顺利完成，小产品做出了大贡献。2022年，由于线下演出交流受到影响，更多乐手转向线上对蔚科产品进行推广与交流，越来越多的海内外大师级乐手、音乐人以及音乐爱好者，主动选择并大力推荐蔚科旗下的乐器产品，录制视频或分享音色。

长沙幻音电子科技有限公司进一步提升制造体系自动化建设，企业在不断积累算法、更新无线方案等核心技术基础上，利用更新算法迭代硬件将产品朝着更高端、高单价产品方向转型；金韵乐器研发的“电筝”已成功打入美国市场；中昊乐器与同济大学电信学院合作研发的“智能音律”系统已成功植入到古筝、古琴产品的教学中，开启了未来乐器的新思维。

（三）构筑技术创新体系，夯实数字技术应用

近两年，随着国家大力推动企业数字化转型的政策指引，乐器行业积极响应这一趋势，不断加强数字技术的应用力度。数字化转型已经成为乐器行业转型升级的重要方向。2022年，得理集团和吟飞科技凭借其在数字化转型方面的突出表现，荣获中国轻工业“数字化转型先进单位”荣誉称号。同时，得理集团的顾冰峰、吟飞科技的范廷国、蔚科科技的赵哲等企业家因在数字化转型方面取得杰出成就，被授予中国轻工业“数字化转型领军人物”荣誉称号。

吟飞科技的云数字音乐共享平台及MIDI智能数字音乐工作站的建立，通过利用互联网、物联网、大数据等新科技，为广大用户提供海量易获得学习资源，创新发展传播数字音乐文化。特别是手机软件应用的打造，为中国电子管风琴教育提供了全方位的基础建设和专业学术资源。

得理集团的智联云采SRM供应链管理系统及智联云仓WMS仓储数据管理平台的七大管理模块等数字技术应用项目都相继投入使用，逐步建立了具有得理特色的现场质量管理体系，通过总装的立即暂停机制拉动制程、前端生产车间、供应链以及研发的持续改善，生产直通率和市场不良率均获得了明显优化。2022年在得理工业园推行清洁生产，推进设备自动化和智能化、数字化，获得“中国轻工业数字化领军企业”称号。

蔚科科技持续将多项自主研发技术推向新的高度，包括知名的TS/AC白盒建模算法等，创造了一系列风靡海内外的产品。2022年，蔚科旗下子品牌推出了多款效果器、节拍器、声卡、电钢琴等全新产品，受到了行业和消费者的广泛认可。无线系统方面，蔚科“NUX纽克斯”品牌下已形成了专业且丰富的无线产品阵列。电鼓电钢方面，继DM-7X全网面电子鼓之后，触感更真实、音色更清晰的旗舰级产品——DM-8全网面电鼓也于2022年全新亮相。

包括得理、吟飞、蔚科、幻音、艾茉森、罗兰、乐界乐等企业在内的众多乐器企业，都在数字技术产品研发与推广方面进行了大量的投入和努力。这些企业的数字化转型不仅体现了他们对数字化技术的深刻理解和广泛应用能力，同时也为整个乐器行业数字化转型提供了宝贵的经验和借鉴。

（四）校企合作激发活力，人才培养核心凸显

人才是第一资源，企业通过与院校合作，联合进行技术攻关、培养创新型人才，拓展音乐艺术发展空间的深度和广度，与共同推进企业与学校的全面技术合作，形成专业、企业相互促进，共同发展，努力实现“校企合作、产学双赢”。

2022年，由中国音乐家协会、江苏省音乐家协会主办，吟飞科技（江苏）有限公司承办的全国双

排键电子琴（电子管风琴）骨干教师（含新文艺群体）培训班在江苏常州开展；吟飞科技有限公司与上海音乐学院、南京艺术学院等专业院校在数字音乐创作、计算机音视频应用、以用户体验为中心的工业设计领域长期开展深入的合作与研究。同时，吟飞科技作为多所院校的社会实践基地，方便公司引进高素质的专业技术人才，提高企业整体技术能力。

吟飞科技已在各大音乐院校创建了吟飞电子键盘教学中心，以进一步促进科技成果转化。吟飞科技依托中国轻工业电鸣乐器工程技术研究中心、江苏省文化和旅游重点实验室，持续加大数字音源芯片与智能乐器技术研发投入，促进文化艺术、数字科技、音乐教育产业的融合发展。

得理集团在2022年通过ASM高端合成器，在全球范围内招募专业人才，建立了良好的品牌影响力。人才培养方面，得理注重劳模和工匠人才打造，申报验收珠海市高技能人才培养基地，同时在政府政策的支持和激励下，2022年9月9日，公司4人顺利通过评审成为首批获得广东省乐器制造业正高级职称的专业技术人才。

在院校合作方面，2022年，通过得理慈善基金会继续资助了清华大学、北京理工大学珠海学院、珠海城市职业技术学院，以及云南昭通、广西梧州、茂名信宜等地的150多名贫困大、中、小学生，累计慈善资金达80多万元。与清华大学电子信息学院建立深度协作关系，助推大学生在文体活动方面的全面发展。持续资助贫困地区学校的音乐教育，近三年累计捐赠电钢琴超过100台。通过音乐家协会与养老院建立联系，捐赠电子琴、电钢琴等产品，在养老院封闭管理期间，大大丰富老年人的业余生活。

蔚科科技在研发投入与人才梯队建设范畴，坚持全年研发投入占主营业务收入比重超过6%。随着产品生产线的不断丰富，蔚科不断地吸引创新人才，全力扩大研发队伍，有序增加自主研发的深度与广度。企业鼓励研发人员创新、发明、学习，除吸纳“金字塔尖”高精技术人才外，不断拓展艺术、生产、管理等环节人才梯队的建设与储备，并向“塔尖”不断输送人才，做到专业人做专业事，并为创新人才提供丰厚的薪资保障体系，团队稳定性得到有效保障。

（五）打造集群创新生态，电商助力产业优化

山东省潍坊市昌乐县鄌郚镇的乐器产业起源于20世纪70年代，经过50多年的发展，该镇已经成为中国重要的电声乐器生产基地之一。目前，鄌郚乐器生产及配件加工企业达到了108家，工人超过5000人。

2009年6月，中国乐器协会命名山东省潍坊市昌乐县鄌郚镇为“中国电声乐器产业基地”，彰显了该镇在电声乐器产业中的重要地位。据悉，鄌郚镇目前能够生产8大类近400个花色品种的乐器产品，年产电声乐器成品200万把、配件500万套，远销欧美、日韩等30多个国家和地区。其中，电吉他年产量占全国总产量的40%以上，标志着该镇在电声乐器生产方面的强大实力。

近年来，鄌郚镇采取了一系列措施来强化乐器全链条产业招商引资，培强乐器产业发展优势。他们持续扩大品牌效应，打造“吉他小镇”文化IP，不断增强产业发展活力。同时，他们加快跨境电商赋能，推动企业“抱团出海”，扩大产业影响力和竞争力。

2022年8月，中国（潍坊）跨境电子商务综合实验区昌乐园区在鄌郚揭牌。目前，鄌郚镇已引进培育跨境电商企业53家，在亚马逊、易贝、速卖通等网站新开店铺86个，实现海外直接交易额1500万元。通过阿里巴巴国际站、亚马逊等平台，对接国际用户和订单，年可完成国际订单2.5万笔、营业额突破3.6亿元。通过集群效应，当地还引导一批乐器企业发展国外代理、建设海外专仓，进一步提升物流配送实效，为该镇的乐器产业的发展提供了强大的支持。总的来说，鄌郚镇在乐器产业方面取得了显著的成就，并通过一系列措施不断强化和发展这一产业，为当地的经济发展和国际竞争力提升做出了重要贡献。

三、2023年电鸣乐器行业展望

面对全球经济的复杂多变态势，乐器行业难以独善其身。因此，企业需要在研发、生产制造、营

销等方面加大力度创新，不断推陈出新，才能赢得市场先机。2023年，人民生活逐渐恢复正常状态，国内乐器市场将会有一定程度的增长。这将为企业提供更多的发展机会和空间，因此企业应继续在科技创新、质量优先、品牌建设和人才培养等方面持续发力，激发市场需求与活力。

在科技创新方面，企业应注重技术研发和人才培养，不断推进产品创新和工艺创新，提高生产效率和产品质量。在质量优先方面，企业应该注重产品质量和服务质量，建立完善的质量管理体系，确保产品符合消费者需求和期望。在品牌建设方面，企业应该注重品牌营销和品牌形象塑造，建立独特的品牌个性和价值，吸引更多的消费者关注和认可。在人才培养方面，企业应该注重人才培养和团队建设，建立完善的人才培养体系，提高员工的专业技能和管理能力，为企业发展提供强有力的人才支持。相信通过乐器行业同人的共同努力、携手共进，乐器行业将会在未来的发展中取得更加辉煌的成就。

西管打击乐器篇

2022年，在疫情反复的特殊环境下，我国西管打击乐器产业充分发挥主观能动性，抢抓机遇，积极作为，取得良好发展态势。行业龙头企业加快推进数字化转型，持续加大研发和创新投入，提升核心竞争力。同时，骨干企业积极响应国家号召，大力推动校企合作，助力乐器产品进校园、进社区、进家庭，有序拓展延伸乐器全产业链。西管打击乐器产业在提质扩能基础上，进一步加强自主创新和品牌建设，有序推动行业高质量转型发展。

一、2022年西管打击乐器行业运行数据

2022年，在新冠疫情挑战和全球芯片短缺压力影响下，西管打击乐器行业整体保持稳定发展态势。中国海关总署公布的数据显示，西管乐器的进出口数据显示出行业的积极动向。2022年，我国打击乐器出口数量为10940865架，出口金额达到192428103美元。与2021年相比，出口数量增长了14.7%，出口金额增长了17.8%，显示出国产打击乐器在国际市场中的竞争力进一步增强。铜管乐器出口情况也同样乐观，出口数量为1050228只，出口金额为103720478美元，与去年同期相比，出口数量增长了38.1%，出口金额增长了34.5%，反映出该领域产品的国际市场需求旺盛。

津宝乐器、金音乐器作为我国西管打击乐器行业的骨干企业，2022年，尽管全球市场状况复杂，两家公司凭借在产品创新、品牌建设、市场布局等方面的持续努力，业绩表现突出。而专注于电子鼓生产的蔚科科技和美得理公司，同样在数字打击乐器产品领域持续发力，产品受到特定消费人群的欢迎，有望在未来进一步开拓市场份额。

面对多重影响，我国西管打击乐器行业在2022年实施了一系列应对措施，包括提高生产效率，加强技术研发，优化供应链管理等。同时，企业也通过拓展线上销售渠道，强化品牌建设，积极应对市场的挑战。

二、2022年西管打击乐器产业运行特点

（一）2022西管打击乐器行业运行概述

2022年，西管打击乐器行业积极应对疫情影响，重视社会责任担当，多家企业捐资捐物支持疫情防控工作。行业协会换届选举顺利完成，有力地带动了分支行业的发展。骨干企业与高校开展了跨界合作，推动产业链的深度融合。多家企业入选乐器行业50强，参与各类文化活动，展现出良好的发展势头。在中国乐器协会评选的乐器行业50强企业中，有10家西管打击乐器企业上榜。

2022年，中国西管打击乐器行业展示出其持续稳健的发展趋势，并彰显出独特的产业运行特征。在产品市场表现方面，津宝乐器和金音乐器作为行业的主导企业，其主要产品的销售额和销售量在市场上都表现出色。津宝乐器2022年实现销售总额4.53亿元，同比增长35%，创造税收2485万元，同比增长80%。津宝乐器通过了“国家级企业设计中心”和“国家单项冠军产品培育企业”的评审，申请专利36项，并获得了17项授权。津宝乐器的打击乐器产品线包括鼓、木琴、铙、钹等，全年销售额实现了持续增长，销售量也有明显的提升，进一步巩固了企业在打击

乐器市场的领导地位。河北金音乐器集团有限公司在克服疫情影响的情况下，实现了产能和销量的稳定，企业效益得到了提升。金音乐器以其稳定的产品性能和良好的售后服务，赢得了广大消费者的认可。虽然得理乐器（珠海）有限公司的出口有所回落，但其在国内市场上却实现了逆势增长。

新产品的开发和推出是推动行业发展的重要因素。2022年，中国西管打击乐器行业在新产品开发和推出方面取得了显著的成果。骨干企业都持续投入了研发，推出了多款新产品，这不仅满足了市场需求，也进一步推动了公司的业绩增长。津宝乐器推出的新型打击乐器融合了传统工艺和现代科技，得到了市场的热烈反响。金音乐器推出的铜管乐器新品，以其优秀的音质和精良的做工赢得了消费者的一致好评。在电子鼓领域，蔚科科技和美得理公司依靠技术优势，推出了多款具有创新性的新产品，如带有AI教学功能的电子鼓和结合VR技术的电子鼓等，丰富了市场的产品线，也为消费者提供了更多的选择。

（二）品牌文化构建，市场互动提升消费认知度

在中国西管打击乐器行业的快速发展中，实现品牌建设的成果显得尤为重要。这不仅有助于企业提升自身竞争力，也是在国际市场争夺更多份额的重要策略。

在国产乐器品牌的建设与提升方面，津宝乐器、金音乐器以及蔚科科技等企业都做出了积极贡献。津宝乐器注重品牌形象的塑造，不断提升产品质量和服务水平，通过主办和参与各类音乐活动，加强了与消费者的互动，并提高了品牌的知名度和影响力。金音乐器则注重品牌文化的打造，积极推广线上线下音乐教育，提升了金音品牌在院校市场的影响力，其产品凭借优良的音色和优质的工艺赢得了广大消费者的认可。蔚科科技以其独特的电子鼓产品在市场上崭露头角，通过线上线下的多元化营销策略，成功打造了独特的品牌形象。

在提升品牌的市场认知度和影响力方面，这些骨干企业取得了显著的成果。这不仅体现在产品销售的增长上，也体现在消费者对品牌的认知和接受度的提升上。津宝乐器通过一系列的品牌营销活动，提高了消费者对津宝品牌的认知度，特别是在青少年用户群体中，津宝乐器的品牌影响力显著提升。金音乐器的产品不仅在国内市场受到欢迎，也在海外市场取得了良好的销售业绩。蔚科科技的品牌认知度和影响力也在持续提升，尤其在年轻消费者群体中，蔚科科技已经形成了强大的品牌影响力。

总的来说，2022年西管打击乐器行业的品牌建设成果显著。各大企业都在积极推动品牌建设，提升品牌的市场认知度和影响力。在未来，这些企业将继续发挥其品牌优势，推动中国西管打击乐器行业的进一步发展。

（三）艺术与科技完美融合，个性化定制开启新时代

2022年，中国西管打击乐器行业在科技创新和设备升级方面取得了显著的成果，这一进步主要得益于各大企业的积极投入和探索。津宝乐器，经过充分理解员工需求和与新老员工的交流，优化了企业内部制度，实施了更加人性化且高效的规章制度，从而显著提升了企业的凝聚力。在2022年，他们投入逾1300万元进行技术升级改造，并投入超过410万元进行绿色生产，积极响应了国家对环保事业的号召。此外，津宝乐器还成功通过了“两化融合项目”评审、“高新企业复审”评定，并被评为“国家单项冠军企业”，这充分展示了津宝乐器在技术创新上的优秀表现。

针对传统乐器制造业机械化程度低、环境差的特点，金音乐器改造了加工工艺，成功研发了自动焊接装置和抛光机掉件自动停车系统，一种吉他结构的改造工艺，以及一种中高档号过球装置及其工艺。这4项技术均获得了专利审批，为行业内的技术创新树立了新的标杆。

在科技与艺术的融合方面，西管打击乐器骨干企业在2022年取得了显著的进步。金音乐器引入了3D打印和纳米材料技术，实现了管乐器的快速制作和个性化定制。同时，津宝乐器聘请了多位业内颇具声望的专业老师担任产品技术顾问，通过乐器匠人与乐器演奏家的结合，使他们的产品在艺术性和科技性上都得到了显著提升。总的来说，预计未来中国西管打击乐器行业在全球乐器市场中的地位将更加重要。

（四）校企合作模式推动中国打击乐器行业发展

2022年，骨干企业持续深化与教育机构的合作，推动乐器走进校园、社区和家庭，以拓宽教育市场。津宝乐器成功举办了“津宝音乐节”和“DCA亚洲行进鼓乐联盟锦标赛”等活动，刺激了消费市场，并推动了乐器教育的普及。同时，金音集团在河北衡水市创办了一所民办中学，并在该校开设特色音乐教学课程，从而将乐器直接引入校园。

津宝乐器与各大音乐学院开展了深度的校企合作，与北京音乐学院、中央音乐学院等顶尖音乐学府进行了多项合作项目。这不仅为音乐学院的学生提供了更多实践机会，还使津宝乐器有机会在音乐教育前沿领域进行产品测试和改良。在津宝乐器的支持下，许多学生有机会直接了解乐器的制造过程，深入理解乐器。

金音乐器也与北京师范大学附属中学等教育机构开展合作。他们为校方提供了大量乐器设备，并在乐器使用和维护方面提供了技术支持。这样的合作成功提高了金音乐器在学校中的知名度和影响力。同样值得关注的是蔚科科技和美得理公司的努力。他们致力于将电子鼓推广至家庭和社区市场，通过举办各种活动和比赛，提高公众对电子鼓的认知度和接受度。同时，他们也与多家社区和家庭建立了长期的合作关系，为他们提供了大量的电子鼓设备，并提供了专业的教学支持。

总的来说，通过与学校、社区和家庭的紧密合作，津宝乐器、金音乐器、蔚科科技和美得理等骨干企业成功地将乐器推广到了更广泛的领域，他们的努力为推动乐器文化的普及和发展做出了重要贡献。

三、2023年西管打击乐器行业展望

2023年，西管打击乐器产业将聚焦提质增效、结构优化，推动高质量发展。要坚持自主创新，增强核心竞争力；要持续推进智能制造，实现绿色发展；要加快融合发展，拓展乐器教育市场；要培育工匠人才，传承好中国制造；要深化校企合作，服务国家战略；要弘扬乐器精神，展现时代责任。让我们携手奋斗，开创西管打击乐器产业新局面。

材料配件篇

近年来，中国乐器材料配件行业随着乐器制造产业的发展而逐步壮大。人们文化娱乐需求的增长和消费水平的提高，乐器市场需求不断增加，乐器制造产业也逐渐向高端化、品质化方向发展。在这个过程中，材料配件行业也在不断升级和发展。

作为乐器制造产业的重要组成部分，乐器材料和配件的品质和音质对乐器的整体品质和音质有着至关重要的影响。然而，在过去的2022年，全球经济持续下行、国际政治经济格局剧烈变化以及人力资源与原材料成本上升等不利因素，使得乐器材料配件行业面临着巨大的挑战。如何在逆境中“活下去”已成为行业面临的首要问题。在这个过程中，企业们积极应对，展现了强大的适应能力和应变能力。它们通过调整生产模式、优化供应链、降低成本等方式，努力克服种种困难，为行业的稳定发展做出了积极贡献。

一、2022年材料配件行业运行数据

在过去的一年中，中国的乐器材料配件行业经历了巨大的挑战。受原材料价格、劳动力、运输成本持续上涨以及汇率波动等因素影响，企业运营成本压力持续增长，效益指数低位运行。海关数据显示，2022年我国累计完成乐器出口21.90亿美元，同比下降6.25%，同比2020年增长16.25%。总的来说，2022年延续降势也显示当前我国外贸复苏基础依然不牢固。

根据中国乐器行业经济运行报告显示，全国乐器行业规模以上企业227家，增长10.19%；营收同比下降12.41%，月度走势宽幅波动；出口额21.90亿美元，同比下降6.25%，分行业运行不均衡；进口额5.63亿美元，同比下降1.37%。随着政策的逐步调整、产销循环畅通、运输渠道恢复、市场需求回暖、音乐文化活动的开展以及社会艺术培训机构逐渐恢复正常，乐器行业生产形势逐步恢复向好。上游材料配件产业紧扣市场需求，克服原料采购和物流困难，尽量满足下游产业所需。

总体来看，面对多方不利因素，各企业顶住了压力，灵活布局经济增长方式，通过在严格执行绿

色节能减排、技术工艺升级、出口市场拓展等方面攻坚克难，团结协作，发扬求实创新的企业精神，从传统材料配件企业向着现代乐器制造企业有序转型。

二、2022年材料配件行业运行特征

（一）创新驱动，行业技术水平较大提升

材料配件行业在2022年科技创新能力持续增强，创新成果不断涌现、科研投入不断加大，取得了优异成绩。2022年，中国乐器协会根据《关于开展2022年行业“科技十强企业”申报工作的通知》要求，经企业申报及专家组评审，共有16家企业入选2022年行业“科技十强企业”名单，材料配件行业中宁波四海琴业有限公司成功获评。

2022年，广东省工业和信息化厅公布了2022年“专精特新”中小企业名单，广州市罗曼士乐器制造有限公司成功荣膺该称号，成为年度广东省“专精特新”中小企业之一。同时，该公司还在年底获得了国家高新技术企业认定证书。

此外，在湖北省经济和信息化厅组织的第四批省级专精特新“小巨人”企业培育申报工作中，经过各市州经信部门初核和推荐、专家组审核等程序，武汉艾立卡电子有限公司最终入选并荣获湖北省专精特新“小巨人”企业称号。

这些荣誉的获得，是材料配件企业多年来致力于技术创新和产品研发的结果，也是对这些企业在研发能力和整体技术水平的肯定和认可。

（二）深化交流，协会活动赋能行业发展

2022年是党的二十大胜利召开之年，也是落实“十四五”规划关键之年。面对风高浪急的国际环境与复杂多变的外部形势，中国乐器协会在中国轻工业联合会党委领导下，坚持以习近平新时代中国特色社会主义思想为指导，贯彻落实新发展理念，积极构建新发展格局。协会通过开展各种活动与培训，为企业提供展示自身风采的平台，同时也促进了行业内的交流和合作，鼓励企业积极探索创新，为提振整个行业的信心起到了积极的推动作用，共同推动行业的发展。

2022年，为深入贯彻习近平致首届大国工匠创新交流大会的贺信精神，协会推出了主题为“技能强国、创新有我”的征文活动。此次活动详细报道了京胡演奏家刘正辉、中国编钟制作名家金海鸥以及民族乐器改革家赵宏亮等专家的先进事迹，涉及他们在乐器改革、新材料替代和应用方面所做出的贡献，旨在激励全行业职工爱岗敬业，释放他们的创造潜能，从而推动整个行业向中高端现代乐器制造工业有序迈进。

为促进行业科技人才建设，2022年7月，协会举办了乐器行业专业技术人员高级研修班，42名企业老总和技术骨干参加了为期3天的培训，在材料学、声学、美学等方面深度学习、交流互鉴。培训从产品标准、乐器材料结构剖析、声音品质认知、测试与分析，乐器设计互适性以及乐器的发展历程等五大领域传道、授业、解惑，学员们普遍反映意犹未尽、受益匪浅。

（三）积极布局，企业技术储备应对挑战

面对经济下行压力，广大乐器企业不断转换经营思路，提高管理水平，加大研发投入，增强技术储备，做强自主品牌，持续推动企业数字转型。

受欧美通货膨胀的影响，乐器用云杉材料价格飞涨、材质下降，供给短缺。2022年，川雅木业在技术革新方面，以严苛的传统干燥和制作工艺，生产高端实木钢琴音板、吉他实木音板，拉平了钢琴等企业与国际同行制造技术和产品品质差距。在产品方面，川雅木业在经营钢琴和吉他、大、小提琴等传统声学配件产品的同时，还将进一步开拓发展“钢琴共鸣盘”“钢琴实木复合弦轴板”两大高端配件产品。同年，川雅扬州工厂顺利搬迁，扩大了产能，当年消化原木量达1.5万立方米。

在创新投入方面，广州爱丽丝每年创新研发投入占营收的10%～20%，其自动拧珠机，已研发到了第三代，用工由原来的100多人减少到不足10人，以前50人的产量，现在5台自动化设备就能达到，但只需要1人就可以完成，产品质量亦得到更好的控制。

三、2023材料配件行业展望

2023年，随着社会的生产生活秩序逐步恢复正

常，市场需求逐渐恢复，艺培机构也将正常运转，预计盈利能力将有所改善。此外，行业固定资产投资的重点也将向设备升级、智能化改造以及绿色制造等方面转移。然而，全球经济增长放缓，国际市场需求复苏前景仍存在较高的不确定性。因此，我国乐器行业仍面临着较大的压力，需要坚持深化转型升级，提高产业韧性和抗风险能力，以应对严峻复杂的外部环境和艰巨繁重的稳定任务。

聚焦行业未来发展，随着消费者对乐器需求的提高、音乐人口的增多，乐器行业的市场规模有望继续扩大，这将进一步带动乐器材料配件行业的发展。乐器将向高附加值、高品质、高环保的方向发展，智能化的配件和组件研发、高端材料的广泛应用、环保材料的普及，以及数字化技术应用的注入，都将成为未来发展的重点。同时，产业集群效应将继续加强，将为企业提供更好的发展机遇。

总之，我国乐器行业将继续推进结构调整和转型升级，以实现高质量发展。行业将注重智能化、绿色化、高端化等方面的发展，提高产品质量和服务水平，加强与国际市场的交流与合作，努力打造具有国际竞争力的乐器品牌。

手风琴、口琴篇

2022年，乐器产业特别是手风琴和口琴行业，以韧性和创新的精神推动行业的复苏和发展。行业界的企业通过卓越的创新、多元化的合作，成功地适应了市场的变化，加快了行业的转型升级，赢得了市场的信任与赞誉。下面将针对这个行业的运行概况，品牌拓展与市场推广成果，技术创新与产品创新情况，以及乐器进校园的推进工程成果进行概述和展望。

一、2022年手风琴、口琴行业运行数据分析

2022年，尽管新冠疫情对全球经济造成影响，手风琴和口琴行业却表现出了强大的适应能力和生命力。行业通过线上线下销售模式并用、精细化运营以及深度合作等方式，有效推动了其自身的发展，实现了在困境中的突围。

在线上销售方面，随着消费者行为的改变，乐器品牌逐步将重心转移到线上，利用电商平台和自建线上商城拓宽销售渠道。然而，品牌方并未放弃线下销售，反而通过实体店和各类活动增强与消费者的互动，提升用户体验。精细化运营和深度合作是推动行业发展的另两个重要因素。品牌通过对市场的细分和目标消费者的深入理解，制定精准的营销策略，同时投入大量资源进行产品研发，以提供更优质的产品。深度合作则使得品牌能够与供应商、经销商以及音乐学院等合作方形成紧密的联结，形成完整的产业链。

根据海关总署的数据，2022年手风琴出口量下降至184195架，但总金额上升至13380684美元，显示高质量产品的出口增多。口琴出口数量和金额则均大幅上升至4579138只和12416353美元，反映出产品在全球市场份额的增长。在进口方面，手风琴及类似乐器的进口数量和金额均增长，分别达到5145架和1969819美元，证明国内高品质手风琴需求提升。虽然口琴进口数量略减至108020只，但总金额为3008692美元，说明正在进口更高质量的口琴满足市场需求。简言之，手风琴和口琴在全球市场中的地位逐渐提升，国内市场对高品质乐器的需求也在增长。手风琴和口琴行业的发展趋势显示了国内乐器市场的巨大潜力。受全球化和技术创新的推动，乐器行业越来越专业化，乐器品牌和产品的个性化也得到了消费者的青睐。然而，国内品牌需要注意，进口乐器的增长并不意味着国内品牌无法满足市场需求，反而应视其为机遇，提高自身研发和创新能力，增强在市场中的竞争力。总的来说，虽然2022年充满挑战，但手风琴和口琴行业通过精细化运营和深度合作，已在逐渐恢复并保持良好的增长态势。

二、2022年手风琴、口琴产业运行特征

（一）2022手风琴、口琴行业运行概览

2022年，手风琴和口琴行业展现出了显著的韧性和创新能力。领军品牌如金杯乐器、奇美乐器和鹦鹉乐器，以其敏锐的市场洞察力和灵活的运营策略，成功应对了行业的巨大挑战。

具体来说，金杯乐器以其稳固耐用的手风琴产

品受到市场青睐。在面对新冠疫情带来的市场变革时，该公司积极拓展线上业务，并开设了线上商城。同时，他们也着重提升线下用户体验，如举办试音活动等，以此扩大销售渠道。奇美乐器主导产品为口琴和口风琴，精细化运营与市场研究成为他们赢得市场份额的关键。他们深入理解了目标消费者的需求，特别是年轻消费者对于融入当地民族元素的创新产品的喜好，从而实现了销售的增长。鹦鹉乐器则通过与音乐学院和经销商等的深度合作，成功打通了从产品生产到销售、再到教育的完整产业链。这一模式不仅降低了运营成本，提高了运营效率，还使鹦鹉乐器在音乐教育领域取得了显著的影响力。

无论是金杯乐器的线上线下相结合，奇美乐器的精准市场研究，还是鹦鹉乐器的深度合作，都体现了在瞬息万变的市场环境下，企业需要持续创新，适应市场的变化，才能在激烈的竞争中立于不败之地。面对未来，这些经验和策略将为行业的发展提供宝贵的借鉴。

（二）专注个性化消费群体，国际合作推动行业品牌创新

2022年，手风琴和口琴行业的拓展和市场推广成果显著。多家品牌通过与高等专业院校教授的交流研讨，推出新品牌和新产品，显著提升了产品的专业性和品牌的影响力。尤其是华韵乐器与意大利布格里阿曼多手风琴有限公司的合作，成功地创建中意合作手风琴品牌——罗尼，引领了行业的创新和发展。

品牌与高等专业院校的互动成为行业发展的关键。举例来说，金杯乐器与知名音乐学院合作举办手风琴大赛，不仅吸取了教授的专业知识，提升了产品的专业性，也借此机会更好地了解了年轻一代的需求和观念，更准确地对市场进行判断和预测，深化了品牌影响力。

在推出新品牌和新产品方面，行业也取得了令人瞩目的成果。例如，奇美乐器推出的定位于年轻人市场的新口琴，凭借其新颖的设计和独特的音色，赢得了消费者的一致好评，并创造了销售新高。在华韵乐器与布格里阿曼多手风琴有限公司的合作中，罗尼品牌的高端手风琴应运而生。罗尼手风琴兼顾了意大利制琴工艺和中国消费需求，不仅填补了国内市场的高端产品空白，也大大提升了华韵乐器在全球手风琴市场的影响力。

总的来说，2022年的手风琴和口琴品牌在拓展和市场推广工作中，展现了行业的韧性和创新能力。骨干企业利用各种机会提升产品专业性，加强品牌影响力，成功实现了转型升级。

（三）技术创新助力手风琴与口琴市场繁荣

2022年，手风琴和口琴行业在技术创新和产品创新方面创造了令人印象深刻的成就。显赫的制造商如华韵乐器、金杯乐器和奇美乐器在各自领域中均推动了行业进步。

华韵乐器推出了升级版的“世纪鹦鹉”。该产品优化了键触键深度、回弹力度和音簧响应速度等细节，运用先进的声学技术和精准的数字化制琴技术，无论是快速还是慢速演奏，都能确保优异的音质和稳定的表现。这一专注于产品细节和质量的举措，为华韵乐器赢得了市场和用户的赞誉。

同年，金杯乐器也展示了其在技术创新和产品创新方面的深度。企业推出的新款手风琴对设计、音色调整和音簧制造工艺进行了革新，改善了操作的便利性和演奏体验，使得音色更丰富，演奏更为舒适。同时，其推出的多款手风琴满足了广大用户从初学者到专业演奏者的需求。金杯乐器的成功，不仅在市场中赢得了广泛认可，而且在全球手风琴行业内确立了其良好的声誉。

奇美乐器的技术创新也同样引人注目。新一代口琴产品运用了最新的材料科学和工艺，提升了产品的耐久性和稳定性，并在音色、音质上实现了显著的提升。天鹅乐器对新技术和材料的巧妙运用，也使得他们的产品在市场上赢得了良好口碑。

总的来说，骨干企业的技术创新和产品创新都为手风琴和口琴行业的发展做出了重要贡献。他们对创新的坚持和质量的追求，不仅提升了各自的品牌影响力，也推动了整个行业的进步。

（四）以校企合作为抓手，行业推进乐器“三进”工程

2022年，手风琴和口琴行业积极推动与各大学校的深度合作，成功地将乐器引入到更广大的公众视野。多个企业通过与各级学校开展校企合作，推进了“乐器进校园、进家庭、进社区”的工程，使得乐器文化得以广泛传播，对行业的社会影响力产生了积极推动作用。

华韵乐器为了扩大品牌影响力和推动手风琴文化的传播，成功在全国范围内实施了“手风琴进校园”项目。这个项目覆盖了从小学到高中的众多学校，使得大批学生有了接触和学习手风琴的机会。此外，华韵乐器还专门举办了手风琴比赛，吸引了超过千名学生参与，极大地提高了学生和家庭对手风琴的关注度。在接下来的一年内，华韵乐器计划进一步推广该项目，让更多的学生和家庭了解并爱上手风琴。

同时，金杯乐器也推出了类似的“乐器进家庭”和“乐器进社区”的项目。他们联合多个社区，举办了手风琴和口琴的免费公开课，吸引了大量社区居民参与。这些公开课让居民有了更多了解和学习这些乐器的机会，同时也帮助金杯乐器进一步扩大了品牌影响力。

在口琴行业中，奇美乐器同样积极开展校企合作项目。他们通过与学校的合作，使得口琴进入了大量的音乐课堂。在课堂上，学生们可以近距离接触到口琴，学习口琴的演奏方法，感受到口琴音乐的魅力。同时，奇美乐器还推出了一系列口琴教育教材，为学生们提供了系统的学习资源。

在推进“乐器进校园、进家庭、进社区”的过程中，各大企业都表现出了积极态度和坚定决心。他们利用自身的资源和优势，推动了乐器文化的传播，为社会注入了更多的艺术元素。可以预见，未来这些企业将继续积极推动这个工程，为行业的发展做出更大的贡献。

三、2023年手风琴、口琴行业展望

2022年，手风琴、口琴行业以科技创新为引擎，通过华韵乐器的“世纪鹦鹉”、金杯乐器的创新设计手风琴，以及奇美乐器的新一代口琴，展现了行业内的创新实力。面向未来，我们将看到更多的技术创新和产品升级。此外，行业内正在努力推动乐器进校园、进家庭、进社区工程，提升公众对手风琴、口琴的认知。通过与教育界的深度合作，实施多元化的音乐教育项目，乐器行业正在扩大市场规模，提高社会影响力。

2023年，被誉为“科技创新融合年”，预示着行业将进一步推动创新，运用人工智能、物联网、大数据等前沿技术，提升乐器的性能和质量，也对乐器教育和文化传播产生深远影响。总的来说，手风琴和口琴行业在新的一年中将面临更多的机遇和挑战。期待各大企业能以开放的态度，接受更广泛的合作，通过科技创新推动行业发展，满足市场需求，进一步推广乐器文化。相信手风琴、口琴行业将会在2023年创造出更多亮点，引领行业走向崭新的阶段。

专题

思想大旗引领航向　踔厉奋发创新发展
——党的二十大报告在乐器行业引起热烈反响

2022年10月16日上午10点，按照中国轻工业联合会党委部署，中国乐器协会党支部要求，党员群众各自在家里收看了二十大开幕实况转播。大家边收看习近平总书记的报告，边在微信群中讨论。中国轻工业联合会党委副书记、中国乐器协会党支部书记、理事长王世成，第一时间与大家进行了互动交流，并对二十大精神的学习提出具体要求。

10月17日上午，按照“第一议题”制度规定，协会党支部组织全体党员群众交流收看二十大实况体会与心得。

党支部副书记、副理事长孙瑞勇首先发言。他说，“习近平总书记的报告气势磅礴，振奋人心。总结部分客观科学，实事求是，听后深感十年来的辉煌成就来之不易，让我们进一步加深了对新时代中国特色社会主义思想的理解。总书记对未来的擘画目标明确，路径清晰，为我们树立信心，指明了前进方向。我们要夯实党建基础，加强党建引领，不断提升协会服务水平与服务能力，引领并助力乐器产业高质量发展。”支部委员、副理事长陈晋武谈道，“我们要深刻理解‘以中国式现代化全面推进中华民族伟大复兴’这一鲜明提法。深感在党中央领导下，乐器产业10年来的发展与壮大。10年来，我们形成了乐器全产业链，中高端产品的结构调整日趋科学合理，人才培养体系亦越来越完善。”

“总书记的报告，使我们对行业工作增强了信心。”支部委员、秘书长刘勇说道，“听了总书记的报告，深感责任重大，行业组织必须强化担当精神，要将自己的职业规划融入到行业发展之中，在服务行业过程中，明确责任，努力奋斗，为扩大中高端产品比重、扩大音乐人口的目标作出自己的贡献。”业务部主任钱富民说，“总书记的报告总结部分全部有数据的支撑，听来令人兴奋。昨天收看完转播，专门上网查了几组数据，对乐器行业人均产值与人均收入与电信、家电等行业做了一个比较，深感我们的行业还有差距，一定要坚定不移在科技创新上找出路，在人才培养上下力气。”信息部李强表示，“党的二十大报告指出，实施积极应对人口老龄化战略。我们应该趁二十大的东风，将乐器三进工程（进校园、进社区、进家庭）延展到老年人。我国老年人口的增长速度非常快，2035年左右，60岁及以上老年人口将突破4亿，在总人口中的占比将超过30%，进入重度老龄化阶段。应该搭建平台，引导企业将乐器市场向老年人群拓展。”

党的二十大胜利召开，举世瞩目。习近平总书记的报告令人振奋，催人奋进。乐器行业各企业广大党员群众，以不同形式收看了二十大开幕盛况。

珠江钢琴集团党委科学统筹、精心组织，在珠江钢琴国家文化产业示范基地和珠江钢琴创梦园设立双会场。珠江钢琴集团领导班子、党支部书记、党支部委员、各级管理干部、党支部工作者约100人，集中收看了中央电视台现场直播。与此同时，各子公司等也在办公会议室、工厂等处，收看大会直播。大会在珠江钢琴集团引起强烈反响，党员干部抒发心中共鸣，畅谈收获感想。

珠江钢琴集团党委书记、董事长李建宁说道，“党的二十大是继往开来，举世瞩目的一次盛会。珠江钢琴集团将深入学习贯彻党的二十大精神，完整、准确、全面贯彻新发展理念，以创新驱动为引擎，打造世界一流乐器文化服务综合体，奋力推动中国音乐文化事业、音乐文化教育再上新台阶，用优异成绩向党交出满意的答卷。”

珠江钢琴集团艾茉森公司党支部书记、董事长刘春清感慨地说，“作为国企的一名干部，我们要立足本岗位，立足本行业，务必不忘初心，牢记使命，务必谦虚谨慎，艰苦奋斗，把企业对标国际一流企业并最终实现国际一流企业的目标落到实处，为推动党和国家的伟大事业不断前进，贡献自己的力量。”珠江钢琴集团文化园公司党支部书记、总经理曾志恒表示，“站在新的起点，党的二十大胜利召开，为我们党和国家的事业擘画美好蓝图。作为珠江钢琴基层党支部书记，我将会深入学习二十大报告，以二十大精神武装头脑、指导实践，以实际行动，努力实现珠江钢琴高质量发展。”

星海钢琴在肃宁生产基地组织党员干部集体收看实况。党委书记、董事长孟宇说道，“习近平总书记的《高举中国特色社会主义伟大旗帜　为全面建设社会主义现代化国家而团结奋斗——在中国共产党第二十次全国代表大会上的报告》，催人奋进、令人鼓舞，高瞻远瞩、气势恢宏。报告系统总结了十八大以来，我们党团结带领人民攻克了许多长期没有解决的难题，办成了许多事关长远的大事要事，推动党和国家事业取得举世瞩目的重大成就。报告以穿越历史的宏阔格局、放眼时代的战略眼光和引领未来的前瞻思维，提出以中国式现代化全面推进中华民族伟大复兴，为新时代更好坚持和发展中国特色社会主义、全面建设社会主义现代化国家谋篇布局、定向领航。作为首都国企领导干部，我们要认真系统地学习报告全文，深刻领会报告精神，尤其是要进一步领会中国式现代化的深刻含义、主要内容、重大方向、实施战略，要进一步领会高质量发展是全面建设社会主义现代化国家的首要任务，要进一步领会报告中谈到的把发展经济的着力点放在实体经济上，加快建设制造强国、质量强国。通过不断深化学习，汲取二十大精神实质，作为星海集团前进道路定向领航的遵循，带领全体职工踔厉奋发，为企业高质量发展，国家繁荣富强贡献我们的力量!”

得理乐器（珠海）有限公司党支部组织全体党员干部集中收看了党的二十大开幕会。大家一致认为，党的二十大报告既深刻总结了过去5年的工作和新时代10年的伟大变革，又科学谋划了未来5年乃至更长时期国家发展的目标任务，全面擘画中国未来发展的宏伟蓝图。科学审视当今世界和当代中国发展大势，科学把握我们面临的战略机遇和风险挑战，全面把握新时代新征程党和国家事业发展的新要求、人民群众的新期待，从战略全局上对党和国家事业作出规划和部署，将指引全党全军全国各族人民坚定历史自信、增强历史主动，奋力开创中国特色社会主义新局面，坚定不移地推进中华民族伟大复兴历史进程。党支部书记、总经理助理江万年表示，“得理乐器将高举中国特色社会主义伟大旗帜，全面贯彻习近平新时代中国特色社会主义思想，把学习贯彻党的二十大精神体现在实际行动上。作为电声乐器龙头和标杆企业，得理乐器将紧紧抓住创新发展、不断追求卓越，充分发挥行业标杆引领带动作用。同时作为非公有制经济领域的党员干部，要以更加坚定的政治站位，更加自觉的责任担当，开拓进取，不断开创新局面，为实现第二个百年奋斗目标作出新的贡献。要紧紧围绕二十大提出的目标任务，围绕企业战略发展的中心工作，加快推进企业创新驱动，全面高质量发展，创建世界级百年企业战略目标。在助推中国乐器行业高质量发展的新征程上勇挑重担、勇当尖兵。”

吟飞科技（江苏）有限公司党支部认真组织全体党员干部在公司会议室统一收看党的二十大开幕会。报告中提到毫不动摇鼓励、支持、引导非公有制经济发展，充分发挥市场在资源配置中的决定性作用。坚持把发展经济的着力点放在实体经济上。支部书记、总经理范廷国说道，“报告释放了非常积极的信号，给民营企业家吃了定心丸，更加坚定信心谋发展。总书记的报告说出了我们民营企业家的心声，听后精神大为振奋，减少了不少顾虑，我们将加大在研发、科技、人才等方面的投入力度，乘势而上，努力把企业做大做强。”

江苏奇美乐器党支部认真组织党员收看了二十大会议盛况。支部书记、董事长张龙贵指出，“党的二十大报告鼓舞人心，令人振奋。印象最深的就是‘加快构建新发展格局，着力推动高质量发展’和‘推动文化自信自强，铸就社会主义文化新辉煌’。其中提到，繁荣发展文化事业和文化产业，提高全社会文明程度，增强中华文明传播力影响力。”他表示，多年来，奇美乐器在党支部率领下齐心协力，一直积极努力打造文化产业新标杆，以高质量发展推动企业进程，加快新产品研发，推进文化产品和文化服务的推广工作，让民族品牌走向世界，提升民族产品、民族品牌在世界的影响力。他还表示，奇美要以落实二十大精神为契机，带领党员职工坚持道不变，志不改，做有理想、敢担当、能吃苦、肯奋斗的新时代建设者。

理事长王世成强调，二十大精神的学习，将是今后一段时期首要的政治任务，协会党支部要按照中国轻工业联合会党委统一要求，做好学习安排，要原原本本地学，要联系行业工作实际学，要带着问题学，并按照边学习、边理解、边贯彻、边落实的原则，将二十大精神贯穿在第四季度和2023年工作安排之中，办好第二十届上海国际乐器展（南京），展示中国乐器制造水平与成果，扩大国内市场；开好科技创新与行业发展大会，为企业不断加大创新投入，提高中高端产品比重，扩大音乐人口赋能，同时，他希望全行业以二十大为动力，团结一心，克服困难，多向发力，力保乐器行业平稳回升。

凝心聚力新时代十年　砥砺奋进新征程启航
——中国乐器行业高质量发展十年

金秋时节，硕果累累。2022年10月22日，中国共产党第二十次全国代表大会在北京人民大会堂胜利闭幕。从党的十八大到党的二十大，是中国特色社会主义进入新时代的十年，是我国全面建设社会主义现代化国家、向第二个百年奋斗目标进军的十年。全体乐器人在中国轻工联党委的引领下，以习近平新时代中国特色社会主义思想为指导，不忘初心、牢记使命，认真贯彻新发展理念，以科技创新、管理创新和市场创新为动力，集聚力量、整合资源，深化供给侧结构性改革，推动行业科技创新，加快专业人才队伍建设，促进产业高质量发展。

一、凝心聚力，成就乐器新时代

1．10年砥砺奋进，奏响新时代华章

全行业制造水平、中高端产品比重、优秀民族乐器品牌影响力显著提升，在全面建成小康社会进程中留下乐器人奋斗的身影，“乐器成为家庭标配，音乐成为生活刚需”的理念得到音乐界、文化界、演艺界、教育界的普遍认同，乐器进校园、进家庭、进社区“三进”工程助力拓展乐器产业链，赋予社会音乐教育事业发展新动能，行业高质量发展再上新台阶。

2．10年来，运行质量持续优化

全行业规模以上企业克服了近3年经济下行压力增大的困难，营业收入仍保持了7.5%的平均增速，来之不易；平均利润率达7.12%。2021年，乐器出口总额23.40亿美元，较10年前的2012年增长37.51%。城镇百户家庭平均钢琴拥有量从2.81架增长到7.5架，除钢琴外其他中高档乐器拥有量从4.64件增长到9.5件。

3．10年来，品牌影响逐年提升

全行业积极推进“三品”战略，强化制造、采购和销售全过程质量管理，落实与完善质量保证体系和市场服务体系；积极申报中国轻工业联合会升级和创新消费品等有关奖项，打造全球业界新品首发平台，推动品牌国际化进程；目前，全行业拥有珠江、津宝、凤灵、吟飞、乐海等20余个“中国驰名商标”和“省市著名商标”品牌；涌现出敦煌、星海、鹦鹉等一批“中华老字号”品牌；长江、美得理、金斯波格等90余个省市级著名品牌；龙头企业产品在国际赛事和大型活动中频繁亮相：恺撒堡音乐会用钢琴亮相祖国70周年庆典晚会，天津津宝鼓号成为千人军乐团定制乐器，上民一旗下“百鸟朝凤古筝”“反弹飞天·朱颜琵琶”精彩亮相央视春晚、元宵晚会，长江钢琴入选“柴可夫斯基国际音

乐比赛”指定用琴，星海、海伦等多家品牌乐器进入国庆晚会、春晚等演出舞台，彰显民族品牌文化自信。

4．10年来，集群经济助力乡村振兴

乐器行业与地方政府共建有黄桥提琴、扬州琴筝、正安吉他、兰考民族乐器产业等11个产业集群，分布在京、津、冀、苏、浙、鲁等区域，拥有乐器及配套企业1500多家，从业人数超过13万人，年产值150亿元以上，在全国乐器行业发展中占有重要位置。经过持续发展，特色产业集群已经成为当地支柱产业，区域经济名片和脱贫与乡村振兴主力军，对加快区域经济发展、助力美丽乡村建设起到了积极推动作用。

5．10年来，乐展平台引导消费升级

作为国际乐器产业风向标的中国（上海）国际乐器展览会，历经19年精心培育，展览面积达到14.5万平方米，30多个国家和地区的2400多家企业参展，每次展会近20万人次参观交流，为我国乐器产业繁荣发展和走向世界发挥了积极作用。10年来，行业论坛、大师课、名师讲堂、全球业界新品首发、“How to”大学课程以及音乐缤纷季、齐鼓乐、未来音乐节等活动异彩纷呈，助力和引导乐器文化消费升级。

回望10年，中国乐器制造企业全口径已达6000余家，乐器制造业年规模超过500亿元，琴行和社会培训机构数十万家，音乐教育、文化演艺市场规模超千亿元，中国乐器制造和音乐教育市场新时代发展更加灿烂辉煌。迄今，我国主要乐器产品产量均超过全球总产量的60%以上，并超过美欧日三大经济体乐器制造总量。其中，钢琴40多万架，数码钢琴90多万架，古筝40多万架，提琴100多万把，西管乐器100多万支，吉他800多万把。经过10年来的不懈拼搏发展，我国已经成为世界乐器制造大国、消费大国、出口大国，在全球乐器经济发展中具有举足轻重的地位和作用。

二、创新引领，推动产品上档升级

1．10年砥砺奋进，科研驱动产业升级

全行业深化“产、学、研、用”相结合，完善优化科技创新生态。中国乐器协会按照“两翼发力、六轮驱动”整体思路，以“扩大乐器中高端产品比重”为抓手，务实推进科技创新工作。全行业科技投入持续增长，致力全产业链科技创新，注重多元产业融合，加大科研投入，驱动科技成果转化落地。

2．10年来，科研体系机制不断完善

近年来，乐器行业科技创新工作不断深化且富有成效。无论是西乐器企业还是中乐器企业，生产自动化、数控化水平大幅提高。行业专家委、40多家骨干企业高效联动，明确“四个一”工程的具体目标，落地推动科技创新“三级联动”工作体系。目前，全行业已建立各级科技研发平台47个，其中珠江技术中心被国家发改委、科技部联合命名为“国家级企业技术中心”；全行业省部级科技研发平台25个；乐器协会命名的研发基地4个；地方（县、市）级命名的平台6个；企业与有关科研院所共建企业级平台11家。乐器科研体系的建立持续激发产业发展新动能，成为企业抢占市场高地、提升产品附加值的重要途径。

3．10年来，科技投入占比提升

乐器行业认真落实“行业规划”和“技术路线图”，注重提升研发制造能力，对标国际先进水平。在木材改性与提琴音质改良，钢琴声学品质提升，民乐高端化、系列化、电声化暨民族低音拉弦乐器改革，电鸣乐器MIDI技术研发应用，西管乐器新材料开发，人工蟒蛇皮材料替代等项目中攻坚克难，助推乐器行业创新发展。在人力成本徒增、海外品牌竞争增压的形势下，国内大型乐器企业大规模购进数控机床，打造生产流水线，提升制造的标准化和机械化程度，提高智能化、数字化水平，增强竞争力，在技术升级改造的驱动下，企业主动运用知识产权维护自身合法权益。2021年，18家行业骨干企业累计技术创新总投入5.84亿元，占主营业务收入的6.5%，比2019年的4.69%上升1.81个百分点，高于2020年全国轻工行业科技百强企业2.8%的平均水平。

4．10年来，科研创新硕果累累

截至2022年，乐器行业累计申报中国轻工业科

学技术奖57项；工信部和中国轻工业联合会组织申报的《升级和创新消费品》三批次共48项；珠江、吟飞、上民一3家企业设计中心被认定为中国轻工业工业设计中心。10年间，共发布专利13290项，其中发明专利3654项，实用新型6678项，外观设计2958项。累计完成112项技术标准制修订（国标19项、行标93项），《乐器产品中多环芳烃的测试方法》和《乐器有害物质限量》两项标准填补了国内空白。全行业5项重点任务、10个重点工程均取得阶段性进展，骨干企业的“声学品质共鸣盘”“数字音源生产线”“乐器声学评价系统”“碳纤维乐器产品”“高灵敏度簧片”“芯片研究”“多功能效果器技术”以及信息化技术、智能化体系的导入等技术，成功投入使用并逐步量产，增强了行业的发展后劲。

5．10年来，科技平台激励创新

10年来，科技平台激励创新活动。中国乐器协会2015年创办行业科技大会，总结科技创新工作成效，科学谋划行业科技发展目标举措，从内容到形式努力创新。从2015年—2021年，大会盛邀科技部、国务院研究室、国家知识产权局、国家统计局、中国国际经济交流中心、中央音乐学院等国家部委和高校专家进行了9场专题讲座，内容涵盖乐器声学科研应用、工业设计、音乐文化创新、校园乐器研究与发展等多元化行业发展热点议题；与会专家与企业代表就行业“卡脖子”技术及科研攻关项目以及产品的声学品质和演奏触感进行了现场点评；大会共征集珠江、上民一、得理、凤灵、津宝、金音、奇美、川雅木业等24家企业的60多项科技创新成果，并进行了现场评价与展示；同时，中国乐器协会在2018年创立全球业界新品首发平台。迄今，共汇聚213家行业骨干企业的305件兼具创新性、实用性和时代感的创意新品集中亮相，构筑起全行业科技创新成果集体巡礼风景线。

6．10年来，人才培养持续发力

目前，国家职业大典中已确认有钢琴调律师、提琴制作师、研琴师等11个乐器职业，为广泛开展职业能力评价活动奠定基础。10年来，钢琴调律师、提琴制作工等项目考评鉴定人数共计9842人次，相较10年前，鉴定人数增幅为5888人。近年来，中国乐器协会持续培育行业科技之星和大国工匠，迄今，全行业已拥有轻工大国工匠2名，行业工匠27名，行业科技之星127名；成功举办全国二类职业技能竞赛——钢琴调律职业技能竞赛3届，9名选手被授予“全国技术能手”荣誉称号，40名选手获得“全国轻工业技术能手”称号，27名选手获得“乐器行业技术能手”称号。全行业形成专家委、科技之星、能工巧匠、技术能手相互映衬的创新人才体系新格局。

三、拓展音教，赋能产业融合发展

1．10年砥砺奋进，赋能产业跨界融合

10年来，中国乐器协会在认真研究国家“美育工作”和“双减”相关政策基础上，从乐器产业链延伸、产业空间拓展出发，结合已有音乐教育服务平台，通过有效组织音教融合活动，持续推动“三进”工程，进一步激活、拓展乐器消费市场。

2．10年来，产教融合拓宽市场渠道

近年来，中国乐器协会致力推动乐器“进校园、进社区、进家庭”三进工程，积极探索乐器进校园、进课堂、进家庭的路径与方式，企业和地方共振效果明显。如浙江中泰竹笛、福建宁德口琴、江苏黄桥小提琴、广东惠阳吉他；珠江、长江、海伦、星海的钢琴；得理、吟飞、艾茉森的电钢琴；敦煌、虎丘、乐海的民族乐器；金杯、鹦鹉的手风琴；津宝、金音的管乐器和打击乐器；柏斯、海伦、星海、海韵教育项目等，与大中小学和幼儿园开展了广泛器乐教学活动，乐器“三进”工程有效推动了产业链各要素跨界融合，产教融合拓宽市场渠道。

3．10年来，音教活动激活潜在市场

在发展过程中，全行业积极培育乐器潜在市场，扩大乐器终端客户群，助力社会音乐教育事业规范发展。截至2022年10月，中国乐器协会社会音乐教师培训项目共计培训教师2900余人，持续举办5届国民音乐教育大会和7届中国“6・21国际乐器演奏日”活动。其中，5届国民音乐教育大会汇聚650余位讲

师加盟助阵，各种论坛、讲座、工作坊场次共计420余场，共有11000人次到会交流，线上观看人数超过100万人次；7届“6·21国际乐器演奏日”活动联合主办单位达到110多家，全国共有200多个城市积极参与，演出总场次超过1500场，直接参与人数累计达到200万，在线观众人数超过3.7亿人次。线上线下爱乐民众金声玉振，讴歌伟大的党、伟大的祖国，奏响迎庆党的二十大的新时代华彩乐章。各项创意音教活动有序拓展延伸乐器全产业链，激活潜在乐器文化消费市场，促进了乐器消费人口的增长，为提高乐器的入户率和校园乐器增量起到了很好的推动作用。

4．10年来，国际合作深化融合发展

长期以来，乐器协会扎实推进国际交流与合作，积极整合资源，赋能融合，彰显大国担当，汇聚全球乐器协同发展的强大力量。目前，中国乐器协会与美、欧、日、德、意、英等30个国家和地区同业组织保持密切联系。连续举办了13次NAMM CMIA行业论坛，场场爆满；中国乐器协会与欧洲音乐产业联盟定期会晤，及时解决共同遇到的问题，如在国际濒危物种保护组织共同发声，使得乐器产品使用玫瑰木用材等问题得以解决。非凡10年，中国乐器协会求真务实，扎实推进国际交流，积极整合资源，赋能融合，汇聚起全球乐器协同发展的强大力量。让中国乐器企业感知世界乐器多姿搏动的同时，也让世界了解到中国乐器市场焕发的产业优势和巨大音乐消费潜力。

四、踔厉奋发，启航乐器新征程

1．喜庆二十大，奋进新征程

中国乐器行业将认真持续贯彻新发展理念，以供给侧结构性改革为主线，以深化改革为动力，以满足人民日益增长的美好生活需要为根本目的，以科技创新为支撑，立足全产业链融合、产业结构调整、供需双向发力、智能绿色发展，谋大局、应变局、开新局，落实扩大内需战略，推动乐器行业高质量发展。全行业将立足四个“坚持”，加快形成“双循环”新发展格局，努力实现乐器强国目标。

2．坚持全产业链创新融合

在不断健全完善乐器制造产业链的同时，延伸乐器产销、音乐教育和音乐生活全产业链。从产业结构、重点活动和专业服务平台等方面入手，全力推动跨界交流合作，努力挖掘市场深度，拓展市场广度。同时，加大音乐教育普及力度，深化“三进”工程、国民音教大会和“6·21国际乐器演奏日”活动，通过有效途径扎实推进，持续构建“产、学、研、用”融合发展新格局，努力实现“乐器成为家庭标配，音乐成为生活刚需”的目标。

3．坚持产业结构优化升级

中国乐器行业将紧密结合市场需求，致力中高端产品研发和全球中高端市场的开拓，靠人才谋发展、向科技要效益，立足“两翼发力、六轮驱动”战略，集中攻关“卡脖子”技术，凝智聚力构筑中高端乐器制造体系；在产业结构调整与优化升级过程中，将进一步加大乐器产品音质、音色、材料声学与演奏性能研发力度，提升标准化、数字化、智能化水平，加速技术装备和产品更新换代，提高精细化生产、绿色环保和个性化定制能力。

4．坚持“双循环”新发展格局

加快构建以国内大循环为主体、国内国际双循环相互促进的新发展格局，挖掘国内市场需求潜力，加快构建完整的内需体系，深化要素市场化配置改革，打通生产、流通、消费各个环节，提高国内大循环效率；发挥乐器出口大国优势，促进内外市场和规则对接，创造“你中有我、我中有你”产业链生态，形成国内国际双循环相互促进，增强高质量发展的内生动力。

5．坚持绿色低碳高质量发展

贯彻落实“绿水青山就是金山银山”的发展理念，推进绿色低碳循环发展，构建绿色技术创新体系，在节能减排、资源循环利用、污染综合治理、灾害防控等方面取得新进展。乐器企业综合生产能耗减低5%，提高工业粉尘、化学材料和重金属加工工艺改造和治理能力，控制车间噪声、改善劳动环境。推进“双碳”战略，加大科技成果转化，推动

产业高质量发展。

6．历史如潮，大道如砥

站在新的历史起点上，清晰的奋斗坐标和民族复兴的伟大梦想激励乐器人奋勇向前。全体乐器人将认真学习贯彻落实党的二十大精神，以习近平新时代中国特色社会主义思想为指导，在实现中国式现代化征程中，紧紧围绕实现“刚需”“标配”目标，突出扩大中高端产品比重、扩大音乐人口两个重点，始终坚持科技创新、“三品”战略、智能绿色、人才引领、产教融合，不断培育发展新动能、新优势，持续推动乐器行业全产业链发展，为实现乐器强国宏伟目标而共同奋斗。

2022年中国乐器行业经济运行持续放缓 行业稳步释放发展韧性

2023年4月28日，中央召开政治局会议，对当前经济形势和经济工作进行了客观的分析，给出确定的答案。

2023年4月，国家统计局发布2023年一季度国民经济运行数据的同时，也公布了3月份的数据：工业增加值同比增长3.9%，社会消费品零售总额同比增长10.6%，CPI同比上涨0.7%，货物进出口总额同比增长15.5%。

每年3月数据通常被视为观察经济趋势的重要窗口之一。3月是春节和寒假过后，社会各界重新回到正常生产生活轨道的第一个月。这意味着，看2023年经济发展趋势，3月份数据是关键。通过观察和分析一季度尤其是3月份的经济数据，不难得出，中国经济正在温和复苏之中。

乐器行业是全国经济的组成部分，从行业整体形势分析，在经历了2021年的恢复性高增长后，2022年全行业发展震荡下行，运行压力显著加大，运行质效水平趋于下滑，总体呈现了“三降、两增、两高、一提升”的发展态势，经济运行持续放缓，行业稳步释放发展韧性。

一、从行业整体看经济运行概况

中国乐器协会现有会员单位643家，钢琴调律师、提琴制作师、器乐文化等分支机构个人会员2000余人；其中，生产型企业430家，占66.88%，综合类型（琴行、贸易、培训机构等）200家；音乐院校、研究所13家。

全国乐器行业规模以上企业227家，增长10.19%；营收同比下降12.41%，月度走势宽幅波动；其中：中国民族乐器类企业营收增长12.31%，利润下降13.68%，同比2020年增长6.74%；利润率6.50%，高于同期全国轻工行业6.37%的平均水平；营业成本同比下降12.17%，生产效率逐步提升；出口额21.90亿美元，同比下降6.25%，分行业运行不均衡；进口额5.63亿美元，同比下降1.37%，钢琴进口占比接近一半；全行业89家骨干企业累计完成营业收入117.96亿元，同比下降12.02%；实现利润总额10.59亿元，同比下降9.18%；利润率8.98%，高于同期规模以上乐器企业及全国轻工行业的平均水平（骨干企业主营业务收入占规模以上乐器企业总额48.79%，具有一定代表性）；行业共建的11个乐器产业集群，共计1760家企业，从业人员11万余名；累计完成营业收入126.19亿元，实现利润总额13.77亿元，同比增长3.35%；利润率10.91%，高于同期规模以上企业。

2022年全行业呈发展震荡下行态势，运行压力显著加大，运行质效水平趋于下滑，运行情况呈现出“三降、两增、两高、一提升”的特点。“三降”即工业增加值下降9.0%，规模以上企业营业收入下降12.41%，利润下降13.68%；“两增”是指规模以上企业数量增长10.19%，中乐器营收增长12.31%；“两高”即骨干企业利润率8.98%、产业集群利润率

10.91%，均高于规模以上企业平均值；“一提升”即生产效率提升，营业成本同比下降12.17%。

二、从行业实际看经济运行特点

（一）景气指数渐冷，但产业规模逐步扩大向好

据中国轻工业信息中心发布的“2022年中轻乐器景气指数”，乐器指数2021年一直在渐冷区间震荡。从分指标看，除资产指数（91.82）相对稳定外，其他各项指标均落入过冷区间。其中利润指数与年初相比形势已然好转；出口指数全年波动较大；资产指数和主营业务收入指数小幅震荡下行。

国家统计局数据显示，截至2022年末，乐器行业规模以上企业较2021年增加21家；资产总计245.98亿元，比2019年仍增长了1.22%，其中，中乐器累计资产增长13.20%，产业规模持续扩大，为高质量发展注入新动能。

（二）运行压力加大，但生产需求逐步恢复向好

受2021年高库存等影响，2022年行业生产订单逐季减少，营业收入同比下降12.41%。尤其是一季度，产能过剩和生产收缩态势相对2021年非常明显；二、三季度运行持续走弱；进入四季度，由于外需市场下滑、局地管控和交通物流不畅等原因，下行压力陡然增加，营业收入、利润总额等主要经济指标跌至全年谷底（图1、图2）。

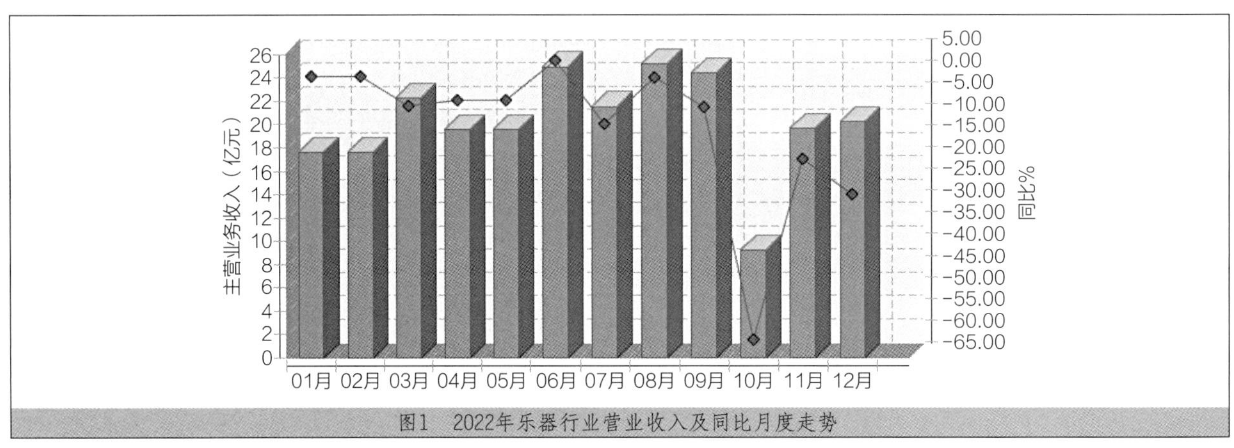

图1　2022年乐器行业营业收入及同比月度走势

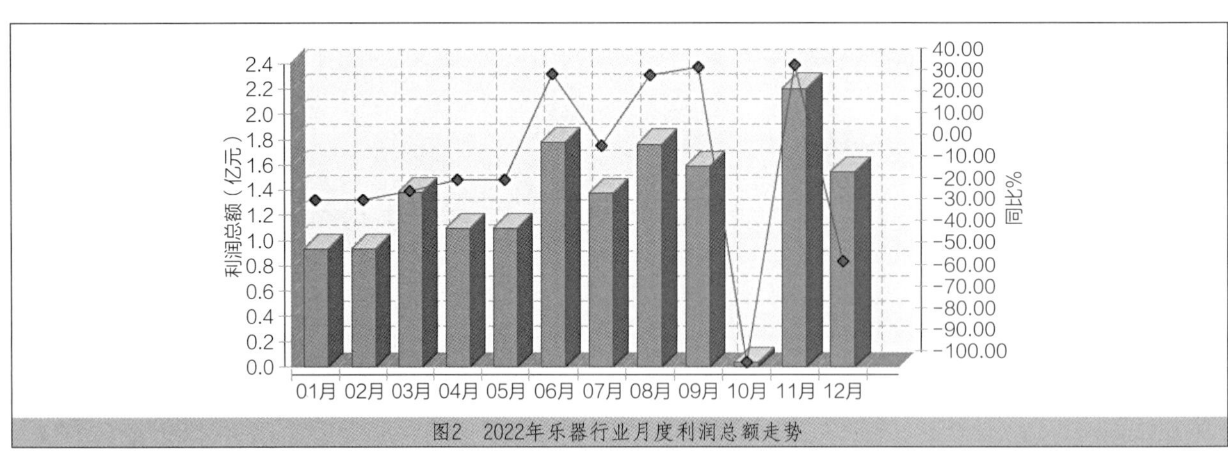

图2　2022年乐器行业月度利润总额走势

随着2023年1月政策的逐步调整，产销循环畅通、运输渠道恢复、市场需求回暖、音乐文化活动的开展以及社会艺术培训机构逐渐恢复正常，乐器行业的生产形势逐步恢复向好。2023年3月，中国乐器协会赴珠三角、京津冀以及川贵、河南等地区，调研走访各地会员企业和产业集群，召开10次座谈

会，从调研总体情况来看，企业复工复产恢复较快，措施得力，经济运行企稳向好。上游材料配件产业紧扣市场需求，克服原料采购和物流困难，尽量满足下游产业所需。各地产业集群启动早、生产势头旺，音乐教育市场在恢复与完善中调整定位，积极应对市场变化与需求；总体情况来看，全行业生产需求逐步恢复向好。

（三）成本压力持续，但经营状态逐步改善向好

2022年，受原材料价格、劳动力、运输成本持续上涨以及汇率波动等因素影响，企业运营成本压力持续增长，效益指数低位运行。全行业利润下降13.68%，利润率为6.50%，同比减少0.1个百分点，企业盈利形成较大压力。

面对压力，乐器企业经过逐步的资产整合以及产品结构优化，加之疫情防控期间各级政府给予企业的精准扶持政策，以及主要原材料平均价格涨幅收窄，降低生产经营成本略见成效。2022年，乐器行业规模以上企业营业成本同比下降12.17%，每百元营业收入成本82.50元，基本上与三年前持平，企业经营质量逐渐提升向好，经营状态呈现逐步改善趋势（表1）。

表1　2018年—2022年乐器行业利润率与轻工行业对比

年份	利润率（%）	
	轻工行业	乐器行业
2018年	6.56	6.89
2019年	6.54	7.23
2020年	6.85	6.35
2021年	6.30	6.74
2022年	6.37	6.50

（四）库存压力不减，但创新动能逐步增强向好

需求收缩、供给冲击、预期转弱是造成企业库存压力大、制约企业生产的主要原因。

2022年乐器行业生产成品库存同比增长7.44%，全年波动较大，1月、2月增幅较小，3月份同比增长697.29%，10月、11月增速超过300%，其他月份均为负增长。年底，虽较上半年的库存量高点有所下滑，但依然处于较高水平，清库减存压力较大。

面对新的挑战，全行业不断加大创新投入，逐步调整产品结构，使得产品附加值增速较快，行业创新动能增强明显。据乐器行业直报系统显示，骨干企业研发技改强度为6.8%；电鸣乐器企业及艺培机构的研发技改强度明显高于传统乐器制造企业，平均超过10%。其中，珠江钢琴公司保持了5%的研发投入比；海伦钢琴公司在智能仓储方面有所突破；得理乐器公司围绕生产效率和绿色环保，推动精益生产，改善数码钢琴生产流水线工作，预计提升效率10%；川雅木业派专门技术攻关小组赴日本雅马哈钢琴公司和卡瓦依钢琴公司学习，主攻钢琴音源部分加工的品质提升，有效地解决加工选材、制作、工艺流程、专用工具等制造理念与工艺问题；深圳蔚科进一步提升制造体系自动化建设，企业在不断积累算法、更新核心技术的基础上，利用更新算法迭代硬件，将产品朝着高端化、高附加值产品方向转型（图3）。

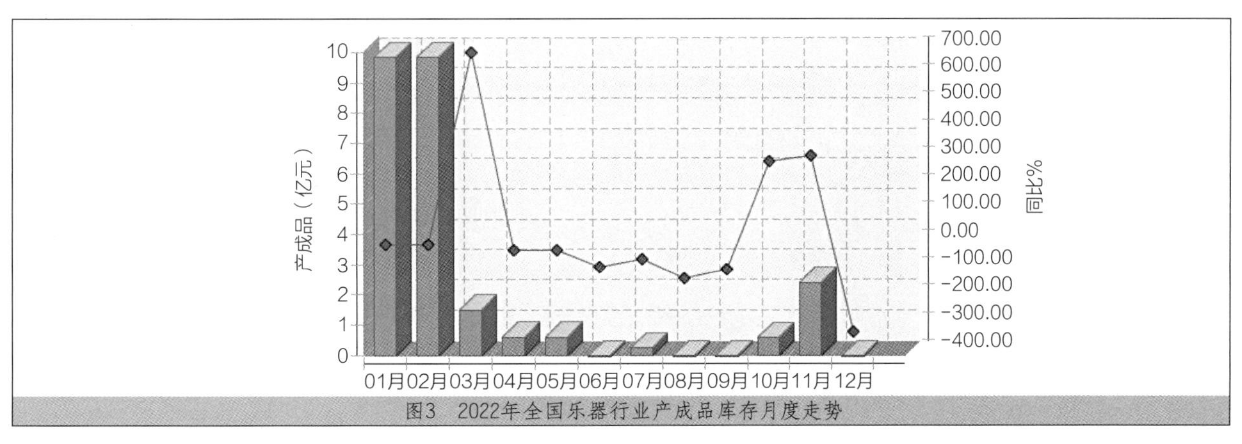

图3　2022年全国乐器行业产成品库存月度走势

（五）产销形势不均，但新业态逐步加力向好

2022年乐器行业产销形势呈现不均衡态势，如电鸣乐器行业的效益指标下降较为明显，营收下降25.88%，利润下降44.99%，资产总额下降17.75%。但调研中企业普遍反映从2023年2月份均呈现快速健康发展态势；再如钢琴行业，3年来，钢琴行业经受了人工和原材料成本不断上涨、“双减”政策实施后艺培机构调整幅度大、进口二手钢琴冲击等市场不利因素，钢琴行业下行压力较大。据乐器协会直报系统显示，2022年22家钢琴企业累计主营业务收入41.91亿元，占全行业35.53%，同比2021年下降19.95%，利润同比下降22.35%，营收利润率8.85%。

与此同时，中国民族乐器的运行质量较优，新模式、新业态层出，使得2022年营收增长12.31%，资产增值13.24%，利润率11.50%。上海民族乐器一厂营收与利润同比分别增长76.5%和119%，苏州民族乐器一厂营收与利润同比分别增长近10%和12%，远高于其他乐器产品；吉他、电吉他产品由于订单充足，加之吉他行业新模式、新业态逐步加力，制造业全产业链优势明显，趋势向好优势大；口琴行业逆势上扬，奇美乐器（含国光）、东方乐器营收同比增幅均超过15%，利润同比增长10%以上；高级提琴国际市场快速恢复，广州格雷蒙娜提琴、北京华东乐器生产处于供不应求状态，中高端产品外贸订单已经排到2023年上半年。

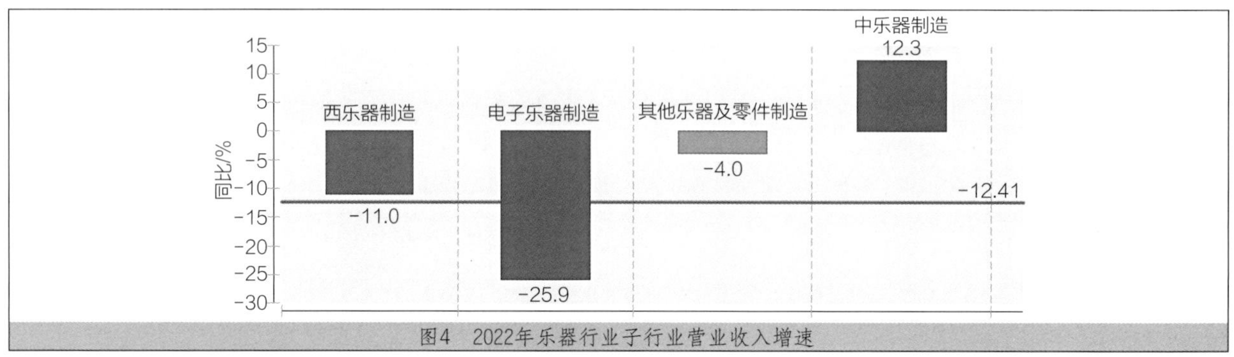

图4　2022年乐器行业子行业营业收入增速

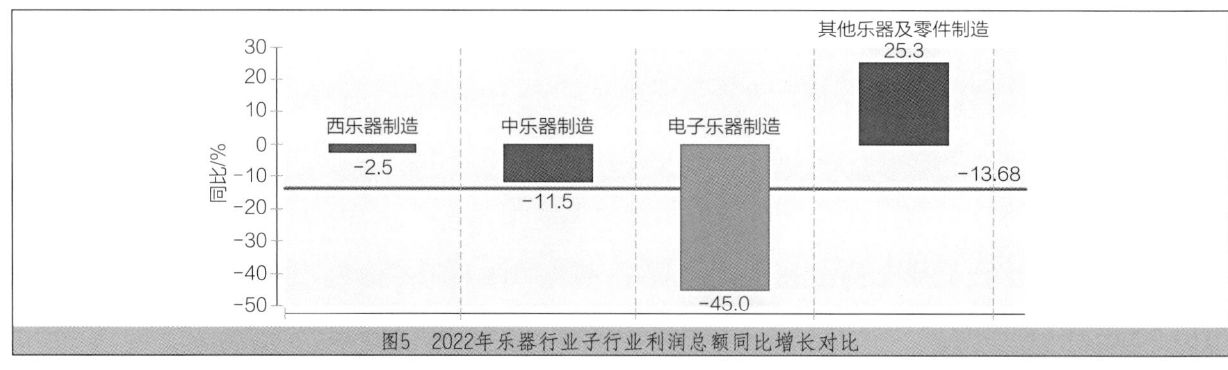

图5　2022年乐器行业子行业利润总额同比增长对比

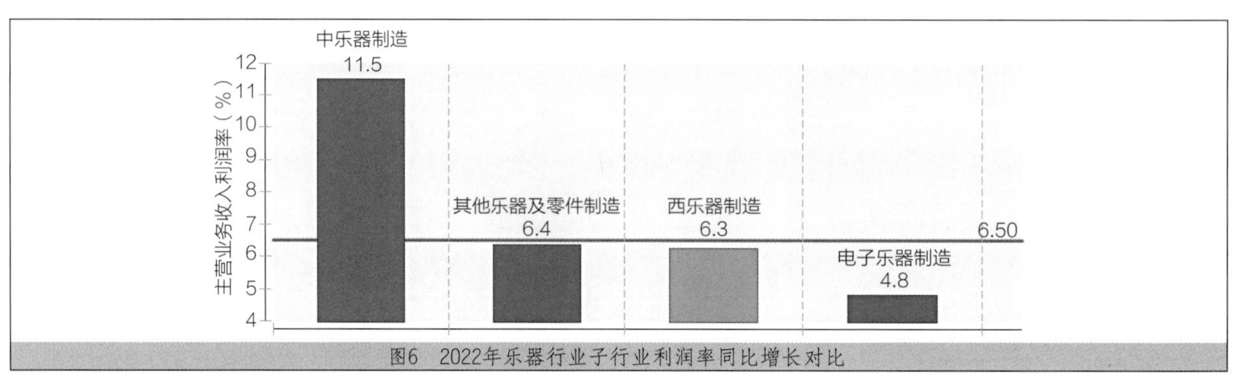

图6　2022年乐器行业子行业利润率同比增长对比

（六）外贸活力减弱，但新兴市场逐步拓展向好

2022年，我国乐器出口出现了没有淡旺季的情况，出口规模在高基数的基础上首次出现负增长。从季度数据来看，呈现出前升后降的变化趋势。前期，在货币宽松财政刺激下，消费品需求旺盛，加之转移替代效应持续，海外需求处于高位，一季度出口数据远好于往年同期，增长78.90%。后期，对比去年同期的高基数回到了正增长区间；迈入四季度，出口由正转负，下降了49.85%（图7）。

海关数据显示，2022年我国累计完成乐器出口21.90亿美元，同比下降6.25%，同比2020年增长16.25%。总的来说，2022年延续降势也显示当前我国外贸复苏基础依然不牢固。

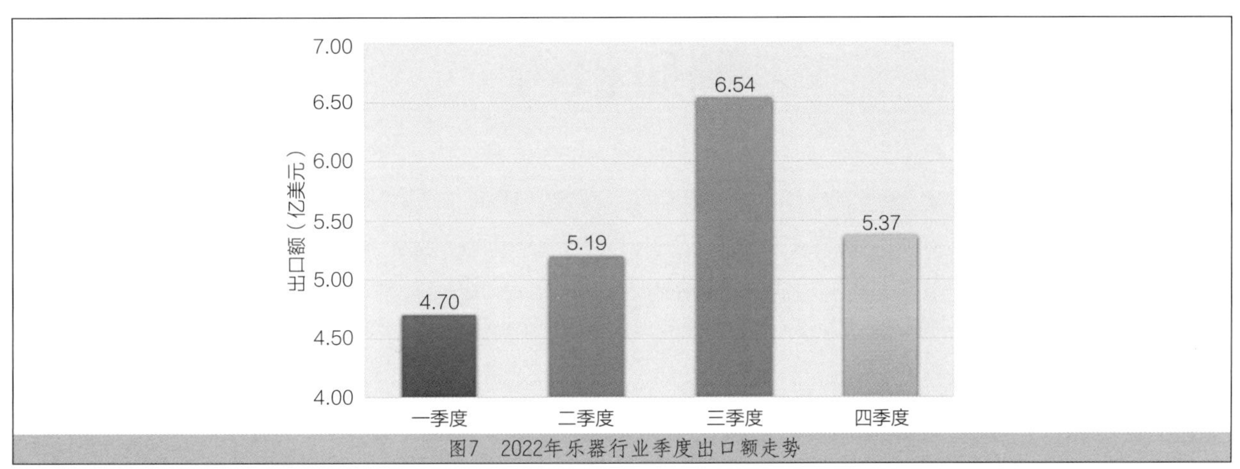

图7　2022年乐器行业季度出口额走势

但是，近3年，国际市场布局多元化更加明显，传统贸易市场表现分化。据海关数据显示，出口贸易组织中，我国乐器行业对RCEP、东盟、“一带一路”沿线国家和地区等新兴市场的出口保持较快增长，其中对RCEP其他14个成员国出口额为5.89亿元，同比增长3.76%，成为我国乐器出口的第三大贸易伙伴；对“一带一路”沿线国家和地区乐器出口4.75亿美元，同比增长6.62%；对东盟乐器出口2.77亿美元，同比增长15.35%，它们为中国外贸发展注入新动力，对稳定我国外贸发挥了积极作用。

三、结合当前形势看行业经济发展

2023年，全行业要在深入开展学习贯彻习近平新时代中国特色社会主义思想主题教育的同时，认真落实中央经济工作会议精神，坚持稳中求进的工作总基调，完整、准确、全面贯彻新发展理念，加快构建新发展格局。下阶段，恢复和扩大需求是当前经济持续回升向好的关键所在。随着生产生活秩序恢复正常，市场需求逐步恢复，产销衔接水平提高，艺培机构正常运转，基数效应影响减弱，预计2023年乐器行业运行指数将逐步回升，盈利能力有所改善；行业固定资产投资的重心将向设备升级、智能化改造以及绿色制造等方面转移；但全球经济增长放缓，国际市场需求复苏前景仍存在较高的不确定性。

总体看，新的一年面对严峻复杂的外部环境和艰巨繁重的稳定任务，我国乐器行业保持恢复性增长的压力依然较大，坚持深化转型升级，提高产业韧性和抗风险能力仍是行业发展的核心。

研判国内外市场形势，希望会员企业充分抓住市场复苏的机遇，全力以赴抓当前、谋长远。要切实制定发展规划，认真研究部署“创新融合年”工作，把“三创新、三融合、两提升”的具体目标落到实处。围绕全年和今后一个阶段的工作，王世成理事长提出了“六个着力、六个稳”的总体思路，为全行业加速实现经济稳步增长把准脉、出实招。在当前形势下，行业尤其是要结合形势制定“恢复期”的具体方案，随着需求扩大，供给恢复、预期改善的态势保持和进一步巩固，乐器行业经济增长前景可期。温和复苏也可以转化为更强劲、更优质的复苏，在质的有效提升和量的合理增长中实现可持续、高质量发展。

今年从国家层面经济发展GDP目标为5%，我们一是要抓住政策的窗口期，调整结构与工作方式，务实地推进各项工作；二是要抓紧内部提质增效的工作，针对市场需求调整产品结构；三是抓好创新能力的提升，在人才、器材、用才方面激发新动力、转换新动能、创造新业态；国家总的经济大盘中一定会有乐器行业的贡献。

2021年度中国乐器行业科技创新与人才建设调研报告

调研宗旨：为贯彻落实十九届六中全会、中央经济工作会议和全国两会精神，围绕《中国乐器行业“十四五”发展规划》总体目标，准确把握行业发展的新情况、新要求，有序推进“人才建设年”各项工作，中国乐器协会就行业科技创新与人才建设状况进行了问卷调研。

本次调研采用腾讯网络问卷方式，共向43家会员企业发送调研问卷。其中，副理事长单位25家，中小型乐器企业14家，回收有效问卷39份，问卷回收率为91%。问卷涉及企业基本情况、科技创新、人才队伍建设、乐器营销、政策建议诉求5个方面。

一、企业基本情况

调研回函的39家企业包括国有企业5家，民营企业25家，外资企业9家。调研对象涉及钢琴、民族乐器、提琴、管乐器、打击乐器、电鸣乐器、口琴、手风琴、吉他、材料配件、乐器销售、艺术培训共计12类会员企业。

2021年，面对新冠疫情等重重困难，乐器生产制造、营销成本持续增长。企业反馈，主辅料涨价、人工成本上涨成为影响企业运营的主要因素。同时，企业环保设施改造升级、海运物流不畅、集装箱调配困难，导致乐器环保、外贸成本同步增长。企业应收账款、维修费用、仓储运费连锁增长。为化解运营成本压力，会员企业逐步调整了乐器内外销比例。

随着国家“双循环”系列政策出台，国内乐器流通渠道发生相应变化。为保障现金流和产品流通渠道，国内企业在中心城市、二三线城市、电商平台持续加大品牌营销力度，网络直播带货迎来市场风口，乐器电商出现阶段性升温现象，有21家受访企业反映年度销售投入增幅显著。与此同时，调研显示，尽管海外贸易壁垒频现，但外部市场需求依旧强劲，乐器外贸仍是企业主要营利渠道之一。

总体而言，在国际国内局势云谲波诡、压力巨大的情况下，会员企业锐意进取、苦练内功，变压力为动力，解放思想，科学地算好“加减法”，在成本控制、节能降耗、科技创新、品牌建设上均有所突破。2021年度营业收入超过亿元的企业有21家，占比53.8%；2000万～1亿元的企业为17家，占比43.60%。综合调研显示，会员企业营收回暖、企稳恢复的态势没有改变。

二、企业科技创新情况

2021年是行业“十四五”规划开局之年，也是行业“科技创新年”。27家企业加大了科研及新产品投入，占比69.2%；有29家企业与国内外研究机构或大学展开产品研发合作，占比高达74.4%。在2020年“品牌建设年”推动下，自主品牌占企业品牌总量50%以上的企业有30家，占比76.9%；有23家企业反馈加大品牌注册、宣传与推介力度，占比59%；数据显示，会员企业品牌意识显著增强，“产、学、研、用”跨平台合作加速企业科技创新步伐，企业抗市场风险能力增强（图8～图10）。

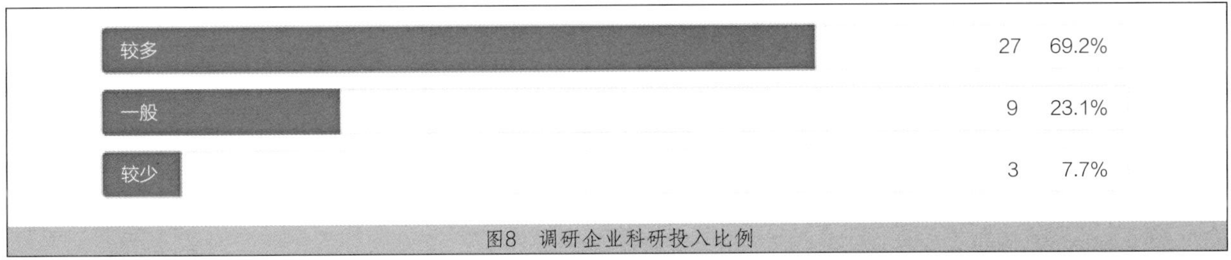

图8 调研企业科研投入比例

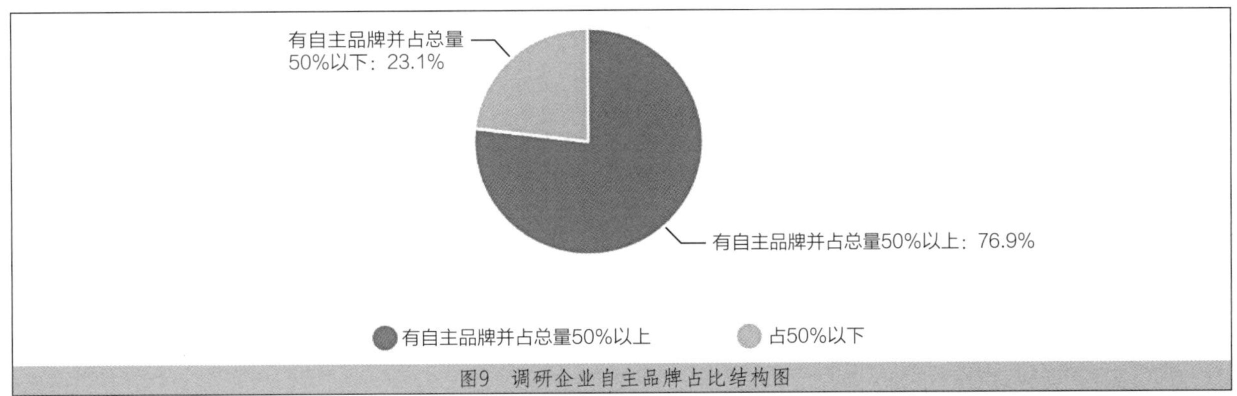

图9 调研企业自主品牌占比结构图

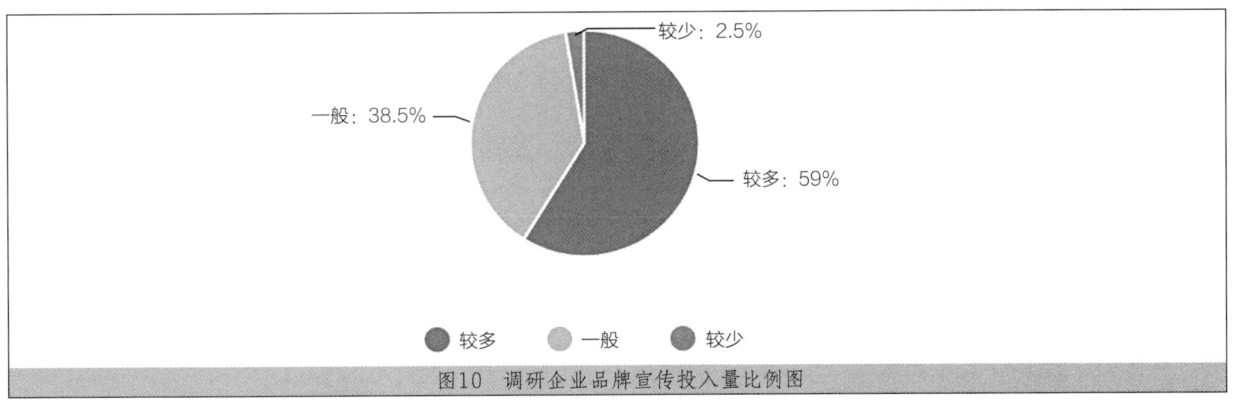

图10 调研企业品牌宣传投入量比例图

值得关注的是，随着市场倒逼企业结构转型，产品创新压力引发企业间知识产权摩擦频率增强。有22家企业反馈参与过维权打假，有26家企业表示有维权打假的市场诉求。受访企业反映，当前行业普遍以产品外观和营销手段错误引导未成熟消费群体购买低价、低质产品，且未有专业权威乐器鉴定机构规范市场，促成国内乐器消费维权案例出现不同程度增长（图11）。

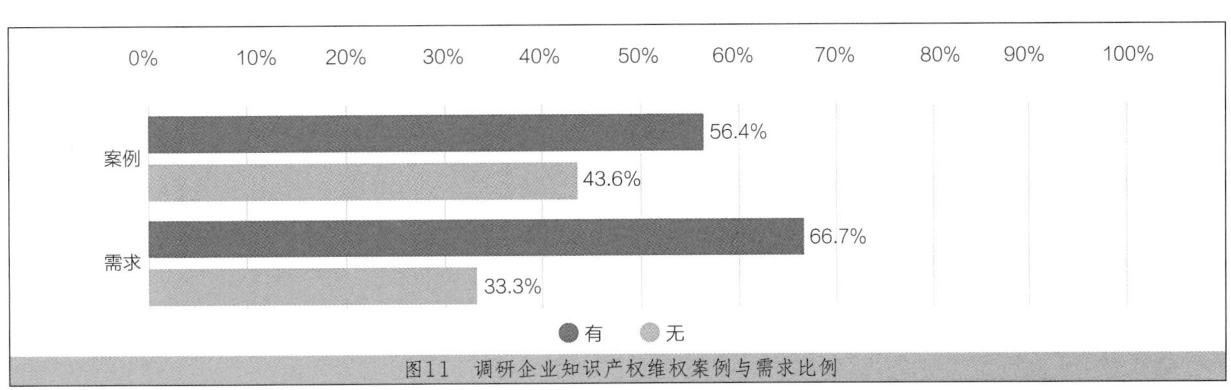

图11 调研企业知识产权维权案例与需求比例

当然，乐器科技瓶颈并不局限于知识产权保护，有30家企业反馈在新材料替代上面临技术瓶颈，占比高达76.9%；加大新材料研发力度，利用可再生资源替换不可再生资源，减少“双碳”排放能耗，提升材料稳定性成为企业技改关切。同时，声学品质、装备制造、能源环保都构成企业科技创新的技术瓶颈（图12）。

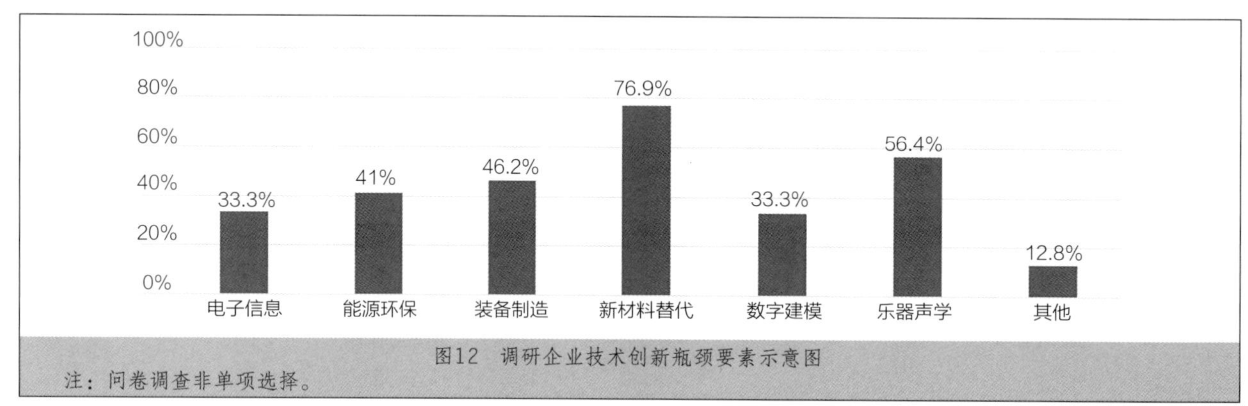

图12　调研企业技术创新瓶颈要素示意图

注：问卷调查非单项选择。

溯源企业创新技术需求，有30家企业反馈技术创新主要用于新产品开发、产品升级换代，两项皆占比76.9%；29家企业反馈技术创新用于制造工艺改进，占比74.4%。数据显示，面对人工、材料、物流成本的增长，市场品牌间竞争加剧，力图通过工艺设备改进，提升产品声学品质、品牌附加值，成为会员企业化解成本与市场双向压力的现实举措（图13）。

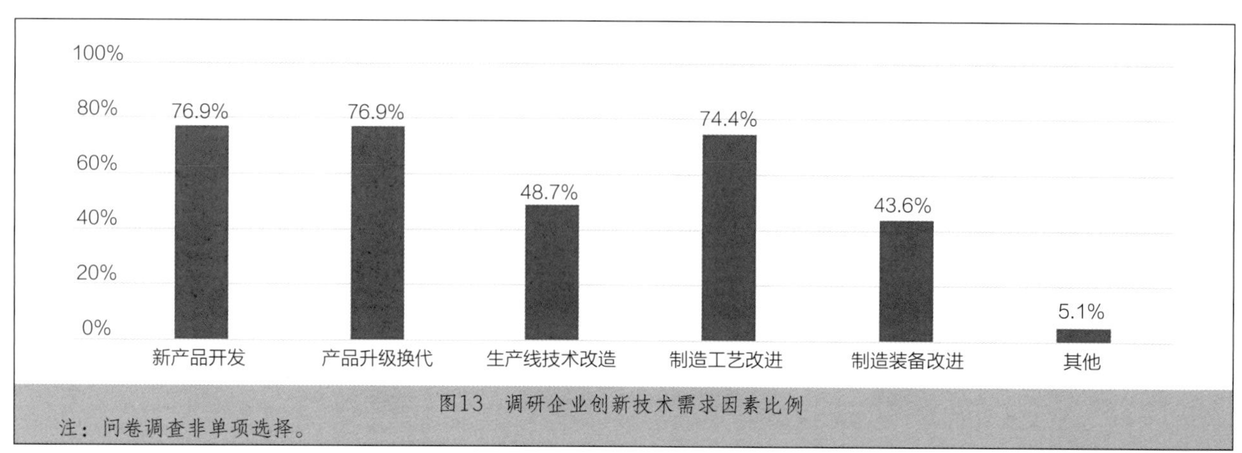

图13　调研企业创新技术需求因素比例

注：问卷调查非单项选择。

三、人才队伍建设情况

2022年，我国乐器经济仍面临需求收缩、供给冲击、预期转弱三重压力，外部环境更趋复杂严峻和不确定。以高端人才赋能科技创新，激发企业主体意识，有序提升行业经济效益，成为协会推进“人才建设年”的重要工作举措。通过问卷调研，当前企业人才队伍建设呈现如下特点：

首先，从企业研发人员结构看，本科生为主导的企业有35家，占比94.6%；硕士生占主导的企业有19家，占比51.4%；博士、留学回国人员、外籍专家体量相对较小，分别占比8.1%、18.9%、24.3%，行业研发人员总体结构仍有待提升（图14）。

其次，31家企业反馈技术工艺人员短缺，占比79.5%；产品设计人员短缺，占比59%；18家企业反馈具备演奏能力的质检员短缺，占比46.2%。数据显示，乐器产品面临中高端结构转型，企业对技术工艺人员表现出迫切的人才需求（图15）。

再次，从企业高级技师的专业素养角度看，有33家企业较为重视专业技师的演奏与调试能力，占比高达84.6%；26家企业表示需求具备声学检测分析技能的人才，占比66.7%；27家企业需要乐器材料与加工人才，占比69.2%（图16）。

数据显示，有33家企业认为产品质量诊断是售后服务人员的重要技能；有32家受访企业表现出对人才的迫切需求，认为有必要创立乐器行业修造学院和技术培训基地（图17）。

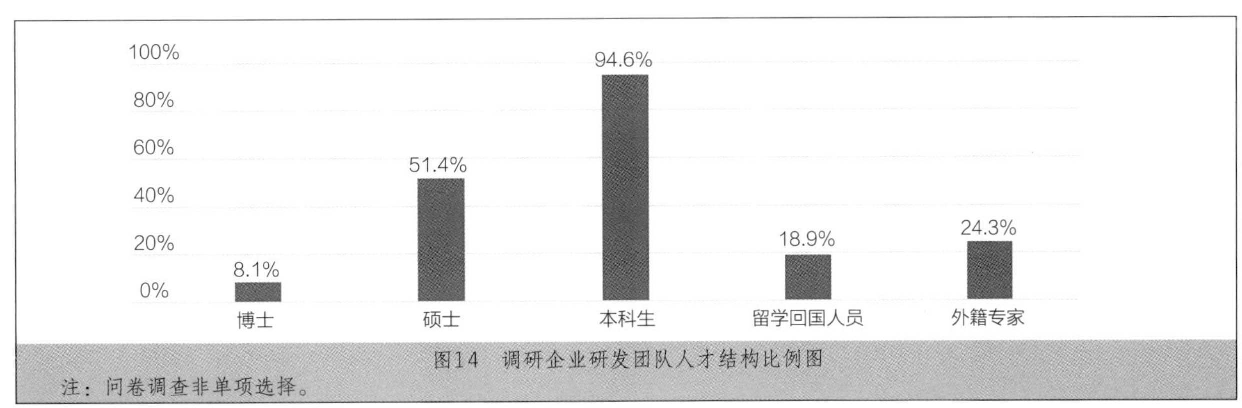

图14 调研企业研发团队人才结构比例图

注：问卷调查非单项选择。

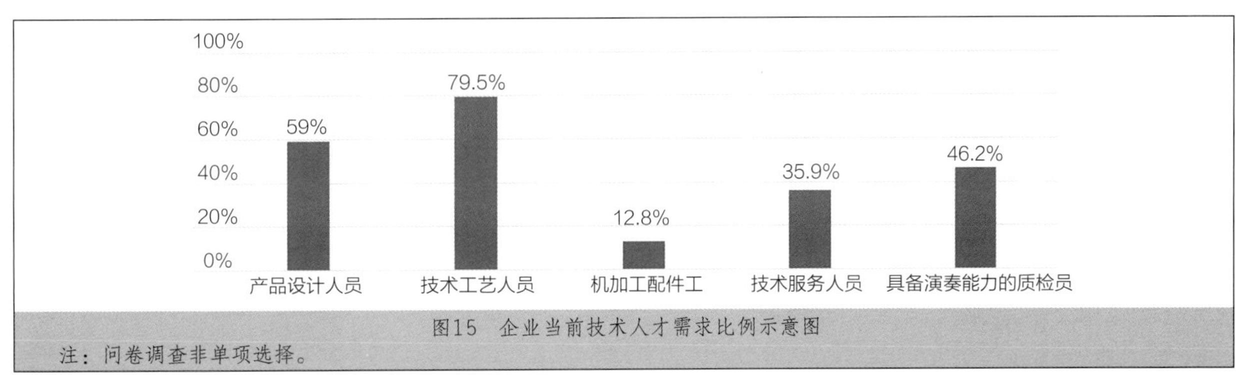

图15 企业当前技术人才需求比例示意图

注：问卷调查非单项选择。

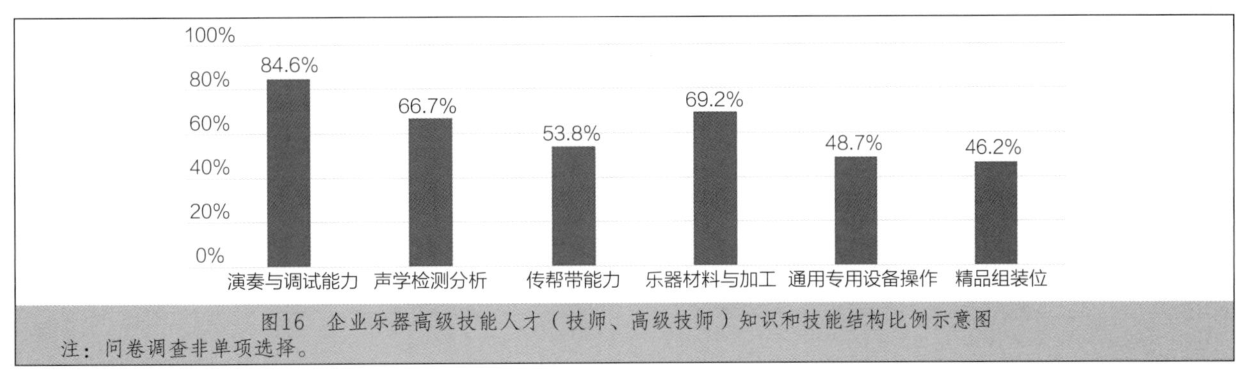

图16 企业乐器高级技能人才（技师、高级技师）知识和技能结构比例示意图

注：问卷调查非单项选择。

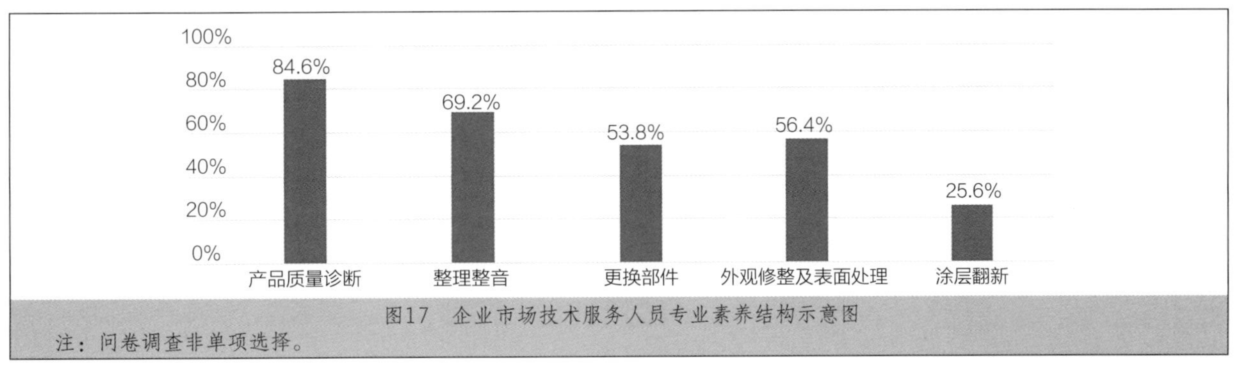

图17 企业市场技术服务人员专业素养结构示意图

注：问卷调查非单项选择。

四、企业意见与建议

1．减税降费激发企业创新活力

受欧美通胀高企、国际物流不畅等不利因素影响，乐器外贸下行压力加大，全产业链现金流压力非同以往，减税降负、信贷融资等普惠政策成为乐器企业迫切诉求。

（1）面对企业生产经营资金链压力骤增的情况，建议政府继续实施援企稳岗普惠金融政策，缓缴社会保险费、税款，提供贴息贷款，减免中小企业税费。

（2）为中小企业提供可以触及的融资平台，缓解中小微企业现金流压力，增强企业自身造血机能，提振中小微企业发展信心。

（3）建立在安全生产、环保升级项目领域的专家帮扶机制，引导企业设备改造在政策允许范围内有序升级。同时，建议对乐器高新企业实施专项补贴、仓储物流优惠政策、无息贷款，激发企业主体创新活力。

（4）加快“双减”政策落地执行速度，区别对待校内、校外艺术教育管理方式，并严格审查上市艺培机构资质，整合艺培机构、教育系统资源，严打虚假宣传，严防不良校外上市机构卷款跑路、破坏社会音乐教育行业公信力的行为，以防挫伤家庭音乐艺术教育消费信心。

2．推进中高端人才队伍建设

调研显示，当前行业乐器制造人才培育模式主要以外聘专家、师傅带徒弟、院校委托培养为主。人才培养周期长，效果差，且多有专业不对口的问题。会员企业建议：

（1）希望协会搭建平台，系统培养懂制作、会演奏、能鉴定乐器品质的复合型人才，有计划地推进中高端人才队伍建设。

（2）采取“走出去”的战略，引进高端技术人才与创新团队，优化从业人员结构。

（3）尝试校企联合定向培养专业人才，创立乐器行业修造学院和工匠学院，推进乐器制造专业学科建设。

（4）加快推进职业能力评价工作，加大对技能人才以及技能人才培养成效显著的单位的表彰、奖励力度。

3．补短板，推动产业转型升级

当前，乐器制造业正向高端化发展。面对科技创新促产业升级，会员企业表达如下诉求：

（1）深化“产、学、研”合作，由协会牵头组织专业高校与乐器强企合作，开展基础研究与技术推广实践活动。同时，举办“中国乐器行业领军人才培训班”，邀请专家学者对企业管理者、技术人员进行品牌科技创新和现代企管知识培训，引进与培育资本运作和商业管理人才，切实推动行业的创新观念，转变传统固化思维。

（2）从行业角度拟定科技创新项目，根据企业经济实力和技术人才储备等客观条件，细化项目实施，采取项目制市场化运作模式，精准匹配具有较好合作空间的企业，以共建高品质项目带动产业升级，解决行业共性技术难题。

（3）搭建企业间沟通桥梁，提供制造型企业与高科技行业跨界沟通机制，加强行业产品标准化落地实施和监管，拓宽融资渠道，为企业营造更加宽松的科技研发空间，充分释放企业科技创新活力。

五、行业应对举措

2022年，为推进“人才建设年”的各项工作，协会将加大行业调研力度，精研企业政策关切与发展诉求，按照行业科技创新与人才队伍建设的客观条件，为行业企业服务。

（1）协会秘书处号召广大会员企业认真学习两会精神，积极响应制造业“双碳”发展战略，切实把握好建设全国统一大市场的政策窗口期，用足政策红利，加大科技研发投入，在“卡脖子”技术上补短板强弱项，联合打好核心技术攻坚战。

（2）倡导乐器产业集群尽快融入数字新经济发展模式中，提高产业集群的数字化、信息化建设水平，捕捉数字金融系统贴息抵押贷款政策窗口期，拓宽融资渠道，增强区域乐器经济造血机能和创新活力。

（3）依托上海国际乐器展商贸服务平台，构建乐器企业与投融资机构对话合作机制，为会员企业提供可触及的融资渠道，缓解会员企业的现金流压力，激发企业创新活力。

（4）鼓励规模以上企业积极申报国家文旅部创意文化产业项目，通过文化产业普惠政策资金，助力企业品牌文化建设与创新发展。

（5）继续扩大乐器职业人才考评与鉴定工作，将职业技能考评相关的标准、教材、题库的制修订工作列入主要日程，委托相关分支机构严格按计划执行，务实推进行业人才培养和职业技能培训工作。

（6）强化数据交流工作，撰写经济运行报告和行业发展白皮书，邀请科研院所专家、行业研发团队，策划组织基础应用专题讲座和互动论坛，加大科研成果鉴定与推广力度，打通产业供需瓶颈，做强国内市场，畅通“双循环”，携手赢未来。

新的一年，机遇与压力交织并存，产业发展仍需爬坡过坎。王世成理事长号召全体乐器同人，深化“产、学、研、用”结合，打通科技创新堵点，加强知识产权保护，创新科技金融服务，依靠科技创新推动行业高质量发展，以实际行动迎接党的二十大的胜利召开，为建设自主创新、自立自强的现代化乐器强国不懈奋斗！

2022“中国6·21国际乐器演奏日”活动盛装启幕

2022年，正值党的二十大召开之年，更是我国全面建设社会主义现代化国家、向第二个百年奋斗目标进军的关键年。为扩大音乐人口，提高乐器普及率，更好地助力全面小康社会建设，助力民众对美好生活的文化追求，2022“中国6·21国际乐器演奏日”于夏至时节盛装启幕。华夏183座城市，800家单位创意策划2500场专题汇演，30多万爱乐民众致敬红色经典，讴歌伟大祖国，喜迎党的二十大。

一、喜迎党的二十大　奏响新时代华章　黄桥主会场盛大开幕

6月21日上午，“中国6·21国际乐器演奏日”黄桥主会场活动在黄桥琴韵小镇城市客厅广场盛大开幕。国际提琴制作大师郑荃为2022“中国6·21国际乐器演奏日”黄桥主会场授旗，黄桥镇近300名师生组成的大型弦乐团方阵奏响红色主题经典旋律，献礼党的二十大。遍布在琴韵湖广场、凤灵乐器集团、黄桥大梦想城、黄桥新城小学、黄桥古镇景区等地，累计50多个团队4000人次演奏人员参与文化展演，千年古镇跃动起青春洋溢的华彩乐章。

中国乐器协会副理事长、“6·21国际乐器演奏日”（中国）组委会副主席孙瑞勇在讲话中表示，“6·21国际乐器演奏日”活动已举办40年，中国已成为全球规模最大，乐器文化展示极具魅力和影响力的主办国之一，黄桥作为连续6年的主会场合作方，2022年以“奏响国际‘6·21’，献礼党的二十大”为主题，体现了唱响主旋律，迎接二十大的高度政治站位，用文化活动把“产业赋能乡村振兴　音乐奏响琴韵小镇”的战略规划落到实处。走进今天的主会场，让人深切感受到“中国提琴产业之都”的勃勃生机和黄桥人产业兴城的精神风貌。

泰兴市人民政府市长刘文荣在开幕式讲话中说，“6·21国际乐器演奏日”是一项具有国际性、艺术性、时尚性、群众性的高雅文化活动，有利于提升群众文化品位，丰富市民文化生活，促进社会和谐发展。黄桥镇作为主会场之一，要紧紧围绕“音乐让生活更美好”这一主题，积极发动群众参与，让演奏活动走进小镇的每个角落，融入小镇的方方面面，切实营造浓厚的音乐氛围，让黄桥这座千年古镇跃动起青春洋溢的音乐脉搏。

二、名家加盟天猫云端音乐会　“Dou来演奏吧”再掀云音乐潮

在充满生机和浪漫的盛夏时节，除黄桥主会场

外，全国各地的爱乐民众拿起乐器，献礼党的二十大，共同奏响新时代盛世华彩乐章。作为2022年“中国6·21国际乐器演奏日”活动的创意亮点，“6·21国际乐器演奏日”（中国）组委会与天猫、抖音两大互联网平台合作策划了“天猫6·21云上演奏会”“抖音直播6·21乐器演奏日”系列线上活动。

其中，“天猫6·21云上演奏会”于6月20日中午12点上线，著名音乐人卞留念、国乐名家方锦龙、扬琴演奏家刘月宁、音乐教育家周海宏、双排键演奏家王小玮、崔健乐队打击乐手高兴、吉他演奏家郑钧乐队姚琳、大提琴演奏家吴临风、青年钢琴家安天旭等领衔，利用淘宝平台，向广大受众推广和普及“6·21”的概念。

在抖音平台，6月21日晚6点至9点，6位音乐家接力直播，分别是京胡演奏家、制作家刘正辉；二胡演奏家邓建栋；钢琴、羽管键琴演奏家李翔；扬琴演奏家刘月宁；国内顶尖民族室内乐团中国印象、青年琵琶演奏家江洋。众多名家大咖依托移动互联音视频一体化创新科技，在云端掀起了乐器演奏日的流行风潮。

三、会员企业创意文化造势　提振爱乐民众器乐消费热情

2022年，尽管线下音乐教培市场受到新冠疫情制约，但中国乐器协会会员骨干企业参与的热情不减，纷纷依托“中国6·21国际乐器演奏日”平台，创意策划各类音乐文化演艺活动，持续培育爱乐民众的器乐文化消费热情。值得一提的是，广州珠江恺撒堡钢琴有限公司通过珠江钢琴视频号平台创办直播钢琴音乐会；北京珠江钢琴制造有限公司在黄河以北15个省市线上线下征集钢琴演奏视频，不断激发爱乐民众的信心与热情；宁波海伦央音艺术培训有限公司以线上直播和线下方式进行音乐会表演，社会覆盖面达300～500人；北京罗兰盛世音乐教育科技有限公司发起线上家庭音乐会，通过各种独奏、家庭合奏、家庭齐奏等形式，引导学生们充分理解并体会“音乐让生活更美好”的理念；北京国音臻艺文化传媒有限公司通过实践星球平台、中国移动咪咕音乐线上展演的方式，利用互联网平台的流量及传播优势，设置演奏视频上传及线上乐器知识学习答题的多元化参与形式，参演人数近50000人。

柏斯集团、吉他中国、南京爱韵乐器、天鹅乐器、东方乐器、辽宁乐器协会、北京乐器学会、小钟琴艺术研究院、电吹管研究会、四川盛音乐器、厦门报业集团、青岛夏尔克曼宁乐器、三河市燕灵路小学、海南芭提雅（留守候鸟乐器交流群）、世音百纳、华宜乐器、成都蚁六音乐、北京学而音乐培训……各会员骨干企业都在条件允许的范围内，在做好疫情防护的前提下发挥自己的创意和特长，奏响提振产业发展的盛夏乐章。

四、江苏校园乐器成果展演　乐器“三进”工程喜结硕果

2022年是“6·21国际乐器演奏日”活动在中国开展的第7年。作为“中国提琴产业之都”，近年来黄桥镇一直致力于音乐教育和乐器普及推广，全镇100%的学生接受过音乐艺术教育，85%以上的学生接受过乐器普及教育。作为江苏省首批特色小镇创建单位之一、全国第二批特色小镇，黄桥“琴韵小镇”重点打造“一湖一厅两片区”，致力打造有琴有韵的魅力小镇。

无独有偶，江苏阜宁县根据中国组委会的安排，积极参与“6·21国际乐器演奏日”活动，努力推进乐器进校园工程。根据组委会要求，阜宁分会场创意策划“奏响青春曲“喜迎二十大”系列校园器乐文化展演活动。

首先，阜宁教育创办2022年“爱乐少年”抖音乐器大赛，在全县中小学组织开展“爱乐少年”抖音乐器大赛，评选出优秀作品在“阜宁教育”官方抖音号上展示。同时，由专家指导培训的琵琶特色班、小提琴特色班、竹竿舞、巴乌社团、手风琴特色班、口琴乐团、合唱等展演活动丰富多元化；大鼓、腰鼓方阵、口琴方阵、竖笛方阵、口风琴、篮球、篆刻及陶艺等表演，鲜活展现出推进乐器“进校园、进社区、进家庭”的“三进”工程的积极建设成果。

五、陵川盲人乐团致敬红色经典　践行革命老区奋斗精神

为不断满足人民群众对生活的新需求、新期待，不断提升人民群众的文化获得感、幸福感，用璀璨文化之光照亮高质量发展之路，以优异的成绩迎接党的二十大胜利召开，2022年6月19日上午，“中国6・21国际乐器演奏日”陵川主会场演出活动在丈河村同步隆重举办。

主办方表示，“6・21国际乐器演奏日”引入我国后已连续举办7年。陵川县文化和旅游局在2022年也是第4年作为联合主办单位在全县范围开展该项有意义的活动。为致敬红色经典，践行老区奋斗精神。在“6・21国际乐器演奏日”，素有“太行山红色轻骑兵”之称的山西省陵川县盲人曲艺宣传队也走进太行革命老区重点村区，奏响红色经典旋律。据悉，2022年是陵川县盲人曲艺宣传队在山西省陵川县分会场主办“6・21国际乐器演奏日”的第4个年头，此项活动的快速发展壮大，为老区民众音乐素养的提升、音乐人口的扩大做出了积极贡献。

夏至时节是充满活力与希望的浪漫时节，更是全球音乐爱好者轻歌曼舞的律动时节。2022年，恰逢炎黄儿女迎庆党的二十大隆重召开，万家灯火流光溢彩。在“6・21国际乐器演奏日”走进中国的第7个年头，30多万爱乐民众奏响音乐，讴歌伟大的党，讴歌伟大祖国，致敬经典红色旋律，奏响迎庆党的二十大的新时代华彩乐章。

惠企政策激发活力　护航企业健康发展——2022年上半年乐器行业减税降费政策落实情况

从2020年起，各行各业的发展就面对较大的困难与挑战。为此，国家出台了系列税费优惠政策助力广大中小企业复工复产，同时也出台了很多减税降费优惠政策，惠及市场主体。自全面深化减税降费重大决策推行以来，在很大程度上减轻了企业负担，让成千上万的企业享受到减税降费的税收红利，对稳定市场预期、提振市场信心、助力企业发展具有重要意义。据国家税务总局发布的最新统计显示，截至7月20日，上半年新的组合式税费支持政策合计新增减税降费及退税缓税缓费超3万亿元。

为切实了解全国乐器行业减税降费、助企纾困政策在企业的实际落实情况，2022年7月21日下午，中国轻工业联合会党委副书记、中国乐器协会理事长王世成在江苏黄桥召开了两场企业座谈会，与长三角地区和来自全国其他9个地区的19位企业家进行了座谈交流。

一、政策落地直达，助力企业发展

进入2022年，一系列新出台政策与前期已出台的政策形成合力，共同支持市场主体高质量发展，更大激发市场活力和社会创造力，护航中国经济稳健前行。在深化增值税改革方面，2022年减税与退税并举，同时还实施了新的组合式税费支持政策，进一步惠及企业。数据显示，截至7月20日，制造业退税4844亿元，占比25.8%，是受益最明显的行业；在支持小微企业税收优惠、科技创新税收优惠方面的力度持续加大，为企业加快研发创新按下“快进键”。据国家税务总局数据显示，小微企业是受益主体，4月以来已获得退税的纳税人中，小微企业户数占比达93.7%，共计退税7951亿元；出口退税方面，各部委及各地区相继出台了多个文件，进一步助力外贸企业缓解困难、促进进出口平稳发展，并从多方面优化外贸营商环境；此外，2022年延续实施阶段性降低失业保险、工伤保险费率政策，并将政策扩大到受疫情影响经营困难的所有中小微企业、个体工商户，为降低企业社保负担。

（一）税费减免，有效降低企业成本负担

从受访企业反馈信息来看，自增值税加计抵减政策出台以来，打通了增值税抵扣链条，企业的税负都得到一定降低，资金流动得以增加，减轻了企业资金与税收的双重压力，其中星海钢琴公司上半年退费金额约1000万元；在社保缴费基数下降方面，江苏金杯和扬州天韵琴筝等负责人表示，养老、失业等社保缴费基数的下降，社保缓交等政策的实施，减轻了公司及职工的社保缴费负担，降低了公司人力管理成本；对于房产税、土地税的减半、电费等降低减免，受访企业均反应享受到了政策红利，有效缓解了企业压力，切实降低企业生产成本；另外，在受访企业中，海伦钢琴、吟飞科技、乐海乐器、和声钢琴等企业反映，当地政府在减税降费方面能积极落地扶持政策，并帮扶企业及时享受到优惠政策。

总体来看，企业能够及时足额享受到留抵退税、“六税两费”减免、税费缓缴等惠企政策，切实增强了其发展信心，也对企业顺利复工复产提供了强有力的支持，缓解了企业经营压力，促进企业将减少的成本用于研发、技改等再投资，让企业在发展的道路上轻装上阵。

（二）创新发展，提升企业抗风险能力

2022年6月，工信部印发了《优质中小企业梯度培育管理暂行办法》，旨在纾困与培优相结合，加快构建涵盖创新型中小企业、“专精特新”中小企业、专精特新“小巨人”企业的优质中小企业梯度培育体系，进一步增强中小微企业核心竞争力，提升中小微企业抗风险能力。

在本次受访企业中，江苏天鹅乐器负责人表示，企业近年来获评高新技术企业及国家重点文化出口企业、获得2021年“江苏精品”认证、入选省级文化和旅游装备技术研发中心等，除奖金之外还可享受到相应政策补贴；广州艾茉森同样是高新技术企业，企业积极投身创新实践，还被评为国家知识产权优势企业，享受相关政策优惠；长沙幻音的负责人表示企业位于长沙高新区，当地对于重研发的企业支持力度很大，2021年节省税费120万元，还获得了省市项目申报奖励100万元；另外，宁波四海琴业、琴海乐器相关负责人同样表示，作为高新企业和重点文化出口企业，享受到了政府相应的奖励与补贴措施。

企业苦练内功，提升自身抵御风险的能力，对创新孜孜不倦的探索是企业前进的动力。能够获评“专精特新”企业、高新技术企业，对于企业过去的创新是一种肯定，也是对今后继续开展科技创新活动的一种鞭策。

（三）金融助力，融资渠道拓宽

受多重因素影响，当前企业发展面临的困难和挑战增多，其中，拓宽融资渠道，解决企业生产经营面临的现金流问题，尤为迫切。2022年以来，国家层面出台各类帮扶政策举措20余项，从实施组合式税收优惠、缓缴养老等3项社保费、促进中小微企业融资等方面，加大对中小微企业纾困力度。调研中，中州乐器负责人表示，县里联合当地银行推出税务贷，为企业拓宽融资渠道；长沙幻音负责人谈到，当地推出用于企业研发的纾困信用贷款，有效解决了企业融资困难的问题，助力企业成长。

二、企业多措并举，实现“逆境突围”

为最大限度地降低不利影响，维护企业在流通渠道的品牌凝聚力与影响力，受访企业介绍了他们主动出击，积极制定与落实各类疫情的应对举措。

一是加大研发投入，增强技术储备。协会始终强调科技创新的重要性，并搭建平台，鼓励企业加大科技研发投入力度，这是企业立于不败之地的根本。长沙幻音大力推进自研产品，成立研究院大力研发新产品、新材料、新算法；吟飞科技面临各种不利因素，充分发挥自身技术优势，融合云技术，加大了技术储备力度，努力拓展产品品类，为下半年企稳回升打下坚实基础；广州艾茉森不久前取得国家级科技型中小企业认定。

二是做强自主品牌，做大国内市场。近两年来，协会高度重视品牌建设，始终注意引领行业将品牌特别是自主品牌的建设放在重要位置，利用上海展业界新品首发、协会官网官微等平台，宣传推广企业品牌。几年来，深圳蔚科坚定地放弃OEM，走自主研发道路，持续不断将拥有自主知识产权的产品推向市场，收到良好效果。长沙幻音、江苏凤灵、奇美等企业，积极响应中央号召，调整内外销售比例，加大国内市场推广力度，有效地减少了相关外贸下行等消极因素影响。

三是转换经营思路，创新销售模式。近几年，乐器销售特别是大部分琴行和艺培机构面对很大压力。乐器企业没有消极等待，而是积极转换思路，拥抱互联网。珠江钢琴、江苏天鹅、江苏奇美、江苏凤灵、宁波海伦、北京星海等企业，充分挖掘线上资源，以线上销售拉动市场。江苏凤灵将线上销售做到了亚马逊，带动了海外市场。

四是提高管理水平，主打中高端产品。增加中高端产品比重，推进乐器产业高质量发展，始终是乐器产业的一个基本思路。江苏金杯在困难条件下，减少低端产品比例，不断提升高档产品质量并加大销售力度，为企业稳定运营立下汗马功劳；江苏天鹅在全体员工的共同努力下，苦练内功，完成了国家高新技术的复评工作，引入南京艺术学院的专家人才，真正实现了校企联合，并开发出两款高端新品。

五是注重数字转型，加大技改投入。近两年来，在国家层面倡导数字化转型背景下，乐器产业积极响应，结合各自实际情况，在数字化转型方面做了许多有益尝试。江苏凤灵实施了ERP管理系统，提高了企业生产和管理的效率；江苏金杯、奇美，都在设备的自动化更新上投入了一定比例的资本，并得到较好回报。

三、反映诉求，搭建平台，助力产业

在座谈交流环节，参会代表畅所欲言，围绕惠企政策提出了中肯又诚挚的意见和建议。一是希望协会对于出台的政策进一步加强宣传，及时提醒和帮助企业享受到税收优惠。对于对政策掌握不透彻的单位，进行精准辅导；二是希望各地方有关部门在奖励政策方面申报补贴项目中增加乐器行业，让更多的企业享受政策优惠；三是建议政府采取稳市场的政策，消费券补贴进一步扩大延伸至乐器，从而有效拉动乐器消费，提振公众与市场信心。

在认真听取大家发言后，中国乐器协会王世成理事长提出了6点建议与要求：一是挑战呼吁担当，信心就是黄金；二是坚守稳中求进，用足政策红利；三是加大科研投入，专注核心竞争力；四是品牌支撑发展，人才决定兴衰；五是控成本保现金流，精细管理增效益；六是做好数字化加减法，市场竞争智者胜。王世成理事长最后强调，在国际国内局势复杂多变、下行压力依然很大的情况下，企业要变压力为动力，解放思想，科学地算好“加法”和“减法”，深化产学研用融合，促进产业优化升级，依靠科技创新推动行业高质量发展。

面对未来经济发展趋势，中国乐器协会一方面要加大政策反映力度，另一方面将继续发力，搭建多样化的交流平台。经过多年培育与发展，协会打造的“6·21国际乐器演奏日”活动影响力日渐增强，品牌效应逐步显现；每年的国民音乐教育大会已成为喜爱音乐、乐玩乐器的教育工作者和爱乐民众的年度盛会；展现全球乐器市场全貌的世界百强商贸展——中国（上海）国际乐器展览会已与全球乐器产业风雨同舟二十载，已成为中国乐器市场打造全新发展格局下的业界首选商贸平台。其中的“全球业界新品首发活动”，强势曝光企业新品，为行业技术革新注入全新活力，得到全球业界瞩目。为进一步提升我国音乐教育质量，扩大音乐人口，通过音乐的能量、乐器的魅力，激发信心，拉动乐器产业高质量发展，以实际行动迎接党的二十大的胜利召开。

名企对话

创新引领　协同升级　推动企业数字化转型

李建宁

（中国乐器协会副理事长、钢琴分会主任、
广州珠江钢琴集团股份有限公司党委书记、董事长）

2022年，珠江钢琴集团坚持以习近平新时代中国特色社会主义思想为指导，贯彻落实“疫情要防住，经济要稳住，发展要安全”的总体要求，围绕“提质、增效、降耗”的工作重点，统筹疫情防控和生产经营，贯彻落实新发展理念，深化改革创新，精细化运营管理，实现三大业务板块协同发展，先后荣获“2022中国轻工业二百强企业”“2022中国轻工业科技百强企业”“中国轻工业乐器行业十强企业”第一名（2001年起保持至今）、“2022年中国轻工业数字化转型先进单位”“2022年中国乐器行业科技十强企业”等奖项，在2022中国品牌价值评价中，珠江钢琴品牌强度为911，品牌价值为55.19亿元。

一、重创新，显成效

2022年，珠江钢琴始终坚持创新驱动发展战略，重视科技创新投入，新设立木材研究部和化工研究部，强力推动高端钢琴零部件研发攻关，企业改革发展的活力与成效日益凸显。注重自主创新技术开发，大力推进47项创新技术研发项目，3项成果获中国轻工业联合会科学技术奖，立式钢琴KX系列入选中国轻工业联合会2022年度升级和创新消费品。集团旗下艾茉森公司入选2022广州拟上市高企后备百强企业、获得广东省创新型中小企业荣誉称号，京珠公司成功认定为北京市“专精特新”中小企业，琴趣公司成功入库2022年度广东省科技型中小企业。培育高技术高技能人才，企业员工贺相宜获“广东省五一劳动奖章”，黄靖、潘启槟、刘春清、卢毅明获评中国乐器行业“行业工匠”称号，林鸣亚、曾德良、于富瑜、鲁业斌获评中国乐器行业“科技之星”称号，人才辈出的工匠摇篮已成为珠江钢琴集团乃至中国乐器制造业发展创新的内生动力。

二、谋发展，促升级

2022年，珠江钢琴推出珠江数码钢琴、提琴、吉他等关联乐器，上市多款产品，包括珠江、恺撒堡、里特米勒三大品牌的新品——立式钢琴以及珠江数码钢琴、珠江·吉他两大全新产品线，逐步完善“珠江乐器”产品矩阵。推动数码乐器关键核心技术研发，借助核心技术的创新发展成果，在数码钢琴、电子鼓音乐教室、家庭音响进行布局，数码乐器软硬件生态体系初步形成。珠江钢琴创梦园引入广州文化艺术名家、非遗项目工作室等，成为大湾区文化科技创新孵化园。深入挖掘珠江钢琴文化资源，精心打造珠江文创品牌，获得社会大众的一致好评。

三、强品牌，创新局

2022年，珠江钢琴积极举办“花城音乐节”系列活动，涵盖“珠江钢琴杯”首届花城幼儿合唱节、“珠江·恺撒堡”国际青少年钢琴大赛、全国乐龄钢琴大赛等国际国内重大文艺活动，举办云上知音珠江钢琴名师公益课堂等线上活动，累计参与人数超10万人次，为繁荣我国音乐教育发展、提升广州美誉度发挥国企担当。文艺惠民，举办主题烛光线上音乐会，融合“小规模+精致感”，填补传统音乐会欣赏需求的缺失，“低成本+新体验”打开音乐欣赏新模式，累计超30万人次观看。主办或协办青海、兰州、鼓浪屿钢琴艺术周，第十届深圳钢琴音乐季，香港金紫荆国际青少年钢琴大赛等文化活动，进一步提升了珠江钢琴品牌社会知名度，树立了良好的乐器文化品牌形象，提升品牌影响力。

四、履职责，担使命

2022年10月中旬，一场惊心动魄的抗疫攻坚战在广州拉开序幕，珠江钢琴在抗疫面前责任使然、绝不退缩，攻坚克难、不断前行，一幅幅珠江钢琴人为战疫而战斗的画面至今历历在目。珠江钢琴“红色工匠”别动队逆行出征，日以继夜奋战一线的豪迈；生产一线干部职工胸怀大义、勇挑重担，稳生产、促发展的责任与担当；疫情后勤保障组24小时待命的坚守……珠江钢琴人用最朴实无华的行动，生动展示了钢琴人的品质精神，展现出在困难面前迸发出的奋进动力和蓬勃力量。

五、扬帆启新程，未来皆可期

展望2023年，珠江钢琴将以党的二十大精神为指引，围绕集团“十四五”发展规划，抓紧经济复苏机遇，以时不我待、只争朝夕的进取精神，以艰苦奋斗、坚韧不拔的珠江精神，提振信心，凝心聚力，继续攻坚克难、开拓进取，为实现“造世界最好的钢琴，做世界最强的乐器企业”这一目标注入更加强劲的动力。

融合古今　挖掘非遗　敦煌乐器闪耀全球舞台

王国振

（中国乐器协会副理事长、民族乐器分会主任、
上海民族乐器一厂有限公司总经理）

2022年，面对国际环境复杂多变、宏观经济下行等因素的叠加冲击，公司号召全体员工迎难而上，增强危机感、紧迫感、责任感，着重通过市场、品牌、产品运作提质增效，在存量市场中找增量，在增量市场中抓机遇，守正创新、踔厉奋发、勇毅前行，取得了稳定健康发展。企业获得“2022年中国轻工业乐器行业十强企业”称号，2022年中国乐器行业“科技十强企业”“专利成果奖”一等奖，2022年度上海市市级设计创新中心等荣誉。

一、深入开展“敦煌”系列文化活动，充分利用展示平台，持续提升品牌影响力

2022年，公司继续以构建民乐生态圈为驱动，联动开展“敦煌”系列文化活动，如冠名开展第五届“敦煌杯”中国二胡演奏比赛、第四届“敦煌杯”中国古筝艺术菁英展演、“敦煌国乐”湖北省2022楚天筝星系列展演、山西省第二届“敦煌之星”古筝比赛、滁州市第六届“敦煌之星”古筝大赛、“敦煌之夜”国乐咏中华音乐会，以及支持“果敢和他的朋友们”音乐会等，在国内外形成了积极、广泛的影响。其中，第五届“敦煌杯”中国二胡演奏比赛70位评委规模再创历史新高。本届赛事特设了日本、新加坡、北美海外赛区，加拿大总理特鲁多、著名音乐家谭盾、日本日中友好协会理事长濑野清水、新加坡华乐团行政总监何伟山等国内外政界、艺术界人士，特别向“敦煌杯”二胡比赛致以贺信。“果敢和他的朋友们”音乐会得到了央视新闻、新华社、人民日报、凤凰卫视、欧洲时报、CGTN、MandarinTV、欧洲华语广播电台等媒体的报道。

公司应邀参展第五届中国国际进口博览会、华山263老字号品牌馆、长三角老品牌文化博物馆、江

南客厅——长三角传统工艺生活美学设计展等平台，在展示创新发展成果的同时，有效增强了品牌影响力。借助多平台多渠道的展示，敦煌乐器以别开生面的形式展现在大众面前。其中，二十四节气·秋分古筝被作为国礼赠送泰国甘拉雅尼·瓦塔娜音乐学院，反弹飞天·朱颜琵琶精彩亮相央视2022年元宵晚会，联名款“东西物语”系列乐器入选了“上海设计100+”榜单。

二、嫁接新工艺、新技术，持续推进改良创新，打造具有竞争力的文化产品

2022年，公司年度新品开发重在挖掘优秀传统文化，以现代设计理念植入多种非遗技艺，推动民族乐器的创造性转化、创新性发展，共推出共同家园、快乐星球、宝藏新见、大唐夜宴、梦回敦煌等系列新品乐器达百余件。其中，为庆祝著名作曲家、音乐家何占豪先生九十岁生辰，公司与上海博物馆联名推出90台限量款耄耋同心古筝。在追求乐器设计创新的同时，公司严格把关乐器的声学品质，推出了敦煌典藏·鸣玉·名家鉴定琵琶、敦煌典藏·鸣玉·名家鉴定二胡；根据市场需求，结合立体彩印工艺，研究开发了儿童二胡、儿童琵琶；推出了100、118及135cm三种不同规格的短筝，丰富了短筝的款式。

公司新增琵琶和二胡的等级分类，根据其既有档次细分为敦煌经典、敦煌传承、敦煌典藏、敦煌臻品4个系列。此外，为了满足市场需求，公司改良包装设计，在高档古筝上使用无纺布古筝袋和著名插画家鹿菏设计的九色鹿古筝码盒，有效提升了产品的体验感和价值感。

三、夯实基础、强化管理，提升员工队伍的技能水平及综合素养

员工培训是公司持续发展的力量源泉。疫情居家期间，公司组织技术装备部、供应储运部、生产管理部、各生产子公司的40余位员工，在线上开展了为期一周的供应链管理及产品检验的系统化培训；全面复工后，公司以线上线下相结合的方式，开展了10场质量管理培训会，抓实“质量建设年”。2022年，高师带徒项目取得了阶段性成果，促使学徒的制作技能从单一转向多能、由单品类转为跨品种，较好地实现了技艺传承与技能提升的目标。同时，举办“敦煌杯”第129届二胡制作比赛，并在全厂范围内组织开展了“岗位练兵、以赛促能”的劳动竞赛活动，提升敦煌乐器的制作水平。此外，围绕职工综合能力建设，公司适时开展了器乐文化、琵琶演奏等内容的线下培训课，并拍摄了39期乐理、器乐、安全知识课程内容，亟待上线发布。

2023年，公司发展所面临的经济形势更加复杂严峻，经营压力有增无减。对此，公司要深入贯彻党的二十大精神，聚焦主责主业，坚持以文化为主线、以品牌建设和创新驱动为两翼，合作共赢、推进发展的经营思路，追求创新、勇于担当，以创造高质量发展、高品质生活、良好生态环境为方向，实现更大的突破和跨越。

智能发展　以人为本　文创助力民族品牌建设

陈海伦

（中国乐器协会副理事长、钢琴分会副主任、海伦钢琴股份有限公司董事长）

乐器制造业经过了2021和2022两年的逐步恢复，但是行业增速明显放缓。调研显示，受新冠疫情影响，终端消费需求趋向保守。当前，海伦钢琴的生产、销售，以及艺术教育培训业务仍将面临一定程度的挑战。2022年，我国局部地区仍然受到新冠疫情的影响，经济基本面仍在恢复期，尤其是第四季度，经济下行压力较大，乐器行业也受到了较大影响，企业积极应对，努力进行了调整与运营。

一、立足自有品牌，创新智能发展

品牌是企业的灵魂，是长远发展的硬实力。“海伦”钢琴用创始人的名字命名，体现了民族制造的底气，也是发展自主钢琴品牌的决心。公司不仅立足自有品牌“海伦”“文德隆”，还与百年捷克钢琴品牌“佩卓夫”“罗瑟”品牌，德国钢琴制造商贝希斯坦旗下的“齐默曼”品牌以及“弗尔里希”优质钢琴品牌展开合作，谋求共赢。

海伦钢琴始终注重自主品牌的内核，不断提升产品质量，不断改进产品性能，着力开发新产品，夯实内实力。2022年，海伦钢琴股份有限公司加强臻品NU、尚品KU、名典CT、典藏X系列产品经销渠道建设，进一步服务于多元化市场消费需求。新产品方面：第四季度，加强品牌品质，国际化的欧美荣耀系列新品正式面世，启航系列新品120N、120P进一步细分市场。另外，推出“海伦钢琴工作室”“文德隆钢琴工作室”项目，提供由杨鸣先生领衔的专家团线上课程，积极推出多种举措支持音乐教育工作。由数码钢琴延伸发展的“海伦智能钢琴教室”项目，旨在“让更多的孩子喜欢上乐器，让更多的孩子学得起乐器”，扩大音乐消费人口比重。

二、加强钢琴制造，多元辅助并行

公司积极提升钢琴制造能力，在营口设立全资子公司建立生产基地，主要为更好地服务于北方市场。公司参股南雄市海伦罗曼钢琴有限公司，合理化利用当地资源，主要为公司提供外壳配套，同时生产部分型号钢琴及开发水晶钢琴系列，进一步丰富公司产品结构；在象山设立全资子公司并于2022年第一季度正式投入使用，其主要用于扩建钢琴及钢琴配件生产基地，全面保障后续产量的提升。报告期内，为了公司更好地进行业务发展和资源配置，将原宁波海伦乐器部件有限公司的钢琴零部件加工业务并入象山全资子公司，有利于提高公司资源的利用率。立足传统制琴工艺，在产品结构拓宽延展上，推出了多款海伦电鼓、海伦原声鼓、海伦品牌吉他，吸引大批年轻音乐爱好者的关注。

在钢琴制造与销售的基础上，海伦钢琴应用资源和人才优势，延伸发展艺术教育项目，两者相辅相成。艺术教育的发展得益于全民艺术氛围的培养与烘托，随着人民生活文化水平的提高，对于艺术素养和艺术文化的追求也会逐步提升。2022年，艺术教育行业依然受到疫情和双减政策带来的双重影响，但综合社会普遍对艺术文化的需求，相信经过一段时间的调整，后续的艺术教育行业仍然前景广阔。

三、以“人”为本，优化人才政策

人才是推动企业发展的源动力，海伦总部所在的宁波市是人才外向型城市，除常规的企业人才激励机制与政策，企业在2022年将住有所居列入企业人才机制的范畴，极大地优化了人才政策。通过与政府的沟通协商，企业此前购得的近百套人才公寓陆续交付，旨在更好地引进人才、留住人才、激励人才。

四、多渠道品牌推广，文化创新助力品牌建设发展

2022年，海伦钢琴再次成为飞天奖颁奖典礼指定用琴，随着北京卫视等媒体的播出，赢得了广泛关注。随着近年来电商平台的快速发展，钢琴等大件传统产品逐步顺应时代潮流，进驻天猫、京东、抖音、微信公众号等平台进行推广与销售。

2022年，海伦钢琴股份有限公司斥资数百万元加强新媒体推广力度，官方抖音号粉丝量达到29.5万，全年新增12万，全年发布视频作品近百个，活跃度进一步提升；海伦微信视频号立足业内人群，集中爆发增长，粉丝量继续增长，现已突破5万；通过天猫等网销平台实现产品直播常态化。

同时，海伦钢琴股份有限公司每年都会通过钢琴大赛、音乐会、大师班等活动推动全国各地的音乐文化活动，探步钢琴等艺术文化的需求与发展。海伦钢琴股份有限公司已经连续主办4届音才奖国际钢琴邀请赛，赛事覆盖范围广，规模大，规格高，4届大赛累计有近15万人次参赛选手，第五届音才奖比赛也已于2022年启动，将于2023年举行决赛；2022年海伦钢琴股份有限公司举行全国音乐巡演21场，

参与各地的音乐会等活动更是数不胜数。公司愿意继续致力于为音乐文化事业做出积极的贡献，这也是每个钢琴企业应有的社会担当。

2023年，海伦钢琴股份有限公司将以“中国琴、中国心”为口号，以“成为全球一流的钢琴制造企业”为愿景，践行乐器行业高质量发展理念。公司计划进一步提升加大研发投入，研发推出更高品质更加高端的钢琴产品，进一步扩大自身影响力，加强品牌辐射效应，推动钢琴行业健康持续发展，成为中国民族品牌的骄傲。公司力求逐渐形成“传统钢琴生产与销售”“智能钢琴研发”“其他乐器类开发”“艺术教育”等多头并进的发展方向，将“制造”与“智造”有机结合，传统工艺与新兴技术的碰撞，必将奏响新时代乐章。未来的海伦钢琴更会以匠人精神为引领，再创辉煌。让更多的中国人了解中国制造，让中国乐器走进千家万户。

家国情怀　传承经典　创新引领文化艺术风潮

吴天延

（中国乐器协会副理事长、钢琴分会副主任、柏斯音乐集团总裁）

时间的长河奔涌向前，伟大的新时代掀开了新的一页，我们迎来了崭新的一年。刚刚过去的2022年，是党和国家历史上极为重要的一年。我们党胜利召开了第二十次全国代表大会，全面建设社会主义现代化国家新征程迈出坚实步伐，也为中国乐器行业指明了前行和发展的方向。

时光一帧一帧，故事一幕一幕。回望2022年，面对疫情不利因素，中国乐器行业依旧健康发展，在逆势中突围。作为其中一支重要的力量，柏斯音乐集团也是突破创新、稳步向前。

新跨越、新蓝图，激荡人心——2022年，柏斯音乐在逆境中乘风破浪：全面贯彻新发展理念，以技术和品质为基石，在制造、销售、文化、教育等方面突破创新，从逆势增资扩产、正式启动宜昌新工厂项目，到在全国多个城市增开10余家柏斯音乐新门店……这一年，柏斯音乐跑出了中国乐器行业发展的“加速度”，用新的跨越为中国乐器制造创造了新的硕果。

家国情、赤子心，理想坚定——浩荡前行的历史，镌刻着柏斯音乐的“家国情怀”。作为创业于香港、发展壮大于内地的中国企业，2022年的柏斯音乐，更加感受到这份情的厚重：从学习贯彻党的二十大精神，感受党和国家的伟大；到庆祝香港回归25周年，宣导“爱港爱国”理念，促进香港内地和谐发展；柏斯音乐以中国企业的担当，书写着“爱党爱国”的华章。

新使命、新目标，催人奋进——每一段民族品牌的成长崛起之路，都是接续奋斗的成果。从党的十八大到党的二十大，是中国特色社会主义进入新时代的10年，也是柏斯音乐旗下长江钢琴迅猛发展的“黄金10年”：从“鲜为人知”到成为“柴可夫斯基国际音乐比赛”“亚瑟·鲁宾斯坦国际钢琴大师赛”等国际顶级赛事用琴，享誉国际。作为民族品牌的代表，新时代的长江钢琴也有了更高的使命和目标，要把烙印“中国制造”的高质量钢琴，推向全世界。

传臻音、献精品，弘扬文化——演绎经典名篇里的色彩斑斓，展现古典音乐的瑰丽与浩瀚。这一年，柏斯音乐“推广音乐文化，呈现艺术精品”的步伐依然坚定。与保利剧院联合巨献、重磅升级的“长江、高天钢琴艺术家保利院线巡演”，在全国20余城市拉开序幕；全新起航的“湖北省第三届长江钢琴艺术节”隆重举行，荟萃多位钢琴名家的“2022长江钢琴、高天钢琴巡回音乐之旅”芬芳全国……这一年，柏斯音乐的“文化艺术之树”欣欣向荣，枝繁叶茂。

筑赛事、开课堂，助育人才——培育音乐人才，助力青少年成长蜕变。2022年，柏斯音乐见证了千万名奋力求知的青少年学子们释放热情，柏斯音乐把一个个热爱音乐的梦想编织进赛场和课堂。2022年，从纵贯全年的百场“长江钢琴非凡音乐课堂”，齐聚国内外名师的“长江钢琴大师讲堂”，到乘风启航的“第七届KAWAI亚洲钢琴大赛”“第四届李斯特国际青少年钢琴大赛”“2022白玉兰国际音乐节钢琴比赛”“长江钢琴音乐奖学金比赛”；从邀请名师传道授业，到搭建专业舞台……柏斯音乐持守初心，陪伴追梦者一路前行。

播温暖、递大爱，触动心灵——那一束束微光，汇集成照耀前路的明亮灯火。2022年，柏斯音乐继续书写关于爱的故事：捐赠药品和物资，支援香港抗疫；慈善捐赠，助力美丽家乡建设；捐资助教，为中小学和高校捐赠音乐设备……这一年，柏斯音乐一次次为爱而歌，以“音乐”之名，传递大爱。那一幕幕感人的瞬间，那一张张因音乐而灿烂的笑脸，触动了心底的温暖！

新耕耘、新收获，载誉笃行——坚定信心，积极作为，时光会给予奋斗最好的回报。2022年，柏斯音乐坚持高质量发展，边耕耘、边收获：再获“中国轻工业乐器行业十强企业”殊荣，喜获“中国质量检验协会”10项质量大奖……这些行业的认可和赞誉，为柏斯音乐值得骄傲的2022年添上了浓墨重彩的一笔。

光荣和梦想的远征从未停止！作别2022，展望2023，面对新时代和新形势，柏斯音乐集团将以党的二十大精神为指导，勇敢踏浪现代化航道，持续推动中国乐器制造走向全世界，做推进“中国式现代化”的实践者！

匠心独运　智造引领　助力品牌走向国际舞台

刘运斌

（中国乐器协会副理事长、打击乐器分会主任、天津津宝乐器有限公司总经理）

故岁今宵尽，新年明日来。站在新年的起点回顾2022年，津宝乐器有收获，也有挫折，收获将是新的一年的基底，挫折则是启航新征程的勇气。2022年国内新冠疫情形势反复无常，给乐器教培、活动演出带来很大压力，乐器市场疲软给乐器产业也带来了不小的冲击；但这也是闭关修炼、积蓄实力、逆流而上的一年。在各级政府、行业协会的支持与帮助下，在公司全体员工上下一心的奋斗中，津宝乐器在这一年里强基固本、守正创新，取得了出口额增长14%，纳税额增长80%的好成绩。

一、打铁还需自身硬，磨刀不误砍柴工

内部制度方面，经过与新老员工交流共同分析利弊，从合理性、合规性等方面精进企业制度，通过更加人性化、高效化的规章制度，增强企业向心力。津宝乐器通过了“两化融合项目”评审、“高新企业复审”评定，又获评“国家单项冠军企业”，这是继2021年获评“国家工业设计中心”后的又一个国家级项目，是国家对乐器产业凝聚力量合力发展的高度认可。

荟聚人才方面，聘请多位业内德高望重的专业老师为产品技术顾问，乐器匠人与乐器演奏家的结合，使我们更加了解乐器，对改进工艺、提升品质有很大助力。发展投入方面，津宝乐器自成立以来始终重视生产技术水平的提高，2022年投入1300余万元用于技术升级改造；投入410余万元用于绿色生产，以此响应国家号召，回馈家乡环保事业。

二、始终不忘乐器匠人初心，努力提振中国制造信心

专注于生产工艺设计，把握制造设备的话语权，实时改进产品工艺，是津宝乐器生产不求人、

产品不落后的核心优势。生产设备方面，公司内部市级技术中心自主生产研发了两条全自动智能化管乐生产线，以及多台精细高效磨光设备，还完成了打击乐10余台套生产设备的升级改造项目，大大提高了生产能力、生产效率与工艺精度，更好地满足国内外高端客户对产品品质的严格要求，同时这种“吹毛求疵”的要求让公司特色生产线智能化、精细化再上新台阶。

三、研发改进与工业设计并重，纵横产品矩阵与高端市场

产品工艺方面，通过细致入微地整理历年客户对产品的反馈与建议以及与专业老师的沟通，完成了立键产品外套提高表面粗糙度、加工统一标准等10余项工艺精进升级项目，以及17项零部件精改项目。产品研发方面，津宝乐器研发设计604圆号、碳纤行进鼓、儿童巴松等30余款新产品，期间多次聘请专业老师指导调试，经过多次改进，使定型产品各项性能指标与外观均达到或优于预期，得到使用者的认可。此外在2022年津宝乐器还申请通过了31项专利，其中自主研发制造的定音鼓入围“国家工业设计奖”复评，获得了“2020年度区级专利试点资助”以及中央文化产业专项资金。

四、强化自主品牌建设，拓展多元宣传渠道

公司一方面推动津宝品牌走出去，参与了2022年国际巴松交流会、2022中国国际工业设计高峰论坛、河南省第九届鼓手大赛等赛事活动，年底与天津代表团随行参与2022年中国国际进出口博览会，在业内、国际多次亮相；央视加持大大提振津宝品牌的自信心与影响力，经过几个月的录制和剪辑，《中国品牌故事》津宝乐器品牌文化微纪录片于2022年年中在中央电视台农业农村频道正式播出，并于7月底在中央频道投放累计长达2分钟的品牌广告。另一方面筑牢品牌根基，签约、续约多位品牌代言人，利用视频媒体资源通过代言人为品牌引流，形成了互惠、双赢的合作关系；整合已有自媒体资源，大力打造企业自主的公共媒体平台，制作高质量的公众号、短视频，利用行业之间信息差，形成相较其他行业来说具有新鲜度的信息资源，以此打破行业壁垒，让更多人了解津宝乐器。

心之所向，行之可往。乐器既是繁华盛世的象征，也是鼓舞士气的号角，津宝乐器愿与诸位乐器行业同人一道携手，坚定传承乐器工匠精神的决心、演绎中国大道至简的工业设计的信心、打破国外对乐器垄断话语权的雄心，强企兴国，为国家发展尽献绵薄之力！

工匠之魂　质量之道　绿色低碳赋能高端市场

顾冰峰

［中国乐器协会副理事长、电鸣乐器分会主任、得理乐器（珠海）有限公司总经理］

刚刚过去的2022年，受俄乌战争和欧美通货膨胀的影响，民众购买力下降，欧美消费市场普遍萎缩。经历了2021年“涨价、缺芯、少柜”风波，2022年剧情反转，大宗原材料价格大幅下跌，集成电路、货柜紧缺状况得到缓解，甚至出现产能过剩等现象。电声乐器行业经历了2020年和2021年海外订单爆增之后，2022年度大部分企业的出口普遍回落。

国内受疫情的影响，供应链受阻，生产企业受到一定程度的影响。从需求端来看，2022年国内乐器市场整体疲软，消费者信心不足。在当前形势下，得理企业在过去的一年中采取了以下数项重大举措，供乐器行业同人参考借鉴。

一、坚持创新，推动高质量发展

2022年，得理集团在核心技术、高端产品和基

础技术等方面加大投入，进行升级换代。

（1）核心技术创新：已规划投资2000多万元研发新一代高端音源集成电路，该集成电路采用40nm工艺，以持续保持在核心集成电路方面的优势。

（2）高端产品创新：持续加大高端产品的研发投入，2022年将多款ASM合成器、高端键盘产品和高端电子鼓推向市场，获得广泛好评。

（3）用户体验创新：在电子琴和电钢琴的键盘方面，投入研发力量进行大范围的升级换代，在手感、综合性能、生产工艺等方面获得了进一步提升。

2022年8月公司被广东省科学技术协会建立“广东省科技专家工作站”，不断增强企业自主创新能力，助推粤港澳大湾区国际科技创新中心建设。

二、加强自有品牌建设

2022年得理集团通过ASM高端合成器，在全球范围内招募专业人才，持续在全球范围建设和拓展自有品牌的影响力，在欧美和拉丁美洲建立营销代表处，在技术支持和售后服务等方面持续投入，建立良好的品牌影响力。在国内销售方面，得理集团持续发力新媒体营销，国内销售逆势增长。

三、持续改善、打造世界级质量水平

得理集团继2020年获得广东省政府质量奖后，马不停蹄地持续推进精益生产模式，在产品成本和质量方面打造领先优势。

（1）持续改善、全员参与：得理集团通过多年的精益生产实践，建立起了强大的持续改善文化。2022年，珠海得理的改善提案超过1500个，其中76%得到了落实执行，直接创造的经济价值超过300万元，同时大大消除或降低了生产制造过程的质量隐患。

（2）逐步建立了具有得理特色的现场质量管理体系：得理集团结合卓越绩效体系以及精益生产模式，创造性地建立了具有得理特色的现场质量管理体系，通过总装的立即暂停机制拉动制程、前端生产车间、供应链以及研发的持续改善，生产直通率和市场不良率均获得了明显进步。

四、弘扬工匠精神，打造高技能人才

2022年注重劳模和工匠人才打造，申报验收珠海市高技能人才培养基地，同时在政府政策的支持和激励下，2022年9月9日，公司4人顺利通过评审成为首批获得广东省乐器制造业正高级职称的专业技术人才。乐器制造业高级别人才实现“零”的突破，将引导、带动更多乐器行业高技术人才聚集广东，为传承并发展乐器制造技艺、传帮带乐器制造人才、提升广东乐器产品供给品质、促进行业高质量发展带来更多新的机遇。

五、勇于承担社会责任

（1）投入公益慈善：2022年，通过得理慈善基金会继续资助了清华大学、北京理工大学珠海学院、珠海城市职业技术学院，以及云南昭通、广西梧州、茂名信宜等150多名贫困大、中、小学生，累计慈善资金达80多万元。与清华大学电子信息学院建立深度协作关系，助推大学生在文体活动方面的全面发展。持续资助贫困地区学校的音乐教育，疫情防控期间累计捐赠电钢琴超过100台。通过音乐家协会与养老院建立联系，捐赠电子琴、电钢琴等产品，在养老院封闭管理期间，大大丰富老年人的业余生活。

（2）重视绿色低碳发展：得理董事会非常重视低碳环保、节能降耗的绿色发展。2022年在得理工业园推行清洁生产，增加设备自动化和智能化、数字化，获得中国轻工业数字化领军企业称号。在低碳节能方面，得理工业园上马了1万多平方米的光伏发电项目，每年太阳能发电超过200万千瓦·时，每年减少碳排放约500多吨。2022年投资500多万元对喷油丝印车间进行全面改造，建立水性漆生产线，在电声乐器行业中率先全面导入水性漆，大幅度减少对环境污染的影响。

（3）对抗疫情，暖心服务：2022年，疫情防控期间，组织得理志愿者服务队开展核酸检测等志愿服务50多次，捐赠一线派出所和社区分发员工防疫防控物品金额达10万多元，开展创文活动10多场。

2023年，随着政策的放开，人民生活逐渐恢复正常状态，预计2023年国内乐器市场将会有一定程度的增长。海外市场受俄乌战争和通货膨胀的影响，欧美购买力难以在短期内恢复，海外市场将持续2022年的走势。2023年也是中国乐器行业的“创新融合年”，得理集团将在科技创新、质量优先、品牌建设和人才培养等方面持续发力，激发市场需求与活力。我们相信通过乐器行业同人的共同努力、携手共进，一定能够创造更加美好的未来。

传承经典　重塑未来　红色基因激活文化创新

张小川

（中国乐器协会副理事长、北京星海钢琴集团有限公司总经理）

星海集团是有着红色基因的老字号品牌，70余年来一直秉承“人民的音乐家”冼星海的革命精神，见证并共同推动首都乃至全国的音乐文化事业的不断前行。星海集团通过音乐、职业教育等领域积累的丰富经验，以及举办“星海杯”全国钢琴比赛、中国作品作曲比赛等活动，助力传播中国文化，得到了各界人士的关注和支持。

星海集团的“十四五”发展规划中明确了企业三大主业：乐器的制造与销售、音乐艺术培训、文化园区拓展。通过一年来的努力，使星海品牌从传承保护向创新发展迈进，产品生产的自动化、标准化进一步得到提高，音乐教育从传统形态迈向智能多元，从而为星海老字号发展注入了新的发展活力。

一、“星海杯赛”提升品牌文化影响力

第十九届“星海杯赛”成功完赛，第一届“中国钢琴作品作曲”比赛掀起热潮。2022年度星海集团携中央音乐学院、国家大剧院再次联袂成功举办第十九届星海杯全国钢琴比赛。全国各地共计180家琴行及艺术教育机构参与组织比赛，初赛5.1万人报名，再创历史新高。本届赛事采取“一地一策”和“一时一策”的原则，以网络直播参赛为主、审听审看为辅、个别地域开通线下赛等创新形式，再次刷新“星海杯赛”37年连续办赛的历史，成为国内权威钢琴赛事天花板。在杯赛同期，星海集团开创首届中国钢琴作品作曲比赛，自4月鸣锣开赛至8月宣告赛事结束的短短4个月赛期中，组委会共收到来自全国各地及海外参赛作品195首，参赛者从8岁至67岁不等，创作的“中国钢琴作品”在全国钢琴、作曲爱好者和专业人士中引发关注，无限激发了音乐人士们“谱奏中国乐曲，传播中国声音”的爱国热潮和民族自豪感。

二、多维度合作，提升品牌知名度

星海三角钢琴作为“音乐之重器”的典型代表与多家单位合作，不断提高国企品牌知名度：“星海”作为双料老字号品牌首批入驻中华人民共和国商务部“老字号数字博物馆”；“北京的南大门”大兴机场中可自动演奏的星海三角钢琴引人驻足，成为机场打卡地标，向世界传达北京“文化之都”的地域特色；星海“凝·向未来”冬奥会主题三角琴亮相冬奥村文化馆，展现中国声音；星海XG-215演奏型三角钢琴入住中国银行博物馆；本年度星海为中山公园老干部活动中心、新动力金融科技中心等地合作协办各项艺术活动；2022年星海联合《外太空的莫扎特》线上大电影，通过影片星海杯的故事情节，再次擦亮星海品牌；星海三角钢琴参与《演员班的春天》节目拍摄宣推活动，有效扩大市场影响力。

三、探索营销新趋势，积极推动品牌产品销售

2022年，疫情影响下，星海集团多措并举寻找市场新的突破口，在线下和线上渠道持续发力，取

得了很好的成效。传统渠道业务人员发挥主观能动性，积极通过招投标、利用“赛事热度”下沉拓展渠道，通过以赛促销等方式推动产品销售。组织经销商参与星海品牌落地活动，在此期间组织经销商参观星海河北生产基地，展示河北生产基地装备制造水平、匠人制造精神，为市场增加信心。

线上充分利用电商平台和网络媒介，化解疫情不利影响，打开市场推广新思路，开创营销新模式。通过召开线上区域经销商会议和积极利用线上销售渠道发力，促进产品销售。在“6·18”“双十一”等热点推货热卖档期中，星海K121钢琴单品在本年度京东自营乐器类榜单排名榜首。

四、科技创新工作硕果累累，不断提高品牌科技实力

2022年星海投入研发费用1010余万元，用于新产品研制、技术工艺开发、标准和知识产权保护等方面，全年共开发新产品数量12项，实现新产品销售3000余万元。2022年获得2项发明专利、2项实用新型、1项外观专利授权，另有3项发明专利申报中。2022年星海集团“70周年献礼系列”钢琴荣获中国轻工业联合会颁发“科技进步奖三等奖”称号。同时今天星海集团牵头修订《钢琴》国标标准编制工作，牵头编制《乐器行业绿色工厂》团体标准工作。

本年度星海集团完成高新技术企业复评，获得创新型中小企业称号，目前星海集团获得国家高新技术企业、创新型中小企业、省级企业技术中心称号，并再次荣获“中国质量诚信AAA级企业”称号，经过中国环保协会认证复核星海钢琴为“绿色环保产品”。星海用节节攀升的市场占有率连续两年荣登“中国品牌500强”并刷新排名。

五、拓展新业务，提升品牌内涵

星海多元智能音乐教育体系研发工作正在进行，学生们通过音乐、舞蹈、戏剧多门学科的学习，实现综合艺术素养的全面提升。通过此业务的开展，星海集团将进入艺术培训领域，通过艺术培训业务增加星海品牌的内涵。

通过建设高端钢琴制造中心、技术研发中心、乐器大师工坊、星海技能学校、乐器博物馆等，将星海产业园打造为集“高端制造、研发基地、综合办公”于一体的智慧园区，成为国资委下属企业与经开区合作开发的标杆园区。星海集团还携手中央音乐学院，打造“星海·央音艺术教育园区”，并合作开展星海杯系列项目、乐器联合研究、央音师训等业务，推动市属国企和专业高校的产学研创新合作模式。星海与国际高端产业园区深度合作共同打造夕照寺园区项目，星海以数字化产品研发应用及多元智能音乐教育培训体系研发应用为落脚点，落实北京市政府相关领导对星海集团转型的要求，在北京东西城区打造艺术教育基地，与南部经开区总部三点形成“星海”音乐艺术区，全面助力北京文化中心建设。

2023年是星海集团“十四五”战略规划承上启下的关键之年，新的一年里，星海将继续围绕“乐器制造与销售、文化园区拓展、艺术培训”三大主业发展的要求，聚焦运营效率的提升，继续深化战略研判，坚定不移地推动星海集团持续健康发展。具体措施如下：一是通过实现传统、电商双渠道，共发力、同提升，以新品推出为契机、以网络为媒介，不断提升星海品牌价值。二是认真做好第一届中国作品作曲比赛作品的整理编辑及发布工作，保护“中国钢琴曲目”的星星之火，认真谋划赛事与品牌推广、产品营销的结合点，提升星海品牌文化价值。三是加快建设集乐器研发、乐器制造、乐器维修、乐器科普展示、乐器技术技能人员培训、乐器科普展示于一体的综合性技术中心，加快产品迭代和新产品的研发工作。四是将多元智能教育体系作为独立艺术教培产品推向市场，开启星海教育培训新领域。五是严控加强质量管理，不断提高产品质量。

星海始终铭记人民艺术家们的初衷：“为中国人，造好乐器”。星海人将始终怀揣着为更多中国人制作好乐器的美好愿望不懈努力！

校企联动、宣贯强标 推动数字音源技术创新发展

范廷国

［中国乐器协会副理事长、电鸣乐器分会副主任、吟飞科技（江苏）有限公司总经理］

作为中国轻工业乐器行业十强企业，2022年，吟飞科技在中国乐器协会的正确领导和亲切关怀下，不断深化认识，统一思想，坚定信心，凝聚众力，以科技、人才、创新“三个第一”要求为遵循，积极促进文化艺术、数字科技、音乐教育产业的融合发展。

一、科技是第一生产力

吟飞科技持续多年开展乐器领域标准制修订工作，开展具有自主知识产权的技术标准研究，以音乐器具为媒介，助力音乐教育普及和音乐文化传播，探索文化、科技、教育跨界融合。

国家级消费品标准化试点项目“吟飞科技（江苏）有限公司文教体育休闲用品标准化试点”项目的圆满完成，提高了公司电鸣乐器行业的标准化水平和产品质量，促进了电鸣乐器消费品领域科技、专利、标准一体化研究，推动技术创新、标准研制和产业化协调发展。

2022年，吟飞科技作为第一起草单位修订的强制性国家标准GB 28489—2022《乐器有害物质限量》，经国家市场监管总局和国家标准委批准发布。GB 28489—2022《乐器有害物质限量》是在GB/T 28489—2012《乐器有害物质限量》的基础上修订的。作为保障人身健康安全和生态环境安全重要一环，本次修订得到了国家工信部、国家市场监管总局、国家标准委、中轻联的指导，并得到了社会、乐器行业、乐器企业的高度关注。《乐器有害物质限量》强制性标准的发布与实施将有效促进我国乐器产品的使用安全，助力我国乐器行业可持续发展。

GB 28489—2022《乐器有害物质限量》作为安全类标准，从推荐性标准修订为强制性标准，在本质上守住了从乐器产品、零部件、包装物全部上下游产业链的安全底线。该项标准的发布与实施，体现了标准的引领作用，将达到倒逼乐器行业转型升级、促进乐器行业整体健康、安全、绿色生产、可持续的目的，同时也为保护消费者的健康安全权益起到了积极的作用。

二、人才是第一资源

本公司与上海音乐学院、南京艺术学院等专业院校，在数字音乐创作、计算机音视频应用、以用户体验为中心的工业设计领域长期开展深入的合作与研究。通过合作，联合进行技术攻关、培养创新型人才，拓展音乐艺术发展空间的深度和广度；与各类院校有着常年的“产、学、研”合作关系，共同推进企业与学校的全面技术合作，形成专业、企业相互促进，共同发展，努力实现“校企合作、产学双赢”。同时，吟飞科技作为这几所院校的社会实践基地，方便公司引进高素质的专业技术人才，提高企业整体技术能力。公司已在各大音乐院校创建了吟飞电子键盘教学中心，以进一步促进科技成果转化。

2022年，由中国音乐家协会、江苏省音乐家协会主办，吟飞科技（江苏）有限公司承办的全国双排键电子琴（电子管风琴）骨干教师（含新文艺群体）培训班在江苏常州开展。中国音乐家协会分党组成员、副秘书长、一级巡视员王宏，原总政歌舞团钢琴、电子琴演奏家、中国音协电子键盘学会会长芦小鸥等领导出席9月5日举行的开班式。培训班特别邀请了《全国双排键电子琴（电子管风琴）演

奏考级作品集》（第三套）的主编和编委——原总政歌舞团钢琴、电子琴演奏家、中国音协电子键盘学会会长芦小鸥，原海政歌舞团双排键电子琴演奏家、中国音协电子键盘学会副会长王晓莲，上海音乐学院教授、研究生导师、中国音协电子键盘学会副会长朱磊三位专家授课，采用吟飞智能电子管风琴作为教学用琴。培训班采用“线下+线上直播”的方式，活动结束时观看人次已达4万。

三、创新是第一动力

吟飞科技依托中国轻工业电鸣乐器工程技术研究中心、江苏省文化和旅游重点实验室，秉承“以工业设计为引领、以工程技术为支撑、以音乐设计为呈现”的创新发展理念，实现音乐艺术与数字科技相融合的创新体制，持续加大数字音源芯片与智能乐器技术的研发投入，以科技创新推动文化产业领域应用基础研究走向深入，充分发挥企业科技在文化和旅游发展中的支撑引领作用，满足群众艺术普及，传播民族音乐文化，促进文化艺术、数字科技、音乐教育产业的融合发展。

2022年，吟飞科技作为常州文化和科技融合领域代表，参与中国（南京）文化和科技融合成果展览交易会；2022年，吟飞科技携百台吟飞智能电子管风琴在杭州上城区体育中心隆重举行的杭州亚运会倒计时300天主题活动中同时演奏，为传递全民喜迎亚运的热情，激发全民蓄力迈入新征程的信心决心，营造全社会关心亚运、参与亚运、服务亚运的浓厚氛围添砖加瓦。

线上，吟飞科技通过微信公众号等传播平台，打造“津津乐（yue）道”“勤学堂”等业内专家公益课堂、师资培训、青年演奏家创编学习系列主题，分享最新的乐器产品与乐谱资讯、优秀作品欣赏、实时交流互动心得体会，给音乐教学和演奏带来启发和思路，呈现电子音乐的魅力，利用互联网、物联网、大数据等新科技，为广大用户提供海量易获得学习资源，创新发展传播数字音乐文化。特别是Zhulei Music App的打造，为中国电子管风琴教育提供了全方位的基础建设和专业学术资源。

吟飞科技将顺应时代潮流，以吟飞制造为中心，在全球范围内打造一个集内容、软件、硬件于一体的全球数字音乐产品平台，组织更多丰富的展演、赛事、培训活动，积极参与音乐普及教育事业。衷心地希望与全球合作伙伴们共同成长、同舟共济，一起开启新的篇章。

传承韵魂　弘扬国乐　展现民族音乐之美

宋从甲

（中国乐器协会副理事长、民族乐器分会副主任、
乐海乐器有限公司董事长）

岁月不居，时节如流；日月其迈，时盛岁新。在这辞旧迎新之际，衷心感谢长期以来关心、帮助乐海乐器有限公司发展的中国乐器协会各位领导！衷心感谢广大同人、广大用户等社会各界对乐海乐器有限公司的厚爱、支持，并致以崇高的敬意和新春的祝福！

2022年是乐海乐器有限公司发展史上极富挑战、极不平凡的一年。这一年，我们众志成城、砥砺奋进、爬坡过坎，全力克服疫情带来的不利影响，全力克服宏观经济下行的压力，全力克服改革发展的重重考验，整体保持了平稳发展态势。

惟改革者进，惟创新者强，惟改革创新者胜。创新能力的强弱，是衡量一个企业是否具有可持续发展能力的标准。乐海公司不因循守旧，也不满足现状。居安思危，求新求变，让研发和创新成为企业不断前行的助推器。乐海公司深谙“民族乐器若

想有突破性的发展，必须与专业院校的教授和业内专家建立紧密合作的关系”这一道理。2022年乐海乐器有限公司和中央音乐学院的周望，中国音乐学院的张尊连、沈诚，中央广播民族乐团的崔军淼等签约艺术家，共同研发创新推出了“海之尊”系列的高胡、中胡、胡琴、柳琴以及海铭蓝系列古筝、琵琶、柳琴等新一代民族乐器精品。以精良的工艺、专业的品质、高性价比的定位，全方位满足专业市场需求。

传承新时代工匠精神，传播国乐文化精粹，2022年度乐海乐器有限公司与国内专业团体及国乐名家携手开展系列活动，与河北省民族管弦乐学会共同主办了乐海·河北省首届民族音（器）乐发展论坛，弘扬河北本土燕赵文化，顺应中华民族文化复兴的历史潮流，积极助力推动我国民族音（器）乐的文化发展；与肃宁县人民政府共同主办的《武垣之声　律动肃宁》音乐会，为肃宁及全国民族音乐人奉献了一场国乐饕餮盛宴，北方乐都载誉启航；与国家图书馆、中国民族管弦乐学会古筝专业委员会、浙江省民族管弦乐学会分别主办的北京、杭州《秦筝归秦——秦筝陕西流派领军人周延甲先生纪念音乐会》，深切地纪念周延甲为民族音乐艺术的发展做出的卓越贡献；与湖南省民族管弦乐学会共同主办了《乐海·长沙首届国乐艺术周》，弘扬民族艺术、延续传统文化精髓；与王文礼教授合作的《王文礼扬琴讲座音乐会》，通过公益网课和音乐会讲座的形式让更多的人了解扬琴、认识扬琴，从而爱上扬琴音乐；同时和国内专业团体合作协办哈尔滨《乐海·青春颂歌音乐会》、太原《中西合璧——琵琶与弦乐原创室内乐协奏曲音乐会》、安徽《第五届“金杜鹃奖”民族器乐展演颁奖音乐会》、浙江《中国扬琴高端论坛》、乐海签约艺术家二胡、琵琶专场品鉴会等系列活动。

传播国乐精粹，弘扬优秀中国音乐文化，为2022年刻下国韵之美、唱响国韵之妙，乐海乐器全方位参与到社会公益、演艺、教育等领域，让“乐海品牌”实现了“仙乐风飘处处闻”。

传承民族文化，弘扬民族音乐，是我们民族音乐艺术教育者和民乐人的共同使命。乐海乐器有限公司经2019年在河南师范大学设立“乐海奖学金”模式，为培养优秀国乐传承者取得的社会效应和成功经验，2022年乐海乐器有限公司再接再厉，在华中科技大学艺术学院设立“乐海奖学金”，更进一步为我国音乐艺术教育承担企业的社会责任，共同推动教育事业的发展。

回望过往奋斗路，眺望前方新征程。公司将一如既往地弘扬和坚持“传承、团结、创新、务实”的核心理念。内求卓越，外求超越，力争早日把公司建设成为国际化知名企业，为国家经济发展乃至社会进步做出更大的贡献。

风正劲足，当扬帆破浪；任重道远，须扬鞭自奋。乐海一直坚持用新时代的工匠精神照亮未来，精耕于专业做好民族乐器，不断地探索，不断地寻求新的目标。利用雄厚的经济实力、广泛的销售网络、深入人心的品牌价值，把民乐资源优势转化为产业优势和经济优势，愿与各方朋友精诚合作，共谋发展，创造辉煌明天！

三个变革　跨界创新　开拓数字营销新模式

黄茂强

（中国乐器协会副理事长、琴行分会主任、四川盛音乐器有限公司董事长）

回顾过去的一年，心情沉重，五味杂陈。但我们历尽艰辛，披荆斩棘，总算走了过来。面对世界变局、全球经济增长乏力的大环境，2022年的中国乐器行业尽管遭受重大冲击，但在全国行业同人的艰苦努力和中国乐器协会的正确引领下整体上还是交出了合格的答卷。

四川盛音乐器作为中国琴行业服役38年的老兵，经历了前两年新冠疫情的挑战，对2022年的行业形势有较为清醒的认识。

一是面对复杂情况，首先坚持以精心打造社会音乐教育服务平台为中心：通过举办大量音乐活动，扩大音乐人口，让乐器销售更好地与音乐教育、音乐生活融合发展。

2022年由盛音乐器自有的川音、麓湖、汇日央扩音乐厅组织了上百场各培训机构师生音乐会，共计10000多人参与；与跨界高端品牌合作方、知名企业、专业钢琴、器乐教师合作举行品鉴、发布、私享类音乐活动共计近30场，6000余人参与；举办比赛性质的音乐活动逾10场，参与人数5000人，关注人数近5万人；与顶级钢琴艺术家合作举行数十场高端音乐类活动，参与人数近5000人；全年合计音乐类活动100余场，参与关注人数10余万人，给予了疫情中的人们极大的精神鼓舞，反响热烈。

盛音乐器在2022年重点打造中国民族乐器社会音乐教育服务平台，为此成立了推广国乐的文化公司，跨界联合国内高等音乐院校的师资人才共襄盛举。盛音乐器首先建立了4个四川艺术交流群，并在内开展关于义务教育改革艺术类教培讲座。7月开展关于“音乐基础知识”考试答疑讲座，服务艺术教师人数超1000人；6月、8月和12月分别在线上举办中国乐器协会古筝师资云端研修班和中国乐器协会音乐教育师资云端研修班；6月举办四川音乐学院师资认证培训（古筝、架子鼓），坚持乐器进校园，分别在成都市金牛区天一小学、成都市高新区庆安小学等小学开展课外民乐社团课；8月—12月策划并举办首届朱雀杯·印象国乐川渝古筝艺术节（预选赛参加人数超1400人，晋级决赛选手500余人），艺术节系列活动由专题讲座、学员大赛、专场演出、大师课等多种形式构成，参与机构与学员积极响应，参与人数3000余人；10月—11月分别举办何芸、苏畅古筝公益讲座，约200名老师参加学习（线上直播观看人数突破5000人）；12月策划任洲洋、段银莹古筝音乐会暨印象国乐音乐会。一年满满的高质量的活动，大大激发了人们学习民族乐器的热情和参与。

二是寻求3个变革：

（1）在保证中低端客户需求前提下，加大加快中高端乐器的品牌宣传和销售引导，保证单品销售价格的提升，革新传统零售模式，加强新零售培训。

（2）努力寻求中小琴行和中小音乐培训机构的多样化合作，个性化地分析他们的不同需求和痛点，以便更好地帮助他们。举办了6期《盛音讲堂》，邀请四川音乐学院钢琴系教授、讲师、海归博士教师为培训机构老师进行授课，答疑解惑，共计600多名老师到场参加学习，从而影响提升更多的学习乐器艺术的琴童、家长；进入艺培机构进行服务性活动9场，为更多的培训机构进行专业的乐器服务，提升机构的影响力和专业性，增强他们的品牌意识，这种活动加强加深了交流沟通，也锻炼了队伍，提升了员工素质。

（3）开拓新媒体及数字化管理的各种合作模式，一方面提升管理水平，一方面拓展和创新营销渠道。

三是跳出销售，做好4件事情：

（1）做好销售外的服务：2022年举办学习、品鉴、体验乐器的惠民活动18场，参与关注人数达2万人。11月我们还参与助力三苏故里眉山市丹棱县幸福古村（国家建设新农村项目）“山河音乐会”，网络直播观看人数有4万余人；助力成都市政府举办2023跨年音乐会；助力“新声的力量”张昊辰与成都交响乐团合作音乐会；助力四川卫视、重庆卫视“川渝春晚”；助力四川阿坝州小金县政府在四姑娘山举办的2023年“跨域山海浙川情深”雪山下的森林音乐会，现场观众500余人，直播观看量5万人。

（2）做好与音乐相关的事情：4月，我机构教师黄雪颖担任MusicTalks（线上）音乐教育年会嘉宾讲师，分享《音乐教育管理者如何提升自身能力》；6月，组织举办了KJC亚洲国际艺术节中国预选赛，参赛学员1000余人，同时组织举办2022成都市高新区艺术节开幕式，活动由交响乐、民族管弦乐、流行音乐等形式构成，参演人员60余人，现场观众800余人；7月，我机构教师黄雪颖在西北民族大学音乐学院主办的“2022年‘丝绸之路’音乐文化国际交流暨西部管乐艺术发展研讨会”上进行主旨发言《欧洲木笛（竖笛）艺术发展及在我国的推广应用》；9月，我机构策划、编撰制作的四川省级线上一流本科课程《零基础学竖笛（木笛）》上线清华大学慕课平台（学堂在线），同年10月，我机构为简阳市全体音乐教师、开展木笛（竖笛）教学专题讲座。

（3）做好公益的事情：1月—4月，我公司跨界合作在成都市兴隆湖艺术中心举办的全公益性质的“成都市民乐微知著主题乐器展”，包含全系列乐器展览，10余场专场演出，3个月的时间累计参与市民9000余人次，极大丰富了成都市民对于乐器的了解。3月，由成都市高新区政府牵头，为一线防疫医护人员送温暖；同月，我公司教师举办了“益路生花向阳而生”云上烛光音乐会，参与演出人员40余人，直播在线人数20000+。9月，为鼓励身处疫情压力下的市民，我公司全体教师制作的木笛云合奏《如愿》由四川音乐学院官方视频号发布，转发点赞人数20000余次；同月，四川音协木笛专委会全体学员演奏《这世界那么多人》木笛云合奏，点赞转发10000余次；10月，为庆祝祖国国庆，四川音协木笛专委会全体学生演奏《我和我的祖国》木笛云合奏，反响热烈，点赞转发8000余次。

（4）做好人才梯队建设的事情：随着科技进步，人们思想日新月异，企业跟不上社会发展，就不能引领员工通向精神和物质幸福的彼岸。盛音乐器在诚信、专业、关爱的价值观上又增添了创新。强调企业文化的建设和传承，在老带新的传统中又让富有创新精神的新员工倒逼老员工学习进步。通过疫情的历练，企业老员工以身作则，老而弥坚，80后成为中流砥柱，90后、00后奋起直追，大家休戚与共，以公司为荣。有这样的员工，四川盛音乐器才能在危难中渡过难关，并取得远高于行业平均预期的业绩。

“沉舟侧畔千帆过，病树前头万木春。”展望2023年，四川盛音乐器将在“十四五”规划引领下，在中国乐器协会正确领导下，为实现由乐器大国向乐器强国的转变贡献力量，努力实现“让乐器成为家庭标配，让音乐成为生活刚需”的目标。

质量标杆　工艺升级　再创手风琴品质新高地

时建明

（中国乐器协会副理事长、手风琴分会主任、江阴金杯安琪乐器有限公司董事长）

难忘的2022年已经过去，在艰难前行中，我们已经走向充满希望的2023年。党的二十大和中央经济工作会议，为我国经济发展擘画出了一幅宏伟蓝图，在以习近平同志为核心的党中央的正确领导下，我们正昂首挺胸，阔步迈向新的征程。

回眸2022年，虽然前行的路途异常坎坷，但是我们终于挺过来了。回顾这一年，江阴金杯安琪乐器有限公司在科技创新、人才建设、品牌创新、产业链融合、促进乐器经济的内外循环上不懈努力，坚持迈小步、不停步，咬定青山不放松，取得了较好的成绩。

与2021年相比，江阴金杯安琪乐器有限公司产销同比持平。其中外销增加15%，保就业取得积极成果，稳定职工队伍，全年未出现裁员现象，年新增员工13.4%，开发手风琴新品9个，手风琴产量、销量市场占有率同比均有所增加。

一、加强科技创新，引领市场潮流

从手风琴问世到2022年，刚好200周年。随着手风琴文化艺术的普及，消费者对手风琴的要求越来越高，归纳起来主要是重量要轻、外观要靓、品质要高。2022年江阴金杯安琪器乐器有限公司紧盯市场需求，研发了GHZ-5396、C11-72自由低音手风琴，GH-5396P、GH-1883、GHZ-5082自由低音手风琴，轻便式60贝斯、轻便式96贝斯、轻便式120贝斯四排簧等手风琴新品9个。GHZ-5396申报了“中国轻工联合会科技进步奖”。

GH-5396手风琴的创新思路就是在不更换120贝斯规格手风琴的前提之下，使用者也能用96贝斯规格的手风琴演奏音域较宽的原来只能在120贝斯手风琴上演奏的乐曲。

GHZ-5396手风琴的音域设计范围由E-B3扩展至E-F4，较传统的96贝斯手风琴的音域范围扩展了13%。不扩大体积，不增加分量，尽可能地适应少年儿童和中老年手风琴使用者的身体状况和体能特征。缩小主变音器按钮并改为平板式设计。使主变音器与手风琴琴箱处于同一平面上，减少手风琴与外物碰撞而造成损坏的可能性，增加手风琴的美观性。右手第一排与第四排级、第二与第五排键钮联动装置采用插入式滑动轴承连接，减少了摩擦力，使用者在演奏时更省力、轻松。贝斯变音器由传统的2个扩大为4个，增强演奏效果。主变音器按钮由凸式改为平板式，使用更方便、外形更美观。

GH-5396手风琴外观上一改常规的赛璐珞（合成塑料）包片技术，采用烤漆工艺，同时琴体表面增加了七色闪光颗粒及自由花纹，增强了舞台表演效果；GH-5396手风琴设计成键钮式，与传统键盘手风琴相比上琴箱设计更加个性化，整体琴箱效果显得小巧而又美观；演奏者身体与上琴箱完美贴合，右手演奏操作时，缩短了距离，手型小的人也一样得到充分发挥，使演奏更便捷、舒适。GH-5396手风琴中由于外观设计的改善，与传统手风琴相比重量减轻了约8%。

二、加强品质管理

为加强公司的品质管理，组建了品质部。将质检人员从生产技术条线分离出来，克服自产自检所带来的不足。公司品质部每周进行一次质量分析会，查找产品质量存在的问题，集思广益提出解决问题的方法，落实整改措施和责任，与员工的考核和晋升挂钩。

三、强化人才队伍建设

企业要发展，品质要提升，产品要创新，关键在人才。公司在2022年从艺术高校引进专业人才3名，充实公司研发团队。2022年，公司有1人晋升为高级工程师，3人晋升为工程师，5人晋升为助理工程师，大大提高了科技人员在职工总数中的比例，为企业走科技发展之路奠定了坚实的基础。时建明同志荣获中国乐器协会“行业工匠”称号，周磊同志荣获中国乐器协会“科技之星”称号。

四、发挥校企合作的优势

公司与南京艺术学院联合建设的“江阴金杯乐器研究所”工作取得了进展。2022年获专利6项，手风琴簧片加工技术研究取得了新的进展，簧片音准的精准度得以提高，对标世界最顶级的意大利进口的高级簧片，演奏者、听众的感觉良好度有了极大的提升，缩小了国产簧片与世界先进水平簧片的差距。

五、产业链融合，内外资源融合发展

江阴地处长三角经济发达地区，劳动用工紧张成为企业发展的瓶颈。公司面对市场需求，整合内外资源优势，走出江阴寻求融合发展的机遇，2022年初，公司组织考察团赴贵州遵义正安乐器产业园进行调研考察，五月份赴江苏苏北滨海、射阳等地考察调研。充分利用当地劳动力的资源优势，转移产能，进一步壮大企业，后续工作正在有条不紊地进行之中。

六、积极扩大海外市场

2022年，物流严重受阻，学校培训机构停课，工厂停工，经济运行环境相当恶劣。公司在国内的主要市场上海、新疆物流受阻，严重阻滞了公司业务的开展，使公司2020年国内销售出现下降状况。面对国内市场的不景气，公司努力开拓国外市场的开拓，2022年外销额同比增加10%。加强了与意大利司康达利公司的紧密合作，严格按照对方的质量标准和技术要求组织生产，按质按量按时交货，得到司康达利公司的肯定与好评。

七、标准化建设进一步加强

继2020年江阴金杯安琪乐器有限公司主持起草

的《手风琴规格划分及命名方法》《手风琴零部件名称》两项行业标准由工信部颁布并实施以后，2022年又主持对《手风琴通用技术条件》行业标准的立项修订工作。目前已经完成起草工作，报全国乐器标准化委员会审核。

2023年江阴金杯安琪乐器有限公司将继续坚持创新驱动的发展战略，在“双循环”新发展格局下，持续推进品牌建设，多出精品、新品，满足广大群众对高品质文化生活的需求。

技术献礼　和弦共鸣　推动文旅与产业跨界融合

陈学孔

（中国乐器协会副理事长、中国乐器协会管乐专业委员会副主任、河北金音乐器集团有限公司总经理）

在全国深入学习贯彻党的二十大和中央经济工作会议精神，统筹落实中央“疫情要防住、经济要稳住、发展要安全”决策部署的时刻，2022年，河北金音乐器集团有限公司抓抗疫、稳产销、重创新、谋发展，市场蓄势恢复。积极开展新工艺、新产品的研发，大力推动产品提质提档，优化产品结构，拓展销售渠道，科技创新综合水平和中高端产品比重不断提高，助力“加快构建以国内大循环为主体、国内国际双循环相互促进的新发展格局”。经过全体员工的共同努力，金音乐器集团克服疫情不利影响，实现产能和销量不降低，企业效益回稳向好。

回望2022年，国际、国内疫情多点散发，原料、人工、物流、国际贸易成本持续攀升，产业发展下行压力依然突出。3年来，全球经济下行压力持续增强，作为以出口为主要渠道的西洋乐器制造企业，金音乐器受到的冲击最为明显。金音乐器集团积极与行业协会及政府主管部门沟通协调，为应对疫情，公司加大线上销售力度，销售、采购等部门积极利用电商渠道，采用网上销售、采购。同时，向客户免费赠送乐器教学视频、学习资料，以应对人们居家自学乐器的需求；面对外贸出口，针对疫情防控期间急速增长的乐器电商业务，公司积极利用外销客户资源，开发国外网上销售客户，在外贸线下销售萎缩的形势下，拓展外贸线上销售客户，保证公司销售业务的增长；为加快乐器进校园、进社区、进家庭的步伐，公司组织专人跟踪乐器招标项目，积极参加国内教育文化类展会，加大适宜招标类产品的库存，使中标率有效增加。

在创新方面，公司结合传统乐器制造业机械化程度低、环境差的特点，改造加工工艺，研发了自动焊接装置、抛光机掉件自动停车系统、一种吉他结构的改造工艺、一种中高档号过球装置及其工艺，这4项技术都获得了专利审批。以上技术革新既降低了劳动强度，也提高了产品质量，使质量的统一性有了保证，同时有效降低了人员成本。针对不同客户群体和2023年美国NAMM Show乐器灯光音响展，法兰克福Prolight+Sound灯光音响展，公司开发和升级了数十个新产品，期望在展会上能获得客户好评。在营销创新方面，公司积极与艺术高校开展产学研合作，将公司作为学生的实习基地，加强金音品牌在用户心中的认知感，带动校园消费，使之成为乐器进校园的又一驱动力。

诚信是衡量企业品牌的重要因素，与客户保持长期互惠互利合作关系，是企业品牌建设长效发展的基石。公司从创立之初，一直对客户承诺不满意免费退换、产品保修等条款，诚信之举为公司拓展客户群体构筑强大动力。在品牌建设方面，公司坚持以质量为核心，以诚信为基础狠抓产品质量，提升品牌美誉度。同时，公司不断完善质量管理体系，配备专业人员和检验设备，从车间班组到公司，从原料进厂、生产过程到成品出厂，生产全程实行质量监控和可追溯，把质量责任分解到各生产工序和岗位，确保质量稳定提高。

2022年，公司持续的科技创新和管理投入，不仅战胜了新冠疫情的影响，还使公司的各项工作有了明显发展和进步：获得河北省科技厅颁发的“河北省科技型中小企业”证书；中国乐器协会颁发的“专利成果三等奖”荣誉证书。2023年，河北金音乐器集团有限公司将继续坚持创新驱动发展战略，深化企业改革，推进品牌建设和市场占有率，不断提升公司在国际市场上的影响力。

金音集团一直注重积极推进文化与科技、旅游、工业、农业等相关产业的融合，金音集团在企业所在地打造和建设的“周窝音乐小镇”“世界乐器博物馆”“音乐科技体验馆”等成为武强县全域旅游发展的一张靓丽名片，年均国内外旅游人次达30余万；先后举办麦田音乐节、吉他文化节等大型国内、国际音乐交流活动，带动了乐器销售、餐饮酒店等相关产业发展；成功举办了“‘央音’河北省青少年艺术展演钢琴赛场”“‘央音’河北省青少年艺术展演吉他赛场”等活动，取得了显著经济效益。近3年，这些活动和旅游都停滞了，2023年，河北金音乐器集团有限公司将重启旅游及各项活动，带动当地的经济发展，不断提升公司在国内市场上的影响力。

力量生于团结，幸福源自奋斗。金音乐器愿与行业同人一起向未来！

科技艺术　跨界融合　打造音乐创新之年

赵　哲

（中国乐器协会副理事长、电鸣乐器分会副主任、
深圳市蔚科电子科技开发有限公司董事长）

2022年对于蔚科科技来说是沉淀了多年技术和研发后继续收获新品的一年。蔚科科技在全球芯片供应依然紧张的情况下，坚持自主研发推出新品，并且将产品高端化、专业化作为首要任务。全年在效果器、音箱、专业音频、无线系统、电鼓、电钢琴、校音器、节拍器等方面都收获了全新的产品，其中包括多个旗舰级产品的问世。在压力重重的市场背景下，2022年依然迎来了总体增长。

作为国产自主品牌，蔚科科技深知稳定前行的保障就是科技。只有依靠自主研发的能力才能定义品牌的高度，才能支撑品牌的未来。在遇到疫情、芯片危机等市场不利因素时，蔚科科技从未放缓研发的脚步，持续将多项自主研发技术推向新的高度，包括知名的TS/AC白盒建模算法等，创造了MG-300、MG-30、MIGHTY AIR、MIGHTY PLUG等一系列风靡海内外的产品。而在2022年，蔚科科技旗下“NUX纽克斯”品牌更是推出了MG-400综合效果器、MIGHTY SPACE音箱、N-LIVE声卡、Amp Academy前级单块效果器、MIGHTY PLUG PRO耳放、AC-60音箱、DM-8电鼓、NPK-2电钢琴等重量级新品，以及包括8款单块效果器在内的更多全新产品；“Cherub小天使”品牌也推出了WST-905Li校音器、WST-645校音器、WST-551C校音器、WSM-289节拍器、WMT-565C五合一节拍校音器等新品，受到了行业和消费者的广泛认可。

在音箱与效果器类新产品中，蔚科科技开始投入2022年最新推出的TS/AC-4K算法，再一次将数字效果技术推到了一个全新的高度。MIGHTY SPACE中还运用了蔚科科技自主研发的无线系统，无论是音色还是功能方面都在国内外的社交平台引起了广泛的关注和讨论。Mighty Plug Pro耳放将手机直播和吉他效果合二为一，N-LIVE声卡更是蔚科科技首次向音频领域进军的全新产品。N-LIVE中的纯A类分立晶体管前置放大话放搭配自主的高清DSP效果技术，在千元级声卡的操作和音色上都是革新。3年以来，无论是用户的消费习惯还是品牌的研发方向，

都朝着更优秀、更专业的方向发展。

无线系统方面，蔚科科技“NUX纽克斯”品牌下已形成了专业且丰富的无线产品阵列，包括C-5RC 5.8GHz吉他无线系统、B-5RC 2.4GHz吉他无线系统、B-6萨克斯风无线系统、B-4 PLUS麦克风无线系统、B-10 Vlog无线领夹麦、B-7 PSM无线入耳式监听等，涵盖各类无线使用场景。其中B-6萨克斯风无线系统运用了蔚科科技多年来沉淀的2.4GHz超低延迟算法，同时结合了蔚科科技工程师对音色的专业理解，用DSP技术为拾取到的音色进行了靠近真实听感的还原，该产品一经上市就在国内外萨克斯界广受好评，2022年更获得了被誉为“产品设计界的格莱美”的德国iF设计奖（iF DESIGN AWARD）。

电鼓电钢方面，继DM-7X全网面电子鼓之后，触感更真实、音色更清晰的旗舰级产品——DM-8全网面电鼓也于2022年全新亮相。分轨USB录音功能、全新自主采样的音色、大尺寸全网面手感和更细节的音色分层让用户们眼前一亮，被专业鼓手称赞为“国产电鼓新高度”。全新的电钢琴NPK-2也在2022年上市，不仅对备受赞誉的NUX自主研发的WKJ-03三传感器逐级配重重锤键盘进行了升级，对音色进行了更细致的动态处理，还搭载了专业效果器和自动伴奏，并支持连接麦克风，无论从手感、音色和可玩性来看都让人惊喜连连。

2022年，由于线下演出交流受到疫情影响，更多乐手转向线上对蔚科科技产品进行推广与交流，除了著名吉他手陈磊、潘高峰、索尼音乐旗下制作人光泽、中国台湾鼓手陈曼青等代言人外，越来越多的海内外大师级乐手、音乐人、以及音乐爱好者主动选择并大力推荐蔚科科技旗下的乐器产品，录制视频或分享音色，在各类媒体与社群中持续拥有很高的口碑与活跃度，为大家津津乐道。

在研发投入与人才梯队建设范畴，蔚科科技依然坚持全年研发投入占主营业务收入比重超过6%。随着产品线的不断丰富，蔚科科技不断地吸引创新人才，全力扩大研发队伍，有序增加自主研发的深度与广度。蔚科科技不断鼓励研发人员创新、发明、学习，除吸纳“金字塔尖”高精技术人才外，不断拓展艺术、生产、管理等环节人才梯队的建设与储备，并向“塔尖”不断输送人才，做到专业人做专业事，并为创新人才提供丰厚的薪资保障体系，团队稳定性得到有效保障，而品牌创建成果与市场销售佳绩更是反向激发人才梯队的从业成就感。

2022年，蔚科科技并没有放慢脚步，而是深信自主研发和科技实力才是自主品牌的帆，稳定的研发团队和人才建设才是自主品牌的船。面对机遇与挑战，蔚科科技更加坚定走自主研发之路，努力突破技术壁垒。相信2023年一切都会朝着更好的方向发展，我们对每一个在世界舞台上一起并肩努力的自主品牌心怀感恩，愿2023年所有中国自主品牌越走越好，广大行业同人团结一心，扬帆起航！

稳固资源　开拓未来
专业护航乐器材料转型升级

张华君

（中国乐器协会常务理事、材料配件分会主任、川雅木业有限公司总裁）

对于乐器行业而言，过去的2022年可谓风雨交加、冰雪连绵，全球经济持续下行和疫情等不利因素导致全国钢琴市场断崖式下跌，如何在逆境中“活下去”，已成为行业面临的首要问题。

在市场严重萎缩的同时，优质的乐器天然林木材价格却突飞猛涨。受欧美通货膨胀的影响，乐器用云杉材料价格飞涨、材质下降，供给短缺；未来几年资源紧张、成本持续攀升已成定局。

面对如此严酷的考验，作为国内首屈一指的乐器材料和配件保障企业，川雅木业坚守“资源不能断、生产不能停、供货不能断”的底线，依托多年来建立起的专业成熟的乐器木材全球供应体系，竭尽全力保障用户的生产需求，满足客户的纷繁要求。

2022年，川雅木业以大量进口北美Sitka Spruce（西加云杉）材料为主导，同时着力扩大欧洲云杉高档乐器材料的采购，并以严苛的传统干燥和制作工艺，生产高端实木钢琴音板、吉他实木音板。这些高品质的实木音板大幅提升了乐器的声学品质，拉平了钢琴等企业与国际同行制造技术和产品品质的差距，成为制造世界一流“好声音”的有力保障。

2022年，川雅木业扬州工厂也迎来了新的开端，工厂告别原来的简易厂区，整体搬进了配套完善、管理有序的产业园区，顺利投产。新工厂的搬迁改善了工厂的生产技术条件，扩大了生产能力，当年消化原木量达1.5万立方米。

2023年新年已至，行业仍深陷冰天雪地，我们虽然抱有市场逐步回暖的预期，却在想方设法地做好应对一切艰难险阻的准备。未来的一年，川雅木业仍将专注于“木材科学利用”这一软科学、软技术、软实力的钻研，摒弃浮华，独具匠心地加工利用木材，在每一根原木上取出最专业的音乐木材，精细管好每一块木头，一元一角降成本。因为我们明白：只有脚踏实地、老老实实地管控好每一件专业而细小的事情，企业才能持续生存和发展。

2023年，川雅木业将继续巩固北美、欧洲两条主线的木材资源保证，实现资源来源与产品用途的精准对标，不仅为客户提供稳定、优质的产品，更将为客户提供资源战略科学规划和科学利用对策建议，与客户一同分享全球资源宝贵成果，高瞻远瞩，科学、合理地把控行业未来材料发展方向和战略方针。

在产品方面，川雅木业除了稳住钢琴和吉他、大小提琴等传统声学配件产品经营的同时，将进一步开拓发展“钢琴共鸣盘”“钢琴实木复合弦轴板”两大高端配件产品。经过10余年沉淀，川雅木业钢琴共鸣盘已经得到了欧洲客户和市场的认可，科学的设计、严苛的选材、精湛的装配、优美的声音是川雅木业共鸣盘的四大要素，“完美动听的钢琴共鸣体”已经成为川雅木业响亮的名片。

随着川雅木业文化事业的推进，“川雅博物馆”新馆已在川雅文化园区内落成，随着各类文化活动的复苏，作为成都市建设“三城三都”的地标建筑，新的“川雅博物馆”也将正式对外开放，推广和弘扬音乐文化、建筑艺术、企业文化、品牌文化。川雅木业将在文化领域开疆拓土，迎来新活力。

声学攻关　产品矩阵　塑造品牌新高度

黄志康

（中国乐器协会副理事长、吉他分会主任、广东声凯乐器有限公司董事长）

2022年是疫情影响下的第三年，包括吉他行业在内的许多行业都受到了极大冲击，称之为行业的“冰河时期”也不为过。但正是这种特殊时期，我们反而有充足的时间对星臣吉他品牌后续的发展进行一个深度思考。过往星臣品牌的发展主要围绕渠道业务进行，而在过去较长的一段时间里，吉他消费者越来越注重细节，同时也比过往更有品牌感知。基于长远发展的考虑，我们在2022年进行了一些“自我增值”，工作主要是围绕着产品、团队以及品牌建设等方面的投入。

一、如果品牌塑造是在建造高楼，那么研发产品就是打牢地基

过往许多年的时间里，星臣品牌依靠自有声凯乐器工厂，以产品产能和质量获得了非常好的口

碑。但随着市场的不断变化，过去几年星臣的产品并没有取得预期的成绩。为了找到答案，2022年初我们对国内木吉他市场做了一次充分调研，有足够的数据支撑，我们才有自信踏出下一步。

2017年以来，星臣品牌的产品矩阵已经运用了5年之久。在进行5年营销工作总结时，我们发现产品在市场中有逐渐脱轨现象，重新梳理产品矩阵成为了一项急需进行的工作。结合市场调研所汇总的信息以及现有生产线的硬件设施等背景，我们初步确定了适合星臣的产品定位区间，并逐步梳理出了新的产品矩阵。在这工作当中，对生产硬件的自我审视是一项非常重要的工作，在有市场前景和能稳定高品质产出之中要找到平衡点。当然，在产品研发过程当中，生产线适配调整也是必要步骤。

自2019年末与日本著名制琴师荻野裕嗣（Hiroshi Ogino）合作以来，我们取得不少在吉他声学研发上的成果，一度想增加与Ogino先生之间合作的深度。2022年合作产品系列“86+”顺利投产后，终于与日本团队敲定了新的合作协议。往后产品研发的合作面将展开到整个新产品矩阵。在Ogino先生的指导和车间负责人的执行响应下，我们测试和应用了多项新工艺，可以说2022年星臣产品品质较过往提升了一个台阶，但我们依然会在探索的路上不止前行。

2022年7月，星臣“86+”系列的发布，代表星臣迈上了另一个产品新纪元。其他新样品交付后，我们与市场竞品进行了多项横评对比，这让我们对自身产品力持续提升有了十足的信心。

二、团队是决定是否成功的关键，人才永远是企业和品牌的核心竞争力

2022年5月，在兄弟公司人力抽调和外聘人才工作同时进行的情况下，星臣吉他品牌运营中心团队在广州正式设立。之所以设立在广州，首先是考虑到现代商业发展受信息化影响非常大，在广州则能更高效率地接收到有用信息；其次作为四大一线城市之一，广州的人才储备量也为团队扩编提供了基础条件；最后广州距离我们的生产基地四会仅有一个多小时车程，在工作上能做到非常好的呼应。

作为一家成立近30年的公司，需要一个团队作为新型管理方式的试点。这能帮助我们和时代接轨，让公司更具有活力。根据职能划分，我们在2022年5月制定了第一版星臣品牌运营团队的架构，试行至10月，根据实际情况对团队架构进行了调整和扩编。在这期间不少新同事加入了声凯大家庭并得到成长，假以时日，这个团队定会为公司创造巨大价值。

三、紧跟新媒体时代，用户在哪儿我们就把曝光的场设在哪儿

2022年7月新品发布的同时，公司也迎来星臣品牌第四代形象的发布，新形象的打造由日本合作团队品牌设计师藤尾真司亲自操刀，而这也开启了星臣新的品牌运营方向。过往星臣品牌过分依赖经销代理商作推广曝光，各类的媒体账号也是由合作方代运营，内容产出的质和量都不稳定。随着品牌运营中心的建立，公司开始了品牌的自媒体矩阵搭建。内容制造方面，设立了相对应的职能团队，同时与不少头部木吉他音乐人达成了长期合作。以冈崎伦典、井草圣二、Okapi、董运昌为首的几位音乐人老师，给了我们极大的帮助。另外“86+”系列发布也让公司有了与吉他音乐人达成共识的产品，这对比过往是非常大的进步，星臣品牌也有底气追逐更高价位区间的市场了。

自媒体矩阵搭建意味着我们将进行广撒网的曝光形式。现在是流量分散严重的时代，信息传递比过往都要高效，因此不少分类平台得到了发展，拥有了庞大的用户群体。公司往后将持续在长视频、短视频、知识种草类、图文及服务平台等进行发力。这能让消费者在多平台立体地了解星臣吉他，而我们也将有足够的品牌流量赋能给经销代理商伙伴。

2023年，将是星臣度过第30个年头，我们过往陪伴了一代又一代的音乐人成长。而今后，星臣吉他将会以全新的面貌，迈着坚实的步伐，以满满的诚意继续坚守我们的使命。

数据驱动　文化协同　精准营销激发消费增量

朱文玉

（中国乐器协会副理事长、琴行分会副主任、
上海知音音乐文化股份有限公司董事长）

辞别寅虎，不平凡的2022年已经远去，迎来充满希望的2023年。回首2022年初，从3月开始，线下门店无法正常营业从而获得营收，给了我们重重的一击。6月初，即便是恢复了正常营业，摆在一线员工面前首要解决的问题是“获客难”，望着门可罗雀、略显空旷的大厅，想要恢复到疫情之前的水平并不容易，知音遭遇了前所未有的困境。

在这样的局势下，全体知音人风雨同舟、携手同行，在曲折坎坷中修炼内功、保持乐观，因时因势优化调整战略布局，不断找寻多种方式进行自救，探索疫情影响下新的经营模式并在危机中求生，而破局之道亦向着“新零售”转型，重新建立商业模式和消费场景。

一、布局全媒体营销，增加线上获客渠道

危机中往往孕育着新的机遇，勇于开辟新领域、新赛道才是求生之路。近年来，各类自媒体平台迅速兴起，伴随而来的信息爆炸让客户了解品牌与产品的渠道增多，“线上种草”与“线下体验”成为乐器行业获客及转化的重要方式之一。

自封控开始，知音文化迅速组织各类线上培训，帮助员工科学面对疫情，建立互联网思维，学习各类自媒体运营技巧、内容输出方法等，帮助员工建立自媒体账户，建立自媒体矩阵，增加内容营销推广的频次与品牌曝光度。

随着直播电商的快速发展，直播带货已经成为了目前最为火热的销售模式，预计直播带货在未来几年将继续保持增长趋势。知音文化迅速组建团队，布局直播带货。在各类电商、新媒体平台上，通过“图文”“短视频”抑或是“直播”方式，除增加品牌曝光度外，通过与用户的互动，引流线下，解决“进店难”的问题，最终将客户转化成为品牌的消费者。

二、数据驱动，精细化运营

近5年来，知音文化充分利用现代信息技术，自主研发绿叶帮运营管理系统并投入实际运用，赋能员工改变、创新工作习惯，发挥了良好的效用。

首先，客户留存功能可快速触达客户，用户画像可记录用户需求。员工可以通过远程办公快速寻找到客户，精准地满足和实现客户需求。其次，绿叶帮运营管理系统可以实现数字化管理、数据化运营、数字化营销，通过数据分析，能够形成多维的用户画像，提高画像的准确度，使新技术与消费场景无缝结合。第三，全媒体营销为品牌带来新客流的同时，也意味着获客渠道增多与客户来源复杂，通过使用系统记录与客户分析，逐渐优化拓客方式，以实现精准捕捉客户、优化营销内容、提升客户转化率。

三、停课不停学，课程、音乐活动线上化

为了满足特殊时期“停课不停学”的需求，实现“线上-线下”教学模式，知音文化自主研发的绿叶帮系统开设音乐教育线上教学平台上线，可提供远程教学、在线陪练等服务。初期，很多家长对线上授课心存疑虑。为了确保网课的教学质量，教学主管持续在绿叶帮后台每天抽查课程回放，并将反馈结果录入教师档案。同时开设可以自主约课的线上陪练课程，督促学员有效练琴。在校区段端，教务老师更加频繁地与家长联系沟通，让家长安心，鼓励学员不放弃。大部分家长和学员开始还停留在观望阶段，消课率仅有32%；而到了5月底，网课的覆盖率已经上升到61%，集体课的网课消课率更是达到了将近74%。

为了提升学员在转型线上教学后的参与感，知

音文化艺校在疫情防控期间接连推出了一系列的线上活动。知音文化艺校旗下成人钢琴学习品牌“流连音悦”第一时间就推出了“公益云课堂”系列课程，通过讲解成人学员常见的学琴重难点，以及大家普遍感兴趣的音乐鉴赏类课程，迅速积累了一大批忠实粉丝，并大大减少了成人学员疫情防控期间流失的状况，17期公益云课堂最终累计观看量达到25000余人次。

四、公益捐赠，助力音乐文化养老

为了更好地普及和推广老年文化艺术活动，知音文化已连续多年举办面向上海市老年大学的公益捐赠电子键盘乐器活动，希望促进中老年文体活动发展，丰富中老年人的精神文化生活。也希望有越来越多的老年人能够爱上音乐，享受更为丰富多彩的晚年生活。

五、焕新升级，打造音乐消费新空间

2022年，是知音文化屹立于音乐行业的第25年，面对日新月异的市场，知音文化多年来的良性运营让其增加了抗风险能力。

危机过后，涅槃新生，知音文化一直在迎接“新生”的路上。2022年，知音文化共计5家分店形象升级焕新，打造音乐消费新空间，为客户带来更好的消费购物体验。

充满希望的2023年已经到来，知音文化将不断提升自我，创新发展，通过科技赋能深化改革之路，重新构建音乐行业产业链，实现音乐行业的数字化转型，激发各业务板块的多维、深度融合，重构音乐产业链。同时，我们也将继续推广音乐文化，将美好的音乐带入千家万户，向更多人传递音乐的快乐。

工匠精神　传承百年　塑造品牌独特内涵价值

孙　强

（中国乐器协会副理事长、钢琴分会副主任、
烟台博斯纳钢琴制造有限公司总裁）

艰难奋斗的2022年已经过去了，我们满怀信心地迎来了挑战和机遇并存的2023年。过去的一年，受国际局势动荡不安、国内新冠疫情多地高发、俄乌战争等严峻形势影响，导致经济发展严重受阻。在困难重重、压力巨大的情况下，博斯纳全体员工勠力同心，迎难而上，共克时艰。尤其在新产品创新研发上，又取得了一系列来之不易的收获与殊荣。

过去，西方戏称中国的钢琴只不过是“大型玩具”而已。业内行家皆知：要生产外表相似的钢琴并不难，而要制造演奏性能卓越，让钢琴大师满意的钢琴，却实属不易。只有让钢琴大师得心应手、轻重快慢、强弱缓急皆能随心所欲的钢琴，才不愧于“乐器之王”的美誉。

钢琴的演奏性能，即声学品质和弹奏触感，是钢琴的精髓与灵魂。如果我们不能在演奏性能上有所突破，奋起直追并达到世界高端钢琴的先进水平，打破西方发达国家对演奏级钢琴的长期垄断局面，而是沉湎于不顾质量地片面追求产量，甚至一味地生产低劣钢琴，不但有悖于钢琴“乐器之王”的美誉，而且也大大浪费了资源和时间，只不过是贪图一时一事的蝇头小利或满足于短视的欢心而已。

中国的腾飞与发展，雄辩地证明了：外国人能做到的，中国人一定能够做到。外国制造的钢琴能达到的高水准，中国制造的钢琴一定要且一定能够达到。我们有志气、有信心、有智慧实现这个宏伟的目标。决不能坐井观天、故步自封，更不能弄虚作假、自欺欺人而有负于时代。

要真正实现这个目标，不但要有雄心、有魄

力、有毅力，而且必须要有自主卓越的核心设计，有技术全面、责任心强的技术带头人，有技术过硬的骨干、工匠队伍，有科学、先进、严格的技术制造工艺和生产管理等各种必备的能力。否则，只能是空谈而已。

钢琴的工业制造水平，从某个角度上说，可以衡量一个国家的轻工业生产水平；而钢琴的使用和普及情况，则能够透视人们的物质文化水平和艺术修养程度。党中央、国务院早已指示、号召：要“加快建设制造强国”“必须以满足人民日益增长的美好生活需要为出发点和落脚点”。

博斯纳钢琴于1871年诞生于德国，至今已有151年的历史。烟台博斯纳一直遵循着“品质卓越、性价比高”的宗旨，坚定不移地走独立自主、创新研发的道路。公司独立自主设计、精心研发制造的大型专业演奏级GBT217三角钢琴，不仅获得了国内外众多著名钢琴家的高度赞扬与喜爱，而且继2020年荣获“中国轻工业联合会科学技术进步奖”之后，又于2022年荣获山东省“省长杯”工业设计大赛大奖，特别是荣获了“中国优秀工业设计奖”国家级大奖，实属来之不易。这是各级政府领导、技术专家及社会各界对博斯纳的高度认可与鼓励。

正如伟大领袖毛主席所说：“世上无难事，只要肯登攀。”“天地转，光阴迫，一万年太久，只争朝夕。”字字千钧、催人奋进。

2023年，烟台博斯纳钢琴制造有限公司将以党的二十大精神为指引，脚踏实地，不骛虚声，为建设中国式的现代化强国，为完成自己既定的“创建世界钢琴行业中的高端企业，制造世界钢琴领域中的高端产品”的双高目标而踔厉奋斗，拼搏前行！

数字赋能　智造未来　开启音教智慧之旅

程建铜

（中国乐器协会副理事长、罗兰数字音乐教育集团董事长）

回首2022年，教育行业面对着疫情带来的前所未有的冲击，但罗兰数字音乐教育集团全体同人同舟共济、上下一心、团结合作、扎实工作，靠创新发展新理念聚合了力量、靠厚积薄发的过硬本领擦亮了品牌，交出了一份来之不易的成绩单。

2022年，集团持续以“高质量发展”为目标，以提升课程质量为核心，加强管理和创新驱动发展，持续推进产品结构调整升级和转型升级、加快实施高质量科技人才强企战略，逆境中求生存，困境中谋发展，以多元化举措，在市场上赢得了一片新天地。

一、布局短视频营销：打造属于自己的流量洼地

毋庸置疑，短视频平台绝对是2022年最为火爆的传播渠道，也是当前流量的核心聚集地。罗兰数字音乐教育集团深刻了解到短视频和直播的形式将成为企业营销的大势所趋，所以在2022年年初便正式启动布局“短视频+直播”项目。

项目伊始，集团便牵头组织了数场相关培训会议，总部所有员工积极参与其中，不仅深入了解了短视频、直播行业的背景与现状，还学会了最前沿的短视频制作流程，这为日后正式运营集团账号打下了坚实基础。从2022年3月至今，集团运营的主账号“数字音乐老程”全网粉丝达到30余万，发布了2000余条视频，总阅读量破亿。在获得如此喜人的成绩后，集团立刻将成功的经验赋能给全国校区，扶持他们运营自己的独立子账号。经过一段时间的用心运营后，全国矩阵子账号累计阅读量近1亿。与此同时，我们的“数字音乐老程”直播间也在如火如荼开播中，众多音乐教育领域大咖、行业精英代表齐聚于此，共同探讨行业发展中的新现象、新动

向，效果极佳。

短视频项目利用多平台、多账号、多维度、多场景精准引流，创造了罗兰数字音乐教育覆盖全网的超高曝光度与话题热度，收效显著。新的一年，我们还将在这个领域继续深耕，挖掘更多可能。

二、罗兰智汇学院项目：赋能共振，协同共生

为了降低疫情带来的影响，让校区能够更好地存活下来，总部在精准分析全国校区实际运营与经营痛点后，决定开设“罗兰智汇学院”赋能平台，以线上直播的方式对校区进行全方位赋能。“罗兰智汇学院”以共享、共生、共荣为创办理念，以外聘专家讲座、内部实战交流为主要授课形式，持续为全国校区蓄力赋能，助力其在运营、教学的各个环节取得更大的进步，同时也为大家带来更多更好的解决方案，帮助大家渡过疫情难关。

总部在协助全国校区成长上不遗余力，帮助校区掌握更高效的教学技能和管理方法，为校区在当地打造品牌提供有力的支撑。

三、美育教育资源融合：战略合作，培养人才

2022年9月，罗兰数字音乐教育品牌与有着150多年历史的、世界著名的考试院——伦敦圣三一考试院正式达成战略合作。在精英教育崛起的大背景下，我们发挥各自优势与资源互补，精准把握未来社会所需的人才需求，在教学资源上实现共享，为全国罗兰校区的学员提供更专业、更国际化的考级平台，不断精进我们的教学水平，让学员更好地提升专业素养及技能，更好地助力他们升学及出国深造。所以，此次合作无论是对罗兰数字音乐教育的学员还是圣三一考试院来讲，都是意义重大的。

2022年，在疫情防控条件允许的前提下，罗兰数字音乐教育集团不遗余力地组织了多场线上线下音乐活动，为广大学员提供绽放才华的舞台，帮助他们快乐成长。“第七届罗兰音乐季”如期举行，来自全国的罗兰学员踊跃报名，在活动中展示自己的学习成果，在特殊的日子里也不退步、不懈怠，感受音乐带来的美好。此外，“冬奥线上挑战赛”“战疫情，为上海加油”“‘6・21国际乐器演奏日’庆40周年特别活动”等活动，号召大家以乐器演奏的方式，奏响快乐的旋律，享受音乐的美好。孩子们在家里、在课堂、在城市天际的五线谱中，共同演奏丰富多彩的生命乐章，驱散疫情阴霾，感受音乐让生活更美好的真谛。

四、科技创新全面发展：激发活力，不断突破

近三年，音乐教育行业迎来了新一轮发展机遇。伴随着数字化教育的普及与深入，罗兰数字音乐教育在音乐教育智能化领域持续深耕，针对疫情防控期间教育业面临的再次停摆难题，着力更新科技赋能的独特产品。罗兰数字音乐教育“VIP音乐教练”智能音乐教育云平台，线上直播授课教学，让孩子能够在家里享受更为高效的学习过程。2022年，我们不断开发升级系统，力图完美解决疫情防控期间琴行、音乐培训机构线下停课的难题，同时也希望小朋友们在家能够停课不停学，收获进步。

除此之外，2022年我们还将更多的精力放在了课程迭代和线上课程研发上，激发自身科技创新活力，把科技创新“关键变量”转化为高质量发展“最大增量”，不断提高产业发展的“含新量”，争取创造更多高科技成果，助力企业高质量发展，让更多人能够享受音乐学习的快乐。

蓝图已擘画，奋进正当时。2023年的钟声已经敲响，新的一年，罗兰数字音乐教育将根据市场导向和教育部最新政策指示，不断优化品牌的发展战略，让企业走上更规范、更精细化运营的道路，成为家长信赖的好品牌、投资人信赖的好伙伴！

以人为本　质量共振　重塑自主品牌文化价值

张绪斌

（中国乐器协会副理事长、烟台金斯波格钢琴有限公司总经理）

自1988年创立以来，一代又一代金斯波格人秉承“精诚所至、金石为开”的信念，将金斯波格打造成以质量为战略导向的高新技术企业。从“击弦机标准制定人”到“行业工匠”，将中国制造的品牌活力与韧性刻进国人心里，赢得全球消费者的尊重与信赖。金斯波格踏着时代的节拍，在35年不平凡的发展历程中，在中国乐器协会的引导及合作伙伴的共同努力下抗击疫情、恢复生产。以强化管理、技术创新、加强质量控制、品牌推广、拓展市场、调整产品结构、节能降耗等措施，应对当前整体经济低迷、复杂多变的市场环境，取得了可喜的佳绩，连续荣获“中国乐器五十强企业”、中国乐器协会成立三十周年“功勋单位”“行业工匠”“企业信用评价AAA级信用企业”“高新技术企业”“第六批山东省重点文化产业项目”“山东手造·烟台好礼”称号，2022年“烟台手造”创新创意大赛中荣获烟台手造十佳品牌奖。

公司在市场运营上，面对当前钢琴市场环境，逐步放弃低价竞争的商业思维模式，走自主品牌创新之路，重塑自主品牌文化价值。产品向中高端市场进行品牌延伸，公司从产品结构上进行了调整，优化结构，使中高端产品投入占总产量的70%以上，材料的精选，生产工艺的提升，欧洲传统技术的引进，使钢琴的声学品质有了明显的提升，金斯波格钢琴得到消费者的青睐和对品牌文化价值的认同。

通过从近两年的行业统计数据来看，目前中国乐器市场仍然是世界最活跃的市场。国内钢琴市场的竞争加剧，如何与欧美钢琴品牌同台竞技，同时面对国内规模企业品牌的竞争及原材料的涨价风潮和环保要求的压力，都是生产经营企业面临的困境。

从购买情况看，消费者对钢琴品质的要求越来越高，选择中高档钢琴或进口知名品牌的消费群体越来越多。我公司从2012年推出金斯波格KF高端精品系列钢琴，销售量逐年递增，产品逐步被市场认可。企业的发展没有依赖产量的扩容，而是加强高附加值产品投入，这为企业带来良性发展。

过去的一年对于金斯波格钢琴来说是极具挑战的一年。金斯波格高点布局、高标准要求，大力推动企业文化理念升级、企业品牌战略升级、营销模式转型、强化技术研发与创新能力建设，加大企业创新能力和重点项目建设力度，全力推动企业高质量发展。

在企业管理上，我们提出向管理要效益，开展节能降耗、清洁生产等措施，顺利完成公司新旧动能的转换；在人才培养上，我们始终秉承“以人为本”的企业文化理念，招纳高水平人员，不断加强人才的培养；在设备引进上，配备全套键盘、击弦机、音源数控加工设备，半成品生产过程采用恒温恒湿设备，有效地保证了产品的精确性和高质量的产品品质要求；在产品上创新了高端精品“克劳斯·芬纳”系列产品结构，为实现企业产品结构的转型升级，我公司将产品进行合理分级，创新推出KS、KH、KW系列产品，以K系列精品钢琴为制造目标，用先进的技术结合传统工艺，采用数控化、自动化的最新设备，结合传统的德国工艺，传承德国钢琴设计大师的设计精髓，有效提高产品制造工艺精度，保留高技能人才手工工艺技术，如手工弦槌整音、击弦机零件手工组装、坚持传统自然干燥的色木陈木选材工艺等；同时生产高档系列钢琴，满足各阶层的学习、演奏需要，丰富产品品种。

在品牌宣传方面，2022年举办了第三届金斯波格青少年钢琴线上比赛，取得优异的市场效果。同时我们积极与国内外多所知名院校合作，组织钢琴比赛、音乐会、艺术沙龙等宣传活动，拓展了乐器消费群体和潜在需求。

新的一年昭示着新的希望，挑战与机遇并存。随着国内疫情防控逐步放开，金斯波格将有序做好企业经营生产工作。让我们携起手来，积极进取，金斯波格继续秉承“质量求生存、诚信带客户”的经营理念，以更加饱满的热情、更加科学的理念、更加务实的态度，继续谱写金斯波格发展的新篇章，继续创新当代金斯波格“有色彩的音色”钢琴品牌。

匠心传承　奏响经典　智造文化创意双赢

张　敏

（中国乐器协会副理事长、江苏奇美乐器有限公司总经理）

2022年，奇美公司在中国乐器协会、市委市政府的领导和关怀下、社会各界的关心和支持下，以全新的面貌开启了高质量发展的新征程。

一、疫情防控、企业发展两不误

2022是疫情发生的第三年，也是最艰难的一年。奇美公司积极采取有效措施稳生产，把“防疫情、保市场、保生产、稳定员工收入、稳定企业效益、稳定企业发展”统筹规划同步实施，保质保量地完成了订单任务。虽然受疫情对生产和各方面的影响，但奇美公司始终把企业高质量战略发展作为企业发展的主要方向，在疫情防控的同时，依托产品创新、质量创新、管理创新等，提高了产品质量，稳定了产品在国内外市场的竞争力，也获得了多项省市级荣誉称号。

二、加快技改、科技创新和产品创新

2022年，奇美公司引进智能智造设备，增加模具产品的精确度，升级改造自动化装备，完善口风琴流水化生产线。加大技改投入，技改费用、研发费用等同比2021年增长了15%左右，获评“专精特新”泰州市科技小巨人企业荣誉称号。积极申报乐器协会组织的各科技类奖项评选活动，在刚刚举办的2022年度乐器行业科技创新与产业发展大会（线上）上，奇美公司获评“行业科技十强企业”、董事长张龙贵获评乐器行业第二届“行业工匠”、口风琴线负责人董德华获评“科技之星”等。

三、强强联合推新品

公司在保持奇美公司口琴品牌市场领先的同时，加大与科研院校（如南京师范大学音乐学院等）的合作力度，引进优秀人才和技术，推出限量版口琴、半音阶口琴、宽音域口风琴等优质中高端产品。继续保持与德国乐器企业合作，研发多款新型环保木质竖笛，深受国内外客户欢迎。2022年，奇美公司“黑霸王”系列口琴、37键电子口风琴等创新升级产品的问世，以高品质、高颜值赢得了市场和口碑。在市场率稳居前列的前提下，我们继续和上海国光口琴厂深度合作，出品“国之梦”“国之光”系列品牌口琴，联合黄金珠宝老字号品牌“老凤祥”，打造出“国色天香”、十二生肖等多款具有文化底蕴和收藏意义的联名款国光口琴。

四、线上销售多样化

2022年，公司更注重电子商务线上市场的发展，除了通过淘宝、天猫、京东、拼多多等原有平台，还联合抖音、快手等短视频平台推出了当下时兴的直播带货等销售模式，牢牢抓住已有线上客户，挖掘潜在客户，使奇美品牌传播速度更快，销售途径更广，牢牢确定奇美品牌的市场影响力和占有率，为全年市场的稳定增长保驾护航。

五、线上线下举办各类活动，推品牌、鼓士气

2022年，公司在确保国外所有外贸订单的正常生产和按时交货的同时，联合上海国光口琴厂在网络平台举办各类艺术节、专题音乐晚会等，吸引国内各大口琴、竖笛团体参加，也为战斗在一线的医生们送去鼓励和支持，振奋人心。另外在国内部分疫情防控较好的省市积极举办奇美公司竖笛、口琴、口风琴公益性培训班，既推广宣传了品牌，又为乐器进课堂师资教学提供了保证，体现了公司的社会责任和担当。继续公益事业，资助我市外地务工人员子女学生及外省市部分贫困学校、儿童，形成“一对一”“校企共助”等结对帮扶，资助学习、生活用品，给予一定物质帮扶。

2023年，我们信心满怀，奇美公司将继续以高质量发展为主线，注重线下线上市场培育，注重内外贸市场权衡，加大创新和技改的投入。进一步完善对技能人才的培养机制，推进员工技能等级培训工作，提升员工队伍的综合素质。开展人才交流合作活动，加强人才队伍建设。2023年，公司将以服务大众为核心，按照市场和客户的不同要求和需求，不断提升对消费者的服务水平，完善售后体系。新的一年，奇美公司依旧不忘初心，牢记使命，履行社会责任和担当，以“博学”为基，以“融合”为径，“超越”发展。

音乐之城　跨界融合　打造艺术教育惠民新引擎

秦　川

（中国乐器协会常务理事、琴行分会副主任、河北秦川文体乐器有限公司董事长）

刚刚过去的2022年是令人难忘的。这一年，受疫情影响，公司停业时间近百天。这一年，我们风雨兼程，克难攻坚，在荆棘中韧性向前。这一年，有失、有得，有破、有立，有收、有放，在不确定的外部大环境之中，秦川乐器交出了一份无愧初心、不畏笃行的良好答卷。

培育特色、打造品牌，实现艺术文化惠民。2022年，秦川乐器旗舰店被命名为“城市人文公共空间·秦川音乐工作室”并颁发牌匾。“城市人文公共空间·秦川音乐工作室”成为河北省实施公共空间规划以来，首批被中共石家庄市委宣传部、石家庄市文学艺术界联合会命名并挂牌的城市人文公共空间名家工作室之一。秦川乐器在市委宣传部、市文联的支持下，得以更加充分发挥作为河北省会文化名家的示范带动作用，利用公司钢琴广场、乐器总汇、施坦威钢琴河北旗舰店及霍洛维茨音乐厅的资源优势，以文化先导，教育为本，公益惠民，打造服务于大众的艺术殿堂，充分满足群众的音乐文化需求。

被纳入城市人文公共空间以来，秦川乐器开展了百余场相关音乐文化活动，如面向广大儿童的“钢琴奇遇记”“闪光的音乐之旅”“钢琴三百年”等主题艺术研学活动，面向市民大众的“声声不息”系列音乐会等。其中“声声不息”系列音乐会，每期选择不同主题，不同场所，如“向时刻致敬”复古音乐会、“花园秘境”复古音乐会、“光照万物”音乐会等，将音乐演奏搬出了音乐厅，让音乐与城市的地标建筑、文化场馆、绿地等联动起来，穿越街角，流淌在城市微处，与车水马龙的烟火气融为一体。

未来，公司还将继续策划如麦田音乐会、河畔音乐会、城市之巅音乐会等，吸引不同人群的兴趣，让音乐真正变成公众化、普及化、开放性的活动，助力繁荣省会文化氛围。

专业聚焦，细分客户需求，优化服务品质。2022年，秦川乐器旗下全新品牌“节奏斑马钢琴艺术中心”隆重亮相河北省会石家庄。节奏斑马钢琴艺术中心是北京周广仁钢琴艺术中心教学总监逢勃老师多年来指导秦川艺校钢琴教学的结晶，萃取钢琴前沿教学理论及技巧的精华，专业教学起点高，教师经严格课程教学训练，拥有着高超的教学水平。

节奏斑马钢琴艺术中心以行业内权威教育专家为顾问团队，带来优质高效的课程教学，营造出浓郁的音乐氛围。同时，依托庞大乐器平台，可定期开展大师课、讲座、音乐会、比赛、艺术交流等相关活动，为学生带来全方位的高端艺术体验。其教学用琴选用有“德国国宝”之称的博兰斯勒家族钢琴，因此这是一所全博兰斯勒钢琴学校，也是秦川乐器继“苗绘人文美术学园”之后推出的第二个服务中高端的子品牌艺术培训中心。

秦川乐器不断探索新的发展模式，在艺术培训领域尝试“普及型”与“专业型”的双轨并行。通过秦川艺校来普及艺术教育，扩大音乐人口。通过创立“苗绘人文美术学园”和“节奏斑马钢琴艺术中心”，打造子品牌矩阵，细分消费群体，构建差异化产品线，来实现精细化运营，进行行业中高端人才的潜力挖掘和专业培养，为成长赋能，为未来赋能。

心有所信，方能行远。信之弥坚，行则愈远。2023年是党的二十大胜利召开后的开局之年，是经济复苏，消费提振的关键之年。公司既面临着新的发展机遇，也面临着巨大的挑战，而不管形势如何变化，秦川乐器对未来乐器与音教市场依旧满怀信心。新的一年，秦川乐器将继续以“音乐艺术传播者　艺术生活践行者”为自我定位，顺应时代新变化，一如既往地在乐器与音教行业持续创新发力，提升秦川乐器的核心竞争力与品牌影响力，为青少年儿童提供更优质、更多元的艺术教育，为社会提供更优质的乐器产品，勇当省内文化企业排头兵，传播艺术文化，扩大音乐人口，奋力谱写文化企业稳健发展新篇章！

声动乐坛　琴韵天下　打造乐器文化交流新平台

刘为明

（中国乐器协会常务理事、琴行分会副主任兼秘书长、浙江天目琴行有限公司董事长）

2022年是天目琴行的30周年，它终于成长到了而立之年。这30年走的每一步都不容易，尤其是这几年，琴行业面对很多的困扰，但是一直坚守初衷，面对困难不退缩。尤其是在全面深入学习贯彻党的二十大和中央经济工作会议精神后，增强了我们的信心，更加坚信2023年一定会春暖花开。

一、注重乐器品牌系列活动，利用文化展示平台提高品牌影响力

2022年，天目琴行一直坚持开展系列品牌文化活动。7月份举办2022年“珠江·恺撒堡”全国乐龄钢琴大赛杭州赛区的老年大赛，公司联合浙江省老年大学、浙江省音乐家协会一起举办此次活动，尽管在疫情防控期间，老年朋友们也都积极参与，踊跃报名，一展乐龄琴友风采。2022年12月份举办了2022首届雅马哈“青春火焰”乐龄电子键盘展演等大型音乐文化活动，鼓励更多的老年琴友们参与，更好地推动老年群体的音乐文化交流与风采展示，同时提升品牌影响力。

2022年我们邀请更多的老师与学生们在公司音乐厅进行表演与展示，天目艺校的师生也经常性地举行汇演，在疫情反复的这一年里，采用化整为零的方式，小范围、少数人进行交流演出。这一年约50场的小型音乐会不断地开启，吸引了更多的周边的朋友们观看，让更多人知晓天目琴行的实力。同时让乐器表演类目多样化，不止钢琴、小提琴，还有老年人喜欢的电钢、电子琴等活动也多多策划举行，如雅马哈EKB电子琴老年沙龙活动的开启，让更多老年人成为音乐的爱好者，让老年人老有所乐，通过这一系列的活动，更好地增进老、中、青、少全方位琴友们学琴的互动交流，更增强了乐器品牌宣传。

二、拓展思路，积极寻求更广泛的交流与合作

销售是企业的重点，在保证正常的零售前提下，我们还要积极拓展外界的合作业务。公司相关部门通过政采云等网上平台，通过各种途径，尽量走出去，主动寻求合作契机。通过与杭州市各大院校、中小学、幼儿园的联系，不断迈出新步伐。2022年在几所著名的院校的钢琴、民乐、管乐器招投标项目中成功中标，标的创造了历史新高。

2022年是天目琴行成立30周年，也是我们注重网络新媒体的重要一年，目前的新媒体发展迅猛，琴行业势必也要参与到线上宣传中去，传统行业要有新的思路，新的发展理念，传统到店消费的理念与线上宣传引流能更好地结合起来。通过大量的线下活动促销方式，紧密结合网络的宣传模式，让更多的顾客了解天目琴行的企业品牌和经营的产品。天目琴行公司经过这一年的线上抖音运营，结合小红书、微信公众号、百度推广等媒体的宣传，在全网内钢琴类目搜索杭州地区排名稳居前几，百度地图全杭州乐器店搜索排名第一，抖音曝光量达百万，钢琴线上引流销售成绩显著。公司还需要继续摸索新媒体的思路，通过各种平台进行引流并促进更一步的提升。

三、开展公益事业，增强市场竞争力

天目琴行成立30年以来，始终不忘初心，开展各项公益事业，2022年，向新疆理工学院捐赠珠江艾茉森电钢琴5台，联合浙江琴行业，让学院有了专门的“浙江琴行业联盟援疆电钢琴教室”；捐赠了10架古筝，建立了“浙江天目琴行援疆古筝教室”；还捐赠了市值近3万元的架子鼓，建立了“浙江天目琴行援疆打击乐教室”。为此新疆理工学院还特意给公司颁发了证书，以表感激之情。一段援疆路，一生援疆情，希望给新疆理工学院带去微薄的帮助，以音乐之声来回馈社会。今后，天目琴行还是会秉承初心，继续在公益事业的道路上前行。2021年度，天目琴行继续被评为中国乐器行业50强，感动于中国乐器行业的支持，天目琴行会一直努力。

受当地拱墅区政府的邀请，创始人刘为明董事长被聘请为杭州市拱墅区银泰城商务社区党委统战部统战工作导师，成为浙江省首个商务社区党委统战部5名导师中的一员。

2023年，天目琴行将进一步完善对技能人才的培养机制，提升员工队伍的综合素质。以问题为导向、以项目为依托，以考核为抓手，充分发挥调律师、管乐维修、销售及后勤队伍在提质增效、攻克技术难关、培养传承梯队等领域的带头作用；同时，为所有岗位的技能人员提供职业技能及综合素质提升的通道，继续推进各项技能等级培训工作和乐器制作专项技能培训工作。2023年，天目琴行要守初心、担使命，以提升综合能力、推动音乐活动、线上线下相结合为重点，继续以创新驱动促进行业发展。

民族魂韵　匠心智造　奏响传统与现代和谐旋律

张礼东

（中国乐器协会常务理事、民族乐器分会副主任、
苏州民族乐器一厂有限公司总经理）

2022年对企业来说是挑战也是机遇，苏州民族乐器一厂知难而上，积极筹划，提前做好全年部署，基本保障了企业的平稳运行。

一、做好新品研发，建立产品研发、制作中心

由国家级非物质文化遗产技艺传承人封明君领

衔，为乐器制作师间的互相交流、技艺传授、精品制作提供平台，通过这些互动交流，带动了企业品牌影响力的不断提升。研究如何对现有产品进行提档升级，努力提升高档产品的产销比重。

2022年公司的产品研发设计制作中心设计制作的“十二花神”款二胡，荣获2022中国（苏州）第六届“苏艺杯”工艺美术大赛金奖，企业荣获了由苏州市工信局和苏州文旅局颁发的“苏工苏作品牌企业”称号。公司开展的各项工作获得了政府的认可，并得到了大力支持。创建不断提升自我创新能力和技术水平的平台，通过提升产品质量，将乐器外观审美水准和演奏需求相结合，在提升现代民族乐器技术水准的同时，复原古代民族乐器，做到传承与创新相结合，持续走在中国民乐制作前沿。

二、充分发挥营运中心作用，合理调配线上线下营销资源

除了常规的电商运营外，企业的“触网”步子也与电商平台的节令大促一致。在“6·18”“双十一”“双十二”的大促活动中，充分发挥自身的资源优势，还与天猫官方合作，推出跨界朋克风格的民乐产品。

民族乐器和一般快消品不同，它不易损坏、复购率低、单品价格高，那我们为何还要在线上平台花费巨大的精力？主要是培养大家对民族乐器的兴趣，增强民乐文化的吸引力。对于企业来说，直播带货、网店卖货，不是一定要卖出某种具体的产品，而是要将民乐的整体覆盖面和影响力打出去。

根据现代人的消费观，有文化底蕴的产品很有吸引力，我们在做的就是“文化种草”。公司团队工作中的重要一环就是深挖中国民乐的历史文化，结合厂里的特色产品，在直播间里讲述民乐相关知识和故事。我们的团队成员虽然不是民乐科班出身，但只有通过民乐知识不断普及，不断扩大民乐爱好者群体的数量，才能最终反哺销量，线上平台对表演类技艺本身就很友好，可以和消费者直接交流，直截了当地展示乐器的细节，更有利于培养忠实的民乐粉丝。

目前，企业营销团队的10多位成员都是30岁以下的年轻人，包含客服、仓储、运营、美工、主播等角色，还配有专业的二胡老师，负责专业问题的答疑以及电商团队的日常知识培训。

为了做精做深线上平台，团队的规模还将持续扩大。近日，抖音发布的《2022抖音民乐直播数据报告》显示，抖音直播覆盖民族乐器种类87种，观看人次突破61亿。这是一块远远没有饱和的市场，必须持续下功夫。

三、加强企业文化品牌建设

公司充分利用已有民族乐器博物馆资源，积极弘扬中华传统文化，传承非遗制作技艺，让更多的人了解我们的民族乐器，以非遗传承成果展示和产品陈列相结合的形式，展示苏州民族乐器制作的起源、沿革和发展演变过程，宣扬饱含苏工制作技艺的“虎丘牌”民族乐器。认真做好免费对公众开放的各项工作，在做好疫情防控的前提下，全年有序接待访客5000余人次，受到了广泛的赞誉。公司还以此为依托，与社区共建民族乐器传习基地，充分发挥企业小乐队作用，为区域内200余名中小学生举办免费的民族音乐欣赏会，介绍中国的民族乐器和优秀民族乐曲，收到了很好的效果。

四、做好技艺传承，弘扬非遗文化

苏州民族乐器制有着悠久的历史，其技艺之精湛，蜚声中外。我们要保持这一传统优势的唯一做法，就是要始终不忘做好技艺传承，不断培养乐器制作工匠，公司的口号是“用培养艺术家的方式，培养乐器制作人”，努力使他们成为未来的乐器制作工匠。

公司还充分利用现有资源，积极参与政府推进的文化工程，比如西安秦腔博物馆、扬州大运河博物馆等建设项目。

2023年公司将在产品提档升级、技术创新方面下大力气，花大功夫，在创新驱动上力争有所突破。对此我们充满信心，不懈怠、不畏惧，迎难而上，在不断调整产品结构的同时，优化人员结构，建设一支素质高、技艺精湛的员工队伍。以创新为动力，大胆走出去拓展市场，宣传企业品牌，结交新老客户，加强拓展市场力度，扩大品牌影响力，始终保持昂扬向上的奋斗精神。

世纪鹦鹉　专注卓越　中意合作手风琴新力量

罗金琦

（中国乐器协会常务理事、手风琴分会副主任、天津华韵乐器有限公司董事长）

回顾2022，这一年是企业发展的关键年，企业各部门全力做好转型升级工作，以创新驱动业务结构转型升级，精细管理加快完善配套体系建设，为打造“专精特新”做出全面调整，以最佳面貌迎接党的二十大胜利召开，同时喜迎2023“科技创新融合年”，为企业未来5年发展做出完整规划。

一、着力打造“鹦鹉”升级品牌——“世纪鹦鹉”品牌系列产品

自2022年初起，企业为提供给广大手风琴爱好者更优质的使用体验，倾力在国内各大音乐院校及工业设计院校招聘专业型人才，作为“中华老字号”品牌，为打造精品民族文化品牌成立专属研发团队，并与天津音乐学院、沈阳音乐学院等高等专业院校教授进行数次交流研讨，对手风琴键触键深度、回弹力度、音簧响应速度等细节进行优化调整；对手风琴的轻量化琴身及更小、更便捷的体积加以改善；对手风琴的外观及包装做到融合创新，打造精品手风琴；让演奏者心情愉悦，耳目一新是此品牌创立的初衷。

二、以变革应对疫情，积极推动企业转型升级

2022年，全国企业仍受到疫情冲击，导致产量降低，销售额下滑等。期间恰逢中国乐器协会及上海国际展览中心有限公司在1月18日—22日举办“云上音乐周”，公司积极参与该次活动，并得到不错的反响，也从中得到启发，后将公司原有销售模式积极转型升级，将原有以下线合作门店的销售模式转型升级为线上多维度销售，与微信、抖音、天猫、京东等各大平台深度合作，同时与多位手风琴主播联合直播，成功推动线上销售渠道，有效提升销售额近20%，为推动企业转型升级、实现高质量发展提供有力保障。

三、与意大利手风琴品牌合作新品牌——罗尼，并进行文化艺术交流

继2018年收购意大利布格里阿曼多手风琴有限公司后，2022年公司与意大利布格里品牌再度合作，打造中意合作手风琴品牌——罗尼。该品牌主打高端产品，有效弥补国产手风琴高端且平价市场的空缺。在未来两年内，有望让国人以进口产品一半的价格享受相同品质，为提升国民幸福感尽绵薄之力。此外，公司每个季度会与意大利布格里公司进行线上视频会议交流，重点讨论罗尼品牌新产品研发，突破技术壁垒，并特邀天津理工大学设计学院就产品合理化外观创新进行交流，目前已设计10余款新产品外观。

2022年11月公司观摩了由联合国教科文组织下设的第72届世界手风琴锦标赛，作为观摩企业，员工得到有效学习，为2023年举办第九届“鹦鹉杯”全国手风琴展演奠定基础。

四、促进手风琴进校园项目顺利开展，增强师资，丰富内容

继广西柳州开展手风琴进校园项目以来，已有6个校园，40余个班级，累计3000余名学生参与到该项目中，每年参加各类活动展演达百余场。2022年公司再度成功开展天津手风琴进校园项目，同时开展的3个校园，9个班级，覆盖近400名学生。在这一年的手风琴学习中，学生们已参加多次学校联欢演出、社区公益演出，让学生们在丰富课余生活的同时，享受音乐之美。2023年公司将继续开展该项目，将手风琴带入更多人的视野，促进国内乐器行业经济。

五、2023年整体规划

2023年是新冠疫情放开的第一年，公司将迎来崭新的开始。

（1）2023年为行业“科技创新融合年”。公司将不遗余力培养科技创新型专业人才，提高员工整体素质，以工匠精神为主导，将产品赋予“生命力”，将品牌品质国际化，增加产量、提高质量，多维度多平台产品宣传投放，以此达到扩大手风琴消费人口比重。

（2）2023年8月，公司将开展第九届“鹦鹉杯”全国手风琴大赛，并邀请手风琴界顶级艺术家、演奏家，预计参赛人次可达3000人。“鹦鹉杯”期间特开设名师讲座、专场演奏会、室内乐展演，优秀作品展演等项目，促进手风琴文化艺术交流的同时，提升品牌知名度。

（3）促进乐器经济内外循环中心在于自主创新技术、提高品牌中间品质量、广泛市场宣传及有效保护品牌市场，以推动品牌产品的市场占有率。公司同时入驻亚马逊、易宝跨境电商平台，加强品牌在国际市场宣传推广，有效提高品牌在境外知名度。目前，公司产品已出口到欧洲、南美洲、非洲的多个国家。2023年，公司将更上一个台阶，预计出口额可提升10%。

四季轮回寒暑过，辞旧迎新又一年。挥别2022，迎接2023“科技创新融合年”的到来。积力所举无不胜，众智所为无不成，公司将继续带领全体员工，共创手风琴行业更好的明天！

纯净韵律　匠心铸就
精彩演绎个性品质创意结合

陈莲琴

（中国乐器协会常务理事、杭州嘉德威钢琴有限公司总经理）

过去的一年里，嘉德威钢琴在研发创新方面又有新的突破，多款产品升级采用新型科技材料，音质愈发完美，品质更上一层楼。在人才建设方面，深入贯彻新时代人才工作的新理念，加强人才队伍建设，强化基层管理，定期培训提高员工业务水平能力，嘉德威钢琴品牌运营更趋完善成熟。

众所周知，嘉德威作为世界高端钢琴品牌之一，创意独到的产品设计理念使得每款钢琴都蕴含着丰富的情感以及浓厚的品牌印记。比如嘉德威钢琴拳头产品海德堡钢琴，珠光镭射铁板，最高规格的材料与技术，让海德堡钢琴璀璨夺目熠熠生辉；新款GF系列音乐之声钢琴用极简诠释最纯粹的音乐，充满艺术感的几何线条，高贵而不失典雅；未来之星钢琴将童真完美演绎在钢琴之上，每一个孩童都该拥有属于自己的嘉德威钢琴；更有世界名画系列钢琴，“日出印象”“睡莲”，以及小天使经典复刻钢琴等满满诚意的作品；以及伊丽莎白钢琴、孔雀女王钢琴、天鹅之恋钢琴、国泰郁金香钢琴等。

过去的几年，经济增速明显放缓，市场演变，机会与挑战并存，由于疫情反复，短期内市场呈现波动变化的态势。嘉德威钢琴凭借敏锐的洞察力，结合音乐教育的变革，时刻把握市场动向，精准调整营销策略，抢占市场先机，成功出圈带动产品销量。与此同时，日渐成熟的客户和消费者在需求上趋向多样化，更加追求性价比和质量。在形势的不断演变中，嘉德威钢琴精准地捕捉消费者动态和市场机会，同时也敏锐地确定自身的差异化优势，并由此制定错位竞争的战略蓝图与发展路径。嘉德威钢琴运用外部的社会资源进行业务拓展，对商业模式在时间和空间上重新思考，创新性地开展品牌合伙人的营销模式，从社交群体到私域流量再到客户群体，展开社群化营销。在消费者意识形态的变革中，嘉德威钢琴牢牢抓住机会，把握下沉市场中的机遇成功突围，从而实现逆势增长。

嘉德威钢琴公司早在多年以前就已经全新布局整个产业链，除了发挥嘉德威钢琴传统优势继续研发高端标杆产品以外，着重加强了品牌宣传与营销策略。除了传统的门户网站、百度推广等，更是增加了多个赛道的推广，如抖音、小红书、B站等年轻人关注的新媒体平台，2022年更是斥资打造淘宝直播和抖音直播间，直播新生态与钢琴音乐原生态的碰撞，为钢琴的传承与创新带来新的契机，也为钢琴教育带来新的机遇。嘉德威钢琴直播间在塑造钢琴美学的同时，更是独具一格地打造出新型的生活美学生态圈，成为标新立异的直播间，不断吸引粉丝的加入与互动。在品牌文化输出方面，嘉德威钢琴一直秉持着“用温情陪伴孩子成长”的理念。打破时空的局限，嘉德威钢琴不断推出各类线上活动，2022这一年嘉德威钢琴再次成功举办了全国网络钢琴大赛，反响热烈；同时针对疫情，将各类活动也采取了线上模式，网络绘画比赛、网络写作比赛、网络才艺大赛等活动层出不穷。在营销策略方面，嘉德威钢琴精准细分化市场格局，从而开辟出更多的市场空间，整合众多跨界资源，打破了传统模式的钢琴销售，也为钢琴市场带来了更多的可能性。

嘉德威钢琴的升维发展之道，科技创新驱动高质量的发展，面对以国内大循环为主体、国内国际双循环相互促进的新发展格局，以及消费者的多元化消费需求，嘉德威钢琴从研发设计到生产制造再到品牌营销，打通全链式升级路径。在生产研发方面，嘉德威钢琴一直高度重视产品的材料、设计、加工等环节，在制作工艺与技术上堪称一流。采用了德国原装Abel击弦槌，德国原装Roslau琴弦，搭配俄罗斯进口鱼鳞松不等厚音板，每个细微之处都经过了精致的处理，确保了音色的饱满纯美，共鸣效果的震撼以及难以超越的弹奏舒适感，这也是嘉德威钢琴得到众多音乐爱好者、钢琴大师、专家教授共同认可的原因。

嘉德威钢琴“有理想的、有人文情怀的、有温度的、有品位的、精致的、创新的”品牌精神，以及“诚实正直、求实创新”的核心价值观，使得嘉德威钢琴始终围绕用户需求为导向，针对广大的消费者群体，嘉德威钢琴一直倡导人文情怀，为消费者提供舒适美好、高品质的购琴体验。在收获成功的同时不忘初心，为消费者们提供更优质的服务。在如今数字化经济的大背景下，更是利用智能化大数据等方式分析客户需求，不断完善钢琴的技术与品质，将嘉德威的专注与温情带给每一位热爱音乐的人！

目前，嘉德威钢琴已通过ISO 9001国际质量管理体系认证以ISO 14000环境体系认证。嘉德威钢琴是《钢琴》《钢琴弦轴板》国家标准制定单位，同时也是国际音乐制品协会会员，中国乐器协会常务理事。

凭借着前瞻性与大局观，嘉德威钢琴公司在特殊时期业绩依旧保持着稳步增长，跑赢了市场，也为整个钢琴行业带来了更多信心，未来嘉德威钢琴还将继续寻找更多新的突破口。在市场上，嘉德威钢琴一直也是遥遥领先，打造的产品远销美国、德国、英国、冰岛、西班牙等60余个国家。公司围绕全球化品牌发展战略，整合上下游资源，建立了一条以钢琴为核心的产业价值链，销售网络遍布世界每一个角落。

展望2023年，嘉德威钢琴将以崭新的姿态迎接新的挑战和机遇，在新的市场环境下，嘉德威将重新审视自身状况和规划未来发展目标、寻找发展路径，推动二次发展跃升，采用精细化的方法，更新工具，努力突破瓶颈期，迎接下一个增长期。掌握核心竞争力，建立战略思维、业务思维和用户思维三位一体的品牌战略发展观，打造全新变革下的嘉德威钢琴品牌形象，以领先技术、完美质量和优质服务，不断满足广大消费者对美好音乐的向往。

创新驱动　品质为基
引领个性化钢琴定制潮流

郑明统

［中国乐器协会常务理事、门德尔松钢琴（上海）有限公司董事长］

2022年是不平凡的一年，在新冠疫情、美元加息和俄乌冲突等因素影响下，内部需求收缩、供给冲击、预期转弱，国内外乐器制造和销售行业经历了重重危机。面对艰难时刻，门德尔松钢琴（上海）有限公司以不抛弃、不放弃的精神，在中国乐器协会等部门的关心和指导下，众志成城、上下一心，积极谋求革新，全力寻求突破，跨越坎坷，赋予“乱云飞渡仍从容”的回旋韧性，为企业发展新征程积势蓄力。

一、积极夯实内功，广泛开展技术革新，满足多层次消费需求

2022年，面对新冠疫情带来的巨大冲击，门德尔松钢琴中德两国管理和技术团队及时调整企业战略部署，利用生产淡季广泛开展技术革新、研发新品、强化提升品质，锤炼一线生产技工作业技能，以夯实内功抗击大环境的冲击，以精益求精的品质和更多新颖美观的型号，满足消费者的不同需求。

公司立足一线消费者的需求，根据不同家庭装修风格、艺术环境、应用情景推出个性化钢琴定制服务，受到消费者的广泛欢迎和好评，2022年共售出定制个性化钢琴数百台。

中德两国艺术设计师联袂创作了190艺术钢琴《清明上河图》，设计精巧、立意独特，琴身选取《清明上河图》画面，展现了中国12世纪北宋都城汴京（今河南开封）的城市面貌和当时社会各阶层人民的生活状况。该琴打破传统思维，将中国古代高超的绘画艺术、传统的民间雕塑工艺和西方精湛的制琴技术大胆融合，中西合璧、音画相融，让多重艺术元素交相辉映、激烈碰撞，造就了其强烈的艺术感染力和独特的视听效果。

门德尔松钢琴一向致力于产品质量的优化，并积极承担社会责任，2022年公司组织技术人员加大纯实木钢琴的研发，推出10余款新品，在减少油漆、胶水等现代化工物质对人体危害的同时，还原自然木材原本颜色，展示朴素、雅致、清新、精巧的自然之美，为消费者打造绿色环保理想生活，满足消费者对环保的高品质要求。

二、积极谋求跨界合作，资源整合，智慧赋能

3年来，行业面对疫情的巨大冲击及大环境下的艰难举步，门德尔松钢琴因势而为，积极寻求新突破、谋求新发展、锐意破局，在行业内率先提出了跨界资源整合，彼此抱团取暖，化解危机、共渡难关。2022年，公司打破行业界限，携手南京依维柯、上汽大通、湖北新楚风等汽车底盘开发合作，利用各自的技术力量、客户资源、资金保障、推广渠道等优势，形成跨界战略联盟，开发出创意房车钢琴，这一创新不但让音乐人士和钢琴爱好者能在旅途中享受独特的演奏体验和乐趣，还能带着钢琴随时随地举行露营音乐会，开启以旅游为基础、以钢琴为元素、以露营为载体，不同场景、不同风格全新的户外生活体验，探索开创文旅“消费场景扩容”新模式，门德尔松钢琴为诗和远方插上翅膀，成为梦想的陪伴者。

三、持续传播钢琴文化，助力美育教育推进

门德尔松钢琴一直视传播钢琴文化、推进美育为己任，并持续践行。2022年7月第十届门德尔松国际钢琴大赛亚太总决赛，在美丽的海滨城市青岛圆满落幕。门德尔松国际钢琴大赛亚太总决赛是由

青岛文联和门德尔松钢琴公司联合主办的全球性钢琴大赛，已连续成功举办10届。作为国内高规格的专业钢琴赛事，本届大赛由中央音乐学院原钢琴系主任、博士生导师吴迎教授担任评委主席，特邀国内各大音乐学院钢琴专家、学者组成高规格的评审团，吸引了来自中国内地、中国香港、中国澳门、新加坡、韩国、俄罗斯等38个赛区的近千名选手参赛。门德尔松钢琴大赛也是线上线下同步比赛的钢琴赛事，确保了疫情防控期间大赛的安全性。通过10届的门德尔松钢琴大赛的举行，挖掘和发现了王艺蓉、廖偲婕、王皓仟、孙浩伦、褚晨熙等一大批优秀的钢琴新星，为推进国家美育教育和传播钢琴文化做出了积极的贡献。

四、携手经销商团队采取多形式、多举措共同打造品牌新高地

门德尔松钢琴始终以“门德尔松、伴您成功”为宗旨，在进入中国大陆20多年来始终与各地经销商携手前行、共筑辉煌、共享成功。2022年，面对疫情的严峻形势，公司采用多形式、多举措、多渠道为各地经销商排忧解难，携手共渡难关。公司先后举行15场线上产品技术和销售培训、6场线下优秀经销商现场观摩参观活动，让经销商们分享特殊时期的成功经验，集思广益。同时，公司积极做好微信公众号、抖音、视频号、小红书等新媒体的建设，分享各类视频、文章千余篇，及时有效地传递了公司产品信息、新闻资讯、发展动态，不断与时俱进，创新品牌传播。

五、展望2023：以科技推动复苏，以创新谋求发展

3年疫情防控期间，门德尔松钢琴不惧风雨，砥砺前行，走过了一段非凡的历程。2023新年伊始，伴随着疫情防控进入新阶段，经济社会的秩序有望不断恢复。公司将以行业“科技创新融合年”为契机，不断优化内部管理，进一步推进公司内部技术革新，通过引进德国等欧洲钢琴制造发达国家专业技术专家进行技术交流指导，并委派公司技术人员赴德国钢琴学校进一步深造学习来提升公司产品竞争的硬实力。同时，公司继续以创新谋求新发展，在优化“房车钢琴”项目的同时，继续探索跨界合作新途径，以“新”思路催发展、以“新”思维反哺推动乐器行业革新。2023年，公司将举办第十一届门德尔松国际钢琴大赛亚太总决赛，继续为钢琴选手提供一个权威、公平、公正的展示平台，发掘钢琴人才、促进更多优秀选手涌现。经过3年的蓄势赋能，2023年，门德尔松钢琴在稳中求进的同时将继续以卓越的产品和优质的服务回馈长期关爱的新老客户，以全新的品牌形象开启新的辉煌征程。

指间旋律　网络共鸣　塑造音乐教育新蓝图

姜　伟

（中国乐器协会理事、吉他分会副主任、北京琴国乐器有限公司CEO）

2022年，吉他中国网站遭遇了意外中断，经过紧张维护，专业升级，国际域名更新，空间搬迁，经过1个月的调整，老用户重回家园，使得吉他中国网站22年的传奇再续。吉他中国，归来依然是中国乐手的精神家园，依然有众多吉他爱好者活跃在吉他中国论坛，谈琴交友，共同缔造吉他家园。

2022年吉他中国云上奉献了第10届全国木吉他大赛，参加者300余人，高手云集，效果非凡，成为疫情当下吉他爱好者的一大盛事。大赛涌现出来的冠军也是相当惊艳。这次大赛也成为2022云上吉他活动典范之一。

2022吉他中国重头戏就是与腾讯的视频号官方

建立合作，推出了一系列原创视频与直播活动，累计直播42场，有超过123万人体验了吉他直播的魅力。直播内容主要包括：致敬罗大佑专场、指弹吉他专场、电吉他专场、星舞台专场，云集了近百位吉他艺人、嘉宾、乐手，奉献了正能量的直播精彩内容，除了演奏，还有教学、访谈，为疫情当下的“宅”生活打开了一扇新窗户！该活动得到了视频号大力支持，影响广泛。

2022吉他中国发布了近百位乐手歌手制作的致敬歌曲《明天会更好》，播放量突破24万；原创歌曲《相信未来》的播放量也突破了12万。2022年，吉他中国还推出了首个专题云比赛——“李延亮此时此刻吉他翻弹大赛”，再次呈现许巍专辑《此时此刻》中完美的亮式吉他SOLO，以此推动吉他文化的发展，并得到了BOSS/ROLAND，PRS/雅登乐器，弘力乐器/BLACKSMITH各单位与品牌的鼎力支持，乐手们踊跃参赛，尤其是参赛的吉他少年表现相当抢眼，得到李延亮的点赞，李延亮还为每个获奖选手亲笔书写了祝福，颁发了证书。

2022年，魔菇音乐依然坚持举办了多次全国师资培训大会，虽然都是云上，但保证了魔菇整体师资水平的提高，也为音乐教育培训机构增加活力。2022发布了魔菇音乐主题曲——《少年未来》，这首主题歌倾注了对所有魔菇学员和爱音乐的孩子的祝福与期望，也希望他们快乐茁壮地成长。2022年组织魔菇全国分部近300学员参加了中国乐器协会主办的“6・21国际乐器演奏日”活动，2022年也是该活动创办40周年，非常有纪念意义，为社会活动添砖加瓦。

2022下半年，吉他中国开展了年度魔菇音乐夏令营盛会及吉他中国未来之星大赛。虽然由于疫情改为了线上活动，但依旧保持魔菇夏令营传统，开心、专业、竞技、成长，以及拿到手软的奖品。在年底的魔菇年度表彰大会，魔菇2022年度的优秀分部、优秀分部负责人、老师以及学员也受到了表彰，成为业内知名的颁奖盛典。

截至目前，魔菇音乐教育联盟全国分部已超370余家，北到黑龙江漠河，西到新疆喀纳斯，南到海南三亚，整个沿海地区更是“魔菇密布”，以北京为中心，辐射到全国各地大小360多个城市。

2023年将是一个新的开始，吉他中国将继续致力于吉他文化的推广与发展，力求举办更多吉他活动！魔菇音乐将继续坚持笃行致远的方针，加大投入，修炼内功，打铁还需自身硬，一步一个脚印地做好艺术教育事业！

虽然疫情已经过去，未来仍然充满挑战，我们要做洪流中会冲浪的人，在时代的洪流中寻找到坚定的驾驭方向，以魔菇为船，以魔菇精神为桨，韬光养晦，砥砺前行！

跨越挑战　激情共享　携手音乐家共创美妙乐章

李炯国

［中国乐器协会理事、赛乐尔三益乐器（上海）有限公司董事长］

回首过去的一年，国内外疫情形势严峻大批原材料上涨、运输上的不畅，给乐器制造业带来了巨大压力和前所未有的考验。而赛乐尔三益乐器的生产、销售、音乐文化宣传和推广等相关活动，也将面临一定程度的挑战和阻碍。

但不惧风险、迎难而上是乐器匠人的品质，穷且益坚、精益求精是乐器匠人的灵魂。2022年，在这一特殊时期，为应对新冠疫情所带来的持续变化和影响，赛乐尔三益乐器与各大音乐院校名师、青年钢琴家以及签约艺术家们一起，积极搭建线上音乐学习平台，于6月—9月在“赛乐尔三益乐器”官方视频号平台上举办了近20期“云上艺术”系列直播活动（如：名师微课堂、签约艺术家专场讲座或线上音乐会等）；自媒体平台（微信公众号、小红书、视频号以及抖音）推出“买钢琴·享好礼”等相关促销活动；在全国各地举办了多场不同类型、主题的烛光音乐会；德国SEILER赞助了维尔茨堡音乐学院年轻艺术家；一家又一家的琴行新店开业等。

同时，在这一年里，赛乐尔三益乐器还自主研发了多款新品钢琴：赛乐尔自动演奏钢琴ED-186ZF；赛乐尔新一代电钢VP-7；赛乐尔122Console；赛乐尔V1；赛乐尔M122；赛乐尔116Primus；赛乐尔120/122/126TRADITIO；普拉姆伯格PV122ME；伯恩斯坦GBS120D/122D等；赛乐尔、三益、普拉姆伯格等在即将到来的新一年里，也将推出全新型号限量上市。

2023年，赛乐尔三益乐器不仅会迎来第五届“言子杯”赛乐尔·三益青少年钢琴大赛、三益（SAMICK）钢琴成立65周年、第10季赛乐尔·三益之音巡回音乐会及大师班、经销商印尼之行等，还将继续邀请各大音乐院校名师以及签约艺术家们以线上线下相结合的方式，举办更多场次的音乐活动，为音乐爱好者打造出更全面、更优质的音乐学习交流平台，同时也将更好地向全国乃至全世界发展、推广音乐文化事业以及培育一批又一批的音乐人才而不断砥砺前行，去争取更多的进步与动力。

洞察挑战　品牌坚守　探索钢琴制造产业新领域

方　扬

（中国乐器协会理事、广州欧米勒钢琴有限公司总经理）

在2022年的年底，我们迎来了防疫政策的优化，也从最新的人民币汇率中看到了好的反弹迹象，市场对中国经济复苏前景的预期有明显的改善，相信能在短期甚至中期迎来一波经济复苏和反弹；同时另一方面，在大环境下，从金融周期等更高角度看，全球经济下滑还有各种更重要的因素和不确定性存在。因此，作为一个在行业屹立了170年的品牌，我们并不仅针对疫情制定策略，而是需要站在一个更高、看得更长远的位置制定策略。

10年前，我曾在经销商会上做过一个《展望中国钢琴行业未来》的预测，谈及中国钢琴行业的拐点和未来钢琴行业的走向等问题，如今已经基本成为现实。在当时，中国钢琴行业保持了10年高速增长，中国乐器工业销售量在2012年首次超过美国，成为乐器主要产品、产量及营业额世界第一的国家。但当时我也提到，纵观世界钢琴300多年来的发展进程，每当钢琴产业中心出现历史性转移，都会伴有行业的洗牌与深度转型。而2013年国际市场不景气，已经给我们的钢琴行业提了个醒，尽管庞大的国内市场依然可以保证整个行业平稳发展，但是从世界钢琴产业发展的历史来看，中国的钢琴行业进行产业调整是必然的事情。此外，乐器协会时任领导谈到未来的钢琴市场的发展时，也谈到“钢琴产业呈现出两端延伸的趋势。没有自主品牌，仅依赖钢琴产业上游进行零配件组装的钢琴企业，将成为行业并购和洗牌最先波及的对象”的观点。归根到底，如果品牌不过硬，是很难在市场立足的。因此公司始终坚持品牌的可持续发展、创新与结构的完善。

而近几年疫情防控期间，各文化产业肉眼可见的受到影响和波及。在2022年，尤其可以看到行业中大量没有自主品牌的企业受到强烈冲击。这其实也是发展的必然趋势，这种调整与洗牌在这几年被疫情催化。许多厂家与琴行先后难以支撑，在这个过程中，品牌优势也进一步的凸显。首先，从数据上可以看到，在疫情带来的整体低迷的环境下，尤其我们的高端进口琴的销售量不降反升。同时从渠道来看，在过去一年，我们许多地区的专卖店、代理商都很好地利用了这个时机进行琴行的并购与扩张。另外公司在青岛的研发中心也在这一年顺利封顶。疫情的氛围下，也给了公司合适充足的时机来进行内部的装修与各种设施的添置与完善。同时，公司也利用这段时间，对旗下河北的工厂进行进一步的规划。在现有生产方面，进一步完善与优化生产的各个环节，同时也开始着手于全新的产能扩充项目。

我们始终相信，品牌、质量与持续不断的创新是一个企业持久生存的关键因素。包括在文化推广方面亦是如此。在这面对疫情冲击的一年里，公司所主办的隆尼施国际钢琴大赛在选拔赛阶段，各赛区线下参与人数甚至创造了历来的最高纪录。虽然决赛最终在线上举办，但也让我们充分地看到长久以来坚持的品牌、质量与创新战略的力量。

全新一年已经开启，这也是博兰斯勒屹立于钢琴制造行业的第170个春秋，博兰斯勒已经准备好面对更大的机遇与挑战！

至臻工艺　奏响希望　成就音乐未来之星

位　炜

（施坦威钢琴亚太有限公司总裁）

一、持续推出限量版钢琴，展示品牌百年传承及科技创新

施坦威钢琴推出“大师”系列8X8限量版钢琴，用镶以手工饰面的8架三角钢琴和8架立式钢琴来礼颂自然之美，致敬世上最珍稀的木材，生动地展示每种木材独一无二的品质与特点。

施坦威“大师”系列钢琴甄选8种全球最珍稀的木材：美洲胡桃木、大洋洲桉树、麦哥丽、欧洲枫木、望加锡黑檀木、欧洲橡木、地中海橄榄木、桑托斯红木。施坦威“大师”系列8X8限量版三角钢琴（B型号）均搭载独步全球的SPIRIO｜r新悦高解析度自动演奏及录音系统，能够精确捕捉现场演奏的每一个细节，并进行高解析度回放。SPIRIO｜r系统为您打开在家中演奏音乐的全新体验——无论是录制现场演奏或后期编辑，抑或是远程分享您的音乐，还是精细入微地高质量回放音乐，可谓无所不能。

每架“大师”系列8X8限量版钢琴都配有由德国汉堡设计师JanZander手工制作的精致钢笔，其抛光木制笔帽和笔管与钢琴饰面相得益彰。笔夹的精心设计致敬施坦威在1880年获得的一次弯曲成型琴壳专利，目前这项专利仍用于塑造三角钢琴的琴壳。

施坦威“大师”系列8X8限量版钢琴堪称艺术精品，每一处细节都精雕细琢，是对制琴师的满腔热忱与精湛技艺的礼敬——他们用深厚的知识与经验积淀，打造出无与伦比的演奏体验。

二、积极参与进博会，提高品牌影响力

施坦威钢琴第5次受邀荣耀亮相进博会，希望通过参展进博会，展示其百年工艺和至臻品质，扩大施坦威钢琴在中国的影响力。

三、继续举办钢琴比赛，关注中国钢琴音乐教育

2022年第十届施坦威全国青少年钢琴比赛圆满落幕，共有来自13个赛区，超过42000名选手报名参加了比赛，是历届参赛人数最多的一次。

施坦威国际青少年钢琴比赛始于1936年，是为了纪念第一架施坦威钢琴诞生100周年，在它的故乡德国为7～17岁青少年举办，至今已是第85届，是迄今为止历史最悠久、规模最大的国际青少年钢琴比赛之一，早已成为国际音乐界的盛事。2002年，施坦威国际青少年钢琴比赛来到中国，并每两年举办一届，受到了无数钢琴学习者和音乐爱好者的广泛关注和认可。

第十届施坦威全国青少年钢琴比赛的圆满落幕，再次彰显了施坦威钢琴不仅致力于制造世界上最好的钢琴，同时也以钢琴为载体，不遗余力地推动音乐教育和音乐文化的发展。举办施坦威青少年钢琴比赛正是为了搭建起跨越国界的音乐艺术平台，让拥有音乐才华和艺术梦想的未来之星在施坦威钢琴的黑白键上奏响自己的音乐梦想。

乐器展览

2022中国（上海）国际乐器展览会·南京的通知

尊敬的参展商、采购商、观众及合作单位：

感谢您对中国（上海）国际乐器展览会（以下简称Music CHINA）的关注与支持！我们一直密切关注新型冠状病毒肺炎疫情的防控形势，经多轮审慎评估及反复研商后，由中国乐器协会、上海国展展览中心有限公司、法兰克福展览（香港）有限公司主办的2022中国（上海）国际乐器展览会（Music CHINA 2022），将于2022年11月17日—20日移师南京国际博览中心举办。

江苏作为文化教育大省，南京作为历史古都，地处长三角城市群核心，具有独特的区位与文化优势。Music CHINA 2022移师南京，将为行业期待已久的重聚注入更多新力量、新机遇。

对于展会延期给您带来的诸多不便，我们深表歉意！真诚地感谢各展商、观众及合作伙伴的理解与支持！组委会将结合当地的资源优势、展商观众的需求，从销售服务、观众组织、活动配套、宣传推广等方面，积极筹划并高效对接各项工作有序展开：为展商提供更多一站式、个性化的参展方案选择；结合江苏特色进一步挖掘乐器潜在教育消费市场；线上线下双平台联动，为海内外采购商和参展商提供线上线下结合的商贸对接服务；20周年系列活动汇集全行业智慧，多维度为行业赋能破局，进一步激活潜在音乐人口。Music CHINA将始终如初，为全球乐器企业提供全方位的优质服务，促进乐器行业全产业链的融合发展。更多展会信息，我们将第一时间通过公众号“上海国际乐器展”及其他官方平台进行发布，敬请留意更新。

双十华诞，不忘初心，金秋时节，Music CHINA邀您共赴金陵，谱写全新乐章！

中国（上海）国际乐器展览会组委会

2022年8月18日

关于2022中国（上海）国际乐器展览会延期举办的通知

尊敬的参展商、采购商、观众及合作单位：

鉴于近期展会举办地及全国各地疫情反复，呈多点频发局面，形势严峻。为积极响应政府关于当前疫情防控工作的要求，降低疫情传播风险，保障展览会所有参与者的健康和安全，在充分听取各方意见后，主办方经慎重考虑并与多方沟通协调，决定将原定于2022年11月17日—20日在南京国际博览中心举办的第二十届“2022中国（上海）国际乐器展览会·南京”延期举办。主办方对由此给各参展商、合作单位和嘉宾、观众带来的诸多不便深表歉意！我们将积极协助参展企业及已经预约注册的观众，安排好后续相关工作。中国（上海）国际乐器展览会作为最具影响力的行业展示交流平台之一，一直紧密贴近企业与市场内在需求，在国内外商贸、产业链融合、科技创新、行业交流等方面，发挥着重要作用。主办方将与所有乐器行业同人风雨同舟，在竭诚做好展会延期各项工作的同时，积极完善线上展览平台的各项功能，为所有参展商及观众提供服务。我们坚信在各方的共同努力和支持下，中国（上海）国际乐器展览会一定能在行业商贸活动、音乐教育普及、文化交流演艺等领域持续提供更优质完善的服务，为所有音乐爱好者打造更精彩的年度音乐盛会！

中国（上海）国际乐器展览会组委会

二〇二二年十一月三日

2022美国NAMM展在美国洛杉矶阿纳海姆举办

2022年6月3日—5日，2022美国NAMM展在美国洛杉矶阿纳海姆举办。此届展会为期3天，业界领导、专家、艺术家齐聚一堂，据主办方发布数据显示，此届展会共1000多家展商参展，规模较小但国际化程度高，参与展示品牌3500个，参会注册观众46627人次，来自世界111个国家和地区。

NAMM总裁兼首席执行官拉蒙德表示，2020年和2021年NAMM线下展暂停举办，两年来，行业已经受住不确定性风险的考验。2022 NAMM展成为展示最新产品和技术服务的行业交流平台，帮助NAMM会员在此发布和展示乐器新品，同时新老朋友切磋交流，寻求机遇共话发展。

美国国际音乐制品协会围绕音乐教育、技术创新、奖项评选等策划了多项展会活动。会前召开的“乐器零售创新峰会与零售财务论坛”上，专家、顾问围绕乐器销售进行两个半天密集式培训分享，着重探讨乐器供应链现状及外贸交货延迟破解之道。展会期间，NAMM举行了200多场教育培训课程，主要围绕公司领导力锻造、营销战略和品牌推广等热点问题进行分享交流。美国音响工程学会在展会期间举办60多场技术交流讲座，重点展示智能乐器交互、区块链和云技术等体现时代特征的新技术。

2022年度美国NAMM展期间还举办美国年度百强经销商评选等行业活动，树立美国业界标杆以此提振行业发展信心。NAMM新任主席曼奇表示，凝聚行业的力量最强大。NAMM很高兴搭建行业平台，邀请音乐制品业界同行相聚南加州，大家时隔两年再聚，在展会上享受久违的乐器新品体验和技术创新。每个展厅的每场会议甚至每次交谈都会碰撞思想、启迪思路。参展展商表示，虽然网上交流可以冲破疫情阻隔，但音乐制品行业建立在人与人交流的基石之上。因此，与制造商、分销商等业界同行面对面交流联络非常重要，从这个意义上说，NAMM展既是促进行业交流的“黏合剂”，又是观察行业发展的“万花筒”。

受新冠疫情影响，部分来自中国的参展企业通过线上参会。美国NAMM展会现场开辟“江苏品牌产品丝路行”泰兴乐器小镇特色展位，来自泰州地区的凤灵乐器、鑫源乐器、宝韵乐器、高斯佳乐器箱包、华歌乐器、琴海乐器、菲诺乐器7家企业参与远程产品展示，产品涵盖提琴、吉他、管乐等品类，泰州地区品牌乐器生产企业通过“NAMM+”线上平台和ZOOM会议软件与60家国际乐器采购商开展了线上洽谈。

德国法兰克福国际乐器展不再举办

2022年，受疫情因素影响，世界主要乐器展览会主办方立足本国国情实际，采取不同举办应对举措。德国法兰克福展览公司网站发布声明称，原定于2022年4月举办的德国法兰克福国际乐器展不再举办。

品牌建设

乐器产品品牌建设情况

乐器产品获评中国驰名商标、老字号品牌、国家文化出口重点企业（项目），国家文化产业示范基地（示范园区）、单项冠军示范企业、高新技术企业、创新型中小企业、技术创新示范企业、隐形冠军企业、“专精特新”中小企业、专精特新“小巨人”企业、企业技术中心名录。

中国驰名商标

品牌（商标）名称	商标注册人	认定商品或服务项目
星海XINGHAI及图形	北京星海钢琴集团有限公司	钢琴
珠江	广州珠江钢琴集团股份有限公司	钢琴
HAILUN及图形	海伦钢琴股份有限公司	钢琴
嘉德威	杭州嘉德威钢琴有限公司	钢琴
乐海The Ocean of Music及图形	河北乐海乐器有限责任公司	扬琴、琵琶
奇美	江苏奇美乐器有限公司	竖笛、口风琴、口琴
天鹅及图形	江苏天鹅乐器有限公司	口琴、口风琴
金杯及图形	江阴市金杯安琪乐器有限公司	手风琴、簧（管）乐器等
Orient	宁波森隆乐器股份有限公司	钢琴部件
卡西欧CASIO	日商・樫尾计算机株式会社	计算器、手表、电子音乐仪器等
Taishan	山东泰山管乐器有限公司	管乐器
凤灵fitness及图形	泰兴凤灵乐器有限公司	小提琴、中提琴等
津宝及图形	天津津宝乐器有限公司	爵士鼓、军鼓、萨克斯
鹦鹉YINGWU及图形	天津鹦鹉乐器有限公司	手风琴、提琴
芳鸥及图形	武汉市海平乐器制造有限公司	铜锣等
爱迪Aidi及图形	香河天音乐器有限公司	西乐器
YAMAHA及图形	雅马哈株式会社	钢琴
润韵	扬州天韵琴筝有限公司	筝、乐器、弦乐器、七弦琴、弹拨乐器、木琴、电子乐器、乐器键盘、乐器弦轴、乐器盒
吟飞Ringway	吟飞科技（江苏）有限公司	乐器

老字号品牌

分类		注册商标	企业名称
中华老字号		星海	北京星海钢琴集团有限公司
		老天华	福州台江老天华乐器行
		敦煌	上海民族乐器一厂有限公司
		STRAUSS	上海施特劳斯钢琴有限公司
		鹦鹉	天津鹦鹉乐器有限公司
地方老字号	北京市	星海钢琴	北京星海钢琴集团有限公司
	天津市	鹦鹉乐器	天津鹦鹉乐器有限公司
	广东省	珠江	广州珠江钢琴股份有限公司
		张长合	汕头市龙湖区张长合乐器店
	湖北省	高洪太	武汉高洪太铜响乐器有限公司
	福建省	老天华	福州台江老天华乐器行

国家文化出口重点企业（项目）

省市	企业名称
天津市	天津市津宝乐器有限公司
河北省	霸州贝司克斯乐器有限公司
	河北金音乐器集团有限公司
	武强嘉华乐器有限公司
黑龙江省	牡丹江和音乐器有限公司
江苏省	江苏凤灵乐器文化产业有限公司
	江苏天鹅乐器有限公司
	乐工坊文化产业（江苏）有限公司
	泰兴市琴海乐器有限公司
	泰兴斯坦特乐器有限公司
	吟飞科技（江苏）有限公司
浙江省	海伦钢琴股份有限公司
	音王电声股份有限公司
湖北省	武汉艾立卡电子有限公司
	宜昌金宝乐器制造有限公司
广东省	广州珠江钢琴集团股份有限公司

国家文化产业示范基地（示范园区）

省市	企业名称
北京市	北京钧天坊古琴文化艺术传播有限公司
天津市	天津市津宝乐器有限公司
河北省	河北金音乐器集团有限公司
	河北乐海乐器有限责任公司
吉林省	中筝文化集团长春光明艺术学校
江苏省	江苏大风乐器有限公司
	江苏泰兴凤灵乐器有限公司
浙江省	宁波海伦乐器制品有限公司
福建省	龙人古琴文化投资（长泰）有限公司
湖北省	宜昌金宝乐器制造有限公司

单项冠军示范企业

省市	企业名称
天津市	天津市津宝乐器有限公司
广东省	广州珠江钢琴集团股份有限公司

高新技术企业

省市	企业名称
北京市	北京华彩龙韵钢琴有限公司
	北京华东乐器有限公司
	北京星海钢琴集团有限公司
	北京珠江钢琴制造有限公司
天津市	比扬（天津）乐器制造股份有限公司
	天津翰轩乐器配件有限公司
	天津华一乐器有限公司
	天津市佰笛乐器有限公司
	天津市顶酷乐器有限公司
	天津市津宝乐器有限公司
	天津市玮苓乐器有限公司
	天津优尼柯乐器有限公司
河北省	河北华声乐器制造有限公司
	河北金音乐器集团有限公司
	河北隆尼施钢琴有限公司

续表

省市	企业名称
河北省	衡水金声乐器有限公司
	廊坊九洲乐器有限公司
	廊坊市华瑞同声文体用品有限公司
	廊坊市斯尔曼乐器有限公司
	乐海乐器有限公司
	深州市笛光乐器有限责任公司
河北省	深州市腾飞乐器有限公司
	武强嘉华乐器有限公司
	武强县海艺乐器有限公司
	香河天音乐器有限公司
	正欧乐器有限公司
	涿州东奇天华乐器科技有限公司
	涿州市赵家笙乐器科技有限公司
山西省	山西汇通鸿泰电子科技有限公司
辽宁省	阿托拉斯乐器制造（大连）有限公司
	大连圣约乐器有限公司
	可尔特乐器（大连）有限公司
黑龙江省	黑龙江省典匠乐器配件制造有限公司
	黑龙江省联宇乐器有限公司
	黑龙江伊瑷斯霹电子音响有限公司
	牡丹江和音乐器有限公司
上海市	艾美克斯（上海）乐器有限公司
	得理电子（上海）有限公司
	上海博尊钢琴有限公司
	上海东音乐器有限公司
	上海华新乐器有限公司
江苏省	常熟市先锋乐器有限公司
	江苏东方乐器有限公司
	江苏容顺祥乐器有限公司
	江苏天鹅乐器有限公司
	江阴嘉德瑞乐器有限公司
	乐工坊文化产业（江苏）有限公司
	泰兴市美音乐器有限公司
	泰兴市琴海乐器有限公司
	无锡斯坦梅尔钢琴有限公司

续表

省市	企业名称
浙江省	海伦钢琴股份有限公司
	杭州爱尔科乐器有限公司
	杭州声贝音响有限公司
	嘉华乐器（嘉善）有限公司
	宁波爱音美电声科技有限公司
浙江省	宁波鲸鳞甲电子科技有限公司
	宁波四海琴业有限公司
	森鹤乐器股份有限公司
	台州市均华乐器股份有限公司
	音王电声股份有限公司
	浙江广承实业有限公司
	浙江卡罗德钢琴制造有限公司
	浙江乐韵钢琴有限公司
安徽省	安徽哈瓦娜斯乐器制造有限公司
	淮南市乐森黑马乐器有限公司
福建省	福建桓韵乐器有限公司
	福建亚东钢琴有限公司
	泉州摩音乐器有限公司
	钰丰乐器（福建）有限公司
	漳州汉旗乐器有限公司
	漳州市昱恒乐器有限公司
江西省	江西美丽达乐器有限公司
	鹰潭吉声乐器有限公司
山东省	济南鼓韵打击乐器有限公司
	龙口金鸣乐器有限公司
	青岛北方原野乐器有限公司
	青岛吉燕乐器包装有限公司
	青岛美嘉乐器有限公司
	青岛美乐克乐器有限公司
	烟台金斯波格钢琴有限责任公司
	枣庄奥森乐器有限公司
河南省	河南昊韵乐器有限公司

续表

省市	企业名称
湖北省	湖北华都钢琴制造股份有限公司
	湖北云羽乐器有限公司
	武汉艾立卡电子有限公司
	武汉市海平乐器制造有限公司
	宜昌金宝乐器制造有限公司
	云羽钢琴制造（武汉）有限公司
湖南省	湖南卡罗德音乐集团有限公司
	湖南瑞声乐器制造有限公司
	湖南省泰源乐器有限公司
	湖南省永州市永晟乐器制造有限公司
	怀化市新谱乐器有限公司
广东省	得理乐器（珠海）有限公司
	德尚音乐（广东）股份有限公司
	东莞市美派电子科技有限公司
	佛山市南海四海泰兴实业有限公司
	佛山市南海音源乐器板材制造有限公司
	佛山市盈展乐器有限公司
	广东声凯乐器有限公司
	广东泰玛乐器科技有限公司
	广州阿塔米得拉乐器有限公司
	广州欧米勒钢琴有限公司
	广州市罗曼士乐器制造有限公司
	广州市桐馨乐器制造有限公司
	广州市威柏乐器制造有限公司
	广州珠江艾茉森数码乐器股份有限公司
	广州珠江恺撒堡钢琴有限公司
	鹤山市挚雅乐器有限公司
	惠州尚亿乐器科技有限公司
	惠州声柏乐器有限公司
	惠州市柏斯特乐器有限公司
	惠州市壁虎文化传播有限公司
	惠州市晨升乐器有限公司
	惠州市恩雅乐器有限公司
	惠州市格尔斯乐器有限公司

续表

省市	企业名称
广东省	惠州市宏声乐器有限公司
	惠州市铃丰乐器有限公司
	惠州市明丰乐器有限公司
	惠州市铭仕电子制品有限公司
	惠州市乔辉乐器有限公司
	惠州市萨伽乐器有限公司
	惠州市赛雅乐器有限公司
	惠州市汤姆乐器有限公司
	惠州市缘丰乐器有限公司
	揭西县小天使电子电器有限公司
	南雄市海伦罗曼钢琴有限公司
	深圳市阿诺玛乐器有限公司
	深圳市魔耳乐器有限公司
	深圳市蔚科电子科技开发有限公司
	深圳市伊诺乐器有限公司
	笙达智能音响（肇庆）有限公司
	四会市华风乐器有限公司
	先歌国际影音股份有限公司
	宇声乐器（惠州）有限公司
	肇庆市华悦钢琴乐器有限公司
	肇庆市华韵乐器制品有限公司
	肇庆盈海乐器制造有限公司
	珠海市蔚科科技开发有限公司
重庆市	重庆斯威特钢琴有限公司
	信缘利众重庆实业有限公司
四川省	成都美悦声乐器有限公司
贵州省	贵州金韵乐器有限公司
	贵州谦梦乐器制造有限公司
	贵州萨伽乐器有限公司
	贵州音格乐器制造有限公司
	贵州正安娜塔莎乐器制造有限公司
	遵义麦格纳乐器制造有限公司
	遵义中立精工制造有限公司
陕西省	汉中哈瓦娜乐器文化有限公司

创新型中小企业

省市	企业名称
北京市	北京华彩龙韵钢琴有限公司
	北京星海钢琴集团有限公司
天津市	天津华一乐器有限公司
	天津迈迪乐器有限公司
	天津市顶酷乐器有限公司
河北省	河北华声乐器制造有限公司
	河北金音乐器集团有限公司
	香河天音乐器有限公司
	正欧乐器有限公司
黑龙江省	黑龙江省联宇乐器有限公司
	牡丹江和音乐器有限公司
上海市	上海民族乐器一厂有限公司
江苏省	江苏容顺祥乐器有限公司
	江阴杰麦尔乐器有限公司
	江阴金杯安琪乐器有限公司
浙江省	杭州爱尔科乐器有限公司
	宁波四海琴业有限公司
福建省	钰丰乐器（福建）有限公司
山东省	济南原声社乐器制造有限公司
	临清市森源博乐器配件制造有限公司
	龙口金鸣乐器有限公司
	青岛美乐克乐器有限公司
	山东中艺音美器材有限公司
	烟台金斯波格钢琴有限责任公司
	枣庄奥森乐器有限公司
河南省	河南昊韵乐器有限公司
	河南省天骄乐器股份有限公司
	河南省洲洋乐器有限公司
	开封悦音乐器有限公司
	兰考焦桐乐器股份有限公司
	兰考县成源乐器音板有限公司
	兰考县君谊民族乐器有限公司
	兰考县韵音乐器有限公司
	兰考鑫音民族乐器有限公司

续表

省市	企业名称
湖北省	湖北云羽乐器有限公司
湖南省	湖南南华乐器有限公司
广东省	得理乐器（珠海）有限公司
	佛山市南海音源乐器板材制造有限公司
	广东声凯乐器有限公司
	广州市罗曼士乐器制造有限公司
	广州市桐馨乐器制造有限公司
	广州市威柏乐器制造有限公司
	广州珠江艾茉森数码乐器股份有限公司
	惠州市恩雅乐器有限公司
	惠州市宏声乐器有限公司
	惠州市赛雅乐器有限公司
	揭西县小天使电子电器有限公司
	南雄市海伦罗曼钢琴有限公司
	深圳市蔚科电子科技开发有限公司
	先歌国际影音股份有限公司
	宇声乐器（惠州）有限公司
	珠海市蔚科科技开发有限公司
重庆市	重庆斯威特钢琴有限公司
	信缘利众重庆实业有限公司
贵州省	遵义中立精工制造有限公司

技术创新示范企业

省市	企业名称
河北省	河北金音乐器集团有限公司
山东省	威海光威复合材料股份有限公司

隐形冠军企业

省市	企业名称
湖北省	宜昌金宝乐器制造有限公司

“专精特新”中小企业

省市	企业名称
北京市	北京罗兰盛世音乐教育科技有限公司
	北京天籁传音数字技术有限公司
	北京星海钢琴集团有限公司
	北京乐界乐科技有限公司
	北京珠江钢琴制造有限公司
	小叶子（北京）科技有限公司
天津市	天津奥维斯乐器有限公司
河北省	高碑店市佰格乐器箱包厂
	河北华声乐器制造有限公司
	武强嘉华乐器有限公司
	乐海乐器有限公司
黑龙江省	黑龙江省联宇乐器有限公司
	牡丹江和音乐器有限公司
上海市	得理电子（上海）有限公司
	森兰信息科技（上海）有限公司
	上海妙克信息科技有限公司
江苏省	海伦钢琴股份有限公司
	吟飞科技（江苏）有限公司
	森鹤乐器股份有限公司
浙江省	宁波四海琴业有限公司
山东省	临清市森源博乐器配件制造有限公司
	龙口金鸣乐器有限公司
	青岛柏思顿乐器有限公司
	青岛北方原野乐器有限公司
	青岛格林金石工贸有限公司
	青岛吉森乐器有限公司
	青岛美嘉乐器有限公司
	青岛美乐克乐器有限公司
	山东中艺音美器材有限公司
	烟台金斯波格钢琴有限责任公司
河南省	开封悦音乐器有限公司
	兰考县鸣韵乐器有限公司
湖南省	长沙幻音电子科技有限公司
	湖南南华乐器有限公司

续表

省市	企业名称
广东省	得理乐器（珠海）有限公司
	德尚音乐（广东）股份有限公司
	广州蓝深科技有限公司
	广州市罗曼士乐器制造有限公司
	广州市拿火信息科技有限公司
	广州市威柏乐器制造有限公司
	广州珠江艾茉森数码乐器股份有限公司
	惠州市恩雅乐器有限公司
	惠州市铭仕电子制品有限公司
	南雄市海伦罗曼钢琴有限公司
	深圳市阿诺玛乐器有限公司
	深圳市魔耳乐器有限公司
	深圳市蔚科电子科技开发有限公司
	深圳市卓乐科技有限公司
	先歌国际影音股份有限公司
	宇声乐器（惠州）有限公司
	珠海市蔚科科技开发有限公司
重庆市	重庆斯威特钢琴有限公司
贵州省	贵州音格乐器制造有限公司

专精特新“小巨人”企业

省市	企业名称
江苏省	江苏奇美乐器有限公司
湖北省	武汉艾立卡电子有限公司
	云羽钢琴制造（武汉）有限公司
湖南省	长沙幻音电子科技有限公司

企业技术中心

省市	企业名称
北京市	北京星海钢琴集团有限公司
天津市	天津市津宝乐器有限公司
河北省	武强嘉华乐器有限公司
江苏省	吟飞科技（江苏）有限公司
河南省	河南东方名琴乐器有限公司

续表

省市	企业名称
湖北省	宜昌金宝乐器制造有限公司
湖南省	湖南卡罗德音乐集团有限公司
广东省	得理乐器（珠海）有限公司
	广州珠江钢琴集团股份有限公司

注：以上发布的信息来源于商务部、国家工商行政管理总局、各省市工商行政管理总局、国家质量监督检验检疫总局、各省市地区质量检验局网站的公告信息，如有遗漏，请相关企业与我协会取得联系，进行信息补充和更正。

年鉴

2023

行业篇 1

指标数据篇 103

协会工作篇 145

科技创新篇 204

职业技能篇 390

音乐教育篇 411

产业集群篇 425

海外信息篇 441

CHINA MUSICAL
INSTRUMENT YEARBOOK
（2023）

2022年乐器行业经济运行分析

2022年面对风高浪急的国际环境与复杂多变的外部形势，乐器行业的发展经历了突如其来的转折和猝不及防的挑战。在经历了2021年的恢复性高增长后，2022年全行业发展震荡下行，运行压力显著加大，运行质效水平趋于下滑，总体呈现了“三降两增一提高”的发展态势。

在困难波动的形势下，全行业认真贯彻落实党中央、国务院的决策部署，坚持稳中求进工作总基调，勇于开拓创新，持续优化产业结构，稳定释放发展韧性，在复杂的形势下取得行业发展的新成效，推动乐器行业高质量发展迈上新台阶。

自疫情爆发以来，乐器行业在经历了阶段性的回落调整、恢复增长和逐步趋稳等阶段，基于2022年行业运行的低基数效应和国内大循环的有力支撑，预计2023年行业经济运行整体好转，“韧性增长，稳步恢复”的发展趋势明显。

一、2022年乐器行业经济运行速览

（一）规模以上企业经济运行

——规模以上企业数：规模以上企业227家；

——工业增加值：工业增加值增速为-9.0%，低于同期轻工行业2.4%的平均水平；

——营业收入：同比下降12.41%，月度走势宽幅波动；

——利润：同比下降13.68%，同比2020年增长6.74%；

——利润率：利润率6.50%，高于同期全国轻工行业6.37%的平均水平；

——出口交货值：同比下降8.84%。

（二）海关进出口贸易

——海关进出口：进出口贸易总额27.53亿美元，同比下降5.46%；

——海关出口：出口额21.90亿美元，同比下降6.25%，分行业运行不均衡；

——海关进口：进口额5.63亿美元，同比下降1.37%，钢琴进口占比接近一半。

（三）行业直报系统

——骨干企业数：89家骨干企业；

——营业收入：累计完成营业收入117.96亿元（占规模以上乐器企业48.79%），同比下降12.02%；

——利润：实现利润总额10.59亿元，同比下降9.18%；

——利润率：利润率8.98%，高于同期规模以上乐器企业及全国轻工行业的平均水平。

（四）乐器产业集群

——数量：11个乐器产业集群，共计1760家企业，从业人员100600名；

——营业收入：累计完成营业收入126.19亿元（占规模以上乐器企业52.20%），同比下降0.77%；

——利润：实现利润总额13.77亿元，同比增长3.35%；

——利润率：利润率10.91%，高于同期规模以上企业，与骨干企业基本持平。

二、行业经济运行特点

（一）运行压力加大，渐冷区间震荡下行

据中国轻工业信息中心发布的“2022年中轻乐器景气指数”，乐器指数2021年一直于渐冷区间震荡，在第四季度跌入过冷区间。从分指标看，除资产指数（91.82）相对稳定外，其他各项指标均落入过冷区间。其中利润指数虽然处在渐冷区间，但与年初相比形势已然好转；出口指数全年波动较大，受个别产品影响较大；资产指数和主营业务收入指数小幅震荡下行（表1）。

表1 2018年—2022年乐器行业工业增加值增速与轻工行业对比

年份	工业增加值增速（%）	
	轻工行业	乐器行业
2018年	5.8	7.1
2019年	4.4	1.4
2020年	−0.8	−12
2021年	11.1	13.4
2022年	2.4	−9.0

（二）生产中速下行，库存压力不减

受2021年高库存和疫情等影响，2022年行业生产订单逐季减少，营业收入同比下降12.41%。尤其是一季度，产能过剩和生产收缩态势相对2021年非常明显；二、三季度运行持续走弱；进入四季度，由于外需市场下滑、局地疫情及其引发的交通物流不畅影响，下行压力陡然增加，营业收入、利润总额等主要经济指标跌至全年谷底；年底，随着政策优化宽松，产销循环畅通及校外培训逐渐恢复，国内外市场需求仍未见明显改善，营收、利润、出口等主要运行指数持续负增长。

市场需求恢复滞后制约了企业的生产，也导致企业产成品库存增加。2022年乐器行业产成品库存同比增长7.44%，全年波动较大，1月、2月增幅较小，3月份同比增长697.29%，10月、11月增速超过300%，其他月份均为负增长。年底，虽较上半年库存量高点有所下滑，但依然处于较高水平，清库减存压力较大（图1、图2）。

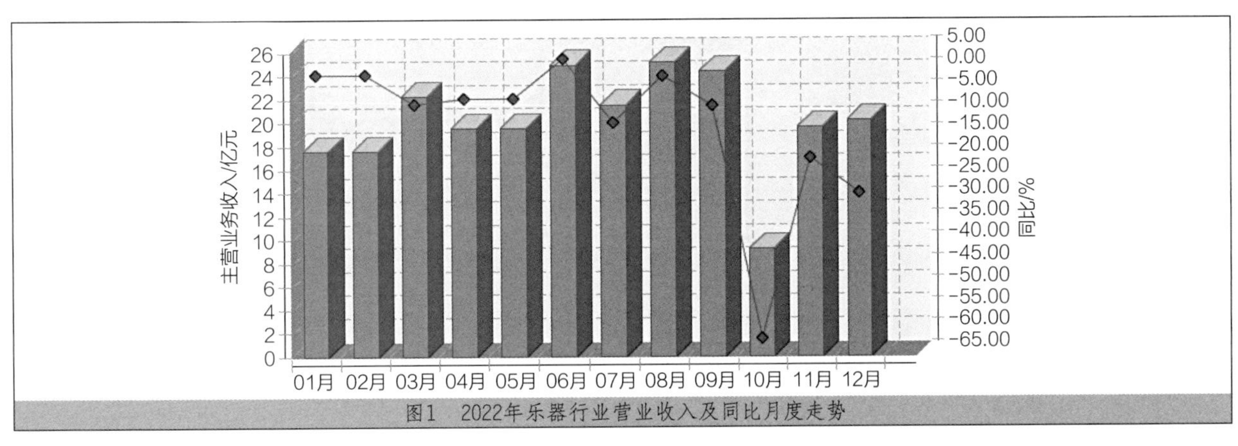

图1 2022年乐器行业营业收入及同比月度走势

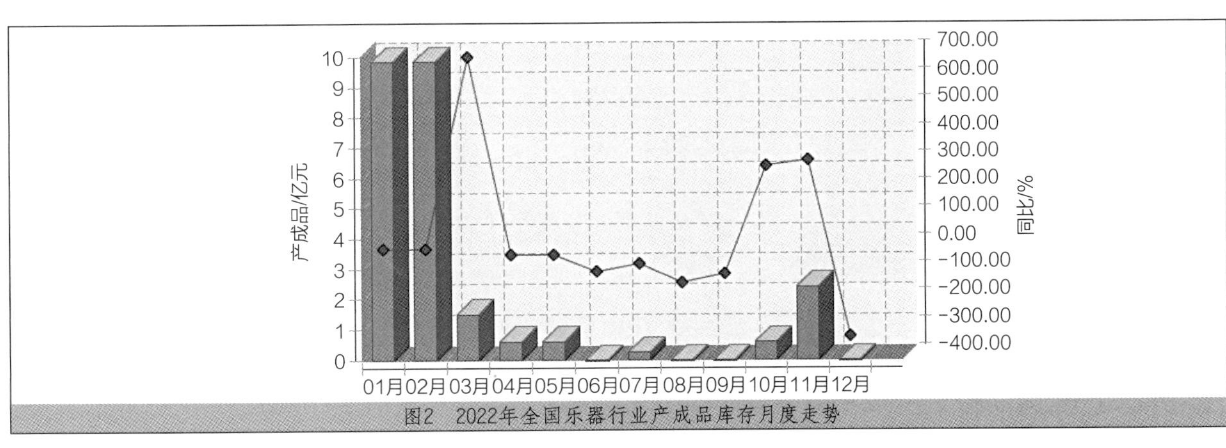

图2 2022年全国乐器行业产成品库存月度走势

（三）成本压力持续，运行效率放缓

2022年，受原材料价格、劳动力、运输成本持续上涨以及汇率波动等因素影响，企业运营成本压力持续增长，效益指数低位运行。营收降幅大于成本降幅，导致企业毛利下降，2022年乐器行业利润下降13.68%，利润率为6.50%，同比减少0.1个百分点。

亏损面进一步扩大，达25.55%，比2021年同期扩大10.57个百分点，高于同期全轻工行业亏损面平均水平（19.17%）；亏损额同比增长93.40%，与过去两年相比明显增长，仅在第三季度较去年同期有所下降。企业盈利形成较大压力（图3、图4、图5、表2）。

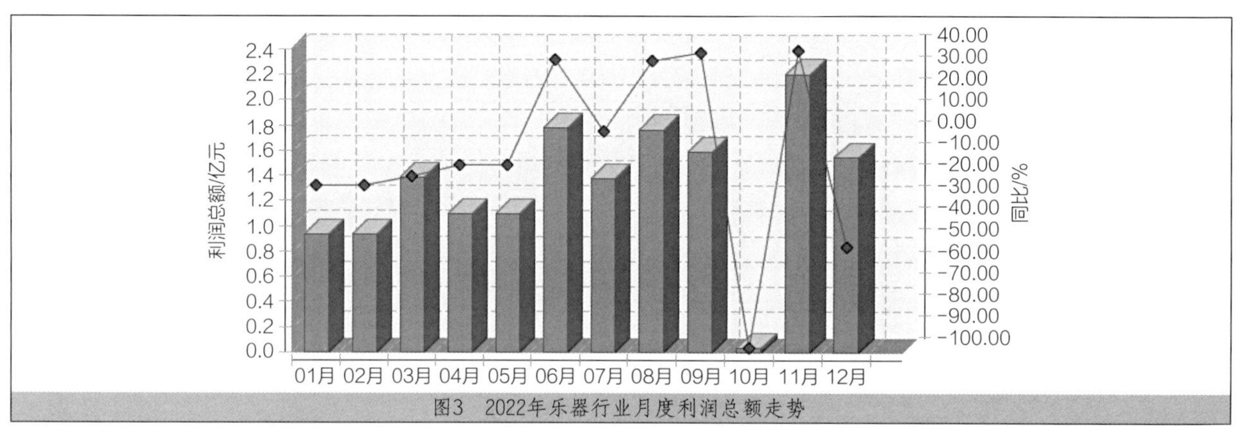

图3　2022年乐器行业月度利润总额走势

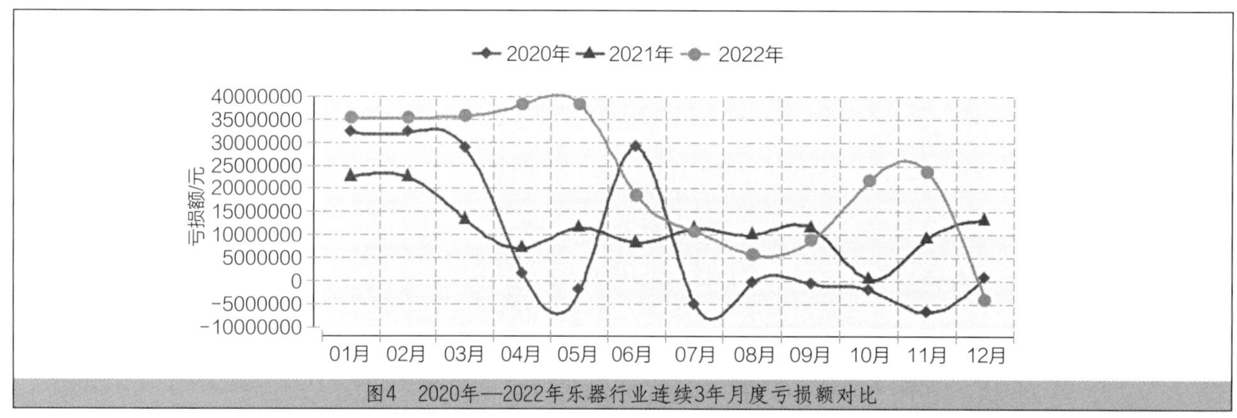

图4　2020年—2022年乐器行业连续3年月度亏损额对比

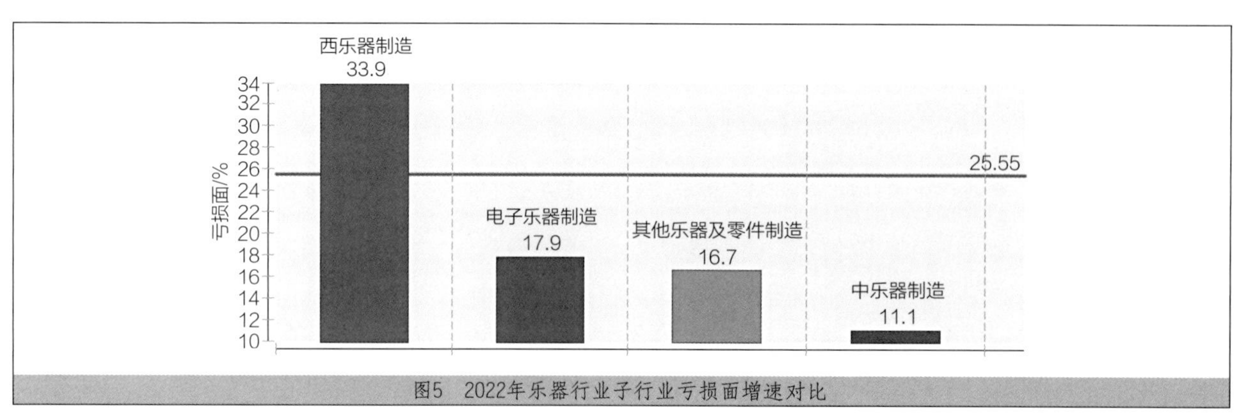

图5　2022年乐器行业子行业亏损面增速对比

表2 2018年—2022年乐器行业利润率与轻工行业对比

年份	利润率（%）	
	轻工行业	乐器行业
2018年	6.56	6.89
2019年	6.54	7.23
2020年	6.85	6.35
2021年	6.30	6.74
2022年	6.37	6.50

（四）产品产销形势分化，分行业运行不均衡

四个大类中，中乐器的运行质量较优，2022年营收增长12.31%，资产增值13.24%，利润率11.50%，远高于其他乐器产品，受到2021年高基数的影响（增长50.21%），2022年中乐器利润下降了11.52%，但较2019年疫情前增长了7.17%；电子乐器的效益指标下降最为显著，营收下降25.88%，利润下降44.99%，资产总额下降17.75%，利润率仅为4.82%，较2019年疫情前下降了4.72个百分点，接近一半；乐器产品中占比超过一半的西乐器，营收下降11.02%，利润下降2.51%，资产总额下降4.20%，利润率6.26%，降幅均有所收窄（图6、图7、图8）。

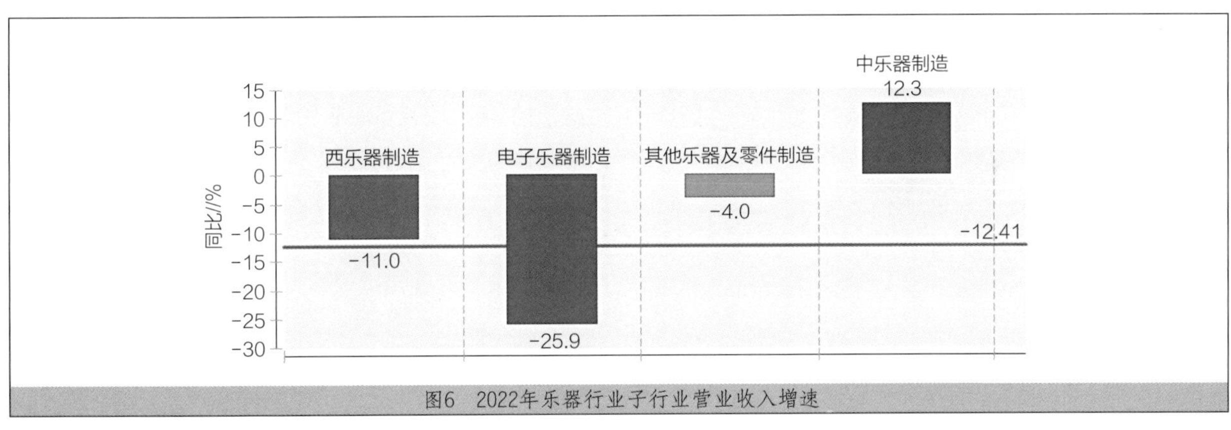

图6 2022年乐器行业子行业营业收入增速

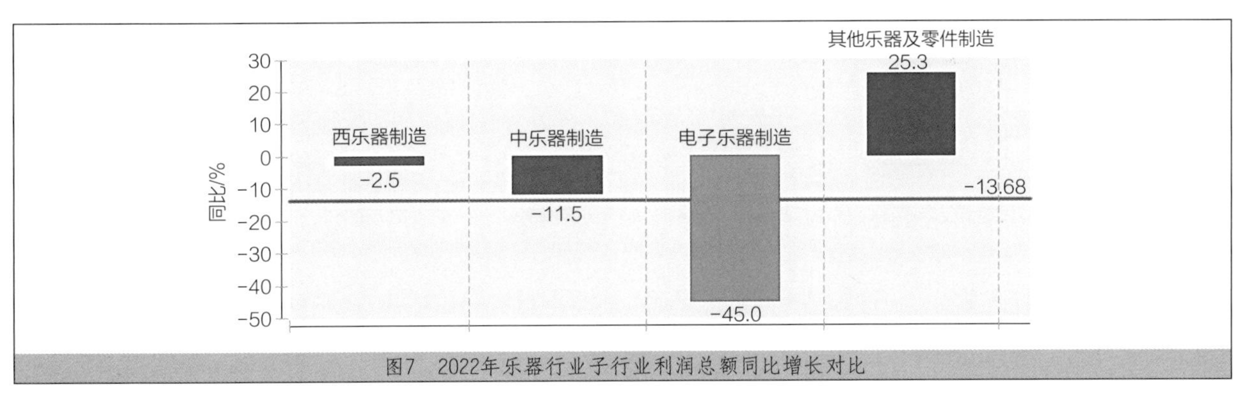

图7 2022年乐器行业子行业利润总额同比增长对比

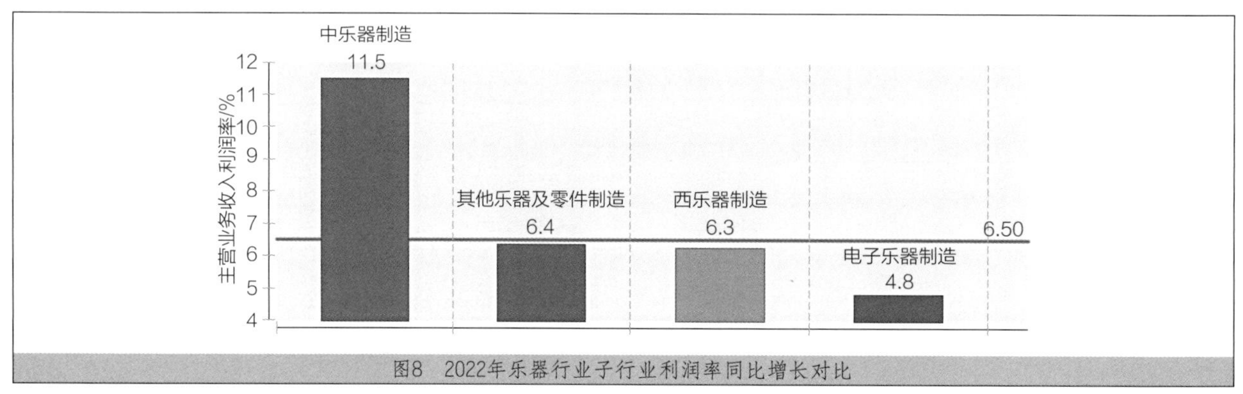

图8 2022年乐器行业子行业利润率同比增长对比

（五）中短期压力叠加，钢琴产业陷入瓶颈

疫情3年来，钢琴行业历经人工和原材料成本的不断上涨、“双减”政策的理解偏差、校外音乐培训监管过度、订单外流以及物流不畅、二手钢琴冲击国内市场等不利因素，钢琴行业下行压力较大。尤其是“双减”政策推出以来，各地政府部门加强校外培训机构监管，先后出台了相关政策。由于各地对政策的理解有所偏差，在落实政策过程中把握尺度不一，监管过度，一半以上的琴行和音乐培训机构面临经营上的巨大困难。其中，多数音乐培训机构与乐器销售同步，进而导致部分乐器产品的销售急剧下滑，以琴行和艺培机构为主要销售渠道的钢琴产业受到重创。

据乐器协会直报系统显示，2022年22家钢琴企业累计主营业务收入41.91亿元，占全行业35.53%，同比2021年下降19.95%，高于全行业12.02%的降幅；实现利润总额3.71亿元，同比下降22.35%，明显大于全行业9.18%的降幅；营收利润率8.85%，与行业8.98%基本持平。从海关进出口情况来看，2022年钢琴出口惯性下降，其中，立式钢琴出口17636架，同比下降10.18%，出口额2924.55万美元，同比下降8.85%，出口单价1658美元，较2021年基本持平；三角钢琴出口态势较好，出口量5686架，增长11.89%，出口额3337.43万美元，增长19.14%，出口单价5869美元，较2021年增长了6.49%。尽管2022年开始，进口二手立式钢琴的量值均大幅下降，但进口总量仍维持在13万架以上，对中国的钢琴市场和产业仍有冲击。钢琴产业运行陷入瓶颈。

（六）外贸主体活力减弱，周期紊乱旺季不旺

2022年，我国乐器出口可以说是周期紊乱，没有淡旺季，出口规模在高基数的基础上首现负增长。从季度数据来看，呈现出前升后降的变化趋势。一季度，在货币宽松财政刺激下消费品需求旺盛，加之转移替代效应持续，客户基于2020年“圣诞缺货”的预判进而“超前超量”下单多重作用下，海外需求处于高位，一季度出口数据不仅远好于往年同期，增长78.90%。而且作为传统淡季的一季度数据甚至显著高于正常年份下传统旺季的三、四季度数据；到了二季度，即使对比2021年同期的高基数也回到了正增长区间；迈入四季度，出口由正转负下降49.85%，即便是圣诞季促销也未能刺激国际市场的需求。海关数据显示，2022年我国累计完成乐器出口21.90亿美元，同比下降6.25%，同比2020年疫情第一年增长16.25%。总的来说，2022年延续降势也显示当前我国外贸复苏基础依然不牢固（图9）。

（七）产品出口形势分化，高增依赖价格上涨

除了市场出现分化外，对外产品也在分化。2022年我国乐器出口受需求变化的影响呈现不同走势。从出口品类来看，铜管乐器、三角钢琴、打击乐器、弓弦乐器及口琴出口活跃，量值齐升，出口金额同比分别增长34.52%、19.14%、17.76%、17.72%和10.03%，出口数量同比分别增长38.06%、11.89%、14.74%、19.18%和14.65%；电吉他及手风琴的出口高增仍依赖于价格上涨，其实剔除涨价因素后，出口数量已经在回落通道中，出口量分别下降4.01%和34.51%；立式钢琴、电子键盘乐器等出口市场需求明显萎缩，客商订单不足，出口形势相对低迷，量值同比齐跌；包括吉他、提琴等弦乐器，2021年经历了圣诞消费旺季推升出口量值超过两位数的明显反弹，

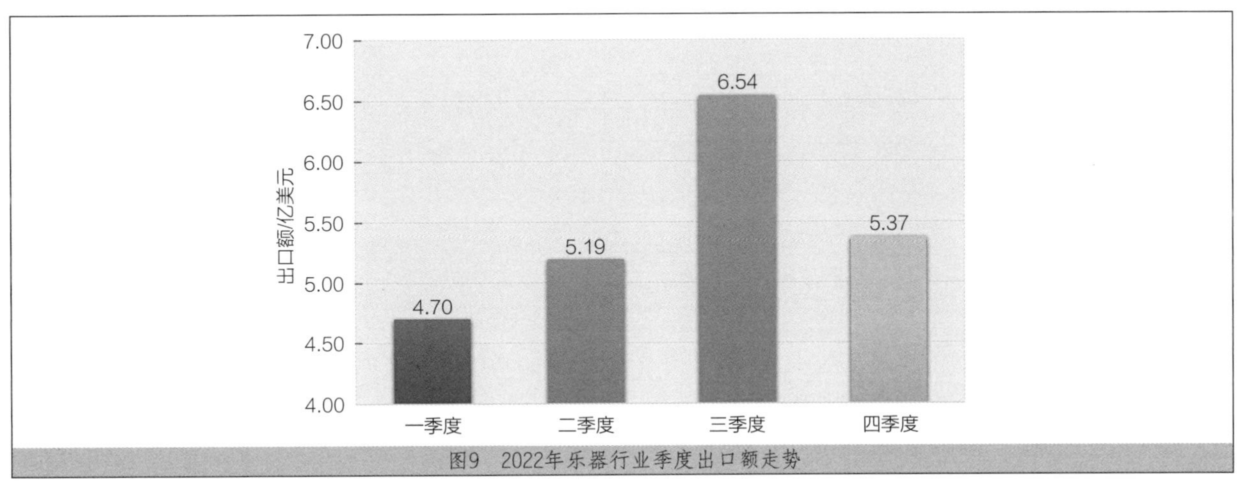

图9 2022年乐器行业季度出口额走势

转至2022年，海外需求下行速度超预期，叠加2021年同期的高基数影响，出口量下降29.30%，出口额下降18.66%，企业不得不面临“去库存”的压力。

三、行业发展中的亮点

（一）产业规模持续扩大，为高质量发展注入新动能

国家统计局数据显示，截至2022年末，乐器行业共有规模以上企业227家，较2021年增加21家；资产总计245.98亿元，同比下降4.44%，但较2019年疫情前仍增长了1.22%，其中中乐器累计资产增长13.20%，产业规模持续扩大，为高质量发展注入新动能（图10、图11）。

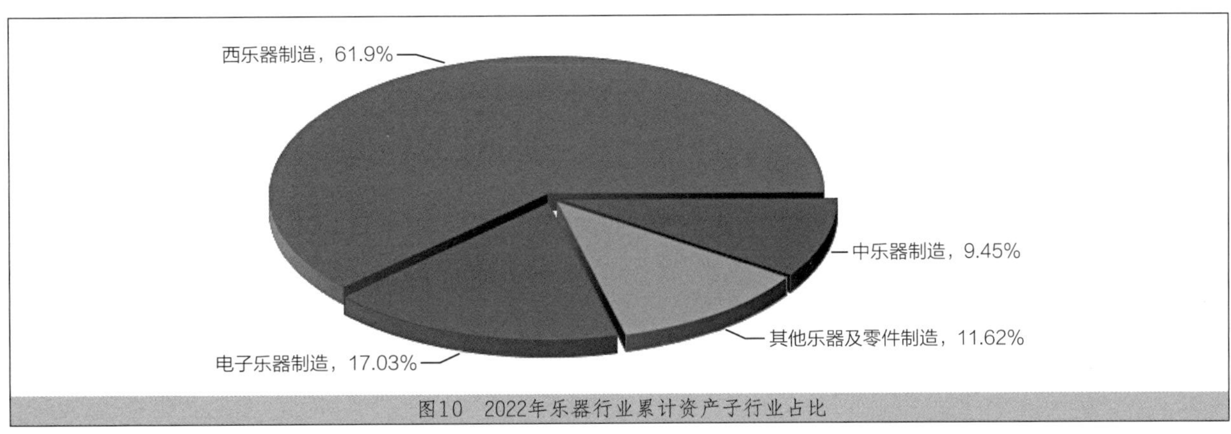

图10 2022年乐器行业累计资产子行业占比

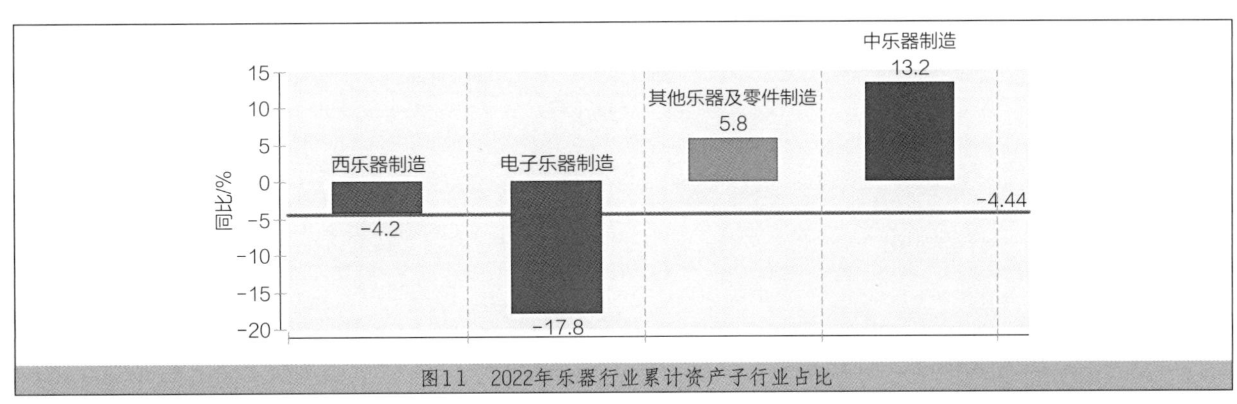

图11 2022年乐器行业累计资产子行业占比

（二）经营成本降低，经营状态逐步改善

疫情防控期间，乐器企业经过逐步的资产整合以及产品结构优化，再叠加疫情防控期间政府对企业实施的精准扶持政策，以及主要原材料平均价格涨幅收窄，降低生产经营成本略见成效。2022年，乐器行业规模以上企业营业成本同比下降12.17%，每百元营业收入成本82.50元，基本上与疫情前持平，乐器企业经营质量略有提升，经营状态呈现逐步改善趋势。

（三）新兴市场稳外贸，发展注入新动力

疫情发生以来，国际市场布局多元化更加明显，传统贸易市场表现分化。据海关数据显示，出口贸易组织中，我国乐器行业对RCEP、东盟、“一带一路”沿线国家和地区等新兴市场保持较快增长，其中对RCEP其他14个成员国出口额为5.89亿元，同比增长3.76%，成为我国乐器出口的第三大贸易伙伴；对“一带一路”沿线国家和地区乐器出口4.75亿美元，同比增长6.62%；对东盟乐器出口2.77亿美元，同比增长15.35%，它们为中国外贸发展注入新动力，对稳定我国外贸发挥了积极作用（表3）。

表3　2022年中国乐器出口贸易组织概况

贸易组织	占比（%）	金额（美元）		
		2022年	2021年	同比（%）
亚太经合组织	66.02	1445907722	1458108441	−0.84
RCEP	26.91	589274330	567917621	3.76
“一带一路”沿线国家	21.72	475736259	446217397	6.62
欧盟	18.60	407431889	509074940	−19.97
东盟	12.69	277943933	240951435	15.35
金砖国家	6.26	137164507	144156808	−4.85

注：贸易组织间国家数据有重叠。

美国依然是乐器产品最主要的出口目的地，2022年我国对美国乐器出口金额6.72亿美元，同比下降1.39%；对欧盟出口金额4.07亿美元，下降19.97%。欧美市场逐步出现一些回落，其中有经济增长需求不振的因素，也有贸易保护主义的干扰（表4）。

表4　2022年中国乐器出口前10的国家和地区

排名	国家和地区	金额（美元）		
		2022年	2021年	同比（%）
1	美国	672487534	681953124	−1.39
2	德国	179149416	221558376	−19.14
3	日本	155005157	164237324	−5.62
4	韩国	84769824	97187039	−12.78
5	英国	75894326	106964008	−29.05

续表

排名	国家和地区	金额（美元）		
		2022年	2021年	同比（%）
6	印度尼西亚	70546828	73240529	−3.68
7	马来西亚	67137311	60436402	11.09
8	澳大利亚	65366159	58078375	12.55
9	荷兰	56849429	84005117	−32.33
10	法国	51553513	60072635	−14.18

（四）国内品牌竞争力提升，进口需求普遍走弱

我国对于乐器产品的进口需求普遍走弱，加之2022年的高基数影响，2022年我国乐器进口额为5.63亿美元，同比下降1.37%。随着国内乐器企业的竞争力不断提高，消费者对于国产品牌的认可度进一步提升，尤其是对高端管乐器、吉他、提琴、电声乐器的进口需求持续下降，2022年进口量下降28.98%；对于高端电吉他和手风琴的进口需求仍然迫切，2022年进口量分别增长32.30%和94.08%；进口电子键盘和电吉他仍在涨价，平均单价超过500美元，远高于出口价。

（五）骨干抗压韧性强，“四率”提供支撑

中国乐器协会行业直报数据显示，89家骨干企业2022年累计完成主营业务收入117.96亿元（占规模以上乐器企业48.79%），同比下降12.02%，实现利润10.59亿元，同比下降9.18%。

逆势下，骨干企业抗压韧性明显增强，“四率”为应对行业短期压力提供了一定的支撑：2022年骨干企业利润率达8.97%，高于规模以上企业及轻工平均水平，行业高质量发展成效显著；55%的骨干企业资产负债率30%～60%，处于比较良性的状态，债务风险可控在控；骨干企业员工激情活力并存，全员劳动生产率同比提高6.54%；乐器制造业领域尤其是骨干企业的创新投入不断增加，其中，电声企业及音教机构的研发技改强度明显高于传统乐器制造企业，平均超过10%，研发费用增速超过同期营收增速，传统乐器制造企业研发技改强度平均值低于4%。面对严峻的外部环境，骨干企业仍体现出了强劲的抗冲击能力，领航全行业，在奋勇争先、创新发展方面，做出了突出贡献（表5）。

表5　2022年骨干企业主要经济指标概况（单位：千元）

产品类别	营业收入	利润总额
2022年	11796613	1059171
2021年	13408715	1166263
同比（%）	−12.02	−9.18

（六）集群提质升级明显加快，激发县域经济活力

特色化和集群化是推动中小企业向“专精特新”方向发展的有效方式。目前乐器行业已培育并授牌的产业集群共有11个，疫情发生以来，地方政府及主管部门结合各自特色，围绕提升集群主导产业优势、激发集群创新活力、推进集群数字化升级等方面，做出了积极贡献。据中国乐器协会统计，2022

年11个集群聚集了1760家企业，其中规模以上企业92家，占全行业40.50%，从业人员100060人，累计完成主营业务收入126.19亿元，同比下降0.66%，降幅低于规模以上企业，累计利润13.77亿元，同比增长8.66%；利润率10.91%，同比增长0.97个百分比。从创新能力看，乐器产业集群平均技改研发投入增长6.89%，且在逐年提升。

一批先进制造业集群提质升级的步伐明显加快，在稳定乐器行业发展、增强中小企业核心竞争力、推动全行业高质量发展、激发县域经济活力等方面发挥了关键作用。

2022年中国乐器海关出口量值

商品名称	单位	数量						金额（美元）					
		2022年	2021年	2020年	2019年	同比（%）（2021年）	同比（%）（2019年）	2022年	2021年	2020年	2019年	同比（%）（2021年）	同比（%）（2019年）
竖式钢琴（包括自动钢琴）	台	17636	19634	12933	17000	−10.18	3.74	29245579	32086575	19947380	25583443	−8.85	14.31
大钢琴（包括自动钢琴）	台	5686	5082	3451	8731	11.89	−34.88	33374315	28011984	22045571	21996209	19.14	51.73
拨弦古钢琴及其他键盘弦乐器	台	175247	78100	62422	58393	124.39	200.12	5856033	3078205	3049774	2122749	90.24	175.87
弓弦乐器	只	1631284	1368810	1198908	1540632	19.18	5.88	89754009	76242598	61202936	77840621	17.72	15.30
其他弦乐器（如：吉他、小提琴、竖琴）	只	9987868	14127669	12313350	11954134	−29.30	−16.45	439138977	539881774	426899921	343756335	−18.66	27.75
铜管乐器	只	1050228	760699	703480	792425	38.06	32.53	103720478	77105903	73357324	93492407	34.52	10.94
键盘管风琴；簧风琴及类似的游离金属簧片键盘乐器	只	944739	604612	1205071	1493129	56.26	−36.73	9021765	6000960	7785620	10002435	50.34	−9.80
手风琴及类似乐器	只	184195	281278	201069	270476	−34.51	−31.90	13380684	12660642	10445632	10626036	5.69	25.92
口琴	只	4579138	4161754	3572968	5037976	10.03	−9.11	12416353	10830236	9403690	10222542	14.65	21.46
其他管乐器，但游艺场风琴及手摇风琴除外	只	7696473	5280879	6321153	9031665	45.74	−14.78	77907857	57445235	56091613	71602138	35.62	8.81
打击乐器（如：鼓、木琴、响板、响葫芦）	只	10940865	9535126	7756536	9198990	14.74	18.94	192428103	163400568	121053576	127294343	17.76	51.17
通过电产生或扩大声音的键盘乐器	只	6806601	8887839	7786958	6850234	−23.42	−0.64	440183897	632403324	545210195	456041252	−30.40	−3.48

续表

商品名称	单位	数量						金额（美元）					
		2022年	2021年	2020年	2019年	同比（%）（2021年）	同比（%）（2019年）	2022年	2021年	2020年	2019年	同比（%）（2021年）	同比（%）（2019年）
其他通过电产生或扩大声音的乐器（如：电吉他）	个	3926166	4090357	3098956	2569986	−4.01	52.77	316670981	284004868	223229776	173917896	11.50	82.08
百音盒	个	14419049	13718424	11702251	17563332	5.11	−17.90	67962086	63345256	47556004	48047120	7.29	41.45
未列名的其他乐器	个	60022494	62307723	82586471	76855375	−3.67	−21.90	46087044	36020886	23062897	20149519	27.95	128.73
乐器用弦	千克	552650	432810	417218	379801	27.69	45.51	20269382	11973938	8581080	6066143	69.28	234.14
钢琴的零件、附件	千克	4676774	6003472	4149236	8540952	−22.10	−45.24	42014161	42204181	30159530	49719080	−0.45	−15.50
弓弦乐器的零件、附件	千克	5202200	6826710	5646147	4875631	−23.80	6.70	66894072	80832337	57764282	46555818	−17.24	43.69
电子乐器的零件、附件	千克	6607984	8802063	7445471	6780578	−24.93	−2.55	68041963	79234331	55367043	55402250	−14.13	22.81
节拍器、音叉及定音管	千克	131901	124020	119275	130049	6.35	1.42	4071037	3278453	2499601	3229792	24.18	26.05
百音盒的机械装置	千克	313827	194492	209835	369343	61.36	−15.03	5080446	2861577	3023660	4339075	77.54	17.09
未列名乐器的零件、附件	千克	11054252	12283002	10632210	11723641	−10.00	−5.71	106485958	93142602	76061734	81134002	14.33	31.25
合计								2190005180	2336046433	1883798839	1739141205	−6.25	25.92

（数据来源：海关总署 中国轻工业信息中心 中国乐器协会信息部）

2022年中国乐器出口世界各大洲概况

洲别	占比（%）	数量（件）			金额（美元）		
		2022年	2021年	同比（%）	2022年	2021年	同比（%）
北美洲	32.55	33866156	34768579	−2.60	712832585	731624288	27.28
亚洲	30.81	56171605	61203249	−8.22	674801794	663225038	21.18
欧洲	24.25	30839838	40550179	−23.95	530969759	670343211	19.06
拉丁美洲	7.28	12550469	10333808	21.45	159524946	164662715	39.82
大洋洲	3.34	3507157	3105322	12.94	73247068	67559162	32.15
非洲	1.76	13992032	9933418	40.86	38629028	38632019	51.61

2022年中国乐器出口贸易组织概况

贸易组织	占比（%）	金额（美元）				
		2022年	2021年	2020年	同比（%）（2021年）	2021年同比2020年（%）
亚太经合组织	66.02	1445907722	1458108441	1146554382	−0.84	27.17
RCEP	26.91	589274330	567917621	136965847	3.76	314.64
“一带一路”沿线国家	21.72	475736259	446217397	201109847	6.62	121.88
欧盟	18.60	407431889	509074940	458955957	−19.97	10.92
东盟	12.69	277943933	240951435	372424204	15.35	−35.30
金砖国家	6.26	137164507	144156808	400821726	−4.85	−64.03

2022年中国乐器出口贸易方式

贸易方式	占比（%）	金额（美元）				
		2022年	2021年	2020年	同比（%）（2021年）	2021年同比2020年（%）
一般贸易	64.16	1405136936	1442502614	1144288030	−2.59	26.06
进料加工贸易	22.85	500461620	555508824	467885836	−9.91	18.73
其他	5.81	127325111	161515705	111042305	−21.17	45.45
海关特殊监管区域物流货物	5.07	111030405	132707510	112601307	−16.33	17.86
保税监管场所进出境货物	1.63	35588941	31147930	35863463	14.26	−13.15
边境小额贸易	0.33	7224691	7667372	8819496	−5.77	−13.06
来料加工贸易	0.15	3187747	4430676	3165237	−28.05	39.98
对外承包工程出口货物	0.00	41807	22553	—	85.37	—
国家间、国际组织无偿援助和赠送的物资	0.00	3603	434398	7	−99.17	6205585.71
寄售、代销贸易	—	—	70531	12048	−100.00	485.42
出料加工贸易	—	—	38320	120849	−100.00	−68.29

2022年中国乐器出口国家和地区

排名	国家和地区	数量（件）						金额（美元）					
		2022年	2021年	2020年	2019年	同比（%）（2021年）	同比（%）（2019年）	2022年	2021年	2020年	2019年	同比（%）（2021年）	同比（%）（2019年）
1	美国	31781405	32526692	28976434	31671751	−2.29	0.35	672487534	681953124	533219295	505132467	−1.39	33.13
2	德国	8293540	16291869	8476311	8616655	−49.09	−3.75	179149416	221558376	183874312	169713291	−19.14	5.56
3	日本	8026172	7935025	8691768	9542536	1.15	−15.89	155005157	164237324	140599574	108390959	−5.62	43.01
4	韩国	5226805	6119446	4536894	4358723	−14.59	19.92	84769824	97187039	67234928	59049780	−12.78	43.56
5	英国	5227772	6210434	5879692	5683346	−15.82	−8.02	75894326	106964008	118697879	87860569	−29.05	−13.62
6	印度尼西亚	7595867	12816478	7429622	10259987	−40.73	−25.97	70546828	73240529	50915964	68352971	−3.68	3.21
7	马来西亚	3939221	3042586	2215950	1999653	29.47	97.00	67137311	60436402	37197190	33190155	11.09	102.28
8	澳大利亚	3129697	2676235	2011929	1835851	16.94	70.48	65366159	58078375	44683789	36624809	12.55	78.48
9	荷兰	2567181	3287263	2414466	2757029	−21.91	−6.89	56849429	84005117	53545957	47801401	−32.33	18.93
10	法国	2046990	2390804	1794201	1968822	−14.38	3.97	51553513	60072635	46452370	46882036	−14.18	9.96
11	新加坡	2353956	531588	1298728	816565	342.82	188.28	49535347	18300633	29643319	34626487	170.68	43.06
12	巴西	2850143	2621973	2437595	2982306	8.70	−4.43	46975130	53184631	45987566	50004847	−11.68	−6.06
13	印度	7296654	6441980	4755908	10618352	13.27	−31.28	45902808	44968156	33951120	35458795	2.08	29.45
14	加拿大	2084748	2241887	2552515	2875388	−7.01	−27.50	40345016	49671164	42087278	36128311	−18.78	11.67
15	俄罗斯联邦	2283424	2252057	1934066	1985653	1.39	15.00	38351220	40205279	36121831	24268847	−4.61	58.03
16	泰国	1666828	1513996	1303647	1320706	10.09	26.21	37467162	37349471	37372820	21163949	0.32	77.03
17	墨西哥	2684759	2303664	1831269	4554624	16.54	−41.05	35628580	28773162	19899009	24981273	23.83	42.62
18	菲律宾	3175810	2084163	1756218	3284891	52.38	−3.32	34748914	31533372	22397700	19762375	10.20	75.83
19	中国香港	1082400	975331	822971	2144327	10.98	−49.52	26076819	34850426	23885404	27483183	−25.18	−5.12
20	比利时	731263	901369	1321394	2586501	−18.87	−71.73	24618522	22157172	22549536	16321231	11.11	50.84

续表

排名	国家和地区	数量（件）						金额（美元）					
		2022年	2021年	2020年	2019年	同比（%）（2021年）	同比（%）（2019年）	2022年	2021年	2020年	2019年	同比（%）（2021年）	同比（%）（2019年）
21	意大利	1460665	1751013	1168980	2870378	−16.58	−49.11	22005173	34104213	22413270	18444632	−35.48	19.30
22	阿联酋	1846083	968639	741522	1221056	90.59	51.19	19580807	20343417	16781759	19958046	−3.75	−1.89
23	西班牙	1765882	1925935	1208953	2868382	−8.31	−38.44	19456463	23786272	19534261	16829047	−18.20	15.61
24	中国台湾	996315	515426	596295	1053670	93.30	−5.44	16815424	16376608	14240592	15281499	2.68	10.04
25	土耳其	1262908	2288516	3484471	2837158	−44.82	−55.49	15917588	14005177	16540583	13560857	13.66	17.38
26	智利	1335071	1752563	889022	1718265	−23.82	−22.30	15708077	25739222	10812269	15763170	−38.97	−0.35
27	秘鲁	1076961	673472	712464	1196065	59.91	−9.96	14478068	13830762	8377176	9807054	4.68	47.63
28	越南	1096204	1498891	1660710	1529036	−26.87	−28.31	14030595	17741831	21650965	14125290	−20.92	−0.67
29	波兰	1084678	842367	1292912	1082857	28.77	0.17	12515586	15942157	14221478	9500414	−21.49	31.74
30	捷克	796676	667305	637192	954863	19.39	−16.57	11704204	9381015	8063119	8814716	24.76	32.78
31	尼日利亚	2044357	2285115	4230655	4166911	−10.54	−50.94	11617680	12623428	8697141	9843829	−7.97	18.02
32	阿根廷	933102	514057	570231	891565	81.52	4.66	9225805	8446472	8384487	6946841	9.23	32.81
33	哥伦比亚	1236899	794293	974598	1414638	55.72	−12.56	8970524	9142869	6881984	7094807	−1.89	26.44
34	瑞典	333302	372797	369197	402794	−10.59	−17.25	8960517	11085375	8947434	8879356	−19.17	0.91
35	以色列	534337	616451	464246	713899	−13.32	−25.15	7516980	8240927	7544923	5721499	−8.78	31.38
36	危地马拉	390359	314479	245577	572826	24.13	−31.85	6395727	4977342	3215978	5296427	28.50	20.76
37	新西兰	278385	319279	206696	248200	−12.81	12.16	6390138	7563297	5327819	4715075	−15.51	35.53
38	南非	1422235	782821	634640	1420033	81.68	0.16	5935349	5798742	3940486	6617340	2.36	−10.31
39	巴拿马	339459	190348	238135	406296	78.34	−16.45	5809996	5604075	4119933	5311545	3.67	9.38
40	加纳	501729	468755	811791	1199214	7.03	−58.16	4705190	4167530	2367777	2840092	12.90	65.67
41	厄瓜多尔	492251	216384	243035	433905	127.49	13.45	4427384	3337154	2289923	4042570	32.67	9.52
42	哈萨克斯坦	273295	181665	348011	178391	50.44	53.20	4272521	2894721	3372480	2528447	47.60	68.98

续表

排名	国家和地区	数量（件）						金额（美元）					
		2022年	2021年	2020年	2019年	同比（%）（2021年）	同比（%）（2019年）	2022年	2021年	2020年	2019年	同比（%）（2021年）	同比（%）（2019年）
43	希腊	724087	433056	434625	659368	67.20	9.82	3897396	5510169	3472701	3888166	−29.27	0.24
44	乌拉圭	139929	156174	110870	266296	−10.40	−47.45	3892715	3266008	2886719	1901504	19.19	104.72
45	白俄罗斯	443115	349330	297968	351066	26.85	26.22	3588351	3494891	2520110	1536372	2.67	133.56
46	缅甸	147164	63568	17520	27093	131.51	443.18	3365957	1588086	383972	550134	111.95	511.84
47	沙特阿拉伯	440708	328511	1286264	652849	34.15	−32.49	3193551	3439004	8215507	3589157	−7.14	−11.02
48	肯尼亚	1530776	877133	436653	469985	74.52	225.71	2962143	2087213	826013	1580127	41.92	87.46
49	伊拉克	673873	356804	506439	552351	88.86	22.00	2652578	1689067	2445883	1866585	57.04	42.11
50	坦桑尼亚	986503	810240	996323	547042	21.75	80.33	2592092	1412348	662760	716512	83.53	261.77
51	斯洛文尼亚	173698	197105	218301	277244	−11.88	−37.35	2494136	3086020	2267252	1846178	−19.18	35.10
52	爱尔兰	129262	101927	81539	129517	26.82	−0.20	2488334	2616836	1952152	2056280	−4.91	21.01
53	斯里兰卡	193442	249140	286878	415862	−22.36	−53.48	2114569	3435926	4004815	3439859	−38.46	−38.53
54	巴基斯坦	5650957	10224560	37051957	17476613	−44.73	−67.67	2104549	2326403	1115866	541497	−9.54	288.65
55	埃及	983714	601572	574464	1084600	63.52	−9.30	2059566	3372501	2657660	3050898	−38.93	−32.49
56	乌克兰	114465	307755	191278	303532	−62.81	−62.29	1782137	5523625	2794702	1658331	−67.74	7.47
57	孟加拉国	148926	1212243	2640191	439343	−87.71	−66.10	1730864	1194391	1060762	1095417	44.92	58.01
58	丹麦	248878	295016	264178	437568	−15.64	−43.12	1679525	2562374	2860649	1973578	−34.45	−14.90
59	罗马尼亚	199658	135713	111810	212886	47.12	−6.21	1550303	1654477	1071746	1245298	−6.30	24.49
60	奥地利	39763	44875	39433	95748	−11.39	−58.47	1502378	1406167	1076143	1112879	6.84	35.00
61	瑞士	1206092	932486	467969	267135	29.34	351.49	1486655	1797652	1786326	2020985	−17.30	−26.44
62	波多黎各	183140	220762	228117	238666	−17.04	−23.27	1427003	1138397	801973	1266963	25.35	12.63
63	尼泊尔联邦民主共和国	56464	29922	28791	149506	88.70	−62.23	1344081	1016576	552826	962426	32.22	39.66

续表

排名	国家和地区	数量（件）						金额（美元）					
		2022年	2021年	2020年	2019年	同比（%）（2021年）	同比（%）（2019年）	2022年	2021年	2020年	2019年	同比（%）（2021年）	同比（%）（2019年）
64	吉尔吉斯斯坦	517812	21074	823	53733	2357.11	863.68	1253364	589101	171712	96413	112.76	1199.99
65	拉脱维亚	30585	39912	80753	60198	−23.37	−49.19	1241523	1046587	965779	798401	18.63	55.50
66	芬兰	51386	92186	55345	81075	−44.26	−36.62	1187771	1727696	1343417	1230551	−31.25	−3.48
67	萨尔瓦多	106556	110612	188714	189319	−3.67	−43.72	1173994	1261526	473502	1612392	−6.94	−27.19
68	摩洛哥	497563	183967	221926	232290	170.46	114.20	1170113	1012369	908613	807710	15.58	44.87
69	葡萄牙	188756	104597	288663	271272	80.46	−30.42	1047781	1668728	2057422	1897520	−37.21	−44.78
70	尼加拉瓜	112070	45253	38941	32738	147.65	242.32	977911	634224	681171	309057	54.19	216.42
71	巴布亚新几内亚	62776	68433	60815	62308	−8.27	0.75	938862	933542	760987	660427	0.57	42.16
72	哥斯达黎加	317003	81823	187657	143577	287.43	120.79	894294	930059	874119	783955	−3.85	14.07
73	斯洛伐克	54157	41428	42154	67631	30.73	−19.92	880011	1482353	1100294	1232906	−40.63	−28.62
74	玻利维亚	44681	54173	24256		−17.52		858538	1269673	771412		−32.38	
75	喀麦隆	1049843	520822	421560	252306	101.57	316.10	854129	395185	285703	125275	116.13	581.80
76	洪都拉斯	82490	89667	71674	121433	−8.00	−32.07	849832	1516379	556461	1220884	−43.96	−30.39
77	匈牙利	184643	199134	356490	425416	−7.28	−56.60	823662	1539081	910028	941614	−46.48	−12.53
78	莫桑比克	538326	111313	119134	106109	383.61	407.33	808333	684730	221998	282320	18.05	186.32
79	科威特	61477	63651	40009	61488	−3.42	−0.02	789047	983929	585215	695810	−19.81	13.40
80	柬埔寨	78407	71608	79093	96253	9.49	−18.54	779552	520207	1412683	183265	49.85	325.37
81	伊朗	271255	516190	613742	1103953	−47.45	−75.43	729324	1155938	746198	1541351	−36.91	−52.68
82	刚果（金）	975409	176503	245140		452.63		720208	289412	166847		148.85	
83	约旦	136314	151510	198170	245651	−10.03	−44.51	699854	654237	1039039	833976	6.97	−16.08
84	黎巴嫩	60049	16635	24507	192607	260.98	−68.82	670086	321386	148779	1062876	108.50	−36.96
85	多米尼加	96210	72938	97057	178474	31.91	−46.09	652970	600341	359525	675496	8.77	−3.33

续表

排名	国家和地区	数量（件）						金额（美元）					
		2022年	2021年	2020年	2019年	同比（%）（2021年）	同比（%）（2019年）	2022年	2021年	2020年	2019年	同比（%）（2021年）	同比（%）（2019年）
86	巴拉圭	30340	23731	25688	92303	27.85	−67.13	646691	531864	221128	703688	21.59	−8.10
87	阿塞拜疆	39045	27311	1888	14470	42.96	169.83	638126	652106	241840	383769	−2.14	66.28
88	也门	1015989	130023	131008	128221	681.39	692.37	627273	243497	243240	163102	157.61	284.59
89	格鲁吉亚	17395	25044	52947	54044	−30.54	−67.81	599670	620529	424802	290543	−3.36	106.40
90	乌兹别克斯坦	174988	116350			50.40		584744	323990			80.48	
91	塞尔维亚	26506	27481	24840	18804	−3.55	40.96	562552	832888	667405	307616	−32.46	82.87
92	安哥拉	402378	326338	152866	287094	23.30	40.16	546697	722917	354465	393359	−24.38	38.98
93	卡塔尔	49725	26054	41984	48586	90.85	2.34	538866	382562	550233	417200	40.86	29.16
94	挪威	53159	81957	85852	75241	−35.14	−29.35	516364	1210221	569591	543153	−57.33	−4.93
95	立陶宛	148326	41553	79235	95749	256.96	54.91	515135	568481	582933	1232145	−9.38	−58.19
96	克罗地亚	94034	45566	75074	85519	106.37	9.96	512761	662377	716544	526022	−22.59	−2.52
97	科特迪瓦	152499	197722	161859	204251	−22.87	−25.34	494675	589074	421166	356037	−16.02	38.94
98	吉布提	795105	418619	553130	396318	89.94	100.62	450580	821639	582387	336871	−45.16	33.75
99	保加利亚	40572	69690	26384	105512	−41.78	−61.55	424857	426782	300779	393255	−0.45	8.04
100	津巴布韦	23464	8721	3286	1060	169.05	2113.58	415903	34987	19037	11120	1088.74	3640.13
101	阿曼	31200	15722	17857	26082	98.45	19.62	405682	249005	462446	253436	62.92	60.07
102	中国澳门	4019	7442	12792		−46.00		400764	467525	617256		−14.28	
103	马达加斯加	174704	328255	41046	228973	−46.78	−23.70	382821	769740	259882	410587	−50.27	−6.76
104	突尼斯	75297	68520	132789	117530	9.89	−35.93	361693	645760	760215	573782	−43.99	−36.96
105	朝鲜	1006	7	5073	524511	14271.43	−99.81	328593	52600	358830	3225701	524.70	−89.81
106	贝宁	48442	7594	24733	99174	537.90	−51.15	327865	39958	48223	62663	720.52	423.22
107	蒙古	22594	13093	13722	990	72.57	2182.22	287542	205456	202818	101619	39.95	182.96

续表

排名	国家和地区	数量（件）						金额（美元）					
		2022年	2021年	2020年	2019年	同比（%）（2021年）	同比（%）（2019年）	2022年	2021年	2020年	2019年	同比（%）（2021年）	同比（%）（2019年）
108	塞浦路斯	18808	8901	15821	18948	111.30	−0.74	271966	237393	309070	335850	14.56	−19.02
109	多哥	89891	110329	73086	169322	−18.52	−46.91	238519	210159	169688	168422	13.49	41.62
110	利比亚	78569	66733	63602	123856	17.74	−36.56	224938	289672	206186	259568	−22.35	−13.34
111	塞内加尔	458180	584236	213075	300718	−21.58	52.36	222127	266096	210114	151871	−16.52	46.26
112	斐济	18873	16780	10408	25543	12.47	−26.11	218762	587132	60961	181034	−62.74	20.84
113	苏丹	453595	247125	234881	169504	83.55	167.60	213341	380984	118984	219809	−44.00	−2.94
114	牙买加	14950	8097	12736	23489	84.64	−36.35	204661	97843	133985	132089	109.17	54.94
115	东帝汶	3290	21819	4445	2858	−84.92	15.12	200881	99849	63387	31845	101.18	530.81
116	亚美尼亚	7329	3621	723	2532	102.40	189.45	192399	95408	14163	63786	101.66	201.63
117	利比里亚	19654	14503	5940	10503	35.52	87.13	160211	41724	25146	47827	283.98	234.98
118	阿尔及利亚	81676	244937	186321	226325	−66.65	−63.91	158956	1062763	887942	1056421	−85.04	−84.95
119	加蓬	26163	15300	12462	7018	71.00	272.80	148368	103438	88777	73300	43.44	102.41
120	乌干达	8444	11612	2006	53	−27.28	15832.08	142831	80392	10260	796	77.67	17843.59
121	巴林	13060	9571	9018	24535	36.45	−46.77	134645	93194	201979	140102	44.48	−3.90
122	刚果	107318	42789	9073	21200	150.81	406.22	125955	71130	31828	16322	77.08	671.69
123	阿尔巴尼亚	20544	37909	20909	37877	−45.81	−45.76	107976	59311	139544	139305	82.05	−22.49
124	毛里求斯	9381	24875	26935	53375	−62.29	−82.42	100560	238318	186401	323596	−57.80	−68.92
125	古巴	12841	827	6998	6763	1452.72	89.87	86072	7628	159779	118230	1028.37	−27.20
126	文莱	2035	6453	8298	8257	−68.46	−75.35	80687	106879	126473	83449	−24.51	−3.31
127	新喀里多尼亚	3056	4045	2956	4203	−24.45	−27.29	79810	100577	69664	41432	−20.65	92.63
128	瓦努阿图	1486	1307	5017	5912	13.70	−74.86	78878	11365	17763	42265	594.04	86.63
129	大洋洲其他国家（地区）	3409	5798	2386	620	−41.20	449.84	66679	52186	31997	15403	27.77	332.90

续表

排名	国家和地区	数量（件）						金额（美元）					
		2022年	2021年	2020年	2019年	同比（%）（2021年）	同比（%）（2019年）	2022年	2021年	2020年	2019年	同比（%）（2021年）	同比（%）（2019年）
130	纳米比亚	16356	26163	4615	13703	−37.48	19.36	66390	20720	113830	39505	220.42	68.05
131	特立尼达和多巴哥	12867	27626	6776	44080	−53.42	−70.81	65658	137233	45620	153446	−52.16	−57.21
132	几内亚	15200	119714	133107	51030	−87.30	−70.21	57698	123609	83635	39877	−53.32	44.69
133	塔吉克斯坦	584	923	90	23168	−36.73	−97.48	54920	79267	3400	43500	−30.72	26.25
134	博茨瓦纳	7366	1176	6131	10943	526.36	−32.69	54831	10621	11611	44653	416.25	22.79
135	马耳他	266	10066	1987	6348	−97.36	−95.81	53226	708472	161672	133678	−92.49	−60.18
136	老挝	1869	465	297	3927	301.94	−52.41	50699	34176	8761	5642	48.35	798.60
137	爱沙尼亚	3912	5670	1969	13813	−31.01	−71.68	47988	75974	44267	75036	−36.84	−36.05
138	冰岛	1319	1097	64	134	20.24	884.33	47692	18027	7601	8034	164.56	493.63
139	毛里塔尼亚	60291	33232	44719	15430	81.42	290.74	42881	18964	17869	11270	126.12	280.49
140	塞拉利昂	127652	42046	45141	12091	203.60	955.76	42341	20774	23706	2624	103.82	1513.61
141	苏里南	2564	4	4080	4158	64000.00	−38.34	42063	8	9824	8215	525687.50	412.03
142	布基纳法索	23	900	2401		−97.44		40800	741	4630		5406.07	
143	所罗门群岛	3463	1933	1947	2319	79.15	49.33	38655	54455	48906	36215	−29.01	6.74
144	马尔代夫	2188	212	247	2017	932.08	8.48	38134	1962	3411	7577	1843.63	403.29
145	多米尼克	1826	57	108		3103.51		35310	687	924		5039.74	
146	埃塞俄比亚	22495	2358	12550	71431	853.99	−68.51	35260	25219	82630	108154	39.82	−67.40
147	法属波利尼西亚	865	3520	3275	1786	−75.43	−51.57	26705	87588	70145	37703	−69.51	−29.17
148	布隆迪	1733						26649					
149	委内瑞拉	30010	19866	628	13049	51.06	129.98	25905	49668	4967	57765	−47.84	−55.15
150	马提尼克	212	447	584	169	−52.57	25.44	24186	43440	756	793	−44.32	2949.94
151	摩尔多瓦	208	72	117	304	188.89	−31.58	22580	4710	20793	25130	379.41	−10.15

续表

排名	国家和地区	数量（件）						金额（美元）					
		2022年	2021年	2020年	2019年	同比（%）（2021年）	同比（%）（2019年）	2022年	2021年	2020年	2019年	同比（%）（2021年）	同比（%）（2019年）
152	佛得角	764	2334	2642	4868	−67.27	−84.31	20914	33373	4140	12848	−37.33	62.78
153	土库曼斯坦	1658	1554		90	6.69	1742.22	18810	17065		1871	10.23	905.34
154	塞舌尔	382	1331	13	255	−71.30	49.80	17852	21511	455	5301	−17.01	236.77
155	尼日尔	4759						15908					
156	卢旺达	2586	925	70	2156	179.57	19.94	13726	4205	73	70415	226.42	−80.51
157	圭亚那	5717	10010	6006	30194	−42.89	−81.07	12958	60917	13112	92851	−78.73	−86.04
158	汤加	3062	4047	1453	2006	−24.34	52.64	12718	44852	4326	7733	−71.64	64.46
159	索马里	109406	42445	38574	15960	157.76	585.50	12666	20835	13018	6895	−39.21	83.70
160	北马其顿共和国	4365	1186	15		268.04		12506	5588	196		123.80	
161	阿富汗	18123	7150	14507	3005	153.47	503.09	12301	1460	31911	7580	742.53	62.28
162	海地	9511	16323	20185	19706	−41.73	−51.74	11673	9110	13331	12833	28.13	−9.04
163	马拉维	76950	61297	96614	33685	25.54	128.44	11538	10900	18600	18403	5.85	−37.30
164	巴勒斯坦	409	295	3927	10685	38.64	−96.17	10947	1656	22454	3882	561.05	181.99
165	萨摩亚	1120	2229	7193	2576	−49.75	−56.52	10281	22315	71237	8631	−53.93	19.12
166	赞比亚	1665	1544	2143	33710	7.84	−95.06	9721	9642	109108	96944	0.82	−89.97
167	伯利兹	772						9269					
168	密克罗尼西亚联邦	85	180	108	42	−52.78	102.38	7907	1413	640	210	459.59	3665.24
169	留尼汪	1328	4085	2697	5535	−67.49	−76.01	7083	38102	9366	40140	−81.41	−82.35
170	马约特	140						5288					
171	黑山	681	588	541	2359	15.82	−71.13	4636	18671	697	1937	−75.17	139.34
172	社会群岛	126	357	393		−64.71		3930	4888	2529		−19.60	
173	库克群岛	30	30		380	0.00	−92.11	3800	1778		464	113.72	718.97

续表

排名	国家和地区	数量（件）						金额（美元）					
		2022年	2021年	2020年	2019年	同比（%）（2021年）	同比（%）（2019年）	2022年	2021年	2020年	2019年	同比（%）（2021年）	同比（%）（2019年）
174	圣卢西亚	2344	6577	16819	3623	−64.36	−35.30	3720	4135	3286	6454	−10.04	−42.36
175	巴哈马	1663	5308	560	1746	−68.67	−4.75	3621	38561	18160	29720	−90.61	−87.82
176	冈比亚	3344	50001	15836	15010	−93.31	−77.72	3486	13252	27091	7028	−73.69	−50.40
177	基里巴斯	718	136	62	30	427.94	2293.33	3433	193	1305	76	1678.76	4417.11
178	叙利亚	348	1452	69070	712474	−76.03	−99.95	2745	4215	235912	590041	−34.88	−99.53
179	波黑	2229	3500	841		−36.31		2646	2750	15605		−3.78	
180	赤道几内亚	4347						2392					
181	阿鲁巴	99						1939					
182	库拉索岛	264						1716					
183	安提瓜和巴布达	703	345	273	3069	103.77	−77.09	1329	1980	2148	8997	−32.88	−85.23
184	巴巴多斯	2357	403	777		484.86		1038	2385	1752		−56.48	
185	圣多美和普林西比	26	95	133	242	−72.63	−89.26	650	156	1056	2096	316.67	−68.99
186	法属圭亚那	338	236	4	827	43.22	−59.13	522	3580	1809	1157	−85.42	−54.88
187	图瓦卢	6						351					
188	卢森堡	30	135	4107	17017	−77.78	−99.82	313	2641	27141	29384	−88.15	−98.93
189	不丹	9	166			−94.58		134	3003			−95.54	
190	斯威士兰	3						76					
191	开曼群岛	1						44					
192	南苏丹共和国	1						35					
193	百慕大	2						30					
194	瓜德罗普	3	1174	19	2590	−99.74	−99.88	15	2827	1133	1520	−99.47	−99.01
195	格林纳达	4	120		289	−96.67	−98.62	8	1628		2152	−99.51	−99.63

续表

排名	国家和地区	数量（件）						金额（美元）					
		2022年	2021年	2020年	2019年	同比（%）（2021年）	同比（%）（2019年）	2022年	2021年	2020年	2019年	同比（%）（2021年）	同比（%）（2019年）
196	格陵兰	1						5					
197	马里		7142	1260	704	−100.00	−100.00		35114	96	20214	−100.00	−100.00
198	英属维尔京群岛		1			−100.00			16800			−100.00	
199	瑙鲁		938	30		−100.00			14231	1380		−100.00	
200	厄立特里亚		5	19		−100.00			9208	9500		−100.00	
201	乍得		4	1	160	−100.00	−100.00		2476	15152	1181	−100.00	−100.00
202	马绍尔群岛		75	95	1	−100.00	−100.00		975	2861	67	−100.00	−100.00
203	科摩罗		167		4	−100.00	−100.00		378		40	−100.00	−100.00
204	圣马丁岛		9	167		−100.00			65	1183		−100.00	
205	圣文森特和格林纳丁斯		12	420		−100.00			60	524		−100.00	
206	中非		5	7500		−100.00			10	465		−100.00	

2022年立式钢琴出口国家和地区

（按出口金额排序）

排名	国家和地区	数量（台）						金额（美元）					
		2022年	2021年	2020年	2019年	同比（%）（2021年）	同比（%）（2019年）	2022年	2021年	2020年	2019年	同比（%）（2021年）	同比（%）（2019年）
1	美国	3494	3401	2025	2623	2.73	33.21	6771609	6004033	3346275	4454117	12.78	52.03
2	德国	1868	2380	1643	1634	−21.51	14.32	3035446	3837168	2258981	2354432	−20.89	28.92
3	捷克	1204	731	179	236	64.71	410.17	2032541	1315540	300761	365699	54.50	455.80

续表

排名	国家和地区	数量（台）						金额（美元）					
		2022年	2021年	2020年	2019年	同比（%）（2021年）	同比（%）（2019年）	2022年	2021年	2020年	2019年	同比（%）（2021年）	同比（%）（2019年）
4	荷兰	860	1060	620	847	−18.87	1.53	1496529	1844769	1012144	1418572	−18.88	5.50
5	新加坡	606	908			−33.26		1444324	1897402			−23.88	
6	中国香港	576	1058	746	565	−45.56	1.95	1402048	2671922	1819369	1193224	−47.53	17.50
7	法国	799	1055	501	435	−24.27	83.68	1187190	1489037	615690	588821	−20.27	101.62
8	澳大利亚	502	1154	562	797	−56.50	−37.01	1139279	1593945	804511	1705133	−28.52	−33.19
9	俄罗斯联邦	449	332	654	339	35.24	32.45	858929	511993	950295	514450	67.76	66.96
10	波兰	672	862	553	865	−22.04	−22.31	826733	1021195	644902	955003	−19.04	−13.43
11	韩国	356	173	272	409	105.78	−12.96	660093	365971	573705	828253	80.37	−20.30
12	马来西亚	436	860	368	331	−49.30	31.72	639660	581336	374017	409169	10.03	56.33
13	意大利	444	399	316	496	11.28	−10.48	601255	576940	404881	463523	4.21	29.71
14	加拿大	246	648	210	191	−62.04	28.80	550334	1016070	325337	282907	−45.84	94.53
15	日本	200	413	272	482	−51.57	−58.51	500818	864461	473011	786520	−42.07	−36.32
16	阿联酋	352	181	127		94.48		496025	266477	172753		86.14	
17	比利时	270	739	592	681	−63.46	−60.35	492274	1281810	709045	936403	−61.60	−47.43
18	英国	287	539	399	577	−46.75	−50.26	400446	782305	547311	366116	−48.81	9.38
19	西班牙	15	15	38	60	0.00	−75.00	334411	27292	67967	84280	1125.31	296.79
20	中国台湾	69	67	115		2.99		330780	322040	219334		2.71	
21	越南	200	121	143	125	65.29	60.00	310399	353937	247504	237121	−12.30	30.90
22	土耳其	259	278	176	285	−6.83	−9.12	292475	296069	214654	316603	−1.21	−7.62
23	泰国	99	130	63	116	−23.85	−14.66	290956	186009	129943	171229	56.42	69.92
24	印度	156	145	69	148	7.59	5.41	272480	237537	209521	235345	14.71	15.78
25	奥地利	167	168	125	173	−0.60	−3.47	252561	280218	183528	256947	−9.87	−1.71

续表

排名	国家和地区	数量（台）						金额（美元）					
		2022年	2021年	2020年	2019年	同比（%）（2021年）	同比（%）（2019年）	2022年	2021年	2020年	2019年	同比（%）（2021年）	同比（%）（2019年）
26	巴西	320	359	170	318	−10.86	0.63	247863	283880	136949	228701	−12.69	8.38
27	新西兰	135	106	123	97	27.36	39.18	222529	300730	347741	243933	−26.00	−8.77
28	菲律宾	261	46	127	42	467.39	521.43	194862	66318	89404	60424	193.83	222.49
29	朝鲜	61	1	157	1200	6000.00	−94.92	185745	2800	211400	1874210	6533.75	−90.09
30	墨西哥	114	76	26	19	50.00	500.00	169938	95161	49277	22535	78.58	654.11
31	中国澳门	145	159	162		−8.81		167268	232287	237152		−27.99	
32	以色列	119	208	118	101	−42.79	17.82	158888	286606	170404	139672	−44.56	13.76
33	伊朗	76	36	90	42	111.11	80.95	134288	60516	157678	69887	121.90	92.15
34	爱尔兰	74	148	105	116	−50.00	−36.21	105910	184270	118610	107096	−42.52	−1.11
35	印度尼西亚	1027	37	28	270	2675.68	280.37	89690	92432	66683	428801	−2.97	−79.08
36	阿塞拜疆	77	94	41	72	−18.09	6.94	87067	139882	40496	85809	−37.76	1.47
37	哈萨克斯坦	54	24	20	66	125.00	−18.18	70777	31518	32923	90851	124.56	−22.10
38	塞浦路斯	42	47	73	71	−10.64	−40.85	66223	69379	102949	106899	−4.55	−38.05
39	瑞士	31						54304					
40	秘鲁	43	24	46	41	79.17	4.88	53937	30496	47969	49976	76.87	7.93
41	希腊	29	12	14	58	141.67	−50.00	46910	22708	24302	82702	106.58	−43.28
42	阿根廷	26	9	31	248	188.89	−89.52	43930	10935	50546	303638	301.74	−85.53
43	巴拿马	37	14	2	17	164.29	117.65	41700	16287	1891	18843	156.03	121.30
44	厄瓜多尔	29	41		50	−29.27	−42.00	40560	55367		66433	−26.74	−38.95
45	埃及	26						37164					
46	智利	23	18	13		27.78		37161	32953	19844		12.77	
47	哥伦比亚	24	5	10	61	380.00	−60.66	36420	7228	13412	80811	403.87	−54.93

续表

排名	国家和地区	数量（台）						金额（美元）					
		2022年	2021年	2020年	2019年	同比（%）（2021年）	同比（%）（2019年）	2022年	2021年	2020年	2019年	同比（%）（2021年）	同比（%）（2019年）
48	蒙古	6	15	6		−60.00		30630	11595	589		164.17	
49	黎巴嫩	12						27679					
50	突尼斯	15	68		34	−77.94	−55.88	20900	77384		40385	−72.99	−48.25
51	牙买加	4	1	15	5	300.00	−20.00	20858	1425	20772	4000	1363.72	421.45
52	阿曼	12						19568					
53	摩洛哥	14	13		14	7.69	0.00	19436	21651		17524	−10.23	10.91
54	波多黎各	13	10	10	10	30.00	30.00	19118	12568	11086	13645	52.12	40.11
55	马耳他	12	14	46	28	−14.29	−57.14	18744	23060	72752	42381	−18.72	−55.77
56	罗马尼亚	12	6	16		100.00		17910	7905	21520		126.57	
57	阿尔巴尼亚	14						17810					
58	加纳	9	4	10		125.00		13319	6071	12927		119.39	
59	文莱	6	16	8	12	−62.50	−50.00	13317	33932	16038	28010	−60.75	−52.46
60	莫桑比克	3	4			−25.00		9960	18296			−45.56	
61	南非	7	12	11	1	−41.67	600.00	9476	19313	16126	680	−50.93	1293.53
62	马达加斯加	9						8987					
63	多民族玻利维亚国	6	15	8		−60.00		7820	18350	11280		−57.38	
64	缅甸	95						7160					
65	乌克兰	2	8			−75.00		6890	10975			−37.22	
66	尼日利亚	1	17		21	−94.12	−95.24	6450	24048		9374	−73.18	−31.19
67	肯尼亚	5	2		39	150.00	−87.18	6180	2965		79842	108.43	−92.26
68	格鲁吉亚	4	13		24	−69.23	−83.33	6020	7277		28200	−17.27	−78.65
69	亚美尼亚	4						5776					

续表

排名	国家和地区	数量（台）						金额（美元）					
		2022年	2021年	2020年	2019年	同比（%）（2021年）	同比（%）（2019年）	2022年	2021年	2020年	2019年	同比（%）（2021年）	同比（%）（2019年）
70	巴拉圭	3	17			−82.35		4140	21190			−80.46	
71	危地马拉	3						3865					
72	老挝	1						2700					
73	乌兹别克斯坦	1						1950					
74	阿鲁巴	1						1867					
75	瑞典	1						1520					
76	乌干达	1						1500					
77	津巴布韦	1						1300					
78	立陶宛		17		13	−100.00	−100.00		40950		22751	−100.00	−100.00
79	丹麦		10	8	32	−100.00	−100.00		14700	11710	46110	−100.00	−100.00
80	伊拉克		11		29	−100.00	−100.00		11730		33975	−100.00	−100.00
81	斯洛伐克		7	8	16	−100.00	−100.00		10461	16800	21204	−100.00	−100.00
82	土库曼斯坦		20			−100.00			9000			−100.00	
83	沙特阿拉伯		31		1	−100.00	−100.00		8190		250	−100.00	−100.00
84	约旦		7		3	−100.00	−100.00		7890		3300	−100.00	−100.00
85	巴林		4	2	4	−100.00	−100.00		5000	2466	5603	−100.00	−100.00
86	萨尔瓦多		3		2	−100.00	−100.00		4200		2845	−100.00	−100.00
87	坦桑尼亚		1	5		−100.00			2770	7888		−100.00	
88	吉布提		3		5	−100.00	−100.00		2389		7697	−100.00	−100.00
89	刚果（金）		1			−100.00			1886			−100.00	
90	科威特		1			−100.00			1680			−100.00	
91	多哥		1			−100.00			385			−100.00	
92	孟加拉国		1	4	6	−100.00	−100.00		110	4652	8535	−100.00	−100.00

2022年三角钢琴出口国家和地区

（按出口金额排序）

排名	国家或地区	数量（台）						金额（美元）					
		2022年	2021年	2020年	2019年	同比（%）（2021年）	同比（%）（2019年）	2022年	2021年	2020年	2019年	同比（%）（2021年）	同比（%）（2019年）
1	美国	2483	2335	1216	1588	6.34	56.36	10131982	8858571	4633448	5839600	14.37	73.50
2	澳大利亚	246	166	143	194	48.19	26.80	3052104	1713092	1938775	1221862	78.16	149.79
3	新加坡	92	154	41	189	−40.26	−51.32	2173933	1357013	1550888	2220097	60.20	−2.08
4	中国香港	50	84	68	1898	−40.48	−97.37	1802543	2919022	2199543	466615	−38.25	286.30
5	日本	150	76	71	245	97.37	−38.78	1779977	468611	1306800	452374	279.84	293.47
6	捷克	337	213	363	328	58.22	2.74	1476537	1108733	1824635	1343636	33.17	9.89
7	德国	313	274	162	405	14.23	−22.72	1462128	1667002	789338	1325940	−12.29	10.27
8	泰国	45	48	48	67	−6.25	−32.84	1126773	321121	653888	552089	250.89	104.09
9	韩国	168	77	54	218	118.18	−22.94	923766	388155	307219	1166383	137.99	−20.80
10	中国台湾	38	37	26	419	2.70	−90.93	902955	1398627	1029095	1087655	−35.44	−16.98
11	加拿大	222	139	64	283	59.71	−21.55	868481	552195	649675	272484	57.28	218.73
12	马来西亚	72	50	43	202	44.00	−64.36	691067	585588	455142	524905	18.01	31.66
13	俄罗斯联邦	155	81	78	427	91.36	−63.70	611909	414374	371646	297490	47.67	105.69
14	阿联酋	126	71			77.46		611312	282978			116.03	
15	荷兰	104	191	80	169	−45.55	−38.46	534660	953527	477420	453167	−43.93	17.98
16	英国	117	158	151	376	−25.95	−68.88	476864	692971	628070	526339	−31.19	−9.40
17	巴西	138	117	82	115	17.95	20.00	438841	386737	266275	337722	13.47	29.94
18	新西兰	36	29	25	22	24.14	63.64	372316	357016	386435	355660	4.29	4.68
19	意大利	80	60	20	173	33.33	−53.76	334770	227378	75407	158468	47.23	111.25

续表

排名	国家或地区	数量（台）						金额（美元）					
		2022年	2021年	2020年	2019年	同比（%）（2021年）	同比（%）（2019年）	2022年	2021年	2020年	2019年	同比（%）（2021年）	同比（%）（2019年）
20	越南	30	11	28	25	172.73	20.00	309658	144077	488950	389014	114.93	−20.40
21	奥地利	59	25	27	49	136.00	20.41	297988	131977	124218	171086	125.79	74.17
22	法国	61	69	7	151	−11.59	−59.60	283734	324837	38766	228162	−12.65	24.36
23	印度	36	22	38	22	63.64	63.64	257496	382578	78877	109255	−32.69	135.68
24	印度尼西亚	16	15	1	27	6.67	−40.74	245755	174955	7665	96655	40.47	154.26
25	土耳其	64	35	23	33	82.86	93.94	217100	117685	78795	99354	84.48	118.51
26	波兰	36	42	39	65	−14.29	−44.62	166617	224955	167841	237207	−25.93	−29.76
27	白俄罗斯	30	15			100.00		137355	72800			88.67	
28	爱尔兰	38	68	60	61	−44.12	−37.70	129080	183630	157820	174511	−29.71	−26.03
29	菲律宾	29	12	8	224	141.67	−87.05	128517	82113	27043	102093	56.51	25.88
30	阿塞拜疆	35	32	20	33	9.38	6.06	127947	119421	67766	119222	7.14	7.32
31	比利时	24	41	230	86	−41.46	−72.09	125927	232687	358283	391230	−45.88	−67.81
32	以色列	38	47	10	26	−19.15	46.15	118564	164775	36199	63354	−28.04	87.15
33	南非	26	8	4	1	225.00	2500.00	101731	41147	16510	4939	147.24	1959.75
34	中国澳门	14	12	7	5	16.67	180.00	59696	30824	31067	27063	93.67	120.58
35	瑞士	10	2		5	400.00	100.00	54352	14740		24661	268.74	120.40
36	哥伦比亚	11	1	5	15	1000.00	−26.67	52318	13513	16932	53039	287.17	−1.36
37	哈萨克斯坦	14	2	10	10	600.00	40.00	51050	10000	35708	38995	410.50	30.91
38	朝鲜	7						49258					
39	伊朗	11	5	11	5	120.00	120.00	47335	28798	42102	22334	64.37	111.94
40	摩洛哥	6	11		1	−45.45	500.00	44156	64812		3176	−31.87	1290.30
41	刚果	1						38571					

续表

排名	国家或地区	数量（台）						金额（美元）					
		2022年	2021年	2020年	2019年	同比（%）（2021年）	同比（%）（2019年）	2022年	2021年	2020年	2019年	同比（%）（2021年）	同比（%）（2019年）
42	蒙古	2						32620					
43	厄瓜多尔	7	4		7	75.00	0.00	30124	16600		25364	81.47	18.77
44	墨西哥	7	16	11	70	−56.25	−90.00	27680	56487	39507	23769	−51.00	16.45
45	黎巴嫩	5	1	1	3	400.00	66.67	26515	185	11316	13620	14232.43	94.68
46	格鲁吉亚	6	72	2		−91.67		26384	162217	6570		−83.74	
47	智利	6	4	1	21	50.00	−71.43	23800	18735	3460	32097	27.03	−25.85
48	卡塔尔	1	2		6	−50.00	−83.33	22647	10280		35590	120.30	−36.37
49	马耳他	6	3	8	4	100.00	50.00	22380	13898	30353	16791	61.03	33.29
50	尼日利亚	2	14	1	2	−85.71	0.00	21631	57046	2735	8902	−62.08	142.99
51	塞浦路斯	5	9	6	9	−44.44	−44.44	20663	38740	30609	35277	−46.66	−41.43
52	秘鲁	6						20243					
53	古巴	3	1			200.00		19662	6505				
54	刚果（金）	1						18975					
55	巴拿马	6	3	1	2	100.00	200.00	17640	12850	5580	14368	37.28	22.77
56	埃及	5						14873					
57	利比亚	2						14442					
58	阿根廷	4	6	24	2	−33.33	100.00	14080	24960	87899	7818	−43.59	80.10
59	波多黎各	4	3	5	6	33.33	−33.33	13660	11160	21590	16904	22.40	−19.19
60	加纳	4	34	3		−88.24		13574	109368	10517		−87.59	#DIV/0!
61	乌兹别克斯坦	1	14		16	−92.86	−93.75	12780	1260		123734	914.29	−89.67
62	罗马尼亚	3	2	1	2	50.00	50.00	12670	6820	3260	3158	85.78	301.20
63	阿曼	3						12580					

续表

排名	国家或地区	数量（台）						金额（美元）					
		2022年	2021年	2020年	2019年	同比（%）（2021年）	同比（%）（2019年）	2022年	2021年	2020年	2019年	同比（%）（2021年）	同比（%）（2019年）
64	希腊	3	5	3	5	−40.00	−40.00	11801	33611	11216	22448	−64.89	−47.43
65	安哥拉	2	2			0.00		10946	10946			0.00	
66	科威特	3	1			200.00		10470	9697			7.97	
67	塞尔维亚	1	1			0.00		10000	10500			−4.76	
68	孟加拉国	1						9685					
69	阿尔巴尼亚	2						8348					
70	立陶宛	1						8320					
71	巴布亚新几内亚	2						8200					
72	埃塞俄比亚	1						7968					
73	大洋洲其他国家	1						5298					
74	多民族玻利维亚国	1						4860					
75	老挝	1						4200					
76	莫桑比克	1						4000					
77	科特迪瓦	1						3900					
78	瑞典	1						3640					
79	突尼斯	1						3533					
80	伊拉克	3	12	5		−75.00		1140	18640	11370		−93.88	
81	柬埔寨	2						760					
82	肯尼亚	1						500					
83	丹麦		11	21	24	−100.00	−100.00		45324	94114	57121	−100.00	−100.00
84	委内瑞拉		2			−100.00			29360			−100.00	
85	约旦		4		7	−100.00	−100.00		22190		22793	−100.00	−100.00

续表

排名	国家或地区	数量（台）						金额（美元）					
		2022年	2021年	2020年	2019年	同比（%）（2021年）	同比（%）（2019年）	2022年	2021年	2020年	2019年	同比（%）（2021年）	同比（%）（2019年）
86	乌克兰		5		1	−100.00	−100.00		17745		4705	−100.00	−100.00
87	巴拉圭		4		1	−100.00	−100.00		14180		7000	−100.00	−100.00
88	贝宁		1			−100.00			13489			−100.00	
89	牙买加		2	3	1	−100.00	−100.00		10460	9690	5230	−100.00	−100.00
90	沙特阿拉伯		1	1	29	−100.00	−100.00		4150	3300	23777	−100.00	−100.00
91	巴林		1	3	1	−100.00	−100.00		3900	30190	26173	−100.00	−100.00
92	黑山		1			−100.00			3637			−100.00	
93	西班牙		3	5	137	−100.00	−100.00		2129	43350	1014	−100.00	−100.00
94	巴基斯坦		1		1	−100.00	−100.00		1000		4999	−100.00	−100.00
95	纳米比亚		1			−100.00			680			−100.00	
96	坦桑尼亚		1			−100.00			200			−100.00	

2022年中国乐器海关进口量值

商品名称	单位	数量						金额（美元）					
		2022年	2021年	2020年	2019年	同比（%）（2021年）	同比（%）（2019年）	2022年	2021年	2020年	2019年	同比（%）（2021年）	同比（%）（2019年）
竖式钢琴（包括自动钢琴）	台	133695	178334	149872	189515	−25.03	−29.45	126401186	170151934	137127940	182475895	−25.71	−30.73
大钢琴（包括自动钢琴）	台	9284	9808	7656	8874	−5.34	4.62	97270892	101686435	79447866	85883133	−4.34	13.26
拨弦古钢琴及其他键盘弦乐器	台	389	287	697	433	35.54	−10.16	582970	704064	1313457	1118468	−17.20	−47.88
弓弦乐器	只	2564	4333	1755	1203	−40.83	113.13	1407748	1908347	769047	1404385	−26.23	0.24
其他弦乐器（如：吉他、小提琴、竖琴）	只	234883	264258	169152	216958	−11.12	8.26	36314935	29998036	18152815	20187856	21.06	79.89
铜管乐器	只	7049	8632	4644	8305	−18.34	−15.12	5051035	5015287	4072342	8195135	0.71	−38.37
键盘管风琴；簧风琴及类似的游离金属簧片键盘乐器	只	4005	169	275	417	2269.82	860.43	436857	1383357	1506817	862020	−68.42	−49.32
手风琴及类似乐器	只	5145	2651	884	3213	94.08	60.13	1969819	1681802	691673	1073629	17.13	83.47
口琴	只	108020	124107	89613	71248	−12.96	51.61	3008692	3424308	2443539	1810983	−12.14	66.14
其他管乐器，但游艺场风琴及手摇风琴除外	只	653748	443495	330240	384311	47.41	70.11	28351784	25013257	16026911	13743126	13.35	106.30
打击乐器（如：鼓、木琴、响板、响葫芦）	只	1078596	1663260	1220873	1845437	−35.15	−41.55	13521557	17201384	11288101	20812347	−21.39	−35.03
通过电产生或扩大声音的键盘乐器	只	113788	227958	133860	114498	−50.08	−0.62	70560919	62905792	54175481	57889044	12.17	21.89
其他通过电产生或扩大声音的乐器（如：电吉他）	个	121430	91787	68561	77797	32.30	56.09	51472476	31711043	22070480	20470901	62.32	151.44

续表

商品名称	单位	数量						金额（美元）					
		2022年	2021年	2020年	2019年	同比（%）（2021年）	同比（%）（2019年）	2022年	2021年	2020年	2019年	同比（%）（2021年）	同比（%）（2019年）
百音盒	个	7057	32487	22946	22622	−78.28	−68.80	795285	1020385	941408	760447	−22.06	4.58
未列名的其他乐器	个	721246	713401	467581	508968	1.10	41.71	920043	1282067	586302	902070	−28.24	1.99
乐器用弦	千克	479099	545069	547901	397678	−12.10	20.47	16263999	14473080	11405530	10688443	12.37	52.16
钢琴的零件、附件	千克	4910096	5879700	4866645	6891965	−16.49	−28.76	30303687	29689475	25357236	31027317	2.07	−2.33
弓弦乐器的零件、附件	千克	349365	365004	487779	309909	−4.28	12.73	10197540	9238683	7443820	7226202	10.38	41.12
电子乐器的零件、附件	千克	1808257	2481162	1719109	2160598	−27.12	−16.31	26325956	33416924	23536127	24201445	−21.22	8.78
节拍器、音叉及定音管	千克	36673	46373	47904	43514	−20.92	−15.72	1593827	2077102	2009484	1839659	−23.27	−13.36
百音盒的机械装置	千克	13209	972	16194	88656	1258.95	−85.10	421838	20243	75724	340888	1983.87	23.75
未列名乐器的零件、附件	千克	856819	828542	703004	1149899	3.41	−25.49	40750192	27727070	23291321	35417760	46.97	15.06
合计								563923237	571730075	443733421	528331153	−1.37	6.74

（数据来源：海关总署 中国轻工业信息中心 中国乐器协会信息部）

2022年中国乐器进口国家和地区

排名	国家和地区	数量（件）						金额（美元）					
		2022年	2021年	2020年	2019年	同比（%）（2021年）	同比（%）（2019年）	2022年	2021年	2020年	2019年	同比（%）（2021年）	同比（%）（2019年）
1	日本	5508772	6531889	5312743	7226483	−15.66	−23.77	165705947	188843710	154497482	170470280	−12.25	−2.79
2	印度尼西亚	2606617	3249348	2096331	3140104	−19.78	−16.99	140556499	134408644	92685025	138990811	4.57	1.13

续表

排名	国家和地区	数量（件）						金额（美元）					
		2022年	2021年	2020年	2019年	同比（%）（2021年）	同比（%）（2019年）	2022年	2021年	2020年	2019年	同比（%）（2021年）	同比（%）（2019年）
3	德国	534227	694910	653609	678231	−23.12	−21.23	75132438	78447191	65582307	64261691	−4.23	16.92
4	美国	233880	239653	408612	276369	−2.41	−15.37	52665786	34590544	22786808	25573468	52.25	105.94
5	中国台湾	971840	933251	778910	1486751	4.13	−34.63	22539099	20350415	15394170	22934565	10.75	−1.72
6	马来西亚	332534	525455	486550	521569	−36.72	−36.24	20114735	19499349	20712936	18488408	3.16	8.80
7	韩国	249557	372719	286737	299812	−33.04	−16.76	19972594	30993033	25962249	35083990	−35.56	−43.07
8	法国	38891	37554	24461	27582	3.56	41.00	17442584	17034873	10683647	9973967	2.39	74.88
9	墨西哥	36535	21412	16559	29880	70.63	22.27	16011365	6522908	4948749	6999519	145.46	128.75
10	意大利	242572	298625	182139	93791	−18.77	158.63	8690365	8854956	5123710	5574669	−1.86	55.89
11	捷克	4446	3857	3391	4193	15.27	6.03	4041259	4788105	4177544	6139562	−15.60	−34.18
12	中国内地	136255	165886	139188	193760	−17.86	−29.68	3569653	6195699	5056751	6589920	−42.38	−45.83
13	越南	67215	42499	2904	3521	58.16	1808.97	1969048	1468455	377067	371080	34.09	430.63
14	奥地利	1080	2284	8956	5123	−52.71	−78.92	1772763	2610076	2943284	2098953	−32.08	−15.54
15	荷兰	3953	3625	2593	3190	9.05	23.92	1699999	1973969	1501328	2224148	−13.88	−23.57
16	波兰	324	206	379	4214	57.28	−92.31	1654908	1004322	2128849	2249462	64.78	−26.43
17	加拿大	125332	90984	154392	159549	37.75	−21.45	1445497	2131607	1580704	2155107	−32.19	−32.93
18	印度	16040	122531	265663	25571	−86.91	−37.27	1280057	2448961	1578333	241880	−47.73	429.21
19	泰国	25801	71198	64378	74358	−63.76	−65.30	1036411	2301906	1785543	2222976	−54.98	−53.38
20	西班牙	141453	60561	56314	68369	133.57	106.90	877701	598646	419180	508568	46.61	72.58
21	尼泊尔	255437	367274	53625	29222	−30.45	774.13	816420	1009021	169401	76150	−19.09	972.12
22	英国	85026	42497	32242	79708	100.08	6.67	808574	1225075	711268	948631	−34.00	−14.76
23	瑞典	2263	5148	3591	5820	−56.04	−61.12	802076	952040	745155	925264	−15.75	−13.31
24	丹麦	1058	927	604	678	14.13	56.05	707406	875807	636386	598082	−19.23	18.28
25	新加坡	2633	314	140	129	738.54	1941.09	422019	9027	17688	7930	4575.07	5221.80

续表

排名	国家和地区	数量（件）						金额（美元）					
		2022年	2021年	2020年	2019年	同比（%）（2021年）	同比（%）（2019年）	2022年	2021年	2020年	2019年	同比（%）（2021年）	同比（%）（2019年）
26	朝鲜	3867	1373	310	2455	181.65	57.52	419551	441369	152233	160160	−4.94	161.96
27	土耳其	3464	4087	3409	6060	−15.24	−42.84	277723	408920	296828	476490	−32.08	−41.71
28	罗马尼亚	806	1938	1032	748	−58.41	7.75	196265	362808	119181	72326	−45.90	171.36
29	俄罗斯联邦	648	641	36	413	1.09	56.90	150334	177146	52457	116163	−15.14	29.42
30	瑞士	1642	747	1141	2757	119.81	−40.44	143110	109515	318894	560450	30.68	−74.47
31	澳大利亚	689	247	72	603	178.95	14.26	132009	39198	24234	92522	236.77	42.68
32	菲律宾	755	606	640	843	24.59	−10.44	109194	93295	94423	70134	17.04	55.69
33	芬兰	83	112	83	45	−25.89	84.44	100258	8053	33139	2507	1144.98	3899.12
34	阿根廷	745	1109	1463	1076	−32.82	−30.76	74426	82643	61126	82339	−9.94	−9.61
35	匈牙利	319	559	315	260	−42.93	22.69	63043	84729	50278	55405	−25.59	13.79
36	斯洛文尼亚	281	186	79	47	51.08	497.87	58259	57602	12206	9147	1.14	536.92
37	巴西	938	2507	585	357	−62.58	162.75	49917	99665	54758	43069	−49.92	15.90
38	比利时	159	139	47	71	14.39	123.94	49101	25456	5014	14380	92.89	241.45
39	埃及	481	500	189	501	−3.80	−3.99	45482	44377	12085	9288	2.49	389.69
40	斯洛伐克	49	1018	3	14	−95.19	250.00	45186	11734	3418	12025	285.09	275.77
41	几内亚	1457	1614	663	2643	−9.73	−44.87	35182	26595	14840	22319	32.29	57.63
42	葡萄牙	68	57	17	47	19.30	44.68	35107	21015	6976	19424	67.06	80.74
43	智利	5506	2285	250	1666	140.96	230.49	33935	6061	844	5840	459.89	481.08
44	保加利亚	1075	2359	1404	2445	−54.43	−56.03	28141	74542	51014	79408	−62.25	−64.56
45	中国香港	346	75	1832	1168	361.33	−70.38	27115	49889	26458	87163	−45.65	−68.89
46	克罗地亚	521	2			25950.00		23925	2087			1046.38	
47	缅甸	1454						18359					

续表

排名	国家和地区	数量（件）						金额（美元）					
		2022年	2021年	2020年	2019年	同比（%）（2021年）	同比（%）（2019年）	2022年	2021年	2020年	2019年	同比（%）（2021年）	同比（%）（2019年）
48	塞内加尔	795						11855					
49	伊朗	48	36	121	8	33.33	500.00	8267	1872	7314	1283	341.61	544.35
50	以色列	123	49	195	115	151.02	6.96	7803	7585	14761	9314	2.87	−16.22
51	巴拉圭	237						7225					
52	爱尔兰	1722	909	5713	9741	89.44	−82.32	6478	10327	32465	12962	−37.27	−50.02
53	秘鲁	1080	630	40	11937	71.43	−90.95	5736	2114	180	11224	171.33	−48.90
54	波黑	2						3624					
55	乌克兰	252	641	133	368	−60.69	−31.52	3109	8190	2384	10393	−62.04	−70.09
56	突尼斯	34	1	154		3300.00		2511	354	8055		609.32	
57	科特迪瓦	21	9		785	133.33	−97.32	2486	1045		15741	137.89	−84.21
58	柬埔寨	13	1	2		1200.00		1995	20	110		9875.00	
59	巴基斯坦	42	84	209	442	−50.00	−90.50	1920	6692	8253	32273	−71.31	−94.05
60	新西兰	3	108		68	−97.22	−95.59	1714	7696		6137	−77.73	−72.07
61	加纳	830	1680		2936	−50.60	−71.73	1526	3978		15329	−61.64	−90.05
62	哥伦比亚	1	6	83	38	−83.33	−97.37	1116	10308	7853	12676	−89.17	−91.20
63	阿联酋	2						1066					
64	哈萨克斯坦	11	71	59		−84.51		821	3965	1097		−79.29	
65	吉尔吉斯斯坦	47						727					
66	立陶宛	2	1	227		100.00		568	301	18227		88.70	
67	白俄罗斯	1	39	26		−97.44		532	1247	5956		−57.34	
68	爱沙尼亚	16	10		10	60.00	60.00	528	235855		204128	−99.78	−99.74
69	塞尔维亚	26						373					

续表

排名	国家和地区	数量（件）						金额（美元）					
		2022年	2021年	2020年	2019年	同比（%）（2021年）	同比（%）（2019年）	2022年	2021年	2020年	2019年	同比（%）（2021年）	同比（%）（2019年）
70	坦桑尼亚	11						152					
71	南非	2	97	10	32	−97.94	−93.75	147	3843	1565	6570	−96.17	−97.76
72	安道尔	0						70					
73	希腊	0	1			−100.00		40	361			−88.92	
74	博茨瓦纳	2						23					
75	格鲁吉亚		51		22	−100.00	−100.00		47620		33833	−100.00	−100.00
76	蒙古		61	710		−100.00			5860	6441		−100.00	
77	马里		493		2980	−100.00	−100.00		2057		13548	−100.00	−100.00
78	乌拉圭		1		6	−100.00	−100.00		1900		720	−100.00	−100.00
79	孟加拉国		1			−100.00			500			−100.00	
80	非洲其他国家（地区）		4			−100.00			371			−100.00	
81	乌兹别克斯坦		2			−100.00			255			−100.00	
82	埃塞俄比亚		10	1		−100.00			200	61		−100.00	
83	摩洛哥		2			−100.00			129			−100.00	
84	伊拉克		1			−100.00			112			−100.00	
85	阿富汗		2			−100.00			106			−100.00	
86	贝宁		10		1	−100.00	−100.00		92		100	−100.00	−100.00
87	挪威		8	2		−100.00			47	1850		−100.00	
88	尼日利亚		2	2		−100.00			35	35		−100.00	

2022年立式钢琴进口国家和地区

（按进口金额排序）

排名	国家和地区	数量（台）						金额（美元）					
		2022年	2021年	2020年	2019年	同比（%）（2021年）	同比（%）（2019年）	2022年	2021年	2020年	2019年	同比（%）（2021年）	同比（%）（2019年）
1	日本	63664	76375	69152	81771	−16.64	−22.14	75975099	95908728	82019782	91580235	−20.78	−17.04
2	印度尼西亚	11594	18975	12194	24188	−38.90	−52.07	27456580	40744613	25116991	49296464	−32.61	−44.30
3	韩国	56563	80042	66114	80294	−29.33	−29.56	12532957	21408043	18856048	28137417	−41.46	−55.46
4	德国	603	680	635	728	−11.32	−17.17	6159749	6965714	6241138	7379915	−11.57	−16.53
5	捷克	487	795	674	878	−38.74	−44.53	2377585	3195540	2569081	3575032	−25.60	−33.49
6	波兰	194	97	266	241	100.00	−19.50	1272695	678944	1663619	1419172	87.45	−10.32
7	中国内地	277	519	296	367	−46.63	−24.52	227744	321132	164783	182859	−29.08	24.55
8	中国台湾	154	512	275	615	−69.92	−74.96	113874	384132	188981	406483	−70.36	−71.99
9	美国	58	71	37	61	−18.31	−4.92	109453	73842	27396	166541	48.23	−34.28
10	奥地利	6	10	1	15	−40.00	−60.00	43658	133726	38565	54723	−67.35	−20.22
11	法国	24	73	23	31	−67.12	−22.58	41654	119752	24091	24007	−65.22	73.51
12	英国	50	69	61	76	−27.54	−34.21	34809	92313	46149	90253	−62.29	−61.43
13	斯洛文尼亚	1						14430					
14	斯洛伐克	1						10701					
15	荷兰	8	5	9	10	60.00	−20.00	9735	35517	16736	14711	−72.59	−33.83
16	丹麦	2	10	2	2	−80.00	0.00	6906	11017	1996	400	−37.32	1626.50
17	澳大利亚	3	1	1		200.00		4899	1430	2249		242.59	
18	中国香港	1	1			0.00		4695	1000			369.50	#DIV/0!
19	意大利	2	8	5	4	−75.00	−50.00	1595	5383	6468	3225	−70.37	−50.54

续表

排名	国家和地区	数量（台）						金额（美元）					
		2022年	2021年	2020年	2019年	同比（%）（2021年）	同比（%）（2019年）	2022年	2021年	2020年	2019年	同比（%）（2021年）	同比（%）（2019年）
20	瑞典	1	2			−50.00		1000	1499			−33.29	
21	芬兰	1	1	3		0.00		866	501	4332		72.85	
22	马来西亚	1	22	77	112	−95.45	−99.11	502	11350	86328	101270	−95.58	−99.50
23	格鲁吉亚		51		16	−100.00	−100.00		47620		29000	−100.00	−100.00
24	加拿大		8	29	29	−100.00	−100.00		4422	29422	36803	−100.00	−100.00
25	俄罗斯联邦		3	5	13	−100.00	−100.00		2125	2931	2575	−100.00	−100.00
26	比利时		1		7	−100.00	−100.00		1609		7222	−100.00	−100.00
27	印度		1		1	−100.00	−100.00		881		638	−100.00	−100.00
28	南非		1			−100.00			601			−100.00	
29	孟加拉国		1			−100.00			500			−100.00	

2022年三角钢琴进口国家和地区

（按进口金额排序）

排名	国家和地区	数量（台）						金额（美元）					
		2022年	2021年	2020年	2019年	同比（%）（2021年）	同比（%）（2019年）	2022年	2021年	2020年	2019年	同比（%）（2021年）	同比（%）（2019年）
1	德国	777	891	716	628	−12.79	23.73	47631565	49614080	39448167	36830091	−4.00	29.33
2	日本	5955	6417	5186	5383	−7.20	10.63	31564042	35882622	28968460	29887617	−12.04	5.61
3	印度尼西亚	2147	1962	1376	2241	9.43	−4.19	12857635	10427135	7162025	11300605	23.31	13.78
4	美国	102	98	65	120	4.08	−15.00	1915553	583238	509202	2488230	228.43	−23.02
5	捷克	69	75	92	117	−8.00	−41.03	1094504	1140609	1259744	1699454	−4.04	−35.60

续表

排名	国家和地区	数量（台）						金额（美元）					
		2022年	2021年	2020年	2019年	同比（%）（2021年）	同比（%）（2019年）	2022年	2021年	2020年	2019年	同比（%）（2021年）	同比（%）（2019年）
6	意大利	14	23	10	16	−39.13	−12.50	1028773	2164658	763154	902607	−52.47	13.98
7	奥地利	30	15	10	15	100.00	100.00	697566	653029	535239	1054488	6.82	−33.85
8	波兰	20	19	27	49	5.26	−59.18	307893	314471	461218	812730	−2.09	−62.12
9	韩国	135	237	115	222	−43.04	−39.19	73912	197194	108660	191274	−62.52	−61.36
10	中国	13	11	17	18	18.18	−27.78	38760	15258	82344	102052	154.03	−62.02
11	法国	8	15	3	10	−46.67	−20.00	33414	68541	23120	58386	−51.25	−42.77
12	英国	9	26	12	18	−65.38	−50.00	14234	112067	70225	193978	−87.30	−92.66
13	荷兰	2	1			100.00		5889	26863			−78.08	
14	匈牙利	1						3632					
15	澳大利亚	1	1		1	0.00	0.00	2799	5722		50686	−51.08	−94.48
16	加拿大	1						721					
17	爱沙尼亚		10		10	−100.00	−100.00		235855		204128	−100.00	−100.00
18	泰国		1			−100.00			145290			−100.00	
19	丹麦		4	1	1	−100.00	−100.00		98267	2689	281	−100.00	−100.00
20	俄罗斯联邦		1	21	14	−100.00	−100.00		1150	24647	33770	−100.00	−100.00
21	马来西亚		1		1	−100.00	−100.00		386		1204	−100.00	−100.00

年鉴

—2023—

CHINA MUSICAL INSTRUMENT YEARBOOK (2023)

行业篇 1

指标数据篇 103

协会工作篇 145

科技创新篇 204

职业技能篇 390

音乐教育篇 411

产业集群篇 425

海外信息篇 441

工作要点

中国乐器协会2022年工作要点

总体要求：以习近平新时代中国特色社会主义思想为指导，认真贯彻落实十九届六中全会和中央经济工作会议精神，强化党建引领，准确把握行业发展新要求，围绕乐器行业“十四五”规划总体目标任务，坚持稳字当头、稳中求进，坚持供给需求双向发力，以“人才建设年”为抓手，不断增强行业企业科技能力和创新水平，深化“两翼发力、六轮驱动”，持续构建行业“产学研用”融合发展多平台互动的新格局，为实现乐器行业“十四五”高质量发展进一步夯实根基积蓄能量。

一、不断提升政治素养，强化党建引领

2022年，协会党支部要进一步强化党建引领意识，巩固党史学习教育成果并将之转化为动力，通过持续不断的系统理论学习，提升政治站位，在思想上将服务行业发展工作摆进国家发展战略大局之中。

1．坚持党员学习制度，形成专题学、集中学、相互学、自己学四位一体的学习模式

2022年，要紧密联系行业实际，重点学习贯彻十九届六中全会、中央经济工作会议、全国两会、党的二十大等重要精神。还要安排提升业务能力、综合素质专题学习。每一专题由全体党员轮流领学。

2．巩固“两化”成果，恢复党建学习园地，继续由两个党小组轮流负责

“七 · 一”和“十 · 一”组织两次主题党日活动。坚持组织生活会制度，每年至少开展一次谈心活动。

3．党群工作联动

指导工会工作常态化，党建和团队建设活动相结合，全年开展2～4次团建加调研活动。

二、建立人才培养机制，助力产业发展

协会将2022年确定为全行业“人才建设年”。乐器行业要大力弘扬创新精神和工匠精神，多渠道、多形式助力行业人才队伍建设，要着重推进人才培养体制、机制的完善，构建高素质、高技能人才培育体系。要以“人才建设年”工作为统领，系统探讨、规划和推动全行业人才建设工作，2023年初将出台具体方案，研究实施细则，形成考核机制。

1．实施乐器行业领军人才培养计划

协会将整合业内外资源，组织对行业企业骨干队伍的系统性培训。以创二代为主体的企业发展战略、市场营销、企业管理、品控等方面的培训；针对技术总监层面的高级研修班，围绕科技创新和前沿科技等专项课题进行培训。从不同的方向上，多维度培育行业领军人才。

2．研究职业评价联合推动机制

国家职业大典包含乐器行业9个职业。目前，除钢琴调律师职业外，其他职业尚未完成职业能力评价体系建设。2022年，协会要加强鉴定站、培训基地的拓展与管理，要与相关分支机构、骨干企业，形成联合推动机制，按照“1+2+4+4”的工作节奏，抓紧落实职业标准、题库、培训教材的开发与建设工作，同期研究出台鉴定站、培训基地评价工作所需配套设施目录及其管理办法。

3．研究探索职业技能与人才培养的市场化合作模式

以行业总站、鉴定站、分支机构、骨干企业、

相关院校（所）为主体，探讨市场化合作模式。全行业要增强人才培养的紧迫感、使命感，各专业技能评价鉴定工作要夯实基础，突出重点，务求实效。到“十四五”末，职业能力评价总人数达到1.5万人以上；培育行业科技之星超过300人；行业工匠超过100人；轻工大国工匠超过4人。为赋能行业科技创新和规模效益持续提升奠定坚实的人才基础。

4．加强赛事平台建设

坚持开放、规范、高质量的原则，系统规划并办好国际提琴与琴弓制作、中国吉他制作等各类大赛，使赛事成为行业不断培养人才的一个重要平台。

5．加大社会音乐教师培训广度与力度

充分利用天津培训中心和各培训基地，拓展培训范围，丰富培训内容，规范培训体系。

三、持续“两翼发力”“六轮驱动”，推动科技创新

“两翼发力”与“六轮驱动”是协会在科技创新领域的重要工作思路与路径。2022年，协会要坚持这样一个思路，引导企业向科技要成果，让成果见效益。

1．要牢牢把握国家政策导向

在“双碳”战略的推进上要始终保持政治站位、积极响应；在能源“双控”统筹上要主动配合，克服困难保生产，调控成本增效益；要加大成果转化力度，形成市场，获得效益。要切实强化成果的转化和市场推广，让每一分钱的科技投入都获得回报；要继续加大科研与技术改造项目的投资力度，按照主营业务收入规模参考，行业规模在前20位的大中型企业要力争同比增长2个百分点，行业成长型及高技术企业要力争同比增长4～5个百分点。

2．完善科技创新体系

一是通过协会现有平台，引导企业关注并认真研究国家相关政策，把握政策机遇期和红利点，重点关注各级政府加大科技投入力度，着力打通科技成果转化的通路、拓宽企业科研融资的渠道、加快培育制造业优质企业方面出台的一系列政策与措施。二是要以现有的47家各级科技创新平台为基础，以企业为主体，以专家委员会为支撑，以项目为切入点，细化分工，商定子课题，明确责任，确定工期。采取项目制的方式，推动市场化运作，逐步形成有平台、有机制、有投入、有目标、有成效、有考核的科技平台市场化运营模式。三是要深度融合音乐教育产业，在乐器价值链的提升上做大文章。要深刻领会国家推动美育教育工作的政策，在“双减”政策的框架下研究市场发展新空间。全行业企业要积极参与到乐器“进殿堂、入大赛”和“进校园、进社区、进家庭”的目标践行中，寻求产品创新与音乐科技融合发展的新途径。2023年的“6・21国际乐器演奏日”活动要在演奏方式多元化和项目合作市场化方面力求有新的突破。

3．加大标准特别是团标与专利成果工作力度

加速团体标准的体系完善和研发，2022年标准制修订总量（含接转、新立项）达到45个以上，其中国标10个、行标30个、团标5个；专利授权总量努力突破1500个，发明专利占比要超过20%，注重成果的前瞻性、实用性、高端化和引领作用。

4．强化全方位服务职能

面对新形势、新任务、新要求，协会要始终把握“品质为王”，精心谋篇布局。一是完善和强化协会服务职能，明确当前和今后工作重点，在科技发展上，注重强化“创新组织、新品首发、成果申报与鉴定、专利成果应用与转化、职业能力评价、国际交流与合作”六大职能，为持续推动乐器行业全产业链科技创新保驾护航。二是充分发挥专家委员会的指导和引领作用，以六项主要职能为抓手，加大政策指导、规划推动、项目服务、中高端产品研发等工作力度，更好地突出产学研用联动效果，有效助力产品中高端和音乐人口的扩大。三是充分发挥分支机构的主导作用，利用好行业科技创新平台功能，促进项目市场化，推动成果产业化，围绕“六轮驱动”明确研究课题。分支机构要对号入座、主动领题、明确任务、统筹协作，协会将形成专项工作跟踪与考评机制，压实责任。四是产业集群要科

学制定产业提升规划，在国家政策方向把控和产业高质量发展方面多做研究，建议集群所在地政府在制定区域性产业扶持政策时，优先考虑科技创新、人才培育、研发平台、三品战略等要素，服务到点、支持到面。五是企业要成为科技创新的主力军。

5．组织一次行业科技论文评选活动

二季度推出方案，在全行业广泛发动，包括相关联的产业以及科研院所。三季度末进行评价，并通过协会平台及合作专业媒体进行刊载。科技大会上予以表彰。

四、树立开放创新理念，丰富渠道路径

2022年，要在协会三次主题专题研讨会的基础上，进一步树立开放创新的理念，在不断规范、不断完善的过程中，丰富工作渠道与平台。

1．专项会议平台

主要涵盖以下三大会议：

——理事（扩大）会：扩大会议规模。邀请产业集群管理机构、地方相关行业组织和相关大专院校科研院所代表参加。

——音乐教育大会：活动策划要在以往基础上，就论坛、讲座、对话、大师工坊等内容的选题与布局，进行科学化梳理与整合。

——科技大会：更名为中国乐器行业科技创新与产业发展大会，丰富拓展大会的内涵与外延；注重嘉宾与参会代表的跨界与融合，使大会成效向产业链延伸。

2．行业展示平台

主要涵盖以下几方面：

——上海展：展会活动要超前思考，提前策划，靠前参与，给全球同行以及合作方一个全新的感觉；展外活动的链接要认真研究，关注点是美育、中高端产品、市场；开展全球采购商的线上线下活动等。

——音乐生活展：要与举办地提前做好沟通，就展览的具体方案形成统一意见。

3．信息服务平台

——官网、官微、杂志、视频号。在服务形式多样化上进行尝试；跨界服务，拓宽视野；加大行业现状的调研范围和频率，综合多方数据信息再做统计分析，加大调研报告的频次与深度、实度，进一步提高行业经济运行和产业发展两个报告的质量水平。

4．赛事活动平台

——钢琴调律师职业技能竞赛。年内完成缩短赛期相关申报程序工作。

——国际提琴制作比赛。积极商研，就大赛具体工作细节确定具体工作方案，落实并推进大赛相关事宜。

——吉他制作大赛。就大赛赛制、评委人选、程序、评分标准等具体内容提出协会具体意见；提前确定大赛方案，成立大赛筹备小组。

——办好企业和分支机构为主的赛事活动。包括“敦煌杯”民族杯器乐大赛、肖邦国际少儿钢琴大赛、管乐专委会举办的行走管乐比赛等。要按照民政部相关规定和协会已经出台的相关规定，对赛事进行分类管理，保证赛事合规。

——“6·21国际乐器演奏日”系列活动：要鼓励各地、各合作单位在深度融合教育体系内的潜力上做文章。引导相关方面领会国家推动美育教育工作的政策，在“双减”政策的框架下研究、推动“6·21”活动。大力倡导演奏方式多元化；引导行业企业积极参与，支持乐器“进校园、进社区、进家庭”的目标践行，扩大音乐人口。

五、加强协会内部建设，提高服务水平

协会秘书处内部管理与建设直接关联为政府、为行业、为广大消费者的服务水平与服务质量。2022年，秘书处要在内部建设上下功夫，夯实服务基础。

（1）按照民政部要求和范本，修订协会章程；在原有基础上，进一步完善各项规章制度，各部门在年内制定各项工作的流程，制作新增制度与流程汇编。

（2）完善协会工作总思路中的四个“运行机制”。

（3）档案管理制度的完善和执行。协会的活动和开展的项目各类资料要及时整理、存储、备份。

（4）加强预决算管理。财务要按季度提供报表，并进行财务分析；按季度对部门创收指标落实完成情况进行汇总。

（5）加大国际合作力度。建立国际行业组织间的数据合作关系；积极为企业品牌、技术上开展国际深度合作的牵线搭桥。

2022年，原材料、人工、物流、国际贸易等成本很难降低，疫情依然有其不确定特性，产业发展面临的下行压力依然突出。协会工作受上述因素影响，面临的发展压力甚至生存压力不小。对此，我们必须有清醒且深刻的认识。

我们必须认真学习、深刻领会习近平新时代中国特色社会主义思想，科学认清宏观形势与产业发展态势，正确认识和把握行业发展新要求，变压力为动力，找准位置，提振信心，按照协会既定的长远目标，以创新的思维与创新的路径，在困难条件下寻找突破的机遇，精准发力，引领助推行业高质量发展的同时，不断扩大协会的凝聚力，彰显协会的引导力，壮大协会的经济实力，持续推动乐器全产业链科技创新迈向新征程，以实际行动向党的二十大献礼。

中国乐器协会2022年工作总结

2022年是中国共产党第二十次全国代表大会召开之年，是我国迈上全面建设社会主义现代化国家新征程、向第二个百年奋斗目标进军的关键一年。在这一年中，中国乐器行业迎来了最为严峻的挑战。疫情影响还在持续，国内市场仍未完全恢复，内需不稳，外需减缓，国际国内物流受阻，各项经营成本加大，规模企业受损严重，中小企业艰难维持，小微企业难以为继，艺培机构几近停摆，各类人才流失严重，全产业链条亟待稳固和修复。

在这一年中，中国乐器协会在国资委党委和中国轻工业联合会党委领导下，认真落实中央部署和上级党委要求，以党建工作为统领，持续围绕“乐器成为家庭标配，音乐成为生活刚需”的愿景目标，以“扩大乐器中高端产品比重”和“扩大音乐人口”为工作重点，不断加强自身服务能力和制度建设，持续夯实三个基础，完善六大平台；按照“人才建设年”工作整体规划，在科技、管理、教育等领域开展专项活动，不断增强行业企业的科技能力和创新水平，坚持稳中求进，供需双向发力，积极促进乐器全产业链的高质量发展。

一、坚定信心，结合行业加强学习和会员服务

（一）党建引领

2022年，中国乐器协会结合全国两会和党的二十大分别开展了全体专题学习活动，全面认真学习领会党中央国务院有关报告精神；通过国资E学平台参加国资委组织的“学习贯彻党的二十大精神网络学习班”；收集整理并发布会员企业学习二十大的有关信息；开展支部学习活动；转发工信部、人民网、央视网等发布的有关专题文章近30篇。王世成理事长在学习两会报告时提出“三个提高”——提高政治站位，提高行动自觉，提高能力水平。要求协会全体持续把共产党员的红色信念转化到日常工作中去，以实际行动践行党的宗旨，做好本职工作。

制定完成“党建双创活动”方案，围绕加强行业组织党的领导和建设，充分调动党员干部的积极性、主动性、创造性以及开拓创新的精神，营造鼓励勇于探索创新的党建工作氛围，使党建工作在行业服务过程中，充分发挥引领作用。坚持党建与业务工作深度融合的原则，创建“党建+”工作方式，创建“两个一”党建工作品牌，即创建一支懂行业、能创新、善谋划、敢担当的党员队伍；创建一套高

效率、讲科学、重结果、能协调的工作流程。切实增强协会在行业中的影响力与凝聚力。

（二）产业为基

2022年，尽管疫情给行业工作带来诸多不便，协会抓住时机，对河南兰考、山东郯部、河北肃宁、江苏黄桥等产业集群，北京星海、常州吟飞等企业及下留念工作室等进行考察调研。就产业发展、技术创新、资源整合、项目合作等内容进行交流，并对企业发展出实招，谋实效。

针对国家减税降费等扶持政策落地情况、上半年企业经营状况等，与长三角地区和来自全国其他9个地区的19位企业家进行了座谈交流。代表发言有亮点、有担当、有困惑、有信心，充分反映出疫情下骨干企业稳产兴业的魄力与信心。王世成理事长提出了发展建议和要求，并强调协会将加大诉求反映力度，企业要变压力为动力，深化“产、学、研、用”融合，促进产业优化升级，依靠科技创新推动行业高质量发展，以实际行动迎接党的二十大的胜利召开。

中国乐器协会八届三次理事（扩大）会议主会场设在北京，同时在天津、江苏扬州、山东郯部等乐器产业集群设立分会场。王世成理事长和在京的行业顾问专家、副理事长、常务理事、理事等21人莅临主会场。各产业集群属地相关领导以及来自全国各省市140名代表，通过视频连线参加会议。大会审议通过了2021年度理事会工作报告、财务报告及中国乐器协会第八届理事会人事调整议案，3家企业代表进行了人才建设经验交流，大会对2021年度中国乐器行业50强及先进集体进行了表彰。王世成理事长最后勉励全体行业同人，不忘初心，牢记使命，攻坚克难，砥砺奋进，深化“产、学、研、用”结合，促进产业优化升级，打通科技创新堵点，提升音乐教育水平，依靠科技创新与音乐教育的有效融合，推动行业高质量发展。

产业集群、分支机构、地方行业协会工作会上，分布在上海、江苏、浙江、贵州、河北、山东、北京、广州等地的产业集群、分支机构、地方行业协会及乐器企业代表等，共78个终端130余人线上参加会议。会议肯定了产业集群、分支机构和地方行业协会等乐器产业相关平台组织在产业发展中所发挥的重要作用，对下一步的工作提出了具体要求和建议。

（三）服务至上

为了更好地开展会员服务，协会在2022年初对服务内容进行了汇总，整理形成五方面19项服务内容，并在网站和微信平台进行发布，让会员更深入地了解自身权益，也更增强企业的入会积极性，为更系统、更高效地开展会员服务提供思路。

配合国家文旅部《关于做好文化艺术类校外培训管理相关工作的通知》要求，为深入了解艺术培训机构的真实状况和现实需求，推动相关教育行业政策的调适，面向全国艺术培训机构开展“关于艺术培训机构现状调研”。并将收集到的艺陪机构面临的困境和行业发展诉求向有关部门反映。

向国家海关总署动植物检疫司上报《关于请恢复越南蟒蛇皮进口许可的请示》，建议在国家林草局已恢复进口证明书的基础上，尽快恢复越南蟒蛇皮进口审批，引起了相关部门的重视。随着最新《进出口野生动植物种商品目录》以及一系列政策的出台，切实为企业纾困解难，实际解决了民族乐器生产资料短缺问题，行业反映诉求见到实效。

中国轻工业联合会、中国乐器协会共同组织行业专家组，对河南省兰考县申请共建“中国民族乐器之乡”产业集群进行了实地考评。专家组一致认为河南省兰考县符合产业集群申报条件，同意河南省兰考县“中国民族乐器之乡”通过考核评审，并顺利通过了中国轻工业联合会审核。

中国乐器协会通过中国轻工业联合会向人力资源和社会保障部申报的“乐器设计师”（职业代码：4-08-08-24）和“研琴师”（职业代码：4-08-08-25）两个新职业，成功列入人力资源和社会保障部新修订的《中华人民共和国职业分类大典》。与原国家职业分类大典中乐器行业的9个职业一起，11个乐器职业为培养一线的能工巧匠队伍提供了依据和保障。

协会信息平台累计发布信息681条，较2021年增长19%；其中企业信息255条，政策信息150条，其他信息276条。撰写行业调研报告、数据分析报告累计

16篇。翻译海外信息5条。平台阅读量251865人次，同比增长23%，公众号关注人数13818，同比增长38%。

在《中国乐器》杂志原有栏目基础上，结合当前形势和行业发展，设置“政策汇编栏目”，累计发布宏观经济、税费减免、企业生产、外贸外资、教育培训等政策信息34条。开辟“技能强国、创新有我”主题征文活动，先后报道了轻工大国工匠郑荃、陈德然，科技之星顾冰峰、赵哲、周力、于慧东等21位行业先进科技工作者的创新事迹。完成了《中国乐器年鉴（2022）》的编辑发行，设有行业、指标数据、协会工作、科技创新、职业技能、音乐教育、海外资讯7个栏目，累计85万字。

二、不忘初心，多措并举促进行业高质量发展

乐器行业发展至今，早已形成全产业链协同发展的局面。结合国家此前提出的构建“双循环”新发展格局和《中共中央　国务院关于加快建设全国统一大市场的意见》，中国乐器协会在“科技”+“人才”领域加大了工作力度。

（一）科技是第一生产力

协会以行业专家委为支撑，搭建了完整的科技创新工作体系，并引导全行业围绕科技创新综合水平提高定目标、拿措施，效果是显而易见的。行业科技创新平台在原有47个基础上上升到56个，增加了19%。22家规模以上企业全年完成科研投入44528.54万元，技术改造投入16898.92万元，科技创新投入强度达到5.23%，明显高于轻工行业的平均水平。目前全行业已有吟飞、幻音、奇美、艾立卡等8家企业，被认定为省（市）级专精特新“小巨人”企业。海伦、乐海、北京珠江、北京罗兰盛世、乐界乐、森鹤等38家企业被认定为省（市）级“专精特新”中小企业。另外，2022年工信部组织开展的第7批制造业单项冠军企业培育遴选中，天津市津宝乐器有限公司榜上有名；珠江钢琴集团作为第一批单项冠军产品入选企业再次通过复评。

标委会按计划完成了21项标准的审定和报批工作，另有21项标准将陆续研发报批；其中《乐器有害物质限量》强制性国家标准的审定与报批工作已提交，国家市场监管总局（国家标准委）2022年第19号公告批准发布《乐器有害物质限量》强制性国家标准。编号为：GB 28489—2022，将于2024年1月1日正式实施。另外，在中国轻工业联合会申报备案的7项团标，2021年底已发布1项，还有6项团标在研。另一方面，从国家知识产权局发布的专利成果统计，本年度乐器行业累计授权专利1453项，同比增长11.7%，发明专利和实用新型专利两项达到1130项，占专利总量的77.8%，同比增长10.6%；涉及研究与创新类的专利482项，占总量的33.2%，为历年之最，这充分说明乐器行业专利创新水平在不断提高。

协会积极指导企业申报中国轻工业科学技术奖，推荐的16个项目全部入围，经中轻联组织专家评审，获一等奖项目1个，二等奖2个，三等奖5个。2022年工信部组织开展《升级和创新消费品指南（轻工第九批）》的编制，乐器行业有9项中高端新品入选，其中升级消费品4项，创新消费品5项。珠江、得理、吟飞、津宝4家企业荣获中国轻工业“数字化转型先进单位”称号。“全球业界首发新品”有近70家企业研发的110多项新品申报参与评选，将在下届的上海国际乐器展览会期间向全球发布。

2022年度的行业科技创新与产业发展大会受防疫工作影响，推迟到了2023年1月10日，以线上线下结合方式召开，大会主题为“科技·人才·创新·融合·发展”。在京的协会领导、副理事长、企业、分支机构负责人等，在中国乐器协会主会场出席了会议。河南兰考、浙江余杭中泰、河北肃宁、贵州正安、江苏扬州、江苏黄桥、天津静海、浙江洛舍、北京平谷、山东郾部、河北饶阳11个产业集群所在地，珠江钢琴、上民一、天津津宝、得理、乐海、蔚科、凤灵、长沙幻音等30多家企业，设立了线上分会场，150多人参加了会议。

中国乐器协会理事长王世成在主旨讲话中，全面系统地总结了过去一年乐器行业科技创新和人才建设工作。指出2022年工作的“六个提高”——科技创新综合水平持续提高，中高端产品比重不断提高，行业大项目投资增量整体提高，标准与专利研发能力日趋提高，数字技术应用与投资有序提高，“专精特新”创建大幅提高。同时，“人才建设年”

各项工作也围绕“高技能、高素质、高标准”顺利推进，取得预期效果。

会议还听取了长沙幻音、北京乐界乐的创新经验分享，见证回顾了津宝、金韵、艾茉森、雅特4家公司的产学研用融合项目签约，对获得中国轻工业联合会“科学技术奖”以及中国乐器行业“科技十强企业”“科技之星”“行业工匠”评选等方面取得优异成绩的会员企业和个人，进行了通报表彰。

（二）人才是第一资源

召开“相信音乐，热爱生活”2022国民音乐教育大会，奏响新时代的华彩乐章。通过主题发言、圆桌论坛、大师课、音乐教育工作坊等形式，量身定制民乐进课堂、音教新课标等精彩折子戏，汇聚了吴斌、周海宏、郑莉、刘沛、章红艳、张天彤等国内80位音教大咖联袂奉献的60场名家大师讲堂，让近1000名一线音乐教师兴奋不已、流连忘返，对提升基层音乐教育工作者的能力和素养起到积极作用。

大会特别策划组织了民族器乐展演活动，由中央音乐学院教授章红艳担任评委会主席，114位民乐专家组建权威专业评审团，全国各地1700多名青少年在琵琶、古筝、二胡、扬琴、古琴等11个项目展开才艺竞演，更加彰显主办方“音乐成为生活刚需，乐器成为家庭标配”的初心使命。

在黄桥开展的“专业技术人员高级研修班”，国际提琴制作大师郑荃教授，中央音乐学院教授韩宝强，中国轻工业联合会质量标准部主任王旭华，沈阳音乐学院教授邵申弘，南京艺术学院副教授刘文荣5位主讲，从产品标准、乐器材料的结构剖析、声音品质的认知、测试与分析，乐器设计的互适性以及乐器的发展历程五大领域开展授课。来自江苏常州、苏州、扬州、泰兴、无锡、江阴、靖江，广东广州、浙江宁波、湖北宜昌、福建福州、湖南长沙、河南兰考、河北沧州、北京市的15个省市地区，42名会员单位分管技术总经理（副总）、技术总监、总工程师、专业岗位技术骨干参加。体现了全行业对科技创新、人才培养工作的高度重视。

开展乐器行业“技能强国、创新有我”主题征文活动，弘扬大国工匠情怀、体现科研创新精神，激励乐器同人坚守初心、担当使命，富有强烈的感染力。

与南京艺术学院合作开展全国乐器学研究高峰论坛，得到相关专业院校、科研院所、乐器企业等单位以及专业制作师、乐器研究与改良爱好者积极响应，共征集论文103篇，涉及乐器创新、研发、改良与成果应用类的33篇，由乐器行业提供的论文28篇。综合反映出行业科技创新综合水平的不断提高。

加大职业技能培训工作力度。对包括“斫琴师”和“乐器设计师”两个新职业在内的11个被列入国家职业分类大典中的乐器职业，制定了各个专业的标准、教材与题库编写计划，并已有相关分支机构领题。召开了《乐器行业国家职业技能标准》编制启动会议，80余人线上参加会议。中国就业培训技术指导中心党委副书记葛恒双、中国轻工业联合会业能力评价中心综合处处长雷尧、中国就业培训技术指导中心标准处副处长贾成千到会。会议指出职业技能标准的编制意义重大，要从技能人才培养与产业发展的高度认识这项工作的意义，要把握行业发展趋势，紧跟技术和岗位发展变化，围绕人才培养和评价需要，并严格按照规程要求去做。会上还详细介绍了《国家职业技能标准编制技术规程》的相关内容。

在已有的钢琴调律师职业技能考评鉴定工作中，各鉴定站、基地发挥地区优势，全年考评鉴定600人次。截止到目前钢琴调律师专业已累计完成考评鉴定10310人次。

社会音乐教师培训是结合行业实际，在2018年开始推进的音乐教育项目，目前累计培训小提琴、钢琴、古筝、古琴、吉他、电吉他、打击乐、奥尔夫音乐教学法等教师近3000名。得到市场的积极评价，符合市场需求，后续将加强管理办法的制定，进一步规范并持续推广。

（三）市场是决定因素

2022年是我国全面建设社会主义现代化国家、向第二个百年奋斗目标进军的关键年。协会致力于扩大音乐人口，激活潜在乐器市场，提高乐器普及率，促进乐器产业发展，更好地助力全面小康社会建设。

上海国际乐器展作为最主要的市场化展示交流平台，尽管因为疫情没能举办，但组委会特别策划了“云上音乐周”活动，包括“乐器新品周”产品云展示、“音乐科技实验室”创新产品云推介、“商贸洽谈间”买家云对接、“官方直播间”品牌云宣传四大板块，向20年来始终追随和支持乐展的参展商提供强有力的数字化支持。活动以专业的第三方视角传播音乐、乐器相关行业资讯，打破时空局限，联结全球乐迷，为企业打通了更广阔的线上渠道，促成了音乐和乐器产业的交融。国际钢琴艺术家郎朗受邀成为Music China全球公益大使，一起“开启音乐梦想，奏出完美旋律”。

“中国6·21国际乐器演奏日”于夏至时节盛装启幕。全国183座城市，800家单位创意策划2500场专题汇演，30多万爱乐民众致敬红色经典，讴歌伟大祖国，喜迎党的二十大。在组委会的精心策划下，2022年的活动创意新、亮点多，线上线下倾情互动。组委会还与天猫、抖音两大互联网平台合作策划了“天猫6·21云上演奏会”“抖音直播6·21乐器演奏日”系列线上活动。卞留念、方锦龙、刘月宁、汪洋、李翔、邓建栋、刘正辉众多名家大咖参与其中，在云端掀起了乐器演奏日的流行风潮。行业几十家骨干企业利用互联网平台的流量及传播优势，设置了演奏视频上传及线上乐器知识学习答题的多元化参与形式，参演人数在5万人以上。

协会还组织或支持开展多项器乐文化活动，包括国民音乐教育大会展演、第五届“敦煌杯”中国二胡演奏比赛、“普乐杯”青少年民族器乐展演、首届“CMIA国际室内乐音乐节”暨“中乐协杯”西洋乐器室内乐团展演、“国音杯”音乐艺术展演等活动，均取得圆满成功。

2022年，在疫情困扰和市场低迷的特殊时期，协会全体人员始终与行业同人们并肩战疫情、同心忙复工、携手谋发展，按照理事长办公会确立的“两个保障”开展工作，既实现了秘书处各部门对行业综合服务的“全方位服务保障”，又体现了行业专家委员会在技术创新、标准研发、产业咨询、项目评审以及行业管理等方面的“专业化服务保障”。全行业发展趋稳，未来将随着市场活动的正常化逐步回升，但此次新冠带来的冲击影响还将持续一段时间，期待在全行业的创新融合发展中逐步走出阴霾，迎来更灿烂的明天。

中国乐器协会八届三次理事（扩大）在线会议在京隆重召开

为贯彻落实十九届六中全会、中央经济工作会议和全国两会精神，围绕《中国乐器行业“十四五”发展规划》总体目标，统筹推进“人才建设年”各项工作，2022年4月12日，中国乐器协会八届三次理事（扩大）在线会议隆重召开。本次大会线上线下同步举行，主会场设在北京，同时在天津、江苏扬州、山东郿部等乐器产业集群设立分会场。中国轻工业联合会党委副书记、中国乐器协会理事长王世成，专职副理事长孙瑞勇、陈晋武，国际提琴制作大师、大国工匠郑荃，国家一级作曲家、演奏家卞留念，中国科学院声学研究所副所长杨军等在京行业顾问专家和副理事长、常务理事、理事等21人莅临主会场。各产业集群属地相关领导以及来自全国各省市140名代表通过视频连线参加会议。

大会审议通过了2021年度理事会工作报告、财务报告及中国乐器协会第八届理事会人事调整议案，3家企业代表进行了人才建设经验交流，大会对2021年度中国乐器行业50强及先进集体进行了表彰。

一、贯彻新发展理念，构建新发展格局

王世成理事长在工作报告中首先总结回顾了2021年的工作。我国乐器行业以“党建工作”为统领，以“高质量发展”为主题，以《中国乐器行业

“十四五”发展规划》为指导，按照“科技创新年”工作整体安排，引导全行业实施“两翼发力、六轮驱动”，全力推进“四个一”工程。全行业攻坚克难，在轻工行业率先止损企稳，实现了“十四五”平稳开局，彰显了乐器产业的中国力量。王世成理事长代表中国乐器协会，向全国乐器同人和关心支持乐器行业改革发展的各级政府部门、社会各界朋友，致以崇高的敬意和衷心的感谢。

综观2022年宏观形势，全球市场受到地缘局势和增长前景不明的双重夹击。中国乐器协会按照“人才技能化、项目产业化、融合体系化、服务多元化”的工作总基调，并从国家战略、人才建设、科教融合、强化服务、表彰激励5个维度统筹布局“人才建设年”。

一是建议会员企业坚持创新驱动，深化供给侧结构性改革，打好“卡脖子”技术攻坚战，加大科研成果转化，畅通内外循环，贯彻新发展理念，加快构建新发展格局。二是以“两翼发力、六轮驱动”为抓手，多措并举创办各类人才培养模式，探索专业院校人才联合委培模式，强化职业技能考评鉴定，推动人才队伍建设再上新台阶。三是优化完善科技创新体系，加快培育制造业优质企业，借势中国轻工业联合会评价工作，发挥“三级联动”科研工作体系引领作用，加强“美育教育”“双减”双重政策研究，做大音乐教育产业，寻求产业与教育融合发展新途径。四是注重把握行业高质量发展新方向，加强机构集群、标准修订、专利申报工作，加强行业数据直报系统工作，撰写行业经济运行报告、白皮书，建立国际间信息数据互通机制，助力企业品牌文化建设。五是结合行业和会员企业需求，持续完善评价表彰和赛事活动，推动行业企业加快创新发展，拓展器乐文化事业，培育、挖掘潜在消费群体，创造新的增量市场。

目前，全球经济处于供给冲击滞胀局面，王世成理事长用7句话勉励行业同人抗压前行：挑战呼吁担当，信心即是黄金；坚守稳中求进，用足政策红利；加大科研投入，专注核心竞争力；品牌支撑发展，人才决定兴衰；控成本保现金流，精益管理增效益；做好数字化加减法，市场博弈智者胜；把握规则变化，巩固行业共同体。

二、探研新市场环境，推进“人才建设年”

2022年，是乐器行业迈进“十四五”规划的第二个年头，更是协会秘书处统筹推进“人才建设年”，提升行业核心竞争力的关键之年。作为本届理事会新当选的副理事长，国家一级作曲家、演奏家卞留念，中国科学院声学研究所副所长杨军博士表示，非常荣幸成为乐器协会大家庭的成员。在互联网云时代，乐器科技迅猛发展，乐器创新、制造、传播方式呈现颠覆性发展景象，乐器产业面临前所未有的技术变革。行业同人需凝心聚力，抱团发展，在科技创新、艺术教育领域展开“产、学、研、用”跨界资源融合，实现软硬件同步创新应用，务实推进从乐器大国向乐器强国迈进。

人才是企业发展的根本，拓展产业链是行业发展的关键因素之一。为探研乐器产业发展如何适应新环境，推进人才队伍建设，大会秘书处邀请广州珠江钢琴集团副董事长兼总经理肖巍、上海民族乐器一厂有限公司新艺民族室内乐团行政总监戴德岳、北京中音中音科技有限公司董事长赵易天，分别以《技术人才筑牢产业根基》《艺术团队拓展产业链条》《现代科技加速产业发展》为题进行了创新理念分享。

企业发展以人为本，对实体制造业尤为如此，加强技术技能型人才的培养，是构建新发展格局、企业实现高质量发展的重要根基。肖巍表示，多年来，珠江钢琴集团大力弘扬劳模精神和工匠精神，优化技能人才培养机制，通过制度搭建、系统培训、环境营造等方式，培养技术创新“生力军”，引导和激励技能人员钻研业务，学习知识，创新技术，进一步提高技能水平。戴德岳同样认为，正是基于完善的薪资保障、市场化项目运作，以及敦煌品牌与民族音乐文化创意融合所形成的良性激励机制，上海民族乐器一厂创建的馨艺民族室内乐团才有了17年的长足进步，企业的人才队伍建设才取得扎实进展。

“科技推动产业发展，从乐器开发角度看，复合型人才是科技创新的核心要素之一。”赵易天表示，中国乐器协会成立未来音乐科技专委会，跨界融合演奏家、声学院所专家等乐器行业外部资源，通过艺术家提出的新的应用需求，将创新技术转化成落地的产品，由此推而广之，实现将产品成为消费者的“标配”与“刚需”。只有制造者、演奏家、普及消费者构成消费的金字塔后，科技创新与市场推广才能走上良性的发展轨道。

三、打通科技创新堵点，推动产业优化升级

2022年，乐器行业依然面临很多困难和挑战，行业发展任重道远，王世成理事长最后勉励全体行业同人，不忘初心，牢记使命，紧密地团结在以习近平同志为核心的党中央周围，弘扬北京冬奥精神，攻坚克难，砥砺奋进，深化“产、学、研、用”结合，促进产业优化升级，打通科技创新堵点，提升音乐教育水平，依靠科技创新与音乐教育的有效融合，推动行业高质量发展，以实际行动迎接党的二十大的胜利召开，为持续实现“乐器成为家庭标配、音乐成为生活刚需”的愿景目标，共同建设现代化乐器强国不懈奋斗！

本届理事会各项议程由副理事长孙瑞勇主持，副理事长陈晋武作财务报告，秘书长刘勇宣读中国乐器协会第八届理事会人事调整议案。大会最终表决通过增补国家一级作曲家、演奏家卞留念，中国科学院声学研究所副所长杨军，北京乐器研究所副所长张鑫，管乐专业委员会主任赵瑞林，北京中音中音科技有限公司董事长赵易天，江苏奇美乐器有限公司董事长张龙贵，烟台金斯波格钢琴有限责任公司总经理张绪斌为八届理事会副理事长。

王世成理事长在中国乐器协会八届三次理事（扩大）会议上的讲话

（2022年4月12日）

各位理事，各位同人，大家上午好！

现在我代表中国乐器协会向大会报告理事会工作，请予审议。

第一部分 2021年工作总结

2021年，是中国共产党成立100周年，是“十四五”规划开局之年，一年来，中乐协认真落实中央部署、国资委和中国轻工联党委要求，以党建工作为统领，以高质量发展为主题，以《中国乐器行业“十四五”发展规划》为指导，按照“科技创新年”工作整体安排，引导全行业实施“两翼发力、六轮驱动”，全力推进“四个一”工程，强化基础能力建设和质量效益持续提升，各项工作取得明显效果，实现了“十四五”平稳开局。

2021年，面临疫情影响、原料价格高居、外贸渠道不畅、人工成本攀升、市场需求不足等困难，全行业攻坚克难，抱团发展，保证了乐器行业在轻工领域率先止损企稳，呈现出“四增、一降、一升、两带动”的特点。“四增”即增加值同比增长13.40%，高于轻工业11.10%的平均水平；营收增长13.30%；利润增长21.70%，高于轻工业7.40%的平均水平；主营利润率6.74%，高于轻工业6.30%的平均水平。“一降”表现在利润总额同比2019年疫情前及两年平均分别下降6.26%和3.18%。“一升”特指规模以上企业经营成本同比增长12.76%。“两带动”即出口带动明显，增长24.26%，高于全国工业21.20%的平均水平；骨干企业带动明显，直报的82家骨干企业营收增长15.33%，利润增长37.60%。这些数字背后，凝结了全行业的辛劳付出，彰显了乐器产业的中国力量，为同事们、战友们点赞！

一年来，主要做了以下工作：

一、提高政治站位，服务行业需求

2021年，协会与全行业一起，牢记初心使命，

服务国家全局，紧密结合行业“十四五”规划，急会员企业之所急，同频共振、团结奋进，务实做好各项服务工作。

1．加大调研力度，增加沟通频次

针对经济下行压力加大、不确定因素和企业困难增多等问题，协会先后以多种形式在北京、上海、广东、天津、河北、江苏等20多个地区和珠江、星海、上民一、津宝、凤灵、金音等企业开展调研，并与天津静海，河北肃宁、饶阳，河南兰考、确山，贵州正安、福建漳州等地政府积极沟通，商讨乐器产业和集群发展思路，寻找解决困难、加快发展的有效路径。

2．认真分析研究，提出政策建议

在深入调研基础上，2021年一年间，协会就行业发展中亟待解决的问题，先后商请中国轻工业联合会多次，分别向工信部、发改委、海关总署、商务部、中财办、国务院政策研究室等部委办，提交了多项专题报告和专项请示，包括建议持续完善退税减税直达企业的快享机制，加强最后一公里的监控；建议稳增长政策分业指导分类施策；建议全面落实好乐器享有文化产业的普惠政策；建议将直接从事研发的企业中高端技术人才的培训费用纳入研发费用加计扣除的范围；建议加快实施进口旧钢琴税号管理，尽快恢复越南蟒蛇皮进口审批，严控哄抬芯片集成电路进口价格，提高乐器出口退税率等，上海海关已与协会沟通交流，有些建议已体现在出台政策中，有的正在跟进中。目前看，粤苏浙减税降费规模领跑、分别为1400亿元和1088亿元、900亿元，相应乐器企业受惠。协会还建议教育主管部门对校外学科类和非学科类培训区别对待，分类指导。2022年初，就行业运行分析提出了8条政策建议，分别报送中国轻工业联合会和有关部委。就推动乐器进驻校园问题，又向教育部体卫艺司提出了5条具体操作层面建议。近日，针对部分省市琴行和制造业艺培机构停歇增多带来的乐器产品销售受阻等问题，已向文旅部等部门提交专项报告。此外，协会结合行业实际做好政策解读并及时宣贯，2021年共发布行业政策信息101篇。

二、强化科技创新，助力产业升级

2021年是“科技创新年”，协会从规划落实、平台服务和助推成果等方面加大了工作力度。

1．完善工作体系，夯实平台基础

逐步形成了由协会和分支机构组织协调、专家委专项指导、企业落地推动的科技创新“三级联动”工作体系。共建47个技术研发平台，其中，国家级1个，省部级25个，行业级4个，县、市级6个，企业级11个；3家企业获得“中国轻工业工业设计中心”称号；还有1个“中国轻工业重点实验室”和3个“中国轻工业工程技术研究中心”在评；全球业界新品首发活动，目前已有69家企业申报了104件兼具创新性、实用性和时代感的新品，数量超往届；年底的“科技创新成果展示”活动共征集了48项科创成果做了展示交流，在协会的官微和杂志给予全面推广，反响很好。

2．抓好规划开局，强化项目落地

在全行业共同努力下，规划5项重点任务、10个重点工程均取得了阶段性进展，如重点工程中，骨干企业的“声学品质共鸣盘”“数字音源生产线”“乐器声学评价系统”“碳纤维乐器产品”“高灵敏度簧片”“芯片研究”“多功能效果器技术”，信息化技术、智能化体系的导入等技术成功投入使用，并逐步量产，增强了行业的发展后劲。

3．加大科研投入，创新成果显著

18家乐器骨干企业完成累计技术创新总投入5.84亿元（其中：科研投入3.62亿元，技改投入2.22亿元），占主营业务收入的6.5%，比2019年的4.69%上升1.81个百分点，也高于2020年全国轻工行业科技百强企业2.8%的平均水平。全年累计发布专利1301项，与2020年持平，其中发明专利244项，占18.8%；行业共征集三级科技项目53个；9项优秀科技项目分获“中国轻工业科学技术奖”一、二、三等奖；10个产品获评工信部“第八批轻工业升级和创新消费品”；3家企业荣获轻工业“十三五”科技创新先进集体称号，3名行业科技精英荣获先进个人称号；珠江“挑战者QC小组”和“工匠人QC小组”被评为全国轻工业优秀质量管理小组。近年来，全行业“进殿堂、入大赛”品牌产品逐年增多，反映状态、提振士气。据不完全统计，截至目前，乐器行业获得专精特新“小巨人”企业称号的有吟飞科技、长沙幻音、江苏奇美等7家，获得“专精特新”企业称号的有罗兰数字、乐界乐、库克音乐，乐海、威柏、铭仕、吟飞、泰山、四海等26家。

三、融合音乐教育，推动“三进”工程

2021年，在认真研究国家“美育工作”和“双减”相关政策与文件基础上，协会从乐器产业链延伸、产业空间拓展出发，结合已有音乐教育服务平台，通过有效组织音教融合活动，持续推动“三进”工程，进一步激活、拓展乐器消费市场。

1．召开“新时代美育工作研讨会”

2021年3月份，协会邀请吴斌、周海宏等教育专家和相关负责人、企业代表一起，认真研究政策内涵，客观研判艺培市场发展趋势，为音教融合平台的拓展把脉定向，大家在推动乐器进校园的有效路径和方法上深入探讨，相互交流，思路上碰撞出火花，为加快乐器进校园的步伐理顺了思路，奠定了基础。

2．启动“6·21国际乐器演奏日”中国活动

2021年的“6·21”，92家联合主办单位，182座城市，超过800家单位围绕建党百年，开展各类音乐演出活动2500场左右，主题突出、内容丰富，直接参与人数达到30万人，将这一大众化、公益性的全民音乐节日再次推向高潮，彰显了中国乐器日新月异的景象与成果，让更多人乐玩乐器。

3．举办国民音乐教育大会

以“新时代美育交响”为主题的国民音乐教育大会，得到天津市委市政府大力支持。百场庆百年、大师课内容丰富、演讲精彩；理念、课程、方法、产品创新贯穿大会全过程。来自全国各地体制内外的喜爱音乐、乐玩乐器的朋友们现场听课超过5000人次。李妲娜、吴斌、周海宏、王宏伟、郑莉等音教大家的课程场场爆棚。3场京津冀联合乐团举办的音乐会和华夏未来音乐节奉献了一场场艺术大餐。最直接惠及厂家的举措是乐器留购，协会促成天津市教委、市关工委联合发文，为全市的优秀学生乐团采购乐器，采购金额达400多万元，联系学校（乐团）34个，涉及11家企业的20多个乐器品种。

4．加强社会音乐教师培训

协会依托行业专家委员会、音教大会专家团队，积极开展各类社会音乐教师培训工作。全年开展民乐、钢琴、打击乐、吉他、古琴等专业培训12班次，累计通过考核人数为343人（目前已累计近3000人）。与天津市人民政府合作交流办公室、天津市华夏未来文化艺术基金会共同举办了公益培训班，来自新疆和田、西藏昌都、青海省黄南州、甘肃省、河北省承德市共50个县的80名基层音乐教师参加本次培训。参加培训的学员都表示收获很大，要把在培训中学到的知识用到教学实践中，让音乐艺术启迪心灵、让乐器演奏激发活力。

5．推动乐器进校园进课堂

协会一直在积极探索加快乐器进校园进课堂的可行路径与方式，与企业和地方共振效果明显。如浙江中泰竹笛、福建宁德口琴、江苏黄桥小提琴、广东惠阳吉他、广西小钟琴、河南新乡箜篌等，如珠江、得理、吟飞的电钢琴，敦煌、乐海的民族乐器，金杯、鹦鹉的手风琴，津宝、金音的管乐器打击乐器，柏斯、海伦、星海、海韵教育项目等与大中小学和幼儿园开展了广泛器乐教学活动，有的还形成了教学特色。协会在上海展、在国民音教大会等重要活动中，植入了器乐教学内容，进一步宣传示范。其中，北京外国语大学将民族乐器作为选修课纳入课程体系，受到广大学生的追捧，这一模式也将在高校中得到推广和应用。

四、加强基础建设，延伸服务半径

1．分支机构工作

2021年，协会分支机构全部完成换届工作，新一届领导班子开始发挥作用。为进一步发挥各自优

势，协会进一步完善了分支机构管理办法，并对工作提出具体要求，包括牵头制定职业技能标准、编写教材、建题库、开展培训、组织专业活动等，强调协会和分支机构的生命力在于有质量的活动。协会还充分吸收行业意见建议，通过组织专家进行评估，拟增加“古琴”和“未来音乐科技”两个专委会，成立大会将于近期召开。协会全年共新发展会员56家，协会官微共刊发33家企业133条企业活动信息，精彩纷呈、分享互鉴。

2．产业集群工作

2021年，协会完成了江苏省扬州市“中国琴筝产业之都”和浙江德清县洛舍镇“中国钢琴之乡”的复评工作。在中国轻工业联合会的指导下，通过行业与地方政府共同培育，共建了河北省肃宁县“中国北方乐器之都”、贵州省正安县“中国吉他之都”两个新产业集群。目前乐器行业共有10个产业集群，对加快区域经济发展、助力乡村振兴、促进产业链转型升级、扩大品牌影响力起到了积极的推动作用。

3．标准化工作

2021年累计完成制修订标准18项，其中国家标准3项，行业标准8项，团体标准6项，国际外文版1项；同时还完成了2020年结转的20项标准的完善、审批、发布工作。国家标准中《乐器产品中多环芳烃的测试方法》和《乐器有害物质限量》两项标准填补了国际空白。

4．职业能力评价工作

在《中华人民共和国职业分类大典（2015年版）》中已列入的乐器行业9个职业基础上，协会2021年向“国家人社部”申报了“斫琴师”和“乐器设计师”两个新职业，专家评审已经通过，等待正式颁布。协会对目前9+2个职业的标准、教材和题库编写工作做了全面对接细化安排，委托相关分支机构严格按计划执行，务实推进行业人才培养和职业技能培训工作。为培养一线的能工巧匠队伍提供了保障。前不久，钢琴分会和调律师分会联合在线上召开了“钢琴及键盘制作工”标准工作会。2022年，协会将择机召开线下的“职业技能考评工作交流会”。

完成了第三届钢琴调律师职业大赛后续工作，3名选手获得全国技术能手称号，12名选手获得“全国轻工行业技术能手”称号，10名选手获得“乐器行业技术能手”称号。在行业相关科技人才评选工作中，已有轻工大国工匠2名，行业工匠27名，行业科技之星127名，涌现出了一批科技创新行家里手。全行业初步形成专家委、科技之星、能工巧匠相互映衬的科技创新人才新格局。

各位理事、各位代表，回望过去的一年，面对复杂的形势，乐器全行业坚决贯彻落实党中央的决策部署，勠力同心、拼搏进取、主动作为、砥砺前行，交出了一份担当奉献、高质量发展的满意答卷。在此，我谨代表中国乐器协会向全国乐器同人和关心支持乐器行业改革发展的各级政府部门、社会各界朋友致以崇高的敬意和衷心的感谢！

第二部分　2022年工作思路

各位理事，纵观2022年的宏观形势，全球经济处在一个供给冲击导致的滞胀局面，全球市场则受到地缘局势和增长前景不明的双重夹击，大宗商品价格近期都出现波动飙升的态势。2021年12月的中央经济工作会议，强调了我国经济发展面临“需求收缩、供给冲击、预期转弱”三重压力，从1月—2月乐器经济运行和调研综合情况看，总体比较平稳、稳增长政策效应逐步显现，企业经营持续承压、盈利能力下降、利润增幅下滑、风险挑战增多。统计数据反映，主营收入持平、利润下滑较大、利润率高于全国制造业1.1个百分点。2022年两会的政府工作报告明确提出“坚持稳中求进工作总基调”“贯彻新发展理念，构建新发展格局”“坚持创新驱动发展”“以深化供给侧结构性改革为主线”等指导方针。4月7日国务院召开的专家企业家经济形势座谈会上，强调政策举措要靠前发力、适时加力。指出要进一步加大纾困力度，制定和实施政策对各类企业要一视同仁，不断激发市场主体活力。4月11日中央、国务院关于加快建设全国统一大市场的意见出台，乐器人要切实把握好：建设全国统一大市场旨在激发和培育国内市场的潜力，以自身最大的确定性来抵御外部不确定性。全面推动国内市场由大向强转变，更好畅通双循环，破除地方保护和区域壁垒。

2022年，乐器行业要认真贯彻落实中央经济工作会议和全国两会精神，围绕行业“十四五”规划总体目标要求，以“人才建设”为年度工作重点，继续以“两翼发力、六轮驱动”为抓手，按照“人才技能化、项目产业化、融合体系化、服务多元化”工作总基调，持续构建行业“产、学、研、用”融合发展新格局，做强国内市场、畅通双循环，努力为国家稳增长做贡献。

一、融入国家战略，确保产业稳中求进

1．理解中央精神，用足政策

政府工作报告对产业发展给出了阶段性措施和制度性安排相结合，减税与退税并举的组合式税费支持政策。一方面，延续实施扶持制造业的减税降费政策，并提高减免幅度、扩大适用范围，包括研发费用加计扣除；另一方面，为企业提供现金流支持、促进消费投资、改进增值税留抵退税制度。中央财政将加大对地方财力支持，预计全年退税减税约2.5万亿元，其中留抵退税约1.5万亿元，退税资金全部直达企业。同时，为更好地稳定市场，政府还提出推进“放管服”改革；扩大市场准入；全面实行行政许可事项清单管理；进一步压减各类证明；加强反垄断和反不正当竞争，维护公平有序的市场环境；支持和引导资本规范健康发展；全面实行股票发行注册制；降低企业生产经营成本；继续实施失业保险稳岗返还政策，提高中小微企业返还比例等一系列举措。中乐协将结合行业实际，多方面助力惠企政策的落地，将调研反映企业诉求作为基本功，不断提高政策建议的质量和水平，提高跟进协商的主动性和沟通能力，努力为会员企业办实事，谋实招，重实效。

2．应对下行压力，抗压前行

当前，乐器界如何应对复杂形势和内外的不确定性？这是企业的必答题，会有多种个性化答案。我思考以为并建议企业家统筹考虑如下观点（7句话）：挑战呼吁担当，信心即是黄金；坚守稳中求进，用足政策红利；加大科研投入，专注核心竞争力；品牌支撑发展、人才决定兴衰；控成本保现金流，精益管理增效益；做好数字化加减法，市场博弈智者胜；把握各类规则变化，巩固行业共同体。

3．坚持创新驱动，夯实根基

坚定不移地持续推动乐器全产业链向中高端转型。协会号召广大会员企业积极响应制造业“双碳”发展战略，加大创新研发投入，有效践行“三品”战略。目前，协会通过大量调研，初步梳理出行业的“卡脖子”技术六大类15个方面，理事会之后，将召开专家委员会进行论证，并联系相关科研院所和企业，争取在“卡脖子”技术上补短板强弱项，持续联合打好关键核心技术攻坚战。要加大科研成果鉴定和转化推广力度。同时，要务实推进数字化转型，积极建构数字驱动的新型价值链，逐步向以消费者为中心的新型商业模式转变，并争取列入工信部“新一代信息技术与制造业融合发展试点示范”。要加大音乐教育普及力度，创造性地推进“三进”工程、国民音教大会和“6・21国际乐器演奏日”活动，精准对接大众音乐文化消费需求，深化多渠道的开放合作，促进内外销产业链和供应链的高效对接。

4．展会服务升级，拓展市场

众所周知，作为全球乐器界顶级的商贸服务平台之一，上海展在过去的20年里为我国乐器产业的繁荣发展和走向世界发挥了积极的作用。全球新冠疫情已经让美国NAMM展转为线上活动周，德国法兰克福乐器展在2021年停办后，2022年初宣布永久停办，上海乐器展2021年也由于疫情以取消告终。2022年的上海展，一定呈现出久违的亮色，将成为大家期待的盛会。组委会将依据做强国内市场、畅通“双循环”的要求，升级服务水平，助力企业多拿订单：将采购商组织和线下增值服务作为重点，努力把全球新品首发平台做好；策划组织院校、院团、政府、学校等相关部门的采买团，并完善线上国际采购平台；将NAMM论坛办出时代特色；2021年线上音乐科技实验室云上乐器周增加线下展示；对20年来乐器制造业前辈、优秀参展商进行隆重表彰；策划统筹企业系列特色活动；“未来音乐节”作为展会新的亮点；运用多元化的线上呈现方式，将上海展延伸至全年，增设多次不同主题的线上交流活动，助推行业互通，

聚拢专业人士，积极开拓终端消费市场等，相信将给大家带来新的参展体验，希望和期待同事们、朋友们共同给力，助推上海展会取得好收成！

二、推进人才建设，巩固产业创新基础

2022年确定为全行业的“人才建设年”，协会将多措并举开展各类人才培养，推动职业能力评价，促进行业人才队伍建设。一是上半年，协会将与名牌大学合作举办“中国乐器行业领军人才培训班”，内容涵盖宏观形势分析、企业战略规划管理、市场营销与品牌创新、数字化转型、人力资源、财务管理、乐器产业发展和音乐教育学等内容，还包含了对企业具体问题具体分析的“私董会”环节。二是下半年将发挥专家委员会的专业引领作用，举办“中国乐器行业技术总监培训班”，内容包括材料、设备、工艺、声学品质、乐器设计美学等方面。三是按照全国总工会和中国轻工业联合会有关工作部署，结合行业实际，与地方政府、职业院校、企业合作开展“乐器工匠学院”创建工作，并适时探索与专业院校委托培养、联合培养等模式。四是适时壮大行业专家委员会的队伍，进一步多维度发挥专家和大师的作用，本次理事会议增补顾问专家委员卞留念、杨军、赵瑞林等同志为协会副理事长，就是想强化创新引领和产业链融合。五是根据国家人社部要求，协会制定了工作计划，将职业技能考评标准、教材和题库的制修订与完善工作落实到分支机构、骨干企业，明确了主要起草人。全行业要增强人才培养的紧迫感、使命感，各职业能力评价工作2022年要全面启动。力争到“十四五”末行业鉴定总人数达到1.5万人以上；六是持续培育，“十四五”末力争行业科技之星超过300人，行业工匠超过100人，轻工大国工匠超过4人，为赋能行业科技创新和规模效益持续提升奠定坚实的人才基础。

三、强化科教融合，打通产业供需瓶颈

回顾历程，协会2015年开始组织召开行业科技大会，2016年引入“6・21国际乐器演奏日”活动，2018年开始创立全球乐器新品首发平台，同年策划召开国民音乐教育大会等，这一系列举措，旨在逐步实现“让乐器成为家庭标配、让音乐成为生活刚需”的愿景目标和“扩大中高端产品比重”和“扩大音乐人口比重”两项工作重点，既助力全面小康中华软实力的增强，又从产业链、价值链维度推动产业发展。2022年将继续加大科技和音教工作力度，实现链条强势互动。

1．优化整合，完善科技创新体系

要特别关注国家将加快培育制造业优质企业相关文件精神。“十四五”期间，全国要培育百万家创新型中小企业，10万家省级“专精特新”企业，1万家专精特新“小巨人”企业和1000家“单项冠军”企业。目前乐器行业已经有一个单项冠军，7+26个“专精特新”企业，要努力让其在乐器行业多起来。此外，在中国轻工业联合会开展的中国轻工业“工业设计中心”“重点实验室”和“工程技术研究中心”等评价工作，骨干企业更要善于借势，积极争取中央和地方更多的政策惠及。要着力打造科技市场化模式，发挥好“三级联动”科研工作体系的引领组织作用，对已创建的47家各级科技创新平台要强化管理和考核，坚持成果为王。支持领军企业共建创新联合体，采取项目制方式的市场化运作，逐步形成有平台、有机制、有投入、有目标、有成效、有考核的科技平台市场化运营模式。

2．深度融合，做大音乐教育产业

在“加强美育教育”和“双减”的双重政策框架下，研究市场发展新模式空间，积极推进乐器“进殿堂、入大赛”和“乐器进校园、进社区、进家庭”的目标，寻求产业与教育融合发展的新途径。特别是在推动“进校园”工作方面，协会已经向教育部体卫艺司提出了工作建议，充分发挥行业优势，在校企合作开展专用乐器研制、进校园项目认证推广等领域开展服务合作，完善乐器进课堂课程体系，促进音乐美育发展。在“6・21国际乐器演奏日”活动中，不断推动社会参演热情，同时在演奏方式和项目市场化方面力求有新的突破，逐步建立起一套完善的公益性与市场化融合的运行模式。国民音乐教育大会的内容策划要在选题与布局，以及展品的针对性选择上进一步做到精细精准，致力打造成品

牌与品质融合的特色“会”“展”。

四、丰富服务内涵，促进产业科学发展

面对新形势、新任务、新要求，乐器协会始终注重把握行业高质量发展方向，按照协会以“乐器成为家庭标配，音乐成为生活刚需”为目标的工作总思路，突出工作重点，夯实产业基础，建立运行机制，充实服务平台，进一步完善和强化协会服务职能。

1．机构集群工作

协会现有分支机构17个，包括新成立的古琴专业委员会和未来音乐科技专业委员会，在原有工作内容基础上，特别强调了职业技能评价的标准、教材和题库的制修订工作，以及科研平台创建，关键技术攻关以及音乐教育和文化推广活动等内容。10个产业集群，要从全产业链服务角度充实提升产业集群的素质和影响力，2022年上半年计划在兰考召开产业集群工作会，请有关企业届时与集群或地方有关领导一同参加。

2．标准专利工作

2022年对标委会工作给出了具体指标要求，要求完成标准制修订达到45个（国标10个，行标30个，团标5个），力争专利授权量突破1500项（发明专利超过20%），与南京艺术学院联合开展科技论文评选活动，内容涵盖乐器制造、新材料新科技新领域、智能制造和数字技术应用等。在专利成果的签约转化方面争取有所突破。

3．数据交流工作

在国家统计局、国家海关和知识产权局等权威部门有关数据基础上，协会加强行业直报系统工作，将直报范围逐步扩大至全部规模以上会员企业、产业集群，结合行业调研情况，综合分析研判行业发展趋势，撰写有关经济运行报告和行业发展白皮书等。利用协会自身媒体、业内媒体和跨界媒体资源，在会员范围内开展信息打包服务，助力企业品牌宣传；通过与国际组织的友好合作，建立国际间信息和数据的互通机制，并在具体活动中开展合作，有效促进国际交流水平和层次提升。

五、完善评价体系，激发产业发展活力

为体现产业基础工作效果和激发乐器制造业活力，协会在以往工作实践基础上，结合行业和会员企业需求，将综合评价表彰和赛事活动作为一个系统工程持续完善。

1．科技创新

科技是动力，协会从科技论文、科研项目评选，到科技平台建设、科技十强评价、行业50强表彰、全球业界新品首发，再到行业科技之星、行业工匠、轻工大国工匠等评选，力求从全方位对行业的科技创新给予荣誉和激励，着力推动行业企业加快创新发展。

2．职业技能

人才是基础，协会依据《国家职业大典》分类目录所涵盖的9+2个乐器职业目录，将职业技能考评相关的标准、教材、题库的制修订工作列入主要日程，同时按照创新赛事活动、加快人才培养、赛评结合原则，全国钢琴调律师职业技能竞赛由4年一次缩短为3年一届，努力办好国际提琴及琴弓制作大赛，规范提升吉他制作大赛的规模和影响力，尽早将其列入国家二类职业大赛。

3．器乐文化

应用是途径，协会积极推广“6・21国际乐器演奏日”，开展国民音乐教育大会，支持举办“敦煌杯”民族器乐系列大赛、“上海之春”国际管乐艺术节、国际电子音乐大赛，探索举办“未来音乐节”等活动，无不是在为扩大音乐人口、培育和挖掘乐器现实和潜在消费群体所做的努力。

各位同人，新的一年，让我们不忘初心，牢记使命，紧密地团结在以习近平同志为核心的党中央周围，弘扬北京冬奥精神，攻坚克难，砥砺奋进，深化产学研用结合，促进产业优化升级，打通科技创新堵点，提升音乐教育水平，依靠科技创新与音乐教育的有效融合，推动行业高质量发展，以实际行动迎接党的二十大的胜利召开，为持续实现“乐器成为家庭标配、音乐成为生活刚需”的愿景目标，共同建设现代化乐器强国不懈奋斗！

协会活动

中国乐器协会一行赴肃宁“中国北方乐器之都”走访调研

2022年1月6日，由中国乐器协会副理事长陈晋武带队，中国乐器协会专家委员会顾问专家卞留念等4人专程赴肃宁，走访调研“中国北方乐器之都”——乐器产业基地，与肃宁县委县政府主要领导就肃宁特色产业集群发展进行了务实的沟通；与肃宁县政府负责工业的领导、当地部分企业代表就产业发展、技术创新、资源整合、项目合作等内容进行了座谈，取得共识。

座谈会由乐海乐器公司董事长宋从甲主持，主要围绕乐器博物馆建设、民乐电声化推进、专家助力，搭建“中高端产品和器乐文化融合发展”大平台，特色产业集群高质量发展，“乐器产品主、客观评价与鉴定”项目落地4个话题进行。

王世成理事长一行赴北京星海钢琴集团公司调研

2022年1月13日，中国轻工业联合会党委副书记、中国乐器协会理事长王世成带领协会一班人赴北京星海钢琴集团有限公司，组织召开“学党史，办实事，服务企业座谈会”，交流党史教育学习体会，了解企业发展情况，探讨产业提升路径。北京一轻控股有限责任公司总经理葛云程，党委常委、总会计师段远刚，副总经理王劲雨以及星海钢琴集团党委书记张小川、总经理孟宇一同参加了座谈。

王世成理事长一行认真听取了北京一轻及星海钢琴集团的情况介绍，对北京一轻取得的成绩，他概括为5个鲜明特点：即北京一轻利润率远高于全国轻工业平均水平；重视科技研发，坚持创新引领；防疫做出突出贡献，体现国企责任担当；培育知名品牌、隐形冠军、老字号、小巨人企业，助力制造业转型升级；推进职业经理人机制，提升企业发展活力。

中国乐器协会八届三次理事（扩大）在线会议在京隆重召开

2022年4月12日，中国乐器协会八届三次理事（扩大）在线会议隆重召开。本次大会线上线下同步举行，主会场设在北京，同时在天津、江苏扬州、山东郿部等乐器产业集群设立分会场。中国轻工业联合会党委副书记、中国乐器协会理事长王世成，专职副理事长孙瑞勇、陈晋武，国际提琴制作大师、大国工匠郑荃，国家一级作曲家、演奏家卞留念，中国科学院声学研究所副所长杨军等在京行业顾问专家和副理事长、常务理事、理事等21人莅临主会场。各产业集群属地相关领导以及来自全国各省市140名代表通过视频连线参加会议。

本届理事会各项议程由副理事长孙瑞勇主持，副理事长陈晋武作财务报告，秘书长刘勇宣读中国乐器协会第八届理事会人事调整议案。3家企业代表进行了人才建设经验交流，大会对2021年度中国乐器行业50强及先进集体进行了表彰。

王世成理事长在工作报告中总结回顾了2021年的工作。我国乐器行业以“党建工作”为统领，以“高质量发展”为主题，以《中国乐器行业“十四五”发展规划》为指导，按照“科技创新年”工作整体安排，引导全行业实施“两翼发力、六轮驱动”，全力推进“四个一”工程。全行业攻坚克难，在轻工行业率先止损企稳，实现了“十四五”平稳开局，彰显了乐器产业的中国力量。王世成理事长代表中国乐器协会，向全国乐器同人和关心支持乐器行业改革发展的各级政府部门、社会各界朋友，致以崇高的敬意和衷心的感谢。

天津蔡公庄“乐器文化创意产业基地”项目评价会成功举办

2022年4月15日，由中国乐器协会指导的天津市静海区蔡公庄镇“乐器文化创意产业基地”项目策划方案评价会如期召开。评价会在北京、天津分别设立会场，采用线上视频会议的方式举行。

评价会由中国乐器协会专家委员会副主任、项目专家组组长曾泽民主持，协会副理事长孙瑞勇、陈晋武，秘书长刘勇、协会业务部相关人员及策划单位负责人在北京会场参会。天津市静海区委常委、宣传部长郭颖，静海区蔡公庄镇党委书记杨晨光，静海区发改委、规自局、文旅局、教育局、工信局等部门及蔡公庄镇相关负责人在天津会场参加会议。

孙瑞勇副理事长代表协会对蔡公庄镇推进“乐器文化创意产业基地”的前期策划工作给予肯定。认为策划单位对项目的前期调研是深入的，意见是中肯的，规划是专业的，思路是开放的。“乐器文化创意产业基地”项目推进，要始终坚持政治站位，紧密围绕天津市静海区“十四五”发展规划，在国家宏观政策指导下，结合产业特色与要素资源存量，纵向拔高中长期产业定位，横向拉长产业基地规划实施周期，将乡创美学的形象创意转化为乡村振兴的生动实践。

2022“中国6・21国际乐器演奏日”活动盛装启幕

6月21日上午，“中国6・21国际乐器演奏日”黄桥主会场活动在黄桥琴韵小镇城市客厅广场盛大开幕。国际提琴制作大师郑荃为2022“中国6・21国际乐器演奏日”黄桥主会场授旗，黄桥镇近300名师生组成的大型弦乐团方阵奏响红色主题经典旋律，献礼党的二十大。遍布在琴韵湖广场、凤灵乐器集团、黄桥大梦想城、黄桥新城小学、黄桥古镇景区等地，累计50多个团队4000人次演奏人员参与文化展演，千年古镇跃动起青春洋溢的华彩乐章。中国乐器协会副理事长、“6·21国际乐器演奏日”（中国）组委会副主席孙瑞勇在讲话中表示，“6·21国际乐器演奏日”活动已举办40年，中国已成为全球规模最大，乐器文化展示极具魅力和影响力的主办国之一，黄桥作为连续6年的主会场合作方，2022年以“奏响国际‘6·21’，献礼党的二十大”为主题，体现了唱响主旋律，迎接二十大的高度政治站位，用文化活动把“产业赋能乡村振兴音乐奏响琴韵小镇”的战略规划落到实处。走进今天的主会场，让人深切感受到“中国提琴产业之都”的勃勃生机和黄桥人产业兴城的精神风貌。

中国乐器协会副理事长孙瑞勇走访调研吟飞科技

2022年6月23日上午，中国乐器协会副理事长孙瑞勇前往吟飞科技（江苏）有限公司走访调研。公司总经理范廷国和副总经理计皓波参与调研工作。

吟飞科技范廷国总经理向孙瑞勇副理事长全面汇报了近几年受疫情影响的情况。同时大家对江苏的乐器企业和电鸣分会的情况进行了分析和讨论。

会上，孙副理事长充分肯定了吟飞科技从自身优势出发启动的“吟飞”国际电子管风琴比赛、针对线下培训机构采取的较大力度的购琴优惠方案和招生推广活动补助，以及推出的配备成熟、体系完善的吟飞音乐教室：吟飞电子管风琴音乐教室、SIMMONS电子鼓音乐教室与吟飞智能电钢琴音乐教室，将吟飞科技多品类产品有效地组合，在有效的应用中提升客户的满意度和认可度的做法，并鼓励吟飞科技要起到引领全行业的作用，也再次希望吟飞科技努力克服困难，开拓创新，积极寻求多渠道发展，为行业树立良好的形象和榜样。

知党恩，忆党情，跟党走
——中国乐器协会党支部举办主题党日活动

2022年6月30日上午，中国乐器协会党支部举行主题党日活动。支部副书记孙瑞勇同志作为1976年唐山大地震亲历者，为大家讲述了大灾面前基层党组织如何发挥作用，如何在第一时间迅速组织起来抢救生命，共产党员又是怎样身先士卒冲在抗震救灾第一线，他自己是如何在党员的榜样感召下进步成长的经历，为协会全体党员上了一次别开生面的生动党课。

孙瑞勇号召全体党员在新时代中国特色社会主义征程上，一定要融入集体，勇于担当，甘于奉献，身先士卒，时时处处发挥一名党员的先锋模范作用。党课最后，全体党员重温了入党誓词。大家纷纷表示要把共产党员的红色信念转化到日常工作中去，以实际行动践行党的宗旨，做好本职工作，为推动中国乐器产业高质量发展做出应有的贡献，以实际行动迎接党的二十大召开。

中国乐器协会、河南兰考县委县政府“共建”产业集群座谈会在京举办

2022年7月5日，中国轻工业联合会党委副书记、中国乐器协会理事长王世成在京会见了河南省开封市委常委、兰考县委书记李明俊，组织部部长张卫波等县委县政府领导，以及河南中州民族乐器有限公司董事长代胜民一行，协会副理事长孙瑞勇、陈晋武，秘书长刘勇参加会见。

王世成理事长代表中国乐器协会感谢兰考县委县政府对乐器产业的充分重视和务实支持，对兰考县委县政府的各项工作给予充分肯定。习近平总书记高度重视兰考特色民族乐器产业发展，“焦裕禄精神”和“焦桐绿色文化”已成为兰考经济文化发展的时代标识。

陈晋武结合协会先后3次赴兰考考察调研和此次申报材料情况，就兰考乐器产业在整体水平、构建高质量发展架构、完善产业链的合理性、推动集群化成果落地等方面的发展短板，提出了建议和意见，并向兰考一行介绍了《中国轻工业特色区域和产业集群共建管理办法》。双方还就特色产业集群共建各项工作、策划兰考县政府组团参加2022年上海国际乐器展览会，兰考民族乐器特色展区和展会期开展的相关活动等事宜进行了交流与沟通。孙瑞勇主持了座谈会。

中国乐器协会古琴专业委员会成立大会在京召开

2022年7月17日，中国乐器协会古琴专业委员会成立大会采用线上线下相结合的方式隆重召开。中国乐器协会专职副理事长孙瑞勇、陈晋武，行业专家委员会副主任曾泽民，器乐文化专业委员会副主任毕可炜、杨青以及李剑非、张子盛等部分代表在北京主会场参会。浙江音乐学院古琴硕导徐君跃，古琴非遗国家级传承人王鹏、马维衡、刘善教，以及全国各地古琴省级传承人、专家教授和斫琴师等100多位代表通过线上会议平台参会。成立大会由中国乐器协会秘书长刘勇主持。

大会选举产生了以浙江音乐学院古琴硕导、浙派省级传承人徐君跃为主任，以沈阳音乐学院朱默涵、北京市城市管理高级技师学院李剑非、江苏科技大学刘善教、南京古琴学会马杰、扬州汉风古琴马维衡、北京钧天坊王鹏、西安音乐学院李村、四川音乐学院戴茹、扬州金韵御工坊熊立群、天津七弦琴院张子盛为副主任，张子盛兼任秘书长的领导班子。

中国乐器协会副理事长陈晋武在讲话中对古琴专委会的成立表示祝贺，强调古琴专委会是协会经过认真研究并征求行业专家和分支机构意见，经理事长办公会决定成立的，是全行业从业专家和从业者的愿望所致。希望专委会尽快按计划把工作开展起来，做到守规矩、讲实度、有高度和有温度，站在国家和行业层面，团结一切可以团结的力量，遵守法律法规和规章制度，务实推进各项工作落实，尽心尽力尽责，为古琴的传承与发展做出卓越的成绩。

中国乐器协会专业技术人员高级研修班在苏举办

2022年7月20日，由中国乐器协会主办，江苏省泰兴市黄桥镇人民政府承办的专业技术人员高级研修班在黄桥举办开班仪式。

中国轻工业联合会党委副书记、中国乐器协会理事长王世成，泰兴市人民政府副市长惠星、黄桥镇人民政府镇长蒋益公、泰兴市文旅局局长姚鸣，黄桥镇党委副书记丁春兵，中央音乐学院教授、国际提琴制作大师、首届大国工匠郑荃，中央音乐学院教授、博士生导师韩宝强，中国轻工业联合会质量标准部主任、高级工程师王旭华，沈阳音乐学院教授、音乐科技系主任邵申弘，南京艺术学院副教授、音乐学博士、艺术学博士后刘文荣，中国乐器协会提琴分会会长、凤灵集团董事长李书等领导、专家教授，以及来自江苏常州、苏州、扬州、泰兴、无锡、江阴、靖江，广东广州，浙江宁波，湖北宜昌，福建福州，湖南长沙，河南兰考，河北沧州，北京市等15个省市地区，42名会员单位分管技术总经理（副总）、技术总监、总工程师、专业岗位技术骨干参加了开班仪式。中国乐器协会副理事长孙瑞勇主持了开班仪式，《中国乐器》杂志等媒体单位对活动予以采访报道。

在3天的学习、交流、分享中，5位专家教授从产品标准、乐器材料的结构剖析、声音品质的认知、测试与分析，乐器设计的互适性以及乐器的发展历程五大领域进行了授课，授课时数约900min。22号上午，研修班组织全体学员参观了黄桥部分企业和新农村建设。

中国乐器行业2022年经济运行座谈会在苏举办

2022年7月21日下午，中国轻工业联合会党委副书记、中国乐器协会理事长王世成在江苏黄桥召开了两场企业座谈会，针对国家减税降费等扶持政策落地情况、上半年企业经营状况等，与长三角地区和来自全国其他9个地区的19位企业家进行了座谈交流。

座谈会上，19位企业家分别通报了各自企业上半年的经济运行情况。

在听取座谈企业代表的汇报发言后，王世成理事长强调，协会将加大政策反映力度，在国际国内局势复杂多变、下行压力依然很大的情况下，企业要变压力为动力，解放思想，科学地算好“加法”和“减法”，深化“产、学、研、用”融合，促进产业优化升级，依靠科技创新推动行业高质量发展，以实际行动迎接党的二十大的胜利召开。

中国乐器协会副理事长孙瑞勇主持了座谈会。

中国乐器协会理事长王世成一行
考察黄桥产业集群

为贯彻落实十九届六中全会、中央经济工作会议精神，准确把握行业发展的新情况、新要求，中国轻工业联合会党委副书记、中国乐器协会理事长王世成，国际提琴制作大师郑荃，中国乐器协会副理事长孙瑞勇一行借专业技术人员高级研修班举办契机，对泰兴黄桥乐器产业园及骨干企业进行了实地调研。

在黄桥镇镇长蒋益公、党委副书记丁春兵、凤灵集团董事长李书的陪同下，王世成理事长一行首先对黄桥乐器产业园环保项目“绿岛工程”、琴韵小镇会客厅、大梦想城以及凤灵乐器集团新址进行了实地调研，并就近两年泰兴黄桥乐器产业发展和琴韵小镇战略规划，与泰兴市、黄桥镇有关领导、凤灵集团董事长李书等进行了交流。

调研结束后，王世成理事长与黄桥镇的领导班子进行了交流。他首先肯定了黄桥镇政府对产业的大力支持，尤其对“绿岛工程”给予高度评价。他指出：政府投资建设“绿岛工程”，真正体现了为企业服务，助推产业发展的战略高度与维度。加上琴韵小镇会客厅和大梦想城的建设，确实感受到产业集群的质量与水平正在快速提升。王世成理事长进一步强调，一定要坚持产业为基、文化为魂、融合为径、人才为本的集群建设基本原则。这既是对黄桥镇政府和领军企业几年来工作的肯定，亦包含着对黄桥的期望。

中国乐器协会理事长王世成赴北方乐器之都肃宁考察并授牌

2022年7月23日，“中国北方乐器之都 · 肃宁”授牌仪式在河北省肃宁县文化艺术中心举行。沧州市委常委、宣传部长李凡，中国轻工业联合会党委副书记、中国乐器协会理事长王世成，中国乐器协会副理事长陈晋武，国家一级作曲家、中国乐器协会顾问专家卞留念，肃宁县委书记王志乾、县长杨玲等县领导出席授牌仪式。为庆祝“中国北方乐器之都”花落肃宁，在授牌仪式结束后，精彩上演了一场由中国乐器协会、肃宁县人民政府主办，河北省民族管弦乐学会协办的“武垣之声 · 律动肃宁——中国北方乐器之都名家名曲音乐会”。

仪式上，中国轻工业联合会党委副书记、中国乐器协会理事长王世成颁授“中国北方乐器之都 · 肃宁”荣誉牌匾，肃宁县县长杨玲接牌。

在肃宁期间，王世成理事长一行考察了“中国北方乐器之都”骨干企业——星海钢琴集团公司和乐海乐器公司；还与肃宁县委书记王志乾、县长杨玲等县领导围绕“产业集群共建”“公共服务平台”搭建、区域经济高质量发展以及中国民族乐器电声化、系列化等内容进行交流、沟通。

“2022国民音乐教育大会”在京圆满收官

2022年8月1日至3日，由中国乐器协会、中央音乐学院、上海国展展览中心有限公司、天津华夏未来文化艺术基金会、人民音乐出版社共同主办的“2022国民音乐教育大会”在国图艺术中心和湖北大厦圆满收官。本届大会以“相信音乐，热爱生活”为主题，近200位音教专家加盟助阵9个分会场，倾情奉献60余场音乐教育成果交流与展示工作坊，来自全国各地近700名音乐教育工作者，1000多名民族器乐展演选手，2700多名“万叶杯”论文（教案）参评教师，以及来自腾讯直播、央视频等网络直播平台的近70万在线观众，共赴2022国民音乐教育饕餮盛宴。

中国民族乐器产业集群专家组赴河南省兰考县进行实地考评

2022年8月23日，中国轻工业联合会、中国乐器协会共同组织行业专家组，对河南省兰考县申请共建“中国民族乐器之乡”产业集群进行了实地考评。专家组由中国乐器协会专职副理事长陈晋武任组长，中国轻工业联合会综合业务部王珂任副组长，专家组成员有全国乐器行业专家委员会副主任曾泽民、上海民族乐器一厂有限公司总经理王国振、乐海乐器有限公司董事长宋从甲和扬州金韵乐器御工坊有限公司总经理熊立群。

专家组根据兰考县民族乐器产业发展和实地考察情况，对产业集群现状和今后发展规划等方面进行了现场交流和座谈。专家组一致认为河南省兰考县符合产业集群申报条件，同意河南省兰考县“中国民族乐器之乡”通过考核评审。待专家组考评意见通过中国轻工业联合会审核后，授予共建荣誉称号。

中国乐器协会在线参加“6・21国际乐器演奏日”国际交流会

云端连世界，共谱新乐章。9月23日，2022年度“6・21国际乐器演奏日”国际线上交流会成功召开。应美国乐器演奏日组委会邀请，中国乐器协会派专人参加会议。来自中国、美国、英国、法国、西班牙、澳大利亚、印度、肯尼亚、塞浦路斯等国家的近20位代表跨越时区在线分享本国“6・21国际乐器演奏日”总体概况和特色活动。

会上，协会向与会各国代表就2022年度中国“6・21”主会场活动和线上乐器直播云端音乐会做了详细介绍。2022年“中国6・21国际乐器演奏日”活动期间参与演出的城市数量达180个，联合主办单位共106家，总参与单位超过800家，演出总场次2500场左右，直接参与人数达到30万人。2022年，“6・21国际乐器演奏日”（中国）组委会还与天猫、抖音两大平台联合开展线上活动，分别策划了天猫“6・21”云上演奏会、抖音直播“6・21”乐器演奏日系列活动，其中抖音点击播放量2.4亿；3场直播乐器教学分享观看人数9.4万人次；“6・21”当日线上演奏专场观看数量31万人次。

中国乐器协会、《中国音乐教育》杂志社举行合作签约仪式

中国乐器协会和人民音乐出版社长期以来保持着良好的合作关系，近年来更是在音乐教育领域工作上通力合作，优势互补，不仅共同成功举办“国民音乐教育大会”，中国乐器协会还与人民音乐出版社旗下的《中国音乐教育》杂志社共同举办了“万叶杯”音乐教育论文（教案）征集评选活动。这两

项活动是近年来我国音乐教育领域的重要活动，在社会各界有着很强的影响力和极高的声誉。

10月11日，为了落实国家主管部门有关进一步加强和改进新时代美育工作文件精神，促进音乐教育领域的基础理论研究和基层教学工作，经双方协商，一致同意共同将国民音乐教育大会——“万叶杯”音乐教育论文（教案）征集评选活动持续做大做强，并以协议形式明确下来。中国乐器协会副理事长孙瑞勇、人民音乐出版社总编辑杜永寿代表双方签署协议。中国乐器协会理事长王世成、副理事长陈晋武、秘书长刘勇、人民音乐出版社副总经理魏振华，共同见证了协议签署。

在座谈中，双方不仅总结了往届活动，还针对乐器改进与研制、教材出版、人才培养和专项活动等方面内容进行了深入交流，并表示双方未来将开展更广泛、更深层的合作。

中国轻工业联合会党委书记、会长张崇和赴卞留念工作室调研座谈

2022年10月25日，党的二十大闭幕之际，中国轻工业联合会党委副书记、中国乐器协会理事长王世成一行，陪同中国轻工业联合会党委书记、会长张崇和，到我国一级作曲家、演奏家卞留念工作室进行调研座谈。

作为中国乐器协会副理事长，卞留念表示，多年来响应中国乐器协会提出的“乐器成为家庭标配，音乐成为生活刚需”目标，除了众多公益演出、音乐创作之外，他还在民族乐器电声化以及声光电集成领域投入了大量时间精力，与相关乐器企业合作开发中高端产品，取得令人耳目一新的成果。

张崇和会长对卞留念多年来在音乐领域的成就表示赞赏，对其在乐器制造创新领域所做的工作给予充分肯定。张会长指出，乐器产业是我国轻工行业不可或缺的一个组成部分，希望卞留念从乐器制造产业链的终端角度，利用音乐家的修养与资源，助力产业发展，建议他加速将科研成果转化为产品，并用融合的思路，将音乐的魅力与美好，辐射至更为广阔的轻工领域，为人民美好生活做出更大贡献。中国乐器协会副理事长孙瑞勇、陈晋武，秘书长刘勇陪同调研座谈。

中国乐器协会召开产业集群、分支机构、地方行业协会工作会议

2022年11月14日，中国乐器协会产业集群、分支机构、地方行业协会工作会议在京召开。分布在上海、江苏、浙江、贵州、河北、山东、北京、广州等地的产业集群、分支机构、地方行业协会及乐器企业代表等，共78个终端130余人线上参加会议。

中国轻工业联合会党委副书记、中国乐器协会理事长王世成出席会议，并以《坚持抱团融合发展，努力实现回稳向上》为题讲话。同时，他在讲话中肯定了产业集群、分支机构和地方行业协会等乐器产业相关平台组织所发挥的重要作用。

王世成理事长就产业集群、分支机构及地方行业协会的下一步工作提出了具体要求和建议，要求大家要认真学习、贯彻落实党的二十大精神和国家有关战略方针，提高政治站位，将行业放到整个国

家宏观战略发展的大局之中。坚定信心，抱团融合发展，推动分支机构、产业集群、地方协会的工作进一步发展。会议由中国乐器协会专职副理事长孙瑞勇主持。

《乐器行业国家职业技能标准》制定工作启动会议召开

2022年11月14日下午，《乐器行业国家职业技能标准》（以下简称《标准》）编制启动会议在京召开。会议采用线上线下相结合的方式进行，近80余人参加会议。

中国乐器协会专职副理事长孙瑞勇参加启动仪式并讲话。他首先感谢了人社部中国就业培训技术指导中心和中国轻工业联合会轻工业职业能力评价中心一直以来对乐器行业标准制修订工作的关注与大力支持。他说，2022年10月6日新近颁布的《中华人民共和国职业分类大典（2022年版）》又增加了乐器行业的“乐器设计师”“斫琴师”两个新职业，这是对我们多年来技能评价工作的认可。

会议由中国乐器协会副理事长陈晋武主持。《乐器维修工》《钢琴调律师》《钢琴及键盘乐器制作工》《提琴吉他制作工》《管乐器制作工》《民拉弦弹拨乐器制作工》《电鸣乐器制作工》7项国家技能标准参编单位的领导和编制人员参加会议。新近列入国家职业大典的“斫琴师”和“乐器设计师”以及“打击乐器制作工”“吹奏乐器制作工”相关人员，也一起参加了培训。

中国乐器协会党支部组织学习《求是》杂志习近平总书记重要文章《新时代中国共产党的历史使命》

中国乐器协会党支部组织全体党员群众，集中学习《求是》杂志发表的习近平总书记重要文章《新时代中国共产党的历史使命》和十九届七中全会公报。党支部副书记孙瑞勇与大家交流了学习体会。他在发言中说道，“党的二十大即将胜利召开，《求是》杂志发表习近平总书记这篇文章有特殊的意义。我们要用心体会，深刻领会。”

孙瑞勇强调，学习总书记这篇讲话，要密切联系工作实际、自身实际。每个党员都要认真思考：作为一名党员，如何将党的事业与个人职业发展、价值实现紧密结合起来，在完成党的使命过程中实现自己的价值。要明确个体价值只有融入时代潮流之中及党的事业之中，方能最大程度地实现。这次集体学习，也是协会党支部认真落实巡视整改措施，立行立改，落实“第一议题”制度的一项举措。

学习交流会上，孙瑞勇还紧密联系协会工作实际，组织大家对近期中共中央办公厅国务院办公厅印发的《关于加强新时代高技能人才队伍建设的意见》进行了认真的学习交流。

乐器行业科技创新与产业发展大会在京举办

2023年1月10日，乐器行业科技创新与产业发展大会在京举办。此次大会主题为“科技·人才·创新·融合·发展”。在京的协会领导、副理事长，企业、分支机构负责人等在中国乐器协会主会场出席了会议。河南兰考、浙江余杭中泰、河北肃宁、贵州正安、江苏扬州、江苏黄桥、天津静海、浙江洛舍、北京平谷、山东郿部、河北饶阳11个产业集群所在地，珠江钢琴、上民一、天津津宝、得理、乐海、蔚科、凤灵、长沙幻音等30多家企业设立了线上分会场。150多人参加了会议。会议由副理事长孙瑞勇主持。

中国轻工业联合会党委副书记、中国乐器协会理事长王世成作了题为《踔厉奋发 勇毅前行 持续推动乐器行业科技创新融合发展》的主旨演讲。他在讲话中全面系统地总结了过去一年乐器行业科技创新和人才建设工作。王世成理事长在讲话中通报了乐器行业2022年的经济运行情况。

专职副理事长陈晋武宣读了乐器行业入围工信部《升级和创新消费品指南（轻工 第九批）》的产品名单，以及中国轻工业联合会“科学技术奖”“中国轻工业数字化转型先进单位”“领军人物”“中国轻工业二百强企业”“科技百强企业”“全国轻工行业质量管理小组和信得过班组”等奖项获奖名单。协会秘书长刘勇宣读了中国乐器协会2022年度表彰决定，对2022年在“科技十强企业”“科技之星”“行业工匠”“乐器学论文”，人才建设年活动组织和乐器专利成果等方面取得优异成绩的会员企业和个人进行了通报表彰。

国际交流

2022年中国乐器协会国际交流与合作

2022年，受国内外疫情影响，中国乐器协会以线上方式与相关国际乐器行业组织保持交流沟通，并积极参与组织线上行业活动。

2022年7月26日，应美国国际音乐制品协会邀请，中美协会工作团队举行线上交流会，就新冠疫情背景下乐器行业和市场发展形势进行在线交流，相互通报各自国家乐器行业和市场发展状况，并就未来合作相互交换意见。美方对中国乐器协会提供的上年度中国乐器市场发展报告表示感谢，希望保持常态化乐器市场信息交流。

9月23日，2022年度“6·21国际乐器演奏日”国际线上交流会成功召开。应美国乐器演奏日组委会邀请，中国乐器协会参加线上会议。来自中国、美国、英国、法国、西班牙、澳大利亚、印度、肯尼亚、塞浦路斯等国家的近20位代表跨越时区在线分享本国“6·21国际乐器演奏日”总体概况和特色活动。2022年是“6·21国际乐器演奏日”创办40周年。40年来，这一大众化、公益性的音乐节日迅速流行，现已遍及世界120多个国家和地区，1000多个城市。自引入中国以来，中国乐器协会秉承“乐器成为家庭标配，音乐成为生活刚需”的理念，协助广大会员企业积极拓展音乐人口。通过协会广泛宣传和推动，中国乐器企业、音乐培训机构、社会团体和音乐爱好者们克服不利因素，2022年国际乐器演奏日活动（Make Music Day）创办40周年之际，再次取得圆满成功。

会上，中国乐器协会向与会各国代表就2022年度中国“6·21”主会场活动和线上乐器直播云端音乐会做了详细介绍。2022年“中国6·21国际乐器演奏日”活动期间参与演出的城市数量达180个，联合主办单位共106家，总参与单位超过800家，演出总场次2500场左右，直接参与人数达到30万人。2022年，“6·21国际乐器演奏日”（中国）组委会还与天猫、抖音两大平台联合开展线上活动，分别策划了天猫“6·21”云上演奏会、抖音直播“6·21”乐器演奏日系列活动，其中抖音点击播放量2.4亿；3场直播乐器教学分享观看人数9.4万人次；“6·21”当日线上演奏专场观看数量31万人次。与会各国特别是美国、澳大利亚和肯尼亚代表对中国乐器协会精心策划组织的“6·21国际乐器演奏日”表现出浓厚兴趣，对活动规模和效果表示钦佩，希望以“6·21”乐器演奏活动为载体，创新思路，加强国际间器乐文化活动的横向交流与合作。

会员名录

中国乐器协会团体会员名录

（截至2023年5月31日）
（排序按协会任职和地址）

序号	企业名称	会员证号	地址	联系人	协会任职
1	功学社（天津）商贸有限公司	0219	北京市朝阳区朝阳门外大街26号朝外MEN写字中心B座21层	林志明	副理事长
2	北京中音中音科技有限公司	0486	北京市朝阳区建国路88号10号楼712号	赵易天	副理事长
3	北京乐器研究所	0002	北京市朝阳区南新园西路甲6号	张鑫	副理事长
4	北京罗兰盛世音乐教育科技有限公司	0522	北京市朝阳区西大望路63号阳光财富大厦3层	程建铜	副理事长
5	北京星海钢琴集团有限公司	0001	北京市通州区光机电一体化产业基地科创东五街8号	孟宇	副理事长
6	福州和声钢琴股份有限公司	0119	福建省福州市仓山区金山工业集中区浦上工业园B区红江路2号	刘小汀	副理事长
7	广州珠江钢琴集团股份有限公司	0030	广东省广州市增城永宁街香山大道38号	李建宁	副理事长
8	深圳市蔚科电子科技开发有限公司	0279	广东省深圳市南山区蛇口南海意库1栋507室	赵哲	副理事长
9	广东声凯乐器有限公司	0073	广东省肇庆市四会市城中街道三棵榕	黄志康	副理事长
10	得理乐器（珠海）有限公司	0311	广东省珠海金湾区联港工业区大林山片区双林东路2号得理工业园	顾冰峰	副理事长
11	乐海乐器有限公司	0152	河北省沧州市肃宁县德善街1号	宋从甲	副理事长
12	河北金音乐器集团有限公司	0076	河北省武强县周窝乡工业区金音街8号	陈学孔	副理事长
13	武汉艾立卡电子有限公司	0124	湖北省武汉市东西湖将军五路12号	张琳	副理事长
14	柏斯琴行（中国）有限公司	0146	湖北省宜昌市宜昌东山经济技术开发区珠海路1号	吴天延	副理事长
15	吟飞科技（江苏）有限公司	0240	江苏省常州市新北区汉江西路101号	范廷国	副理事长
16	江阴金杯安琪乐器有限公司	0251	江苏省江阴市申港镇亚包大道128号	时建明	副理事长
17	江苏奇美乐器有限公司	0178	江苏省靖江市经济开发区德裕路3号	张龙贵	副理事长
18	江苏凤灵乐器集团	0114	江苏省泰兴市溪桥镇华溪中路18号	李书	副理事长
19	烟台博斯纳钢琴制造有限公司	0188	山东省烟台市高新区博斯纳东路3号	孙强	副理事长

续表

序号	企业名称	会员证号	地址	联系人	协会任职
20	烟台金斯波格钢琴有限责任公司	0052	山东省烟台市经济技术开发区长白山路5号	张绪斌	副理事长
21	西安音乐学院乐器厂	0224	陕西省西安市高陵区西高路丝路融豪工业城内103，104号	张小东	副理事长
22	上海钢琴有限公司	0019	上海市宝山区宝扬路2222号	罗予人	副理事长
23	上海艾克斯尔乐器音响有限公司	0126	上海市嘉定区徐行镇新建一路2411号	刘卫国	副理事长
24	上海民族乐器一厂有限公司	0020	上海市闵行区七宝镇联明路400号	王国振	副理事长
25	上海知音音乐文化股份有限公司	0138	上海市长宁路1200号贝多芬广场3楼	朱文玉	副理事长
26	四川盛音乐器有限公司	0310	四川省成都市新生路6号	黄茂强	副理事长
27	天津市津宝乐器有限公司	0094	天津市宝坻区迎熏街1-2号	刘运斌	副理事长
28	森鹤乐器股份有限公司	0050	浙江省慈溪市逍林镇樟新公路1928号（胜山镇沙滩路）	罗建峰	副理事长
29	海伦钢琴股份有限公司	0118	浙江省宁波市北仑区龙潭山路36号	陈海伦	副理事长
30	北京华东乐器有限公司	0010	北京市平谷区东高村镇大旺务西路21号	刘凯	常务理事
31	北京中加海资曼钢琴有限公司	0003	北京市通州区光机电一体化产业基地科创东五街8号	谭宝利	常务理事
32	北京韵源天地文化有限公司	1126	北京市通州区台湖镇金福湿地公园曹卫东乐器工作室	曹卫东	常务理事
33	钰丰乐器（福建）有限公司	0313	福建省漳州市南靖县丰田镇华侨经济开发区	陈永茂	常务理事
34	福建亚东钢琴有限公司	0669	福建省漳州市芗城区北斗工业园福建亚东钢琴有限公司	洪亚东	常务理事
35	漳州汉旗乐器有限公司	0846	福建省漳州市芗城区北斗工业园金华路1号	林天福	常务理事
36	广州格利蒙那提琴有限公司	0208	广东省广州市番禺区大石街涌口工业区工业三路	关尚持	常务理事
37	广东省乐器协会	0470	广东省广州市越秀区署前路33号2号楼905室	李爱群	常务理事
38	广州珠江艾茉森数码乐器股份有限公司	0426	广东省广州市增城区香山大道38号1号楼	刘春清	常务理事
39	美得理电子（深圳）有限公司	0128	广东省深圳市福田区中康路卓越城1期4-505	徐俊	常务理事
40	遵义神曲乐器制造有限责任公司	1046	贵州省遵义市正安县经济开发区B区	郑传玖	常务理事
41	大厂回族自治县华丰铸造有限责任公司	0252	河北省大厂回族自治县夏兴街808号	杨山	常务理事
42	河北省怀来锣厂	0055	河北省怀来县新保安镇幸福村	张利强	常务理事

续表

序号	企业名称	会员证号	地址	联系人	协会任职
43	饶阳北方民族乐器制造有限责任公司	0129	河北省饶阳县大官厅	杨俊朋	常务理事
44	饶阳成乐民族乐器有限责任公司	0143	河北省饶阳县大官厅开发区	李铁成	常务理事
45	河北华声乐器制造有限公司	0213	河北省深州市前么头工业区	张立根	常务理事
46	河北秦川文体乐器有限公司	0137	河北省石家庄市建设北大街38号	秦传功	常务理事
47	河南中州民族乐器有限公司	0186	河南省兰考县固阳镇中州路003号	代胜民	常务理事
48	长沙幻音电子科技有限公司	0688	湖南省长沙市高新开发区谷苑路186号湖大科技园孵化大楼东栋201	郭润博	常务理事
49	长春市新博乐乐器有限公司	0894	吉林省长春市朝阳区同志街东清华路南汇华大厦107号	周洲	常务理事
50	江苏东方乐器有限公司	0090	江苏省江阴市祝塘云顾路8号	孔文忠	常务理事
51	江苏天鹅乐器有限公司	0045	江苏省靖江市马桥镇北首	陈滔	常务理事
52	苏州公爵琴业有限公司	0134	江苏省昆山市锦溪开发区锦裕路158号	李嘉龙	常务理事
53	南京舒曼钢琴制造有限公司	0112	江苏省南京市雨花经济开发区龙藏大道9号	戴巧茹	常务理事
54	南京新辉琴行有限公司	0266	江苏省南京市中山北路42号	刘小辉	常务理事
55	苏州民族乐器一厂有限公司	0043	江苏省苏州市平江区学士街梵门桥弄15号	张礼东	常务理事
56	江苏凤灵乐器有限公司	1110	江苏省泰兴市黄桥镇华溪中路1号	李晓晨	常务理事
57	江苏大风乐器有限公司	0480	江苏省徐州市沛县张庄镇工业区	徐宝华	常务理事
58	扬州金韵乐器御工坊有限公司	0095	江苏省扬州开发区鸿扬路8号	熊立群	常务理事
59	扬州市天艺民族乐器厂	0173	江苏省扬州市邗江区甘泉镇姚湾村	汪扬	常务理事
60	扬州民族乐器研制厂有限公司	0071	江苏省扬州市隋杨路槐泗工业园	田泉	常务理事
61	江苏雅韵琴筝有限公司	0159	江苏省扬州市西区新盛街道蜀岗果园	刘成	常务理事
62	扬州天韵琴筝有限公司	0299	江苏省扬州市仪征刘集盘古工业园	李同志	常务理事
63	大连铜管乐器有限公司	0106	辽宁省大连市中山区鲁迅路88号308室	焦永达	常务理事
64	山东省雅特乐器股份有限公司	0876	山东省昌乐县唐吾工业园雅特乐器股份有限公司	赵卫国	常务理事
65	上海市乐器行业协会	0123	上海市黄浦区中山南路917号5A	叶辉	常务理事
66	上海国光口琴厂有限公司	0023	上海市浦东金港路211号一号楼1105室	周伟义	常务理事
67	上海华新乐器有限公司	0109	上海市浦东新区沈梅路600号C栋	林伯龙	常务理事
68	门德尔松钢琴（上海）有限公司	0162	上海市松江区叶榭镇浦亭路88号	郑明统	常务理事
69	上海国际展览中心有限公司	0199	上海市长宁区娄山关路55号新虹桥大厦11楼	吴江红	常务理事

续表

序号	企业名称	会员证号	地址	联系人	协会任职
70	成都川雅木业有限公司	0132	四川省成都市龙泉驿区驿都西路4361号	张华君	常务理事
71	天津市津宝蓝魔文化传播有限公司	1109	天津市宝坻区钰华街道南环西路与朝霞路交口东210米	刘珈旭	常务理事
72	天津圣乐乐器有限公司	0284	天津市静海县蔡公庄镇四党口中村	王玉辉	常务理事
73	天津华韵乐器有限公司	0087	天津市静海县中旺镇	罗金琦	常务理事
74	浙江天目琴行有限公司	0151	浙江省杭州市拱墅区润园街135号	刘为明	常务理事
75	杭州嘉德威钢琴有限公司	0184	浙江省杭州市江干区丁桥镇临丁路1191号	陈莲琴	常务理事
76	浙江乐韵钢琴有限公司	0389	浙江省湖州市德清县洛舍工业园顺达路18号	金文英	常务理事
77	厦门斯坦伯格钢琴有限公司	0622	浙江省湖州市德清县洛舍工业园顺达路18号	叶灯阳	常务理事
78	宁波四海琴业有限公司	0211	浙江省宁波鄞州区云龙镇前后陈村	何四海	常务理事
79	北京琴国乐器有限公司	0835	北京市朝阳区豆各庄乡黄厂路易心堂文创园艺佰联腾3层	姜伟	理事
80	北京育鹏乐器有限公司	0436	北京市朝阳区慧忠北里110号楼	张鹏	理事
81	小叶子（北京）科技有限公司	0687	北京市朝阳区叶青大厦北园1层	薄峰峰	理事
82	北京乐界乐科技有限公司	0899	北京市海淀区上地信息路26号中关村创业大厦719	倪卫娟	理事
83	北京长安乐器有限公司	0153	北京市海淀区西四环北路15号依思特大厦610室	马雪松	理事
84	北京天力提琴有限公司	0092	北京市通州区张家湾小耕垡	赵云	理事
85	北京过云楼文化传媒有限公司	0937	北京市西城区百花深处胡同16号	郭怀瑾	理事
86	晋江力达电子有限公司	0288	福建省晋江市安海镇第二工业区力达工业楼	吴希达	理事
87	福建省爱乐钢琴有限公司	0147	福建省南平市顺昌县双溪镇货场路142、144号	柯晟	理事
88	广州欧米勒钢琴有限公司	0655	广东省广州市白云区江高镇神山工业园振兴路77号厂区2号厂房	方扬	理事
89	广州市威柏乐器制造有限公司	0962	广东省广州市花都区花东镇丰园路1号（空港花都）	梁庆宝	理事
90	广州市罗曼士乐器制造有限公司	0241	广东省广州市花都区狮领镇育才路13号	郑晓明	理事
91	广州蓝深科技有限公司	1107	广东省广州市黄埔区南翔一路50号四栋432房	温毅明	理事
92	广州市大同琴行有限公司	0397	广东省广州市越秀区东川路37号	佟伟彦	理事

续表

序号	企业名称	会员证号	地址	联系人	协会任职
93	汕头市乐童乐器有限公司	0488	广东省汕头市丹阳庄东区59栋802	孙丽松	理事
94	深圳市魔耳乐器有限公司	0593	广东省深圳市宝安区71区留仙三路25号电明6楼	唐镇宇	理事
95	广东创智智能装备有限公司	1108	广东省肇庆市迎宾大道2号	严长志	理事
96	南宁市鑫金冠文化传播有限责任公司	0781	广西壮族自治区南宁市星湖路37号	陈振华	理事
97	广州恒声检测有限公司	0172	广东省广州市荔湾区中南街渔尾西路8号五栋7008室	徐刚	理事
98	北京晨语筝业教育科技有限公司	0884	河北省秦皇岛市海港区秦皇东大街236号沃金商厦B座301	李君	理事
99	河北乐之洋乐器制造有限责任公司	0191	河北省饶阳县大官厅工业园566号	郭广哲	理事
100	河北学艺乐器有限公司	0931	河北省石家庄长安区体育北大街19号中山路体育大街北行300米路西	张建立	理事
101	武汉银可可琴行有限责任公司	0303	湖北省武汉市彭刘杨路228号金榜名苑一楼	蒋迟	理事
102	长沙飞达琴行有限公司	0289	湖南省长沙市芙蓉区东牌楼新世界商贸西1号	劳绍立	理事
103	南京爱韵乐器有限公司	0433	江苏省南京市玄武区同仁西街7号北楼2层	顾萍	理事
104	南通星海乐器有限公司	0929	江苏省南通市人民中路8号	汪祖洪	理事
105	泰兴斯坦特乐器有限公司	0041	江苏省泰兴市黄桥镇华溪西路2号	李荣富	理事
106	江苏新基因文化发展有限公司	0733	江苏省泰兴市黄桥镇华溪中路18号（黄桥乐器文化产业园内）	尹波	理事
107	扬州市思美民族乐器厂	0282	江苏省扬州市江都区武坚镇黄思工业区	胡思林	理事
108	扬州风华国乐琴筝（音美尔）有限公司	0312	江苏省扬州市江都区邵伯工业文化产业园振兴路东首向北200米	刘庆阳	理事
109	扬州市正声民族乐器厂	0145	江苏省扬州市江阳工业园西湖双塘东路28号	周平	理事
110	大连福音乐器有限公司	0654	辽宁省大连市西岗区中山路236号	李大川	理事
111	龙口锦盛乐器有限公司	0084	山东省龙口市东莱街道大李村	李传术	理事
112	青岛妙海韵好美乐文化交流有限公司	0242	山东省青岛市江西路98号乙	潘紫艺	理事
113	山东摩亚文化产业有限公司	0544	山东省滕州市善国北路人才市场对过	梁景永	理事
114	陕西省文化物资公司	0502	陕西省西安市龙首北路东段4号	张忠民	理事
115	赛乐尔三益乐器（上海）有限公司	0269	上海市静安区大田路129号嘉兴大厦B幢6B	施容	理事
116	温克尔曼（上海）乐器有限公司	0467	上海市南汇区坦直工业园古翠路33号	应利星	理事

续表

序号	企业名称	会员证号	地址	联系人	协会任职
117	上海威堡钢琴有限公司	0239	上海市普陀区凯旋北路1188号环球港写字楼B座11楼	蒋维国	理事
118	卡西欧（中国）贸易有限公司	0554	上海市青浦区练塘工业园区蒸夏路200-8号	陆舒吟	理事
119	上海灵江乐器有限公司	0598	上海市松江区沪亭北路218号F115～117室	黄道周	理事
120	上海和乐钢琴有限公司	0337	上海市松江区沪亭北路218号F115-117德国哈罗德钢琴	姚建芳	理事
121	英昌乐器（中国）有限公司	0335	天津市东丽区崔家码头东侧	赵勇光	理事
122	天津奥维斯乐器有限公司	0354	天津市静海县蔡公庄镇四党口中村	张国民	理事
123	天津盛兴元乐器有限公司	0103	天津市静海县子牙镇潘庄子	王泽云	理事
124	昆明乐器用品有限责任公司	0064	云南省昆明市东风西路289号	伍俊武	理事
125	杭州爱尔科乐器有限公司	0406	浙江省杭州市萧山区闻堰街道长安村祥大房388号	蒋峰	理事
126	杭州顺和盛电子科技有限公司	0530	浙江省杭州市余杭区临平南街道高地工业园	沈国水	理事
127	德清县中德利钢琴有限公司	0136	浙江省湖州市德清县关西郊路158号	王惠林	理事
128	湖州华谱钢琴制造股份有限公司	0174	浙江省湖州市德清县洛舍经济开发区	潘鸿凯	理事
129	浙江爱森纳赫钢琴有限公司	0171	浙江省湖州市德清县洛舍经济开发区文明东路18号	王惠忠	理事
130	湖州杰士德钢琴有限公司	0176	浙江省湖州市德清县洛舍镇杨树湾工业园区	韩智杰	理事
131	浙江珠江德华钢琴有限公司	0229	浙江省湖州市德清县武康镇丰庆街788号	何建超	理事
132	浙江友谊电子有限公司	0262	浙江省乐清市经济开发区纬19路268号	陈特	理事
133	宁波市北仑乐器配件制造有限公司	0203	浙江省宁波市北仑区大矸镇俞王村	俞兆祥	理事
134	宁波市五角阻尼股份有限公司	0321	浙江省宁波市鄞州区明珠路428号3A五角阻尼二楼	蔡赋勇	理事
135	重庆斯威特钢琴有限公司	0089	重庆市北碚区童家溪镇建设村新房组天成小学旁	王建华	理事
136	安庆新华书店有限公司	0617	安徽省安庆市集贤南路2号	肖金和	
137	亳州市冠中琴行经营部	0714	安徽省亳州市谯城区建安路与光明路交叉口南二十米路东	陈冠中	
138	合肥海知音乐器销售有限责任公司	0583	安徽省合肥市庐阳区长江路276号	李扬秋	
139	合肥市乐海琴行有限公司	0717	安徽省合肥市寿春路88号	邵坚	
140	安徽麒泽教育装备有限公司	0945	安徽省合肥市蜀山区南二环路3818号	沈萍	

续表

序号	企业名称	会员证号	地址	联系人	协会任职
141	安徽省吉利琴行有限公司	0627	安徽省合肥市蜀山区潜山路与皖河支路交口商之都三楼	王欣	
142	安徽省国声琴行有限公司	0596	安徽省合肥市桐城路77号1号门面	杨保海	
143	安徽健洋体育产业股份有限公司	0818	安徽省淮北市杜集经济开发区202省道以北腾飞路以西	张峰	
144	淮北市兴华家具有限公司	0820	安徽省淮北市杜集经济开发区众诚路2号	郭吉文	
145	安徽吉祥科教设备有限公司	0819	安徽省淮北市杜集经济开发区紫藤路北侧	王飞	
146	淮北市云飞商贸有限责任公司	0823	安徽省淮北市杜集区高岳镇B2-105幢109号	李林军	
147	安徽世鹏教学设备有限公司	0821	安徽省淮北市杜集区滂汇工业区	郭彬	
148	淮北市力得科技发展有限公司	0822	安徽省淮北市相山区相山水路55-11号	张学勇	
149	淮南市海之声乐器销售有限公司	0912	安徽省淮南市田家庵区龙湖中路西段顺峰大厦三层	王宋梅	
150	惠州市天音乐器有限公司	0958	广东省惠州市大亚湾西区开城大道南11号	张又文	
151	惠州市汤姆乐器有限公司	0959	广东省惠州市惠阳区淡水街道古屋村地段阿诺玛工业园厂房B栋	谢宝舰	
152	安徽凯瑞教育设备有限公司	0923	安徽省六安市解放南路恒生阳光城商务中心68A1405室	张炜	
153	安徽精正家具制造有限公司	0995	安徽省六安市金安区经济开发区纵二路	杨永宽	
154	安徽邦胜德信息技术有限公司	1053	安徽省六安市棚场街京都豪园门面房138号	陈德胜	
155	舒城吉特育乐用品有限公司	0992	安徽省六安市舒城县棠树乡峰西村凌西路舒城经纬机械有限公司3幢	石发能	
156	安徽中领信息科技有限公司	0990	安徽省六安市小华山街道恒生国际商务中心68A幢1405室	彭化瑞	
157	安徽标音电子科技有限公司	1100	安徽省六安市裕安区金裕大道高新技术产业园15号1-2层	李梅	
158	宿州新华书店有限公司	0625	安徽省宿州市淮海中路79号	邓琼	
159	安徽拂晓教育装备有限公司	0947	安徽省宿州市灵璧县经济开发区红卫庄（西集）西边	朱柏	
160	安徽和信教学仪器设备有限公司	0514	安徽省宿州市武夷商业城B1区210-222室	陈静	

续表

序号	企业名称	会员证号	地址	联系人	协会任职
161	北京音悦荚科技有限责任公司	0972	北京市昌平区回龙观昌发展科教中心-5层	刘任凭	
162	北京智慧启明星教育咨询有限公司	1017	北京市昌平区回龙观新龙城40-5-101	肖阳	
163	北京爱芝音教教学设备有限公司	0425	北京市昌平区马池口镇乃干屯村203号	宁爱中	
164	六艺星空（北京）文化传播有限公司	0556	北京市朝阳区百子湾石门村路5号创美东朝时代创意园西区1-118室	周鹏	
165	北京世纪万合信息咨询有限公司	1133	北京市朝阳区创远路36号院3号楼	赵广飞	
166	盛美华源国际文化发展（北京）有限公司	1010	北京市朝阳区东大桥路甲8号尚都国际2910	孙赫	
167	北京声藏文化传媒有限公司	1002	北京市朝阳区垡头金蝉北里21号院21-2幢3层386号	陆晗	
168	赛尔玛亚洲（北京）销售有限公司	1084	北京市朝阳区工体东路丙2号12层1202	胡奕	
169	北京时代众乐琴行有限公司	0667	北京市朝阳区慧忠里304号楼1层304-2	刘小涌	
170	北京中音中音科技有限公司	0486	北京市朝阳区建国路88号SOHO现代城D座0711-0712室	赵易天	
171	北京爱新聚福电子音乐设备有限公司	0969	北京市朝阳区科学园南里中街京辰大厦B1	刘福新	
172	北京唐采文化发展有限公司	0943	北京市朝阳区六里屯北里	王小亚	
173	北京华宜天成乐器进出口有限公司	1098	北京市朝阳区苹果社区北区2号楼A座2515	蒋永建	
174	北京春秋博乐文化传播有限公司	0946	北京市朝阳区青年路西里国峰时代106	翟翀	
175	北京库客音乐股份有限公司	1097	北京市朝阳区三间房南里四号院96栋	余赫	
176	北京柏通乐器有限公司	1137	北京市朝阳区十里堡路1号103号楼1层111	杨海平	
177	北京银河润泰科技有限公司	0843	北京市朝阳区曙光西里甲6	闫文闻	
178	乐斯（北京）教育投资有限公司	0907	北京市朝阳区四惠东华腾世纪总部公园	张峰赫	
179	北京快乐神州科技有限公司	0811	北京市朝阳区望京东路8号锐创国际1号楼16F	彭锡涛	
180	北京诺宝文化艺术有限责任公司	0731	北京市朝阳区向军北里瀚海文化大厦809室	李薇	
181	北京葡橙朵朵文化艺术有限公司（北京琴学社）	0900	北京市大兴区黄村观音寺街31号	贾建伟	
182	北京福韵国际工贸有限公司	0492	北京市大兴区青云店镇垡上电镀厂院内	李宝红	

续表

序号	企业名称	会员证号	地址	联系人	协会任职
183	伊索（北京）国际贸易有限公司	1009	北京市大兴区兴泰街五号院首邑溪谷小区1-1-307	郝晓玉	
184	北京天昱文化发展有限公司	0988	北京市大兴区宣颐路7号 学而音乐艺术中心	方思国	
185	北京瑞音天地文化艺术有限公司	0875	北京市东城区广渠门内大街88-12	时瑞滨	
186	北京盛世雅歌琴行有限公司	0746	北京市东城区交道口东大街6-6号	于效威	
187	威柏尔乐器（北京）有限公司	0454	北京市东城区王府井大街277号好友写字楼2518室	刘勇	
188	北京星海福音琴业有限公司	0278	北京市东城区夕照寺中街四号星海宏昌大厦A座609室	胆美珍	
189	北京兆森乐器有限公司	0484	北京市房山区韩村河镇西东村南	孙伟	
190	北京杜兰德科技有限公司	0867	北京市房山区绿地启航国际商务办公区三期13号楼603室	郭树	
191	北京吕建华民族乐器文化有限公司	1123	北京市丰台区巴庄子139号33幢2108A室	吕建华	
192	北京敦善文化艺术股份有限公司	0259	北京市丰台区大红门西马厂甲14号集美文化产业园4号楼3层A08	于添	
193	北京德勇乐器有限公司	0729	北京市丰台区南三环东路6号嘉业大厦B座1104室	闫丕勇	
194	北京索达文化传播有限公司	0500	北京市丰台区南四环西路188号总部基地2区6号楼3层	叶彩萍	
195	北京卓邦乐米文化传播有限公司	0526	北京市丰台区南四环西路188号总部基地十一区27号楼6层	张新峰	
196	北京梓树钢琴有限公司	1120	北京市丰台区宋家庄正华商城二层梓树钢琴艺术中心	王兆琳	
197	北京乐器学会	0857	北京市丰台区怡海花园恒丰园3号-203	刘正辉	
198	北京华夏旋音艺术传播中心	1129	北京市海淀区北三环西路48号3号楼1层1C-3	杜怡璇	
199	北京龙羽时代科技有限公司	0351	北京市海淀区北三环中路77号27号楼509室	魏剑羽	
200	北京诺健科技发展有限公司	0592	北京市海淀区复兴路甲36号百朗园1218号	李腊	
201	北京金三惠科技有限公司	1096	北京市海淀区上庄镇东马坊19号	魏宏惠	
202	北京家训马林巴文化艺术中心	0850	北京市海淀区紫竹院路100号	王家训	
203	北京安平乐乐器有限责任公司	0539	北京市海淀区紫竹院路88号紫竹花园小区底商	安青	

续表

序号	企业名称	会员证号	地址	联系人	协会任职
204	北京市产品质量监督检验院	0255	北京市顺义区顺兴路9号	孙路伟	
205	金蓝国际乐器（北京）有限公司	0828	北京市通州区东燕郊开发区东贸国际16号楼2单元2011室	吕占武	
206	世音百纳（北京）文化发展有限公司	1085	北京市通州区富力中心B02栋1015	雷虹	
207	北京管乐器厂	0004	北京市通州区光机电一体化产业基地科创东五街8号	赵彤	
208	北京珠江钢琴制造有限公司	0836	北京市通州区经济开发区东区靓丽5街8号	冯汉辉	
209	贵州律动文化发展股份有限公司	0765	北京市通州区梨园镇九棵树西路90号弘祥1979文化产业创意园B座3层律动乐器8355室	韦永勇	
210	乐器空间	0508	北京市通州区李庄佳苑5号楼2单元902	赵文广	
211	玮萨乐器（北京）有限公司	1080	北京市通州区潞苑南大街甲560号B区110−B31	叶伟	
212	北京中艺乐器有限公司	0722	北京市通州区马驹桥镇联东U谷中试区75号楼	李建明	
213	环球乔治布莱耶（北京）乐器有限公司	0940	北京市通州区运河西大街乔庄路18号	杨宝玉	
214	北京卡丹萨文化艺术有限公司	0998	北京市西城区鲍家街43号	张庆海	
215	北京星海钢琴集团有限公司北京民族乐器厂	0104	北京市西城区槐柏树街乙9号楼地下室	宋从甲	
216	北京德西玛扬琴文化传播有限责任公司	1114	北京市西城区黄寺大街24号院19号楼B座603室	于微微	
217	福建合声钢琴工业制造有限公司	0832	福建省东山县西塘镇拜师街泽园路342号开发区办公室602室	谢福志	
218	福州市拉维斯文化发展有限公司	0915	福建省福州市仓山区建新镇建新北路161号2号楼1层	廖俊伟	
219	福建音桥电子科技有限公司	0965	福建省福州市台江区五一中路132号抽纱大厦二层	陈雪萍	
220	晋江市法莱斯特乐器有限公司	0896	福建省晋江市安海镇安平开发区嘉禄路2号	陈茂桂	
221	晋江市锦乐电子科技有限公司	0970	福建省晋江市安海镇安平开发区嘉盛路147号、149号	俞亮生	
222	晋江市美固展示柜有限公司	0928	福建省晋江市罗山梧安社区113号	李雪芳	
223	泉州海丝蔓电子科技有限公司	0924	福建省晋江市五里经济开发区长安路22号	柯俊雄	

续表

序号	企业名称	会员证号	地址	联系人	协会任职
224	泉州摩音乐器有限公司	1012	福建省泉州市晋江经济开发区五里园丰灵路10号	苏炳坤	
225	泉州耐特克钢琴集团有限公司	0974	福建省泉州市晋江市东石镇井林新村（60-74）号	高泉猛	
226	泉州市博兰仕电子科技有限公司	1119	福建省泉州市晋江市经济开发区（五里园）中路华26号-2栋三楼	何秋燕	
227	泉州合乐电子有限公司	0883	福建省泉州市南安市水头镇五里桥大道1268号	高铭胜	
228	厦门律动钢琴有限公司	0510	福建省泉州市迎津街建材公寓B幢501室	彭清燕	
229	厦门标旗文化传播有限公司	1023	福建省厦门市湖里区湖里大道10-12号421号	李恒生	
230	美森翰林（厦门）钢琴有限公司	0938	福建省厦门市湖里区五缘西二里21号1502	黄大柯	
231	圆古洲（厦门）集团有限公司	1051	福建省厦门市思明区莲岳路1号1004室之01室	陈卫伟	
232	厦门唐基文化艺术有限公司	0905	福建省厦门市思明区龙山中路8号66总部大楼一楼钢琴公司	杨晓杰	
233	厦门市华成琴行有限公司	0774	福建省厦门市四明东路9号	伊道生	
234	漳州市龙吟乐器有限公司	0674	福建省漳州市北斗工业园金华路1号	段性皓	
235	玉丰乐器（漳州）有限公司	0954	福建省漳州市芗城区金峰开发区玉丰乐器	李水发	
236	弗莱契尔（厦门）乐器有限公司	0973	福建自由贸易试验区厦门片区（保税港区）海景东路10号4层420号	钟文俊	
237	白银辰睿新理念艺术传播有限公司	0770	甘肃省白银市白银区观澜商业街5楼B座辰睿新理念钢琴艺术中心	赵辰睿	
238	广州吉声琴业有限公司	0067	广东省从化市鳌头镇岭南村古塘村106国道边	梁泽敏	
239	东莞市乐手时代乐器有限公司	0776	广东省东莞市高埗镇振兴北路米兰财富园（欧邓办公楼旁）三楼	何冬君	
240	东莞市华锦礼品有限公司	0847	广东省东莞市厚街镇下汴村汴康西路鑫浩源科技园一区	姜平	
241	东莞市名品旅行用品有限公司	1125	广东省东莞市寮步镇寮步岭安街81号	钟红梅	
242	东莞市乾方音响设备有限公司	0750	广东省东莞市南城区水濂山绿色路澎峒工业区第1栋3楼	董夷	
243	深圳市众郦科技有限公司	0889	广东省东莞市松山湖高新开发区新竹路万科松湖中心濮园903	许杏生	

续表

序号	企业名称	会员证号	地址	联系人	协会任职
244	东莞市增旺精密五金有限公司	0531	广东省东莞市塘厦镇莆心湖大道北七号	姜有文	
245	佛山市小钟琴文化传播有限公司	0881	广东省佛山市禅城区南庄镇商业广场4座808	李康勇	
246	佛山市盈展乐器有限公司	0986	广东省佛山市南海里水镇邓岗南隅村工业二路18号四楼之一	康伟光	
247	佛山市佰添乐器有限公司	0686	广东省佛山市南海区里水镇和顺官和路金星工业区东门39-7	陈祝军	
248	佛山安炜达金属制品有限公司	1020	广东省佛山市南海区里水镇河村巫庄工业区巫庄北路2号安炜达	冯永高	
249	佛山市南海区海韵乐器制造有限公司	0520	广东省佛山市南海区狮山镇莲子塘湖塘口路厂房之五	胡冬花	
250	佛山市三水龙声乐器制造有限公司	0362	广东省佛山市三水区白坭镇白沙南街一号	李庆炎	
251	佛山市万正涂料有限公司	0390	广东省佛山市三水区西南镇金本工业园B区	肖亚亮	
252	广州华丰乐器制造有限公司	0852	广东省广州市白云区人和镇汉塘村汉塘北路自编19号	李概文	
253	广州吉琴社乐器有限公司	0901	广东省广州市白云区人和镇穗禾名庭	洪银山	
254	广州市和必括乐器制造有限公司	0553	广东省广州市白云区石井红星工业路10号B座2号	黄斌	
255	广州华亦乐器有限公司	1005	广东省广州市白云区石井石沙路88号石井国际大厦13A	杨广	
256	广州诗帝堡乐器有限公司	0891	广东省广州市番禺区大北路150号华兴商贸大厦16层13号	谢春南	
257	广州诺英德曼钢琴股份有限公司	0919	广东省广州市番禺区沙湾镇福冠路福正西街15号B103	靳伟明	
258	广州悠哈乐器有限公司	0978	广东省广州市番禺区市桥富华中路39号503	黄成贤	
259	广州市笛美音响设备有限公司	1130	广东省广州市番禺区市桥街富华东路341号三层	朱佰乐	
260	广州市普迪立信科技有限公司	1105	广东省广州市高新技术产业开发区科学城掬泉路3号广州国际企业孵化器A区A206，A208房	霍涛	
261	英氏婴童用品有限公司	0859	广东省广州市海珠区广州大道南788号自编7栋	高峰	
262	广东红棉乐器股份有限公司	0038	广东省广州市海珠区基立道10号二楼	邹耿机	

续表

序号	企业名称	会员证号	地址	联系人	协会任职
263	广州市泰源乐器制造有限公司	0955	广东省广州市花都区花山镇永乐村菊花石大道自编100号之六	张冬美	
264	广州市恒胜箱包有限公司	0606	广东省广州市花都区新华街团结村塘口四队机场安置区商业街	彭兰	
265	广州市鸣雅玛丁尼乐器制造有限公司	0587	广东省广州市花都区新华镇凤凰北路三东工业区	汪宏齐	
266	广州二诺信息科技有限公司	0877	广东省广州市黄埔区黄埔大道东933号2层	肖志伟	
267	广东琴趣网络科技有限公司	0812	广东省广州市黄埔区茅岗村坑田大街32号鱼珠智谷E306	麦燕玉	
268	广州市益友箱包皮具有限公司	0980	广东省广州市经济技术开发区萝岗联合上围村中街5号	李振标	
269	广州市雅迪数码科技有限公司	0496	广东省广州市荔湾区桥中中路186号爱国者一楼自编45号	胡伟	
270	德国博兰斯勒钢琴（中国）有限公司	0541	广东省广州市天河北路595—599号创新科技广场二楼	方扬	
271	广州弦尚文化传播有限公司	0501	广东省广州市天河区黄村路51号粤安工业园A栋6楼	隋细华	
272	广州闻乐教育科技有限公司	1058	广东省广州市天河区黄埔大道中662号604室	符吉聪	
273	广州市新艺宝乐器有限公司	0309	广东省广州市天河区黄浦大道西177号二楼	凌建聪	
274	广州千陆文化创意发展有限公司	0975	广东省广州市天河区凌塘新街16-2号新远景创业科技园5楼	秦千和	
275	广州传音乐器有限公司	0168	广东省广州市天河区天河路228号之1510	苏常青	
276	广州市拿火信息科技有限公司	0707	广东省广州市越秀区解放北路568号	陆子天	
277	广州市天樱电子有限公司	0763	广东省广州市越秀区明月一路20号明月阁806房	张继发	
278	惠州全丰育乐用品有限公司	0234	广东省惠州市惠阳区秋长镇长兴路鹏岭工业城	蔡赖丰	
279	深圳市巴罗克文化艺术发展有限公司（BARROCO乐器）	0898	广东省惠州市惠城区长湖苑1期9栋2单元1号琴行	王浩然	
280	惠州市惠阳区吉他行业协会	0831	广东省惠州市惠阳区大剧院1楼右侧办公室	闫兴为	
281	惠州市乐音乐器有限公司	0672	广东省惠州市惠阳区淡水镇铁湖路玉兰别墅D9-10栋	彭爱平	

续表

序号	企业名称	会员证号	地址	联系人	协会任职
282	宇声乐器（惠州）有限公司	0904	广东省惠州市惠阳区秋长街道金秋大道75号	蔡国宏	
283	惠州德尚乐器有限公司	0851	广东省惠州市惠阳区秋长益发工业区A栋	钟文辉	
284	惠州市铭仕电子制品有限公司	0785	广东省惠州市惠阳区秋长镇西湖边水村铭仕电子制品有限公司	赵建萍	
285	惠州市惠阳区新圩曼棱乐器厂	0540	广东省惠州市惠阳区新圩镇塘口工业区	李秋云	
286	惠州声柏乐器有限公司	0697	广东省惠州市惠阳区长街道秋长镇岭湖工业区亚来路39号	王振中	
287	惠州市思琪特科技有限公司	0918	广东省惠州市仲恺高新区陈江街道办五一大道日通达大楼1栋3楼	邱宇鹏	
288	鹤山市挚雅乐器有限公司	0602	广东省江门市鹤山市龙口镇北环路6号	杨建勋	
289	揭西县美科电子电器厂	0206	广东省揭西市县城环城路西段	张远青	
290	揭阳市卡巴特乐器有限公司	1006	广东省揭阳市揭东区玉湖镇玉联村工业西片区	刘森归	
291	揭西县美乐斯电子电器厂实业有限公司	0537	广东省揭阳市揭西县河婆街道北环一路中段（国税大楼后面）	张伟雄	
292	揭西县小天使电子电器有限公司	1136	广东省揭阳市揭西县河婆镇工业开发区	彭作捶	
293	开平市圣诺电子有限公司	0609	广东省开平市三埠长沙光明路82号102	黄美娴	
294	广东龙健乐器有限公司	0987	广东省廉江经济开发区龙健高新科技产业园	戴平	
295	南雄市海伦罗曼钢琴有限公司	0664	广东省南雄市珠玑镇二塘村国道G323线旁	李晓勇	
296	深圳市卓乐科技有限公司	0521	广东省深圳市宝安28区陆氏工业大厦2楼	李国飞	
297	深圳市中艺盈科电子有限公司	0355	广东省深圳市宝安35区安华工业区一巷8栋A5	钟永津	
298	深圳市阿诺玛乐器有限公司	0658	广东省深圳市宝安区宝田三路宝田工业区56栋6楼	陈海华	
299	深圳市搜罗乐器有限公司	1082	广东省深圳市宝安区航城街道九围社区九围第三工业区5号B栋厂房5层	欧阳斌	
300	深圳市小草音乐网络科技有限公司	0858	广东省深圳市宝安区沙井街道锦程路2070号石厦港联工业园C栋2楼	梁海	
301	深圳市伏荣科技开发有限公司	0459	广东省深圳市宝安区西乡西城工业区12栋2楼	李胜	

续表

序号	企业名称	会员证号	地址	联系人	协会任职
302	深圳市宏伟顺科技发展有限公司	0599	广东省深圳市宝安区新安街道44区富源商贸中心B1403	段建军	
303	深圳市和普乐器有限公司	0341	广东省深圳市福田区八卦岭八卦五路五街543栋4楼433房	亓苏梅	
304	深圳戎马广告有限公司（琴行经营报）	0578	广东省深圳市福田区车公庙泰然六路泰然物业大厦207栋301室	林凯	
305	深圳市和乐文化传播有限公司	0740	广东省深圳市福田区福中一路2016号深圳音乐厅首层施坦威钢琴专卖店	翁环	
306	尼凯乐器（深圳）有限公司	0932	广东省深圳市光明新区公明街道将石新围第一工业区1栋	宋燕刚	
307	深圳市双华鑫电子有限公司	0864	广东省深圳市龙岗区布吉中元路4号楼32栋A305	江中华	
308	深圳市佳音王科技股份有限公司	1117	广东省深圳市龙岗区龙城街道清林西路龙岗天安数码城1号大厦A座1102 室	王福	
309	创尊科技（深圳）有限公司	0966	广东省深圳市龙岗区龙岗街道南联社区圳埔领路2号F栋202	张又文	
310	深圳市杰高乐器有限公司	0971	广东省深圳市龙岗区平湖街道新木里花半里欣悦广场C栋609	赵进荣	
311	惠州壹号琴行有限责任公司	0747	广东省深圳市罗湖区太白路太阳新城6B	王浩然	
312	岩手一全科技（深圳）有限公司	0941	广东省深圳市南山区大新路88号金龙工业区63栋西309	Tomokazu Kawamura	
313	深圳金色田园教育科技股份有限公司	0773	广东省深圳市南山区高新技术园区南区A8音乐大厦905室	史斌	
314	深圳市艾伦易登文化发展有限公司	0868	广东省深圳市南山区前海星空科技园A栋401	秦健	
315	深圳市新众玩网络科技有限公司	0960	广东省深圳市南山区软件园1期3栋	许乐平	
316	深圳市伊诺乐器有限公司	0300	广东省深圳市坪山区仓坑路家德马峦工业区1区7栋	袁雁	
317	深圳市乐器行业协会	0933	广东省深圳市坪山区坪山办事处汤坑社区同富西路67号家德马峦工业园一区7栋3楼	袁雁	
318	深圳鱼尾狮音教信息科技有限公司	1131	广东省深圳市前海港合作区前湾一路1号A栋201室	杨冉	
319	鲍德温（中山）钢琴乐器有限公司	0032	广东省中山市东升镇观栏村工业区	周有恩	
320	中山市笛驰文体用品科技有限公司	0967	广东省中山市三乡镇麻斗工业区锚金大道19号	陆嘉诚	

续表

序号	企业名称	会员证号	地址	联系人	协会任职
321	珠海汇吉洋电子科技有限公司	0532	广东省珠海市斗门区白蕉工业园新科二路26号	王超	
322	帕多瓦乐器（珠海）有限公司	0964	广东省珠海市香洲区湾仔华声工业园G座4楼	黄国城	
323	南宁市嘉诚琴行有限公司	0546	广西壮族自治区南宁市教育路7-2号	林李斌	
324	广西中国-东盟文化艺术交流促进会	1122	广西壮族自治区南宁市青秀区新民路4号华星时代广场名仕阁1611室	郭军颖	
325	贵州毕节松柏乐器制造有限公司	1079	贵州省毕节市金海湖新区小坝镇工业园区A5栋	彭士泳	
326	玉屏侗族自治县箫笛行业协会	0865	贵州省铜仁地区玉屏侗族自治县箫笛厂内	杨永华	
327	贵州融合音源乐器有限公司	1028	贵州省遵义市正安县经济开发区	王建	
328	贵州正音文化科技有限公司	1032	贵州省遵义市正安县经济开发区	王学	
329	贵州贝加尔乐器有限公司	1043	贵州省遵义市正安县经济开发区	赵山	
330	贵州馨音乐器制造有限公司	1025	贵州省遵义市正安县经济开发区A区	卢纶焘	
331	遵义麦格纳乐器制造有限公司	1034	贵州省遵义市正安县经济开发区A区	郑传勇	
332	钰丰乐器（正安）有限公司	1047	贵州省遵义市正安县经济开发区A区	陈水茂	
333	贵州斯柏卓尔乐器有限公司	1048	贵州省遵义市正安县经济开发区A区	黄绍勇	
334	正安县盛雅乐器有限公司	1050	贵州省遵义市正安县经济开发区A区	郑俊	
335	贵州木源乐器制造有限公司	1045	贵州省遵义市正安县经济开发区A区3号楼	尹大鹏	
336	贵州谦梦乐器制造有限公司	1049	贵州省遵义市正安县经济开发区A区	丁盛	
337	贵州金韵乐器有限公司	1027	贵州省遵义市正安县经济开发区A区吉他园	刘江波	
338	贵州凯丰乐器有限公司	1029	贵州省遵义市正安县经济开发区B区	黄宏楷	
339	贵州正安吉他实业有限公司	1031	贵州省遵义市正安县经济开发区B区	陶剑峰	
340	贵州律谦乐器有限公司	1039	贵州省遵义市正安县经济开发区C区2号楼	赵和兵	
341	贵州正安娜塔莎乐器制造有限公司	1030	贵州省遵义市正安县经济开发区C区二组团	赵建峰	
342	正安县博丰木业有限公司	1042	贵州省遵义市正安县经济开发区C区一组团一号楼	李祖才	
343	遵义市马氏吉他制造有限公司	1035	贵州省遵义市正安县经济开发区电子商务信息产业园	马大树	
344	贵州潮艺乐器制造有限公司	1036	贵州省遵义市正安县经济开发区国际吉他产业园A区新发展厂区D栋	卢波	

续表

序号	企业名称	会员证号	地址	联系人	协会任职
345	惠州市恒生乐器有限公司	0800	贵州省遵义市正安县经济开发区凯丰乐器	邓忠兵	
346	正安显勇乐器制造有限公司	1044	贵州省遵义市正安县经济开发区塞维尼亚乐器厂B栋	祝显勇	
347	正安县旭日乐器有限公司	1037	贵州省遵义市正安县经济开发区台湾产业园8栋	许朝阳	
348	贵州华茂乐器有限公司	1040	贵州省遵义市正安县经济开发区一组团二栋5楼501	赵和兵	
349	正安县吉他协会	1026	贵州省遵义市正安县经济开发区综合服务大楼	魏友兵	
350	贵州塞维尼亚乐器制造有限公司	1033	贵州省遵义市正安县瑞濠工业园B区	魏友兵	
351	海南大蟒科技有限公司	0572	海南省海口市美兰区海甸五西路兆南绿岛家园绿轩17—18A	胡建智	
352	霸州市威名乐器有限公司	0177	河北省霸州市大高各庄工业区	张维明	
353	北京东奇众科技术有限公司	0788	河北省保定市涿州市义和庄镇长安城村东口东奇公司	郭学成	
354	赞凯尔松钢琴河北有限公司	0957	河北省沧州市肃宁县德善街	张振环	
355	沧州市金狮乐器有限公司	0227	河北省沧州市纸房头工业区	吕宝合	
356	定州市即兴音乐培训学校	0778	河北省定州市北城区大道观小学西行50米	佘会凤	
357	河北铭泽文体用品有限公司	0751	河北省定州市大奇工业区	张江伟	
358	定州市定海体育器材有限公司	0715	河北省定州市唐河循环经济产业园区	李增甫	
359	高碑店市佰格乐器箱包厂	0760	河北省高碑店市南大街152号	邓印明	
360	衡水好望角乐器有限公司	1061	河北省衡水市饶阳县留楚乡屯里村北	焦虎星	
361	廊坊市圣爱工艺品有限公司	0699	河北省廊坊市安次区仇庄乡景村工业区	邓岳梅	
362	廊坊市永信实业有限公司	0261	河北省廊坊市安次区杨税务	刘家庆	
363	廊坊市斯尔曼乐器有限公司	0659	河北省廊坊市安次区祖各庄西口光辉巷	王颂	
364	霸州市特瑞森企业管理有限公司	1118	河北省廊坊市霸州市煎茶铺镇大高庄村706号	王先宇	
365	香河天音乐器有限公司	0060	河北省廊坊市香河县香河经济技术开发区运泰路	曹振民	
366	永清县嫦月乐器有限公司	1132	河北省廊坊市永清县三圣口乡小朱庄村	李嫦月	
367	饶阳县振鹏民族乐器厂	1060	河北省饶阳县大尹村镇大迁民村村东68号	常鹏龙	

续表

序号	企业名称	会员证号	地址	联系人	协会任职
368	饶阳县海之韵乐器有限公司	0597	河北省饶阳县东草芦村七区46号	李广敖	
369	三河市龙洋乐器有限公司	0393	河北省三河市新集镇	艾永青	
370	阿玛提（北京）乐器有限公司	0917	河北省石家庄桥西区裕华西路192号世纪公馆23楼	张立营	
371	河北康喜乐器制造有限公司	0756	河北省石家庄市新华区杜兆乡西营村和乐巷4号	张喜	
372	河北锦瑟乐器有限公司	1016	河北省石家庄市长安区嘉和广场2-1905	郭万军	
373	唐山市明艺教育科技有限公司	1059	河北省唐山市路北区君瑞花园0007楼1单元0539号	田蕾	
374	廊坊韵迪乐器有限公司	0170	河北省文安县新镇镇工业区	王景川	
375	河北鑫欧泰教学设备制造有限公司	0784	河北省盐山县南环路	徐淑英	
376	吉克乐器河北有限公司	0999	河北省张家口市蔚县经济开发区工业街5号	郭玉成	
377	兰考县纬易乐器有限公司	1127	河南省开封市兰考县城区车站路210号	胡亚敏	
378	河南省唐响乐器有限公司	1124	河南省开封市兰考县城区中山北街北段西侧无号	齐亚斌	
379	河南高山流水乐器有限公司	1071	河南省开封市兰考县堌阳镇范场村	陈佰善	
380	兰考墨武古琴文化传播有限公司	1065	河南省开封市兰考县堌阳镇徐场民族乐器村	王二鱼	
381	兰考县雅音民族乐器有限公司	1115	河南省开封市兰考县堌阳镇范场村四组	徐二航	
382	河南中弘乐器有限公司	0985	河南省开封市兰考县堌阳镇工业园区	范慧敏	
383	兰考恋音乐器有限公司	1063	河南省开封市兰考县堌阳镇乐器工业园区	王海波	
384	河南省九韶乐器有限公司	1064	河南省开封市兰考县堌阳镇乐器工业园区内1号	刘春玉	
385	兰考县雯华乐器厂	1116	河南省开封市兰考县堌阳镇文化站南100米路东	赵艳娜	
386	河南中艺乐器有限公司	1113	河南省兰考县堌阳镇范场村四组	徐卫彪	
387	兰考县成源乐器音板有限公司	0848	河南省兰考县堌阳镇工业区3号	王凤枝	
388	河南三好乐器有限责任公司	1066	河南省兰考县堌阳镇堌牛路东侧	吴大平	
389	兰考县华韵乐器有限公司	1068	河南省兰考县堌阳镇工业园区	徐顺海	
390	兰考大河乐器有限公司	1072	河南省兰考县堌阳镇工业园区	何素英	
391	兰考县君谊民族乐器有限公司	1076	河南省兰考县堌阳镇工业园区	赵尚功	

续表

序号	企业名称	会员证号	地址	联系人	协会任职
392	兰考祥音民族乐器有限公司	1077	河南省兰考县堌阳镇工业园区	范慧敏	
393	兰考县华音民族乐器有限公司	1078	河南省兰考县堌阳镇工业园区	汪胜丽	
394	河南鸿鹄民族乐器有限公司	1074	河南省兰考县堌阳镇工业园区展厅北侧	徐登辉	
395	兰考县鸣韵乐器有限公司	0642	河南省兰考县堌阳镇乐器工业园区	徐会争	
396	兰考县韵音乐器有限公司	0643	河南省兰考县堌阳镇乐器工业园区	张巧芳	
397	兰考县古韵乐器配件厂	0641	河南省兰考县堌阳镇梁场村	马鹏	
398	河南省洲洋乐器有限公司	1070	河南省兰考县堌阳镇西关二村堌牛路西侧	冯会宾	
399	兰考焦桐乐器股份有限公司	0910	河南省兰考县堌阳镇月起工业园（民族乐器展厅）	王刚	
400	兰考县忠音民族乐器厂	1073	河南省兰考县关乡陈寨村东路南	许超	
401	兰考桐韵民族乐器有限公司	0680	河南省兰考县文明路16号	袁玉刚	
402	开封悦音乐器有限公司	0640	河南省兰考县闫楼乡郭庄村	吴扎根	
403	河南弦情乐器有限公司	1067	河南省兰考县闫楼乡梧桐工业园区桐音路1号	肖世腾	
404	兰考中正皇韵乐器有限公司	1075	河南省兰考县闫楼乡梧桐家居配套产业园	黄万顺	
405	兰考县怡轩乐器厂	1069	河南省兰考县怡轩乐器厂	陈国胜	
406	久鼎文化产业发展有限责任公司	1106	河南省新乡市经济技术开发区支一路与支二路丁字路口西南角	郝志辉	
407	襄城县宏声乐器有限公司	0993	河南省许昌市襄城县麦岭镇欧营村	欧阳长伟	
408	郑州星艺新琴行有限公司	0775	河南省郑州市北二七路96号（金水路和东明路交叉口东30米路南）	翟莲花	
409	宁波海伦睿卡教育科技有限公司	0887	河南省郑州市管城区商城路东明路交叉口茂祥大厦17楼	樊国领	
410	巴彦县善林木业有限公司	1008	黑龙江省巴彦镇兴隆镇兴林林农路	卢花善	
411	哈尔滨七星乐器有限公司	0845	黑龙江省哈尔滨市道里区森林朝阳胡同6号2单元1层4号	王世秋	
412	黑龙江宗耀乐器有限公司	1138	黑龙江省哈尔滨市松北区左岸大街1758号	赵宗阳	
413	牡丹江和音乐器有限公司	0650	黑龙江省牡丹江市西安区海浪路199号	贾酝	
414	湖北华都钢琴制造股份有限公司	0427	湖北省广水市广办西河路二路2号	汪其见	
415	随州市曾侯乙编钟编磬文化有限公司	0830	湖北省随州市舜井大街305-2号	项绍清	

续表

序号	企业名称	会员证号	地址	联系人	协会任职
416	武汉市乐王乐器有限公司	0293	湖北省武汉市东湖高新技术开发区武大科技园路7号武大航域办公楼A8栋6楼	邢福志	
417	武汉工控艺术制造有限公司	0698	湖北省武汉市东西湖将军路万家墩东村59号	高力强	
418	武汉市海平乐器制造有限公司	0125	湖北省武汉市江岸区云林街65号观湖铂金公寓321房	王志军	
419	武汉致嘉乐器销售有限公司	0100	湖北省武汉市经济开发区民营科技工业园12号M栋	周致嘉	
420	武汉大音唐韵乐器有限责任公司	0873	湖北省武汉市武昌彭刘杨路229号	唐志雄	
421	武汉余晓维金手指文化艺术咨询有限公司	0726	湖北省武汉市武昌区和平大道绿地国际金融城B2栋2611室	余小维	
422	安斯特早教投资管理湖北有限公司	0737	湖北省武汉市武昌区积玉桥万达公馆五栋1单元502室	蔡德武	
423	武汉钢的琴音乐文化发展有限公司	0748	湖北省武汉市武昌区彭刘杨路228号	伍海波	
424	常德市武陵区多尔乐器厂	1018	湖南省常德市武陵区滨湖路西城水恋小区北门	王晓冬	
425	长沙斗牛士乐器有限公司	1091	湖南省长沙经济技术开发区东六路南段77号金科亿达科技城84栋4单元604	何北	
426	湖南三创演艺有限公司	1024	湖南省长沙市开福区德雅路542号湖南电视节目中心3号楼	吴选作	
427	湖南纽比特文化艺术有限公司	1081	湖南省长沙市开福区芙蓉北路街道金泰路119号富湾国际1栋3601	刘甜	
428	湖南莱拉乐器有限公司	1093	湖南省株洲市醴陵市经济开发区标准厂房6号栋第六层	周晶	
429	延吉市民族乐器研究所	0154	吉林省延吉市北山街爱丹路125-2号	赵基德	
430	长春新威琴行有限公司	0369	吉林省长春市朝阳区工农大路1796号	周宝强	
431	长春市恒兴华科技有限公司	0663	吉林省长春市南关区大马路吉塔公寓998号	崔京宜	
432	彤枀钢琴培训工作室	0833	江苏省常州市新北区三井街道绿都万和城三区商业广场彤松钢琴培训工作室	叶立宇	
433	淮安市经纬教学设备有限公司	0552	江苏省淮安市楚州区施河镇德福北路186号	成鹏	
434	淮安市翔声民族乐器厂	0897	江苏省淮安市楚州区翔宇大道1003号易郡龙腾3号商住楼101室（售楼处旁）	贾洪海	
435	淮安市众兴教学设备有限公司	0856	江苏省淮安市淮安区泾口镇光明居委会	钱国军	

续表

序号	企业名称	会员证号	地址	联系人	协会任职
436	江苏润晨科教设备有限公司	0816	江苏省淮安市淮安区施河镇政和路	王顺国	
437	淮安市成达教学用品有限公司	0813	江苏省淮安市淮安区施河镇德福北路16号	马俊成	
438	江苏宇辉教学用品有限公司	0618	江苏省淮安市淮安区施河镇德福南路	刘红兵	
439	江苏华丰教学装备有限公司	0704	江苏省淮安市淮安区施河镇工业园区	刘长军	
440	江苏乾坤教学设备有限公司	0534	江苏省淮安市淮安区施河镇工业园区	董玉乾	
441	江苏远恒教学设备有限公司	0916	江苏省淮安市淮安区施河镇工业园区	刘金云	
442	江苏强众科教设备有限公司	0736	江苏省淮安市淮安区施河镇工业园区29号	查永安	
443	江苏万里科教设备有限公司	0814	江苏省淮安市淮安区施河镇工业园区淮河路18号	施守英	
444	江苏祥信科教设备有限公司	0976	江苏省淮安市淮安区施河镇工业园区黄山路南首	刘娟	
445	江苏大鹏科教设备有限公司	0621	江苏省淮安市淮安区施河镇淮河路	刘宝珍	
446	江苏百宇兴事业有限公司	0753	江苏省淮安市淮安区施河镇淮河路1号	钱国强	
447	江苏星杨月科教设备有限公司	0645	江苏省淮安市淮安区施河镇世纪大道	杨如忠	
448	江苏兴特教学设备有限公司	0701	江苏省淮安市淮安区施河镇世纪大道	施信忠	
449	淮安市长三角科教设备有限公司	0815	江苏省淮安市淮安区施河镇世纪大道13号	施守江	
450	淮安市迅腾教学设备有限公司	0844	江苏省淮安市淮安区施河镇世纪大道16号	宋平安	
451	江苏月星科教设备有限公司	0646	江苏省淮安市淮安区施河镇世纪大道2号	葛彩珍	
452	江苏华光科教设备有限公司	0571	江苏省淮安市淮安区施河镇世纪大道8号	吴斌	
453	江苏安琪尔科教设备有限公司	0735	江苏省淮安市淮安区施河镇太平西路26号	李晓燕	
454	江苏东大科教设备有限公司	0702	江苏省淮安市淮安区施河镇条龙村	胡国政	
455	江苏盛达教学设备有限公司	0795	江苏省淮安市淮安区施河镇长江路1号	王国顺	
456	江苏双丰教学用品有限公司	0798	江苏省淮安市晃哪去施河镇德福路102号	沈卫国	
457	江苏雪峰科教设备有限公司	0817	江苏省淮安市清河区万达广场一期3号楼2单元1楼	单平平	
458	江苏华辰教学设备有限公司	0560	江苏省淮安市施河镇工业园区人民路南首	管益武	
459	淮安市福乐教学设备有限公司	0804	江苏省淮安市施河镇世纪大道	高云军	
460	江苏华睿科教设备有限公司	0805	江苏省淮安市施河镇世纪大道	周艾军	

续表

序号	企业名称	会员证号	地址	联系人	协会任职
461	江阴奇灵乐器有限公司	0705	江苏省江阴市申港镇澄路1597号	缪庆益	
462	江阴市孔声乐器有限公司	0523	江苏省江阴市祝塘镇工业集中区B区	孔真清	
463	无锡铃木乐器有限公司	0039	江苏省江阴市祝塘镇人民路1号	缪志兴	
464	中国大众音乐协会口琴专业委员会	0872	江苏省江阴市祝塘镇云顾路8号	孔文忠	
465	昆山德邦木业有限公司	0358	江苏省昆山市巴城镇正仪高科技术产业园富丽路	唐亮	
466	南京梦飞乐器贸易有限公司	0934	江苏省南京市江宁区东山街道宏远大道2298号 秦淮绿洲东苑75幢103室	刘飞	
467	南京乐言电子商务有限公司	1111	江苏省南京市江宁区东山街道潭园西路128号骆村大厦201室	彭涛	
468	南京音杰琴行有限公司	0948	江苏省南京市江宁区天元东路523号	安吉	
469	南京南淮文化传播有限公司	0953	江苏省南京市秦淮区中山南路315、313号1805、1806室	王艺耘	
470	南通市乐王琴业有限公司	0046	江苏省南通市环城东路93号	王夕林	
471	江苏三毛教仪成套设备有限公司	0696	江苏省沭阳县工业园区萧山路36号	徐兴俊	
472	江苏冠仪教学设备有限公司	0944	江苏省沭阳县公园东路155号	周立梅	
473	江苏金太阳科教设备有限公司	0789	江苏省沭阳县公园路20号金太阳科教	汤亚	
474	江苏省华茂科教设备有限公司	0565	江苏省沭阳县经济开发区永嘉路40号	祁霞	
475	江苏柠檬科教设备有限公司	0563	江苏省沭阳县章集工业园区柠檬3号	徐善才	
476	苏州市福合天韵乐器科技有限责任公司	0755	江苏省苏州市吴中区苏州工业园区星湖街328号创意产业园1-B601室	包伟康	
477	江苏浩派乙乐器有限公司	1092	江苏省宿迁市泗阳县李口镇全民创业园通达大道13号	柳云辉	
478	江苏威特诺乐器有限公司	0950	江苏省泰兴市黄桥镇金溪路东、通站路北	郭美霞	
479	泰兴市通灵乐器有限公司	0977	江苏省泰兴市黄桥镇溪桥华溪中路	殷建设	
480	泰兴琴艺乐器有限公司	0218	江苏省泰兴市溪桥镇华溪东路8号	吴建新	
481	江苏省苏创教学设备有限公司	0796	江苏省泰州市高港科技创业园	戴春喜	
482	江苏鸿星教学设备有限公司	0799	江苏省泰州市高港区力铺街道西工业区	吉荣进	
483	泰州市苏北实验仪器有限公司	0797	江苏省泰州市寿巷街道长太新村	芮锦成	
484	无锡市龙韵琴行	0984	江苏省无锡市梁溪区中山路金太湖国际城二楼	李子龙	
485	无锡市锡艺乐器厂	0194	江苏省无锡市新区梅村镇锡贤路149号	万建平	
486	无锡市新区古月琴坊	0101	江苏省无锡市新区梅村镇新南路10号	万其兴	
487	徐州市铜山区顺成乐器配件厂	0630	江苏省徐州市铜山区房村镇新庄	刘方盘	

续表

序号	企业名称	会员证号	地址	联系人	协会任职
488	盐城桐鹄堂琴行有限公司	0935	江苏省盐城市城南新区新都街道盐城金融城6幢1707室	张蓉蓉	
489	江苏玉河教玩具有限公司	0807	江苏省扬州市宝应县曹甸工业园区中央西路15号	唐素芳	
490	扬州云飞教学设备有限公司	0806	江苏省扬州市宝应县曹甸镇工业集中区	罗云谋	
491	江苏康乐玩具有限公司	0808	江苏省扬州市宝应县曹甸镇工业集中区	施乃凤	
492	江苏思礼实业有限公司	0809	江苏省扬州市宝应县曹甸镇工业集中区	李如星	
493	江苏金阳光游乐设备有限公司	0810	江苏省扬州市宝应县曹甸镇工业集中区	郝自强	
494	江苏宝乐实业有限公司	0801	江苏省扬州市宝应县曹甸工业区	杨军勇	
495	扬州正和民族乐器厂	0615	江苏省扬州市广陵区头桥镇迎新村	杨越	
496	扬州箫韶天成乐器有限公司	1086	江苏省扬州市邗江区甘泉街道长塘村（琴筝产业园）F02幢02号	张峰	
497	江苏府中君文化产业有限公司	1128	江苏省扬州市邗江区杨庙镇扬冶路北	刘永发	
498	扬州泉声民族乐器有限公司	0870	江苏省扬州市邗江区杨庙镇杨庙村荷花组	颜正友	
499	江苏六鑫科教仪器设备有限公司	0648	江苏省扬州市江都区浦头镇工业园区	朱美馀	
500	江苏永创教学仪器有限公司	0838	江苏省扬州市江都区浦头镇工业园区	吴亚芹	
501	泰州永创教学仪器有限公司	0839	江苏省扬州市江都区浦头镇工业园区	吴亚芹	
502	江苏大鑫教育装备有限公司	0878	江苏省扬州市江都区浦头镇工业园区	薛建萍	
503	扬州市恒厚科技发展有限公司	0879	江苏省扬州市江都区浦头镇工业园区	董安	
504	江苏润宏科教设备有限公司	0880	江苏省扬州市江都区浦头镇工业园区	陆静	
505	扬州玲珑苑琴筝坊	0710	江苏省扬州市江都区武坚镇周西社区兴周路2号	陈后勇	
506	扬州清和文化发展有限公司	0611	江苏省扬州市江阳中路433号金天城519号	金峰	
507	南京海关轻工产品与儿童用品检测中心	0862	江苏省扬州市开发西路8号	吴斌	
508	扬州市开发区竹西琴坊	0913	江苏省扬州市泰州路保安巷14号	李全	
509	扬州市维扬区御声乐器厂	0322	江苏省扬州市西湖镇司徒庙路西首-胡场	杨国富	
510	扬州翔韵琴筝有限公司	0721	江苏省扬州市西区杨庙镇	刘永勤	
511	扬州太古琴坊有限公司	0586	江苏省扬州市仪征刘集镇盘古工业园1号	刘霄	

续表

序号	企业名称	会员证号	地址	联系人	协会任职
512	镇江汉韵民族乐器厂	0968	江苏省镇江市京口区桃花坞支路八角亭42号	朱剑	
513	深圳黑森林文化艺术有限公司	1015	江西省赣州市章贡区稼轩路黑森林文化艺术	王兰娟	
514	江西美丽达乐器有限公司	1041	江西省九江市武宁县工业园区	余武生	
515	九江赛璐珞实业有限公司	0855	江西省九江市武宁县万福经济技术开发区万福大道6号	单成鹿	
516	江西省宏声文化艺术发展有限公司	0579	江西省南昌市国安路112号	刘宏	
517	余干县民族乐器有限公司	0319	江西省余干县玉亭镇沙窝大街	张仕先	
518	大连龙音乐器有限公司	0671	辽宁省大连市开发区辽河东路88号	王明瑜	
519	伊斯坦尼亚钢琴（大连）有限公司	1088	辽宁省大连市中山区友好广场6号中远海运洲际酒店4层	杨犀莹	
520	聆动乐器（锦州）有限公司	0996	辽宁省锦州市古塔区重观路2号	孟翔航	
521	辽阳德盛重工机械有限公司	1011	辽宁省辽阳市辽阳县首山镇黑牛庄村	李弘宇	
522	营口西尔伯曼钢琴有限公司	0270	辽宁省营口市西市区民兴河北街	丁弘戬	
523	营口乐器协会	0503	辽宁省营口市沿海产业基地新联大街东1号	郝峰	
524	内蒙古艺龙琴行商贸有限公司	0761	内蒙古自治区呼和浩特市赛罕区新华东街长安金座D座商业二楼204	靳英士	
525	呼和浩特市艺达乐器商贸有限公司	0742	内蒙古自治区呼和浩特市新城区兴安北路2号	林清端	
526	青海三益琴行有限公司	0794	青海省西宁市海湖新区新华联国际中心2号楼三益琴行	李永文	
527	潍坊大唐乐器发展有限公司	0869	山东省昌乐县鄌郚镇乐器产业园	李华波	
528	昌乐县东方乐器厂	0417	山东省昌乐县鄌郚镇政府驻地	李凤英	
529	山东庆云国健教学设备制造有限公司	0783	山东省德州市庆云县经济开发区民营创业园	张建涛	
530	山东瑞世达体育器材有限公司	0854	山东省德州市庆云县崖口工业园	刘金财	
531	山东八音乐器有限公司	0469	山东省菏泽市牡丹区刘寨（原乡政府）	马宏川	
532	山东中艺音美器材有限公司	0767	山东省菏泽市鄄城县富春乡开发区999号	李洪强	
533	济南旭秋乐器有限公司	0441	山东省济南市高新区世纪大道理想嘉园2号楼19层1909室	董念春	
534	济南新泺港琴行有限公司	0824	山东省济南市历下区文化东路94号	宁春玉	
535	济南朗声商贸有限公司	1099	山东省济南市文化西路2-23	李群	
536	济南市金生源乐器厂	0849	山东省济南市章丘区水寨镇范家开发区	范育荣	

续表

序号	企业名称	会员证号	地址	联系人	协会任职
537	山东省济宁市颜氏调律工具有限公司	0453	山东省济宁市任城区南张工业园	颜婷婷	
538	山东省鄄城训福教学仪器有限公司	0768	山东省鄄城县什集镇工业园	刘建芳	
539	山东鄄城致远科教仪器有限公司	0769	山东省鄄城县什集镇工业园777号	陈海红	
540	山东山石麦尔乐器有限公司	0243	山东省聊城市兴华东路香格里文景小区	刘冰	
541	山东省华泰教学设备有限公司	0837	山东省临沂市高新区宝山路113号	李永彬	
542	临沂宗沛斋工贸有限公司	0518	山东省临沂市河东区华龙路	张宗沛	
543	临沂市楸旭木业有限公司	1007	山东省临沂市兰山区方城镇墩头村	曹素强	
544	山东奥尚体育产业有限公司	0716	山东省临沂市兰山区后十社区2号楼（聚财商务中心）704号	潘书杰	
545	山东省雷鸣教学设备有限公司	0841	山东省临沂市兰山区临西七路小商品城二期大卖场中国教育用品采购基地三楼3023号	胡晓艳	
546	山东吉诺尔体育器材有限公司	0651	山东省临沂市兰山区小商品城22号楼0767—0768号	李娟	
547	临沂市音之源乐器有限公司	0922	山东省临沂市兰山区中国临沂小商品城北区卖场三楼3012号	胡鲁南	
548	龙口市管乐器协会	0963	山东省龙口市东莱街道大李家村	钦永庆	
549	山东泰山管乐器制造有限公司	0131	山东省龙口市东莱街道大李家村	赵人兴	
550	龙口金鸣乐器有限公司	0738	山东省龙口市兰高工业园	李廷东	
551	秦皇岛和恩乐器有限公司	1019	山东省秦皇岛市经济技术开发区黄山路12号1984文化创意产业园A22	张迪	
552	山东劳立斯世正乐器有限公司	0108	山东省青岛市城阳区春阳路101号	邓莹	
553	青岛德隆五金制品有限公司	1103	山东省青岛市城阳区流亭街道京城路74号	曹妙霜	
554	青岛西海岸新区水木云欣艺术培训学校	1021	山东省青岛市黄岛区香江路3-1号一层	孙婷	
555	青岛美嘉乐器有限公司	1056	山东省青岛市黄岛区张家楼镇工业园松云路303号美嘉乐器	丁桂斌	
556	青岛莫勒乐器有限公司	0952	山东省青岛市莱西夏格庄夏四村	李言明	
557	青岛帕蒂兰德乐器进出口有限公司	0766	山东省青岛市崂山区海尔路61号天宝国际银座2010	展丽	
558	青岛青大琴行有限公司	0400	山东省青岛市市南区宁夏路127-6号	周克岭	
559	青岛美德威教育科技有限公司	0771	山东省青岛市市南区银川西路67号 国际动漫游戏产业园A座107B	吴丹舟	

续表

序号	企业名称	会员证号	地址	联系人	协会任职
560	威海光威复合材料股份有限公司	1112	山东省威海火炬高技术产业开发区天津路130号	卢钊钧	
561	无棣县馨雅教学仪器设备有限公司	0842	山东省无棣县车王镇政府驻地	李凤军	
562	济宁市兖州区声远乐器有限公司	0245	山东省兖州市谷村镇杨村	颜廷学	
563	枣庄奥森乐器有限公司	1089	山东省枣庄市市中经济开发区长江路29号	殷允夷	
564	山东黑木环保材料科技有限公司	0689	山东省淄博市桓台经济开发区泰山路30号	张玲玲	
565	定襄县金声科技有限公司	0951	山西省定襄县光明巷襄丰区	殷宝山	
566	临汾明星琴行有限公司	0758	山西省临汾市尧都区解放路辛寺街6号	卢青	
567	山西普晋琴行有限公司	0334	山西省太原市青年路12号	董武斌	
568	山西哆咕教育科技有限公司	1054	山西省太原市万柏林区南内环西街润景园著16号商铺	孙菊伟	
569	忻州市东韵琴行有限公司	0885	山西省忻州市七一北路精华写字楼底商	智建	
570	运城市管乐文化艺术协会	1102	山西省运城市盐湖区南城街道碧桂园3002号	赵凤云	
571	西安德馨汇教育科技有限公司	1022	陕西省西安市雁塔区长安路108号西安音乐学院东门北侧100米	罗丽花	
572	西安音乐学院朱雀琴行	0744	陕西省西安市长安中路110号	徐胜利	
573	延安鲁艺文化艺术有限公司	0792	陕西省延安市师范路自来水公司一楼	文星月	
574	菲奥娜乐器（上海）有限公司	0629	上海市宝山区呼兰西路60号卓越时代广场709—710菲奥娜乐器	王幼妹	
575	上海口琴总厂	0025	上海市宝山区蕰川路510号	蒋林森	
576	上海凯恩乐器有限公司	0413	上海市崇明县合兴镇东首	张吉根	
577	上海滢万电子商务有限公司	1134	上海市奉贤区奉金路469号4幢第2层A区2030室	陈晨	
578	上海布戈乐器有限公司	0961	上海市奉贤区联合北路215号第5幢	唐雨晴	
579	上海萨瑟钢琴有限公司	0656	上海市奉贤区南桥镇张翁庙路525号晨日科创园G幢302	王立功	
580	上海敦煌乐器有限公司	0185	上海市奉贤区运河北路1025号	王国振	
581	上海艺埠教育科技有限公司	1014	上海市虹口区曲阳路910号1708室	李轶	
582	精工电子商业（上海）有限公司	0681	上海市淮海中路138号上海广场2701室	濡木伸二	
583	上海海音乐器有限公司	0745	上海市黄浦区中山南路917号	叶晖	
584	上海东韵钢琴有限公司	0181	上海市嘉定区嘉罗公路2210号	马惠忠	

续表

序号	企业名称	会员证号	地址	联系人	协会任职
585	法兰山德乐器（上海）有限公司	0297	上海市金山区枫泾工业园区钱明东路1338弄35号	陈德鹏	
586	上海邦加琴业有限公司	0287	上海市金山区亭林镇亭东村4062号	张琳媚	
587	上海艺音乐器有限公司	0734	上海市金山区朱泾工业区东日路186号	曾香梅	
588	上海顶胜钢琴有限公司	0409	上海市闵行区都会路100号	顾名迈	
589	巨吉贸易（上海）有限公司	0435	上海市闵行区都会路1885号丽琴大厦1楼	司马健	
590	罗切尔钢琴（上海）有限公司	0906	上海市闵行区都会路2501号2栋2楼	张宇婷	
591	上海乐圣乐器有限公司	0412	上海市闵行区都市路451号	胡祖庭	
592	上海先韵乐器有限公司	0725	上海市闵行区联航路1188号1号楼东二层	岳倍先	
593	瑞宝乐器（上海）有限公司	0779	上海市闵行区七莘路182号B座301室	韩军	
594	上海华黎民族乐器厂（普通合伙）	0161	上海市南汇区大团镇永春北路88弄68号	唐华军	
595	上海神声民族乐器有限公司	1135	上海市浦东新区大团镇车站村340号	唐正华	
596	上海鼎韵乐器有限公司	0693	上海市浦东新区大团镇宣大路688号	唐正君	
597	于斯教育科技（上海）有限公司	0759	上海市浦东新区御北路385号5号楼	王维	
598	河合贸易（上海）有限公司	0349	上海市浦东新区张杨路500号28楼C座	小仓克夫	
599	上海市普陀区爱乐琴行	0317	上海市普陀区兰溪路119号	许俊	
600	上海晨川琴业材料有限公司	0320	上海市青浦区华新镇民兴工业园区徐华公路3029弄民兴一路59号	郑纪海	
601	清浦区简悦琴行	0882	上海市青浦区淮海南路23号府山时代广场	林宁	
602	上海胤兰乐器有限公司	0111	上海市青浦区莲溪公路3102号	徐建华	
603	上海中雅钢琴有限公司	0127	上海市青浦区清赵路6158号	叶振强	
604	欧贸乐器（上海）有限公司	0949	上海市青浦区崧泽大道6555号奥帛置业大厦1307室	倪丙占	
605	易弹乐器（上海）有限公司	0890	上海市青浦区新团路248号13幢	王昭阳	
606	中沃舜克管乐器（上海）有限公司	0762	上海市青浦区徐泾镇沪青平公路2152弄8号	谷攀峰	
607	上海凯笙钢琴有限公司	0780	上海市松江区嘉松南路408号9号商业广场北区3F（凯笙琴艺）	EDDIE NI	
608	上海翰森钢琴有限公司	0994	上海市松江区金都西路518号8幢2楼	周约翰	
609	上海伍韵钢琴有限公司	0942	上海市松江区申港路258号	姚启武	
610	上海柏德钢琴有限公司	0991	上海市松江区中山街道时亦大厦	张起龙	

续表

序号	企业名称	会员证号	地址	联系人	协会任职
611	上海云乐文化发展有限公司	1004	上海市徐汇区天钥桥路380弄20号18层F座	李德俭	
612	上海戴氏琴弦制作社	1057	上海市徐汇区永康路185号、187号	戴卫	
613	上海施特劳斯钢琴有限公司	1052	上海市杨浦区惠民路927号	金文英	
614	贝希斯坦贸易（上海）有限公司	0902	上海市长宁区兴义路8号万都中心2609室	周翔昊	
615	达达里奥贸易（上海）有限公司	0708	上海市长宁区中山西路999号华闻国际大厦1305室	john daddario	
616	逻兰（上海）电子有限公司	0893	上海市长宁区紫云路421号SOHO天山广场T1 703—705	西泽晃	
617	施坦威钢琴亚太有限公司	0499	上海市自贸区朝鹏路147号	Werner Husmann	
618	成都云创新科技有限公司	0886	四川省成都市成华区一环路东一段电子信息产业大厦1106	刘德文	
619	成都伟航科技有限公司	0677	四川省成都市高新区天府大道1480号高新孵化园德商国际B座505	彭德伟	
620	四川华之艺教育科技有限公司	0925	四川省成都市青羊区光华东一路75号2幢3层301号	蒲丁	
621	成都朝阳浪琴乐器制品有限公司	0210	四川省成都市双流区东升镇永安路二段	黎明强	
622	天府新区成都片区新兴星韵乐器厂	0709	四川省成都市天府新区新兴镇凉水村4组306号	陈东兵	
623	成都豪兴泰科技有限公司	0791	四川省成都市武侯区簇锦街办聚龙路68号摩尔汽配城11幢10层41号	戢兴培	
624	成都好琴无忧钢琴有限公司	0888	四川省成都市武侯区普利大厦	张恩	
625	成都雅音乐器有限公司	1090	四川省成都市武侯区一环路南一段22号嘉宜大厦11层10号	赵卫国	
626	四川英才教学设备有限公司	0749	四川省绵阳市机场西路98号	张萃超	
627	自贡市贝尔吉教学仪器设备有限公司	0559	四川省自贡市国家高新技术产业区川南中小企业创业园金川路15号附10号	兰金	
628	天津三卫乐器有限责任公司	0637	天津市北辰区北辰西路联东U谷产业园区29-2号	李国华	
629	天津华一乐器有限公司	0787	天津市滨海新区大港小王庄镇小王庄村	陈宝展	
630	天津市东丽区乐林乐器厂	0491	天津市东丽区大毕庄工业区国信路10号	卢启恒	
631	天津乐威乐器有限公司	0724	天津市东丽区南何庄地铁站B出口南50米	苗永伟	

续表

序号	企业名称	会员证号	地址	联系人	协会任职
632	天津创丰乐器进出口贸易有限公司	0483	天津市河北区红星路万科城市花园F-409	贺天宝	
633	天津通宝乐器有限公司	0015	天津市河北区南口支路6号	真野太治	
634	天津市民族乐器厂	0018	天津市河北区南吱路1号	郭建文	
635	天津市佰笛乐器有限公司	0189	天津市河东区程林庄路华冠丝绸有限公司院内	赵景萱	
636	天津天同音工贸有限公司	0274	天津市河东区六纬路神州花园26-3-101	王琳	
637	天津市艳音乐器销售有限公司	0979	天津市河东区天津音乐艺术街30号	赵艳	
638	天津市万德弗劳乐器有限责任公司	0444	天津市河东区新开路春华里11-2-401	高志伟	
639	天津市溱音文化传媒有限公司	1062	天津市河西区解放南路富裕大厦2-1401A-39	周彤	
640	通宝国际贸易（天津）有限公司	0264	天津市河西区苏州道2号图书大厦1515室	真野泰冶	
641	天津渤轻进出口有限公司	0107	大津市河西区新围堤道5号	张洵廷	
642	天津康耐克斯商贸有限公司	0920	天津市河西区友谊南路海逸长洲恋海园2-802	张婧	
643	天津市静海县鸣鹏永兴乐器厂	0786	天津市静海县子牙镇潘庄子	元景梅	
644	天津市静海县恒艺燕京乐器厂	0703	天津市静海县子牙镇潘庄子村	田树恒	
645	天津市恒诚工业用呢有限公司	0732	天津市空港经济区东九道八号	齐朝利	
646	天津扬昇国际贸易有限公司	0408	天津市南开区鞍山西道信诚大厦704室	许心缇	
647	天津乐海城乐器配件有限公司	0364	天津市塘沽区春风路紫云国际5栋1门201室	王锡华	
648	天津滨海琴行有限公司	0290	天津市塘沽区上海道1329号	刘祥清	
649	天津达姆特乐器有限公司	0752	天津市武清区大良镇蔡各庄	杜承柱	
650	天津劳伦斯乐器有限公司	0476	天津市武清区京津时尚广场7楼大厦1002室	刘瑞	
651	天津小七互联网科技有限责任公司	1094	天津市西青区大寺镇玛歌庄园悦景园17号别墅	刘小琴	
652	天津吉华国际贸易有限公司	0860	天津市西青区中北工业园阜盛道22号	Han-Peter Messner	
653	桐林独幽古琴艺术馆	0936	云南省玉溪市红塔区东风北路玉锦园A-3号二单元201室	施宏伟	
654	慈溪市叮当五金配件有限公司	0927	浙江省慈溪市新浦镇新胜东路358号	冯升科	
655	德清鲍尔钢琴有限公司	0895	浙江省德清洛舍镇工业区	沈国璋	
656	上海豪腾钢琴有限公司	1003	浙江省德清县洛舍镇东衡众创园B5幢	徐华锋	

续表

序号	企业名称	会员证号	地址	联系人	协会任职
657	德清县洛舍森玛钢琴配件厂	0728	浙江省德清县洛舍镇张陆湾工业区	姚小雄	
658	杭州卡米莉娅琴业有限公司	0921	浙江省杭州市拱墅区丽水路166号F3	魏增荣	
659	杭州出蓝乐器有限公司	0989	浙江省杭州市钱塘新区下沙学正街189-2号 出蓝琴行	马书诣	
660	杭州珞音乐器有限公司	1121	浙江省杭州市西湖区康乐新村2幢4单元101室-3	范振雷	
661	杭州雅马哈乐器有限公司	0212	浙江省杭州市萧山区瓜沥镇沙田头村	小林孝一	
662	杭州戴纳钢琴有限公司	0939	浙江省杭州市萧山区义桥镇御景蓝湾2幢3单元1202	蔡蓉蓉	
663	杭州知乐数码科技有限公司	0956	浙江省杭州市余杭区仓前街道海创科技中心4幢1111室	陈闻捷	
664	杭州声贝音响有限公司	0291	浙江省杭州市余杭区黄湖镇黄湖工业园区兴湖路19号	蔡忠伟	
665	杭州威勒乐器有限公司	0908	浙江省杭州市余杭区塘栖镇运溪路186号	陈永权	
666	杭州沃尔特数码钢琴有限公司	0267	浙江省杭州市余杭区闲林工业园闲兴路18号6号楼	赵为民	
667	杭州余杭区中泰街道竹霖生乐器厂	0930	浙江省杭州市余杭区中泰街道紫荆村17组竹弄里58号	李尔王	
668	杭州余杭鸣声乐器有限公司	0834	浙江省杭州市余杭区中泰街道紫荆村寺前头16-1号	丁小明	
669	上海音秋钢琴有限公司	1038	浙江省湖州市德清县洛舍镇东直街1号	姚积琦	
670	德清凯诚木业有限公司	1095	浙江省湖州市德清县洛舍镇杨树湾工业区	吴富林	
671	浙江美龙乐器有限公司	1087	浙江省湖州市吴兴区东林镇工业功能区南区B幢401	龙建兵	
672	吴兴东林星火钢琴配件厂	0727	浙江省湖州市吴兴区东林镇锦山工业区	施丽萍	
673	海湾乐器（嘉善）有限公司	0148	浙江省嘉善县惠民街道钱塘路8号	胡华丰	
674	浙江广承实业有限公司	1101	浙江省嘉兴市湖市新仓镇新衙线中华段258号	黄乔羚	
675	金华市金东区辰音琴行	0903	浙江省金华市金东区清照路828号保集外滩山谷而广场A4-201-212室	季春琴	
676	浙江韵乐电器有限公司	0166	浙江省乐清市淡溪镇石龙头工业区	柯应岳	
677	丽水括苍琴行	0344	浙江省丽水市括苍路222号	叶菊香	
678	丽水市琴府琴行	0983	浙江省丽水市莲都区花园路832-834号	应朝阳	
679	临海市均华乐器有限公司	0380	浙江省临海市古城街道聚景路9号	金云声	

续表

序号	企业名称	会员证号	地址	联系人	协会任职
680	宁波海宇科技有限公司	0926	浙江省宁波北仑区大碶徐洋峙山工业区道口南路6号	俞军	
681	宁波韵声机芯制造有限公司	1104	浙江省宁波市北仑区小港街道安居路26号	竺韵德	
682	宁波典雅提琴有限公司	0911	浙江省宁波市北仑区新大路1069号	胡蕴子	
683	宁波立腾音频科技有限公司	0982	浙江省宁波市海曙区洞桥镇鱼山头村	童华春	
684	浙江布咚音乐互联网科技有限公司	1055	浙江省宁波市海曙区环城西路南段481号二楼布咚音乐	沈永生	
685	宁波蓝奥电子科技有限公司	0914	浙江省宁波市鄞州区朝晖路188号民安路306号1115室	张文河	
686	宁波市鄞州正美电子元件厂	0853	浙江省宁波市鄞州区东兴工业区1号楼	赵屈正	
687	宁波市镇海磊磊音响器材厂	0605	浙江省宁波市镇海庄市兆龙路368号	徐佩红	
688	浙江子昊钢琴有限公司	0504	浙江省衢州市常山县金川街道创新东路5号	崔馨瑛	
689	瑞安市中联电声乐器有限公司	0803	浙江省瑞安市塘下罗凤北工业区万景路588号	林遵义	
690	绍兴飞达电声厂	0866	浙江省绍兴市袍江、三江环路110号	赵志刚	
691	台州狂飙琴行	0874	浙江省温岭市前溪路158号	刘佳	
692	浙江格莱姆乐器有限公司	0485	浙江省温州市瓯海区郭溪下屿工业区富泉路66号格莱姆乐器	陈小秋	
693	温州市汉克游乐设备有限公司	0981	浙江省温州市永嘉县桥下镇垟湾工业区（章曼游乐设备有限公司内）	林锐	
694	新昌县七星街道双明民族乐器厂	0829	浙江省新昌县七星街道下石演60号	俞开明	
695	永康市新宝乐器有限公司	0863	浙江省永康市前仓镇工业区双丰路10号	池中贤	
696	永康市前仓永固乐器厂	0204	浙江省永康市前仓镇前仓村金鸡路156号	蒋学良	
697	浙江一恒教学仪器有限公司	0692	浙江省永康市前仓镇世纪路6号	章青华	
698	浙江学全科教仪器有限公司	0475	浙江省永康市石柱镇下里溪工业区百福临大道9号	蒋学全	
699	浙江康贝尔教学设备有限公司	0790	浙江省永康市总部中心金同大厦26楼	李泽林	
700	上海各尧企业管理股份有限公司	0909	重庆市渝北区东湖南路力帆时代3栋12-5	肖龙成	
701	北京扬世正雅文化艺术传播有限公司	0892	重庆市渝中区大坪龙湖时代天街B馆3号楼2406	胡瑨	

年鉴

2023

行业篇 1

指标数据篇 103

协会工作篇 145

科技创新篇 204

职业技能篇 390

音乐教育篇 411

产业集群篇 425

海外信息篇 441

CHINA MUSICAL
INSTRUMENT YEARBOOK
（2023）

科技工作报告

稳中求进 跨界推动“创新融合年”——乐器行业科技创新与产业发展大会在京举办

2023年1月10日，乐器行业科技创新与产业发展大会在京举办。此次大会主题为“科技·人才·创新·融合·发展”。在京的协会领导、副理事长、企业、分支机构负责人等在中国乐器协会主会场出席了会议。河南兰考、浙江余杭中泰、河北肃宁、贵州正安、江苏扬州、江苏黄桥、天津静海、浙江洛舍、北京平谷、山东郿郚、河北饶阳11个产业集群所在地，珠江钢琴、上民一、天津津宝、得理、乐海、蔚科、凤灵、长沙幻音等30多家企业，设立了线上分会场。150多人参加了会议。会议由副理事长孙瑞勇主持。

中国轻工业联合会党委副书记、中国乐器协会理事长王世成作了题为《踔厉奋发 勇毅前行 持续推动乐器行业科技创新融合发展》的主旨讲话。他在讲话中全面系统总结了过去一年乐器行业科技创新和人才建设工作。他指出，2022年，协会始终把科技创新放在重要位置，按照“两翼发力、六轮驱动”整体思路，务实推动各项工作。一是科技创新综合水平持续提高；二是中高端产品比重不断提高；三是行业大项目投资增量整体提高；四是标准与专利研发能力日趋提高；五是数字技术应用与投资有序提高；六是“专精特新”创建大幅提高。王世成理事长说：“2022年是协会确立的‘人才建设年’，协会围绕持续培育行业科技之星和大国工匠、组织高层次人才培训、技能考评鉴定、专业技能大赛、探索创建‘乐器工匠学院’、乐器学高峰论坛等项目循序推进。一是围绕‘高技能’推进工作；二是围绕‘高素质’推进工作；三是围绕‘高标准’推进工作。”

王世成理事长在讲话中通报了乐器行业2022年经济运行情况并强调，新的一年，我们要承压前行、奋发有为。他指出，2023年是全面贯彻落实党的二十大精神的开局之年，乐器行业要以中央经济工作会议提出的“稳字当头、稳中求进”的精神为统领，坚持中国式现代化发展道路，按照乐器行业“十四五”规划总体要求，持续深化科技创新和人才建设工作，努力在“两翼发力、六轮驱动”的具体实践中实现新的突破。协会将2023年确定为乐器行业“创新融合年”，要按照“深入推进三个创新、深化统筹三个融合，持续扩大两个比重”的总体思路推动工作。即科技创新，人才创新和品牌创新；产业链融合，产业集群融合与国内外融合；扩大中高端产品比重，扩大音乐人口比重。

专职副理事长陈晋武宣读了乐器行业入围工信部《升级和创新消费品指南（轻工 第九批）》的产品名单，以及中国轻工业联合会“科学技术奖”“中国轻工业数字化转型先进单位”“领军人物”“中国轻工业二百强企业”“科技百强企业”“全国轻工行业质量管理小组和信得过班组”等奖项获奖名单。协会秘书长刘勇宣读了中国乐器协会2022年度表彰的决定，对2022年在“科技十强企业”“科技之星”“行业工匠”“乐器学论文”，人才建设年活动组织和乐器专利成果等方面取得优异成绩的会员企业和个人进行了通报表彰。

长沙幻音电子科技有限公司董事长郭润博和北京乐界乐科技有限公司副总经理、产品总监贾建伟，围绕科技创新、数字助力乐器产业发展，分享了做法与成效。长沙幻音作为行业一家新兴科技成长型企业，经营和科技团队逆势而上，公司运营方面成绩不俗。他们在具体举措上以“高投入、高品质、高回报”的科学理念，始终在锤炼、打磨“一流的团队”，立足高起点不断提升“一流的科技”；始终围绕高端市场进行研发，不断创新“一流的产品”；

自主品牌意识非常到位，始终注重打造“一流的品牌”，最终成就了“高速增长”的企业。北京乐界乐作为业内乐器物联网企业，在AI识别算法、云计算和区块链技术应用方面积累了丰富经验，利用数字技术和互联网平台，为传统乐器消费带来颠覆性的“触觉”。

会议期间，8家单位分别就“研究生联合培养基地”“高端长号音色提质合作项目”“EART品牌高端电吉他合作项目”以及“高职教育校企合作项目”，举行了“云上”合作签约仪式。大会在欢快轻盈的《春之声》乐曲中结束。

2022年乐器行业科技工作报告

在党的二十大精神指引下，按照中央经济工作会议决策部署，2022年中国乐器协会在促进行业复工达产、市场回稳的同时，持续推动行业科技创新与产业转型升级，工作成效显著，为全面实现行业“十四五”中后期的科技创新向着产业全要素融合发展打下了基础。

一、2022年行业科技创新成绩显著

2022年，协会始终把科技创新放在重要位置，按照“两翼发力、六轮驱动”整体思路，务实推动各项工作。具体工作体现为“六个提高”：

1．科技创新综合水平持续提高

协会以行业专家委为支撑，搭建了科技创新工作体系，并引导全行业围绕科技创新综合水平提高定目标、拿措施，效果显著。

（1）从平台建设看：行业科技创新平台在原有47个的基础上提升到55个，增加了17%，其中天津津宝的设计中心被国家工信部命名为“国家级工业设计中心”，其余7个为省级研发平台。

（2）从科技投入看：2022年各地受新冠疫情和成本高企影响，企业综合效益波动很大，但全行业科技创新的投入势头不减。前不久协会对22家规模以上企业的科技研发投入进行了抽样统计，科技创新投入强度达到5.23%的较高水平。当前正值科技研发和技术改造的政策窗口期，需着眼长远、乘势而上。

（3）从科技成果看：协会积极指导企业申报中国轻工业科学技术奖，推荐的16个项目全部入围，经中国轻工业联合会组织专家评审，获一等奖项目1个，二等奖2个，三等奖5个。从申报的项目内容分析，科技含量明显提高，涉及发明类、智能化、数字化的项目就有9个，占到56%。

（4）从乐器学研究看：为了全面检验和展示我国乐器科技的研究成果，2022年协会与南京艺术学院合作，举办主题为“视野·视角　理论·技术”全国乐器学研究论文征集与高峰论坛活动，搭建起全方位、多视角的研究与交流平台。征文与论坛议题涉及乐器学理论与专业建设、乐器史学与乐器改良、乐器声学、乐器制造、新材料、乐器产业研究与对策等10多个专业领域，共征集论文103篇。

经组委会初步审核和有关专家会审，遴选了86篇论文录入论文集，并推荐参与2023年初的高峰论坛交流活动。其中，乐器行业提供的论文28篇，占总数的32.6%，这不仅反映乐器行业参与度高，也充分说明行业骨干企业在乐器研究、创新、创优和培育技术与技能高层次人才方面迈出了坚实的步伐。

2．中高端产品比重不断提高

钢琴行业通过“技术引进、品牌合作、人才交流、兼并整合”等系列举措，中高端产品占三分之一以上的市场份额；弦乐器、管乐器、打击乐的中高端产品占比约占40%；民族乐器中档产品比重约占30%、高端产品比重约占20%，电子乐器拥有自主品牌和自主知识产权的中高端产品也达到了20%以上。

另外，2022年工信部组织开展的《升级和创新消费品》审定，乐器行业有9项中高端新品入选，其中升级消费品4项，创新消费品5项，分别占轻工入

围产品总量的6.9%和8.6%。

这两年协会组织征集的“全球首发新品”也逐年增加，近70家企业研发的110多项新品申报参与评选，将在第二十届上海国际乐器博览会期间对外发布。

特别值得分享的是这些年行业经典产品屡屡出现在国家庆典和国际交流活动中，如2022年上海民族乐器一厂研发的“十二节气·秋分古筝”被作为国礼赠送给泰国甘拉雅尼音乐学院，用国家级非物质文化遗产的工匠精神向世界传播中国的故事和声音，彰显中国文化的自信；蔚科小天使节拍器作为神舟十五号航天员邓清明训练中的节奏设备，辅助航天员一次又一次挑战自身极限，以确保顺利完成任务，小产品做出了大贡献。

3．行业大项目投资增量整体提高

珠江的文化产业创新创业孵化园、海伦的钢琴及钢琴配件项目、宜昌金宝的旅游工厂及湖北夷陵生产基地、天津津宝的研发与生产基地都相继投入使用，星海的肃宁产业基地项目已正式投产，乐海的文化产业园项目也启动运营，上民一在兰考、肃宁的新产业基地也都签约实施。这一大批单体投资2亿～5亿元的项目达标后，必将为乐器行业“十四五”高质量发展发挥强大的动力与后劲。

不仅如此，各产业集群也是实招频出，“中国提琴产业之都”黄桥的“绿岛”项目；“中国北方乐器之都”肃宁实施“三海”联盟发展新战略；“中国电声乐器产业基地”郾郚打造乐器跨境电商平台等。

4．标准与专利研发能力日趋提高

全国乐器标准化工作围绕声学品质测评技术、产品标准质量分等分级、定制产品标准、低碳环保与绿色设计、强制标准制定与宣贯实施、鼓励采用国际或出口国标准、培育和发展团体标准、推动我国乐器领域优势技术标准成为国际标准等10个方面，努力提高全行业标准的规划与研发能力。

2022年按计划完成了21项标准的审定和报批工作，另有21项标准将陆续研发报批，其中国家标准委2022年第19号公告批准发布《乐器有害物质限量》强制性国家标准，为进口旧钢琴等设置了红线。9月下旬乐标委又对《电鸣乐器合成器通用技术条件》等4项标准进行了审定，并已提交报批。

在中国轻工业联合会申报备案的7项团标，2021年底已发布1项，在研的6项团标中，2022年9月中国轻工业联合会组织对《电子钢琴绿色设计产品评价技术规范》《电鸣乐器智能功能等级评价》两项团标进行了审定，修改后提交报批。

同时，从国家知识产权局发布的专利成果统计，2022年度乐器行业累计授权专利1453项，同比增长11.7%，发明专利和实用新型专利两项达到1130项，占专利总量的77.8%，同比增长10.6%；涉及研究与创新类的专利482项，占总量的33.2%，为历年之最，这充分说明乐器行业专利创新水平在不断提高。

5．数字技术应用与投资有序提高

近两年来，在国家大力推动数字化转型政策指导下，乐器行业积极响应，数字技术应用持续加码。珠江钢琴全自动生产线体系，吟飞科技的云数字音乐共享平台及MIDI智能数字音乐工作站建立，天津津宝的鼓圈与鼓腔、铜管乐器气缸与萨克斯管体全自动生产线以及机械人喷涂技术的应用，得理的智联云采SRM供应链管理系统及智联云仓WMS仓储数据管理平台的七大管理模块等数字技术应用项目，都相继投入使用。随着得理、吟飞、蔚科、幻音、艾茉森、罗兰、乐界乐等企业的数字技术产品的研发与推广，全行业向自动化、高端化、数字化方向发展迈进了一大步。珠江、得理、吟飞、津宝4家企业荣获中国轻工业“数字化转型先进单位”荣誉称号，珠江李建宁、得理顾冰峰、吟飞范廷国、蔚科赵哲4位同志被授予中国轻工业“数字化转型领军人物”称号。

6．“专精特新”创建大幅提高

中国乐器协会研究并制定了《关于在全行业内加强和推广“专精特新”工作的实施意见》，引导全行业企业聚焦关键技术和重点产品，致力专业化、精细化、特色化、新颖化发展。通过引导中小企业“专精特新”发展，进一步激发中小企业活力和发展动力，推动中小企业转型升级。

目前全行业已有吟飞、幻音、奇美、艾立卡等8家企业被认定为省（市）级专精特新“小巨人”企业，海伦、吟飞、乐海、北京珠江、北京罗兰盛世、乐界乐、森鹤、奥维斯等38家企业被认定为省（市）级“专精特新”中小企业。另外，2022年工信部组织开展的第七批制造业单项冠军企业培育遴选中，天津市津宝乐器有限公司榜上有名；珠江钢琴集团作为第一批单项冠军产品入选企业再次通过复评。

二、2023年科技创新融合发展工作思路

当前我国已经踏上实现第二个百年奋斗目标的新征程。科技的竞争、人才的竞争会更加凸显，将孕育新的发展动能。党的二十大明确指出，“必须坚持科技是第一生产力、人才是第一资源、创新是第一动力”。实现乐器强国，是我们大家共同的愿望，更是共同奋斗的目标。面对疫情的防控形势与政策的变化、经济恢复期压力和不确定因素及风高浪急的国际环境，我们既要正视困难，更要充满信心、勇毅前行。协会将2023年确定为乐器行业“创新融合年”，按照“深入推进三个创新、深化统筹三个融合、持续扩大两个比重”的总体思路推动工作。

（一）深入推进三个创新

1．科技创新

向科技要成果，让成果见效益，是协会和全行业企业的共识。2023年科技创新工作将紧紧围绕科技研发、科技投入、数字转型抓落实。

（1）科技研发工作应结合“行业‘卡脖子’技术”清单，围绕多出成果、多转化成果、多产生效益，做规划拿措施组织攻关，年度申报科技奖项目同比增长20%左右，当年科技成果转化率力求超过50%，建议各会员企业对新产品营收、利润进行专项统计，协会将在直报系统中明确体现。

（2）科技投入（含研发投入和技术改造）要保持增长，全部规模以上企业同比增长1个百分点左右，占主营业务收入的比重争取保6%；骨干企业、高新技术企业和电鸣行业要力争同比增长3个百分点左右，占主营业务收入的比例争取保9争11。

（3）数字技术研究与应用要成为“十四五”中后期全行业转型升级的重要抓手，骨干企业、高新技术企业和电鸣行业要充当先行者，围绕芯片研发、数字乐器研发、音乐云教育平台研发等努力加大力度提高水平；条件成熟的企业可以通过“技术+市场+资本”的方式，战略性地构建平台经济，开创数字音乐平台企业；广大乐器企业要在数字技术应用上求突破，提升产品科技含量，提高全要素生产率。

2．人才创新

2023年要在巩固“人才建设年”成果的基础上，紧紧围绕高标准、高技能、高素质筑牢根基。

（1）全面启动职业技能标准的制定工作，除了钢琴调律师和其他4项已有标准的职业外，其余6项标准年内务必完成编制和审定工作，并同步启动所有职业的教材和题库的编写工作，体系完善的职业要抓紧开展技能培训。

（2）加速实施高技能人才的考评、鉴定、认证工作，按照成熟一批认证一批的工作思路，各鉴定站要主动配合鉴定总站的部署和要求，确保年评价认证技能人才同比增加15%以上。

（3）着力推进高素质人才培养体系，加大与专业院校的衔接与合作；继续组织开展“行业专业技术人才高级研修班”，做好针对性调研和课程开发，缺什么补什么，满足行业对高素质专业人才的需求；原定2022年在著名学府南开大学举办的行业首届“领军人才培训班”由于疫情推迟举办，拟在2023年上半年完成；要大力弘扬创新精神和工匠精神，加大评价评选比重，坚持高标准培育、严要求评选。2023年“科技之星”评选计划达到40人左右，“行业工匠”评选20人以上。力争到“十四五”末鉴定总人数达到1.5万人以上，培育行业科技之星超过300人，行业工匠超过100人，轻工大国工匠达到和超过4人，为赋能行业科技创新和产业发展奠定坚实的人才基础。

3．品牌创新

实现产品高端化、市场国际化，品牌提升与创新是关键。全行业要围绕“三品战略、标准研发、知识产权”等核心要素提档升级。

（1）接续以实施增品种、提品质、创品牌“三品”战略为重点，从坚持创新驱动、增强品牌发展

动力；坚持质量第一、夯实品牌发展基础；坚持文化赋能、不断丰富品牌内涵；坚持开放合作、营造品牌发展良好环境4个方面抓落实、抓成效。

行业企业要强化自主品牌的创建，对中国驰名商标、省（市）著名商标、中华老字号等品牌的创争要持续升温，既要制造名优产品，更要打造名优品牌；特别要通过优质产品与服务“走出去”，带动中国品牌“走出去”，不断扩大中国乐器品牌国际影响力。2023年轻工业升级创新消费品申报和入选产品同比增加力争30%左右，行业骨干企业获得省级以上质量奖再增加1～2个，市级质量奖再增加2～4个。

（2）标准化工作紧紧围绕“十四五”目标，深入研究已确立的10项重点标准，2023年全年标准制修订总数要达到25个以上，其中，国标5个以上、行标15个以上、团标5个以上；另外，新申请报批标准研发和修订总量力求不低于30个。特别是《乐器有害物质限量》已经批准为强制性标准，2024年1月1日正式执行，接下来要组织大力宣传贯标，并与海关进一步衔接监控进口乐器特别是二手钢琴，北上广3个检测站要及时充实设备和人员，做好各方面准备。

（3）要全方位构建知识产权新模式，专利、版权、著作权、非遗传承要统筹兼顾；年度专利授权总量要同比增长15%左右，发明专利和实用新型专利占比要超过80%，并在创造型发明和产品高端化方面多下功夫。

（二）深化统筹三个融合

1．产业链融合

当今是融合的时代，谁抢先机谁多受益。我们要加强横向纵向的产业链延伸与融合，为行业的科技创新增添动能和活力。要努力做好“产、展、销、教、演、培”一体化融合联动的大文章，要以科技创新与产业发展大会提升创新意识、围绕“两翼和六轮”务实推动各项举措落地见效；要以展会的平台和全球首发新品的折子戏助力创新、疏通产销通道，为企业多拿新品订单服好务；要以音教大会、“6·21”活动助力全民艺术素养提升，在扩大乐器消费群体过程中增强乐器产品创新的针对性、有效性；要以跻身高端演出市场为切入点，不断开发和展示乐器创新成果，让民族品牌高端乐器持续绽放出创新的风采；要以多元培训和技能评价助推创新人才建设，提高高素质人才的培养速度和质量。以产业链的多元融合推动全行业创新发展，逐步形成全方位、立体式的产业链融合发展新体系。

2．产业集群融合

已共建的11个产业集群各具特色，但发展水平还是有差异的，需要互相取长补短，在优强上下大功夫，在集群助推产业上做好融合文章。希望规划好集群所在地产业的整体布局和集群与乐器产业的全方位融合，将金名片擦得更亮；持续建好“六中心”，尤其是加快布局创新中心，融区域科研优势助推集群创新水平；希望加强对国家产业和科技政策的研究与落地执行，做好与地区性特色政策的融合，为集群做优做强保驾护航。希望地方政府加大投资和各类资源对乐器产业的支持，助力产业的良性发展。热切期待集群经济“十四五”后3年得以快速发展，在比较优势的基础上加快形成竞争优势，努力实现年平均增幅10%～20%的目标，为乐器产业发展发挥更大作用，协会将全力配合各地政府和集群主体共同发力。

3．国内外融合

乐器协会与国际同业组织联系的广泛性，在轻工行业颇具特色。在全面构建新发展格局的进程中，全行业要深化内循环、融合外循环。要深入研究“扩大中高端”和“市场平台化”的趋势，坚持“自主创新和合作引进”相结合等途径，总结已有经验，加速中高端和品牌塑造进程；协会将在以往基础上，积极与全球20多个乐器以及音乐制品的同业组织强化沟通，本着“平等互信、资源共享，合作共赢、促进发展”的原则，有计划、有目标地开展多边贸易与合作探讨，为全行业内外融合做好相关服务；同时协会将协同行业企业（经销商）尝试对接政府、院团、院校，深入搭建对话平台和机制，推动器乐教育“三进工程”和集团订购的增量，必要时牵头组团，运用与乐器主产国和地区的已有渠道，创造性地开展工作，订单、招商与合作并举。

（三）持续扩大两个比重

1．扩大中高端产品比重

市场回稳向上给乐器行业带来了新的机遇，同样也会衍生新的市场格局，无论是国内还是国外，低水平、低产能、低效益的实体企业和抗风险能力低的商业载体会在这一波洗牌中落幕。由此而对国内乐器的产业布局、产业规模、产品中高端化、品质国际化等，都会带来新的机遇和挑战。应进一步明确，产品中高端化是根本，通过多种途径，加速中高端进程，传统产品力争实现年增长6%左右，电鸣乐器和创新型乐器10%左右。进一步明确，品质国际化是保障，通过对标国际高端产品和高端品牌，找准定位、努力赶超，最终实现高端化、高品质、高附加值、高市场覆盖率“四高产品”国际化的新路子。进一步明确，“专精特新”培育要务实，通过加快培育优质企业，到“十四五”末期，培育省（市）级以上专精特新“小巨人”企业和“专精特新”中小企业总数努力实现翻番和20个以上的增量，培育制造业单项冠军企业达到4家以上，应享尽享有关优惠政策，期待全行业特别是骨干企业共同努力，善于借势、跨越发展，争取有更多突破。

2．扩大音乐人口比重

这些年，协会把融合音乐产业与推动科技创新当作行业发展的重点工作来抓，当作深挖乐器潜在消费客户的重要渠道来拓展，通过“6・21国际乐器演奏日”、国民音乐教育大会、艺术教育三进工程、社会音乐教师师资培训、品牌艺术展演等系列活动，在业界各方面的大力支持下，取得了扩大音乐人口比重的阶段性成效，目前已从2010年的1亿人增长到2022年的1.5亿人以上，但这也仅占全国14.1178亿人的10.6%，其发展空间巨大。

“6・21国际乐器演奏日”自2016年进入中国成功举办7年来，联合主办单位达到110多家，全国共有200多个城市参与，演出总场次超过15000场，直接参与人数累计达到200万，在线观众人数超过3.7亿人次。

国民音乐教育大会自2018年开始已成功举办5届，共有650余位专家、教授参与大会讲座，各种论坛、讲座、工作坊场次共计420余场，共有11000人次现场参会，线上观看人数超过200万人次。

2023年要深入研究国家美育教育政策和“双减”政策的核心要素，重点关注“中小学课堂乐器教学”“全国普通高校美育教育”以及具有较高群众基础的乐器品类讲座，面向更广大人群，继续助推国民音乐教育和全民乐器演奏形成阶段亮点，更好地服务全民艺术素养的提高和乐器成为家庭标配的目标追求。

同时在推进扩大音乐人口的进程中不断探索市场化的实施策略，认真总结与天津成功合作的经验，对品牌活动的知识产权、行业内外资源、合作平台、成功案例进行整合，创造性地探讨合作模式，期望业内外群策群力、共同推动。

踔厉奋发　勇毅前行
持续推动乐器行业科技创新融合发展
——王世成理事长在2022年度中国乐器行业科技创新与产业发展大会上的讲话

各位专家、同事、朋友们：大家上午好！

最近一段时间，我们先后接到部分企业老总的电话，希望见见面、拱拱手、叙叙情、鼓鼓劲，就如何创新引领、排难前行交流思路、明晰对策。协会也一直依此策划会议，但基于当前情况，反复综合考虑，还是不得不再一次采取线上与线下相结合的方式，召开会议。

首先代表中乐协隔屏问候各位专家、各位同人、各位朋友！对全行业企业和业界同人们抓抗疫、稳产销、重创新、谋发展所付出的辛劳和贡献表示敬意，向奋斗者致敬！也再次感谢长沙幻音电子科技有限公司为本次大会的召开，做了大量前期准备工作，付出很大努力，改日组织业内现场参观交流。

本次会议，将深入贯彻党的二十大精神和中央经济工作会议精神，认真回顾总结"人才建设年"和行业科技创新工作成效，评价表彰工信部、中国轻工业联合会和中乐协有关奖项，组织"产、学、研、用"合作项目、包括院校与企业、演奏家与企业家携手云签约，统筹谋划乐器行业2023年科技创新与产业发展的目标举措。

从本次开始，我们将会议名称调整更名为"中国乐器行业科技创新与产业发展大会"，旨在强调和着力乐器全产业链的融合创新，推动全行业"十四五"中后期的科技创新向着产业全要素融合发展持续进发。

第一部分　2022年科技创新与人才建设总体情况

一、科技创新方面

2022年一年，协会始终把科技创新放在重要位置，按照"两翼发力、六轮驱动"的整体思路，务实推动各项工作。具体体现在"六个提高"：

1．科技创新综合水平持续提高

协会以行业专家委为支撑，搭建了科技创新工作体系，并引导全行业围绕科技创新综合水平提高定目标、拿措施，效果是不错的。

（1）从平台建设看：行业科技创新平台在原有的47个基础上上升到56个，增加了19%，其中天津津宝的设计中心被国家工信部命名为"国家级工业设计中心"，其余8个为省级研发平台。上海民族乐器一厂设计创新中心，被上海市经济和信息化委授予"2022年度上海市级设计创新中心"。

（2）从科技投入看：2022年各地受新冠疫情和成本高企影响，企业综合效益波动很大，但全行业科技创新的投入势头不减。前不久协会对22家规模以上企业的科技研发投入进行了抽样统计，科技创新投入强度达到5.23%的较高水平。当前正值科技研发和技术改造的政策窗口期，需着眼长远、乘势而上。

（3）从科技成果看：协会积极指导企业申报中国轻工业科学技术奖，推荐的16个项目全部入围，经中国轻工业联合会组织专家评审，初步确定，获一等奖项目1个，二等奖2个，三等奖5个。从申报的项目内容分析，科技含量明显提高，涉及发明类、智能化、数字化的项目就有9个，占到56%。

（4）从乐器学研究看：为了全面检验和展示我国乐器科技的研究成果，2022年协会与南京艺术学院合作，举办主题为"视野·视角 理论·技术"全国乐器学研究高峰论坛，搭建起全方位、多视角的研究与交流平台。论坛议题涉及乐器学理论与专业建设、乐器史学与乐器改良、乐器声学、乐器制造、新材料、乐器产业研究与对策等10多个专业领域。征集论文103篇。

经组委会初步审核和有关专家会审，遴选了86篇论文录入论文集，并推荐参与后期的论坛交流活动。其中，乐器行业提供的论文28篇，占总数的32.6%，这不仅反映乐器行业参与度高，也充分说明行业骨干企业在乐器研究、创新、创优和培育技术与技能高层次人才方面迈出了坚实的步伐。

2．中高端产品比重不断提高

钢琴行业通过"技术引进、品牌合作、人才交流、兼并整合"等系列举措，中高端产品占三分之一以上的市场份额；弦乐器、管乐器、打击乐的中高端产品占比约为40%；民族乐器中档产品比重约为30%、高端产品比重约为20%，电子乐器拥有自主品牌和自主知识产权的中高端产品也达到了20%以上。

另外，2022年工信部组织开展的《升级和创新消费品》审定，乐器行业有9项中高端新品入选，其中升级消费品4项，创新消费品5项，分别占轻工入围产品总量的6.9%和8.6%。

这两年协会组织征集的"全球首发新品"也逐年增加，近70家企业研发的110多项新品申报参与评选，将在第二十届上海国际乐器博览会期间对外发布。

特别值得分享的是这些年行业经典产品屡屡出现在国家庆典和国际交流活动中，如2022年上海民族乐器一厂研发的“十二节气·秋分古筝”被作为国礼赠送给泰国甘拉雅尼音乐学院，用国家级非物质文化遗产的工匠精神，向世界传播中国的故事和声音，彰显中国文化自信；蔚科小天使节拍器作为神舟十五号航天员邓清明训练中的节奏设备，辅助航天员一次又一次挑战自身极限，以确保顺利完成任务，小产品做出了大贡献。在此不再一一枚举。

3．行业大项目投资增量整体提高

珠江的文化产业创新创业孵化园、海伦的钢琴及钢琴配件项目、宜昌金宝的旅游工厂及夷陵生产基地、天津津宝的研发与生产基地都相继投入使用，星海的肃宁产业基地项目已正式投产，乐海的文化产业园项目也启动运营，上民一在兰考、肃宁的新产业基地也都签约实施。这一大批单体投资2亿～5亿元的项目达标后，必将为乐器行业“十四五”高质量发展发挥强大的动力与后劲。

不仅如此，各产业集群也是实招频出：“中国提琴产业之都”黄桥的“绿岛”项目；“中国北方乐器之都”肃宁实施“三海”联盟发展新战略；“中国电声乐器产业基地”鄌郚打造乐器跨境电商平台等。

4．标准与专利研发能力日趋提高

全国乐器标准化工作围绕声学品质测评技术、产品标准质量分等分级、定制产品标准、低碳环保与绿色设计、强制标准制定与宣贯实施、鼓励采用国际或出口国标准、培育和发展团体标准、推动我国乐器领域优势技术标准成为国际标准等10个方面，努力提高全行业标准的规划与研发能力。

2022年按计划完成了21项标准的审定和报批工作，另有21项标准将陆续研发报批，其中国家标准委2022年第19号公告批准发布《乐器有害物质限量》强制性国家标准。9月下旬乐标委又对《电鸣乐器合成器通用技术条件》等4项标准进行了审定，待提交报批。

在中国轻工业联合会申报备案的7项团标，2021年底已发布1项，在研的6项团标中，2022年9月中国轻工业联合会组织对《电子钢琴绿色设计产品评价技术规范》《电鸣乐器智能功能等级评价》两项团标进行了审定，修改后提交报批。

同时，从国家知识产权局发布的专利成果统计，2022年度乐器行业累计授权专利1453项，同比增长11.7%，发明专利和实用新型专利两项达到1130项，占专利总量的77.8%，同比增长10.6%；涉及研究与创新类的专利482项，占总量的33.2%，为历年之最，这充分说明乐器行业专利创新水平在不断提高。

5．数字技术应用与投资有序提高

近两年来，在国家大力推动数字化转型政策指导下，乐器行业积极响应，数字技术应用持续加码。珠江钢琴全自动生产线体系，吟飞科技的云数字音乐共享平台及MIDI智能数字音乐工作站建立，天津津宝的鼓圈与鼓腔、铜管乐器气缸与萨克斯管体全自动生产线以及机械人喷涂技术应用，得理公司的智联云采SRM供应链管理系统及智联云仓WMS仓储数据管理平台的七大管理模块等数字技术应用项目都相继投入使用。包括得理、吟飞、蔚科、幻音、艾茉森、罗兰、乐界乐等企业数字技术产品的研发与推广，全行业向自动化、高端化、数字化方向发展迈进了一大步。珠江、得理、吟飞、津宝4家企业荣获中国轻工业“数字化转型先进单位”荣誉称号，珠江李建宁、得理顾冰峰、吟飞范廷国、蔚科赵哲4位同志被授予中国轻工业“数字化转型领军人物”。

6．“专精特新”创建大幅提高

中国乐器协会研究并制定了《关于在全行业内加强和推广“专精特新”工作的实施意见》，引导全行业企业聚焦关键技术和重点产品，致力专业化、精细化、特色化、新颖化发展。通过引导中小企业“专精特新”发展，进一步激发中小企业活力和发展动力，推动中小企业转型升级。目前全行业已有吟飞、幻音、奇美、艾立卡等8家企业被认定为省（市）级专精特新“小巨人”企业，海伦、吟飞、乐海、北京珠江、北京罗兰盛世、乐界乐、森鹤、奥维斯等38家企业被认定为省（市）级“专精特新”中小企业。另外，2022年工信部组织开展的第七批制造业单项冠军企业培育遴选中，天津市津宝乐器有限公司榜上有名；珠江钢琴集团作为第一批单项冠军产品入选企业再次通过复评。

二、人才建设方面

2022年是协会确立的“人才建设年”，围绕持续培育行业科技之星和大国工匠、组织高层次人才培训、技能考评鉴定、专业技能大赛、探索创建“乐器工匠学院”、乐器学高峰论坛等项目循序推进。

1．围绕“高技能”推进工作

（1）人才培育机制逐步完善，职业技能培训、考评、鉴定工作持续发力，包括国家人社部刚刚公布的“斫琴师”和“乐器设计师”两个新职业在内，乐器行业已有11个职业被列入国家职业大典中，基本涵盖了乐器的专业门类；目前，各个专业技能的标准、教材与题库都已有相关分支机构领题编制。同时，在“中国北方乐器之都”肃宁合作筹建“乐器工匠学院”的工作已列入议事日程。

（2）钢琴调律师专业考评鉴定工作，克服疫情影响，各鉴定站发挥地区优势，全年考评鉴定达到1012人次，比上年增长11.2%；截止到目前钢琴调律师专业已累计完成考评、鉴定10061人次，突破了万人大关。

（3）完善专业结构布局，为了更好地传承中华传统文化，推动“斫琴师”新职业技能的系统工作，协会适时增设了“古琴专业委员会”；为了超前布局、推进数字化转型、全方位融合音乐产业，协会连接各方资源，成立了“未来音乐专业委员会”，既完善行业产业布局，也为培育特色技能人才提供了基础和保障。

2．围绕“高素质”推进工作

（1）认真贯彻落实总书记重要指示，协会组织开展乐器行业“技能强国、创新有我”主题征文活动，轻工大国工匠、行业科技之星、民乐制作技艺非遗传承人的代表，郑荃、陈德然、顾冰峰、赵哲、谭宝利、周力、曹卫东等20余位行业先进科技工作者积极撰文，弘扬大国工匠情怀、体现科研创新精神，激励乐器同人坚守初心、担当使命，富有强烈的感染力。我读了一些文章、很受教益。

（2）举办全行业“专业技术人才高级研修班”，按照“定位要准、水平要高、效果要好”的要求，研修班取得了预期效果，体现了“课程设置专、专家阵容强、组织力度大、参与老总多”的特点；参培的47名学员中，总经理、技术副总人数超过了60%，行业骨干企业都派员参与，有的企业老总亲自带队、组团参加，黄桥镇政府从人、财、物、社会资源等方面给予了大力支持。全行业对科技创新、人才培养工作的高度重视，令人欣慰。

3．围绕“高标准”推进工作

这些年协会在人才评价方面取得成效，助力人才成长和企业创新能力建设，逐步建立起评价工作的两套体系。一是通过全国职业技能竞赛体系，评选出一大批优秀高技能人才；二是协会建立了由“科技之星”“行业工匠”到“轻工大国工匠”高端人才培育评价体系。2022年协会“高标准”进行初审和专家评审，最后评选出2022年度科技之星31名，行业工匠24名；到目前乐器行业已拥有大国工匠2名，行业工匠51名，行业科技之星158名，培育出一批科技创新精英团队、行家里手。

同志们，由于全行业科技创新和人才建设重点工作的务实推进，一定程度上缓解和对冲了经济下行、成本高企、销售不畅的制约和压力。截止到2022年11月份，总体看，经济运行回稳向上，行业发展继续承压。

1月—11月，我国乐器行业经济运行情况呈现出“三降、三增、两高、一升、两带动”的特点。“三降”即规模以上企业营业收入累计同比下降10.73%，利润下降5.78%，出口下降4.76%；“三增”是指11月当月利润增长39.64%，民族乐器营收累计增长7.69%，西乐器利润累计增长14.89%；“两高”即全行业营收利润率6.40%，高于轻工6.20%的平均水平，居各行业第八位，中乐器利润率9.97%，高于乐器平均值；“一升”即生产效率提升，营业成本同比下降10.72%（1月—9月下降4.74%）；“两带动”即骨干企业带动明显、科技创新带动明显。

新的一年，我们要承压前行、奋发有为。

第二部分　2023年科技创新融合发展工作思路

各位同事，当前我国已经踏上实现第二个百年奋斗目标的新征程。科技的竞争、人才的竞争会更加凸显，将孕育新的发展动能。党的二十大明确指出“必须坚持科技是第一生产力、人才是第一资源、创新是第一动力”。

实现乐器强国是我们大家共同的愿望，更是共同奋斗的目标。面对疫情防控形势与政策的变化、经济恢复期压力和不确定因素及风高浪急的国际环境，我们要正视困难，更要充满信心、勇毅前行。

2023年是全面贯彻落实党的二十大精神的开局之年，乐器行业要以中央经济工作会议提出的“稳字当头、稳中求进”精神为统领，坚持中国式现代化发展道路，按照乐器行业“十四五”规划总体要求，持续深化科技创新和人才建设工作，努力在“两翼发力、六轮驱动”的具体实践中实现新的突破。

协会将2023年确定为乐器行业“创新融合年”，要按照“深入推进三个创新、深化统筹三个融合、持续扩大两个比重”的总体思路推动工作。

一、深入推进三个创新

1．科技创新

向科技要成果，让成果见效益，是协会和全行业企业的共识。2023年科技创新工作将紧紧围绕科技研发、科技投入、数字转型抓落实。

（1）科技研发工作应结合“行业‘卡脖子’技术”清单，围绕多出成果、多转化成果、多产生效益做规划拿措施组织攻关，年度申报科技奖项目同比增长20%左右，当年科技成果转化率力求超过50%，建议各会员企业对新产品营收、利润进行专项统计，协会将在直报系统中明确体现。

（2）科技投入（含研发投入和技术改造）要保持增长，全部规模以上企业同比增长1个百分点左右，占主营业务收入的比重争取保6%；骨干企业、高新技术企业和电鸣行业要力争同比增长3个百分点左右，占主营业务收入的比例争取保9争11。

（3）数字技术研究与应用要成为“十四五”中后期全行业转型升级的重要抓手，骨干企业、高新技术企业和电鸣行业要充当先行者，围绕芯片研发、数字乐器研发、音乐云教育平台研发等，努力加大力度提高水平；条件成熟的企业可以通过“技术+市场+资本”的方式，战略性地构建平台经济，开创数字音乐平台企业；广大乐器企业要在数字技术应用上求突破，提升产品科技含量，提高全要素生产率。

2．人才创新

2023年要在巩固“人才建设年”成果的基础上，紧紧围绕高标准、高技能、高素质筑牢根基。

（1）全面启动职业技能标准的制定工作，除了钢琴调律师和其他4项已有标准的职业外，其余6项标准年内务必完成编制和审定工作，并同步启动所有职业的教材和题库的编写工作，体系完善的职业要抓紧开展技能培训。

（2）加速实施高技能人才的考评、鉴定、认证工作，按照“成熟一批认证一批”的工作思路，各鉴定站要主动配合鉴定总站的部署和要求，确保年评价认证技能人才同比增加15%以上。

（3）着力推进高素质人才培养体系，加大与专业院校的衔接与合作；继续组织开展“行业专业技术人才高级研修班”，做好针对性调研和课程开发，缺什么补什么，满足行业对高素质专业人才的需求；原定2022年在著名学府南开大学举办的行业首届“领军人才培训班”，由于疫情推迟举办，拟在2023年上半年完成；要大力弘扬创新精神和工匠精神，加大评价评选比重，坚持高标准培育、严要求评选，2023年“科技之星”评选计划达到40人左右，“行业工匠”评选20人以上。力争到“十四五”末鉴定总人数达到1.5万人以上，培育行业科技之星超过300人，行业工匠超过100人，轻工大国工匠达到和超过4人，为赋能行业科技创新和产业发展奠定坚实的人才基础。

3．品牌创新

实现产品高端化、市场国际化，品牌提升与创新是关键。全行业要围绕“三品战略、标准研发、知识产权”等核心要素提档升级。

（1）接续以实施增品种、提品质、创品牌的“三品”战略为重点，从坚持创新驱动、增强品牌发展动力，坚持质量第一、夯实品牌发展基础，坚持文化赋能、不断丰富品牌内涵，坚持开放合作、营造品牌发展良好环境4个方面抓落实、抓成效。行业企业要强化自主品牌的创建，对中国驰名商标、省（市）著名商标、中华老字号等品牌的创争要持续升温，既要制造名优产品，更要打造名优品牌；特别要通过优质产品与服务“走出去”，带动中国品牌“走出去”，不断扩大中国乐器品牌国际影响力。更好适应RCEP实施带来的进口乐器关税调整的机遇与影响。2023年轻工业升级创新消费品申报和入选产品同比增加力争30%左右，行业骨干企业获得省级以上质量奖再增加1～2个，市级质量奖再增加2～4个。

（2）标准化工作紧紧围绕“十四五”目标，深入研究已确立的10项重点标准，全年标准制修订总数要达到25个以上，其中，国标5个以上、行标15个以上、团标5个以上；另外，新申请报批标准研发和修订总量力求不低于30个。特别是《乐器有害物质限量》已经批准为强制性标准，2024年1月1日正式执行，接下来要组织大力宣传贯标，并与海关进一步衔接监控进口乐器特别是二手钢琴，北上广3个检测站要及时充实设备和人员，做好各方面准备。

（3）要全方位构建知识产权新模式，专利、版权、著作权、非遗传承要统筹兼顾；年度专利授权总量要同比增长15%左右，发明专利和实用新型专利占比要超过80%，并在创造型发明和产品高端化方面多下功夫。

二、深化统筹三个融合

1．产业链融合

当今是融合的时代，谁抢先机谁多受益。我们要加强横向纵向的产业链延伸与融合，为行业的科技创新增添动能和活力。

要努力做好“产、展、销、教、演、培”一体化融合联动的大文章，要以科技创新与产业发展大会提升创新意识、围绕“两翼和六轮”务实推动各项举措落地见效；要以展会的平台和全球首发新品的折子戏助力创新、疏通产销通道，为企业多拿新品订单服好务；要以音教大会、“6·21”活动助力全民艺术素养提升，在扩大乐器消费群体过程中增强乐器产品创新的针对性、有效性；要以跻身高端演出市场为切入点，不断开发和展示乐器创新成果，让民族品牌高端乐器持续绽放出创新的风采；要以多元培训和技能评价助推创新人才建设，促进高素质人才的培养速度和质量。以产业链的多元融合推动全行业创新发展，逐步形成全方位、立体式的产业链融合发展新体系。

2．产业集群融合

在已共建的11个产业集群中，各具特色，但发展水平还是有差异的，需要互相取长补短、在优强上下大功夫，在集群助推产业上做好融合文章。希望规划好集群所在地产业的整体布局和集群与乐器产业的全方位融合，将金名片擦得更亮；持续建好“六中心”，尤其是加快布局创新中心，融区域科研优势助推集群创新水平；希望加强对国家产业和科技政策的研究与落地执行，做好与地区性特色政策的融合，为集群做优做强保驾护航；希望地方政府加大投资和各类资源对乐器产业的支持，助力产业的良性发展。热切期待集群经济“十四五”后3年得以快速发展，在比较优势的基础上加快形成竞争优势，努力实现年平均增幅10%～20%的目标，为乐器产业发展发挥更大作用，协会将全力配合各地政府和集群主体共同发力。

3．国内外融合

乐器协会与国际同业组织联系的广泛性，在轻工行业颇具特色。在全面构建新发展格局的进程中，全行业要深化内循环、融合外循环。要深入研究“扩大中高端”和“市场平台化”的趋势，坚持“自主创新和合作引进”相结合等途径，总结已有经验，扩大跨境重组成果，加速中高端和品牌塑造进程。

协会将在以往基础上，积极与全球20多个乐器以及音乐制品的同业组织强化沟通，本着“平等互信、资源共享，合作共赢、促进发展”的原则，有计划、有目标地开展多边贸易与合作探讨，为全行业内外融合做好相关服务。

同时协会将协同行业企业（经销商）尝试对接政府、院团，院校，深入搭建对话平台和机制，推动器乐教育“三进工程”和集团订购的增量，必要时牵头组团，运用与乐器主产国和地区的已有渠道，创造性地开展工作，订单、招商与合作并举。

三、持续扩大两个比重

1．扩大中高端产品比重

市场回稳向上给乐器行业带来了新的机遇，同样也会衍生新的市场格局，无论是国内还是国外，低水平、低产能、低效益的实体企业和抗风险能力低的商业载体会在这一波洗牌中落幕。由此，对国内乐器产业布局、产业规模、产品中高端化、品质国际化等，都会带来新的机遇和挑战。

应进一步明确，产品中高端化是根本，通过多种途径，加速中高端进程，传统产品力争实现年增长6%左右，电鸣乐器和创新型乐器10%左右；进一步明确，品质国际化是保障，通过对标国际高端产品和高端品牌，找准定位、努力赶超，最终实现高端化、高品质、高附加值、高市场覆盖率“四高产品”国际化的新路子。进一步明确，“专精特新”培育要务实，通过加快培育优质企业，到“十四五”期间末，培育省（市）级以上专精特新“小巨人”企业和“专精特新”中小企业总数努力实现翻番和20个以上的增量，培育制造业单项冠军企业达到4家以上，应享尽享有关优惠政策，期待全行业特别是骨干企业共同努力，善于借势、跨越发展，争取有更多突破。

2．扩大音乐人口比重

这些年，协会把融合音乐产业与推动科技创新当作行业发展的重点工作来抓，当作深挖乐器潜在消费客户的重要渠道来拓展，通过“6・21国际乐器演奏日”、国民音乐教育大会、艺术教育三进工程、社会音乐教师师资培训、品牌艺术展演等系列活动，在业界各方面的大力支持下，取得了扩大音乐人口比重的阶段性成效，目前已从2010年的1亿人增长到2022年的1.5亿人以上，但这也仅占全国14.1178亿人的10.6%，其发展空间巨大。

“6・21国际乐器演奏日”自2016年进入中国，已成功举办7年，联合主办单位达到110多家，全国共有200多个城市参与，演出总场次超过15000场，直接参与人数累计达到200万，在线观众人数超过3.7亿人次。

国民音乐教育大会自2018年开始已成功举办5届，共有650余位专家、教授参与大会讲座，各种论坛、讲座、工作坊场次共计420余场，共有11000人次现场参会，线上观看人数超过200万人次。

2023年要深入研究国家美育教育政策和“双减”政策的核心要素，重点关注“中小学课堂乐器教学”“全国普通高校美育教育”以及具有较高群众基础的乐器品类讲座，面向更广大人群，继续助推国民音乐教育和全民乐器演奏形成阶段亮点，更好地服务全民艺术素养提高和乐器成为家庭标配的目标追求。

同时在推进扩大音乐人口的进程中不断探索市场化的实施策略，认真总结与天津成功合作的经验，对品牌活动的知识产权、行业内外资源、合作平台、成功案例进行整合，创造性地探讨合作模式，期望业内外群策群力、共同推动。

各位朋友、各位同事，让我们全面贯彻落实党的二十大精神，把握好“中字头”行业组织功能作用，踔厉奋发、勇毅前行，精细服务、担当作为，务实推动乐器行业科技创新融合发展，为全面实现“十四五”规划目标而努力奋斗。

人才建设年

“产学研用”跨界合作　统筹推进“人才建设年”

编者按：为贯彻十九届六中全会和中央经济工作会议精神，摸排行业发展的新情况、新要求，统筹推进“人才建设年”各项工作，中国乐器协会秘书处对近期行业科技创新、人才建设状况展开问卷调研。调研采用网络问卷方式，问卷内容从企业基本情况、乐器营销、科技创新、人才建设、政策诉求五个方面入手，旨在了解行业生产运营总体形势，征集企业政策关切与发展诉求，激发企业主体创新意识，提振产业发展信心，促进行业结构转型与高质量发展。

一、全球工业劳力短缺“两化融合”促产业转型

回顾全球工业化发展历史，伴随以机械化为特征的第一次工业革命，电气化为特征的第二次工业革命和自动化为特征的第三次工业革命演进，全球制造业先后进行了4次大规模迁移，形成了以西欧、东欧、北美、日本及亚洲东部沿海为核心的五大工业区。当前，新一代信息技术加速创新、快速迭代、群体突破，第四次工业革命席卷而来，全球主要工业区日益受到能源、劳动力、产业结构等因素限制，纷纷遇到发展困境，主要表现为以下四点：

一是人口结构趋向老龄化，加剧劳动力短缺；二是制造业经济全球化，而近几年出现了逆全球化潮流，但“合则两利，闭则各退”的现实，促成经济全球化不可逆转；三是全球发达经济体GDP低迷，经济下行压力加大，短期难见改善迹象；四是制造业产能过剩，市场竞争激烈，企业利润走低，发展压力加大。我国政府高度重视数字经济与实体经济融合，工信部出台《“十四五”信息化和工业化深度融合发展规划》“制造业数字化转型行动计划”，制定我国制造业数字化转型路线图，产业结构再度面临优化升级。

二、人工、材料成本增长 外贸营销市场竞争加剧

2021年，乐器行业进入“十四五”科技创新年，行业工作重心转向优化产业结构，深化供给侧结构性改革。回顾一年来的行业发展，国内疫情多点散发，乐器生产销售受到影响，但会员企业凝心聚力，全年主要经济指标止跌回暖。调研显示，①行业全年总体运营水平企稳恢复，企业营收持续回暖，外贸出口创汇总体态势没有改变；②行业“产、学、研、用”跨界合作，会员企业持续加大科技创新投入，积极与科研院所开展技术合作，协会秘书处推动的“科技创新年”工作见到实效；③企业维权意识普遍增强，会员企业持续加大品牌注册、宣传力度，企业品牌意识和市场抗风险能力显著增强，行业“品牌建设”工作取得阶段性成果。

2022年，受全球疫情及俄乌冲突局势等因素影响，国内疫情多点散发，国际市场需求疲软。全球化工、重金属等大宗原材料成本上涨，天然气、电力能源成本，以及钢、铜、镍等乐器主要原料成本综合涨幅超过10%。乐器原辅料产品出现供应不畅，人工成本急剧升高，直接挤压产品利润空间。由于会员企业产能不足，导致销售下降幅度达10%～13%，行业一季度总体生产经营状况低于预期。同时，受欧美通胀高企、集成电路缺货等不利因素影响，乐器外贸下行压力加大。鉴于海运费用居高不下，货柜紧缺导致出货困难，外销市场竞争加剧，企业国际市场议价空间被压缩。企业一季度外贸出口总体降幅预计达15%，市场不确定性预期增大。

总体而言，在国际国内局势云谲波诡、压力巨大的情况下，会员企业锐意进取、苦练内功，变压力为动力，解放思想，科学地算好“加法”和“减法”，着力提升产品质量与档次，整体局面稳中求进，不断向好。

三、打通产业发展痛点 堵点夯实人才竞争软实力

2022年，是我国乐器行业迈进“十四五”规划的第二个年头，更是协会秘书处统筹推进“人才建设年”工作，提升行业核心竞争力的关键之年。为此，协会秘书处主动作为，加大行业调研力度，摸排行业生产运营实情，征集企业建议与发展诉求。为会员企业办实事，谋实招，重实效。调研数据显示：

（1）从企业年营业收入看，会员企业年度盈利水平都有不同程度的提升，当前行业赢利点主要集中在钢琴、民族乐器、电鸣乐器、吉他、乐器销售和培训领域。

（2）从制造成本影响因素看，主辅料和人工成本增长系企业制造成本增长的主要因素。减少污染物排放，有序向“双碳”模式转型成为企业关切。

（3）从产品流通渠道看，随着国家出口转内销促进“双循环”系列政策出台后，为化解外贸压力，国内企业正在逐步调整内外销铺货比例；其次，线下乐器销售受疫情影响，直播带货迎来市场风口，乐器电商促成乐器网络销售出现阶段性的升温现象。鉴于疫情制约线下实体琴行销售，乐器零售业务下降，导致企业成品库存费用有不同程度的增长。

（4）从科技创新角度看，“产、学、研、用”跨平台合作加速企业科技创新步伐，市场竞争加剧企业间知识产权纠纷案例增多，加大钢琴制造新材料的研发，利用可再生资源替换不可再生资源，提升材料稳定性成为企业关切，乐器声学、装备制造、能源环保依旧是企业技术创新的瓶颈。

（5）从人才队伍建设看，随着市场竞争持续升温，会员企业都表现出提升产品声学品质、升级产品结构、提高品牌附加值的迫切要求，受访企业皆认为有必要创立乐器行业修造学院和技术培训基地。

总体而言，疫情引发乐器制造成本增长，乐器销售业务下滑，乐器全产业链现金流压力非同以往。征求减税降负、信贷融资普惠政策，成为乐器企业的普遍诉求。缺“资金”、缺“人才”，乐器工业标准化建设，创新职业人才培育体系，仍是行业亟待解决的发展短板。为创新行业金融服务，推动行业技术攻关，推进人才队伍建设，协会秘书处拟采取如下举措：

（1）倡导产业集群尽快融入数字新经济，依托数字金融贴息贷款拓宽融资渠道，增强区域乐器经济造血机能；同时，鼓励规模以上企业积极申报国家创意文化产业项目，用好政策扶持资金，助力企业品牌文化建设。

（2）依托上海国际乐器展商贸服务平台，构建企业与投融资机构对话合作机制，重点解决中小型企业融资难题，释放中小型企业现金流压力。

（3）推进乐器职业人才考评与鉴定工作，完善乐器制作工标准制修订，以及教材、题库编制工作。加强校企合作定向人才培育，创立乐器行业修造学院和技术培训基地，推动行业人才队伍建设再上新台阶。

（4）由中国乐器协会牵头，推动国家人社部网络营销员职业能力评价与认证工作，组织乐器网络营销员高端培训班，引导乐器电商市场规范发展。

（5）面对企业间维权案例增加，在全行业倡议推行《中国乐器行业知识产权自律公约》，引导企业强化行业自律，保障行业科技创新成果。

（6）依托协会科技大会平台，邀请科研院所专家学者、精英人才，策划组织科技讲座、互动论坛，推动行业科技成果转化及企业技术升级转型。

（7）建议政府加快“双减”政策的推行和实施速度，区别对待校内校外艺术教育政策实施，减少琴行在营业和开发业务上的顾虑；其次，建议政府严格审查上市教育产品资质，严打虚假宣传，严防不良校外上市机构卷款跑路，破坏社会音乐教育行业公信力，严重挫伤社会家庭音乐艺术教育消费的信心。

四、推动产业结构优化升级 走“国货”自强发展之路

2021年，是党和国家历史上具有里程碑意义的一年，同样是面对复杂严峻形势和诸多风险挑战的一年。2022年，我国乐器经济发展仍面临需求收缩、供给冲击、预期转弱三重压力，实施人才战略，推动“产、学、研、用”跨平台合作，增强企业主体抗市场风险能力，推动乐器全产业链向中高端转型势在必行。

为此，协会秘书处号召广大会员企业：首先，认真学习两会政府工作报告精神，捕捉国家振兴实体经济的政策窗口期，积极响应制造业“双碳”发展战略，用好减税降费资金，加大科技研发投入，提高中高端产品比重，有效提升品牌附加价值。

第二，倡导会员企业强化自主品牌建设，从OEM代加工向自有品牌培育有序转型，精准对接大众音乐文化消费需求，提升自主品牌市场话语权和议价权，走国货自立自强发展道路。

第三，强化科研院所项目合作，加大专家、高科技人才、资本运作、商业管理人才的引进，引导企业改变“等、靠、要”的惯性思维，在企业内部培育想干事、能干事、干成事的过硬技术团队，以核心项目为依托，开展技术攻关，打通行业转型升级的痛点和堵点。激励真正具有创新能力的企业，淘汰行业落后产能，有序推进乐器产业结构优化升级。

新的一年，机遇与压力交织并存，产业发展仍将面临爬坡过坎。王世成理事长号召全体乐器同人，攻坚克难，砥砺奋进，深化产学研用结合，促进产业优化升级，打通科技创新堵点，加强知识产权保护，创新科技金融服务，依靠科技创新推动行业高质量发展，以实际行动迎接党的二十大的胜利召开，为建设自主创新、自立自强的现代化乐器强国不懈奋斗！

2022年“人才建设年”工作报告

2022年是协会确立的“人才建设年”，围绕持续培育行业科技之星和大国工匠、组织高层次人才培训、技能考评鉴定、专业技能大赛、探索创建“乐器工匠学院”、乐器学高峰论坛等项目循序推进。全年整体工作体现了“三个高”。

一、围绕“高技能”推进工作

（1）人才培育机制逐步完善，职业技能培训、考评、鉴定工作持续发力，包括国家人社部刚刚公布的“斫琴师”和“乐器设计师”两个新职业在内，乐器行业已有11个职业被列入国家职业大典中，基本涵盖了乐器的专业门类；目前，各个专业技能的标准、教材与题库都已有相关分支机构领题编制。

（2）钢琴调律师专业考评鉴定工作，克服疫情影响，各鉴定站发挥地区优势，全年考评鉴定达到1012人次，比2021年增长11.2%；截止到目前，钢琴调律师专业已累计完成考评、鉴定10061人次，突破了万人大关。

（3）完善专业结构布局，为了更好地传承中华传统文化，推动“斫琴师”新职业技能的系统工作，协会适时增设了“古琴专业委员会”；为了超前布局、推进数字化转型、全方位融合音乐产业，协会链接各方资源，成立了“未来音乐专业委员会”，既完善行业产业布局，也为培育特色技能人才提供了基础和保障。

二、围绕“高素质”推进工作

（1）认真贯彻落实习近平总书记的重要指示，协会组织开展乐器行业“技能强国、创新有我”主题征文活动，轻工大国工匠、行业科技之星、民乐制作技艺非遗传承人的代表，郑荃、陈德然、顾冰峰、赵哲、谭宝利、周力、曹卫东等19位行业先进科技工作者积极撰文，弘扬大国工匠情怀、体现科研创新精神，激励乐器同人坚守初心、担当使命，富有强烈的感染力。

（2）举办全行业“专业技术人才高级研修班”，按照“定位要准、水平要高、效果要好”的要求，研修班取得了预期效果，体现了“课程设置专、专家阵容强、组织力度大、参与老总多”；报名参培的共47名学员，43人获得了协会颁发的《结业证书》，参培学员中总经理、技术副总人数超过了60%，行业骨干企业都派员参与，有的企业老总亲自带队、组团参加，黄桥镇政府从人、财、物、社会资源等各方面给予了大力支持。全行业对科技创新、人才培养工作的高度重视令人欣慰。

（3）顺应“两办”和教育部有关“全面加强和改进新时代美育教育”等有关政策措施的要求，协会持续稳步开展社会音乐教师培训工作，为扩大音乐人口大基础。2022年共开展14期培训班，培训各专业音乐教师545人次，累计已达到3000多人次。

三、围绕“高标准”推进工作

这些年协会在人才评价方面取得成效，助力人才成长和企业创新能力建设，逐步建立起评价工作的两套体系。

（1）通过全国职业技能竞赛体系，评选出一大批优秀高技能人才；虽然近几年的技能竞赛工作受到疫情影响，但各项赛事的筹备及流程规范等工作准备有序。截止到2022年底，全行业参加钢琴调律师职业大赛的选手中，3名选手获得全国技术能手称号，12名选手获得“全国轻工行业技术能手”称号，10名选手获得“乐器行业技术能手”称号。

（2）协会建立了由“科技之星”“行业工匠”到“轻工大国工匠”高端人才培育评价体系。今年协会“高标准”进行初审和专家评审，最后评选出2022年度科技之星31名，行业工匠24名；到目前乐器行业已拥有大国工匠2名，行业工匠51名，行业科技之星158名，培育出一批科技创新精英团队、行家里手。

另外，由中国乐器协会、北京轻工技师学院、河北肃宁县人民政府共同协商，拟在“中国北方乐器之都”肃宁合作筹建“乐器工匠学院”的工作，2022年底已列入议事日程。

2023年是协会确立的“创新融合年”，人才建设工作仍然是推动全行业高质量发展的根本保障，要在巩固“人才建设年”成果的基础上，紧紧围绕高标准、高技能、高素质筑牢根。着重围绕以下重点事项有序开展工作。

（1）全面启动职业技能标准的制定工作，除了钢琴调律师和其他4项已有标准的职业外，其余6项标准年内力争完成编制和审定工作，并同步启动所有职业的教材和题库的编写工作，体系完善的职业要抓紧开展技能培训。

（2）加速实施高技能人才的考评、鉴定、认证工作，按照“完善一个，启动一个”的工作总体思路，各鉴定站要主动配合鉴定总站的部署和要求，确保年评价认证技能人才同比增加15%以上。预计到2024年底各个职业的标准、教材、题库等将基本完善，必将为职业技能的培训、评价、认证体系建立发挥积极作用。

（3）着力推进高素质人才培养体系，加大与专业院校的衔接与合作，有序推动“乐器工匠学院”的筹备；继续组织开展“行业专业技术人才高级研修班”，做好针对性调研和课程开发，缺什么补什么，满足行业对高素质专业人才的需求；同时，充分利用与南京艺术学院“产、学、研、用”合作的优势，启动“乐器设计师”的培训班，筹备2024年初的“乐器设计师”作品大赛活动。

（4）要大力弘扬创新精神和工匠精神，加大评价评选比重，坚持高标准培育、严要求评选，今年“科技之星”评选计划达到40人左右，“行业工匠”评选20人以上。力争到“十四五”末鉴定总人数达到1.5万人以上，培育行业科技之星超过300人，行业工匠超过100人，轻工大国工匠达到和超过4人，为赋能行业科技创新和产业发展奠定坚实的人才基础。

2022年“人才建设年”有关奖项

一、中国轻工业数字化转型领军人物（中轻联表彰）

李建宁　广州珠江钢琴集团股份有限公司董事长
范廷国　吟飞科技（江苏）有限公司总经理
赵　哲　深圳市蔚科电子科技开发有限公司董事长
顾冰峰　得理乐器（珠海）有限公司总经理

二、中国乐器协会“人才建设年”活动优秀组织奖

广州珠江恺撒堡钢琴有限公司
乐海乐器有限公司
广州珠江艾茉森数码乐器股份有限公司
深圳市蔚科电子科技开发有限公司
长沙幻音电子科技有限公司
扬州金韵乐器御工坊有限公司
北京星海钢琴集团有限公司
江阴金杯安琪乐器有限公司
天津市津宝乐器有限公司
宜昌金宝乐器制造有限公司
海伦钢琴股份有限公司
吟飞科技（江苏）有限公司
得理乐器（珠海）有限公司
广东创智智能装备有限公司
上海民族乐器一厂有限公司

三、乐器行业“科技之星”（以姓氏笔画为序）

于富瑜　北京珠江钢琴制造有限公司
代胜民　河南中州民族乐器有限公司
朱明云　深圳市蔚科电子科技开发有限公司
刘　杰　长沙幻音电子科技有限公司
许仕建　广东创智智能装备有限公司
严长志　广东创智智能装备有限公司
李　扬　北京乐界乐科技有限公司
李炳男　浙江乐韵钢琴有限公司
吴开平　扬州金韵乐器御工坊有限公司

旷世强　长沙幻音电子科技有限公司
陈莉芳　乐海乐器有限公司
陈　鹏　河北金音乐器集团有限公司
鸣　亚　广州珠江恺撒堡钢琴有限公司
罗　扬　宜昌金宝乐器制造有限公司
周　磊　江阴金杯安琪乐器有限公司
赵秀伟　北京星海钢琴集团有限公司
赵晓东　吟飞科技（江苏）有限公司
贾国杰　海伦钢琴股份有限公司
徐　钊　得理电子（上海）有限公司
高　云　江苏天鹅乐器有限公司
郭　瑜　深圳市蔚科电子科技开发有限公司
唐　林　得理乐器（珠海）有限公司
曹　荣　上海民族乐器一厂有限公司
盛鹏云　吟飞科技（江苏）有限公司
阎树立　天津市津宝乐器有限公司
董德华　江苏奇美乐器有限公司
鲁业斌　广州珠江艾茉森数码乐器股份有限公司
鲁　璐　九鼎文化产业发展有限公司
曾德良　广州珠江恺撒堡钢琴有限公司
谢应宸　得理电子（上海）有限公司
靳亚利　乐海乐器有限公司

四、乐器行业“行业工匠”（第二届）（以姓氏笔画为序）

卜广军　无锡市新区古月琴坊
马维衡　扬州市汉风古琴制作技术研究所
王　英　北京星海钢琴集团有限公司
卢毅明　广州珠江艾茉森数码乐器股份有限公司
田步高　扬州民族乐器研制厂有限公司
田　泉　扬州邗江天籁乐器厂
庄联森　宜昌金宝乐器制造有限公司
刘春清　广州珠江艾茉森数码乐器股份有限公司
时建明　江阴金杯安琪乐器有限公司
宋恩辉　乐海乐器有限公司
宋营彬　乐海乐器有限公司
张玉新　扬州市文学艺术家活动中心·琢琴堂
张龙贵　江苏奇美乐器有限公司
单卫林　扬州市广陵区龙吟民族乐器厂
孟艳军　深圳市蔚科电子科技开发有限公司

赵卫国　山东省雅特乐器股份有限公司
俞兆祥　宁波市北仑乐器配件制造有限公司
郭润博　长沙幻音电子科技有限公司
黄　靖　广州珠江恺撒堡钢琴有限公司
曹　强　长沙幻音电子科技有限公司
龚耀宗　上海民族乐器一厂有限公司
熊立斌　扬州金韵乐器御工坊有限公司
熊南方　宜昌金宝乐器制造有限公司
潘启槟　广州珠江恺撒堡钢琴有限公司

科技奖项

2022年度中国乐器协会推荐获得中国轻工业联合会等部委有关奖项名单

一、中国轻工业联合会科学技术奖（入围名单）

广东创智智能装备有限公司 《自动化环保节能涂装设备研发与推广应用》
广州市威柏乐器制造有限公司 《可分体组装的民谣吉他》
广州珠江艾茉森数码乐器股份有限公司 《一种带卡拉OK直播功能的智能教学数码钢琴》
广州珠江艾茉森数码乐器股份有限公司 《艾茉森智能音乐系统配套家庭陪练系统》
广州珠江恺撒堡钢琴有限公司 《钢琴键盘中孔自动粘呢加工技术的开发与应用》
天津市津宝乐器有限公司 《新型行进乐器产业化项目》
长沙幻音电子科技有限公司 《基于复合动态电路建模方法并通过移动应用加载和更换音效器算法的技术》
北京星海钢琴集团有限公司 《星海钢琴与〈外太空的莫扎特〉电影联名款钢琴》
乐海乐器有限公司 《低音扬琴项目》
扬州金韵乐器御工坊有限公司 《一种交互式演奏九弦琴》
江阴金杯安琪乐器有限公司 《格兰德GH-5396手风琴》
宜昌金宝乐器制造有限公司 《钢琴自动演奏教学系统》
烟台博斯纳钢琴制造有限公司 《S系列专业演奏级立式钢琴》
海伦钢琴股份有限公司 《一种钢琴的智能大屏升降结构》
海伦钢琴股份有限公司 《一种装有自锁防护配重结构的键盘》
深圳市蔚科电子科技开发有限公司 《使用集成系统分析技术实现数字延迟的效果器》

二、中国轻工业联合会科学技术奖获奖名单

科技进步奖：

一等奖：

郭润博　长沙幻音电子科技有限公司
《基于复合动态电路建模方法并通过移动应用加载和更换音效器算法的技术》

二等奖：

龚承忠、黄耿志、何建文、李浩柱、卢奇剑　广州珠江恺撒堡钢琴有限公司
《钢琴键盘中孔自动粘呢加工技术的开发与应用》
宋从甲、刘寒力、宋恩辉　乐海乐器有限公司
《低音扬琴项目》

三等奖：

孟艳军、李伟君、郭瑜、李宣君　深圳市蔚科电子科技开发有限公司

《使用集成系统分析技术实现数字延迟的效果器》

熊立群、刘文荣、熊颖、薛磊　扬州金韵乐器御工坊有限公司

《一种交互式演奏九弦琴》

卢毅明、刘春清　广州珠江艾茉森数码乐器股份有限公司

《艾茉森智能音乐系统配套家庭陪练系统》

陈海伦、郑之杰、贾国杰　海伦钢琴股份有限公司

《一种钢琴的智能大屏升降结构》

技术发明奖：

三等奖：

凌建聪　广州市威柏乐器制造有限公司

《可分体组装的民谣吉他》

三、《升级和创新消费品（轻工 第九批）》

升级消费品：

上海民族乐器一厂有限公司 《玉影长驻–万福金安古筝（21698FZ）》

深圳市蔚科电子科技开发有限公司 《B-6萨克斯风无线传输系统》

扬州金韵乐器御工坊有限公司 《春生（S163-21）古筝》

北京乐界乐科技有限公司 《音卓尔–乐伴・智能演奏记录仪（YJL-G1805-111）》

创新消费品：

长沙幻音电子科技有限公司 《蓝牙智能MIDI控制器（EC-4）》

天津市津宝乐器有限公司 《TENET匠新智造爵士鼓》

乐海乐器有限公司 《海铭蓝演奏级扬琴（HM623-AA）》

北京星海钢琴集团有限公司 《“凯旋”立式钢琴（K30K50K60K70型）》

广州珠江恺撒堡钢琴有限公司 《立式钢琴（KX系列）》

四、中国轻工业数字化转型先进单位

广州珠江钢琴集团股份有限公司

吟飞科技（江苏）有限公司

得理乐器（珠海）有限公司

天津市津宝乐器有限公司

五、中国轻工业二百强企业（2021）

广州珠江钢琴集团股份有限公司

六、中国轻工业科技百强企业（2021）

广州珠江钢琴集团股份有限公司

七、全国轻工行业质量管理小组

广州珠江钢琴集团股份有限公司优涂美QC小组

八、全国轻工行业质量信得过班组

广州珠江钢琴集团股份有限公司木壳班

九、国家工信部第七批制造业单项冠军

天津市津宝乐器有限公司制造业单项冠军企业（新入选）
广州珠江钢琴集团股份有限公司单项冠军产品（复评）

2022年协会表彰“科技十强企业”等奖项获奖名单

一、乐器行业“科技十强企业”

广州珠江钢琴集团股份有限公司
广州珠江艾茉森数码乐器股份有限公司
上海民族乐器一厂有限公司
天津市津宝乐器有限公司
长沙幻音电子科技有限公司
北京星海钢琴集团有限公司
乐海乐器有限公司
宁波四海琴业有限公司
扬州金韵乐器御工坊有限公司
江苏奇美乐器有限公司
吟飞科技（江苏）有限公司
柏斯琴行（中国）有限公司
海伦钢琴股份有限公司
得理乐器（珠海）有限公司
深圳市蔚科电子科技开发有限公司
福州和声钢琴股份有限公司

二、中国乐器行业专利成果奖

一等奖：
上海民族乐器一厂有限公司
广州珠江钢琴集团股份有限公司
天津市津宝乐器有限公司
二等奖：
宜昌金宝乐器制造有限公司
雅歌乐器（漳州）有限公司
北京华东乐器有限公司
福州和声钢琴股份有限公司
乐海乐器有限公司
三等奖：
广州珠江艾茉森数码乐器股份有限公司
江苏东方乐器有限公司

江苏凤灵乐器有限公司
江阴市孔声乐器有限公司
烟台金斯波格钢琴有限责任公司
扬州金韵乐器御工坊有限公司
得理乐器（珠海）有限公司
海伦钢琴股份有限公司
江苏天鹅乐器有限公司
泰兴市琴海乐器有限公司
北京珠江钢琴制造有限公司
湖州华谱钢琴制造股份有限公司
宁波市北仑乐器配件制造有限公司
浙江乐韵钢琴有限公司

三、乐器学研究论文评选

特别奖：

郑　荃　中央音乐学院
《民族低音乐器拉弦乐器——大华琴的研制》
韩宝强　中国音乐学院
《名正方能言顺——论乐器定名之重要性》
卞留念　中国乐器协会
《民乐电声化数字技术应用与发展前景》

一等奖：

张晓东　上海大学音乐学院（上民一课题）
《基于音响审美条件下的阮乐器制作改革研究》
龚承忠　广州珠江恺撒堡钢琴有限公司
《基于ANSYS的钢琴铁板应力变形分析》
刘　杰、曹　强　长沙幻音电子科技有限公司
《竹基材料在电吉他制造中的应用》
孟艳军　深圳市蔚科电子科技开发有限公司
《乐器数字化新趋势》
曾子愚　长沙幻音电子科技有限公司
《基于深度学习的吉他拾音器模拟算法》

二等奖：

丰元凯　中国乐器协会
《新中国成立70周年来中国民族乐器制作改革的道路》
赵　平　吟飞科技（江苏）有限公司
《现代电子乐器与音乐教育的探讨》
刘春清　广州珠江艾茉森数码乐器股份有限公司
《数码钢琴集体课教育在音乐教学中的应用》

赵秀伟　北京星海钢琴集团有限公司

《企业立式钢琴产品标准体系构建》

李国栋，等　北京星海钢琴集团有限公司

《中国传统漆艺在钢琴中的应用》

刘　超　江阴金杯安琪乐器有限公司

《手风琴顶片折弯装置及其控制系统设计》

宋少康　乐海乐器有限公司

《二胡制作工艺改革作用于舞台演奏和可控调试结构的科研实践》

刘佳辉　天津市津宝乐器有限公司

《打通乐器产业高质量转型新通道——构建服务型制造新模式》

三等奖：

谭宝利　北京中加海资曼钢琴有限公司

《中国传统钢琴行业现状及趋势》

熊立群　扬州金韵乐器御工坊有限公司

《论“筝”行业标准制修订》

刘正辉　协会器乐文化专业委员会

《社会的发展催动民族乐器的改革》

梁景永　协会琴行分会

《乐器分类法与乐器发声原理》

王传安　协会古琴专业委员会

《安徽古琴初探》

王文琦　协会钢琴调律师分会

《理论创新与科技进步视野下的钢琴调律理论与实践》

鲁业斌　广州珠江艾茉森数码乐器股份有限公司

《乐器数字化进程与趋势》

卢毅明　广州珠江艾茉森数码乐器股份有限公司

《带击弦机键盘在数码钢琴中的应用》

马　芮　北京星海钢琴集团有限公司

《后疫情时代我国乐器教培的SWOT分析》

薛　磊　扬州金韵乐器御工坊有限公司

《“危”中寻“机”，后疫情时代中的古筝产业化发展路径探索》

杨　坤等　威海光威复合材料股份有限公司

《高性能碳纤维应用于乐器制造技术研究》

张益一　得理电子（上海）有限公司

《基于信息化平台规范测试流程，加强质量管理》

乐器检测

2022年国家轻工业乐器质量监督检测中心工作总结

一、乐器检测完成的情况

在2022年，检测中心经历了多轮疫情，在此期间全体工作人员克服困难，积极工作，态度端正，在疫情常态化形势下努力保质保量完成各项工作。

2022年除了乐器的常规委托检测外，中心圆满完成了德清质量技术监督局委托的钢琴抽检的全部任务。同时还完成了星海钢琴、北京珠江钢琴、宁波海伦、乐海乐器、宜昌金宝、上海三益、天津津宝乐器、卡西欧（中国）贸易有限公司等大型企业的委托检测任务。2022年的乐器环保认证检测和工厂检查工作，均有序有效地安全完成。截至目前，中心已经完成了500多台次的乐器检测及测试工作。

二、质量体系认证情况

依据CNAS 2022年发布的新版文件要求，中心对质量手册、程序文件中对应的方面进行修订；对RB214—2017、CNAS-CL01—2018、评审准则、相关检测标准、检测方法（乐器及化学）进行内部监督检查及风险监控，保证质量体系的正常运行。

2022年8月底，CNAS评审组对中心进行了资质复评及扩项评审。通过审核，共计发现了4个不符合项，主要集中在人员、设备两个方面。中心全体人员根据不符合项进行了原因分析，提出整改计划并落实执行。最终完成了CNAS资质换证复评及扩项工作，同时也通过了CMA资质认定线上审核换证复评工作。

三、人员培训再教育情况

中心对检测人员开展了实验室安全、质量体系（包含CNAS-CL01：2018《检测和校准实验室能力认可准则》及其相关领域的应用说明以及RB/T 214—2017《检验检测机构资质认定能力评价　检验检测机构通用要求》《中国轻工业联合会检验检测机构管理办法》等文件）、CNAS校准实验室认可培训宣贯、记录填写、报告出具等方面的培训内容，并积极参加相关主管部门的线上、线下培训以及会议工作。

行业工匠

编者按：回望2022，党的二十大胜利召开，擘画了全面建设社会主义现代化国家、以中国式现代化全面推进中华民族伟大复兴的宏伟蓝图，吹响了奋进新征程的时代号角。“劳动创造幸福，实干成就伟业。”为深入贯彻习近平致首届大国工匠创新交流大会的贺信精神，协会推出“技能强国、创新有我”主题征文活动。来自钢琴、提琴、电鸣、民族乐器、艺术教育等领域的大国工匠、企业家、科技之星、行业工匠、非遗传承人和劳动模范走进我们的视野。一间间“劳模工作室”“技能大师工作室”，创新才智充分涌流；一处处车间流水线上，技能人才挥洒汗水……行业工匠执着专注、精益求精、一丝不苟、追求卓越，用实干成就梦想，在平凡中彰显不凡，书写技能成才、技能强国的精彩篇章。中国乐器协会信息部特别策划2022“技能强国，创新有我”主题征文系列，旨在致敬不凡，致敬工匠精神、劳模精神！

郑荃——雕琢艺术提琴，缔造中国制琴梦想

作为国际提琴制作大师、首届轻工大国工匠，郑荃在艺术提琴制作与教育领域辛勤耕耘30余载，在国际提琴制作大赛中夺冠摘金，为国家提琴制作领域培养大量人才，开创中国提琴制作学派，完成多项国家级、部委级科研项目，科研成果丰硕，同时举办3届国际提琴制作比赛，为提升中国在国际提琴制作界的地位起到重要推动作用。

郑荃是一名“老三届”上海插队落户的知识青年，在安徽锻炼长达12年。1978年有缘结识提琴制作大师戴洪祥，拜其门下学艺，1980年入中央音乐学院附中，1983年受文化部派遣前往意大利学习提琴制作5年，学习成绩优异，提前毕业并获金奖。1988年学成归国，受文化部嘉奖并获“中国提琴制作大师”称号，成为中国提琴制作界的领军人物。1990年应邀加入国际提琴制作大师协会，成为世界级国际提琴制作大师。回国后立志振兴中国提琴制作事业，重建中央音乐学院提琴制作研究中心。

辛苦耕耘30年，郑荃为国家培养了大量提琴制作领域的人才；在科研领域成果颇丰，编写专业教材5本，完成多项国家级、部委级科研项目；举办3届国际提琴制作比赛。现在，中国已成为世界第一的提琴制作大国，在国际提琴制作界占有重要地位。国际提琴制作大师协会主席约翰·斯特里克曾经作出这样的评价：“如果把中国提琴制作比作一辆在快速道上行驶的车，郑荃就是这辆车上的发动机。”

一、爱国主义精神

郑荃出生于一个具有爱国传统的知识分子家庭，7年务农和5年留学的经历使他对国家的贫穷落后与西方国家的富裕之间的差距有了切身的体会，因此他立志要献身于国家的建设，振兴中国的提琴制作事业。他的爱国意识非常强，自觉地维护国家利益和声誉，时刻牢记祖国对自己寄予的重托。有一次在意大利参加比赛时，他发现他的获奖作品的作者标牌被注明意大利国籍，他找到比赛组委会坚决要求把标牌改成中国，因为他认为自己虽然远在海外，但是代表中国来参加比赛，赢得了奖牌是中国的荣誉。

还有一次在意大利举行的国际研讨会上，在郑荃前发言的欧共体秘书长攻击中国的贸易政策，抱怨中国以廉价倾销占领国际市场。轮到郑荃发言时，他用一半的时间论述原来准备好的发言，用另一半时间驳斥前面发言人的观点，赢得了与会者的一致赞同，自觉维护了中国的形象。

在意大利学业有成而且小有名气的时候，他毅然放弃在意大利舒适的生活和工作条件，回到祖国的怀抱，立志要让中国在国际提琴制作领域占有一席之地。他认为，中国这么大，光靠他一个人能做好提琴是不够的，需要通过办学来培养一批提琴制作家，才能提高中国提琴制作的水平。中国大使馆将他的意见反映回国内后，得到国家有关部门的支持，拨出5万美元作为他回国办学的启动资金。

郑荃回国后又有别的国外企业愿意出重金聘请他去工作，还有几次工作调动的机会，但他不忘初心，始终坚持在一线从事提琴制作的教学科研工作。

作为爱国主义精神的典型，郑荃的事迹被收入北京市中学道德品质教育课的课本，激励了广大中学生的爱国主义情怀。

二、刻苦钻研精神

郑荃的刻苦钻研精神是有名的，长达12年在社会基层的磨练使他非常珍惜每一个学习的机会。1978年，郑荃有幸认识了中国提琴制作大师戴洪祥，拜师学习提琴制作，并在这个领域如鱼得水，充分发挥了他的才能。他在意大利学习期间跟随最有名的5位提琴制作大师中的3位学习过，白天在制琴学校学做琴，晚上在夜校学做弓，在两个学校的课余时间还去大师工作室准备比赛作品，每天只睡5个小时。为了更有效地利用学习时间，他请学校工作人员在课间休息锁闭教室时把自己反锁在教室里继续工作，在学校一时传为佳话。回国以后，为了寻找适合制作提琴的中国国产木料，他的足迹遍布大小兴安岭、长白山、大小凉山、云贵川。他筛选出的国产木料品种，为寻找中国提琴制造业发展所需要的材料打下了重要的基础。郑荃对自己首先提出的目标是做出世界一流的提琴，在国际提琴制作比赛中获奖，在1987年实现这个目标后，他又提出要用中国木料制出提琴在国际上拿奖，并在1991年实现了这个目标，然后他提出要让中国的小提琴家用他制作的提琴在国际比赛中获奖、要让自己的学生在国际提琴制作比赛中获奖……随着这一个个目标的实现，郑荃逐步实现了自己的“中国提琴梦”。现在他已经是三大国际提琴制作比赛的评委，在国内外享有盛誉。中国提琴的进步也为世界所瞩目。

在繁忙的教学、科研、社会活动面前，他始终坚持创作自己的作品，始终以一名提琴制作者自居，创作了近200件提琴作品。郑荃的提琴作品被许多国际著名的交响乐团如波士顿交响乐团、伦敦交响乐团、里斯本交响乐团的音乐家使用，被吕思清、黄滨、林朝阳、陈曦等小提琴家作为独奏、重奏乐器使用，被意大利克雷莫那国际提琴制作学校博物馆、保加里亚国家博物馆收藏。

郑荃曾在国际比赛中获奖20余项，金牌4枚。其中在1987年获意大利第一届全国提琴制作比赛小提琴金奖，同年在保加里亚国际中小提琴制作比赛获小提琴、中提琴两枚金牌。1990年在苏联柴可夫斯基国际提琴制作比赛中获中提琴金奖。1987年被文化部和轻工业部联合授予“中国提琴制作大师”名誉称号，1991年被《中国音乐年鉴》评为“中国音乐名人”、2002年被《中国乐器》评为“中国乐器名人”。

中央电视台人物专题、讲述专题、音乐与人生专题、经济频道、数字频道，中央人民广播电台、上海电视台、天津电视台和美国《洛杉矶时报》、美国全国广播公司NBC、（美国）哥伦比亚广播公司CBS、意大利广播电视公司、英国广播公司等中外媒体，先后报道了中国提琴制造业发展的盛况和郑荃在其中发挥的作用。

三、无私奉献精神

郑荃以提高中国提琴制作水平为己任，在享有国际盛誉之后，不迷恋国外舒适的生活、工作条件，立即回国。回国后不开公司，不办工厂，不向国家提出任何要求，不利用自己的技术和知识谋求个人利益，而是尽全力投入培养提琴制作人才的工作，30年来培养出100多名青年提琴制作家，使中国的提琴制作水平得到大幅度的提高。许多郑荃的学生已经成为世界著名的提琴制作家，他们中有多位已经在国际提琴制作比赛中获奖，有的还成为国际比赛的评委。中国有6所音乐学院开设了提琴制作专业，其中5所音乐学院有老师出自郑荃门下。

郑荃制作的乐器声音工艺俱佳，在秉承了意大利提琴传统的基础上建立了自己的个人风格，深受演奏家和收藏界的喜爱。有许多国内外的演奏家使用他制作的提琴举办独奏音乐会，录制唱片。他的乐器被意大利、保加利亚、中国台湾的博物馆和诸多藏家收藏。还有数位青年演奏家用他制作的提琴参加国际提琴比赛获得大奖，其中比较典型的是中国青年演奏家陈曦在柴可夫斯基国际小提琴比赛中用他制作的小提琴获得最高奖。

坚持在继承传统的基础上不断创新，在提琴制作的科研方面，承担了国家自然科学基金会、霍英东科研基金、文化部、国家人事部等项科研任务，在国内外专业杂志上发表论文20余篇。郑荃在提琴材料方面进行了近30年的研究。在木材人工老化处理的研究方面，他得到中国科学院化学所、声学所、力学所，北航力学研究中心，北京矿业大学，传媒大学和原子能所的支持。他目前的研究有多项是自主创新的，部分研究成果领先于国际研究水平，也因此被聘请为意大利小提琴博物馆科学研究小组委员。

郑荃是文化部原《民族乐器的改革和研究》专家小组成员，受文化部委托研究设计民族低音拉弦乐器，一干就是20多年。他设计的民族低音拉弦乐器受到演奏家、指挥家的好评，目前已取得阶段性成果，即将进入乐队试奏阶段，这项研究对民族音乐的发展将起到重大推进作用。

郑荃于1988年回国后重建了中央音乐学院提琴制作研究中心，在中国的提琴制作人才培养事业方面倾注了30年心血，培养出100多名中国提琴制作领域的人才，这些人才在中国提琴制作事业的提高和发展中起到了关键作用。

中国的提琴制作业在近30年中快速发展，提琴生产规模已居世界第一，约占世界产量的70%以上。郑荃任国内两个规模最大的生产企业的顾问，定期下企业举办讲座并进行技术指导，提高了企业的提琴产品质量。

在艺术提琴制作方面，郑荃不仅本人在国际提琴制作比赛中获奖27项，他的弟子在各类国际提琴制作比赛中获奖近百项。他培养的学生于慧东，在2016年一年中就获得3块金牌，1块银牌。他积极推进中国举办自己的国际提琴制作比赛，为许多中国青年提琴制作家的脱颖而出和对外交流搭建了平台，使中国提琴在国际提琴制作界占有了重要的位置。他呼吁科学界更多地介入乐器制造的研究，直接倡导、筹备了2011年《音乐声学》香山会议的举办。

郑荃从业40年来一直坚持亲自做琴，从来没有停止过，精益求精，不断探索，表现出他对提琴制作艺术的挚爱和追求，体现了真正大国工匠的精神。

陈德然——传承工匠精神，助力中国“匠”造

陈德然，广州珠江钢琴集团股份有限公司总经理助理，北京珠江钢琴文化艺术有限公司总经理，资深钢琴调修高级技师、乐器设计（钢琴）高级工艺美术师、国家职业技能鉴定高级考评员。从事钢琴制作27年，凭借丰富的钢琴制作和钢琴调律经验，成为钢琴制造行业中的“金耳朵”，被誉为黑白键上的“行者”，曾获得“南粤工匠”“中国乐器行业工匠”和“广东省五一劳动奖章”等荣誉，享受“国务院政府特殊津贴”，曾助力G20峰会、财富论坛、新中国成立70周年华诞庆典等国际、国内重大演出交流活动，凭借自己的专注和专长，助力每一位演奏者，让世界倾听民族品牌珠江钢琴的和谐之声。

一、因为热爱，所以要做一辈子

在给钢琴调律的时候，陈德然的世界仿佛只剩下了琴声。他不断地敲击着一个琴键，凝神倾听，再用调律扳手放在对应的弦轴钉上，轻轻拧动，再继续敲击、凝听，如此重复几次后，才算是把钢琴的一个音调好了。

作为钢琴制造行业中的“金耳朵”，陈德然钢琴调律的技术可以说已经“炉火纯青”，他的耳朵能实

现精准辨音，误差不超过1音分，几乎与电子音准仪无异，而这扎实技术的背后是陈德然27年来在钢琴调律行业的坚持和沉淀。

陈德然的父亲是一位钢琴制造师，陈德然小时候耳濡目染也喜欢上了钢琴，正是因为这份喜欢，枯燥的学徒生涯也并没有让他放弃，他说：“当时我就想，我要一辈子做钢琴调律，要把钢琴最美的声音呈现出来，要证明中国的钢琴也不差。”

在钢琴调律行业，学徒入门需要先花2年的时间熟悉钢琴制造的整个生产流程，之后才能正式学习调律。钢琴调律没有捷径可以走，它必须是靠不断地“磨”和“练”，需要更多的耐心和静心。刚入门的陈德然没有被枯燥和苦累吓跑，经常利用下班后的时间静静地磨炼、研究调律技术，并默默地跟随加班的工人学习，记下了钢琴内部整理的全套工序。成长的路是艰辛的，陈德然每天不停地敲击着钢琴上的黑白键，用耳朵观察着钢琴的微妙变化，在日复一日、年复一年的沉淀下，才蜕变成为“金耳朵”。

二、薪火相传，手工调律不会断承

2015年，陈德然组建了自己的劳模创新工作室。在这个工作室里，他琢磨着改进手工钢琴的制音系统，这项创新已经获得了专利。同时，他还带领着团队针对目前厂内钢琴生产过程中出现的问题，提出改善或解决方案。

尽管陈德然个人在钢琴调律上取得了一定的成绩，但对于钢琴调律整个行业，他却仍有深深的担忧。陈德然说：“现在全国登记在册的调律师虽有9000多人，但每年卖出的钢琴却有30多万台，市场上的调律人才存在很大的缺口。”而究其原因，陈德然认为是现在的学生吃不了苦，熬不过3年左右的辛苦枯燥的学徒生活。陈德然说：“厂里学习调律的学徒，10个中大概只有3～4个能够坚持到最后。”说这话时，他的语气明显流露出了遗憾。

于是，手工调律要有人传承成为了陈德然的信念和目标。目前，陈德然主要负责珠江钢琴厂内调律培训工作，包括钢琴厂内部员工的培训以及对外的调律师考级培训。陈德然说，人才培训会是他目前以及接下来很长一段时间的工作重点。其中，陈德然的徒弟陈兆殷在2015年获得广东省职业技能大赛钢琴调修工种总决赛第一名，这个荣誉陈德然在2013年的时候也拿过。钢琴调律行业一直都保持着师傅带徒弟的传统，正是这个传统让手工调律能够一代代传承至今，也让陈德然相信手工调律不会断承。

三、大国工匠，担起时代赋予的重任

技术突出的陈德然参与了珠江钢琴EGP、GH、UH系列高档卧式琴和立式琴的研制，为民族钢琴引领世界钢琴制造工艺做出了突出贡献。他坚持员工素质决定产品质量的原则，为了充分地把先进的调律和音色整理技术应用到高档琴上，积极开展技术“传帮带”活动，编写成套的调律培训方案和教材，教导工人相关的专业知识，使珠江钢琴工匠的制造工艺技术在行业领先。而他创建的劳模创新工作室，被广东省总工会评为“广东省劳模创新工作室”，为珠江钢琴完备的培训激励机制体系更添亮点，为珠江钢琴乃至中国钢琴制造行业源源不绝地培育专业人才。

陈德然自身过硬的专业技术，使他能够担任起时代赋予他的重任，而这些重任，更是让他在钢琴调律的康庄大道上发光发亮。正如陈德然说：“在我的音乐世界里，‘工匠精神’始终生生不息，那就是凭借专注和专业调好每一架钢琴，成就每一位音乐人。调律这门手艺需要传承，我愿意一辈子做下去，把钢琴最美的声音呈现出来，要证明中国的钢琴也不差！”

习近平总书记说过：“激励更多劳动者特别是青年人走技能成才、技能报国之路，培养更多高技能人才和大国工匠。”27年来，陈德然一直秉承着沉着踏实、勤奋刻苦的工作态度和敬业爱岗精神，认真学习钻研专业知识，不懈追求，不断提升操作技能，凭着坚定的理想和信念，从一名普通学徒成长为珠江钢琴集团总经理助理、大国工匠，以一份珠江钢琴式的“工匠精神”，在黑白键之间谱写壮丽的人生篇章。这份“工匠精神”，是对一件事情的倾尽心血和耐心等待，对一件事情十年如一日的执着；是将技术与工艺塑造成一门艺术，适应时代的变革；

是对创造完美的坚持和不妥协。可以说“工匠精神”蕴含在珠江钢琴的DNA中。吃苦耐劳，兢兢业业的工匠精神和信念，支持着陈德然在钢琴调律的路上不断前行，凭借自己的专注和专长调好每架钢琴，成就每一位音乐人，让世界倾听匠心制造的珠江琴音。

周力——不忘初心，勇担重任前行

敦煌乐器，上海民族乐器一厂有限公司一个跨越半个多世纪的品牌。近年来，在国内外著名音乐厅、剧院、音乐学府以及国际性舞台上，带有“敦煌”LOGO的中国民族乐器频繁亮相。“敦煌”由此成为中国民族乐器著名品牌，而上海民族乐器一厂有限公司也成为中国民族乐器制造业的领军企业、中华老字号企业以及国家级非物质文化遗产保护单位。更为可贵的是，由最初的营销中国传统民族音乐文化变为引领文化，到越来越多地出现在重要国际场合，“敦煌”工匠团队正在用中国琴向全世界讲述中国故事。

周力作为上海民族乐器一厂引进的第一位硕士研究生，自进厂伊始，便与民族乐器结下不解之缘。从2008年至今，10余年光景努力前行，他从一名普通的技术人员成长为分管技术、生产的常务副总经理。一个设计专业毕业的硕士研究生，面对就业选择多样化的时代，面对设计行业的高薪诱惑，却在一个传统企业里一干就是10多年，面对记者的质疑，他道出了“秘密”所在：“企业为年轻人搭建了成长的平台，鼓励大家在岗位上创新创业、实现自我价值，这一点非常难得。而我也从这里开始意识到传承与弘扬中国民族乐器文化的重要性，我非常尊重、珍惜前辈们打下的良好基础，我相信我们这批年轻人一定能够做出属于我们这一代人的成绩！”正是这样的信念，推动着他一步一步向前、向上。

一、为民族乐器做嫁衣

虽然学的是工业设计专业，但是设计民族乐器，周力还是第一次。他依然记得自己在企业参与的第一个项目——“蝶盈香檀”巨型蝶式筝，这是企业当年的形象产品，将在10月份的上海国际乐器展上亮相。周力入职之时，该项目已经进行了一半。

当时，蝶式筝的整体框架已经基本完成，与常规古筝不同的是，该巨型古筝与琴架连为一体，下端支架比较复杂，无论在舞台上使用还是在展览中展出，都不够美观。于是，设计团队想到为它做装饰挡板，周力也参与其中。当确定郁金香为主要装饰元素后，熟悉制图软件的周力便动手画起来，经过与项目组同事的多次讨论、与雕刻师傅的反复沟通，几经易稿，最终呈现出了与巨型古筝相得益彰的装饰面。但这项工作还没结束，为了让这只“巨型蝴蝶”看起来更加活灵活现，还需要一些点缀。画图的任务还是落在周力身上，为了更好地展现出蝴蝶的灵动，他主动找来一些蝴蝶标本、查找一些视频去观察蝴蝶，最终采用贝雕、镶嵌等工艺做出了“蝴蝶”翅膀上的花纹，再加上细节处的精工细作，整体造型惟妙惟肖。

这架巨型蝶式筝在2008中国（上海）国际乐器展览会上首次亮相，赢得了观众与媒体的关注。在此之后，“蝶盈香檀”又参展了书画展、文史展等多项展览，并于2009年参加首届北京国际古筝音乐节开幕式千人古筝大型展演活动，受到了众多媒体的广泛关注。2016年，这只“巨型蝴蝶”漂洋过海参加了新加坡华乐团建团20周年的民乐展览活动，再次引人瞩目。

第一个任务算是顺利完成了，周力把重心放回了研发常规产品上。他希望自己设计的第一款产品既能简洁与时尚，又不失民族韵味。他想到了中国传统元素——回字纹。在高校的学习经历、再加上一段设计公司的实习经历，让他对设计对象的结构有着很好的理解。但面对古筝的S形花板、二胡的纺锤形琴轸，已养成对称审美习惯的周力还是经历了较长一段时间的摸索与尝试。但他说，越难的问题就越想解决。最终，一台回纹装饰、骨粉镶嵌古筝呈现在大家面前，从花板到侧板再到筝脚，每一个细节他都尽可能去美化。紧接着，同样是回纹装饰的二胡、琵琶相继问世。该系列乐器得到了市场的认可。

随着一件件新产品的诞生，周力得到的肯定与鼓励也越来越多，他相继设计出了金玉满堂古筝、双龙头花琵琶、蝶舞飞扬二胡等经典产品。经过不断实践与锻炼，他迅速成长起来，不久，便被破格提拔为技术科副科长，逐渐承担起了一些重要项目。

二、为民族乐器添活力

2012年9月，上海民族乐器一厂接下了为中央民族乐团大型民族乐剧《印象·国乐》量身打造仿敦煌壁画乐器这一创新项目。周力作为主要执行者之一，在厂领导的指导下，带领设计与制作团队开始研制仿敦煌壁画乐器。该批乐器以敦煌莫高窟壁画乐器图像为基础依据，并将出土乐器、传世乐器、历史文献资料等作为参考，涵盖了吹拉弹打四大类别。仿制并非单纯的复古，而是追求符合现代审美的音色，虽然外观上是敦煌壁画乐器的造型，但是在内部结构和音域方面，要以近现代乐器改良的经验和工艺为指导。因此，这是一项非常艰巨的研发工作，周力与具有丰富制作经验的制作师傅共同研究探讨，全力以赴开展仿制工作。经过将近一年的努力，60余款80多件仿敦煌壁画乐器终于完成，这批既能彰显敦煌壁画乐器的文化元素、又能满足现代舞台音乐演奏需求的乐器在国家大剧院一经亮相，迅速捕捉了观众的视线，引发了社会热议。尤其在2013年上海国际乐器展上，仿敦煌壁画乐器成为媒体关注的焦点，新闻综合频道《午间新闻》《媒体大搜索》《夜线约见》等栏目都对其进行了报道。

仿敦煌壁画乐器的成功研制，让《印象·国乐》这部具有创新性与时代性的民族乐剧更好地呈现在大众视野，有效地促进了民族音乐文化的创新发展。2014年4月，应上海民族乐器一厂邀请，“敦煌之夜”——《印象·国乐》在上海文化广场隆重上演，看到精美的仿敦煌壁画乐器在舞台上一一呈现，周力激动万分，他再次领会到了弘扬民族音乐文化的意义。

三、开展民族乐器基础性研究

随着经验的积累、分管领域的拓宽，周力开始考虑通过“产、学、研”结合，加强企业的技术攻关能力，同时也在产品标准化方面做出新的尝试。

自2014年起，周力带队与上海交通大学力学实验室在提高乐器声学品质方面开展合作，并将获得的基础性研究数据运用于乐器的设计和制作中。2017年，便携微调试短筝问世，其上安装的微调装置可以在不移动筝码的情况下实现快速调音，该应用便是与上海交通大学力学实验室合作的研究成果。

2015年，受全国乐器标准化技术委员会秘书处的委托，按照全国乐器标准化技术委员会全国乐标委（2015）第13号《关于委托制定〈筝弦〉行业标准的函》的要求，上海民族乐器一厂成为了《筝弦》行业标准的主要起草单位，周力为该标准起草的主要负责人。在标准的制定过程中，周力加强了与上海交通大学力学实验室的合作，对上海民族乐器一厂、上海乐圣乐器有限公司、广州罗曼士乐器制造有限公司制造的筝弦进行数据测试。通过测试抗拉强度、张力的力学特性及变化规律，得到筝弦的抗拉强度、弦张力等参数。

经过两年多的努力，2017年11月《筝弦》行业标准发布，2018年4月正式实施。筝弦质量的优劣及性能的差异影响着筝的音准和音质，直接影响演奏效果。这一标准的制定细化了古筝标准、筝弦的制作要求，其实施降低了筝弦的报废率，对古筝的声学品质提升具有促进作用。同时，通过标准的应用，有效促进了琴弦制作工艺的改进，提高筝弦使用性能，为民族乐器制造企业追求产品的高品质、标准化起到了积极的推动作用。

如今，周力作为产品技术、生产的分管领导，按照企业发展要求，带领研发团队每年推出近30款具有时代特色和文化价值的产品，申请专利10多项。近几年在产品外观设计中，不仅采用了雕刻、镶嵌、贴金箔等民间传统工艺，更突破性地运用了珐琅、漆器等装饰工艺，突出了民族乐器一向缺少的色彩感，展示了民族乐器所蕴含的中华底蕴与华彩风貌，使传统经典艺术与民族乐器艺术有机结合，有效提升了产品的附加值。同时，周力带领团队不断开发新产品，运用新技术、新工艺、新材料，重视与高校、科研机构、名家名团的合作，为乐器声学品质的提升、标准化发展贡献力量。正如周力所说的一样，他们将延续前辈们的精神，担起传承与弘扬民族乐器文化的重任，继续努力，一定能够做出属于他们这一代人的成绩。

李素芳——年少与筝结缘，一生挚爱古筝

“制琴的不是工人，而是匠人，是文化人，是受人尊敬的高端人才。”对于乐器制作人才的社会价值，上海民族乐器一厂有限公司总经理王国振如是说。从1958年建厂至今，“敦煌牌”古筝可谓古筝界的头牌。在敦煌民族乐器“元老级”到“新生代”的乐器制作名匠队伍中，“古筝之父”徐振高老先生首创敦煌古筝的经典式样。他的弟子、敦煌古筝质量总监李素芳女士，再到第四、第五代的敦煌工匠队伍，那份孜孜不倦雕琢乐器的敦煌技艺与工匠精神薪火相传。

李素芳，上海民族乐器一厂有限公司古筝制作技师、调律师和质量总监。1972年，李素芳因有一定的音乐天分，被招入上海民族乐器一厂（2021年改制为上海民族乐器一厂有限公司）工业中学就读，由此开始了她在民族乐器行业的生涯。

1975年，李素芳毕业后进入上海民族乐器一厂古筝组工作，师从徐振高。1980年起因工作需要，李素芳先后从事了古筝以外的其他民族乐器的制作工作：二胡零配件制作、木琴音板制作、琵琶弦音准测试以及扬琴装配及校音等。这些岗位的磨砺，为她之后从事古筝调律方面的工作打下了坚实的基础，尤其是扬琴的校音，程序繁复而且对耳音有一定的要求。在进行耳音测试时，相关专家惊奇地发现，李素芳有很强的听音能力，能分辨出音名及度数，甚至能听出某个音是高了还是低了几个音分。

1998年，中国民族乐器（古筝、琵琶）制作大赛在北京举行，坐在观众席的李素芳显示出了卓越的听音能力：仅凭声音，她就能依次说出10台上海参赛琴的制作者，甚至能听出某琴的产地是苏州还是北京。大赛之后，李素芳开始全面负责古筝音质的调试鉴定工作，2004年，她被任命为上海民族乐器一厂古筝质量总监。

全国古筝大赛后，很多古筝名家都参与到“敦煌”古筝的制作交流及鉴定等活动中。李素芳在与专家们的交流中不断学习、提升自己的业务水平，对于自己调试过的琴，李素芳会经常回访，询问琴的状态，以便改进。中央音乐学院的李萌教授在教学过程中，发现中国的五声音阶古筝无法很好地演奏一些外国曲目，于是，李素芳和李萌等人开始进行新型古筝的试制工作。不久，一台既有五声音阶又有七声音阶的古筝问世，并得到了专家认可。后来，根据古筝老师的要求，李素芳又试制出潮州钢丝筝，这种筝音量大、音色明亮。此外，李素芳还与师父徐振高合作，对穿弦孔、筝码高度的标准化及筝码制作材料等进行了改革。近几年，她又与团队一起研制成功了低音古筝、便携式短筝、智能交互古筝、新型伽倻琴等，为古筝音乐文化的发展与传承作出了贡献。

“敦煌”古筝年产量一路飙升，早已成为了国内各大专业院校和专业团体的主要用琴。李素芳也成了大忙人，奔波于总厂与各子公司之间，每天都要接到许多咨询古筝的电话。退休后被企业返聘10余年的李素芳，看上去仍精神饱满，充满干劲与活力。

“算起来，我已经在上海民族乐器一厂有限公司工作了40多年了，我虽然已经不再年轻，但我的心是年轻的，就像‘敦煌’古筝一样——老牌乐器春常在！”李素芳一番深情的话语，表达了她对古筝的挚爱，希望就像她自己所说的那样，与“敦煌”古筝一同永葆青春活力！

顾冰峰——造“中国芯” 发“中国音”

回溯我国电声乐器的研发历程，20世纪90年代，作为国内最早一代电声乐器“中国芯”的研发者和领军者，顾冰峰先后主导开发了国内第一款PCM力度电子琴、国内第一款PCM力度电钢琴、第一款MIDI键盘，打破了国外厂家在中国市场的垄断局面，也为得理公司带来新的利润增长点。历时3年多时间，顾冰峰带领团队成功研发出国内第一代具有自主产权的64个同时复音数的PCM音源集成电路IC0105。2016年，成功研发出第三代超高性能的PCM合成音源集成电路A5，具有256个同时发音数，8个DSP处理器，内嵌ARM9处理器（32位），A5集成电路已经达到国际领先水平。20多年来，顾冰峰团队相继研发了十余款PCM合成集成电路，填补了国内多项技术空白，也让得理公司成为世界乐器50强企业。

一、十年磨一剑，从零开始自主研发设计

投身于电声乐器的20多年时间里，顾冰峰尝试过多种岗位，从电声乐器产品研发、集成电路设计到生产制造管理，他不断转型、不断挑战自己，其带领团队研发的产品填补了国内多项技术空白，打破了国外芯片垄断的局面，助力本土品牌得理乐器（MEDELI）成为世界乐器50强企业、与国际一流电声乐器制造商PK的国内一大厂商。焦虑过，煎熬过，顾冰峰却从未想过放弃，“专注、用心、持之以恒”是他时常挂在嘴边攻克难关的三大法宝。“用心做事、用心做人，没有迈不过去的坎。”顾冰峰身体力行给后辈做出了榜样，培养出一批电声乐器方面的技术带头人。顾冰峰进入电声乐器行业纯属偶然，技术专业出身的他“觉得可以尝试一下”，这一试就是20多年。

1988年，顾冰峰大学毕业后在上海的一家国有企业工作了5年；1993年，得理乐器有限公司在深圳成立，同年顾冰峰出任得理乐器的产品研发工程师。当时得理乐器委托国内的一所知名大学研发PCM（脉冲编码调制）合成音源集成电路，以期开发出得理公司自己核心技术的音源集成电路。最早的国产电子乐器普遍用的还是FM（频率调制）的发音技术，成本低，但声音逼真度也较差，它只有9个发音数，最早广泛应用在声卡、玩具琴中。而国际一流的电声乐器商雅马哈、卡西欧等都是使用PCM合成技术，音色仿真度高，音乐表现力强，几乎垄断了国内电声乐器市场。1993年，国内PCM合成音源集成电路基本来自法国Dream公司，国内企业无自主研发能力，研发投入也非常高。

然而，大学研究机构不了解市场的需求，加上研究人员不断变动，芯片研发计划泡汤了。1997年，得理集团创始人郑刚找到了顾冰峰讨论，希望他能带领团队在内部研发芯片。作为电子工程师的顾冰峰最开始表示为难。郑刚先生鼓励他说，“十年磨一剑，我们可以用10年的时间来完成这个项目，这对于整个得理集团都是值得的，这对得理未来的发展至关重要！”受到董事长的信任和鼓励，顾冰峰下定了决心，“10年时间，就算从零学起，我相信我们一定可以做到！”

二、苦心终不负，填补国内多项技术空白

1998年，得理公司自主知识产权的PCM合成集成电路项目正式启动。研发PCM合成集成电路分为两个阶段，第一阶段是PCM合成的基础理论方面的研发，第二阶段才是集成电路设计，其中第一阶段是最为关键的，也是一个非常艰难和痛苦的过程。

“就像黑夜漂流在汪洋大海中的一条小船，不知道岸边的方向，也不知道多长时间可以靠岸。”顾冰峰这样描述研发的第一阶段，即PCM音色合成的基础理论和算法研究，这是整个项目的关键，也是最为艰巨的任务。

而在第一阶段中，最难的要数核心的PCM合成模型和DSP数字音频处理技术的研究，当时国内鲜有这方面资料。顾冰峰带领着7人的研发小组攻关，查询大量的外文资料，每天都要组织研讨，任何细节都需经过演算论证，不容一丝一毫的差错。在很长一段时间内，项目成果只是一堆流程图和计算公

式，枯燥乏味，“成就感非常低”，也有小组成员顶不住压力、耐不住寂寞而离职。

作为项目负责人，既要攻克技术壁垒和障碍、保障整个项目的研发任务顺利开展，又要做好项目团队成员的管理和激励工作，第一阶段的研究工作整整花了1000多个日日夜夜。3年后，PCM合成的基础理论研究获得了成功，但35岁的顾冰峰的黑发被熬成了白发，从“小顾”熬成了“老顾”。

2001年，得理正式成立集成电路设计公司，启动PCM合成集成电路的设计，命名为IC0105。IC0105集成电路设计过程中，项目团队成功设计了具有自主知识产权16位微处理器（MCU）以及PCM合成算法专用DSP单元，以及特殊架构的音效处理单元，大幅度提高了数字音频的处理速度。

功夫不负有心人，2003年得理公司第一代具有自主知识产权集成电路IC0105投片获得成功，该IC具有64个同时发音数，以及强大的数字音效处理，并能成功运用于得理公司大部分的电声乐器产品。万事开头难，集成电路研发团队再接再厉、马不停蹄，相继开发出第二代、第三代具有自主知识产权的PCM合成音源集成电路，最新一代A5集成电路同时发音数已达到了256个，并具备了强大的音效处理能力，技术等级已经达到国际领先水平，填补了国内多项技术空白，打破了国外芯片垄断的局面，也为公司创造了巨大的经济效益。

三、创新永不停，成为世界乐器50强企业

20世纪90年代末，得理公司的PCM电子琴、电钢琴已经可以与国外知名品牌相抗衡，并且开始大量出口欧美。得理公司坚持“让更多人有机会学习音乐”的理念，研发生产制造较高性价比的电子琴、电钢琴、电子鼓，得理公司的电声乐器产品市场价格只有国外知名品牌的一半，市场占有率和品牌知名度快速提升。例如，1998年公司推出的MC100电子琴（PCM力度电子琴），由于超高的性价比，连续3年蝉联了国内电子琴行业单型号销量的冠军，远远超过了国外知名品牌。

在销量提升的背后，得理董事会对研发事业部持续不断的大规模投入和支持，也是得理研发团队对电声乐器各个方面的不断创新、不断升级的动力。从1998年至今，公司仅在核心技术和核心集成电路方面的投入已经超过了6000万元，公司自主产权的核心集成电路也已形成了从低端到高端全覆盖的系列IC，充分满足了各个层面的顾客需求。

电声乐器除了前面提到的核心技术，还有一些核心部件的研发。例如电钢琴的力度键盘，钢琴专业人员都希望电钢琴键盘的手感和性能能够达到传统钢琴的水平，市场上大部分电钢琴产品的键盘性能无法达到专业音乐人员的要求，其设计难度可想而知。想要电钢琴产品能够拓展国内外市场，想要开发高端电钢琴，高性能的电钢琴键盘是必须攻克的难题。2013年，顾冰峰主动向董事会请缨，承接研发高水平电钢琴键盘的艰巨任务，带领研发团队奋战了近4年，开发成功了两款高性能的电钢琴键盘。其中，K6键盘具有较高的性能价格比，已广泛应用在公司80%的中低端电钢琴产品上，K8键盘的综合性能已经达到国际领先水平，并且获得了专业音乐人士的广泛好评。

得理集团专注在电声乐器行业超过了30年，得理乐器已经成为中国电声乐器行业的国家标准和行业标准的主要起草单位。2009年，深圳得理公司从深圳搬迁到珠海，成立了得理乐器（珠海）有限公司，目前，得理在全球乐器行业销量排名第34位，其中电子鼓产品系列和MIDI键盘系列产品出货量全球排名第一。

赵哲——激行在品牌自主创新的路上

当数字音频技术从模拟进入数字建模模拟电路的新时代，作为在乐器制造中科技含量最高的电声乐器企业，如何紧握品牌和科技两把利剑，在数字化浪潮中求得一席之地？对于从事10多年电子数字

音乐技术研发和电声乐器制造的深圳市蔚科电子科技开发有限公司掌舵者赵哲来说，走自主品牌+自主创新协同发展之路，方能梦圆科技兴业的宏图梦想。

“尽管北方有我童年的土炕，南方却是我一生奋斗的疆场”，赵哲曾用《南方北方》中的感性诗句概括自身创业的轨迹和理想。

一、心怀北方　音乐诗情创业者

赵哲出生于辽宁省阜新市艾友矿，作为家里老大，从小便是一家人的骄傲。天资聪慧，成绩优异的他也是矿区里的第一位大学生。1983年毕业于长春邮电学院（现吉林大学通信学院），获工学学士学位。毕业后被分配到解放军第二炮兵工程设计院工作。工作期间，他也从未停止学习，1988年，他考入北京理工大学电子工程系，后获得硕士学位。1991年到深圳加入日本三菱株式会社工作，于1997年创立深圳市蔚科电子科技开发有限公司，1999年创立深圳市普荣实业有限公司，现任中国乐器协会副理事长、中国乐器协会电鸣分会副会长。

市场上形形色色的公司很多，但是做专业音乐设备制造的却不多，而赵哲却偏偏选择在这个行业中扎根，这是为何呢？他说，在他心里，从事音乐行业是一种情怀，更是从未忘却的初心。他爱读诗，不管是豪迈磅礴的“俱往矣，数风流人物，还看今朝。”还是温暖细腻的“你是爱，是暖，是希望，你是人间的四月天！”，不同风格的诗词他都信手拈来。而自古以来，诗词与音乐都是相辅相成的。音乐是诗人创作的重要素材，而品读音乐更是诗人们的必修课。当爱诗的他开启这扇音乐设备制造大门的时候，一切都是那么浑然天成！

事实证明，他的选择是对的。在他的领导下，蔚科科技逐步发展壮大。2013年，蔚科珠海高新产业园建成，在2.5万平方米的集研发、生产、文体设施于一体的产业基地里，公司400多名员工齐心协力，携手共进，创造着属于蔚科的一个又一个传奇。“中国乐器行业50强”“中国乐器行业协会会员单位”“深圳市重点文化企业”“广东省乐器行业协会”“国家高新技术企业”等一系列荣誉称号，彰显出其在中国电子乐器行业的科研创新风采。当前，蔚科已经成为专业音乐设备制造商，在全球乐器行业225强排名中位列第118位，在中国乐器企业中位列第9位。

从十几人的小团队发展为集研产供销于一体的科技创新型公司，这20余年的发展，靠的不仅仅是个人能力，更重要的是心中那份信念，而这份信念也在点点滴滴中逐渐渗透到公司的每一个角落，形成了蔚科科技独特的企业文化：做世界级音乐数字设备后来居上者是公司的使命，贴近音乐、贴近科学、贴近你和我是公司的愿景；专业、诚信、创新、共赢是公司的核心价值观；专业、品质、服务是公司的产品理念。所有这些纯粹的初心，是每一个蔚科人的精神食粮，也是蔚科人乘风破浪的动力所在。

二、科技前瞻　激情诠释创新精神

有人说，人应该懂得仰望星空，否则便会目光短浅；但是赵哲却做到了在仰望星空确定公司奋斗方向的同时，脚踏实地地领导研发出了一个又一个突破性产品。作为全球规模化调音器、节拍器生产商，赵哲于2015年提出采用光感拾音制造高端调音设备，古筝光感校音器WST-700B正是他最有力的代表作品。在建立产品技术框架后，历时半年时间，古筝光感校音器样机顺利呈现，精准度完全突破目前以物体震动与MIC拾音方式的主流校音器。在做模拟测试时，发现样机检测不灵敏，显示数据不稳定。带着一系列疑问，赵哲带领研发团队仅用3天时间找出症结所在。究其原因，系舞台上其他可见光以及其他红线光被采集到调音设备中，干扰了正常的数据分析与算法。这一难题解决后，WST-700B古筝光感校音器于2016年初正式投产。

经历了这一次技术革新后，赵哲更加坚信，只有科技创新才能让企业长远发展。而蔚科科技的WSM-290节拍器（时光机）便又是一次崭新的突破。蔚科科技作为国内节拍器行业标准制定单位，2018年计划推出一款世界级高端节拍器产品。赵哲发现当今国际主流品牌开发的高端电子节拍器模拟机械性能时，有很大的抖动及噪声问题，而他想做的产品是机械与电子技术的完美结合体。接到任务后，研发小组深入研究，经过9个月的努力，最终该产品使用时效上可达到6～7小时（传统机械小于30分钟），速度误差达到了0.1%（传统机械式大于2%），除了能还原德国Wittner，日本Nikk等经典节拍器声音，还增加了牛铃声以及人声数拍功能，并保留了小天使独特的WSM-330音色。在2018年的上海国际乐器展上，WSM-290节拍器（时光机）成功亮相，大放光彩。

所有的付出都没有白费，现在的蔚科科技拥有三大自主品牌："小天使（Cheurb）""妙事多（Musedo）""纽克斯（NUX）"，在中国，"Cherub"品牌产品在节拍器/校音器领域牢牢占据着80%以上的市场份额，NUX品牌的效果器、音箱等产品，也有着优秀的口碑。近年来，蔚科科技同时也在研发销售大件产品（电钢琴、电子鼓）并获得较大的成功。经过21年稳步发展，蔚科科技已经形成了一个遍布全球的销售网络，从南半球的澳大利亚到北半球的俄罗斯；从西半球的爱尔兰到东半球的巴西，都有公司的朋友。

创业难，做实体经济更难，有多少人最后选择了放弃，但是赵哲选择坚持，如今，他已是身家过亿的富翁，但是每天还是和普通员工一起吃公司食堂，一年365天，天天无休。有人问他，现在这种物质社会，你为什么不像其他老板一样，把公司卖了，拿着一笔钱，好好去享受生活？他说回首往昔，只有一条路不能选择，那就是放弃的路，既然目标在远方，便只顾风雨兼程！他用激情诠释热爱，用拼搏诠释青春。这样一位处处在"较量"的企业家，用实际行动向我们述说着"生命不止，奋斗不息"。

刘正辉——既为操琴者　又作"斫"琴师

提到京剧中的伴奏乐器，京胡的地位不可小觑。如今，京胡不仅仅作为伴奏乐器活跃于戏曲舞台，更成为一件独立演奏的民族乐器，个性的音色与灵动的技法相互融合，在民乐艺术中独树一帜。为了更好地适应戏曲艺术与民乐艺术的发展，京胡的改革也从未停滞。刘正辉便是京胡改革中的先行者，致力于京胡的改革，他所研制的第三代仿生皮被越来越多行业内外的人所关注，也为京胡艺术的发展带来无限可能。

刘正辉从小随国家京剧院琴师万瑞兴先生学习京胡演奏，早年与中国戏曲学院的京胡演奏家黄金陆习琴。1987年，师从著名京胡制作大师许学慈学习京胡制作。1996年，刘正辉被聘为文化部乐器改革专家组成员，继承黄金陆改革京胡蒙皮材料的志愿，踏上低碳环保仿生蟒蛇皮的研发之路。

一、改革——低碳环保仿生蟒蛇皮

受到日本定音鼓的膜皮制作替代牛皮技术的启发，刘正辉研制出不仅适用于京胡，还适用于京二胡、高胡、民二胡、三弦等乐器的替代仿生皮，这就是第三代人造蛇皮。用此人造蛇皮制作的京胡所演奏出的音色、音质以及音量与野生蛇皮相差无几，这一以高强膜为基材、高强纤维为附加材料的仿生蟒蛇皮，在保证乐器的艺术呈现效果与音乐表现特色的同时响应了环保号召，也有效地延长了乐器的寿命，大大地改善了野生蛇皮带来的不易养护的问题。刘正辉由此获得国家发明专利，2007年环保仿生皮获得教育部颁发的"科技成果完成者第一人"称号；2009年"人造蛇皮的制造方法"荣获北京第三届发明创新大赛金奖，这也是本届唯一的个人金奖获奖者。如今，刘正辉已经拥有8项国家专利，成为名副其实的乐器改革家。

京胡的改革一直在继续，而推广与普及才是改革后更重要的意义所在。面对如今第三代仿生皮京胡的推广情况，刘正辉坦言："由于改革后的京胡还未达到量化生产阶段，所以目前的推广还存在一定的难度与阻力。让我庆幸的是演奏家们和业界人士一直以来对我这一改革成果的认可与支持。李祖铭先生曾经提出议案——使用环保材质制作乐器；中国台湾著名京胡演奏家李超先生、中国戏曲学院李楠教授、中央音乐学院曹德维教授、中国歌剧舞剧院柏淼先生、北京民族乐团首席危晶等人，都一直在使用仿生皮京胡。著名作曲家姜延辉、杨健先生也一直在倾力支持仿生皮京胡。正因为有了越来越多的专业人士的支持与肯定，给了我足够的动力和信心，在京胡改革这条路上坚定地向前探索。”

对于京胡改革目前存在的困境，刘正辉也谈道：“乐器改革是中国民乐界的一件大事，然而要持续推动这件事并非易事。任何改革须要投入人力、物力，仅凭一己之力和三三两两的小群体是远远不够的。我们要弘扬中国优秀的民族文化，需要国家、政府在政策上的进一步引导，需要有力的支持。有了这样强大的后盾，我想我们的乐改事业才会有效推进，我们的民乐人才会放手、大胆地干下去。”

二、文化——京腔京韵弦外之音

刘正辉创立工作室后，对于第三代仿生皮京胡的发展，他更希望不仅仅是以现在工作室、作坊这样的生产模式存在，而是能有大型的乐器生产厂参与进来，形成量化、标准化的生产模式。“厂商与作坊、工作室同时存在，并不矛盾，量化的生产可以为乐器的推广普及带来更多的可能，而作坊、工作室的制作则可以使乐器向着精细化的方向发展。”

考虑到京胡艺术如何能让当下年轻人所接受，刘正辉认为，首先，将京胡艺术中那些复杂的、专业的内容尽可能简单化，让大众不觉繁复；其次，在京胡的音色、音质上下功夫，丰富京胡的艺术表现力，使人们能够被京胡的独特个性所吸引；最后，可适当选择一些京剧的经典唱段与京胡结合，形成普适的教学模式，以美育为原则，以陶冶情操，提高审美。

回顾京胡改革，20世纪60年代，将京胡丝线改为钢弦，确定音准；20世纪80年代，京胡由伴奏乐器转为独奏乐器；20世纪90年代，京胡制作添加上漆工艺，阻止水分的释放与吸收，利于乐器的保护；继而又有洪广源与王少卿发明京二胡，黄杨木改硬木轴、后筒的平面改圆面以及“预应力”担子的改革。2005年，刘正辉推出仿生皮京胡；2008年，有了戏曲京胡与音乐京胡之分……这不禁让人感慨：正是有诸多民乐前辈与奋斗中的民乐人在京胡改革事业中的种种付出，对乐器改革的精益求精，才能有今日京胡发展的兴盛之期，民乐艺术的振兴之时，中国文化的绵延可期。

满瑞兴——匠心筑梦，德艺双馨

2021年10月，民族乐器制作大师满瑞兴70周年琵琶专场音乐会在北京音乐厅成功举办，中国民族管弦乐学会艺术发展研究中心为此特别策划“民族器乐大师满瑞兴琵琶制作技艺70周年学术研讨会”。这是近年来我国民乐界首次以乐器制作师的艺术创作为主题而举办音乐会并召开学术成果研讨会，活动引发我国民族音乐界和乐器制作界的广泛关注。国内琵琶演奏名家分别用12把满瑞兴制作的珍品琵琶，向中国民族乐器制作领域的匠心精神致敬，为观众奉上了一场音乐盛宴。来自民族音乐界、乐器制作界、新闻界等方面的30余位行业领导、演奏家、教育家、制作师在研讨会上纷纷发言，高度肯定满瑞兴为我国民族乐器事业所做出的杰出贡献。

在中国民族管弦乐学会会长、著名琵琶演奏家吴玉霞的记忆中，20世纪70年代，她初到北京弹奏的第一把琵琶就是由满瑞兴师傅制作，满师傅慈祥的面容、和蔼的言谈至今记忆犹新。“满瑞兴凭借一生的勤奋与执着，无愧于终身成就享誉者。他是一位集制作、改革、理论、演讲于一身的民族乐器制作界难得的人才。”吴玉霞会长对满瑞兴70年乐器制作艺术成就的评语代表了全体民族音乐工作者的心声，这是对一位民族乐器制作工匠毕生奋斗的最高奖励。

虽然满瑞兴大师已经进入耄耋之年，86岁高龄，但他仍然还是那么神采奕奕，壮心不已。研讨会结束之前满瑞兴大师说：“制作师与演奏家是鱼水关系，密不可分。演奏家的每一个意见都是课题，而攻克这些课题没有别的办法，就是实践，尽心尽力，兢兢业业，仔仔细细，只要做到这些，就没有不成功的。”

一、从学徒到大师　繁荣民族音乐文化

民族乐器制作家满瑞兴，生于1937年，祖籍河北省辛集市满家湾村。1952年，当他刚满14岁时，就来到北京前门地区打磨厂“义和斋”胡琴铺当学徒。

在解放初期，打磨厂与和平门琉璃厂齐名，系北京两个乐器胡琴铺聚集地之一。在学徒期间，满瑞兴师从我国老一辈民族乐器制作师沈文忠，学习制作京胡、二胡、琵琶等民族拉弦、弹拨乐器。1956年，在社会主义经济建设“公私合营”期间，满瑞兴所在的“义和斋”胡琴铺与其他多个胡琴铺合并成为北京民族乐器厂。北京民族乐器厂因地处我国文化中心——首都北京，是我国重要的民族乐器生产基地之一，满瑞兴由此成为新中国成立后的第一批乐器制作工。他凭着本身所具有的心灵手巧、聪明睿智的悟性和勤奋好学的精神，很快在厂里青年工人中脱颖而出，在厂里举行“名师收高徒”仪式中，被当时称为琵琶大师“南万北傅”的傅立山师傅收为徒弟。从此，满瑞兴在名师的指导下，如鱼得水，技术有了明显的提升，成为当时厂内的技术骨干、年轻技术能手。由此，他在20多岁的时候，便以突出的成绩，晋升国家劳动部门授予的民族乐器弹拨拉弦乐技师，这一职称当时在全厂仅有5人获得。

20世纪60年代，满瑞兴刚满25岁，就被破格提拔为厂里订活组组长，专门接受专家、演奏家订单。从此以后，年轻的满瑞兴在技术上更加精益求精，废寝忘食。他整天和中央音乐学院等文艺团体的演奏家在一起切磋技艺，共同研究民族乐器的改革，以满足繁荣民族音乐文化事业的需求。

在多年工作中，满瑞兴以自己强烈的责任心和事业心，全身心地投入到民族乐器改革事业中去，经过他和专业演奏家的共同努力，经过他改革的方圆二胡、低调粗弦二胡获得文化部颁发的科技成果三等奖，扁八方高胡获得四等奖。除此以外，他还研制了少数民族乐器——马骨胡，使这件古老乐器又开始焕发新生。像这样的研究成果还有很多很多，这里只能列举一二。

二、十年磨一剑　功成琵琶制作艺术

满瑞兴不仅在乐器制造技术上技艺突出，他平时也十分注意理论学习。他经常说，“做琴的也要读书”，他经常在工作之余，不断地总结制作经验，并将制作中的心得写成书面材料，向同行们作广泛宣传，让更多的人了解和掌握民族乐器制作技术。经他手写的文字资料有10多篇，其中有《拼合工艺在乐器制造中的价值》《不断探索是提高琵琶质量的关键》《乐器改革应当面向少数民族》等，这些文章刊登在行业刊物上，产生了非常好的效果，推动了民族乐器制作行业的发展。

经过多年的努力，满瑞兴的制琴技术愈加纯熟，理论知识不断丰富，受到国家政府的肯定。1988年4月，他代表我国77万工艺美术界的技术人员，作为600多名代表之一，出席了全国第三届工艺美术艺人专业技术人员代表大会，并受到国家领导人的亲切接见。

当满瑞兴的工作业绩受到国家肯定以后，他的工作热情和目标又有了新的起点。他开始把目标锁在琵琶上，他立志要在琵琶这件代表中华民族传统文化瑰宝的乐器上打一场硬仗。他下决心一定要让北京琵琶成为全国最好的琵琶，成为每一个专业演奏者首选的乐器。

为实现这个目标，他作出了最大牺牲，他顶着各方面的压力，辞去了自己前半生几十年的工作，离开了北京民族乐器厂，成立了研发工作室——满氏琴社，目的是不受外界环境的影响，专心进行琵琶研究。他以卧薪尝胆的执着奋斗精神，花费了整整10年时间，苦心钻研琵琶的材料、工艺结构以及演奏家的演奏要求，甚至对琵琶曲目的发展演变他都要仔细分析，他把这些研究成果应用到琵琶制作上，对琵琶的整体结构进行了全方位的改革。

功夫不负有心人，满瑞兴以十年磨一剑的精神，终于换来了成功的喜悦。经过多年的努力，现在他制作的琵琶选材讲究、工艺精细、造型典雅、

音色纯正，可以做到高度人性化，满足不同风格曲目，不同演奏家的个性要求，文曲与武曲兼作，强而不燥，弱而不虚。他制作的乐器多次荣获中华人民共和国文化部科技成果奖，并被中央民族乐团、中国广播民族乐团等国家级民族乐团以及海内外著名演奏家广泛使用。“满瑞兴”牌的琵琶、二胡等民族乐器，曾多次被文化部作为国家礼品赠送给外国贵宾，赢得了各方面的广泛赞誉。

现在满瑞兴的琵琶，成为琵琶演奏家争相收藏使用的高档专业用琴。许多琵琶演奏家开始收藏满氏琵琶，他们以有一把满氏琵琶为乐。今天，满瑞兴的琵琶已经成了民族音乐界的响当当的名牌产品，不仅专业演奏者争相使用，同时，国家大剧院、美国国家乐器博物馆也都相继收藏他的产品。而满瑞兴本人也为此而声名显赫。他本人曾数次应邀到中国台湾讲学，到海南参加刘德海艺术国际研讨会，到最高音乐学府中央音乐学院为学生们讲学，出席上海国际乐器展览会的华乐论坛，中央电视台、北京电视台，深圳电视台都曾对他作过专题报导。满瑞兴受到全社会的尊重和所有民族音乐人的爱戴。

满瑞兴作为一名民族乐器制作家，在70年的漫漫长路上，他做出了极不平凡的业绩，理应受到人们的尊重。民族乐器人感谢他，因为他为中华民族乐器制作艺术事业做出了贡献，他是我国民族乐器制作界不可多得的人才。

梁钊明——践行工匠精神　传承工匠精神

钢琴被称为“乐器之王”，200多根粗细、长短不一的琴弦，稍有不慎就会“跑调”，来自广州珠江钢琴厂的共产党员梁钊明就是一位钢琴旋律“外科医生”。梁钊明同志2003年加入中国共产党，在过去20余载的岁月中，梁钊明先后获得广东省技术能手、全国技术能手等荣誉称号，他带出的徒弟也都成为行业的技术骨干，弥补了国内钢琴调律专业人才的不足。

面对消费终端的品质需求，以及民族钢琴在专业音乐会用琴领域的瓶颈突破，深谙音乐会用琴键感与音色的乐器制造、调律专家，成为民族钢琴转型升级的核心驱动力。可以说，“工匠精神”不仅彰显着他们的职业精神，更决定着民族钢琴能否进驻专业消费领域，成为影响企业发展前景的核心要素。

一、艺无止境 恪守工匠精神

1994年，中专毕业的梁钊明南下广州，进入珠江钢琴厂工作。甫一进厂，梁钊明就被敞开的钢琴内部数千整齐排列的零部件深深吸引，“精密而又有规律，一敲击发出曼妙的声音”，那时的梁钊明就立志做一名优秀的钢琴调律师。但梁钊明起初并未如愿，而是在共鸣盘车间从事一年多的组装工作，1995年10月后才入行钢琴调律。入行时老师谆谆教诲道：“从事钢琴调律无捷径可走，除了一按键发一个‘声音’外，一次调律扳手的拧松或拧紧就是一次技艺的修炼，没有其他捷径，钢琴调律属于手艺活，没有最好，只有更好。”起初，他的技能学习颇为艰辛，一台钢琴需要对88个黑白键进行反复的调整，用40多种工具拧230多个弦轴钉，平均每个琴键需要敲击100多次才能达标。一天下来，梁钊明常常是拇指和中指都开裂了，第二天只好用胶带缠住伤口，继续练习。

艺无止境，梁钊明始终以学好学精一门技术为标准，多学、多思、多问、多练成为其工作座右铭。在钢琴厂老一代调律师的悉心教导和勤奋钻研下，梁钊明对钢琴调律渐趋熟悉起来，晋级成为厂内的主要技术骨干。除了调律，他还要做音色整理，这些基本上都是靠手工完成，虽然过程漫长，但他却乐在其中。梁钊明认为：“调律师好比钢琴的医生，钢琴使用久了音色、音准都会有误差，我们可以把它医好。但我更愿意把自己的工作看作是钢琴的化妆师，通过反复的调试，让钢琴达到弹奏者认为最美的声音效果。”

调律是一门考验和挑战操作者身心素质的操作工艺，除了要懂乐理、有悟性，以及有平和、稳定的情绪，还要吃得苦，耐得住寂寞。功夫不负有心人，梁钊明对钢琴调律渐入佳境，每个琴键从敲100多次缩减到只要敲5次。他的一位同事说：“如果要用3个字来形容梁哥的调律，就是快、准、狠。”但这样的本领显然非一日之功。“基本上每天他都是走得最晚的一个，经常我们所有人都下班了，就他一个人还在那里拨弄钢琴。”

2013年9月，梁钊明获得广东省钢琴调律竞赛总决赛第二名，获得广东省技术能手、广东省职工经济技术创新能手、广东省优秀钢琴调律师等称号。但是他依然“教而后知不足，学而后知困难”，通过这次比赛，他对钢琴制造的认识达到了一个新的高度，于是狠下决心，不倦地向外国专家及钢琴制造的老手学习，对专家及前辈们提到的要点、难点从不放过，自己反复练习。梁钊明明白，成功非偶然，精益求精才是根本，不同时代有不同的制作方式，但追求高品质的“工匠精神”是一脉相承的。“自己是手艺人，会做到老，学到老。只要不断提高和创新，就有生存的空间。”在他孜孜不倦的努力下，2016年9月，梁钊明终于获得全国钢琴调律职业技能大赛总决赛冠军。

二、薪火相传 建设人才队伍

随着企业的不断发展和壮大，2010年珠江钢琴集团为实现跨越式发展，集团公司重新整合资源，聘请外国专家等，专门组建具备德国工艺标准的高端钢琴恺撒堡“KA艺术家系列”生产线。从试制到投产，梁钊明全程参与。所有工作都是高要求、高标准，这其中自然有沮丧、有气馁，更有专家严厉的批评。然而，当梁钊明看到一台台恺撒堡“KA艺术家钢琴”开始下线时，“感觉所有的付出都很值得，也很满足”。也正是在此过程中，梁钊明的技能获得了质的飞跃，调律及整理技术得到国内外专家高度评价。

一枝独秀不是春，百花齐放春满园。梁钊明不仅注重自身技能的提高，还非常注重员工团队技能的培训，在每一项细节上言传身教，将音板、弦码、肋木、键盘、弦轴板、木支架以及击弦机系统与外壳等细节逐一分解，把一项项复杂细致的工作变为好手艺，让员工们接受原汁原味传统手工艺的熏陶，毫无保留地将高端钢琴调整与维修薪火相传；在校企联合办学中，他充分发挥传、帮、带的作用，从不吝啬把技能传授他人，不但详细讲解钢琴发音原理，还现场示范钢琴整修调音的技术技巧，为公司培养了一批优秀的调律人才，确保了恺撒堡“KA艺术家钢琴”的高质量和高技术水准，为公司赢得了良好的声誉，也为公司进军国际高端钢琴市场提供了可靠保障。

同时，他积极参与公司科技项目攻关，如2016年—2017年参与项目“钢琴击弦机零件自动加工及装配技术的研究”，实现了公司高端钢琴击弦机系统质量的稳步提高和自动加工技术的研发和推广，为改善钢琴的产品品质做出了突出的贡献；长期积极参与公司QC小组活动，担任“艺术家”QC小组的组长，为改进工艺过程质量出力献策。

对完美技艺的追求也为梁钊明带来了许多荣誉，他被评为“优秀珠江钢琴人”“最佳操作者”等，多次在国家级和省级钢琴调律竞赛中取得优异成绩，先后荣获广东省优秀钢琴调律师、广东省技术能手、全国技术能手奖项。当恺撒堡“KA艺术家钢琴”在人民大会堂鉴定会成功召开，当G20杭州峰会珠江恺撒堡钢琴完美的声音呈现于世人面前时，梁钊明一遍遍地告诉员工们，做调律需要专注，更需要在浮躁时代中坚守一份工匠精神的职业情怀。

谭宝利——古典钢琴的守望者，钢琴美学的践行者

“安谧而幽暗的剧院，辉煌而闪光的钢琴……钢琴家可曾想到，在如潮的掌声背后，钢琴技师一直伴其左右……他们无数次将辛勤汗水洒落在没有观众的舞台，他们没有丝毫分享荣誉的企盼，他们甘做钢琴艺术一块小小的垫脚石。”这段海资曼钢琴人创作的《钢琴技师之歌》，生动地勾勒出钢琴调律人的职业画像和文化精神内核。作为钢琴调律技术的传承者、古典钢琴美学的践行者、钢琴音乐文化的传播者，在42载的职业生涯中，国家一级钢琴技师、中国乐器协会钢琴调律师分会副会长谭宝利在黑白琴键间奏响多彩的艺术人生旋律，精彩地诠释了钢琴调律人的职业情怀和音乐文化价值。

一、钢琴调律技术的传承者

谭宝利现任北京中加海资曼钢琴有限公司董事总经理、中国乐器协会调律分会副会长，国家一级调律技师。自17岁始，从事调律工作，在行业内深耕40余载，兢兢业业、一丝不苟。率真的外表下，深藏着对钢琴事业的赤诚之心。

1980年，北京乐器技校毕业后，谭宝利顺利进入星海钢琴厂装配车间调音组，开始专职从事调律工作。得益于扎实的乐理基础、浓厚的调律兴趣、肯于钻研的工作精神，在师傅们的精心传授下，他的钢琴技术出类拔萃，参加工作不久即被评为钢琴技术质量标兵，他的调律技术水准逐步从立式钢琴拓展到舞台演出、录音棚、音乐会用琴。通过他的调律，新老钢琴家、琴童新秀在舞台上奏响曼妙旋律，听者如痴如醉，台下的他，自豪感油然而生。“看到经自己调律后的钢琴在艺术家们的手中演绎出各类型精彩绝伦的音乐作品后，我相信，每一名调律师都会不自觉地感到激动和欣喜。”谭宝利如是说。

多年来，为提高从业人员的技术水平、行业素质，以及公众对调律师社会地位和调律工作重要性的认知，谭宝利不断发出倡议与呼吁。他表示，“好之者不如乐之者”，兴趣是最好的老师。在我国日新月异的时代变革中，“匠人精神”反复被提及。俗话说得好，干一行，爱一行。调律师自诩为“钢琴医生”，机械的维修、音律的调整只是及格之线，更要牢记技术的精益求精才能换来人格的“备受尊重”。乐理听觉和物理听觉交融的“技”，伴之以良心浇筑的“艺”与“德”，只有业务的不断进取才能实现调律人的人生价值。

为助推钢琴调律行业职业人才队伍的建设，谭宝利多年来积极投入到年轻一代调律师的传帮带工作中。面对钢琴调律师的职业修养，谭宝利经常在行业培训课堂中强调，钢琴调律事业，不仅是匠人精神的凸显，更是艺术内涵的延展。他认为，“我们学习的是技术，但心中永远升腾的是‘诗和远方’般的美好，这便是钢琴调律工作的曼妙和与众不同之处。作为调律师应该将格局打开，与国际业内多方分享，相互借鉴，谦逊虚心，博采众长，唯有努力使自己成为全面型的技术人才，才会获得更多的社会价值体现以及自我成长的可能。”

二、古典钢琴美学的践行者

进入21世纪，钢琴消费从卖方市场逐步转向买方市场。凭借出色的职业技能、艺术才情，敢于担当的工作作风，以及对钢琴声学品质与外观美学的独到见解和不懈追求，谭宝利获得星海集团公司领导、公司同事与行业同人的认可与尊重。2015年，在产品趋于同质化竞争的市场环境下，谭宝利出任北京中加海资曼钢琴公司总经理，带领企业团队继续践行古典钢琴美学发展路径，坚守特色化经营策略，规避同质化竞争，引领“海资曼”钢琴成为古典风格的守望者，钢琴美学的践行者！

“海资曼钢琴百年前的设计图纸尽显钢琴的精密设计和独特审美理念，现代海资曼人在钢琴选材、造型上传承品牌固有神韵的基础上，更赋予了产品

新的设计美感。”谭宝利表示，除传统黑白色钢琴，海资曼钢琴更专注于还原钢琴本色，生产出桃花芯本色、黑桃木本色、白橡木本色等原木色哑光钢琴，以及欧式古典白色饰金系列，在木材纹理间寻求音乐与自然的和谐。音乐是“美”的代名词，而乐器是创造“美”的工具，海资曼钢琴秉持古典美的设计理念，致力于从产品外形、声音品质、应用环境营造与海资曼钢琴相匹配的高雅古典艺术氛围，让钢琴扮靓生活，让钢琴美学渗透进每一件海资曼产品。

当前，作为中小型钢琴企业，为保证钢琴品质的稳定与长效发展，海资曼钢琴暂未将产业规模扩张的速度提升，而是选择了稳扎稳打的发展思路。谭宝利表示，当今钢琴制造厂家越来越多地使用相同供应商提供的零配件，特别是较多地使用了制作相对简单和容易的黑色板式油漆外壳，产品的同质化现象愈发严重。而海资曼钢琴恰恰在这一点上一直坚持着自己的产品特质，包括自主生产的张弦总成、独具特色的踏板系统、个性鲜明的古典造型、哑光漆饰等，从而避免了千琴一面的同质化市场竞争。正如谭宝利所说的“各美其美，各显神通”，海资曼钢琴的生存之道就在于特色化和专业化，清晰的产品定位为海资曼赢得了固定的受众和忠实的客户。

近30年来，海资曼钢琴虽然是钢琴市场上的一个小众品牌，但专注中高端市场的战略定位始终未变。在海资曼钢琴公司第一任总经理金先彬树立了“认真”的企业精神之后，谭宝利又将“每天进步一点点”确立为海资曼人的座右铭。也正是这种坚持、认真、传承与探索的精神，让他带领着他的团队，他的每一位员工恪守着海资曼先辈们的训诫，坚守着海资曼别具一格的制琴特色，续写着160年的企业篇章，延续着海资曼的古典钢琴美学。

三、钢琴音乐文化的传播者

多年来，海资曼钢琴一直致力于钢琴音乐文化的传播，以及琴童教育的普及工作。海资曼品牌的英文读音“haiziman”酷似中文的“孩子们”，寓意海资曼钢琴引领孩子们走进音乐艺术的世界。音乐导师大手牵引琴童小手的创意海报，唯美流畅的海资曼钢琴视频影像和英文配音及配乐……这一切都源于谭宝利的精心策划。

在钢琴调律行业，因为出色的乐器演奏、策划主持、朗诵唱歌、创意构思等艺术才情，谭宝利获得行业同人的首肯与赞誉，他则谦逊地说：“除了调律是科班的，别的都是业余的，我自己的评价就是——浑身都是刀，没一把锋利的。”谭宝利表示，音乐是表达情感、感知生命、丰富内心、体味美学、提高境界、升华精神的最佳艺术形式。作为乐器制造业的参与者和管理者，首先就应该是一个喜欢音乐、参与音乐、热爱音乐、享受音乐的人，是一个有情怀、有情调、有情趣的人。

近年来，从艺术高校到钢琴赛场，从央视艺术人生演播现场到北京奥运会、残奥会开幕庆典，海资曼钢琴奏响新时代盛世华章。谭宝利坚信，要想挖掘海资曼钢琴的艺术价值就要一手抓产品，一手抓文化。与高校或艺术节联手，与大师们联手，在不断的交流中完善自己，彰显企业文化内涵。他表示，钢琴产业发展与艺术教育息息相关，伴随着新一代家长对孩子学琴压力的放松，钢琴学习的持久性、难度性或将导致琴童人数的减少。在电钢琴、数码钢琴规模化发展，以及直播带货电商平台的市场分流之大环境下，钢琴生产销售模式的探索和转变是大势所趋。互联网与音乐教育、产业变革的有机结合，都在倒逼传统钢琴企业加速转型升级和更新迭代！

面对社会家庭的亲子教育，谭宝利表示，“让孩子学乐器，首先，家长得喜欢。就算你不会一门乐器，但你可以学会欣赏、懂得欣赏，甚至也不妨学学简单的乐器。我们不是要把学习音乐作为达到某种目的的手段和敲门砖，而应该是感受音乐、享受音乐，寻求共鸣与参与感，增加家庭亲密度、增进情感交流、提升生活情趣。当孩子没有了那些过于功利的学习音乐的压力时，他的快乐感就会增强，压力感就会减弱，兴趣自然也就浓烈了，自愿的成分也就多了。孩子由此可以更多感受家庭氛围下随性、自然、快乐地享受音乐的全过程。”谭宝利最后表示，如若这样的家庭观和亲子观更加地深入人心，相信由中国乐器协会推崇和倡导的“让音乐成为人民群众的刚需，让乐器成为千家万户的标配”这一目标愿景很快就会到来。

纵有曲音如天籁，未敢遗忘制琴人。四十二载光阴，弹指一挥间。谭宝利一直恪守着自己对工作和职责的承诺，在高速浮躁的互联网时代，践行着钢琴调律人的工匠精神与行而不辍的实践。在他的个人抖音账号上，一共十六集的视频集《有料而不枯燥的钢琴常识》，用通俗的语言，有形的现场解读，为大众普及了认识钢琴及选购钢琴的入门知识，浏览量达数10万。

在“618”“双十一”“双十二大促”的电商售卖周上，谭宝利与网红钢琴家从聪老师联袂进行了多场直播，内容充实、亲民，完成了钢琴演奏者与钢琴制造者之间自然流畅的互动与现场交流，即兴而不随意，高雅而不做作，获得了广大网友的一致好评。

在谭宝利的眼中，人生就像在车间调律一般，纷扰很多，噪声很大，而其中的“纯点”，正是需要你用心找寻的“诗和远方”。

编后语：回顾我国乐器行业人才建设工作，《国家职业分类大典》中已涵盖乐器行业9个职业工种，行业获评轻工大国工匠2名，行业工匠27名；有9074人取得人社部《钢琴调律师》职业资格证书，132人取得人社部《提琴制作师》职业资格证书。全行业形成专家委、科技之星、能工巧匠并驾齐驱的人才队伍建设新格局，为行业“十四五”高质量发展夯实了基础。在后续“技能强国，创新有我”主题征文系列报道中，我们将继续循沿乐器行业工匠的创业故事，激励全体乐器同人以劳模工匠为榜样，焕发劳动热情、释放创造潜能，弘扬新时代劳模精神、工匠精神，统筹推进乐器行业人才队伍建设工作。

于慧东——艺无止境处，匠心铸琴魂

意大利克雷莫纳是提琴的故乡，是提琴制作人心目中的圣地。

在意大利克雷莫纳乐器展，常年展出瓜奈里、阿马蒂、斯特拉迪瓦里的作品。世界各国的制琴人总是带着虔敬的心前来参观3位制琴巨匠留给后世的遗存珍品。2016年，有一位中国制琴师的作品受邀在克雷莫纳乐器展展出，吸引了众多参观者的目光。中国提琴能够与意大利三大制琴家族的名琴同台展览，可谓荣耀备至。这位中国制琴师的名字叫于慧东。

作为年轻一代提琴制作师，于慧东曾在中国、意大利、马耳他、保加利亚等国际提琴制作比赛中荣获5项金奖、4项银奖，为中国提琴制作艺术在国际上赢得荣誉，成为中国提琴制作师的杰出代表之一。

一、受父启蒙　少小痴迷做琴

于慧东出生在提琴制作世家，父亲于录先生是著名提琴制作师。作为中国轻工业部乐器制作学校培养的第一批提琴制作师，于录师从于中国提琴界著名的“三王一戴”之一的王福全大师，并得到王兰田、戴洪祥以及上海音乐学院朱象教等大师的指点，是位制琴技艺高超的职业制作师。

受家学熏陶，于慧东少小对手工萌发兴趣。每当父亲做琴时，他就会站在旁边观看，目睹木头是怎样经过父亲手中一道道的工序，逐渐变成工艺精美、声音悦耳的小提琴的。于慧东曾用木头做过一把玩具手枪，父亲由此发现他制作手工的灵性与潜质，从此着力培养他。于慧东坦言，父亲是他迈向提琴制作道路的启蒙老师。

1992年，15岁的于慧东正式随父系统学习提琴制作，并很快展露出制琴天赋。他能快速理解三维空间中弧度分布及线条的流畅性等复杂抽象的位置概念，对难度较高的制琴技巧能够快速地掌握。更重要的是，于慧东眼力精准，能够直指问题核心。眼力是制作师最为重要的能力，眼到手到，方能诞生佳作。记得当年，一位中央乐团演奏家试奏于慧东的手工提琴后大为赞赏，他无法相信试奏的提琴出自15岁的少年之手。当确定是于慧东独立制作后，演奏家当即决定买下，并预言于慧东未来在制琴艺术上定有不俗作为。在以后的岁月里，这位演奏家的话真的得到了验证。

二、投身大师　初赛小试牛刀

1998年，恰逢中央音乐学院提琴制作专业招生，在众多的考生中，21岁的于慧东以优异成绩通过考试，顺利进入中央音乐学院，师从郑荃大师深造。郑荃大师是当代中国提琴制作里程碑式的人物，作为中国提琴制作艺术学派的开创者，在郑荃大师的言传身教下，于慧东制作技艺日臻成熟，艺术视野渐趋开阔。鉴于在校学习期间的优异成绩，经学校推荐，于慧东被文化部选为中国提琴制作师的代表，接受英国J & A Beare公司的古董提琴鉴定及修复专业培训。在J & A Beare专家的精心指导下，于慧东成为国内掌握古琴修复核心技术的极少数制作师之一。

2003年，第九届意大利制琴比赛在提琴的故乡克雷莫纳举办。该赛事系全球最高水平艺术提琴制作比赛，汇聚来自世界各地的专业制作师。于慧东首度携琴前往意大利参赛，其制作的两把小提琴最终获得第18名和第42名的好成绩，这对于一个初次参赛的年轻制作师来说实属不易。赛事期间，于慧东走访了莫拉西、比索罗蒂等意大利当代大师工作室，就一些提琴制作艺术的问题，虚心向大师们请教。通过比赛，于慧东见识到当代一流制作师的作品，开阔了眼界，认识到自己的差距与不足，同时也增强了自信心。

三、精心雕琢　作品屡屡获奖

2010年5月，由中央音乐学院和中国乐器协会主办的首届中国国际提琴制作比赛在北京举行，赛事吸引来自11个国家和地区近300把琴参赛，赛事评委汇聚国际一流制作与演奏大师。中央电视台、中国国际广播电台、美国哥伦比亚广播公司、意大利晚邮报等中外27家新闻媒体全面报道赛事盛况。经过初赛和决赛评选，于慧东获得大提琴银奖及当届赛事最佳工艺奖。赛后一位大提琴评委对于慧东大提琴获奖作品赞赏有加，并提出购买要求。“这把琴当时并没有卖给他，他追了两年多后才从我手里买到这把琴。”于慧东说，这位大提琴家在各种大师课上都会主动介绍中国的材料和中国的制作师。他赞叹道：“中国的材料一样可以制作出世界一流的好琴。”好戏连台，在2013年第二届中国国际提琴制作比赛中，于慧东参赛大提琴作品再次荣获银奖。

2016年5月，第三届中国国际提琴琴弓制作比赛中，汇聚9个国家和地区的200余名选手，共377件乐器参与比赛，参赛人数及乐器数量都远超其他国际比赛，竞争非常激烈。赛事由中国提琴制作大师郑荃担任评委会主席，中国小提琴著名演奏家盛中国和意大利提琴制作界元老谢尔巴塔·莫拉西先生为名誉主席。经过来自中、意、法、德、美、澳18位享誉世界的提琴和琴弓制作大师及演奏家们的严格专业评审，于慧东参赛作品分获小提琴金奖和银奖，以及中提琴金奖，成为当届赛事中一匹闪亮的黑马。在国家大剧院举行的颁奖典礼及获奖音乐会上，小提琴演奏家吕思清、刘霄，中提琴演奏家图拉分别演奏了于慧东的获奖作品，英国的*Strad*杂志对于慧东的赛事佳绩做了全面报道。

四、戒骄戒躁　匠心铸造精品

在中国国际提琴琴弓制作比赛中屡获金奖后，于慧东并未满足于眼前的成绩，在世界提琴制作艺术舞台上展现华人提琴制作艺术的风采，于慧东继续秉持恩师郑荃大师的创新与艺术探索精神。2016年，于慧东在具有百年历史传统的意大利罗马Santa Cecilia国际小提琴制作比赛中，斩获小提琴项目金奖。2017年“首届马耳他国际提琴制作比赛”，他依旧上演帽子戏法，继续将小提琴金奖收入囊中。2018年，第九届保加利亚国际提琴制作比赛中，于慧东在来自20个国家选手的120件参赛作品中脱颖而出，再次分获小提琴金奖和银奖。

迄今为止，于慧东在国际提琴制作比赛中已取得9项大奖，创造5项金奖、4项银奖的赛事佳绩。难能可贵的是，他的大、中、小提琴作品都获得过国际大奖。于慧东的作品选材考究、工艺精美、音色华丽饱满，作品风格遵循意大利传统，并融入个人对艺术的理解，深受各国演奏家和收藏家的喜爱。

可以说，于慧东没有出国深造的经历，他完全是在中国提琴制作艺术学派的花苑中成长起来的一代青年提琴制作家，他的成功代表着中国本土提琴制作教育的成功，代表着中国提琴制作艺术学派创新精神的薪火相传。于慧东现为中国乐器协会提琴制作师分会理事，他所取得的一系列骄人的成绩，无疑使他迈入了国际一流提琴制作师的行列，为华人提琴制作师在国际舞台上增光添彩。

近年来，于慧东并未止于眼前，不善言辞的他始终以一颗平常心，看淡得失，志存高远。对于于慧东而言，他还年轻，匠心铸魂，打造提琴精品，承接中国提琴制作艺术的精神薪火，艺术提琴的求索永远在路上。

曹卫东——韵源天地　琵琶情缘三十余载

琵琶是我国古老的民族弹拨乐器之一，从古代波斯通过丝绸之路传入我国中原地带，至今已有2000年的历史，深得历朝历代文人墨客的喜爱。进入21世纪，琵琶文化呈现出独奏、重奏、弹唱、协奏、大合奏多元化发展的艺术表现形式。作为琵琶制作技艺第四代非遗传承人的曹卫东，在继承前辈优秀制琴文化薪火基础上，在琵琶制作艺术的科学化、规范化、系统化的道路上，精研笃行，大胆创新，让更多国人感受到华夏民族乐器的瑰丽色彩。

一、师从名家　创造曹氏制琴风格

唐元和十一年（816年），白居易在传世佳作《琵琶行》中以“大弦嘈嘈如急雨，小弦切切如私语。嘈嘈切切错杂弹，大珠小珠落玉盘”的诗句，生动地描绘出琵琶清澈明亮的音色，以及韵味独具的音乐表现力。正是儿时唐宋诗词的耳濡目染，让曹卫东对琵琶这件民族乐器所创造的文化艺术情境痴迷向往。

1969年，曹卫东出生于北京市。16岁进入北京乐器制作学校，系统地学习了乐器设计、制作、木材鉴定、机械设计以及乐理知识与乐器演奏。1987年，从北京乐器制作学校毕业后，曹卫东进入北京民族乐器厂，拜著名琵琶制作大师满瑞兴先生为师，潜心学习琵琶及相关弹拨乐器的制作。从锛、凿、斧、锯到刨、锉、磨等工序，再到乐器的设计研发，曹卫东都烂熟于心，他的乐器制作技艺得到了全面的提升。

历经30余载，秉持在赓续中传承、在守正中创新的理念，曹卫东创作出众多独具特色的专业琵琶（包括复制古乐器），不遗余力地推动传统民族乐器的创造性转化与创新性发展。多年来，曹卫东先生和琵琶演奏家教育家李光华、吴玉霞、杨靖、张强、兰维薇、陈音、方锦龙等名家携手合作，在琵琶制作时对音色、音质及演奏手感均衡性等方面进行了深入细致的探讨与实践，得到了很多的支持与帮助，使其琵琶的制作工艺更加完美、精湛，琵琶的音质、音色也越发的美妙动听、耐人寻味，从而形成了独有的曹氏制琴风格。

为了能制作出一张好琴，曹卫东往往会亲赴全国各处挑选上好的乐器木材。他说，“一张能够传世的好琴，与制琴师以及演奏家的关系都密不可分。”刘德海大师曾说过一句话：“制琴人孕生木头孩子，弹琴人调养木头孩子，制琴弹琴鱼水情缘，琴声之美功百各半。”这段话生动体现着制琴与弹琴之间的渊源。工欲善其事，必先利其器。自古弹琴人与制琴人相得益彰。一把好琴的流传是制作师、演奏家与收藏家的共同努力。在时间的长河中，琵琶的形制在不断变化。大忽雷、小忽雷、烧槽琵琶等名琴，因形造美，洪杀得宜。它们既是匠人高超制作技艺与非凡智慧的结晶，同时也彰显着制琴师独特的审美价值。

二、非遗仿古　再现琵琶古韵神风

琵琶源于魏晋南北朝，从北魏的石窟画像中已有四弦琵琶的壁画形象，至盛唐时期，琵琶的制作艺术已达巅峰，在古时琵琶已经价值不菲，即使在现在，传世琵琶也为收藏家所珍视。“在中国，现存的古琴几乎很难再找到实物，所以激发我的创作动力，将古老的琵琶文化底蕴通过复制手段再次挖掘展现出来。”1992年，曹卫东创办了乐器工坊。经过多年坚持不懈的努力，曹卫东以敦煌壁画、唐宋诗词为参考，相继复制出唐代曲项四弦琵琶、唐代直项五弦琵琶、鸟喙式五弦琵琶、龟兹琵琶、明式燕尾琵琶。针对琵琶个性和多声部需求研发出了高音琵琶、低音琵琶和复古明式凤尾琵琶，参照敦煌莫高窟的反弹琵琶乐舞图复制出了乐舞琵琶，再现唐宋琵琶的古韵神风。其中，最值得一提的是，根据日本奈良正仓院的藏品成功仿制的唐五弦直项螺钿琵琶。从琴体的螺钿镶嵌工艺到琴体的装饰工艺，均尽力复刻，使得最终制作出来的琵琶造型堪称精美。

“古琵琶不仅外形精美，乐器音色也与现代琵琶完全不同，古琵琶的声音更加古朴，更有一丝怀古风味。”曹卫东表示，古琵琶与现代琵琶的声音之所以有不同，原因就在琴弦的使用和内部腔体的变化上。现代琵琶的一弦多为钢丝弦，二、三、四弦为尼龙钢丝缠弦，而古琵琶多用蚕丝弦、羊肠弦、牛筋弦，这也成为古琵琶与现代琵琶音色有别的影响因素之一。经过烦琐的工序，才可以制成一把琵琶，而曹卫东三十年如一日痴迷于琵琶的制作艺术，正是为了坚守自己的初心，将更多的不同形制的古琵琶通过现代制作工艺手段再现其瑰丽色彩，深度挖掘琵琶艺术的文化内涵，将优秀的琵琶文化回馈给广大的琵琶表演艺术家和爱好者。

近年来，曹卫东制作的多款琵琶获得了国家专利局颁发的琵琶外观设计及实用创新等多项专利，并获得业界国内外的一致好评，多次受邀到全国各地的专业院校进行讲座交流。孜孜以求几十载，潜心制琴终不悔。“作为琵琶制作技艺的第四代传承人，我有责任、有义务将古老的琵琶制作技艺传承并且发扬光大。”曹卫东如是说。

三、低音琵琶　填补民族乐改空白

关于民族低音乐器，在民族器乐尤其在民族乐队中一直是个空白。近年来，曹卫东和一些演奏名家合作，一直在不断探索和尝试，并取得不错的成果。

纵观乐器发展史，在中国传统民乐乐团中一直缺少低音乐器。在琵琶多声部探索正在路上，有道是：古琴古调传古韵，古香古色听今声。2001年，琵琶演奏家杨靖老师和曹卫东老师开始探讨研发一款低音琵琶，在制作过程中慢慢积累经验，最终低音琵琶成功问世，已申报“低音琵琶”专利，并成功应用到民族乐团当中。2021年，在纪念刘德海大师逝世一周年演唱会上，杨靖老师用此款低音琵琶进行演奏。低音琵琶循古但不泥古，守正亦求创新，在其内部结构、声学原理、外观形制和手感舒适度上，均做了较大提升（现为第4版低音琵琶）。低音琵琶外形古朴典雅，富含中国古风元素。琴弦震动均匀统一，奏响低沉松透的悠远之音，演绎穿越古今的琵琶对话，追求完美艺术永无止境。

四、守正创新　力促文化产业转型

2019年，借助台湖镇产业升级转型的东风以及北京城市副中心的影响及发展方向，曹卫东将琵琶艺术馆迁到通州区并正式入驻台湖演艺车间。该琵琶艺术馆集琵琶传统制作技艺（非遗项目）展示、琵琶艺术展演、音乐培训以及乐器研发设计等于一体。艺术馆展厅更是陈列着各式各样的乐器，其中有挖掘复制失传多年的古式琵琶和多种拨弦乐器，包括明式琵琶、龟兹琵琶、五弦琵琶、专利琵琶、国礼琵琶、定制款琵琶、六弦花边阮、火不思系列等。曹卫东在肩负着琵琶制作技艺传承的同时，也广泛地与有关专家积极合作，成功复制出了几款古代失传的琵琶。成功还原的莫高窟和云冈石窟中的乐器就悬挂在展厅，成为一道亮丽的民族器乐文化风景。

目前，曹卫东已经有数张琴曾作为国礼赠送给国外使节，在展厅的正中央悬挂了一张明式凤尾琵琶，曹卫东对此张国礼琵琶情有独钟。此琴是于2016年应外交部委托，特意为纪念中国与东亚五国建交25周年而作，并由曹卫东本人将亲手制作的琵琶交给塔吉克斯坦共和国的大使。为纪念此次活动，中国邮电部也特意发行了首日封，这也是特种乐器首次出现在邮票及首日封当中。琵琶不仅是一件乐器，更是一种文化符号，同时也是友好交流的载体。

曹卫东表示，台湖演艺车间同时兼具演艺文化传播、演艺创新孵化、文艺会展、学生实训等功能，致力于打造北京城市副中心戏曲、曲艺、民乐及戏剧文化的新地标。在为观众提供高品质演出内容的同时，还将提供教学实践基地，实现适应行业发展需求的人才培养、人力资源开发、教学实践、艺术创作、技术服务、科研成果转化等全方位一体化链接，促进高校与行业共同成长、发展的双赢格局。

2022年，按照北京"四大中心"城市发展定位，国家领导人、北京市委领导针对文化中心建设曾到通州区台湖演艺小镇琵琶艺术馆考察调研，强调台湖镇要完善配套，培育演艺产业集群，打造特色旅游目的地。台湖演艺小镇要坚持规划引领、稳扎稳打、注重运营、适应社会需求，努力打造城市副中心演艺明珠。

迄今，作为中国音乐家协会琵琶学会理事、中国民族管弦乐学会乐器改革制作委员会副会长、北京民族器乐学会弹拨乐器创新研发中心创始人、北京韵源天地文化有限公司创始人，曹卫东在琵琶制作文化领域广纳贤才，他表示，乐器制作是一门传统的技巧和手艺，更是一门严谨的科学。音乐无国界，乐器制作同样没有国界。接下来他会继续跟各位专家老师、相关研究机构进行深入合作，竭尽所能让乐器制作变得更加科学化、规范化、系统化，让琵琶艺术发扬光大，让更多的人感受到中国民族乐器的神奇魅力。

徐小峰——"琴"定终身的逐梦匠师

手工提琴的独特之处在于制作师能根据木材的个性、质地，因材制作。优秀制作师能根据演奏者需求和演奏习惯，创造出富有个性的提琴作品。一把纯手工制作的提琴，已经不再是一把简单的乐器，它更像雕塑、书法、绘画一样，已进入到艺术创作范畴，只有艺术家才能创造出更具艺术审美价值的提琴作品。一方操作台，大大小小近百种工具，艺术提琴创作并不亚于一场高精度手术，从破料到打磨、上色和调音，误差仅在毫厘之间，却是普通操作工和提琴制作大师的分水岭。为了提升泰兴提琴产业的文化价值，江苏凤灵乐器集团有限公司首席技师徐小峰通过结对帮带，助推泰兴提琴产业形成技师、高级工、中级工提琴制作人才梯队，泰兴乐器人以工匠精神带强区域产业，带动群众致富，助推乡村特色经济振兴发展。

驻港部队优秀老兵出身的徐小峰，在2000年光荣退伍后，历时20多载完成了从"门外汉"到"凤灵乐器首席提琴制作师"的华丽蜕变。作为江苏省工匠、高级技师、乡土人才"三带"名人的徐小峰，以工匠精神引领泰兴提琴制作人才队伍，奏响了振兴乡村特色产业经济发展的时代乐章。

一、筑梦：不忘琴音绕耳的萌动

徐小峰的"琴缘"离不开黄桥的"琴缘"。1968年，上海国营提琴厂的6位黄桥籍工人怀揣创业梦想，毅然回到家乡创办溪桥乐器厂，在无法获取提琴制作核心技术的艰难条件下，他们通过筹资购买提琴，反复拆解临摹，终于在1971年生产出了属于黄桥人自己的小提琴。从此，宁静古雅的千年小镇似被一键激活，一座座提琴制作工坊拔地而起，一声声宛转悠扬的琴音不绝于耳，敢闯敢试、追求品质的工匠精神深入人心。

徐小峰就是在这样一个充满灵动丝弦、富于浪漫气息的小镇出生。从小的耳濡目染，使他从少年之时便能脱口而出小提琴的每一个部件名称，提琴之梦的种子也从那时起埋在了他的心底；在他的记忆里刻下了琴声、琴韵、琴怀、琴结，以致后来，徐小峰在驻港部队服役的日子里，每思故乡月明，总能听到琴声朗朗，顿感力量焕发、精神抖擞。

二、追梦：触碰提琴制作的脉动

2000年退役后，徐小峰没有立即返乡，而是选择考入上海音乐学院，系统学习提琴制作。在学习班中，他不是最有天赋的，却是最努力的，为学会破料他花了4个月时间，每次学习磨刀一站就是几小时，但却从不言苦、从不言弃。

徐小峰白天学习提琴制作，小到琴头、弓弦，大到琴盒、琴板，一处一寸都严格完成；晚上学习理论知识，从材料的选择到配件的把握再到工艺线条设计等，一点一滴消化吸收。课程虽然枯燥乏味，但他却从学琴、制琴中感受到了弦动玄妙，体会到了乐趣。

学成之后，徐小峰返乡进入江苏凤灵乐器集团工作，正式踏上了提琴制作之路。在这里，他有了更多接触到高档提琴与国际制作大师的机会，同时也看到了自身制琴的差距与不足。为了能让这种差距缩小，后来徐小峰又报学了中央音乐学院国际提琴制作大师郑荃工作室学习正宗的意大利制琴工艺，在这里得到了郑老师的悉心指点，在制琴工艺及提琴认识上有了质的提高。他不断地学习与钻研，沉迷于制琴技艺提升，慢慢地，工艺、音色越来越好，他深深地融入到了这一行，也深深地爱上了这一行。

三、圆梦：感受极品工艺的乐动

徐小峰不再满足制成琴，他开始追求制好琴，积极探索原汁原味的意大利工艺：每块琴板手工锯，每个琴孔手工钻，琴头、弓弦、琴盒、琴板……每一道工序反复精雕细刻。汗水腌渍眼睛，手上磨出血泡，他依然咬牙坚持着。功夫不负有心人，在经过数年的钻研与尝试之后，他终于制出了黄桥镇第一把达到世界先进水准的小提琴，提高了“黄桥牌”提琴的社会声誉。

徐小峰把提琴制作上升到艺术创作范畴，像对待雕塑、书法、绘画一样精益求精；从破料到打磨、上色、调音，他全程操刀、追求完美。为制作一把特殊要求的定制提琴，他潜心钻研一年，先后设计了700余个尺寸，一根音柱就换了十几种材料。他始终认为，提琴制作的紧密程度不亚于一场手术，误差仅在毫厘之间，却是普通操作工和工匠大师的分水岭，身为凤灵乐器的首席技师，做就要尽力做到最好。

徐小峰对提琴质量的要求近乎严苛，坚持“零缺陷”。每次抽检到音质音色不好、制作工艺不到位的琴，他都会毫不犹豫地敲碎，一年下来，徐小峰亲自敲碎的琴多达200余把。在这种追求极致的高标准下，他制作的高档提琴均达到世界高档专业化标准，作品被评定为“联合国科教文化礼品”，广受好评与青睐。

四、助梦：甘做带富传承的驱动

2006年光荣加入中国共产党的徐小峰，开始注重发挥自身先锋模范作用。他自觉扛起“带领技艺传承、带强产业发展、带动群众致富”的使命重担，竭尽全力去帮助更多的人追梦、圆梦。

他带头学习钻研，参与研究的“微生物酶剂”技术获得了国家专利；参与研究的“木材微生物改性与提琴音质改良”项目，对提琴木材的改性处理工艺达到国际先进水平，填补了国内空白；参与编写的《提琴制作工》职业技能标准及教材等文件，为提琴制作和提琴制作师的标准指明了方向。

他着眼技艺传承，经常深入企业、学校开办公益课堂，讲授提琴制作知识。有同行向他请教制琴技术难题，他总是毫无保留、倾囊相授。对待学徒，他手把手传授技艺，不厌其烦地纠错指导，直到学徒能适应技术水准和数据要求，他才安心放手。徐小峰总说：“我希望能带出更多优秀的工匠，真正为家乡做点实事！”

他牢记带富宗旨，牵头创立大师工作室，近年来结对帮带了近60名匠人，教育培训了2500余名农民学习制琴工艺，为56户困难家庭提供了就业辅导、创造了就业收入。在徐小峰和像徐小峰一样的提琴工匠的影响带动下，全镇现有3万余名农民从事小提琴制作，黄桥提琴艺术教育文化产业不断发展壮大。

他对自己两个孩子说的最多的一句话就是：要专心致志做一件事，哪怕一辈子只做好一件事。徐小峰身材高瘦、衣着朴素、安静寡言，站在人群里极不显眼。但只要提起小提琴，他就会两眼放光、兴奋不已。“未来的路还有很长，我会努力带更多的人一起把提琴做下去、做最好，不遗余力推动黄桥提琴产业跻身世界先进水平！”徐小峰坚定地说道。

宋恩辉——三十年铸一剑，钟情民族乐器研发

宋恩辉，乐海乐器有限公司研发总监兼研发技术一部经理。1993年进入乐海公司学习琵琶的制作；1996年进入北京民族厂师从史增权师傅学习古筝制作；2001年至今负责产品技术研发、技术改进、产品结构优化等工作；2015年荣获乐海公司“杰出贡献奖”。在乐器杂志先后发表了《筝的制作材料处理与制作技术应用》《小型化大阮的设计与研发》等论文，并先后申请了国家发明专利3项，实用新型专利12项；2017年荣获中国民乐“十大改革家”称号、2020年受聘为“全国乐器行业专家委员会”专家、荣获2021年度中国乐器行业“科技之星”称号。

宋恩辉在工作中一丝不苟、精益求精，发扬新时代的工匠精神。为了解决困扰古筝使用者和生产厂家多年的古筝琴头开裂问题，深入车间带领研发团队反复做测试，找办法，失败了重新再来，做市场调研，分析古筝产品适宜的存放环境，其温度、湿度对乐器的影响。古筝琴头开裂最主要的原因就是内部应力不平衡，为了解决这个问题，宋恩辉亲自到车间和员工们一起对材料进行了清水浸泡，蒸汽烘干及特殊工艺处理。为了降低材料的内应力，多次尝试和探索环境温、湿度对木材的影响，模拟梅雨季节的气候特征对产品进行测试，最终根据产品的特性、利用实木复合技术，解决了古筝琴头开裂问题，保障了产品质量。

一、认真学习，匠心钻研

扬琴属于木质结构的一件乐器，在使用或销售过程中经常会遇到扬琴音板开裂的现象，严重影响了扬琴的质量和使用寿命。为了减少扬琴音板的开裂问题，他和扬琴研发团队的成员们反复研究测试并做了大量的改进工作。在实验中发现扬琴的几根音樑弧度不在一个弧面上，这样音樑与两侧琴头交接就出现了过度不均的现象，导致音板弧面受力不均、音板厚度出现误差。正所谓“差之毫厘谬以千里”，丝毫的偏差就会导致音板与音樑胶黏合不严，使扬琴音板出现应力不平衡问题，这样就会导致后期音板开裂、变形。使扬琴音板厚度出现偏差，严重影响扬琴的音色质量。要想解决这个问题必须对扬琴音樑弧度进行改进，使几条音樑的弧面在一条弧线上，使音板内应力自然释放。他在研发的过程中同时发现扬琴音板收缩缝过窄，当扬琴拴上琴弦后，扬琴音板受到琴弦拉力，预留的收缩缝被迫挤压合并，使扬琴受力产生的应力不能释放，导致音板变形鼓包，从音樑黏合处开裂。为了规范扬琴的音樑弧度控制音板开裂问题，宋恩辉带领研发团队做了大量的研发测试、从失败中找经验，他分析考虑到北方空气干燥，尤其是冬季，室内外温差较大，扬琴音板容易受气候环境温湿度的影响，应力不平衡而导致扬琴变形开裂。通过对扬琴产品结构、材料、框架承受力、制作工艺优化等不断的尝试和多次反复的论证，他大胆提出：利用模具实现扬琴音樑弧度与樑峰宽度模具成型，并对扬琴上音板工序的操作进行优化减少框架应力，这样就避免和控制了扬琴音樑不规范的问题，同时采用黏合力强的化学胶、控制了扬琴音板开裂。

为了满足市场需求，宋恩辉带领扬琴研发团队，在专家的指导下，研发了乐海-海之尊系列——虎啸中音扬琴。为了使虎啸扬琴中、低音区音色浑厚，在402扬琴的基础上增大琴体框架20毫米，同时将低音区原来的临时音位改为固定式音位，增加了低半音琴码的设置，如#F和E及F三个音不再东挪西借，有了正式的家——专用音位。为作曲家创作带来低音应用的便利，演奏也很方便，应用时极易适应。产品弥补了其他品种402型中音扬琴低音区半音不全的缺憾。增加了有效弦长，使虎啸中音扬琴的

声音更具有特色，各音区发音更加均衡，尤其是低音区的音色更加宽厚响亮，演奏更加顺手。

二、开拓创新、匠心务实

宋恩辉在琵琶研发工作中发现中低档琵琶产品的音板薄厚度很难掌握，是琵琶音质提升的短板。受环境因素和刨面制作人员技术含量的影响，很难对琵琶音板厚度进行把控。于是他率先提出将琵琶的音板进行数据化生产，亲自带领琵琶研发团队成员通过采集大量的琵琶优选琴音板数据，对琵琶的材料密度、结构进行综合分析，探索每一块音板存在的共性因素奥秘。根据音板的木射线多少和年轮宽度进行分析配置音板厚度，并做出数据化的样品琴，让专家鉴定音色，找出不足后再次优化完善琵琶的音板数据。经过反复推敲、验证后，综合实验数据形成一套标准参数。最终根据音板木材密度利用智能数控加工，率先实现了中低档琵琶的音板数据化生产。与此同时实现中低档阮、扬琴的音板数据化生产。在保证音质的前提下，降低了工序技术含量、提高了生产效率。

三、从不服输，挑战瓶颈

随着民族乐器的不断发展，乐器产品的研发力度逐渐增大，产品的音质研发已经成为乐器研发制作的关键。琴弦是乐器的关键组成部件，琴弦的音准、音色直接影响乐器的发展，可见琴弦的品质在乐器生产使用过程中的重要性。琴弦音质的好坏、音质的纯净度是由琴弦钢芯材料所决定的，那么琴弦钢芯的处理势在必行。这么多年来人们对琴弦材料的研发较少，可借鉴的方案、查询的资料几乎都是空白。琴弦的好坏直接影响乐器的音质，影响演奏者演奏技巧的发挥，而琴弦的核心就是钢芯的质量，在钢芯的拔丝和琴弦的加工过程中都会产生应力，这些应力在使用过程中就会产生杂音，表现为琴弦不够松弛，音头不够圆润。为了解决琴弦应力问题，宋恩辉购买了许多相关方面的书籍，查阅资料，然而却找不到有关琴弦应力平衡的相关资料。于是他多次走访中国科学院，向相关方面的专家请教并购买了真空光亮处理设备。

初用此设备不知从何下手，处理出的琴弦钢芯锈迹斑斑。琴弦的研发道路坎坷，经过无数次不断的尝试，不断的改进优化，实验、检测、验证、试用、反馈，最终验证了：在高温状态下利用惰性气体进行高温保护处理，从而降低琴弦钢芯的内在应力，减少琴弦的杂音，琴弦材料处理工艺是琴弦研发的关键技术，合适的环境温度可以改变琴弦钢芯的应力平衡，在高温下使其晶体重新排列从而起到调质降噪的目的，提升琴弦的纯净度，以满足乐器使用的需求。

四、总结经验、提升自我

宋恩辉在工作中虚心向音乐学院专家、教授请教，刻苦钻研，不断地提升自我，把乐器的乐理知识与实践经验相结合，根据木材密度、传导振动、对音色好的乐器进行声音采集、频谱成像；分析产品的特性，总结经验，形成标准用于指导生产，为提高一线生产员工的劳动技能，加强培训意识，及时组织车间进行技术项目培训，有针对性地讲解关键工序、关键点的技术把控，讲解关键工序操作要点，让工人熟练掌握本工序操作技能，有效地提升了产品质量，得到了市场的认可。

宋恩辉积极参与编制了《乐器使用保养扬琴100问》、主编了《琵琶100问》，对乐器产品在使用过程中容易出现的问题和需要注意的事项及乐器存放需要的环境温度、湿度一一做了解答。乐器不同于其他产品，它不仅是一件乐器，而且还是一件工艺品，环境温度、湿度直接关系到其音色质量。《乐器使用保养扬琴100问》和《琵琶100问》的面世，给使用者带来了很多益处，受到了广大音乐爱好者的一致好评。

宋恩辉从事工作30年来，在长期不断的摸索和生产实践中，深刻体会到：乐器科技与研发创新是乐器生产征途上的永远命题，是乐器生产企业发展活力延伸的动力源，更是乐器行业体现中国制造的风标，尤其对乐海乐器强化企业发展与社会责任感的企业文化建设，更具有深远的积极意义。为汲取先进生产工艺，宋恩辉认为虽路漫漫而志在求索，为智能化中国制造的实现，“博观而约取，厚积而薄发”，为了中国乐器工业的辉煌，努力腾飞。

宋少康——“择一事终一生，不为繁华易匠心”

宋少康，乐海乐器有限公司技术研发二部、生产部经理。2003年，加入乐海乐器有限公司，从事漆艺制作及质量检验工作；2008年至今，从事生产管理及产品技术研发、民族乐器仿制及复原等工作，并先后申请了国家专利11项；自2015年，进入国家行业标准委员会，起草、修订行业标准10余项，并受聘为全国乐器标准化技术委员。曾荣获市级“质量标兵”、县级“十大工匠”称号，并于2019年荣获中国民族乐器“十大改革家”称号，获2021年度中国乐器行业“科技之星”称号。

一、“传、帮、带”精神

宋少康说，直到现在，他依然清晰地记得第一次进入车间的场景，虽然对各种产品充满好奇，但更多的是被老师傅们娴熟的手法、严肃的工作态度所征服。也就是从他进入车间开始学习的时候，才真正领会到了“传、帮、带”的真正含义。正是因为有老师傅们无私地将其工作上所掌握的知识、方法和经验传授给新员工，在其工作和生活上进行帮助，带动和带领新员工开展工作，才使得他们尽快地成长，也使得他们在今后的工作中一直将“传、帮、带”的精神传承下去。

为了提高产品的生产效率，使民乐批量化、标准化、精准化，宋少康亲自到车间与工人师傅一起干活、一起探讨、试验，根据各种产品的特点对其工艺进行改良。产品工艺的改良，除了需要拥有数十年如一日的工作态度外，更重要的是必须对每种产品都特别了解。经过长时间的实践，他将公司内部主营的扬琴、古筝、琵琶、阮、胡琴等十几种产品重新组合、分化了产品流水线。在日常的生产管理当中，他坚信只有利用现代科学的管理、结合民族乐器的生产特性，才能使民乐做到批量化生产。首先，对乐海公司所生产的每一种产品制定出标准的使用量、构成乐器的物料信息，然后制定出具有民乐“特色”的库存状态信息，保障批量化生产；同时，引进及自主研发机械设备对产品进行标准化生产，使关键部位的尺寸误差控制在0.02微米，使民族乐器的生产达到了一个新的高度；他时刻保持着这种不断追求完美、追求创新的精神，也在感染着身边的每一个人。他说工匠精神是一种心态，是一种干一行，爱一行，精一行的态度，这是工匠精神的灵魂！

自2014年起，为了激发全员正能量，乐海乐器号召员工群策群力，在公司内部推行全员创新。在初级阶段，公司召开全员创新动员大会，一听到说要人人创新，员工自己就打退堂鼓，认为那是高科技人才才能做的事。宋少康认真和大家解释创新的含义，他说道：“创新有3层含义：更新、改变、创造新的东西。更新一个操作、改变一条线路、变换一种方法、想出一条新思路……这都是创新。怎样才能走上“创新路”？怎样才能找到“创新点”？如何能多出创新成果？我们应该善于思考，做到人人想创新、人人敢创新、人人能创新、人人会创新……只有这样，更多的创新成果才能在乐海这片沃土上生根发芽。”

2014年至今，在推行全员创新的7年时间里，在乐海乐器公司内部推行并使用的创新案例达500余项，其中有100余项申请了专利，填补了多项专业领域的空白，例如专业儿童二胡的研发及市场推广、便携演奏筝的研发及应用等。大家都知道，创新是企业赖以生存和发展的基础，员工是企业创新创效的主力军。无论创新实践的推进还是创新成果的转化，员工参与面越广，参与程度越高，创新成果就越丰硕、越显著，效益提高就越明显；创新，只有起点，没有终点。我们要致力于把全员创新作为一个优良传统，在乐海发扬光大！

二、“以匠人之心，研时光之影”

木材干燥是一个很严谨的过程，木材干燥处理的目的主要有5个方面：①预防木材腐朽、变质；②防止木材变形和开裂；③提高木材的力学强度，改善木材的物理性能；④改善木材的环境学特性；

⑤减轻木材的质量。简而言之，木材干燥是为了保证产品的音质及材料的稳定性，使木材本身的应力得到平衡。宋少康在2014年根据材料学、热工学、力学等原理，完善并制定了公司内部《木材处理流程方案》，对材料在自然风干时，对环境的要求、材料的码放方式及自然干燥过程中倒垛的频次；在蒸汽干燥过程中，为了保持空气的流通，对材料的码放高度及空间的排列要求等，都制定了标准的操作规程。正是因为对民乐事业的热爱，宋少康才更愿意感同身受地去考虑使用者最真切的想法，并为之解决后顾之忧。

由于南北方气候差异较大，受温湿度的影响，胡琴很久以来就受地域的限制，有“南琴、北琴”之说。例如，南方的琴到北方，由于气候干燥、湿度较低，胡琴会出现不同程度的琴筒开裂；北方的琴到南方，由于南方气候比较湿润，湿度较大，胡琴会出现皮膜压力变小，调不到标准音等一系列的问题。这些问题既阻碍了胡琴的推广，也给众多的演奏家到各地去演出带来了很大的困扰；更有甚者，演奏家为了一次演出，需要带好几把琴，并且还不能保障演奏用琴的音色。宋少康带领技术团队采取了如下技术改良举措：

（1）为了解决琴筒开裂的现象，宋少康带领研发团队，借鉴传统榫卯工艺，在琴筒拼接的6个面上利用嵌入式工艺对琴筒进行加固，这样既能对琴筒起到加固的作用，又不影响外观。这样一来，即使琴到了南方，琴筒也不会因为湿度太大发生开裂。

（2）随着交通的便利、音乐文化交流范围的日益增加，胡琴必须打破区域限制，才能得到更广泛的推广和应用。专业演奏家需要经常带琴到各地区演出或授课，针对前述的由温湿度变化引起的皮膜收缩，应急的处理方法就是通过调整弦码的高度、千斤的宽度来调节，但是这类调整方法的调节范围有限，仍然难以达到理想的音准效果，所以给演奏家带来很大困扰。

针对现有技术的不足，宋少康发明了一种能够提高实用性的可调式二胡结构，并申请了发明专利。这种二胡可以通过改变琴弦张力进而增加或降低皮膜的压力，从而解决皮膜因温湿度变化而变松或者变紧、音准不标准的问题。该可调式二胡结构操作方便，对音程范围的调节可达3个大二度，调节范围大，有效地解决了因温湿度变化，对皮膜造成的影响，扩大了胡琴的使用范围，在很大程度上解决了演奏家的困扰。

（3）在音质、音色的研发方面，宋少康听取了众多演奏家的意见及建议，在研发的过程当中结合每种乐器自身的发音特性，利用材料学、振动学、传导学、结构学、力学等科学的方法进行验证，通过多次的测试使乐海乐器生产的每一样产品都得到了阶段性的提升；乐海乐器公司每年都会组织多场公司内部及外部的制作比赛，内部的比赛是对制作水平的评比，评委是从事民族制作15年以上的技师；外部的比赛是对音色进行评比，评委是众多的专业院校教授。通过自我提升及专家引领的方式，乐海乐器公司的产品能够在众多的专业院校使用，这使宋少康感到骄傲与自豪，同时对民族乐器事业的责任又多了一份担当。

宋少康总结道，在许多人眼中，工匠精神像是一种学者的“怪癖”；在他看来，工匠精神更是对于完美的不懈追求，是对于创新的不断努力，其实工匠精神是对职业本身的要求，是工匠追求完美、追求创新的责任感。一直以来民族乐器的传承、发扬是乐海乐器公司的宗旨，乐海乐器工匠团队也会继续为民族乐器的事业而不懈努力，用新时代的工匠精神照亮未来！

贺相宜——空谈不如实干，踱步何不前行

在2022年广东省庆祝“五一”国际劳动节暨劳模表彰大会上，珠江钢琴集团贺相宜同志荣获2022年“广东省五一劳动奖章”。一直以来，广州珠江钢琴集团股份有限公司的贺相宜同志以党员的标准严格要求自己，恪尽职守、热心服务、廉洁自律，她用自己的努力和汗水，以优秀的工作表现和突出的业绩赢得了领导、同事们的认可和表扬，先后荣获广州市“三八”红旗手、广州市国资系统“优秀共产党员”、广州市“优秀共青团干部”、珠江钢琴“优秀党务工作者”“十佳优秀青年岗位能手”“优秀钢琴人”“抗疫先进个人”等称号，巾帼不让须眉，体现了新一代青年的责任担当和榜样力量。

一、不积跬步，无以至千里

贺相宜从一名业务助理做起，努力学习钢琴制造、设计工艺、产品结构等业务基础知识，研究学习公司市场策略、行业动态、竞争对手产品及市场策略等情况，使自己快速胜任工作岗位，培育了敏锐的市场触觉和对市场形势的研判能力。在被提拔为区域经理后，她快速转变工作角色，凭借前期扎实的业务基础为区域宏观管理工作奠定了良好的基础，以全局观带领团队发挥头雁效应，把团队历练成一支敢想、敢做、能做的精英团队，勇于面对各种挑战，团结协作。即使是在市场疲软状态下，团队依然能超额完成任务，使珠江钢琴产销量始终保持全球领先地位。

二、功成不必在我，功成必定有我

2020年，面对突如其来的疫情瞬息万变的市场环境，贺相宜没有等待和观望，而是主动出击，从“销售”和“市场”这两个关键点开展工作，积极应对疫情影响，推进经销商“渠道下沉”战略的实施，顶着疫情的巨大压力，她带领团队走遍了全国30多个省市，快速整合销售、市场、售后等营销资源，集中向市场和用户发力，有效地畅通销售渠道、拉动终端销售，服务渠道客户和目标用户，与经销商们共克难关，坚定企业与经销商携手应对疫情的决心。她充分借助互联网，从线上到线下开展全方位的宣传，开展了如全国老年钢琴大赛、兰州国际钢琴艺术周、“金牌店长培训”、录制产品小视频等活动，国内销售量从年初的断崖式下滑逐步上升，最终胜利完成了公司预期的经营目标任务，实现了国有资产的保值增值。

三、发展是第一动力，创新是第一要务

为配合公司核心技术弦槌的研发，她主动参与到研发工作中，通过收集大量市场信息及自己对市场信息的消化和研判，贺相宜大胆提出了“PR2.0弦槌”的命名和设计意见，设计通过外形的改变，让弦槌的重心位置发生改变而产生了更好的力学运动效果，使其弹奏性能大大提升。经过反复的实验，她所提出的设计成为了本次研发工作的制胜关键。历经75个不同工艺方案、1458次实验研制出的“恺撒堡钢琴PR2.0弦槌”，获得了3项外观专利和2项实用新型专利。在成果发布会上，它的外观、性能等均受到国内外知名钢琴家们的一致好评。“PR2.0弦槌”突破性技术成果成功地打破了钢琴弦槌关键核心技术被外国供应商“卡脖子”的困局，进一步提升了自主钢琴的品质和竞争力，为创造中国民族品牌做出努力。

四、党旗领航，融合发展

由于是业务部门，作为党支部书记，贺相宜始终坚守一手抓党建一手抓业务，“两手都要硬”的理念，在支部里实施“把优秀人才培养成党员，把党员培养成优秀人才”的双向人才培养模式，使支部党建工作与经营工作高度整合。在开展党建品牌创建活动中，她从小处着手，大处着眼，把品牌效应最大化。在2021年，庆祝中国共产党成立100周年期

间，她组织策划了“琴心向党百年百场音乐党课”，让音乐响彻在礼堂、学校、社区、广场、机场、街巷等地，让党旗红遍了大江南北，为庆祝中国共产党建党百年增添了浓厚的气氛。支部党建工作让人看得见，摸得着，从而受到集团各级党委的高度认可，获得了集团“先进党支部”的光荣称号。

贺相宜表示，作为年轻一代，没有任何捷径可走，只有在艰苦的锻炼中历练工匠精神，才能在不断变化的环境中以不变应万变，在企业品牌文化和人才建设工作中作出更大的贡献。

赵宏亮——三十余载制笙情，非遗传承赵家笙

中华民族5000年文明史，无数能工巧匠创造的传统文化艺术瑰宝流芳千载。中国民族乐器作为传统国乐的物质载体，其中也蕴藏着绵延千年的文化内涵。出身燕赵大地的普通农民赵宏亮，16岁开始学习制笙，卧薪尝胆、废寝忘食，历经36载，终将具有3000多年悠久历史的中华古乐器——笙做到了极致。

习近平致首届大国工匠创新交流大会的贺信中强调，我国工人阶级和广大劳动群众要大力弘扬劳模精神、劳动精神、工匠精神。赵宏亮在制笙艺术上的执着探研，有力践行了乐器行业的大国工匠精神。

一、出身布衣 勇做行业黑马

作为在传统乐器制作领域具有突出贡献的行业工匠，赵宏亮家住典型的北方农村——河北涿州南寺村，祖辈几代人定居在此。清朝末年，村边寺庙的香火很旺，每逢举行法事，都有乐队鼓瑟吹笙。村里乐队中，有一位赵姓的男孩，不仅会吹笙，还会修笙，深得主持喜欢，他就是赵宏亮的太爷——赵东笙。久而久之，赵东笙因调笙技艺精湛而闻名于十里八乡。此后，赵东笙把调笙技艺传给了儿子赵伯纯。赵伯纯长大成人时，正值新中国成立，他独身到北京谋生，先进了首饰行，后又在北京艺华管乐器厂学做西管乐器。20世纪60年代，因为技术出众，赵伯纯被调到北京民族乐器厂，专门从事加键笙和加键唢呐的改革工作。1976年，作为民族管乐器改革专家，赵伯纯退休回乡，这时“赵家笙”的第四代传人赵宏亮刚满八岁。

童年时期，在爷爷耳濡目染下，赵宏亮对笙的材料、结构、工艺有了初步认识。1985年，16岁的赵宏亮正式跟着爷爷学习做笙。赵东笙口传心授，把毕生的精湛手艺留给了后辈人。为了学习笙簧片的制作技术，赵宏亮专程到北京向中央民族乐团笙演奏家王慧中及北京民族乐器厂笙制作师龚放学习笙的吹奏和簧片制作技术。

青年时期，赵宏亮基本掌握了加键笙的制作技术。改革开放初期，制作加键笙的能工巧匠分布在北京、上海、苏州等地，论行业名气与资质，赵宏亮不在一线工匠行列。可是初出茅庐的赵宏亮始终记住爷爷的教诲，“干好自己的事，不要管别人如何”。20岁的赵宏亮就是凭着初生牛犊不怕虎的精神，刻苦钻研制笙技术，用了不到10年时间，其制作的36簧加键笙因性能稳定、演奏性能舒适而博得国内音乐院校、民族乐团，以及中国港澳台地区加键笙使用者的青睐。那时，市场上同类36簧加键笙价格为3000元，而赵宏亮的加键笙却卖到7000～9000元，尽管价格高于市价2～3倍，但乐器订单仍然供不应求，专业演奏者开始普遍使用赵宏亮制作的加键笙。赵宏亮由此在国内制笙领域脱颖而出，成为国内制笙界的一匹黑马。

二、情系乐改 助力民乐交响化

作为年轻的乐器制作师，赵宏亮在自主创业道路上初战告捷，但他并未满足眼前的成绩，而是向着制笙的更高境界发起冲击。

新中国成立70年来，笙逐渐成为中国民族管弦乐队中的重要吹管乐器，作曲家、指挥家、演奏家都对笙的改革寄予厚望。多年来，加键笙、扩音

笙、排笙、抱笙琳琅满目，笙的改革成果虽然显著，但指法不统一，按键手感及噪声、运输及维修困难、乐器缺少低音等问题，都成为笙的艺术发展中的“卡脖子”难题。其间，笙的乐器改革涉及到声学、数学、物理、化学、冶金、材料力学等方面基础学科知识的综合应用问题，而对于只有初中文化程度的赵宏亮来说，过去可能都没有听说过，更别说应用在乐器改革实践中了。但是，明知山有虎，偏向虎山行，2002年—2012年，赵宏亮十年磨一剑，发起了从传统笙向现代笙转变的第二波技术攻关。历时十几年，对于笙在现代民族管弦乐队中的应用，赵宏亮的乐器改革取得了突破性进展，为笙在民族管弦乐队中发挥的基础作用作出了重要贡献。

1．扩大音域，满足作曲家、演奏家对单笙音域的拓展要求

36簧笙本来就是改革笙，12平均律排列，但是36个音不到完整的3个八度，不能完全满足现代作曲家的音域要求。赵宏亮与王慧中等人合作，在保持原有36簧笙规格基础上，成功研制出38、40、42簧笙，大大提升了加键笙的音乐表现力。

2．形成笙群，使笙成为大型民族管弦乐队管乐声部的重要组合乐器，并实现了高、中、低声笙演奏指法的统一标准化

以往民族管弦乐队中也有高、中、低笙的组合，如36簧笙、排笙、抱笙，乐器不仅外观形制不同，指法也不一致。经过赵宏亮的创新研制，完成了笙的高音、中音、次中音、低音、倍低音产品的系列化，全音域达到5个八度，完全可与西洋交响乐队媲美。作为乐改最大亮点，笙的全系产品指法完全一致，只要演奏者掌握一种笙的演奏指法，其他各声部笙的演奏都可以驾驭。目前，内地大型民族乐团以及香港中乐团都已开始采用赵宏亮研制的系列笙。

3．演奏性能满足现代民族交响乐的要求

现代民族管弦乐曲不仅拓展了作品音域，同时在演奏速度和强弱变化上都有更高要求。以往由于材料和工艺原因，传统笙影响了演奏家的技术发挥，为了攻克这一难题，赵宏亮深入研究力学杠杆原理，精心选择材料，并借鉴钢琴琴键下沉和回升负荷标准，对笙键制作与安装进行了全方位改良，最终使笙键的稳定性和速度满足了演奏家的要求。改良笙不仅完全消除了噪声，且触感灵敏，基本上可以满足演奏者每秒按键8～12次的速度要求，演奏者可随心所欲地演奏各种高难度中外名曲，大大提高了笙的艺术表现力。原中央民族乐团笙首席王慧中介绍说，他演奏世界名曲《野蜂飞舞》正是用了赵宏亮制作的40簧笙，才满足了乐器演奏的速度要求。

4．对笙结构进行颠覆性的改革

赵宏亮对笙的改革大大小小约有20余项，但最主要改革是对笙斗的创新改革：①将笙盖板和笙斗固定连在一起的斗改为笙盖板与笙斗分离开自由拆卸；②由多个笙管共插在一个气室里改为分割成若干个气室，每支笙管独立安装在单独的气室中，有多少个笙管就有多少个气室。赵宏亮创新改革的活笙斗，实现了拆装方便，不漏气，维护修理调试技术难度降低，运输安全性提升，使演奏员的吹奏技术有了更大的发挥空间。同时，乐器的卫生环保性有了明显改善；③多气室的创新是笙发音原理的重大创新，其中涵盖了复杂的声学振动技术。这一技术突破，不仅使笙的音量明显增大，同时，也减少了演奏员演奏时的用气量，使得演奏技术有了更加充分的发挥空间。

赵宏亮的乐改成果受到专家们的一致好评，中央民族乐团王慧中说，赵宏亮为中国笙的改革作出了重要贡献；香港中乐团特聘笙专家朱家明说，赵宏亮制作的笙堪称完美，赵家笙已被当做国宝送给外国友人；武汉音乐学院器乐系主任谭军说，赵宏亮是目前中国笙界一位非常有情怀，具有大国工匠精神的乐器制作家，他不计报酬，毫无保留地到学校为学生讲授制笙原理和维修方法，受到学生们的敬佩和喜爱。

三、传承非遗　甘做笙文化传播使者

近年来，赵宏亮因加键笙的乐改贡献，获任中国民族管弦乐学会笙专业委员会荣耀理事、乐器改革制作专业委员会副会长、吹奏乐器改良领导小组组长、北京乐器协会笙工作委员会副会长等职务，相继被授予“中国民乐十大制作师”“十大改革家”等称号。

人生能有几回搏？2016年，在获得社会各界广泛赞誉时，赵宏亮将职业视野转向5000年中华古乐器笙的艺术发展史。他因此肩负起“笙文化”传播社会责任，旨在让更多社会人群关注笙的艺术魅力和文化底蕴。同时，他开启“传统与现代相结合”的企业发展战略，将赵宏亮制作的系列笙统一命名为“赵家笙”，并根据历史资料复制出我国不同时期的笙。其中，有长沙马王堆一号汉墓中出土的竽，还有古代用葫芦作笙斗的笙，以及各种改革形制的笙。为此，赵宏亮在家乡建起了“赵家笙乐器博物馆”，这是国内首家以笙为主题的博物馆。展馆中以笙为主题，详细介绍了中国笙的历史文化，笙的制作、演奏等方面内容，通过普及民族音乐知识，增加青少年对中国历史文化的了解，感受中华文化的博大精深。

赵宏亮告诉记者，最近他已经被授予“河北省保定市非遗传承人”称号，他还要努力争取评上“国家级非遗传承人”。“我一辈子做笙，我是为笙而生的。今后我要沿着这条道路一直走下去。我要用笙这一中华传统文化宝库中的璀璨明珠，为中华民族的伟大复兴，实现中国梦做出自己应有的社会贡献。”赵宏亮如是说。

金海鸥——钟鸣盛世　复兴华夏雅乐之器

金海鸥这个名字，可能现在社会上知道的人不多。但是，编钟这件民族乐器却是无人不知，无人不晓。1978年，在湖北随县出土的距今2400年战国曾侯乙编钟，震惊了全世界，改写了世界音乐史。当新千年即将到来之际，我国以2400年前的曾侯乙编钟为设计原型，1999年11月制作完成一套重17吨，上下3层，共计108枚单钟的中华和钟，并于2000年1月1日在北京劳动人民文化宫太庙鸣响新千年到来的盛世钟声。参与90枚主旋律单体编钟的铸造任务以及乐器整体设计的大国工匠就是来自苏州的金海鸥先生。

一、“苏锣”快手　再现先秦晨钟暮鼓

金海鸥祖籍浙江海宁盐官镇，1947年2月出生在苏州乌鹊桥弄。1962年，15岁的金海鸥进入苏州市著名的西义丰响器厂当上了一名工人。当时，苏州是我国响铜乐器的发源地之一，各种响铜乐器技艺精湛，工艺独特。新中国成立以后，苏州生产的中堂锣被正式命名为“苏锣”，充分显示出苏州响铜乐器在国内所具有的影响力。20世纪50年代，苏州多家响器作坊合并为“苏州民族乐器三厂”，金海鸥成为一名国企工人。从1962年到1987年，金海鸥在25年的工人生涯中，从刚一进厂便显示出与众不同。他是当时厂里有名的“快手”，无论是制作锣镲，还是唢呐，一天的任务量他半天就可以完成。不仅如此，他还是一个不懂就问，爱动脑子的人，凡事总要问一个“为什么”。没有几年的光景，他便琢磨出“千锤打锣一锤定音”的物理原理。在实际操作中，他研究出一套如何改进锣的配方和工艺的套路，使锣的专业品率大大提升。从此，金海鸥打制的锣成了国内各专业团体的抢手货。

年轻的金海鸥总是愿意走别人没有走过的路，不断地攀登新的高峰，去破解无人破解的秘密，再苦再累也心甘，这就是金海鸥的性格。

机会来了，20世纪80年代，湖北出土的曾侯乙编钟震惊世界。很多从事专业音乐工作的学者想复制编钟，并将其搬上舞台，但因其中蕴含着深奥的铸造学和音乐声学相融合的原理，最终未果。而只有小学毕业文化水平的金海鸥却不甘示弱，他把既有名又有利的制作苏锣“甜活”让给其他同事，主动向厂领导请求研制编钟。凭着自己丰富的金属铸造技术，在短短一年时间内，金海鸥研究学习大量的音乐学、律学知识，并将这些知识融入编钟铸造技术之中。

1984年，金海鸥研制的由16个单钟组成的编钟被国庆35周年大歌舞《中国革命之歌》选中，该编钟作品首次登台，成为民族打击乐器的组成部分。在《中国革命之歌》的“序幕——祖国晨曲”乐段，舞台上，清晨霞光驱散层层薄雾，万里山河唱起庄严的晨曲，古老的编钟回荡着历史的交响。作为首套编钟作品，金海鸥复制编钟技术的意义完全不同于其他乐器的改革创新，该作品恢复了2000年前先秦时期双音编钟的铸造技艺，乐器制作意义非同凡响。

二、中华和钟　新千年钟鸣盛世

1987年，心怀远大志向的金海鸥辞职下海，在激情燃烧的岁月，他创办苏州华声乐器厂，以编钟为拳头产品，兼做二胡、锣鼓等乐器。从1984年到1999年，在10多年的时间里，金海鸥陆续铸造了300多套编钟，为国内多个音乐院团、音乐学校、寺庙道观、博物馆和50个中国驻外使馆提供了编钟作品。除此以外，他还应广西少数民族音乐研究机构要求，成功研制定音铜鼓和羊角编钟，该课题获得文化部“科技成果”三等奖，并为南京歌舞团《八音乐舞》研制出灵璧石编磬。

金海鸥不仅是一位制作古乐器的高手，他还是一位极具思想、胸怀抱负、勇于创新的人。当全国人民即将迈进新世纪之时，已经成功铸造上百套编钟的金海鸥突然萌生念头：能否铸造一套国家级大型编钟，来庆祝世纪庆典。于是，金海鸥成功设计了一套108枚超大型编钟，此举得到中国科学院有关专家的充分肯定，并将这套编钟取名为“中华和钟”。

中华和钟架高3.8米，宽21米，共重17吨。3层共108枚单钟。上层34个钮钟，寓意祖国的行政区域；中层56个甬钟代表我国56个民族；下层18个镈钟，中间16个代表中华民族的16个历史时期，两侧两个镈钟象征当今世界“和平”与“发展”的主旋律。中华和钟试制工作获得国家批准后，在金海鸥的带领下，该作品于1999年11月在苏州制作完成，成为我国新千年世纪庆典活动中的标志性文化符号，这套编钟最终申请并获得了吉尼斯世界之最。

从16枚编钟制作入手，到完成中华和钟，金海鸥用了15年，与单钟数量相比较，中华和钟的单钟数量比湖北随县出土的65件曾侯乙编钟还多了43件，应该说，金海鸥把编钟做到了极致。从此，金海鸥一举成名，成了苏州以及音乐界的名人。面对社会上的赞誉之声，金海鸥十分淡定，他说，“我的志向绝不止于此，编钟仅是乐器创新之路上的首部作品，未来的路还很长。”

三、古乐新声　复兴华夏雅乐之器

迈进21世纪的20年间，金海鸥在探索民族打击乐世界奥秘的漫漫长路上，披荆斩棘，连创佳绩，且每个战绩的含金量都达到天花板级别。

2005年，金海鸥采用锻铸结合手段，制作了世界上最大的锣。锣，一般人们都认为它是中国传统民族乐队中的打击乐器。其实，锣的用途很多，它不仅用于制造“锣鼓喧天”的气氛，以及供公司上市交易使用以外，最为重要的是，它还是每个外国交响乐团中唯一来自中国的乐器，其名称为“中国锣”。1791年，法国作曲家戈塞克最先发现锣的特殊音响效果，把它引入交响乐中，从此西洋管弦乐中就有了“中国锣”这件打击乐器。“中国锣”直径有大有小，直径越大制造技术难度越大，2008年北京奥运会上使用的一面直径2008厘米的“中国锣”就是金海鸥打造的，进而他又打造了一面直径3.18米，周长9.99米的世界之最“中国锣”，取名“中华世纪锣”，这面锣用锤敲击，其浑厚的声音顿时传向四方，余音延续约2分钟，曾用于2007年“中华鼓乐大会暨中华鼓乐奥运庆典演出开幕式”。

2006年，金海鸥铸造了低音定音铜鼓。铜鼓是分布在广西地区，全部用铜铸造的打击乐器。原来铜鼓是一种乐器，以后又化为权力和财富的象征，成为被祭祀的对象。国家将壮族铜鼓习俗列入国家非遗代表性项目名录。金海鸥经过4年多精心研究，做出了国内首套18音“系列仿古定音铜鼓”。这套系列仿古青铜定音鼓共由18面青铜鼓组成，鼓呈圆形，材料采用仿古青铜器，鼓面使用芒纹，既美观又能够为音色服务。演奏时，鼓声非常浑厚，声音悠扬，可以在民族乐团和交响乐团中使用。

2009年，金海鸥应甘肃歌舞剧院之约，将敦煌壁画上的“雷公鼓”搬上舞台，打造出能够演奏旋律的套鼓。敦煌是位于我国西北丝绸之路的节点城市，“敦煌石窟”“敦煌壁画”闻名天下。2000多年以来，敦煌壁画上的数十件壁画乐器惟妙惟肖，活灵活现。从20世纪末开始，许多音乐工作者都试图将敦煌壁画上的乐器变成实物，展现在舞台上，供现代社会一睹中华民族汉唐盛世的音乐艺术风采。金海鸥就是在此背景下研制出“雷公鼓”，整套“雷公鼓”由30面定音单鼓组成，放置在舞台中央，大小不一，音量、调式各异，既是音乐效果非常好的乐器，也是气势非凡的宏大道具。

2016年，金海鸥与湖北省编钟乐团签约，将曾侯乙墓出土的五弦琴、十弦琴、瑟、鸟架鼓等古乐器正式搬上了德国G20峰会的世界舞台。20多年来，金海鸥的乐器改革创新成果还远不止于这些。他不仅在具体的民族打击乐器实体改革上颇有建树，还涉足整体民族乐器声学原理的研究，对民族弹拨乐器——琴、瑟、古筝、阮等乐器进行深入剖析，在乐器基础理论方面取得突破性的进展。

此外，他还将在乐器领域的研究方法向其他领域推广。2009年，他复制铸造了春秋双剑——越王勾践剑和吴王夫差剑，并在2010年上海世博会上展出，成为苏州馆的“镇馆之宝”。金海鸥的创新成果在继2000年中华和钟鸣响后，再次震惊世界。

如今金海鸥已是75岁的年纪，但他却告诉笔者：“我现在还有许多事情没有干。我后面的计划是：一是寻梦上古之礼乐和雅乐之器博物馆；二是筹建中国礼乐和雅乐之器的声学研究所；三是筹建中国电子声学物理学研究所，用颠覆性的物理声学原理推广应用到更广泛的与声音相关的领域，并培养下一代有关科研人员。”或许很多人对已是古稀之年的老者有此宏伟计划表示难以置信，但金海鸥就是这样的人，他说到一定会做到。

王国兴——盛世弦和　制作演奏家满意的二胡

二胡作为传统民族乐器，从唐代奚琴出现以来，至今大约有1000多年的历史。近百年来，在二胡艺术快速发展的推动下，二胡已经成为民族乐器中最重要的拉弦乐器。

我国著名民族音乐理论家乔建中先生曾经写过一篇文章《一件乐器和一个世纪——二胡艺术百年观》，深刻地勾勒出近代二胡艺术的发展轨迹和特征。近百年来，伴随着每个历史时期一大批著名二胡演奏家的出现以及作曲家创作的1000余首二胡现代作品的问世，二胡艺术发生了深刻的变化：艺术风格从中国民族传统走向中西融合；演奏形式从单纯独奏到大量二胡协奏曲涌现；表演规模从小型发展到大中小型兼有。二胡艺术的不断发展对其物质载体——二胡的适用性提出了越来越苛刻的要求。

一、子承父业　严师出高徒

王国兴1963年生于江苏苏州，1980年进入苏州民族乐器一厂。王国兴制作二胡有其特殊的背景，一是他的出生地——苏州，苏州是全国民族乐器制作的重点城市。新中国成立以后，苏州民族乐器一厂与北京民族乐器厂、上海民族乐器一厂被列入中国三大民族乐器生产基地。该地区民族乐器制作历史悠久，品种齐全，质量上乘，人才济济，苏州二胡的社会影响力相比北京、上海民族乐器要略胜一筹。20世纪80年代，我国工业产品争创优质产品期间，苏州二胡是唯一获得国家质量银奖称号的二胡产品，苏州二胡不仅在中国民族乐器中拔得头筹，2008年苏州民族乐器制作技艺入选国家级非遗代表性名录，苏州二胡成为城市名片，与苏绣、苏扇等产品成为具有代表性的苏州本地的传统特产，驰名中外。

二是王国兴的父亲——王瑞泉，我国著名老一辈二胡制作师（1921年—2013年）。王瑞泉1936年师承周荣庭学习二胡制作技艺，1956年进入苏州民族乐器一厂。总结他50多年的二胡制作生涯有3个突出贡献：一是实现了中国二胡标准化，南北二胡形制基本统一，目前国内二胡普遍流行苏式二胡；二是对传统二胡在造型、结构、材料进行过大量创新筛选，使二胡不断升级换代；三是改善了二胡的音质，使之满足现代二胡艺术专业演奏者的需求。王瑞泉由此获得“中国二胡王”的赞誉，被称为“现代二胡的奠基人”，他也当之无愧。

以上两点，无疑构成王国兴二胡制作技艺的加分因素。1980年，苏州民族乐器一厂对厂内工艺师实行特殊政策：可带一名子女进厂。19岁的王国兴由此踏入苏州民族乐器一厂，正式走上了二胡制作的道路。这时的王国兴既是二胡制作大师王瑞泉的儿子，又成为了他的徒弟，子承父业，王国兴二胡制作技艺从一开始就打下了坚实的基础，深得二胡大师的真传。在父亲的口传心授下，王国兴学徒期间便可以独立制作二胡了。王国兴仅用两三年时间便走完了别人10多年的道路。做学徒的那些年里，王国兴可谓是“冬练三九、夏练三伏”，经常整天在厂里干活，打磨琴筒板，磨得手上都起了血泡，血泡破了，他还是坚持不停地干。另外，王国兴本人谦逊好学，自从他从事二胡制作后，逐渐与多位二胡演奏家建立密切联系，从中汲取了大量二胡知识方面的营养，滋润着他的二胡制作技艺。王国兴回忆从艺当初：“父亲很严格，学做二胡的时候，我不得不那样干，父亲把我当徒弟来对待，没学好要挨批，甚至挨揍。”

严师出高徒，王国兴的二胡制作技艺便显示出超乎寻常的水平。在1985年厂里举办的乐器制作比赛中，在众多经验丰富师傅参加比赛的情况下，王国兴斩获红木专业二胡“工艺”及“声学品质”两个单项一等奖。尔后，其父王瑞泉制作的一把二胡被国家乐器评定委员会授予“国家银质奖”，这成为迄今为止获得的二胡国家最高奖项。王国兴也参与了二胡的制作过程。这一系列成绩标志着王国兴在短短数年时间内，已经进入到企业高级技师行列。此后，王国兴制作的二胡开始受到国内知名二胡演奏家的关注，被选作音乐会演奏用琴，同时，在许多国内乐器界重要活动中出彩。其专业二胡作品多次入选创优、复评产品，并在1989年北京举行的首届乐器博览会上获得特别奖。

二、盛世弦和　制作演奏家满意的二胡

1995年，在我国经济体制改革不断深化，国家鼓励发展非公有制经济，充分发挥个人潜能的大环境下，王国兴离开了企业，创办了个体企业“国兴乐器厂”，并在后期注册“国瑞”商标。此时，王国兴刚刚30岁出头，他的二胡制作技艺已经基本成熟，他制作的二胡，以浓郁的二胡韵味和接近甜美人声的优势，深受演奏界和业余爱好者的喜爱。同时，他对二胡传统工艺也进行了一系列改革，他制作的二胡在保持传统二胡甜美韵味的前提下，改善了内外弦下把位的音质，增强了乐器的表现力和穿透力，拓展了乐器的音量和传远性，从而满足了二胡专业演奏者高难度和复杂技巧演奏的需要。2007年4月，中国音乐家协会二胡学会举办“首度极品二胡评选”，王国兴制作的二胡荣获极品二胡“盛世弦和”称号和金奖第一名，同时获得精品二胡银奖2项，优质二胡铜奖3项，被授予“二胡制作大师”奖牌。2021年5月29日，“王瑞泉大师百年诞辰暨王国兴从父制琴四十周年二胡名家名曲音乐会”在江苏省苏州昆剧院举行，这是二胡界首次为一位二胡制作师举行的音乐会，朱昌耀、周维、欧景星等二胡名家齐聚一堂，参加演出的演奏家所使用的二胡均是苏州二胡制琴大师王瑞泉及其子王国兴制作的二胡，观众在聆听演奏家美妙琴音的过程中，也感受到苏州二胡的甜美音色。

据统计，近年来，我国每年二胡生产量大约是50万把，王国兴每年生产的二胡也就300把，只占全国二胡产量的万分之六左右。可是，王国兴二胡的专业演奏使用率却达到25%以上，也就是说目前国内一线二胡演奏员近200位，大约有50位手中有他的二胡，他卖出的二胡平均单价都在6000元以上，高出普通二胡售价的一倍，其中，最贵的一把二胡售价达到8万元。打个比方，就像战场上使用的普通步枪和狙击步枪，狙击步枪的性能、精确度、造价肯定不同于一般步枪，质量标准要高得多。王国兴制作的二胡如同二胡演奏家手中的狙击枪一样，必须使演奏者得心应手，达到人琴合一的境界。王国兴制作的二胡由此也得到国内二胡名家的好评与赞誉。

我国著名老一代二胡演奏家、教育家，92岁高龄的南京艺术学院马友德教授说，王国兴制作的二胡有3个特点：一是音色洪亮，好听，二根弦内外弦，上下把统一通透，高把位音量衰减小；二是耐用，马友德教授手头四五十把国兴厂的二胡，有的琴已经三四十年了，到现在声音还很好；三是优质品率很高，他的琴十把中有八九把都是好琴。

原中国东方演艺集团民乐团团长周维说，结识王国兴已有40多年了，他手上琴最多的还是王国兴制作的琴，王国兴是二胡制作界的一颗明珠。二胡界有一句流传的话，国兴胡琴，一旦拥有，爱不释手。王国兴制作的二胡始终保持着苏州二胡甜美的音色，他的二胡既可以演奏传统曲目，又可以演奏现代曲目，南北兼顾。他可以对不同二胡材料因材施用，他不仅可以用好木料和好琴皮做出好二胡来，也能够用一般木料和一般琴皮做出好二胡来，这就是他神奇的地方。

中国民族管弦乐学会胡琴专业委员会副会长兼秘书长高扬说，王国兴二胡最大的特点是稳定性好，优美的音色能够保持长盛不衰，几十年没有变化。中央音乐学院民乐系教授严洁敏说，这几十年来，她一直用得特别多的是王国兴制作的琴，听其二胡发出的声音就觉得很舒服，而且拉起来手感也很好。中央音乐学院民乐系教授孙凰说，她现在使用的一把王国兴制作的老红木琴，音色甜美干净，二胡味儿浓，有典型二胡声，用纯净、甜美、圆润这3个词形容他的琴最适合。

演奏家对王国兴二胡的评价是最客观的鉴定，面对这些溢美之词，王国兴总是保持低调，他说："我就是一个手艺人，没有什么可自以为是的，我的最大愿望是让演奏家们都有一把满意的二胡。"

新时代到来了，在党的二十大精神鼓舞下，我国广大二胡演奏家们正在意气风发地推进文化自信，铸就社会主义新辉煌，努力为人民创作出思想精深、艺术精湛、有温度、有格调、能催人奋进、能温润心灵的艺术精品。演奏家新的目标，必然带来对手中二胡更新、更高的需求，面对新的挑战，王国兴又踏上了新的征程。

新产品

2022中国乐器行业科技创新成果巡礼

2022年，在党的二十大精神的引领下，我国乐器行业坚定不移地推进科技创新与人才建设的深度融合，在“稳中求进”的大局下，全行业实现了新的突破。2022年被称为乐器行业的“创新融合年”，全行业积极推进科技创新，全面提升乐器行业的发展水平，促使乐器企业逐步向科技成果转型，全力以赴实现科技研发、科技投入以及数字化转型的全面落地。在市场稳定回升的态势下，全行业都在致力于提高中高端产品的比重，力图实现传统产品年增长6%，电鸣乐器和创新型乐器年增长10%的目标。通过对照国际高端产品和高端品牌，乐器行业努力实现产品的高端化、高品质化、高附加值化和高市场覆盖率。2022中国乐器行业科技创新成果巡礼旨在展现乐器行业科技创新的前沿趋势，回顾2022年度乐器科技创新成果，同时也展望未来的挑战与机遇。期待全行业，特别是骨干企业，共同努力，善于借势、跨越发展，以科技为引领，以创新为动力，在新时代的行业科技宏观背景下寻求创新发展的新格局。

一、广州珠江钢琴集团股份有限公司科技创新成果

（一）恺撒堡“竹韵”钢琴（KP121、KP123）

积极响应国家发展绿色低碳经济的号召，珠江钢琴集团通过自主创新，研发了低碳环保的“竹韵”KP系列高档立式钢琴。该系列钢琴创新性地采用了精选优质楠竹为原材料，并通过现代高科技生物处理技术改良了竹子易虫蛀、易发霉的特性。钢琴的结构设计使得竹板内外密实，应力均衡，性能稳定，具有高抗变形能力。外观上，拼接后的板面色泽鲜亮，竹纹清晰，使得“竹韵”KP系列钢琴颇具吸引力，为传统钢琴制造行业注入新的活力。该系列钢琴首次在表面喷涂了环保水性漆，以增强竹板材表面的硬度并防止水污，同时提高清理的便捷性。“竹韵”KP系列钢琴不仅外观独具韵味，其竹板对声音的反射性能出色，能产生自然通透的声音。钢琴内部采用共鸣出色的实木音板和自主研发的恺撒堡PR2.0专业弦槌，为演奏者带来全新的高品质体验。

（二）恺撒堡KX1立式钢琴

恺撒堡KX1立式钢琴采用了全新的肤感漆工艺，这种源自意大利的工艺近年来因其爽滑细腻的触感和温暖雅致的美感，被誉为“家居时尚的蓝血贵族”。其独特的触感和贴肤的亲密度为钢琴赋予了全新的视觉和触觉体验，激发了音乐爱好者的灵感。同时，这

种“肤感漆”为水性涂料，无有机溶剂挥发污染，有效改善了生产和施工环境，降低了环境污染，有助于实现绿色发展。恺撒堡KX1立式钢琴的六大优势包括：丝滑的肌肤触感，有轻微弹性，触感犹如新生儿肌肤般温暖、舒适；漆膜表面呈现黑色亚光，低调奢华、高贵雅致；表面细腻，自带肌肤质感；强抗污，轻松一擦，洁净如新；钢琴外壳涂层防指纹、不粘手；采用水性环保涂料，安全无味。

（三）珠江PL1立式钢琴

为响应国家发展绿色低碳经济的号召，珠江PL1立式钢琴的表面无需油漆，实现了节能减排和绿色低碳循环发展的理念。这是名副其实的“绿色工艺”，该工艺产品已获得中国质量中心颁发的符合欧盟RoHS标准的产品认证证书。其简约的外观设计和胡桃木纹表面设计带给人视觉上的享受，自推出市场以来，深受消费者喜爱。

二、吟飞科技（江苏）有限公司科技创新成果

（一）EFNOTE PRO系列电子鼓

EFNOTE PRO系列电子鼓，以新古典主义美学为基础，结合了传统原声鼓的上佳品味，是一款音源紧凑、色调自然、外观优雅、触感舒适、音色美妙的专业级电子鼓。其超现代化的设计与优美的声音完美结合，实现了更为自由的设计和突破常规的创意。多重传感器是演奏性的核心，它保证了低延迟和稳定性，以及广阔的动态范围。这些传感器细心捕捉和记录演奏者每一次细微的击打变化，用最低的延迟保证余音深长、持续稳定，直至余音完全消失，准确地再现了鼓手的打击力度。即使是瞬间的超强击打也能得到清晰的反应，使得演奏毫无压力。该技术解决了传感器灵敏度不均的问题，同时确保左右均匀的稳定传感。军鼓除了鼓面和鼓边之外的横跨边击功能，可以真实地演奏出边缘击打和横跨边击，无需使用按键切换。所有的镲片都设计成全尺寸，并且有重量模拟功能，以保证打击时的触感。即使是镲帽和镲边，也可以进行精确的演奏。所有的镲片都装有多重传感器，用户可以在任何地方进行360度的演奏或止音。即使在镲片旋转的过程中，也能保证稳定的演奏性。借助新开发的Tru-Motion技术，惯性重量模拟技术提供了理想的踏板感觉。多重光学传感器可以完美地响应鼓手的高速脚法，开闭敲击的间隙和弹簧张力调节功能，精确地复制踩镲的动作，流畅连续的开闭音使演奏显得极为自然。

（二）RS系列电子管风琴

电子管风琴的“智能化”为演奏家和作曲家提供了自由想象和自由发挥的空间以及声音理念。一个人就可以用一架电子管风琴弹奏出像乐团一样的音乐。RS系列电子管风琴使用了吟飞科技自主研发的基于声音引擎技术和ATS转换合成的第三代RWA音源；特别邀请了电子管风琴大师朱磊教授亲自制作内置音色，满足使用者即兴演奏和视奏的需求，在示范音色的基础上进行快速选择和调整。全面提升的音质带来了灵动的演奏体验，任何一种音色都可以在上键盘、下键盘和脚键盘上使用，优美的音质让人享受到最好的音乐体验。LED背光液晶显示屏具有音色编辑、音色注册和自动变换音色的功能。多套美观实用的UI操作界面，中英文双语显示，功能强大的操作面板让每一项功能都清晰明了，双踏板控制可以实现音色和节奏的切换。简约时尚的外观，高品质的音响，静音模式可以打造属于自己的音乐空间。便携式U盘具有播放MIDI乐曲、程序升级、读取注册文件、录音等功能，集成了强大的音频播放功能，使得乐器演奏、音响和功放一体化。

三、上海民族乐器一厂有限公司创新成果

中低音弦乐器

弦乐器是乐器家族中的一个重要分支，在古典音乐甚至现代音乐中，几乎所有的抒情旋律都是由弦乐部分演奏的。因此，所有弦乐器共享的特性是它们的音质温柔并悦耳。弦乐器的音色一致，具有多层次的表现力：在合奏时它们可以产生强烈的激情，而在独奏时则显得温柔并婉转。丰富多样的弓法（如颤音、碎音、拨弦、跳弦等）使其具有活泼的色彩。

在现有的技术中，弦乐器主要是通过蟒蛇皮进行振动，以发出声音。这不仅价格昂贵，使用寿命也短，而且不利于动物和环境保护。同时，单一的振动面积限制了音量，并可能导致音色不稳定。这种改进的弦乐器提供了一种新的中低音弦乐器，它包括琴面板、伞形梁以及振动柱。琴面板的内部是一个中空腔体结构，在这个腔体内部连接有伞形梁和振动柱。伞形梁的一端与琴面板两侧的内壁相连，另一端则连接到振动柱，使其能够联合振动。振动柱连接着琴码，琴码固定在琴面板的内壁上，并且其一端延伸至琴面板的外壁上。

通过采用内置的双向振动结构，可以增加振动强度和振动面积，使乐器在充分振动后，音量更大，音色也更稳定和美丽。另外，采用板膜材料替代蟒蛇皮，可以提高乐器的使用寿命，同时也有利于动物和环境的保护。

四、海伦钢琴股份有限公司科技创新成果

（一）音才HS系列钢琴

海伦音才系列钢琴由海伦钢琴工作室与其合作单位共同经销，包括HS121、HS123、HS125立式钢琴和HS162三角钢琴。这一系列的钢琴是现代高科技与欧洲传统造琴工艺的完美结合，利用现代科技，使得音色纯净优美，击弦机稳定工作，保证触感舒适稳定。钢琴采用严格选材，如进口琴弦钢丝等，

同时油漆工艺环保健康，使得声音感染力强。这一系列钢琴用于海伦钢琴工作室和文德隆钢琴工作室的配套工作，从而增强了海伦在钢琴培训市场的影响力。

（二）育才WN系列钢琴

文德隆育才系列钢琴由文德隆钢琴工作室与其合作单位共同经销，包括WN121、WN123、WN125三款立式钢琴和WN162一款三角钢琴。这些钢琴同样是现代高科技与欧洲传统造琴工艺的精湛结合，利用现代科技，使得音色纯净优美，击弦机稳定工作，保证触感舒适稳定。

五、柏斯音乐集团科技创新成果

（一）GROTRIAN高天钢琴WGC-6立式钢琴

作为钢琴的核心部件之一，键盘的触感和耐用性将直接影响到演奏体验。高天钢琴院校系列WGC-6采用了传统与创新相融合的新型实木抗菌键盘，将传统优质实木与新型抗菌材质结合，搭配高天钢琴传承近200年的传统德式键盘整理技术，进一步提升了手感与音色，以实现更卓越的演奏体验。WGC-6的白键采用高品质进口云杉实木，黑键则采用进口名贵乌木，由于密度较高，这种乌木被广泛认可为黑键材质中手感和稳定性俱佳的选择。WGC-6的键皮使用了新型环保抗菌材质，具备吸汗、防滑的特性，提升了演奏时手指与键盘的贴合度，使演奏手感更佳。这种环保抗菌材料能够有效降低大肠杆菌、金黄色葡萄球菌等的附着力，保障演奏者的健康；也从源头上解决了使用酒精、消毒液等对钢琴造成伤害的问题，使演奏者无需频繁消毒和打理键盘。此外，象牙白质感的键皮材质能够更好地耐老化、抗UV变色，相较于普通钢琴白键更加耐用，不易发黄、老化。配备了这种新型实木抗菌键盘的高天钢琴院校系列，能够满足专业艺术院校、琴房等公共场所以及更高使用频率的需求。这一创新设计不仅提升了演奏体验，还保证了演奏者的健康和键盘的耐用性。

（二）长江钢琴“柴可夫斯基大赛典藏系列”扛鼎之作——TCH-212

与生俱来的自信让长江钢琴总能一鸣惊人，惊艳四座。2019年，长江钢琴入选成为“柴可夫斯基国际音乐比赛”用琴，在世界三大顶级古典音乐赛事之一的恢宏舞台上，助力安天旭赢得“第16届柴可夫斯基国际音乐比赛”钢琴组第四名以及唯一“组委会特别奖”，缔造了近17年来中国选手在“柴赛”钢琴项目的历史佳绩。为让更多的演奏者拥有媲美

“柴赛”现场音色、触感、使用强度的专业钢琴，特别推出“柴可夫斯基大赛典藏系列”里程碑作品——TCH-212。它汇集科学的设计、先进的工艺、理想的选材，让魅力与实力面面俱到。TCH-212使用多项专利应用，如不等厚音板加工技术、一体式单板竖拼弦码技术、泛音发音共鸣技术、椭球型音板预应力设计、中高音区采用共鸣孔技术、钢琴数据数控压弦加工系统、共鸣盘铁板弦枕的新型激光热处理技术等，在科技的加持下，更具迷人魅力。击弦机采用德产原版设计图纸，每一处细节都源自德国公司的模具与设计，将德国原厂制作技术完整传承，再现欧系音色柔美、细腻、纯粹等特性。TCH-212拥有卓尔不群的优雅外形，专业级大谱架等全新外观设计，美感遍及每一寸空间。甄选数百年树龄的进口云杉实木音板，凭借特有的音板强化工艺，打造杰出声学性能，呈现更雄浑、更震撼的声音。键盘键面平整，键缝匀称，应用德国经典制造工艺，采用先进切割及除湿工艺，有效延长弹奏寿命，触键灵敏、手感舒适，是长江钢琴回馈全球乐者的礼物。

（三）长江钢琴“柴可夫斯基大赛典藏系列”荣耀之作——TCH-9XLE

长江钢琴秉持对品质的永恒追求，以“柴可夫斯基国际音乐比赛”现场用琴为标准，特别推出荣耀之作——TCH-9XLE。TCH-9XLE搭载进阶版碳纤维击弦机，多项技术改进，多种用材升级，声学品质与演奏性能俱佳，音色均衡，同时各零部件配合精准，连发性能好，能量传动衰减少，时刻琴随心动。甄选数百年树龄的进口云杉实木音板，仅仅使用离地12米以内的根结材，质地顺直通透，纹理均匀，是拥有卓越声学性能的优质音板。使用全球知名的renner弦槌，它使用更高弹性和更高韧性的天然生物毛毡，确保极强音到极弱音的广泛表现领域。铁板使用传统翻砂铸造工艺，采用独有硬化处理技术，彻底消除断弦隐患，音色干净，无杂音，钢琴的低音厚重有力，高音清澈明亮。国际通用88键，键面平整，键缝匀称，采用象牙白抗菌实木键盘，安全、美观、耐用。改进款缓降设计，整体美观大气，滑动无偏移，键盘闭合顺畅，历经万千次关合试验，万无一失，有效保障演奏安全。采用日本优质浜二环保油漆，配合Ω静电喷涂流水线和高温烘烤技术，确保钢琴油漆充分坚硬固化，表面均匀、光亮度高，具有很强的耐磨和抗划伤能力，TCH-9XLE无论是顺指、跨指，还是渐强、渐弱，她总能琴随人动，懂你的情感与表达，让每一次的演奏都是梦想的声音。

六、北京星海钢琴集团有限公司科技创新成果

（一）《外太空的莫扎特》电影联名款钢琴

《外太空的莫扎特》电影联名款三角钢琴，是电影与乐器的跨界创新，结合白色钢琴漆、有机玻璃、长城元素等设计理念，塑造出独特的视觉冲击力。三角琴前后顶盖连接精细考究，采用两折式纯铜合页，使整体更小巧精致。前键盖由透明和白色有机玻璃组成，形成琴键可视化设计，避免木质键盖的变形开裂。透明谱架中呈现金色北京城市建筑剪影，

遮挡了连接件，优美呈现城市文化。钢琴产品可用于多种场合的演奏，实用性强。产品汲取德国钢琴制造的工艺优点自主研发，音质明亮圆润，具有强烈的穿透力和表现力。弯壳和弯背采用五轴加工数控机床处理，确保音质纯正，高音明亮，低音浑厚。音板采用恒湿恒温处理新工艺，提高产品稳定性，产品已通过中国环保产品认证。此款产品在2021中国乐器行业科技大会上经过专家评价，被选为“科技创新成果（产品）”。

（二）《星乐联萌》卡通立式钢琴

《星乐联萌》卡通立式钢琴是一次创新的钢琴与电影跨界联名尝试，采用UV喷涂工艺和童趣互动设计，实现了环保与艺术的完美融合。钢琴外壳黑白配色，融入众多卡通元素，使钢琴外观富有吸引力，充满生动的童趣，形象地呈现了电影的主题“陪伴”。钢琴采用自主研发的音源系统，汲取了德国钢琴制造的工艺优点，其音质明亮圆润，有强烈的穿透力和表现力。音源自动化数字化生产，以数控设备提高音源零部件的加工精度。外壳木零件采用自动化、数控化设备加工，精度得到大幅提升。环保理念贯穿整个生产过程，使用新型节能环保设备和UV喷涂工艺，无VOC挥发到大气中，保护了环境。产品受众定位为学钢琴的琴童，特别适合初学者和卡通主题活动的展示，旨在引发琴童的学习兴趣，使练琴不再乏味。通过这种独特的设计，不仅增加了卡通联名钢琴的产品类目，也为市场销售开辟了新的渠道。此款钢琴已经在星海京东自营旗舰店开始销售，让更多的琴童有机会体验到这种与卡通形象互动的乐趣，实现真正的“陪伴”。

七、天津市津宝乐器有限公司科技创新成果

（一）津宝巴松年度创新成果

巴松作为交响乐团和军乐团不可或缺的低音木管乐器，其在声部配置中的重要性不言而喻。然而，提升巴松乐器的震动性能一直是技术难题，也是解决演奏家使用问题的关键因素。为此，津宝工程师采取了3项改进来突破传统束缚。首先，对S型吹口管进行了大胆改进。工程师选取了一种多元白铜合金作为吹口管材料，并研发了专用成型设备，以实现S管的精准弯曲和内腔的精细抛光。这一改进取代了原先采用灌注松香后再弯制的落后工艺，从根本上解决了内腔附着松香后难以清除以及松香对震动的不利影响。其次，工程师改进了产品的抱管和扁管衬管。他们选择了一种合成高分子环保型材料，并采用一次注塑成型工艺制作衬管部件，以取代传统的胶木衬管。这使得衬管与木质管体的装配更加精准，完美地提升了管身整体的震动性能和音质。最后，工程师关注到木质管身容易产生细微开裂的问题，采用了特殊的均质化处理工艺。这一工艺缩小了木料密度差距的波动，使加工后的管体具有更好的震动性能、更统一的音色和更高的音准程度。

通过上述改进，巴松乐器在整体上解决了高音和低音发音问题，使演奏更加轻松，高低音转换更加方便。高音E的发音变得更加容易，专业演奏家能够演奏4个八度，同时保持奏音的柔和和连贯性，并提高了乐器的灵敏度。

（二）专业级的F调低音号

低音号是管弦乐队、铜管五重奏中必备的铜管乐器，原有F调低音号品类单一，可供专业演奏者选择的空间较小；大部分产品音域范围窄、不易控制低音发音，且体型、重量较大，携带、演奏很不方便。

产品设计理念是制作一款尺寸为6/4的F调低音

号，此低音号采用四立式加一前置可拆分转阀式的设计，独具匠心，款式新颖，是专业演奏家的首选。基于此，公司在该产品的创新方面做了以下改进：加大管径，使音色更加浑厚饱满，增加第四、第五键，且管径逐渐加大，使其音域加大，低音发音更加敏捷易操控，其高低音通透，音色完美。管体排列紧凑，体积小、重量轻，缩短2#弯，方便演奏中调节各变音管，使演奏更加轻松，有利于提高演奏效果。该产品管体采用H70黄铜，变音管外管使用BZN15-20白铜，使产品整体呈现双色效果；吹嘴管使用白铜材质，增加抗腐蚀性；独特的加粗手圈及手圈支架设计，演奏时方便抓握；加固吹嘴筋设计，增加产品的牢固性。改进后的JBFB-556 F调低音号，音色丰富清晰、音质良好饱满，适合在管弦乐队、铜管五重奏或独奏中使用。

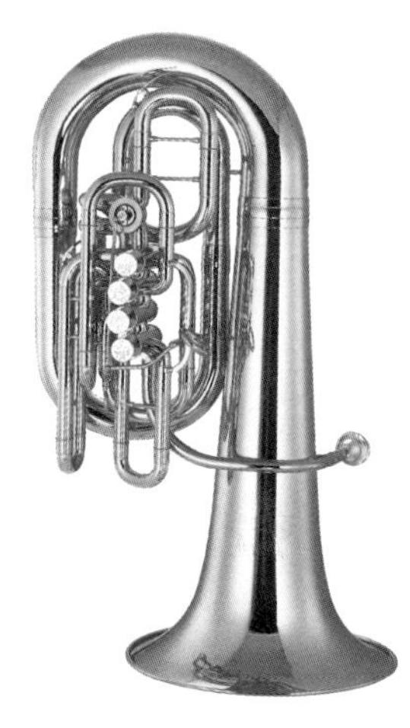

八、乐海乐器有限公司科技创新成果

（一）海之尊韵和板胡

本发明提供了一种便于演奏的中音板胡，解决了传统调节腰马定弦不准确的问题。传统中音板胡的定弦方法是通过调节腰马的位置来实现，但调音的准确性和演奏效果受限。为此，本发明设计了一种定弦为G、D1的中音板胡，以提升演奏效果并简化调音过程。该中音板胡的结构包括琴杆、琴筒、琴托、琴弦和弦轴。弦轴安装于琴杆上部，琴筒与琴杆固定连接，琴筒与琴托转动连接，琴筒底部安装有弦钉。琴弦的一端与弦轴连接，另一端与弦钉连接。琴托内嵌有阻尼器，通过阻尼器连接琴托与琴筒。相较于现有技术，该中音板胡具有以下优点：首先，通过直接将琴弦连接到弦钉处，方便安装琴弦。其次，在演奏过程中，演奏者可以通过转动琴托的方向，使其适应个人演奏习惯。此外，采用实木轴内的隐藏式微调轴芯替代传统蜗轮蜗杆铜轴，微调轴的结构在外观不变的前提下，利用同轴减速原理设计，材料采用100%合金钢齿轮，减速比为24：1（手柄旋转24圈，弦轴旋转1圈），调弦力度仅为传统弦轴的1/20。这不仅美化了外观，还增加了实用性。总的来说，本发明提高了演奏者对中音板胡使用的便捷性，使演奏过程更加顺畅。

（二）专家监制特级老挝红酸枝木演奏级二胡（可调节式二胡）

本发明是一种专家监制特级老挝红酸枝木演奏级可调式二胡。随着交通便利和音乐文化交流的增加，胡琴需要在更广泛的地区推广和应用，但温湿度的变化会对琴体产生影响。现有的调整方法仍无法满足理想的音准效果，因此给演奏家带来了困扰。为解决现有技术的不足，本发明提供了一种可调式二胡结构，通过改变琴弦张力来调节皮膜的压力，解决因温湿度变化导致皮膜松紧不一、音准不准确的问题，提高实用性。该结构包括琴托、琴筒、琴杆和琴弦。琴筒一端设有音窗，另一端设有皮膜，并在皮膜外侧设置有弦马支撑琴弦。琴杆底端插入琴筒内，琴杆上设有琴轴和千斤。琴筒和琴托围成一个空腔，空腔的内底壁上设有横向条形滑槽，并滑动设置有支撑座。支撑座顶端设有插槽，琴杆底端插入插槽内。琴筒的音窗一侧设有调节螺钉，用于横向调节支撑座。

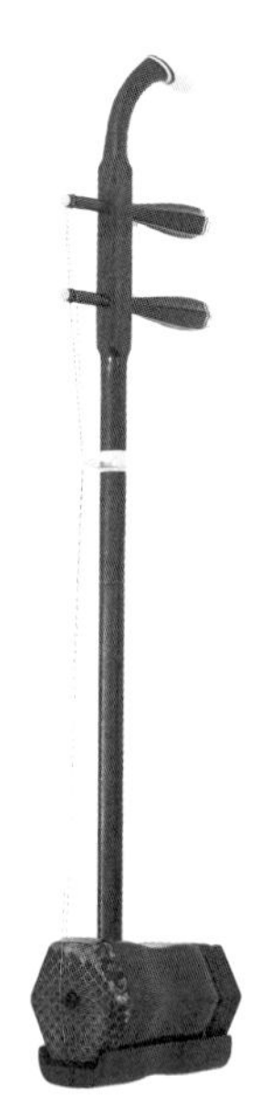

与现有技术相比，本发明的可调式二胡具有以下优点：①通过逆时针转动调节螺钉，支撑座沿条形滑槽向右滑动，使琴杆整体向左倾斜，增加琴弦张力，增加皮膜的压力，解决湿度较高时皮膜松弛的问题。②通过顺时针转动调节螺钉，支撑座沿条

形滑槽向左滑动，使琴杆整体向右倾斜，减小琴弦张力，减小皮膜的压力，解决气温干燥时皮膜过紧的问题。通过改变琴弦张力来调节皮膜的压力，解决因温湿度变化而导致的音准不准确问题，提高实用性。③该可调式二胡结构调节范围大，操作方便，可调节一个大二度的音程范围。使得民族拉弦乐器的应用范围更广，满足演奏者在温湿度变化下的演奏需求。

九、得理乐器（珠海）有限公司科技创新成果

（一）美得理MZ7系电子鼓

美得理MZ7系新潮实力电子鼓是年轻一代新兴鼓玩家的选择。首创搭载可更换双色设计，玩家只需简单操作即可自行更换，视觉效果高级内敛。配套的App通过手机蓝牙即可无线调整参数。自研的“歌曲模块”功能强大，导入手机歌曲即可智能识别并消除鼓声。蓝牙音频功能，通过蓝牙连接音源器即可播放音频。最新黑化网面带来更强的一体性观感。“贰代网”复合材料及编织工艺，让手感得到质的提升，击打力度更集中、噪声更小。带来的不仅是绝佳的触发灵敏度，还有一流的手感和静音功能。带鼓耳10寸腔体军鼓结构，拥有更真实美观的外形，更大的腔体带来了逼真的击打反馈；10寸加双8寸的桶鼓提供了优秀畅爽的击打体验。拥有专利技术的独立踩镲，满足真实外观和体验的结合，原声鼓的机械结构，带来细腻丰富的演奏体验。鼓音源具有全点阵液晶和指轮盘，方便操作和显示，独立式鼓盘音量控制推杆，更快速便捷地调节各个鼓盘音量平衡。全新开发AVS技术，优化鼓盘结构与软件算法，极大可能减少串音和齐奏漏音现象。支持SD卡，可以将喜爱的歌曲载入到SD卡并跟随伴奏来演奏；也可以通过AUX IN端口播放背景音乐，并将演奏实时录制和保存到SD卡。

（二）美得理DD325全网面桌面电子鼓

美得理DD325电子鼓是一款小巧精致、极具创新性的电鼓，展现了其专业级材料科技和优质音色设计。它适用于室内练习和创作，并提供了出色的手感和功能，以及丰富的MIDI功能。该电子鼓首创了“贰代网”技术，搭载4个5寸复合网面鼓盘，提供更佳的击打反馈和更少的噪声，确保了与专业电子鼓盘相媲美的打击感。鼓盘整体采用静音结构设计，经过多次优化，在美得理技术经验的基础上，减少了噪声和震动。它还配备了全新设计的特殊硅胶踏板，具有舒适的脚感和灵敏的触发性能，支持快速连续踩击，带来出色的踩踏体验。它提供了80个预设鼓组和10个自定义鼓组，涵盖了多种风格，包括电音、拉丁、国风等。外观方面，采用了简洁面板和活力橙配色，重量为3.38千克，体积紧凑，便于携带；支持电源适配器和USB供电，甚至可以使用充电宝或手机充电器为其提供电量，解决了没有标准电源的困扰。附送的专用支架支持高度和角度调节，方便进行演奏。同时，还提供了一键切换成手鼓模式的功能，使DD325秒变为电子手鼓，方便进行手鼓练习和演奏。此外，产品内置MIC录音设备，配备智能降噪算法，可以实时录制环境声音并将其转化为个人的音色，捕捉生活中有趣的创意。

（三）美得理A900电子琴

基于旗舰功能内容平台，美得理A900是一款音色效果超预期的电子键盘，提供了丰富的音色和音乐资源，并可通过强大的Grand Suite软件进行节奏资源的扩展。它具有令人震撼的音响效果和便捷的舞台控制，配备稳定性高手感出色的旗舰同款键盘，为用户带来全方位的专业演奏体验。A900采用了美得理自主设计开发的顶级性能A5音源处理芯片，可以处理高达256个复音合成，同时支持数10种不同的DSP效果器，包括压缩、EQ、USB音频、MP3录音和播放等功能。它采用数字分频技术，配备独立的高低音大功率功放和高低音4扬声器设计，搭配D.A.S动态声学系统，使用户在各种场景下都能享受高品质的音效体验。A900延续了旗舰产品精致、现代的外观，并采用直观便捷的面板设计。产品精致便携且做工扎实，方便用户携带进行演出。支持连接配套编辑软件Grand Suite，提供丰富的自制扩展节奏资源。同时，通过蓝牙功能可以无线播放来自手机的歌曲，将编曲键盘秒变蓝牙音响。通过USB直连手机或电脑，可以传输内录品质的音频，一线即可启动直播，还可通过美得理U录APP进行音画同步精调或放大音量，方便与亲朋好友分享。A900内置了表现力丰富、几可乱真的中国民乐音色采样，以及优秀的中国伴奏编曲，助您轻松演绎国风金曲。此外，A900还配备了32种全局混响、64种全局合唱、24种插入式效果器、5种均衡效果、全局压缩和动态声学系统，提供专业的DSP数字效果器。

十、深圳市蔚科电子科技开发有限公司科技创新成果

（一）N-LIVE 专业录音直播声卡

N-LIVE是一款专为有音质需求的用户设计的声卡，适用于自媒体社交平台。它融合了蔚科科技专长的效果白盒建模技术和扎实的模拟电路功底，实现了录音级放大、直播效果和可变的内部信号跳线结构的结合。N-LIVE采用两路纯A类分立晶体前置放大电路，具有高达60分贝的推力，并且等效噪声仅为−126.6分贝。其中一路为低噪声的Hi-Z输入通道，专门兼容吉他等高阻抗乐器。它配备了一对立体声输出和三路监听耳机接口。声卡内部集成了高性能的DSP，利用蔚科科技自主的TS/AC白盒建模技术为话筒通道内置了压缩、EQ和混响功能，为Hi-Z通道内置了3个电吉他音箱模型以及延时、合唱、混响等周边效果，可用于直播和练习。N-LIVE的供电控制在5V 350mA，可以通过电脑的USB口或充电宝进行供电。它还具备蓝牙音频和TRRS、OTG等直播接口。为了方便操作，声卡配备了电脑端和手机端的操作软件。不论是在室内还是室外、录音还是现场演奏，将其当作调音台都能获得良好的声音和可细化调整的效果参数。它将录音室声卡的高精度放大和直播声卡的便利效果进行了整合，真正实现了在自媒体社交平台上轻松获得录音级别的音色标准。

（二）MIGHTY PLUG PRO吉他耳放效果器

对电吉他手来说，效果器和音箱都是必不可少的日常装备，而日常练习或者小视频录制时，接线复杂，地环噪声以及整体音量过大等问题，让大家

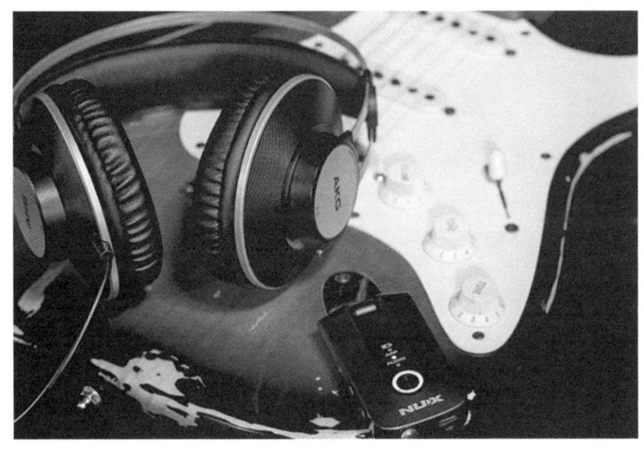

在家中很难找到一个自我娱乐而不影响他人的平衡点。MIGHTY PLUG PRO正是为了这一点而设计的一款小巧精致却功能强大的产品。它整体是插口式设计，可以直接插到吉他的输出口，再将耳机接到机身的耳机口即可。可以通过机身上的按钮直接切换7个预设，也可以靠手机App进行调整，该产品搭载了蔚科科技自主研发的白盒建模技术TS/AC-HD，提供了10个可移动效果模块，其中电吉他、电贝斯及木吉他共计21个音箱模型，电吉他音箱、木吉他腔体及电贝斯音箱共34个IR模拟，支持第三方IR加载。整机共有7个音色预设，可激活或关闭，带有鼓机和Jam功能，内含伴奏。同时它带有蓝牙音频功能可以自行播放伴奏，也可以将伴奏导入机器的伴奏库中，为其播放时设置效果更换点。此时可实现播放伴奏时根据播放进度自动换音色的功能。机身设计上耳机口支持TRRS接口的耳麦，USB口支持电脑端USB Audio，同时支持OTG。您可以将它当做一个简易的声卡在电脑或手机上录制，甚至是直播。它将吉他效果器、蓝牙播放设备以及直播系统合在了一起，应对吉他手的日常练习、娱乐场景。

（三）DM-8全网面专业电子鼓

DM-8是NUX推出的旗舰款全网面框架式电子鼓，采用创新技术，提供真实的音色和逼真的表现力。具备与原声鼓相同的框架结构，包括独立支架和三触点设计的军鼓，机械联动踩镲，耐用美观，并实现媲美声学鼓的动态演奏效果。DM-8满足演奏者在演出、录音和作曲等方面的全方位需求。DM-8通过动态捕捉真实乐器的声音，并建立数学映射模型，提高音色分层映射的精度。军鼓采样多达15层，精致逼真，触发器都采用高音分层和弱音过渡技术。TFT彩屏中文显示界面和电平调节推杆提供操作便捷，确保最佳音量平衡。DM-8内置30套高品质鼓组和300多个音色，适用于各种演奏风格。声音自定义功能允许用户编辑专属的鼓机音色，触发器可分配任何声音。DM-8配备USB Audio模块，支持音频接口功能，可通过USB连接到Mac或Windows系统的电脑，实现音频和MIDI数据的传输。用户可在任何DAW软件中分轨录制音频和MIDI鼓音轨，适用于工作室录音和现场演奏。最多可录制14个单独音轨。DM-8还支持通过U盘导入自定义WAV样本音色，并将其设置到触发器上，满足更多音色扩展需求。

十一、广州珠江艾茉森数码乐器股份有限公司科技创新成果

（一）IQ-100 Lite智能数码钢琴

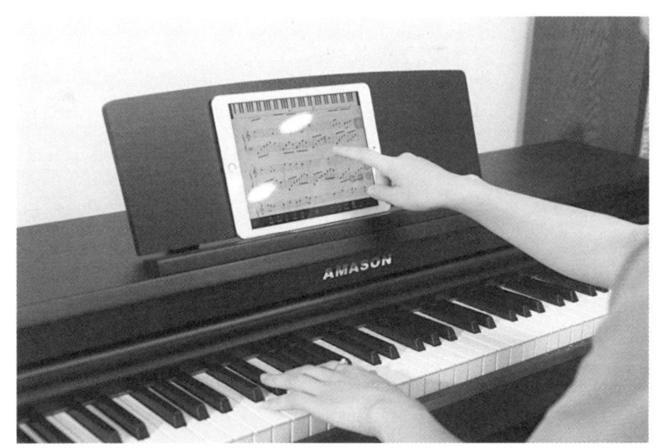

数码钢琴与传统钢琴相比增加了很多娱乐功能，目前越来越多的消费者愿意接受数码钢琴。很多消费者购买数码钢琴后，都有学习数码钢琴演奏的需求。但目前也只有少数培训机构有开设数码钢琴教学，因此无法满足广大消费者对数码钢琴的学

习需求。特别是近三年，全球新冠疫情以来，很多线下培训机构都无法正常营业，因此，艾茉森特推出智能教学数码钢琴及配套的智能教学App软件。本技术产品可通过USB数据线或者无线MIDI蓝牙与智能设备连接，配合智能教学App以及智能陪练App实现钢琴集体课教学、钢琴远程教学、钢琴网上教学、课后陪练等功能。IQ-100Lite智能数码钢琴及智能教学App软件、智能陪练App软件均为艾茉森自行开发，拥有自主知识产权及软件著作权。本项目产品除具有传统数码钢琴的功能外，还应用了艾茉森多项专利技术，如具有弹奏指导功能的数码钢琴（专利号：2016202770617）、教学钢琴（专利号：201520217728）、一种数码钢琴脚踏板（专利号：2012101007884）、智能教学钢琴及钢琴教学方法（专利号：2015101705127）等。IQ-100Lite智能数码钢琴和App软件为同时开发，互补关系，在后续的升级中软硬件可同步升级，具有更高的性价比。

（二）K3—带K歌的智能数码钢琴

数码钢琴与传统钢琴相比，具有更多的娱乐功能和多媒体功能。越来越多消费者喜欢使用数码钢琴进行弹唱。但是目前市面上的数码钢琴主要是弹奏功能，而歌唱功能方面，只有少数高端的数码钢琴有简单的MIC接口，但如果需要进行卡拉OK的话，根本无法满足。因此要研发一款带卡拉OK系统的数码钢琴，这种卡拉OK数码钢琴除了具有普通数码钢琴的功能外，还配有专业的卡拉OK效果器，并配有专门的卡拉OK音响系统，使消费者在家里也能尽情享受卡拉OK带来的乐趣。同时艾茉森K3智能数码钢琴还带有直播音效处理功能，可满足直播需求。K3智能数码钢琴除具有传统数码钢琴的功能外，还应用了艾茉森多项专利技术，如一种带卡拉OK功能的数码钢琴（专利号：2021221768793）、一种带直播功能的数码钢琴（专利号：2021221769137）、一种数码钢琴脚踏板（专利号：2012101007884）、智能教学钢琴及钢琴教学方法（专利号：2015101705127）等。同时K3智能数码钢琴还拥有自主外观专利数码钢琴（K3）（专利号：2021302855861）。

（三）艾茉森GE-50数码钢琴

钢琴是公认的乐器之王。1711年，在意大利诞生了世界上第一架近代三角钢琴。它以小槌击弦代替羽管拨弦，使琴声有了强、弱变化。英文中钢琴“Piano”一词的意思就是“有强弱发音的琴”。传统的机械钢琴是由木质外壳、钢架、琴弦、音板、击弦机和键盘等部分组成的。数码钢琴比传统机械钢琴多了许多“数码”特有的功能。在我国将数码钢琴也统称为“电钢琴”。数码钢琴用数码技术（脉冲编码调制技术）代替模拟技术。数码钢琴与传统钢琴相比，数码钢琴并没有钢架、琴弦、音板、击弦机等部件，而且数码钢琴的键盘与传统钢琴键盘无论是在原理还是结构都是完全不同的。因此，目前市场上的数码钢琴在手感上来说只是努力接近传统钢琴的手感，但实际上目前市场上的数码钢琴的手感与传统钢琴是完全不同的，就算装配了国际先进的数码钢琴键盘的数码钢琴，手感上还是与传统钢琴有一定的区别。本项目需研发一种数码钢琴，外观与传统钢琴一致，采用传统钢琴键盘，带击弦机结构，手感与传统钢琴一致，灵敏度高、声音还原真实。艾茉森GE-50除具有传统数码钢琴的功能外，还应用了艾茉森多项专利技术，如具有断联手感的数码钢琴键盘结构及数码钢琴（专利号：2016202497333）、具有断联手感的数码钢琴键盘结构及数码钢琴（专利号：2016202516495）、一种数码钢琴脚踏板（专利号：2012101007884）等。

十二、长沙幻音电子科技有限公司科技创新成果

Ampero II Stomp效果器

Ampero II Stomp是Ampero家族的新一代产品，在操作和接口上为单块玩家做了特别优化，小巧的体积也适合一般场合使用。Ampero II Stomp搭载了全新设计的三核心数字平台，使用了ESS® Sabre®系列Hi-Fi级独立AD/DA，双效果链带来更多音色可能性。该产品拥有精致触屏UI以及8进8出声卡，效果丰富。拥有400+个效果的效果库，带有更加人性化的效果类型分类功能。适合追求有高素质表现音色并且使用门槛低、价格亲民的效果器的乐手群体使用。

十三、江苏奇美乐器有限公司科技创新成果

黑霸王口风琴

黑霸王口风琴是一款以奇美品牌为代表的口风琴产品。它采用了优质的ABS树脂材质，具有安全亲肤的特性，让人在吹奏时能够放心使用。口风琴表面采用了磨砂工艺，黑白键则呈现出钢琴般的亮光

效果。外观设计上采用了上翘式的流线外观，给人一种时尚动感的感觉。黑霸王口风琴的核心部件是音簧，采用了防腐抗疲劳的磷青铜材质。这种材质不仅能够确保口风琴吹奏时的音色质量，还能够提高口风琴的使用寿命，使其更加耐用。通过对专业性客户的市场效益分析，使用黑霸王口风琴能够带来20%的增长。这表明黑霸王口风琴在专业演奏领域得到了认可，并且具有良好的市场潜力。此外，黑霸王口风琴还能够产生10%的社会效益，这可能是指它为音乐教育、文化传承等方面带来的积极影响。总之，奇美黑霸王口风琴是一款具有优质材料和精良工艺的口风琴产品。该产品在专业演奏市场具有良好的发展前景，并且对音乐教育和文化传承也具有积极的社会影响。

十四、江苏天鹅乐器有限公司科技创新成果

（一）一种无膜半音阶口琴

无膜半音阶口琴是口琴行业代表着最高水平的一款产品。它具有独特的设计，通过一个按键可以在一支口琴上吹奏出升降半音，使其功能类似于钢琴的黑键。这款口琴通常被称为“口袋里的钢琴”，因为它能够轻便地演奏出丰富的音调。与传统的半音阶口琴不同，无膜半音阶口琴采用了无膜技术，不需要膜来保证气密性。这样一来，在清洗口琴时就不会出现常见的黏膜问题。该产品还发明了清洁

干燥的方法：通过隔板上的吸附网板来吸附和干燥口琴内部的口水，避免口水腐蚀簧板等结构，保持口琴内部的清新。这种创新解决了传统口琴清洗不方便的问题。无膜半音阶口琴在设计上有多项优点：①采用金属块填充技术，内部安装了全铜材质的金属块，使声音深厚悠扬，吹奏时省力。②音簧片采用超高精冲加工技术，座板与音簧之间的间隙更小，大大提升了气密性和音准精度，使发音更加灵敏。按键高度灵敏，能够自由轻松地切换常音和半音，且吹奏出的音调更加丰富。③无膜半音阶口琴解决了以往口琴不能吹奏升降半音和转调的问题，使演奏更加灵活多样。

（二）音乐和弦贝斯口琴

音乐和弦贝斯口琴是一种集教学和演奏为一身的模块化和弦口琴，是金属音簧片振动发声的多簧片乐器。音乐和弦贝斯口琴结构简单合理，3个调式（C调、G调、F调）口琴，可任意重组、随意拆卸、轻松连接、方便携带，易上手普及，更能激发学琴的热情和兴趣。在口琴重奏时贝斯与和弦由一人来吹奏，能使和弦与贝斯声部表现得更协调，口琴音乐不再单调，不再依赖其他乐器的伴奏，无论2人、3人还是5人，都能组成一个专业的口琴乐队。目前市场上，和弦口琴与贝斯口琴要用不同的两只口琴来吹奏，经常会有不合拍及两个声部强弱不协调的现象。公司设计团队将和弦口琴与贝斯口琴合为一体，用和弦级数法标记和弦是采用了首调音阶思维模式进行和弦的训练，好处是可以快速任意转调，而不用背记复杂的和弦及其位置。同时模块化的接插件和弦组合方式使和弦琴可大可小，随意按需要排列组合。吹奏出的声音清脆嘹亮、音调多样，发音灵敏度高。

（三）习惯式宽音域复音24孔口琴

习惯式宽音域复音24孔口琴分为上下两排，一般吹奏时，同一孔中上下两个簧片同时发声。它可提供一种在习惯式情况下，既能按谱吹奏曲目，又能吹奏低八度曲目的宽音域复音24孔口琴。习惯式宽音域复音24孔口琴音色清脆嘹亮，音量大，具有很强的穿透力，适合一些民族风格。由于传功的口琴音阶排列颠倒，给初学者增加了难度，造成很多人半途而废，形成了口琴难学的共识。公司设计团队将口琴音阶按1234567顺序排列，能让学口琴变得更加简单，一目了然。使用者在吹奏时既能按谱吹奏曲目，又能吹奏低八度曲目，让更多的人愿意学吹口琴对普及口琴音乐起到了推动作用。

十五、河北金音乐器集团有限公司科技创新成果

（一）一种新型萨克斯

自比利时乐器制作家A·萨克斯发明以来，萨克斯已经成为一种经过多位制作家和演奏家改进完善的完美乐器。如今，萨克斯的设计功能十分出色，其音域从B7（本调）跨越了2个半八度，拥有23个按

键，能够满足世界各种音乐曲目和演奏家的音域需求，达到了几乎完美的水平。随着社会的发展和人类精神文明的进步，萨克斯已经走出了仅限于演奏家的领域。它进入了学校、工厂、社区、农村……一个全民玩乐器的时代正在兴起。为了迎合这个社会潮流，公司与时俱进，梦想设计出一款适用于学生和大众的新型萨克斯，设计理念是：简明、适用、音质优秀、性能强大。举例来说，高档手机拥有许多功能，但大多数人只使用其中10个以内的功能。因此，公司设计了一款新型的学生教学用萨克斯。它的音域从1～2（本调）跨越了2个八度再加上一个高音2，足以满足学生教学和演奏的相应需求。音键数量从23个减少到13个，质量从2.235千克减至1.9千克。这种设计带来了许多优点：①减轻了重量，降低了生产成本和零售价格，使更多的人能够负担得起，增强了普及性。②它简单易学，提高了可操控性，减轻了不必要的负担。按键数量减少了10个，内部通风良好，音质更加通透，音准更加准确，稳定性更强，降低了漏气和变形的风险。

（二）青少年学生专用小号

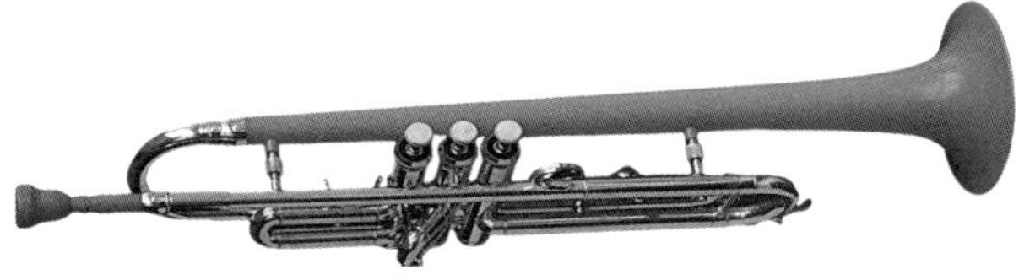

青少年学生专用小号具有以下优点：采用轻型配置，减轻了重量，使小号更容易震动。使用特殊合成材料，无毒、无害，学生可以放心使用。专用小号配备合成材料吹嘴，学生吹奏即可发出声音，省力省气，便于练习和演奏。特殊合成材料的吹嘴在夏天不会烫手，在冬天也不会冰凉，无毒环保，避免了学生的嘴唇直接接触重金属。特殊合成材料喇叭口增强了韧度，使小号更坚固、耐用，不易变形和损坏。特殊合成材料的喇叭口不会生锈、腐蚀，耐磕碰，重量减轻，声音柔美。去掉了金属材料刺耳的高次泛音，对青少年的神经刺激较小，对学生的身心健康有直接好处。这款小号专为初学者设计，根据他们的气息量身定制，为学生的演奏奠定了坚实的基础。

总而言之，小号是一种音域高、声音嘹亮的铜管乐器，广泛应用于不同类型的乐团。青少年学生专用小号采用轻型配置，使用特殊合成材料，拥有省力、省气的吹奏体验。它具有耐用性、音色柔美，能够保护学生的身心健康。

（三）一种新型结构吉他

吉他的制作材料主要是木材，但随着时间的推移，吉他可能会发生变形，尤其是琴颈的变形会导致弹奏时出现杂音。为了防止变形，通常在吉他的琴颈中嵌入两根长方形金属杆。然而，金属杆过细时起不到稳定作用，过粗时则重量大且韧性较差。此外，吉他的琴颈采用固定安装，当琴颈损坏时只能更换整个吉他颈部，而无法进行拆卸更换，从而增加了维修成本。针对以上问题，新型吉他结构将传统琴颈中的金属杆替换为内嵌式的2根三角碳纤维杆，增加了稳定性。碳纤维杆具有良好的应力性能，能够防止变形，同时更加轻便且具有良好的韧性。此外，新型吉他结构通过插杆插入固定装置内部，借助复位弹簧的推动，使插销与插杆卡合，从而使用卡合连接取代传统的胶接，避免了开胶现象。该结构还通过将弧形块插入到定位槽内部，并通过内六角螺母带动螺杆的旋转，使螺杆能够插入定位孔内部，实现琴颈的拆卸和安装，从而有利于更换损坏的琴颈，降低了维修成本。总而言之，新型吉他结构采用内嵌式三角碳纤维杆替代传统金属杆，提高了稳定性和耐用性，减轻了重量。通过卡合连接取代传统的胶接，避免了开胶现象。同时，结构设计使得琴颈可以拆卸和更换，降低了维修成本。这种新型吉他结构改进了传统吉他的问题，提供了更好的演奏体验。

十六、烟台金斯波格钢琴公司科技创新成果

（一）一种带有共鸣板的立式钢琴中盘

该立式钢琴中盘是一种带有共鸣板的新型框式立式钢琴中盘，其结构比较特殊，木质件之间采用榫卯结构，中间固定着3块共鸣板——音板。中盘由前横梁、后横梁、边纵梁及中间纵梁、共鸣板组成。所有的横梁都是由中等及以上硬木类木材指接3层对称拼接而成，所有的纵梁都是由中等及以上硬木类木材单层拼接而成，共鸣板则由8毫米厚的音板材质（云杉单板）构成。横梁与纵梁采用榫槽结构带胶连接，共鸣板与横梁、纵梁的连接则是横梁、纵梁开槽共鸣板插入槽中带胶连接，加工完成中盘后，表面涂饰封闭漆。整个中盘平整牢固不变形，钢琴弹奏时产生的振动，带动共鸣板共鸣，丰富了钢琴的演奏效果。专利号：ZL 2022 2 2547715.1

（二）三角钢琴实木音板不等厚处理技术

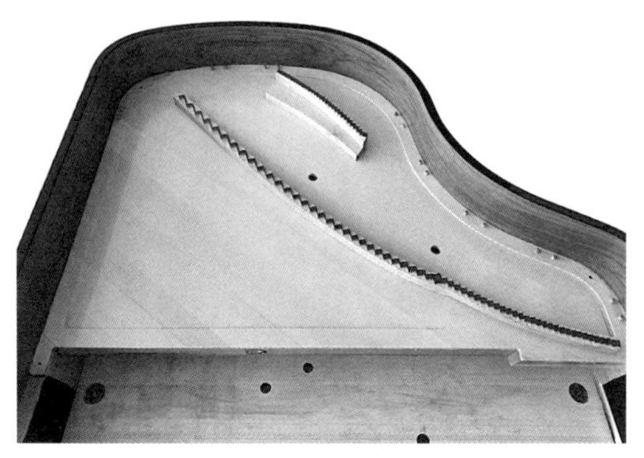

这是一种新型的实木音板不等厚处理方式。这种处理方式可以很好地降低共鸣盘阻抗，提高共鸣盘的活性，共鸣盘振动会更活跃。这种不等厚音板的处理方式，是沿着音板周边、距离背架边框和音板框10～20毫米的位置开始，加工出深约1～2毫米、宽度约80～100毫米的凹槽，凹槽由外向内，深度逐渐减少为0毫米。这样减薄了音板厚度，有效降低了共鸣盘的阻抗，共鸣盘的共振效果更好，有利于获得更好的音质。

（三）碳纤维音板

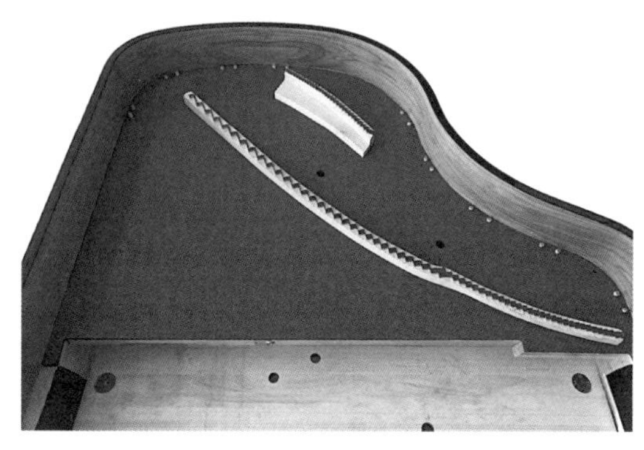

源于近几年木材资源的匮乏，从材料替代的角度出发，公司设计开发了碳纤维音板。这种音板，采用了碳纤维织物，利用横纵交错的排列方式，在高温高压下，制成高强度的碳纤维音板，表面为3K编织纹，提高了音板的装饰性。碳纤维音板强度高，对振动波的传导具有各向同性的特点，能够快速地把振动能量传递到整个共鸣盘，激发音板的快速启动，响应速度要优于木质音板。由于碳纤维音板比较薄，所以声音的穿透性很好，钢琴音质效果较佳。

十七、杭州嘉德威钢琴有限公司科技创新成果

（一）世界名画系列钢琴

GF7世界名画——《日出印象》和GF8世界名画——《睡莲》是以莫奈大师的画作为原型创作的钢琴。为了真实还原名画的光影效果，嘉德威钢琴经过长时间的研发，采用独创的仿真油画工艺，将名画完美地呈现在钢琴上。莫奈是世界著名的印象派画家，擅长表现光与影的美感以及色彩的完美表达。《睡莲》钢琴和《日出印象》钢琴收藏于世界著

名的美术馆，它们象征着对未来美好的期许、充满活力和蓬勃向上的精神。GF7/GF8钢琴将音乐和绘画的双重熏陶带给使用者。这些钢琴通过嘉德威钢琴的精湛工艺，采用专业定制的演奏级弦轴板，由17层交错拼接的枪木制成，确保了钢琴的音准稳定性。优质的鱼鳞松木制作的音板，能够适应各种气候条件下的声音表现。采用桃花芯榔头和德国原装进口的FFW呢毡钢琴弦槌呢毡，让钢琴色彩均匀一致，音色甜美、柔和且持久耐用。乌木黑键触感舒适，琴键配重恰到好处，能够准确感知演奏者的力度，使演奏者能够自如地展现自己的水平。GF7世界名画钢琴和GF8世界名画钢琴融合了艺术与音乐，为演奏者带来身临其境的感受。在清晨的阳光下，轻轻弹奏琴键，能够感受到内心的宁静和温暖。这些钢琴将莫奈的睡莲永恒定格在嘉德威钢琴上，如梦如幻的景象与音乐相互交融，带来宁静而广阔、波光粼粼的美妙体验。

（二）小天使经典复刻钢琴

小天使钢琴是嘉德威的经典之作，经过创新和改良再次焕发辉煌，创造了传奇经典！在复刻经典小天使的同时，钢琴设计上做出了创新和改进，升级版的钢琴谱架上增加了一对灵动的小天使，这对小天使来自法国画家弗朗索瓦·布歇的名画《学习数学的小天使》，布歇是洛可可风格的代表和领导者，他的小天使画作享誉世界。嘉德威钢琴将洛可可艺术与钢琴完美融合，成为钢琴界的宠儿。钢琴采用德国RENNER式实木击弦机，更加灵活可靠，能够自然准确地传递音色。演奏级弦轴板符合《钢琴弦轴板》国家标准，由17层枪木交错拼接而成，为弦轴钉提供稳固的握钉力，确保音准的稳定性。音板采用俄罗斯进口的不等厚实木鱼鳞松，根据声学原理精心制作，相比云杉木音板具有更好的共鸣性和歌唱性，在各种气候条件下都能保持出色表现。黄金比例配重的琴键，仿象牙白键和亚光黑键，手感舒适，外观高雅。键盘采用全实木结构，经过自然风干和技术风干等处理，耐久性高且不易变形。钢琴使用德国进口聚酯油漆，经特殊工艺喷涂，具有高硬度和环保性。出厂前经过8次调律，确保钢琴在使用中具有更好的抗疲劳强度。

（三）音乐之声钢琴

灵感源自英国著名电影《音乐之声》，温情和爱是纵贯的主题，它告诉我们无论身处何种环境，不能缺少音乐，不能缺少欢笑。有嘉德威钢琴的家庭，就会有欢声笑语，这台钢琴会带来温暖和孩子的欢乐。钢琴设计采用极具艺术感的几何线条，几何不仅赋予结构和力量之美，还通过多种艺术的承载，形成独一无二的风格。线条是几何的核心，在某一平面点、线、面的重叠交错，再结合音乐的灵动，将它融入到温馨钢琴之中，这是一次音乐与理想的思维碰撞，几何线条所展现出的更是美的秩序性。极致的线条勾勒出平衡与和谐的美感，为钢琴打造丰富内涵，给人以不凡的艺术体验。简约而不凡，用极简诠释最纯粹的音色，高贵又不失品位。在制造工艺上，嘉德威钢琴更是精益求精，不等厚音板设计，从低音到高音，形成一个自然完美的过渡，让音色更加纯正透亮。实木肋木与音板珠联璧合、张弛有度，使得轻微的击键也能产生悠扬的共鸣。采用进口原装德国勒斯劳琴弦，悬臂式结构，音色纯净音准稳定，表面无镀铬涂层。每个细微之处都经过了精致的处理，确保了音色的饱满纯美，共鸣效果的震撼以及难以超越的弹奏舒适感。

十八、赛乐尔三益乐器（上海）有限公司科技成果

（一）赛乐尔电钢VP-7

本产品采用都市复古设计风格，是一款由具备170多年悠久历史的德国钢琴品牌赛乐尔和秉承65年历史的乐器品牌三益乐器共同完成的、兼传统与现代性的创新型产品。我们的手指远比想象中还要敏感，对钢琴家、演奏家来说，琴键的触感尤为重要。此款电钢采用赛乐尔键盘SGHA-W（Samick Graded Hammer Action-Wood），能有效避免手指在数小时的练习后出现打滑，时刻保持演奏者理想中的舒适触感。外壳采用进口白蜡木，坚韧且富有弹性，其坚固的结构、纹理自然美观、光泽度高、超强的耐腐朽度和灵活性等优点相结合，加上音源采用的是赛乐尔音源SGSEV4，在提供视觉与听觉的双重享受的同时，不仅让专业钢琴家赞不绝口，还将为您展现其巧夺天工的造型与完美音色。除此之外，此款电钢的外观设计以及精致质地也是其他电钢所无法相提并论的，势必能让钢琴家、演奏家在首次体验VP-7的那刻起就为之动容。

（二）赛乐尔EU126钢琴

型号 EU126 EBHP

EU126新品首发，配置、技术等在此再度升级。持续保证细节上的高品质并追求钢琴本质的卓越性能，其特有的德国Strunz板材、精确平均的击弦机、真空处理的钢板，集赛乐尔170多年技艺与现代精工于一身，让您享受轻盈灵敏的触键与操控，演绎丰富而深厚的优美音色。赛乐尔钢琴EU126外观款式新颖，大谱架设计，提高谱台的稳定性，得以专注于演奏的空间释放；采用德国RENNER弦槌，其先进的压制加工工艺使弦槌外柔内刚、富有弹性，让音色拥有从极柔到极强的细腻表现；还装配了著名

的STRUNZ（斯特伦茨）音板，为每一台琴注入灵魂。德国进口“Strunz”实木音板，是世界一流品牌钢琴选用的一级音板，其密度远远高于其他云杉木，而其口径大、共鸣品质佳的优点使其传音速度及共鸣效果达到最佳，因而提升钢琴的表现力。琴弦采用拥有130多年历史的德国顶级ROSLAU琴弦，赛乐尔专业定制，其优秀的防腐性能能延长50%的使用寿命，从而更好地向每一位演奏者展示赛乐尔钢琴独特的音色。

（三）三益（SAMICK）钢琴诞生65周年纪念款SU122Y

为纪念三益（SAMICK）钢琴诞生65周年，特推出这款凝聚了大师们智慧和心血的匠心之作——65周年限量款SU122Y。其声与形的完美融合，行业领先创新设计、技艺革新以及历史经典的永续传承，为众多专业人士和钢琴爱好者们赋予音乐新生命。琴身造型稳重大气、风格刚柔并济，搭配直立式T型琴腿设计、前轮黄铜制以及精湛娴熟的细节工艺，打造出一款极具纪念意义和收藏价值的全新钢琴精品。SU122Y还采用了德国ABEL榔头制成：角木的质地坚硬，具有很强的抗击打能力，不变形不断裂；德国羊毛毡具有非常好的柔软性，质地均匀，能使音色优美，层次清晰，表现力丰富。更为重要的是这款琴的锁条右侧新增专属标识——65Limited Edition，全新升级的外观设计，于细节处尽显高贵典雅；寓精巧于平凡，摒弃繁杂，回归简约而不失质感的设计，营造只属于你的私人音乐空间。踏脚档的黄铜饰片，在营造细节出众、极致奢华外饰氛围的同时，还延长了踏脚的使用寿命。同时在琴腿、琴身简约线条、踏板以及踏脚档的黄铜饰片等元素的相互点缀之下，不论选择哪一款装修风格，这款SU122Y都能为您的家居环境带来点睛之笔。

十九、山东省雅特乐器股份有限公司科技创新成果

（一）非遗系列漆艺DMX-10电吉他

漆艺DMX-10的琴体和琴头表面是由大漆技艺非遗传承人手工绘制而成。产品采用纯天然植物和矿物提取的传统生漆材料，环保美观，手感舒适，成为专业人士最理想的选择。EART品牌新品在原有高品质的音色和演奏性能的基础上，通过漆艺把中国非物质文化遗产融入到吉他中，融入了传统、创意的设计理念，让乐器不再是单调的工具，同时成为了一种时尚的文化符号，也受到广大音乐爱好者的喜爱和追捧。

（二）探索者系列H6-2宇宙飞船

中国一级作曲家演奏家卞留念、青年演奏家吴琳、沈音太晓光老师以及潍坊市人民政府副市长狄

波、潍坊市商务局局长冯波，在中国民族品牌雅特EART跨境电商国际新品发布会共同出席见证了“探索者系列H6-2宇宙飞船”琴的首发。“宇宙飞船”选用了对拼桃花心木琴体，杨木数瘤贴面，鸡翅木红花梨木五拼琴颈以及印度玫瑰木指板，配备了EART飞船颤音系统大双摇。出色的音质和创新的颤音系统极大增强了乐手的表现力。

乐器标准

2022年全国乐器标准化技术委员会工作报告

一、乐器标委会情况

（1）全国乐器标准化技术委员会（以下简称乐器标委会）经国家标准化管理委员会批准，于2008年10月正式建立，编号为SAC/TC371，现为第三届。委员有59名，其中主任委员1名，副主任委员3名，秘书长1名，副秘书长1名。委员所属相关方分别为生产者30人，占比50.0%；使用者6人，占比10.34%；经营者8人，占比13.79%；公共利益方15人，占比25%。第三届乐器标委会主要负责乐器产品领域（不含乐器维修、保养等服务领域）的国家标准、行业标准的制修订工作，并围绕乐器标准体系，开展乐器领域“管理、通用基础、方法、产品”标准的制修订及归口工作。

（2）乐器标准化作为产业发展的关键环节，在主动融入国家创新体系建设，以产业、市场发展需求为导向的前提下，基本形成了标准化机构、企业及各相关方共同参与的工作机制。委员由生产者、经营者、使用者、消费者和公共利益方（包括：教育机构、艺术院校、科研、检测机构、行业协会）组成。生产者、经营者委员的产生，按乐器标准体系类属划分由“弦鸣乐器、气鸣乐器、体鸣乐器、膜鸣乐器、电鸣乐器、乐器辅助、乐器用材”等领域中，具有代表性并熟知掌握乐器专业知识和标准化专业知识及热爱标准化事业等单位的工程技术人员组成。秘书处目前设置在北京轻工技师学院（北京乐器研究所）。

（3）乐器标委会无下设分技术委员会，但为更好地开展乐器标准化工作，本着专业的事由专业人做的原则，按照领域划分，乐器标委会拟建议标准化主管部门成立电鸣乐器分技术委员会，以满足电鸣乐器因技术、应用更新快的发展趋势和建立、完善、有效的标准体系与标准的需求。

（4）根据《中共北京市委机构编制委员会关于北京一轻控股有限责任公司所属事业单位改革有关事项》的批复（京编委［2021］39号），北京乐器研究所并入北京轻工技师学院。并更名为“北京轻工技师学院（北京乐器研究所）”新组成的北京轻工技师学院（北京乐器研究所）同意承担第三届乐器标委会秘书处的各项工作，承诺和保证原秘书处工作人员、办公地点、资产设备、职责等保持不变，并继续给予支持。

（5）根据第三届乐器标委会运行情况和实际工作需要，并依据《全国专业标准化技术委员会管理办法》《全国乐器标准化技术委员会章程》的有关规定，以及为有利于乐器标委会各项工作的开展，经主任委员办公会议和委员表决的结果，对第三届乐器标委会进行了调整，增补副主任委员1名，委员1名。

（6）2022年，乐器标委会组织线上线下会议2次（审定4项标准、审核强标GB 28489外文版），派员参加中国轻工业联合会组织会议1次（审定2项团体标准）。

（7）2022年，乐器标委会再次被国家标准委纳入考核评估范围，考核评估结果为三级。

（8）2023年3月，乐器标委会借审定《钢琴》国家标准审定会议期间，主任委员就乐器行业2022年经济运行情况、2022年标准工作进行了说明和总结。

二、乐器标准情况

（1）截止到2022年，乐器标委会目前所归口管理的乐器类现行标准共计121项（国标21项，行标100项），主要分为3类：

分类1：基础通用标准36项，占标准总数30%。作为基本要素主要规定了乐器分类、通用名称、通用技术条件、乐器音乐性能评价人员等级、使用说明编制原则、使用安全、能耗、回收利用等方面技术要求与内容，适用所有乐器和与之相关的辅助品。

分类2：方法标准7项，占标准总数6%。主要规定乐器音乐性能评价、音名标注、规格划分与型号命名、分等分级、电声性能测量、环境试验、有害物质测定等。

分类3：产品标准78项。占标准总数64%。主要规定了不同乐器种类的音乐性能（包括：律制、音质、音准、音量），演奏性能（包括：发音灵敏性、几何尺寸、物理指标），工艺（包括：涂饰、装配、外观缺陷等），以及质量等级划分、用材等方面的技术要求。

这些标准的实施，为乐器标准体系建设做出了有力的支撑。在出厂检验、国家监督检验、认证检验、采购检验中被广泛应用，部分标准也被其他行业引用。对产业发展起到了积极的促进作用，保证了质量监督部门有据可依，消费者有据可查，承担了政府采购、招投标等质量验收的工作与责任，起到了标准应有的作用。

（2）乐器标委会2020—2022年度计划申报项目见表1、计划批准项目见表2。

表1　计划申报项目

序号	标准名称	标准级别	标准性质	计划申报时间
1	钢琴	国标	推荐	2020
2	乐器中文通用名称	国标	推荐	2022
3	电鸣乐器音色与音乐风格中文通用名称	国标	推荐	2022
4	乐器声学品质评价人员等级规范	国标	推荐	2022
5	电子鼓通用技术条件	行标	推荐	2020
6	电鸣乐器合成器通用技术条件	行标	推荐	2020
7	钢琴质量等级划分与判定	行标	推荐	2020
8	手风琴通用技术条件	行标	推荐	2020
9	钢琴琴键盖缓降器	行标	推荐	2021
10	钢琴击弦机	行标	推荐	2021
11	电鸣乐器效果器通用技术条件	行标	推荐	2022
12	民族气鸣乐器通用技术条件	行标	推荐	2022
13	笛子	行标	推荐	2022
14	笙	行标	推荐	2022
15	唢呐	行标	推荐	2022
16	箫	行标	推荐	2022
17	埙	行标	推荐	2022
18	智慧钢琴	行标	推荐	2022

表2　计划批准项目

序号	标准名称	标准级别	标准性质	计划批准时间	标准状态
1	钢琴	国标	推荐	2021	已报批

续表

序号	标准名称	标准级别	标准性质	计划批准时间	标准状态
2	电子鼓通用技术条件	行标	推荐	2020	已报批
3	电鸣乐器合成器通用技术条件	行标	推荐	2020	已报批
4	钢琴质量等级划分与判定	行标	推荐	2020	已报批
5	手风琴通用技术条件	行标	推荐	2020	已报批
6	钢琴琴键盖缓降器	行标	推荐	2021	已报批
7	电鸣乐器效果器通用技术条件	行标	推荐	2022	在研
8	钢琴击弦机	行标	推荐	2022	在研

（3）乐器标委会2018至2022年度还承担了乐器类标准外文版和中国轻工业联合会“基础、评价、绿色设计”团体标准的项目，见表3。

表3　乐器标准外文版及“绿色”团体标准项目

序号	标准名称	标准级别	标准类型	标准状态
1	乐器声学品质评价方法	国标	英、俄文	英文版已发布
2	废弃乐器回收利用通用技术规范	国标	英、俄文	英文版已发布
3	十二平均律的频率与音分的计算	国标	英、俄文	已报批
4	乐器有害物质限量	国标	英文	已报批
5	智能键盘乐器通用技术条件	团标	基础	已发布
6	键盘乐器智能功能等级评价	团标	方法	已报批
7	绿色设计产品评价技术规范 电子钢琴	团标	评价	已报批
8	绿色设计产品评价技术规范 口风琴	团标	评价	在研
9	绿色设计产品评价技术规范 竖笛	团标	评价	在研
10	绿色设计产品评价技术规范 琴和筝	团标	评价	在研
11	乐器行业绿色工厂评价导则	团标	评价	在研

（4）2022年，国家标准委批准发布了《乐器有害物质限量》强制性国家标准和《乐器声学品质评价方法》《废弃乐器回收利用通用技术规范》两项国家标准的英文版。

（5）2022年，按照工信部行业标准制修订的计划，乐器标委会完成了《大提琴》《大提琴弓》《电子鼓通用技术条件》《电鸣乐器合成器通用技术条件》4项行业标准的修订及报批工作，目前正处在发布前的公示阶段。

三、乐器标准体系情况

2022年，乐器标委会秘书处按照行业发展及需求，对乐器标准体系进行了动态管理。乐器标准体系框架共分为4层：第一层列出的标准涵盖了乐器标准化对象间均具有的共性特征，适用于所有乐器和与之相关的辅助品、零部件及用材，是乐器通用的最基本的要素，该层作为大类（编号01），包括乐器基础通用标准、方法标准。第二层作为中类，是以国际通行的现代乐器分类法并按乐器音源体的具体特征，将乐器按“弦鸣乐器（编号01）、气鸣乐器（编号02）、体鸣乐器（编号03）、膜鸣乐器（编号04）、电鸣乐器（编号05）”5个类属进行划分。这层列出的标准是从众多同类属产品标准中提取其中具有共性的部分，多为一些通用技术条件或方法。同时依据类属关联，本层还并列列出了乐器辅助品和乐器用材两类的标准（编号06、07）。第三层是体系中的小类，为产品标准，除依据第二层音源体的具体特征外，主要是以乐器激励方式进行划分（编号在类属框架下按数字顺序进行）。体系框图见下图。

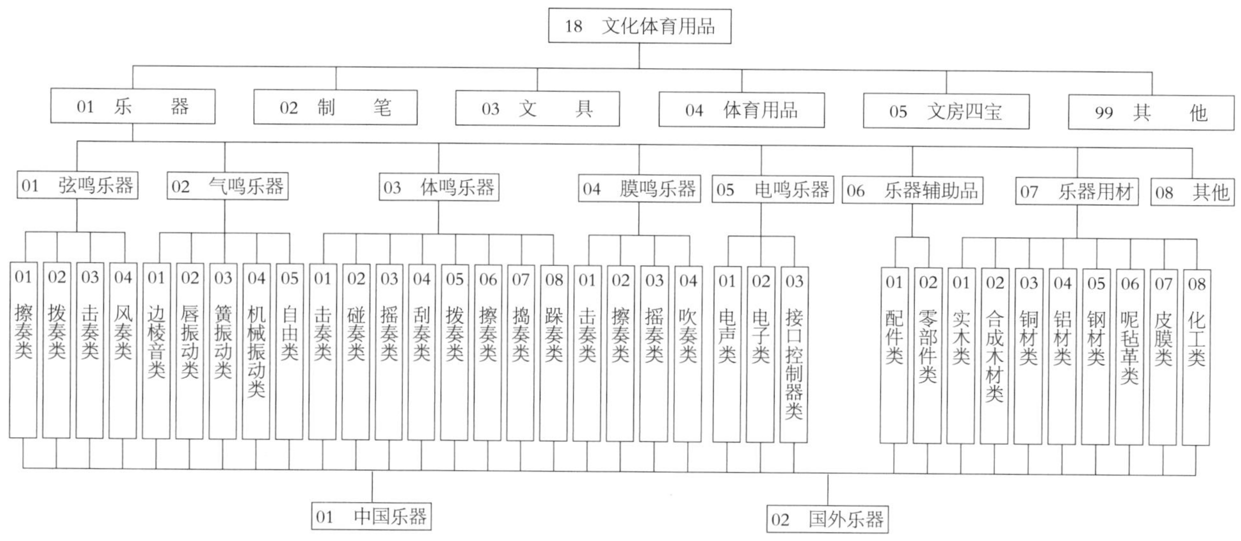

四、乐器标准复审

（一）复审工作组织情况

（1）按照《工业和信息化部科技司关于印发2022年行业标准复审项目计划的通知》（工科函〔2022〕679号）和中国轻工业联合会《关于转发2022年行业标准复审项目计划的通知》（中轻联〔2022〕164号）的总体部署，乐器标委会秘书处对所归口并列入本次复审范围的65项乐器行业标准的现状和实施情况逐项进行了初核，拟定了复审方案，并组织召开了65项乐器行业标准的复审工作会议。复审工作会议首先贯彻了上述两个文件，其后，秘书处根据文件要求对所拟定的65项乐器行业标准的复审方案及回函意见的处理情况做了说明。

（2）参加复审工作会议的委员和相关单位的代表，对65项乐器行业标准的产业发展、技术内容、实效性、适用性以及市场需求等，逐项进行了审查后形成了最终复审结论的建议，并对复审结论的建议进行了现场表决。

（二）复审标准总体情况

（1）本次复审结论建议为“继续有效”项目的标准化对象类属为基础、方法和产品标准，包括“音名标注、键宽尺寸、电声性能测量、乐器用材，以及风琴、爵士鼓、管钟、定音鼓、木琴、陶笛、巴乌等产品标准”。实施日期在2000年—2015年，其原因和理由为12项标准中确定内容与之对应的标准化对象未发生改变，其实效性、适用性亦能满足当前产业发展和使用需求。

（2）本次复审结论建议为“修订”项目的标准化对象除少量基础、方法标准外多为产品标准，实施日期在2000年—2017年。修订的原因和理由为所确定技术内容的实效性、适用性已滞后，对应的内容与使用需求也已发生变化，本次提出“修订”的复审建议，将对各标准化对象的“音乐性能、演奏性能、能耗、几何尺寸、外观缺陷”等技术内容，依据使用需求而重新验证与确定，特别是增补强制性标准GB 28489—2022《乐器有害物质限量》中使用安全的指标及确定标准化对象中有害物质限量的要求。

（3）本次复审结论未有废止项目的建议。

五、培训与服务情况

（1）为了更好地适应乐器标准化工作新形势的需要，和尽可能提高乐器类标准制修订的技术水平和质量水平，2022年乐器标委会邀请国家标准技术审查部专家就GB/T1.1—2020《标准化工作导则第1部分：标准化文件的结构和起草规则》，为第三届乐器标委会委员进行了标准化基础知识培训。

（2）2022年，乐器标委会派员参加了由中国轻工业联合会举办的“军民融合标准”培训会议。

（3）针对2020—2021年度下达的标准制修订计划，2022年秘书处协助企业起草编制了《钢琴》《行进乐队用鼓》《电子钢琴》《大提琴》《大提琴弓》《钢琴质量等级划分与判定》《电鸣乐器合成器通用技术条件》《手风琴通用技术条件》《钢琴琴键盖缓降器》等标准，并指导编制单位进行了计划申报、立项答辩等工作提供了与标准化有关的咨询与服务。

六、采用国际标准情况

乐器标准化工作在国际标准化组织（ISO、IEC）中未设置有TC（国内无对口单位），亦未颁布相应的乐器类国际标准。因此我国乐器标准的制定大多是剖析采用先进国家同种类产品的技术指标及参数的方法，在已正式颁布的我国各级、各类乐器标准中，采取的是既符合我国乐器生产实际和以市场化为原则、又切实可行能为我所用的指标及参数并标进行了覆盖，使其在标准层面不低于先进国家同类标准质量的水平，并收到了显著的效果。

七、经费收入和使用情况

2022年，乐器标委会秘书处并入北京轻工技术学院（北京乐器研究所），其人员经费、业务经费纳入该单位财务统一管理，实行单独核算及考核。经费收支严格执行了国家有关财务制度的规定。秘书处主要经费来源于承担单位，以及各级标准化主管部门拨付用于标准制修订工作的经费补助，主要用于实验、审查、会议、调研、咨询、差旅以及与秘书处日常工作相关的活动，使用的范围符合《国家标准制修订经费管理办法》的规定，并在年度工作会议上向委员进行通报和说明。

八、主要成绩和存在问题

（1）2022年12月29日，国家标准委发布了由乐器标委会组织行业部分单位编制的GB 28489—2022《乐器有害物质限量》强制性国家标准。该标准的发布说明了党和政府对于人身健康和环境污染问题的高度重视。在技术层面上，提高了对与人身健康有关产品的安全要求；在经济社会管理层面上，是乐器行业对促进国家可持续发展所作出的支撑与贡献，填补了我国乐器行业强制性安全标准的空白。标准的发布与实施，严格控制了乐器中的有害物质，防止了对人身健康的伤害，降低了对环境的污染，提升了乐器本质安全，守住了乐器全部上下游产业链的安全底线，助力了乐器行业整体健康、安全、清洁、绿色、可持续发展。体现了标准的引领作用，达到了倒逼乐器企业转型升级的目的，同时也为消费者放心使用，保护消费者健康安全权益起到了重要的作用，亦为指导生产、质量评定、政府采购招投标和引导消费，提供了具有指导性、一致性的依据。

（2）截至2022年底，乐器标委会已形成了门类齐全、科学完善、协调配套的标准体系，在以国家标准化政策及行业发展需求为导向的前提下，形成了标准化机构、科研、院校、企业及各相关方共同参与的工作机制。标准制修订步伐明显加快，标准老化、缺失问题逐步得到解决。

（3）目前乐器标委会还存在有不能主动承担标准化各项工作、参与标准化活动不够积极的现象，未能真正发挥国家赋予作为乐器领域标准化专家应有的作用，需加强标准化工作素养。

九、2023年的主要工作

（1）《钢琴击弦机》《电鸣乐器用效果器通用技术条件》为跨年度标准修订项目，应在2023年完成标准的征求意见、审查、报批等阶段性工作。

（2）根据行业需求积极向标准化主管部门申报行业有需求和已纳入体系的乐器类国家、行业标准制修订及复审的项目。

（3）以多种方式对GB 28489—2022《乐器有害物质限量》强制性国家标准的宣贯。

（4）筹备全国乐器标准化技术委员会电鸣分技术委员会的申报与组建。

《国家标准、行业标准（轻工）目录》（乐器部分）

国家标准

序号	标准编号及年代号	标准名称
1	GB/T 10159—2015	钢琴
2	GB/T 12105—2017	电子琴通用技术条件
3	GB/T 12106—2017	电子琴的环境试验要求和试验方法
4	GB/T 23146—2008	十二平均律的频率与音分的计算
5	GB/T 23151—2008	乐器产品使用说明的编制原则
6	GB/T 23173—2008	乐器分类
7	GB/T 25454—2010	电鸣乐器均衡类音效装置通用技术条件
8	GB/T 25455—2010	电鸣乐器放音设备 设备音乐性能评价规范
9	GB/T 25456—2010	钢琴用毡
10	GB/T 25457—2010	钢琴弦轴板
11	GB/T 28484—2012	电鸣乐器压缩与扩展类音效装置通用技术条件

续表

序号	标准编号及年代号	标准名称
12	GB 28489—2022	乐器有害物质限量
13	GB/T 30414—2013	乐器音乐信号采集规范
14	GB/T 31109—2014	乐器声学品质评价方法
15	GB/T 31731—2015	废弃乐器回收利用通用技术规范
16	GB/T 33726—2017	乐器中文通用名称
17	GB/T 33722—2017	电鸣乐器音色与音乐风格中文通用名称
18	GB/T 33723—2017	乐器声学品质主观评价人员等级规范
19	GB/T 34838—2017	电鸣乐器教学系统配备及安装通用技术规范
20	GB/T 37878—2019	电鸣乐器能耗设计通用技术规范
21	GB/T 40968—2021	乐器产品中多环芳烃的测试方法

行业标准

序号	标准编号及年代号	标准名称
1	QB/T 1153—2014	吉他
2	QB/T 1207.1—2021	民族弦鸣乐器通用技术条件
3	QB/T 1207.2—2021	琵琶
4	QB/T 1207.3—2021	筝
5	QB/T 1207.4—2021	阮
6	QB/T 1207.5—2021	三弦

续表

序号	标准编号及年代号	标准名称
7	QB/T 1207.6—2021	月琴
8	QB/T 1207.7—2021	京胡
9	QB/T 1207.8—2021	二胡
10	QB/T 1298—2014	手风琴通用技术条件
11	QB/T 1299—2021	口琴
12	QB/T 1477—2023	电子钢琴

续表

序号	标准编号及年代号	标准名称
13	QB/T 1657.1—2012	唇振动气鸣乐器通用技术条件
14	QB/T 1657.2—2012	小号
15	QB/T 1657.3—2012	圆号
16	QB/T 1657.4—2012	长号
17	QB/T 1657.5—2012	中音号
18	QB/T 1657.6—2012	低音号
19	QB/T 1658.1—2012	簧振动和边棱音气鸣乐器通用技术条件
20	QB/T1658.2—2012	长笛 短笛
21	QB/T 1658.3—2012	单簧管
22	QB/T 1658.4—2012	高音双簧管
23	QB/T 1658.5—2012	低音双簧管
24	QB/T 1658.6—2012	萨克斯管
25	QB/T 1817—2010	琴弦通用技术条件
26	QB/T 1818—2010	提琴弦
27	QB/T 1947.1—2012	民族气鸣乐器通用技术条件
28	QB/T 1947.2—2012	笛子
29	QB/T 1947.3—2012	笙
30	QB/T 1947.4—2012	箫
31	QB/T 1947.5—2012	唢呐
32	QB/T 1948—2021	柳琴
33	QB/T 1949—2021	扬琴
34	QB/T 1984—2000	风琴
35	QB/T 1985—2000	风琴音簧
36	QB 2100—2007	十二平均律音名标注方法（已转化为推荐性）
37	QB/T 2167—2019	小提琴
38	QB/T 2168—2019	小提琴弓
39	QB/T 2169—2014	电吉他
40	QB/T 2175.1—1995(2009)	响铜体鸣乐器通用技术条件
41	QB/T2175.2—1995（2009）	虎音锣

续表

序号	标准编号及年代号	标准名称
42	QB/T 2175.3—1995(2009)	武锣
43	QB/T 2175.4—1995(2009)	苏锣
44	QB/T 2175.5—1995(2009)	手锣
45	QB/T 2175.6—1995(2009)	抄锣
46	QB/T 2175.7—1995(2009)	水镲
47	QB/T 2175.8—1995(2009)	吊镲
48	QB/T 2175.9—1995(2009)	军镲
49	QB/T 2279—2013	钢琴击弦机
50	QB/T 2417—2011	校音器
51	QB/T 2444—2010	钢琴零部件名称
52	QB/T 2587—2013	4/4大提琴
53	QB/T 2607—2019	提琴弓通用技术条件
54	QB/T 2663—2013	4/4大提琴弓
55	QB/T 2740—2014	口风琴
56	QB/T 4131—2010	键盘乐器键宽尺寸系列
57	QB/T 2838—2014	爵士鼓
58	QB/T 2841—2017	乐器调音装置及准确度等级判定
59	QB/T 2916—2017	自由低音手风琴
60	QB/T 2978—2008	钢琴音板
61	QB/T 2979—2008	乐器用材钢琴锯材
62	QB/T 4014—2010	电子鼓通用技术条件
63	QB/T 4015—2019	MIDI键盘通用技术条件
64	QB/T 4016—2010	中提琴弓
65	QB/T 4017—2010	倍大提琴弓
66	QB/T 4018—2010	倍大提琴
67	QB/T 4019—2010	中提琴
68	QB/T 4129—2010	吉他弦
69	QB/T 4130—2010	竖笛
70	QB/T 4181—2021	琴
71	QB/T 4220—2011	乐器用材 提琴锯材

续表

序号	标准编号及年代号	标准名称
72	QB/T 4323—2012	钢琴弦
73	QB/T 4324—2012	电鸣乐器用效果器通用技术条件
74	QB/T 4325—2012	电鸣乐器放音设备多功能音箱
75	QB/T 4326—2012	电鸣乐器放音设备电吉它用音箱
76	QB/T 4327—2012	键盘乐器用音箱通用技术条件
77	QB/T 4328—2012	电子鼓用音箱通用技术条件
78	QB/T 4489—2013	半音阶口琴
79	QB/T 4487—2013	电鸣乐器电声性能测量方法
80	QB/T 4491—2013	电鸣乐器电源适配器通用技术条件
81	QB/T 4490—2013	电鸣乐器放音设备踏板控制器通用技术条件
82	QB/T 4488—2013	电子管风琴
83	QB/T 4771—2014	管钟
84	QB/T 4772—2014	定音鼓

续表

序号	标准编号及年代号	标准名称
85	QB/T 4773—2014	木琴
86	QB/T 4842—2015	陶笛
87	QB/T 4843—2015	巴乌
88	QB/T 4841—2015	葫芦丝
89	QB/T 5169—2017	板胡
90	QB/T 5170—2017	节拍器
91	QB/T 5171—2017	筝弦
92	QB/T 5172—2017	编钟
93	QB/T 5173—2017	钢琴用琴凳
94	QB/T 5380—2019	尤克里里
95	QB/T 5530—2020	手风琴零部件名称
96	QB/T 5531—2020	手风琴规格划分与型号命名方法
97	QB/T 5532—2020	钢琴金属连接件、紧固件的形制与尺寸
98	QB/T 5644—2020	组合式效果器通用技术条件
99	QB/T 5645—2020	乐句循环录音类音效器通用技术条件
100	QB/T 5811—2023	行进乐队用鼓

团体标准

序号	标准编号及年代号	标准名称
1	T/CNLIC 0003—2020	智能键盘乐器通用技术条件
2	T/CNLIC 0075—2023	键盘乐器智能功能等级评价

续表

序号	标准编号及年代号	标准名称
3	T/CNLIC 0076—2023	绿色设计产品评价技术规范 电子钢琴

外文版

序号	标准编号及年代号	标准名称
1	GB/T 31109—2014	乐器声学品质评价方法 EN
2	GB/T 31731—2015	废弃乐器回收利用通用技术规范 EN

（全国乐器标准化技术委员会秘书处 提供）

乐器专利

2022年乐器专利发布分析

据国家知识产权局发布专利信息，2022年1至12月，中国乐器行业共发布专利2109项，其中发明专利245项，实用新型1226项，外观设计638项。

按乐器门类划分，2022年度32种乐器列入专利统计发布目录，涵盖键盘乐器（钢琴、电钢琴）、弦乐器（吉他、提琴）、民族乐器（古筝、二胡、琵琶、月琴、箜篌、唢呐）、管乐器（圆号、笛、箫）、打击乐器（鼓、爵士鼓）、手风琴和口琴等。按具体品种分析，专利发布数量居前10位的乐器是：钢琴、吉他、电声乐器、古筝、打击乐器、管乐器、笛箫、二胡、提琴、古琴。

按申报企业发布专利数量分析，2022年度发布专利数量在10项（件）及以上的有20家乐器企业与个人有：上海民族乐器一厂有限公司、广州珠江恺撒堡钢琴有限公司、广州珠江艾茉森数码乐器股份有限公司、天津市津宝乐器有限公司、杭州竹笛行业协会、江苏东方乐器有限公司、宜昌金宝乐器制造有限公司、扬州金韵乐器御工坊有限公司、得理乐器（珠海）有限公司、北京金三惠科技有限公司、天津德誉乐器有限公司、常熟市先锋乐器有限公司、大连查理德乐器有限公司、福建桓韵乐器有限公司、雅歌乐器（漳州）有限公司、广州蓝深科技有限公司、广州市拿火信息科技有限公司、漳州汉旗乐器有限公司、浙江广承实业有限公司、郝昆。

党的二十大报告提出，“强化企业科技创新主体地位，发挥科技型骨干企业引领支撑作用，营造有利于科技型中小微企业成长的良好环境，推动创新链产业链资金链人才链深度融合。”可以说，知识产权一头连着创新，一头接着市场，是科技与经济结合的纽带与桥梁。2022年，主要乐器专利数量指标符合预期，乐器专利工作在中国乐器行业各申报单位、企业高度重视和共同努力下，产出质量稳步提升。

创新是引领发展的第一动力，保护知识产权就是保护创新，专利则是企业技术研发实力的最直接体现。企业加大科技研发投入，加强自主研发能力，不断巩固提升产品的核心竞争力，保证产品的适应性和领先性，是助力企业在未来走得更稳更长远的制胜之道，更为行业高质量发展注入新动能、提供新支撑。

2021—2022 年度乐器专利发布数量一览表

类别	2022年	2021年	同比（%）
发明专利	245	241	2
实用新型	1226	1162	6
外观设计	638	97	558
总计	2109	1500	41

2022年中国乐器专利发布目录

类别	名称	专利类型	申请（专利）号	公开（公告）日	申请（专利权）人	发明（设计）人
钢琴	钢琴（H-123Y17-R）	外观设计	CN202130605571.9	2022.01.04	福州和声钢琴股份有限公司	林建忠；于孙传
	钢琴（H-126T13-R）	外观设计	CN202130605178.X	2022.01.04	福州和声钢琴股份有限公司	林建忠；于孙传
	钢琴（H-123GD11-R）	外观设计	CN202130605555.X	2022.01.04	福州和声钢琴股份有限公司	林建忠；于孙传
	立式钢琴（125DT）	外观设计	CN202130513671.9	2022.01.04	北京珠江钢琴制造有限公司	于富瑜；傅锦泉；赵鹏；郭东旭
	钢琴（H-126T19-R）	外观设计	CN202130605547.5	2022.01.04	福州和声钢琴股份有限公司	林建忠；于孙传
	钢琴（H-123B12-R）	外观设计	CN202130599783.0	2022.01.04	福州和声钢琴股份有限公司	林建忠；于孙传
	钢琴（H-123GD6-R）	外观设计	CN202130599780.7	2022.01.04	福州和声钢琴股份有限公司	林建忠；于孙传
	钢琴（H-126R15-R）	外观设计	CN202130605550.7	2022.01.04	福州和声钢琴股份有限公司	林建忠；于孙传
	一种乐器外壳摆动式抛光机	实用新型	CN202121770622.4	2022.01.04	涿州东奇天华乐器科技有限公司	郭学成；李磊；杨思贵；宗建邦；段永欢
	一种钢琴琴槌装配胶水快速定时烘干装置	实用新型	CN202120906387.2	2022.01.04	浙江爱山乐器有限公司	沈敏杰
	一种高音质立式钢琴音板	实用新型	CN202121822379.6	2022.01.04	江西正音乐器有限公司	曾国军；李秀枝
	一种琴锤柄压痕自动滚压装置	实用新型	CN202120904339.X	2022.01.04	浙江爱山乐器有限公司	沈敏杰
	一种高音质钢琴音源的弦轴压入设备	实用新型	CN202121822635.1	2022.01.04	江西正音乐器有限公司	曾国军；李秀枝
	一种钢琴弦锤柄锯切装置	实用新型	CN202120903420.6	2022.01.04	浙江爱山乐器有限公司	沈敏杰
	一种钢木复合钢琴中盘	实用新型	CN202120776492.9	2022.01.04	浙江爱山乐器有限公司	沈敏杰
	联动杆与托木丝自动化装配装置	发明专利	CN202111363907.0	2022.01.07	广州珠江恺撒堡钢琴有限公司	林鸣亚；何玉坚；黄耿志；冯锦豪；何建文
	一种钢琴多用调音扳手	实用新型	CN202122088931.X	2022.01.07	浙江珠江德华钢琴有限公司	何建超；周江英
	一种钢琴压键档的连接结构	实用新型	CN202121653903.1	2022.01.11	北京珠江钢琴制造有限公司	潘启槟；于富瑜；傅锦泉；韩祎晴；招梓华；郭东旭
	一种用于生产线上钢琴转向的翻转机	实用新型	CN202122341618.2	2022.01.11	福建桓韵乐器有限公司	洪惠敏；秦雪梅；李辉
	一种琴弦紧扣结构	实用新型	CN202121759743.9	2022.01.18	阿托拉斯乐器制造（大连）有限公司	王明海
	一种钢琴防鼠防虫防潮装置	实用新型	CN202121631703.6	2022.01.18	湖北华都钢琴制造股份有限公司	汪其见；卢涛；吕旻

续表

类别	名称	专利类型	申请（专利）号	公开（公告）日	申请（专利权）人	发明（设计）人
钢琴	一种便于拆卸的钢琴自动演奏系统	实用新型	CN202121650943.0	2022.01.18	湖北华都钢琴制造股份有限公司	汪其见；卢涛；吕旻
	一种钢琴木质面板转运装置	实用新型	CN202122091518.9	2022.01.18	浙江珠江德华钢琴有限公司	何建超；周江英
	联动杆与攀带丝的自动化装配装置	发明专利	CN202111163914.6	2022.01.18	广州珠江恺撒堡钢琴有限公司	林鸣亚；何玉坚；黄耿志；冯锦豪；何建文
	一种钢琴盖上漆装置	实用新型	CN202122189912.6	2022.01.18	福建桓韵乐器有限公司	江玉卿；刘一楠；林浩
	一种用于钢琴的复合板材加工装置	实用新型	CN202122189957.3	2022.01.18	福建桓韵乐器有限公司	李辉；秦雪梅；洪惠敏
	板式部件自动粘接装置	实用新型	CN202121706749.X	2022.01.18	宜昌金宝乐器制造有限公司	庄联森；熊南方；徐博；刘杰玉
	一种钢琴音板的安装结构	实用新型	CN202121758912.7	2022.01.18	阿托拉斯乐器制造（大连）有限公司	王明海
	一种立式钢琴的第二音板结构	实用新型	CN202022916371.8	2022.01.21	海伦钢琴股份有限公司	陈海伦；郑之杰；翟清川；曹文
	一种按压式钢琴面板结构	实用新型	CN202120867516.1	2022.01.25	德清县华欧钢琴有限公司	邵学平
	一种钢琴顶盖的打孔定位装置	实用新型	CN202121829766.2	2022.01.25	浙江珠江德华钢琴有限公司	招梓华；何建超；韩祎晴
	一种钢琴生产用板材打磨机	实用新型	CN202122439828.5	2022.01.25	福建桓韵乐器有限公司	李辉；秦雪梅；洪惠敏
	一种用于钢琴的烤漆房	实用新型	CN202122341626.7	2022.01.25	福建桓韵乐器有限公司	秦雪梅；洪惠敏；李辉
	一种钢琴键盖后钻槽机	实用新型	CN202122267826.2	2022.01.25	福建桓韵乐器有限公司	刘一楠；江玉卿；林浩
	一种钢琴生产用打孔装置	实用新型	CN202122341639.4	2022.01.25	福建桓韵乐器有限公司	江玉卿；刘一楠；林浩
	一种用于钢琴的钢琴板自动抛光装置	实用新型	CN202121261214.6	2022.01.28	浙江乐韵钢琴有限公司	金文英；金亦成
	一种开合角度可调的高音色三角钢琴	实用新型	CN202121262983.8	2022.01.28	浙江乐韵钢琴有限公司	金文英；金亦成
	一种立式钢琴的弦槌重心稳定结构	实用新型	CN202121262977.2	2022.01.28	浙江乐韵钢琴有限公司	金文英；金亦成
	三角琴弱音档	实用新型	CN202122162061.6	2022.01.28	上海顶胜钢琴有限公司	顾清琳
	一种用于钢琴的高音准稳定性弦轴板	实用新型	CN202121262975.3	2022.01.28	浙江乐韵钢琴有限公司	金文英；金亦成

续表

类别	名称	专利类型	申请（专利）号	公开（公告）日	申请（专利权）人	发明（设计）人
钢琴	一种具有保护功能的钢琴盖	实用新型	CN202120946355.5	2022.01.28	江苏凤灵钢琴有限公司	李瑞林
	一种具备音梁和音隧道的立式钢琴音板	实用新型	CN202121262986.1	2022.01.28	浙江乐韵钢琴有限公司	金文英；金亦成
	一种自动调节的钢琴琴弦固定器	实用新型	CN202120947364.6	2022.01.28	江苏凤灵钢琴有限公司	李瑞林
	弱音档安装结构	实用新型	CN202121820541.0	2022.01.28	宜昌金宝乐器制造有限公司	庄联森；刘涛；周文权；刘杰玉
	一种三角钢琴琴弦除锈装置	实用新型	CN202122341255.2	2022.01.28	福建桓韵乐器有限公司	李辉；秦雪梅；洪惠敏
	一种钢琴脚垫	实用新型	CN202121922915.X	2022.02.11	北京珠江钢琴制造有限公司	潘启槟；于富瑜；傅锦泉；薛文乐；郭东旭
	一种钢琴缓冲器盖的加固结构	实用新型	CN202121922806.8	2022.02.11	北京珠江钢琴制造有限公司	潘启槟；于富瑜；傅锦泉；招梓华；郭东旭
	卧式钢琴外壳	外观设计	CN202130667273.2	2022.02.18	北京中加海资曼钢琴有限公司	谭汉立
	一种钢琴生产用木头压平装置	实用新型	CN202122439822.8	2022.02.18	福建桓韵乐器有限公司	林洁；刘一楠；江玉卿
	一种多功能钢琴顶盖	实用新型	CN202121125977.8	2022.02.18	德清百艺乐器有限公司	陆嘉毅
	一种钢琴生产加工用木料切割装置	实用新型	CN202122439855.2	2022.02.18	福建桓韵乐器有限公司	江玉卿；刘一楠；林洁
	一种钢琴琴键上使用的多功能盖板	实用新型	CN202121125615.9	2022.02.18	德清百艺乐器有限公司	陆嘉毅
	一种立式钢琴击弦机与键盘的联动装置	实用新型	CN202122394376.3	2022.02.18	广西南宁君立天翰乐器有限公司	冉小君；欧德春；欧冉乾鹏；冉乾立
	一种扬琴加工用钻孔装置	发明专利	CN202111468035.4	2022.02.18	北京星海钢琴集团有限公司	不公告发明人
	一种发光钢琴键	实用新型	CN202022918468.2	2022.02.22	海伦钢琴股份有限公司	陈海伦；郑之杰；翟清川；曹文
	一种钢琴弦轴角度调整组件及其压入机的送料机构	实用新型	CN202122255070.X	2022.02.22	涿州东奇天华乐器科技有限公司	郭学成；豆平祖；杨思贵；宗建帮；李磊
	一种模块化钢琴主体结构	实用新型	CN202120769822.1	2022.02.22	浙江爱山乐器有限公司	沈敏杰
	键盘乐器的键	发明专利	CN201610755521.7	2022.02.22	株式会社河合乐器制作所	岩濑胜彦
	一种钢琴制造用盖板表面上漆抛光装置	实用新型	CN202122067580.4	2022.03.04	大连查理德乐器有限公司	刘娜

续表

类别	名称	专利类型	申请（专利）号	公开（公告）日	申请（专利权）人	发明（设计）人
钢琴	一种钢琴弦轴木芯加工机	实用新型	CN202122069035.9	2022.03.04	大连查理德乐器有限公司	刘娜
	一种可调式钢琴键盘配重装置	实用新型	CN202122063290.2	2022.03.04	大连查理德乐器有限公司	刘娜
	一种钢琴配码和铁盘黏贴装置	实用新型	CN202122084456.9	2022.03.04	大连查理德乐器有限公司	刘娜
	一种钢琴导板加工用拼缝胶缝装置	实用新型	CN202122067643.6	2022.03.04	大连查理德乐器有限公司	刘娜
	一种钢琴挂弦钉装置	实用新型	CN202121996138.3	2022.03.04	大连查理德乐器有限公司	刘娜
	一种钢琴联动器轴架钻孔机	实用新型	CN202121985390.4	2022.03.04	大连查理德乐器有限公司	刘娜
	一种钢琴顶盖支撑调节机构	实用新型	CN202121985389.1	2022.03.04	大连查理德乐器有限公司	刘娜
	一种多功能钢琴	发明专利	CN202111296436.6	2022.03.08	湖州华谱钢琴制造股份有限公司	姚小林
	一种不变形钢琴用中盘	实用新型	CN202122071360.9	2022.03.11	大连查理德乐器有限公司	刘娜
	一种自动穿螺丝装置	实用新型	CN202122294372.8	2022.03.11	广州珠江恺撒堡钢琴有限公司	何玉坚；林鸣亚；冯锦豪
	一种粘贴三角钢琴琴手木皮的夹具	实用新型	CN202122216769.5	2022.03.11	广州珠江恺撒堡钢琴有限公司	李建萍；曾德良；张金奎
	起键盘黑键工装	实用新型	CN202121668151.6	2022.03.11	广州珠江恺撒堡钢琴有限公司	李浩柱；何建文
	一种钢琴联动杆的压榨设备	实用新型	CN202122499832.0	2022.03.11	广州珠江恺撒堡钢琴有限公司	林鸣亚；何玉坚；黄耿志；冯锦豪；何建文
	一种立式琴双共鸣系统	实用新型	CN202122161355.7	2022.03.11	上海顶胜钢琴有限公司	顾清琳
	一种辅助装配三角琴侧板的工装	实用新型	CN202122217590.1	2022.03.11	广州珠江恺撒堡钢琴有限公司	李建萍；张仁宾；曾德良
	一种顶盖检测装置	实用新型	CN202121930900.8	2022.03.11	广州珠江恺撒堡钢琴有限公司	潘启槟；祝志文；黄朝苑
	三角琴键盘击弦机装配装置	实用新型	CN202121922780.7	2022.03.11	广州珠江恺撒堡钢琴有限公司	徐玉珠；韩祎晴；黄耿志
	一种联动杆快速上料装置	实用新型	CN202122404160.0	2022.03.11	广州珠江恺撒堡钢琴有限公司	林鸣亚；何玉坚；黄耿志；冯锦豪；何建文
	联动杆与勺钉的自动化装配装置	实用新型	CN202122394042.6	2022.03.11	广州珠江恺撒堡钢琴有限公司	林鸣亚；何玉坚；黄耿志；冯锦豪；何建文

续表

类别	名称	专利类型	申请（专利）号	公开（公告）日	申请（专利权）人	发明（设计）人
钢琴	一种钢琴轴架塞尼机进料机构	实用新型	CN202122237538.2	2022.03.11	涿州东奇天华乐器科技有限公司	郭学成；文广宇；李磊；段永欢；曲亚斌
	一种钢琴金属共鸣器	实用新型	CN202121050724.9	2022.03.11	达灏乐器（上海）有限公司	高嘉
	钢琴（H-126T21-R）	外观设计	CN202130605161.4	2022.03.29	福州和声钢琴股份有限公司	林建忠；于孙传
	一种钢琴生产用板材切割设备	发明专利	CN202111550387.4	2022.04.01	刘小青	刘小青
	一种钢琴演奏用能够智能翻页的乐谱架	发明专利	CN202111644657.8	2022.04.05	河套学院	张慧茹；陈楠
	一种独立简易式钢琴练习用可升降踏板装置	发明专利	CN202210027010.9	2022.04.05	长沙师范学院	方川
	琴码	实用新型	CN202130385541.1	2022.04.05	北京乐器研究所	彭丽颖
	一种发光琴键和钢琴	实用新型	CN202122458682.9	2022.04.05	音乐梦想（北京）科技有限公司	甘泉；游焰刚；张德政
	透明亚克力材质水晶钢琴	实用新型	CN202122804016.6	2022.04.05	达灏乐器（上海）有限公司	高嘉
	一种便于固定的钢琴乐谱架	实用新型	CN202122554009.5	2022.04.05	辽东学院	高红；王海霞；宋海峰
	一种防翘曲的高密度钢琴板	实用新型	CN202122364502.0	2022.04.05	阳谷金福林木业有限公司	胥清亚
	一种高密度钢琴板的拼接结构	实用新型	CN202122363708.1	2022.04.05	阳谷金福林木业有限公司	胥清亚
	一种钢琴踏瓣震奏机	发明专利	CN201810980746.1	2022.04.05	广州欧米勒钢琴有限公司	方扬
	一种用于钢琴的智能大屏升降结构	实用新型	CN202122369951.4	2022.04.05	海伦钢琴股份有限公司	陈海伦；郑之杰；贾国杰；王冬依
	一种可调式钢琴踏板增高器	实用新型	CN202122291419.5	2022.04.08	山东艺术学院	孙莱
	一种钢琴制造用琴键加工成型装置	实用新型	CN202122069177.5	2022.04.08	大连查理德乐器有限公司	刘娜
	一种钢琴音板锯切专用支架	实用新型	CN202122069667.5	2022.04.08	大连查理德乐器有限公司	刘娜
	一种钢琴琴键电动清洁器	发明专利	CN202110186678.3	2022.04.08	洛阳理工学院	郭芳；崔一鸣；田甜；王洁清
	一种钢琴制造用按键键面贴合装置	实用新型	CN202122069915.6	2022.04.08	大连查理德乐器有限公司	刘娜
	弦槌及其加工方法与应用、及带有第四踏板的钢琴	发明专利	CN202210124820.6	2022.04.08	哈尔滨学院	崔雪花

续表

类别	名称	专利类型	申请（专利）号	公开（公告）日	申请（专利权）人	发明（设计）人
钢琴	钢琴（UP95B）	外观设计	CN202230051752.6	2022.04.12	广州珠江恺撒堡钢琴有限公司	潘启槟；叶婉莹
	一种钢琴调弦机构	实用新型	CN202122624782.4	2022.04.12	山西进开技术研发有限公司	徐茂军
	钢琴（UP95C）	外观设计	CN202230051468.9	2022.04.12	广州珠江恺撒堡钢琴有限公司	潘启槟；叶婉莹
	一种钢琴调音机构	实用新型	CN202122623403.X	2022.04.12	山西进开技术研发有限公司	徐茂军
	钢琴（UP95A）	外观设计	CN202230051737.1	2022.04.12	广州珠江恺撒堡钢琴有限公司	叶婉莹；潘启槟
	钢琴铸铁板	外观设计	CN202130806422.9	2022.04.12	广州音程恒足乐器有限公司	严健鹏
	钢琴（UP95）	外观设计	CN202230051753.0	2022.04.12	广州珠江恺撒堡钢琴有限公司	潘启槟；叶婉莹
	钢琴脚轮	实用新型	CN202122255412.8	2022.04.12	宁波四海琴业有限公司	何四海
	钢琴长铰链	实用新型	CN202122438797.1	2022.04.12	宁波四海琴业有限公司	何四海
	一种三角钢琴升降移动托车	实用新型	CN202123282489.0	2022.04.15	大连大学	董建华
	一种用于钢琴制作的钻孔机构	发明专利	CN202110757736.3	2022.04.19	信阳职业技术学院	李莹；周稚雅
	一种钢琴击弦机勺钉的调试工具	实用新型	CN202122377971.6	2022.04.19	福州和声钢琴股份有限公司	林建忠；于孙传
	一种立式钢琴自动演奏系统	发明专利	CN202210026976.0	2022.04.19	皖江工学院	朱正阳；陶彬彬；马千里；陈志峰；葛洋洋；何梓焓；宋小龙
	一种新型的钢琴踏板调节器	实用新型	CN202120981108.9	2022.04.19	江苏凤灵钢琴有限公司	李瑞林
	一种钢琴生产用板材切割设备及切割用清理机构	发明专利	CN202210151184.6	2022.04.22	刘小青	刘小青
	一种钢琴琴键盖板连接器	发明专利	CN202210071492.8	2022.04.22	河北科技师范学院	郭丽微；李咏梅
	一种钢琴琴键盖板	实用新型	CN202122486125.8	2022.04.26	东营市化工学校	刘艳艳
	一种钢琴演奏静音系统	实用新型	CN202122425076.7	2022.04.26	上海尊潼智能科技有限公司	刘涛；唐晓宇
	一种钢琴生产加工用钢琴用加固定型装置	发明专利	CN202210124796.6	2022.04.29	德清杭韵钢琴有限公司	沈彪
	钢琴键呢扩张器	外观设计	CN202130855807.4	2022.05.03	武汉柏马文化科技有限公司	柏才行
	一种钢琴盖板缓降机构	实用新型	CN202023280621.X	2022.05.03	吴金全；朱勇	吴金全；朱勇
	一种钢琴加工用板材锯痕砂光装置	实用新型	CN202122067514.7	2022.05.03	大连查理德乐器有限公司	刘娜

续表

类别	名称	专利类型	申请（专利）号	公开（公告）日	申请（专利权）人	发明（设计）人
钢琴	一种用于钢琴生产的板材自动打孔机	发明专利	CN202210125474.3	2022.05.06	德清杭韵钢琴有限公司	沈彪
	一种钢琴装饰板的生产装置	发明专利	CN202210124794.7	2022.05.06	德清杭韵钢琴有限公司	沈彪
	一种安装于钢琴上门的控制盒装置	发明专利	CN202210291922.7	2022.05.06	马季平	马季平
	挂钩式屏幕和钢琴	实用新型	CN202120993453.4	2022.05.06	森兰信息科技（上海）有限公司	刘晓露；李政春
	一种钢琴盖带有缓降装置的钢琴	发明专利	CN202210125499.3	2022.05.06	德清杭韵钢琴有限公司	沈彪
	钢琴高音调律止音夹（防滑式）	外观设计	CN202230083889.X	2022.05.06	聂幸	聂幸
	可拆卸式屏幕和钢琴	实用新型	CN202120992366.7	2022.05.06	森兰信息科技（上海）有限公司	刘晓露；刘则；滕杨裔
	一种钢琴调音扳手	实用新型	CN202122817170.7	2022.05.06	邵阳学院	罗力思
	一种立式钢琴的导音装置	实用新型	CN202122570307.3	2022.05.10	广东舞蹈戏剧职业学院	黄辉成；张颖；黄辉福
	一种钢琴生产用木料切割机	发明专利	CN202210125491.7	2022.05.10	德清杭韵钢琴有限公司	沈彪
	一种钢琴琴槌的制作装置	发明专利	CN202210072315.1	2022.05.10	陈美姿	陈美姿
	钢琴榔头拆卸器	外观设计	CN202130855658.1	2022.05.10	武汉柏马文化科技有限公司	柏才
	一种镶嵌木皮琥珀质感的钢琴漆涂装工艺	发明专利	CN202111625346.7	2022.05.10	美克国际家居用品股份有限公司	董新国；贺旭
	一种多个连续钢琴撑杆夹持装置	发明专利	CN202210237797.1	2022.05.13	德清县中德利钢琴有限公司	王建中
	钢琴（2021版立式）	外观设计	CN202230055082.5	2022.05.13	中山市晋祥家具有限公司	伍东伟
	三角钢琴	外观设计	CN202230010342.7	2022.05.13	北京星海钢琴集团有限公司	李国栋；杨杰
	一种带有固定防脱落结构的钢琴盖支架	实用新型	CN202123220775.4	2022.05.13	方正	方正；周倚帆
	一种用于钢琴铁板的转运设备	实用新型	CN202123270739.9	2022.05.13	当阳市金诚机械制造有限公司	周权；王俊华；郑宗山
	一种钢琴铁板生产用除尘涂装装置的除尘室	实用新型	CN202122892318.3	2022.05.17	当阳市金诚机械制造有限公司	周权；曹奋飞；郑宗山
	三角钢琴（DT6）	外观设计	CN202130513670.4	2022.05.17	北京珠江钢琴制造有限公司	于富瑜；傅锦泉；赵鹏；郭东旭
	一种高精度联动结构钢琴击弦机	实用新型	CN202123106881.X	2022.05.17	台州市均华乐器股份有限公司	翟林杰

续表

类别	名称	专利类型	申请（专利）号	公开（公告）日	申请（专利权）人	发明（设计）人
钢琴	立式钢琴外壳	外观设计	CN202130667272.8	2022.05.17	北京中加海资曼钢琴有限公司	谭汉立
	一种钢琴榫楦的夹紧切割装置	发明专利	CN202210158485.1	2022.05.17	九江学院	李思思
	钢琴（2021版三角琴）	外观设计	CN202230054343.1	2022.05.17	中山市晋祥家具有限公司	伍东伟
	钢琴支架升降臂	实用新型	CN202123363164.5	2022.05.24	刘荣	刘荣
	钢琴调律止音带	外观设计	CN202230097470.X	2022.05.24	武汉柏马文化科技有限公司	柏才行
	钢琴键盘自定位黑键	实用新型	CN202123069768.9	2022.05.24	台州市均华乐器股份有限公司	翟林杰
	一种钢琴铁板喷涂装置	实用新型	CN202123336304.X	2022.05.27	当阳市金诚机械制造有限公司	周权；郑宗山；贾兵
	一种立式钢琴后键盖固定结构	实用新型	CN202123232449.5	2022.05.27	开封市文化旅游学校	姚丽娜；马娇；陈欣；刘乐
	一种三角钢琴琴腿支撑拉架	实用新型	CN202123282494.1	2022.05.27	大连大学	董建华
	乐器用层压胶合板及其制造方法以及乐器	发明专利	CN201711474498.5	2022.05.27	雅马哈株式会社	大室裕昭；奥村幸正；长岛宏尚
	钢琴击弦机轴架自动加工设备	发明专利	CN202210201128.9	2022.05.31	宁波技丰智能装备有限公司	卢连增；魏祥标；王飞；胡运朋；武国辉；姚成德；孙建波
	一种钢琴盖缓冲装置	实用新型	CN202122439823.2	2022.05.31	福建桓韵乐器有限公司	刘一楠；江玉卿；林洁
	一种钢琴铁板加工装置	实用新型	CN202123270893.6	2022.06.03	当阳市金诚机械制造有限公司	周权；郑宗山；贾兵
	一种具有缓冲功能的钢琴脚轮	实用新型	CN202122988494.7	2022.06.07	四会市骏航五金制品有限公司	陈德乐
	一种钢琴用清洁除灰装置	实用新型	CN202122331141.X	2022.06.07	沃玉亭	沃玉亭
	一种多向式旋转调节用钢琴移动脚轮	实用新型	CN202123079215.1	2022.06.07	四会市骏航五金制品有限公司	陈德乐
	一种具有升降功能的钢琴踏板	实用新型	CN202122988492.8	2022.06.07	四会市骏航五金制品有限公司	陈德乐
	一种钢琴自动演奏器安装结构	实用新型	CN202122411303.0	2022.06.10	广州市雅迪数码科技有限公司	胡伟
	一种钢琴销子的锤入装置	发明专利	CN202210237765.1	2022.06.14	德清县中德利钢琴有限公司	王建中
	一种钢琴击键力度的检测装置	发明专利	CN202210237770.2	2022.06.14	德清县中德利钢琴有限公司	王建中
	一种三角钢琴定旋钮	实用新型	CN202122162048.0	2022.06.14	上海顶胜钢琴有限公司	顾清琳

续表

类别	名称	专利类型	申请（专利）号	公开（公告）日	申请（专利权）人	发明（设计）人
钢琴	钢琴（KS125B）	外观设计	CN202130641647.3	2022.06.17	烟台金斯波格钢琴有限责任公司	王风海；张帆；胡晓红；戴美宝；黄利军
	一种便于移动的钢琴	实用新型	CN202122785260.2	2022.06.17	黎松涛	黎松涛
	一种设有缓冲保护结构的钢琴盖支架	实用新型	CN202122785257.0	2022.06.17	黎松涛	黎松涛
	一种钢琴铁排弦列	实用新型	CN202123029244.7	2022.06.17	烟台金斯波格钢琴有限责任公司	胡晓红；王风海；戴美宝；黄利军
	一种外置型钢琴自动演奏器	实用新型	CN202122411711.6	2022.06.17	广州市雅迪数码科技有限公司	胡伟
	一种卧式钢琴键盘平整的稳定振奏装置	实用新型	CN202122786837.1	2022.06.17	黎松涛	黎松涛
	一种钢琴中盘定位模具	实用新型	CN202122892843.5	2022.06.17	烟台金斯波格钢琴有限责任公司	戴美宝；王风海；黄利军
	一种可防止倾倒的钢琴板夹持装置	实用新型	CN202220082002.X	2022.06.17	王金玲	王金玲
	一种新型钢琴键盖翻转系统	实用新型	CN202123029243.2	2022.06.17	烟台金斯波格钢琴有限责任公司	胡晓红；王风海；戴美宝；黄利军
	一种具有多种功能的立式钢琴	实用新型	CN202122334570.2	2022.06.17	谢丽莎	谢丽莎
	一种便携式钢琴专用清洁刷	实用新型	CN202123402066.8	2022.06.17	河南艺术职业学院	谢丽莎
	控制器总成（钢琴音击弦槌）	外观设计	CN202230004046.6	2022.06.21	东莞市艺技智长钢琴贸易有限公司	邵刚；杨培仙；陈静；邵蔷薇
	钢琴（KS121DPS）	外观设计	CN202130636539.7	2022.06.21	烟台金斯波格钢琴有限责任公司	王风海；胡晓红；戴美宝；黄利军；张帆
	一种带有隐藏式琴键盖的数字显示式钢琴琴面组件	实用新型	CN202122370627.4	2022.06.21	海伦钢琴股份有限公司	陈海伦；郑之杰；贾国杰；王冬依
	一种便于安装更换且稳定性好的钢琴踏板	实用新型	CN202220256606.1	2022.06.21	重庆工业职业技术学院	颜梦晴
	一种钢琴键安装组件	实用新型	CN202123018834.X	2022.06.21	乐工坊文化产业（江苏）有限公司	罗有航
	一种立式钢琴中盘安装的定位结构	实用新型	CN202022916366.7	2022.06.21	海伦钢琴股份有限公司	陈海伦；郑之杰；郑张刘；贾国杰
	一种卧式钢琴键盘平整度检测装置	实用新型	CN202123003961.2	2022.06.21	陈昕	陈昕

续表

类别	名称	专利类型	申请（专利）号	公开（公告）日	申请（专利权）人	发明（设计）人
钢琴	一种钢琴铝中盘	实用新型	CN202022916386.4	2022.06.21	海伦钢琴股份有限公司	陈海伦；郑之杰；郑张刘；贾国杰
	一种钢琴盖用缓冲防护装置	实用新型	CN202123445127.9	2022.06.21	江苏凤灵钢琴有限公司	李瑞林
	一种可自动开合顶盖的立式钢琴	实用新型	CN202122336794.7	2022.06.21	谢丽莎	谢丽莎
	钢琴榔头矫正器	外观设计	CN202230175626.1	2022.06.24	武汉柏马文化科技有限公司	柏才行
	一种组合式可调节使用高度的钢琴板	实用新型	CN202123389066.9	2022.06.24	江苏凤灵钢琴有限公司	李瑞林
	钢琴门板支架	外观设计	CN202230175215.2	2022.06.24	武汉柏马文化科技有限公司	柏才行
	一种立式钢琴	实用新型	CN202123103109.2	2022.06.28	南雄市海伦罗曼钢琴有限公司	刘光森
	一种立式钢琴用的可拆卸弱音挡板	实用新型	CN202123094761.2	2022.06.28	南雄市海伦罗曼钢琴有限公司	刘光森
	一种钢琴键修正用辅助装置	发明专利	CN202210395894.3	2022.06.28	平顶山学院	李文亮；刘文宗；袁姗姗；谭媛；赵一凡
	一种钢琴自动演奏装置	实用新型	CN202123245731.7	2022.06.28	玉溪师范学院	卫昕
	一种便携拆装用减缓式钢琴踏板	实用新型	CN202123206207.9	2022.06.28	四会市骏航五金制品有限公司	陈德乐
	一种伴奏用钢琴自动演奏系统	实用新型	CN202122812936.2	2022.06.28	周详	周详
	一种具有辅助翻页功能的钢琴演奏乐谱器	实用新型	CN202123419956.X	2022.06.28	郑州工商学院	原艺
	一种立式钢琴的脚踏系统	实用新型	CN202123205106.X	2022.06.28	南雄市海伦罗曼钢琴有限公司	刘光森
	一种钢琴运输防护装置	实用新型	CN202123158525.2	2022.06.28	德清车尔尼钢琴有限公司	姚文华；毛建芬；毛一涛
	一种钢琴键盘平整度检测装置	实用新型	CN202220644521	2022.07.01	咸阳职业技术学院	田甜
	一种使钢琴匀速闭合的合页装置	实用新型	CN202122234854	2022.07.01	彭岩	彭岩
	一种钢琴音板框的可调节压合装置	实用新型	CN202220110369	2022.07.05	无锡斯坦梅尔钢琴有限公司	曹顺军
	钢琴自动合页系统	实用新型	CN202220084895	2022.07.05	无锡斯坦梅尔钢琴有限公司	曹顺军
	一种新型钢琴键盖结构	实用新型	CN202123375840	2022.07.05	无锡斯坦梅尔钢琴有限公司	曹顺军
	一种小型钢琴手指训练设备	实用新型	CN202220114184	2022.07.05	湘中幼儿师范高等专科学校	付芳；喻玉；岳婧娟

续表

类别	名称	专利类型	申请（专利）号	公开（公告）日	申请（专利权）人	发明（设计）人
钢琴	钢琴	外观设计	CN202230164907	2022.07.08	杭州威勒乐器有限公司	常先国
	一种用于音乐治疗和音乐教育的多功能智能钢琴装置	实用新型	CN202220205498	2022.07.08	苏州大学	傅腾
	用于钢琴的弦轴销	实用新型	CN202220100473	2022.07.08	宁波市北仑乐器配件制造有限公司	靳耀东
	多功能智能电钢琴	实用新型	CN202220072686	2022.07.08	揭西县小天使电子电器有限公司；董玉金	彭启明；董玉金；张优辉
	用于钢琴的压弦条	实用新型	CN202123115161	2022.07.08	宁波市北仑乐器配件制造有限公司	刘浪
	设有压紧限位功能的钢琴压弦条	实用新型	CN202123109759	2022.07.08	宁波市北仑乐器配件制造有限公司	俞兆祥
	钢琴键盘控制锁	外观设计	CN202230004047	2022.07.12	东莞市艺技智长钢琴贸易有限公司	邵刚；杨培仙；陈静；邵蔷薇
	一种钢琴铁板打销装置	实用新型	CN202220351302	2022.07.12	当阳市金诚机械制造有限公司	周权；曹奋飞；郑宗山
	一种立式钢琴的顶盖	实用新型	CN202123334970	2022.07.12	南雄市海伦罗曼钢琴有限公司	刘光森
	一种立式钢琴的上门	实用新型	CN202123261409	2022.07.12	南雄市海伦罗曼钢琴有限公司	刘光森
	一种灵活调节的钢琴	实用新型	CN202122994144	2022.07.12	福建艾维尔科技有限公司	朱海潇；朱臣竹；黄寒堂
	一种整体升降式钢琴	实用新型	CN202122468156	2022.07.12	福建艾维尔科技有限公司	黄寒堂；朱臣竹
	一种立式钢琴的谱架	实用新型	CN202123287419	2022.07.12	南雄市海伦罗曼钢琴有限公司	刘光森
	一种钢琴音板加工方法	发明专利	CN202110483778	2022.07.15	宜昌金宝乐器制造有限公司	吴天延；罗扬；王军；黄维；邓勇；余桂权
	一种立式钢琴后键盖固定结构	实用新型	CN202220272218	2022.07.15	湖州华谱钢琴制造股份有限公司	姚小林
	一种可矫正水平的立式钢琴	实用新型	CN202220156321	2022.07.15	湖州华谱钢琴制造股份有限公司	姚小林
	一种具有除湿功能的钢琴	实用新型	CN202122232806	2022.07.15	上海艺友教育科技有限公司	彭岩
	钢琴脚垫	外观设计	CN202230194349	2022.07.15	琼台师范学院	吴静
	一种钢琴采集力度校准系统及校准方法	发明专利	CN201910843496	2022.07.15	湖南卡罗德音乐集团有限公司	郭立；赖志强
	一种可调节角度的钢琴谱架	实用新型	CN202220154409	2022.07.15	湖州华谱钢琴制造股份有限公司	姚小林

续表

类别	名称	专利类型	申请（专利）号	公开（公告）日	申请（专利权）人	发明（设计）人
钢琴	一种便于移动钢琴的支撑底架	实用新型	CN202122234869	2022.07.15	上海艺友教育科技有限公司	彭岩
	一种钢琴训练用手指锻炼装置	实用新型	CN202121557769	2022.07.15	上海艺友教育科技有限公司	时伟
	一种钢琴指法训练用训练器调节支架	实用新型	CN202121557767	2022.07.15	上海艺友教育科技有限公司	史岗岗
	钢琴击弦机轴架自动组装装置	实用新型	CN202220454918	2022.07.19	宁波技丰智能装备有限公司	王飞；武国辉；卢连增；胡运朋；魏祥标；汪国照；孙建波
	一种儿童钢琴	实用新型	CN202220199986	2022.07.19	广州珠江恺撒堡钢琴有限公司	黄朝苑；龚承忠；潘启槟；卢锐骞；廖志辉；叶婉莹
	一种电钢琴面盖	实用新型	CN202123414976	2022.07.19	粤田设计（珠海）有限公司	伍凯庆；张朝汉；周庭进；黄家良
	一种钢琴低音弦	实用新型	CN202122255449	2022.07.19	宁波四海琴业有限公司	何四海
	钢琴手指训练装置	外观设计	CN202230220460	2022.07.19	陈奕文	陈奕文
	一种可灵活定制的钢琴结构	实用新型	CN202123419155	2022.07.22	福建艾维尔科技有限公司	朱海潇；黄寒堂
	一种新型钢琴音板肋木的安装装置	发明专利	CN201810422855	2022.07.26	北京星海钢琴集团有限公司	汤洁；崔修良；白德刚
	一种钢琴自动调音装置	实用新型	CN202123441028	2022.07.29	天津科技大学	代泽华；刘淼；张政；卢昊辰；王彪；何志永；王朝辉；李丹；谷翰玥；罗怡玲；刘阳
	一种同步旋转式钢琴谱架	实用新型	CN202220508058	2022.07.29	沈家杰	沈家杰
	一种具有辅助翻页功能的钢琴演奏乐谱器	实用新型	CN202122930061	2022.07.29	杜怡静	杜怡静
	电钢琴键盘控制电路	实用新型	CN202123409920	2022.08.02	揭西县小天使电子电器有限公司；董玉金	彭启明；董玉金；张优辉
	一种用于钢琴教学的多功能乐谱架	实用新型	CN202220801267	2022.08.02	乐山师范学院	张俊萍
	一种用于防止钢琴中盘变形的固定结构	实用新型	CN202123215967	2022.08.05	吴华辉	吴华辉
	一种钢琴压键挡的加固装置	实用新型	CN202121984999	2022.08.05	大连查理德乐器有限公司	刘娜

续表

类别	名称	专利类型	申请（专利）号	公开（公告）日	申请（专利权）人	发明（设计）人
钢琴	一种钢琴教学用手握教具	实用新型	CN202122798425	2022.08.09	德乐文化传媒（上海）有限公司	夏昕
	一种用于机械钢琴的控制装置	实用新型	CN202220340154	2022.08.09	东莞市艺技智长钢琴贸易有限公司	邵刚；杨培仙；陈静；邵蔷薇；胡海洋；李琐菲；陈锐；邵哲
	一种可调节角度固定于钢琴上的谱架	实用新型	CN202220046169	2022.08.09	山东理工职业学院	王珊珊
	一种微耗材双音板教学钢琴	实用新型	CN202220339660	2022.08.12	黑龙江省联宇乐器有限公司	任宗联；吕凡顺
	一种钢琴白键皮、白键本体及白键	实用新型	CN202122162047	2022.08.12	上海顶胜钢琴有限公司	顾清琳
	一种可升降钢琴	实用新型	CN202220500097	2022.08.16	广州珠江艾茉森数码乐器股份有限公司	刘春清；林利平
	一种钢琴练习用的手型矫正装置	实用新型	CN202221034721	2022.08.16	王生明	王生明
	显示屏幕面板的弹奏钢琴图形用户界面	外观设计	CN202230250871	2022.08.19	苏州捷迪纳米科技有限公司	杨群振；张明学；付振亚；綦悦
	一种散热性能好的电子钢琴	实用新型	CN202220999279	2022.08.23	青岛美嘉乐器有限公司	丁桂斌
	一种具备隐藏式琴谱架的钢琴	实用新型	CN202220500664	2022.08.23	广州珠江艾茉森数码乐器股份有限公司	刘春清；林利平
	钢琴合页的分离装置	实用新型	CN202220102419	2022.08.23	宁波市北仑乐器配件制造有限公司	俞兆祥
	一种钢琴铭牌及安装结构	实用新型	CN202220992823	2022.08.26	宜昌金宝乐器制造有限公司	吴天延；王军；刘巧真；邓勇
	一种钢琴琴谱放置架	实用新型	CN202220217567	2022.08.26	合肥师范学院	刘洁
	钢琴键盘的平整度便捷检测装置	实用新型	CN202220084950	2022.08.26	无锡斯坦梅尔钢琴有限公司	曹顺军
	数码钢琴（Amoy白鹭智能S400）	外观设计	CN202230231675	2022.08.30	厦门白鹭数码钢琴有限公司	谢长标
	一种钢琴教学的音乐识谱板	实用新型	CN202220010603	2022.08.30	张丹；陈杨	张丹；陈杨
	一种钢琴榫楦的夹紧切割装置	发明专利	CN202210158485	2022.09.02	九江学院	李思思
	智能钢琴对照显示屏	外观设计	CN202230244069	2022.09.02	北京展天教学设备有限公司	王源源
	钢琴（KW125）	外观设计	CN202230206284	2022.09.02	烟台金斯波格钢琴有限责任公司	王风海；胡晓红；张帆；戴美宝；黄利军

续表

类别	名称	专利类型	申请（专利）号	公开（公告）日	申请（专利权）人	发明（设计）人
钢琴	一种电钢琴用重锤琴键	实用新型	CN202221247066	2022.09.02	福建省赢乐电子科技有限公司	丁达阳
	一种便于拆卸更换的电钢琴重锤键盘	实用新型	CN202221246729	2022.09.02	福建省赢乐电子科技有限公司	丁达阳
	一种应用于钢琴的弦槌柄机构	实用新型	CN202220043167	2022.09.02	李晓勇	李晓勇
	钢琴琴键（白键）	外观设计	CN202230215682	2022.09.06	台州普法尔汀科技有限公司	翟林杰
	钢琴分体式键侧木	实用新型	CN202220807198	2022.09.06	宜昌金宝乐器制造有限公司	熊南方；吕露；庄联森
	钢琴（KW121）	外观设计	CN202130636547	2022.09.06	烟台金斯波格钢琴有限责任公司	王风海；张帆；胡晓红；戴美宝；黄利军
	一种立式钢琴铸铁板结构	实用新型	CN202122963404	2022.09.06	上海顶胜钢琴有限公司	顾清琳
	钢琴手型矫正器	实用新型	CN202221285281	2022.09.06	东莞市乐邦乐器有限公司	刘健
	钢琴音板自动加工装置	实用新型	CN202220893689	2022.09.09	宜昌金宝乐器制造有限公司	黄绯；干军；黄俊
	钢琴压弦角度装置	实用新型	CN202220892965	2022.09.09	宜昌金宝乐器制造有限公司	王军；徐超；邓勇
	一种立式钢琴的击弦机选择延音装置	实用新型	CN202221059952	2022.09.13	鲍德温（中山）钢琴乐器有限公司	周有恩
	一种具有缓冲保护的电子钢琴按键	实用新型	CN202220424447	2022.09.13	晋江市锦乐电子科技有限公司	苏承利；张锦山；罗清；俞亮生
	一种耐用型推拉开关式电钢琴	实用新型	CN202220423772	2022.09.13	晋江市锦乐电子科技有限公司	苏承利；张锦山；罗清；俞亮生
	钢琴踏板	外观设计	CN202230310301	2022.09.16	黔南民族师范学院	欧阳鹏婷
	一种可防止扁销孔摩擦的钢琴用键条	实用新型	CN202221265095	2022.09.16	河北隆尼施钢琴有限公司	方扬；靳值；温绮玲；张大勇；李嘉兴
	钢琴中盘构件	实用新型	CN202220975642	2022.09.16	李晓勇	李晓勇
	一种用于电钢琴的无线踏板	实用新型	CN202220530028	2022.09.16	广州珠江艾茉森数码乐器股份有限公司	刘春清；吴锦元
	三角钢琴	外观设计	CN202230330440	2022.09.20	郑娴粧	郑娴粧
	一种钢琴脚踏板装置	实用新型	CN202221074512	2022.09.20	得理乐器（珠海）有限公司	何景川；傅杰明；刘国宗
	一种钢琴教学用乐谱自动翻页结构	实用新型	CN202221032506	2022.09.20	长江大学文理学院	肖雅筠
	一种电子钢琴	实用新型	CN202220643419	2022.09.20	广州平昌电子科技有限公司	殷光平；周永军；高成国；黄林

续表

类别	名称	专利类型	申请（专利）号	公开（公告）日	申请（专利权）人	发明（设计）人
钢琴	一种户外太阳能电钢琴	实用新型	CN202220530018	2022.09.20	广州珠江艾茉森数码乐器股份有限公司	刘春清；吴锦元
	一种隐藏式三角钢琴辅助搬运器	实用新型	CN202220202598	2022.09.20	西南科技大学	康薇嘉；吴元会
	一种钢琴键盘非同轴坐标孔位一次性加工机构	实用新型	CN202123067455	2022.09.20	临海市千屹日用品有限公司	王胜；王星星；王晨辉
	一种钢琴键盘多路同步锯切设备	实用新型	CN202122626819	2022.09.20	临海市千屹日用品有限公司	王胜；王星星；王晨辉
	一种钢琴弦缠弦机	实用新型	CN202122607082	2022.09.20	临海市千屹日用品有限公司	王胜；王星星；王晨辉
	钢琴房（ms−L211）	外观设计	CN202230361217	2022.09.23	广州淼森智能科技有限公司	吴嘉恩
	一种钢琴弹奏用指力练习装置	发明专利	CN202110174845	2022.09.23	渤海大学	张贺达
	钢琴曲谱架	外观设计	CN202230361248	2022.09.23	付梓钰	付梓钰；涂园园
	钢琴手型矫正器	外观设计	CN202230313894	2022.09.23	东莞市乐邦乐器有限公司	刘健
	一种钢琴伸缩谱架	实用新型	CN202220859764	2022.09.23	广州珠江艾茉森数码乐器股份有限公司	陈智球；刘春清；卢毅明
	一种智慧钢琴一体机	实用新型	CN202221232733	2022.09.27	深圳市创品新媒体科技有限公司	徐书龙
	一种便于拆卸的钢琴翻谱装置	实用新型	CN202220816538	2022.09.27	徐渤	高亚楠
	一种钢琴谱架	实用新型	CN202220859385	2022.09.27	广州珠江艾茉森数码乐器股份有限公司	陈智球；刘春清；卢毅明
	用于大钢琴的顶板支承装置	发明专利	CN201610773975	2022.10.04	株式会社河合乐器制作所	山下光夫
	一种基于聚四氟乙烯的钢琴轴架轴针衬套及其加工工艺	发明专利	CN202011209527	2022.10.04	德清佰诺乐器有限公司	冯东园
	一种钢琴盖缓冲装置	实用新型	CN202221441441	2022.10.04	刘彦	刘彦
	一种钢琴生产的实木琴键键皮贴合装置	发明专利	CN202210773985	2022.10.11	滕州市中等职业教育中心学校	王晶；彭亚楠；郭滕
	一种防灰尘掉入缝隙的钢琴琴键清洁装置	发明专利	CN202110374143	2022.10.11	济南盈晟商贸有限公司	黎法航
	一种具有激励辅助功能的钢琴练习装置	发明专利	CN202210816694	2022.10.11	齐鲁师范学院	丁东
	钢琴中盘防变形结构及其钢琴	实用新型	CN202220690769	2022.10.11	宜昌金宝乐器制造有限公司	柳毅；杨超；凌绪华；丁威

续表

类别	名称	专利类型	申请（专利）号	公开（公告）日	申请（专利权）人	发明（设计）人
钢琴	一种便携折叠式钢琴翻倒装置	实用新型	CN202221279183	2022.10.11	南京师范大学泰州学院	王继业；张丹丹
	一种方便进行琴谱固定的钢琴面板结构	实用新型	CN202123334210	2022.10.14	铜仁学院	李淑君
	一种钢琴马克输送机的末端过渡装置	实用新型	CN202221011876	2022.10.14	福建亚东钢琴有限公司	洪亚东；李瑾娟；周文银
	一种钢琴教学用带有发光结构的钢琴琴键结构	实用新型	CN202122850930	2022.10.18	郑州幼儿师范高等专科学校	王倩
	钢琴立柱涂装生产线及方法	发明专利	CN202210675319	2022.10.18	宜昌金宝乐器制造有限公司	吴天延；李志洲
	一种应用于儿童钢琴演奏用可调节曲谱支架	发明专利	CN202210952957	2022.10.18	东营职业学院	王晓媛
	一种钢琴音乐专业用琴谱固定架	实用新型	CN202221481431	2022.10.21	房力立	房力立
	一种便于收纳乐谱的电钢琴	实用新型	CN202220696152	2022.10.21	妙音音乐科技（武汉）有限公司	祝丽
	一种便于拆卸更换的电钢琴琴键	实用新型	CN202220696166	2022.10.21	妙音音乐科技（武汉）有限公司	祝丽
	一种具有自动感应开关功能的钢琴	实用新型	CN202221176022	2022.10.21	得理乐器（珠海）有限公司	何景川；傅杰明；刘国宗
	钢琴调音器	外观设计	CN202230444834	2022.10.21	亳州学院	戴心铭
	钢琴立柱涂装工艺中的转运装置	实用新型	CN202221493202	2022.10.25	宜昌金宝乐器制造有限公司	吴天延；李志洲；张礼青
	一种钢琴弹奏用指力练习装置	发明专利	CN202210919035	2022.10.25	信阳师范学院	栗树；韩瀚
	一种音乐用钢琴自动调音器	发明专利	CN202210874306	2022.10.25	怀化学院	宋彦斌
	钢琴立柱涂装生产线	实用新型	CN202221493185	2022.10.25	宜昌金宝乐器制造有限公司	吴天延；李志洲；张礼青
	用于钢琴的击弦机及其制造工艺	发明专利	CN202210874201	2022.10.25	李晓勇	李晓勇
	一种用于钢琴教学的辅助装置	发明专利	CN202011199300	2022.10.28	张爱忠	张爱忠
	一种便携式可折叠电子钢琴	实用新型	CN202221452051	2022.10.28	晋江和祥盛电子科技有限公司	范家余
	一种智能积木钢琴	实用新型	CN202220294718	2022.10.28	杭州超乎智能科技有限公司	应宏；张天慧；庞然

续表

类别	名称	专利类型	申请（专利）号	公开（公告）日	申请（专利权）人	发明（设计）人
钢琴	一种钢琴辅助踏板	实用新型	CN202221740326	2022.10.28	伊藤政（上海）贸易有限公司	咸碧玉；柴思逢；曹怡文
	钢琴辅助踏板	外观设计	CN202230282972	2022.10.28	佛山市科译家居用品有限公司	范伟科
	一种高音质钢琴音板	实用新型	CN202221769041	2022.10.28	浙江卡罗德钢琴制造有限公司	何宝祥
	钢琴琴弦磨花装置、绕弦机及其绕弦方法	发明专利	CN201711469421	2022.11.01	广州珠江恺撒堡钢琴有限公司	黄耿志；郭方民；孔超雄；文均明；梁志和；区迎
	一种钢琴专用的碳纤维止音器	实用新型	CN202220093726	2022.11.01	上海哈利路亚乐器有限公司	张松；陈山
	一种钢琴维修用的换弦装置	实用新型	CN202220079677	2022.11.01	上海哈利路亚乐器有限公司	张松；陈山
	一种钢琴维修用便于携带的琴键钳	实用新型	CN202220068444	2022.11.01	上海哈利路亚乐器有限公司	陈山；张松
	一种带内部拾音装置的钢琴	实用新型	CN202221390193	2022.11.01	北京乐界乐科技有限公司	倪卫娟；李扬；贾建伟
	一种用于制备钢琴弦槌的带夹层毛毡的生产设备	发明专利	CN202210947224	2022.11.01	宁波晨心乐器有限公司	罗再庆；龚若望
	一种钢琴琴键力度可调回弹支撑组件	实用新型	CN202221334397	2022.11.01	无锡斯坦梅尔钢琴有限公司	曹顺军
	一种钢琴支撑架	实用新型	CN202220068798	2022.11.01	上海哈利路亚乐器有限公司	陈山；张松
	一种具有保护功能的电子钢琴外罩	实用新型	CN202220896567	2022.11.01	常熟市新达模塑成型有限公司	陈健；陈培锋；朱伟
	一种钢琴踏板高强度双节连接结构	实用新型	CN202221281603	2022.11.01	无锡斯坦梅尔钢琴有限公司	曹顺军
	带有多人钢琴弹奏界面的显示屏幕面板	外观设计	CN202130822888	2022.11.04	森兰信息科技（上海）有限公司	刘晓露；金立人；黄辉；丁丽彬
	节拍器装置及钢琴	发明专利	CN202210725003	2022.11.04	吴翔	吴翔；赵珂
	一种指尖力度训练的钢琴训练装置	发明专利	CN202210116421	2022.11.04	郑州幼儿师范高等专科学校	孙畅
	立式钢琴的弦槌组件及高音色立式钢琴	实用新型	CN202220827923	2022.11.04	江西正音乐器有限公司	曾国军；李秀枝
	一种钢琴导板加工用拼缝胶缝装置	实用新型	CN202220649173	2022.11.04	德清森迪钢琴有限公司	吴克宙；潘国忠
	一种立式钢琴击弦机轴衬加工装置	实用新型	CN202220649175	2022.11.04	德清森迪钢琴有限公司	吴克宙；潘国忠

续表

类别	名称	专利类型	申请（专利）号	公开（公告）日	申请（专利权）人	发明（设计）人
钢琴	一种用于钢琴板材的喷漆机用翻转工装	实用新型	CN202220646305	2022.11.04	德清森迪钢琴有限公司	吴克宙；潘国忠
	一种伸缩式音乐教学钢琴谱架	实用新型	CN202220734023	2022.11.04	申梦辰	申梦辰；郭苗苗
	一种用于钢琴琴谱的固定装置	实用新型	CN202221378854	2022.11.04	朱红梅	朱红梅
	带刹车结构的三角钢琴脚轮	实用新型	CN202221988148	2022.11.04	宁波四海琴业有限公司	樊建能
	一种带节拍器的钢琴乐谱架	实用新型	CN202221803983	2022.11.04	山西工商学院	路丹丹
	钢琴背架	外观设计	CN202230458161	2022.11.04	曾娴	曾娴
	一种钢琴盖缓冲装置	实用新型	CN202221804044	2022.11.04	山西工商学院	张茜
	一种具有同时半击琴键设计性能的三角钢琴击弦机	发明专利	CN201910374260	2022.11.08	南阳理工学院	舒甜；彭艳；胡青
	一种钢琴教学讲解展示架	发明专利	CN202110469017	2022.11.08	连宇	连宇
	一种钢琴背架的自动化铣切设备	实用新型	CN202221497267	2022.11.08	江西正音乐器有限公司	曾国军；李秀枝
	三角钢琴（雕花贴金）	外观设计	CN202230533609	2022.11.08	烟台博斯纳钢琴制造有限公司	王锡玉；邴艳丽；姜登丰
	三角钢琴（拼花）	外观设计	CN202230533583	2022.11.08	烟台博斯纳钢琴制造有限公司	王锡玉；邴艳丽；姜登丰
	钢琴手型指力训练器	外观设计	CN202230531983	2022.11.08	程方铎	程方铎
	一种钢琴背板用分体式模具装置	实用新型	CN202220686962	2022.11.11	辽阳德盛重工机械有限公司	罗明柱；张跃锋
	一种钢琴背板多工位喷涂装置	实用新型	CN202220689293	2022.11.11	辽阳德盛重工机械有限公司	罗明柱；张跃锋
	钢琴辅助踏板	外观设计	CN202230528574	2022.11.11	雷云	雷云
	一种钢琴键修正用辅助装置	实用新型	CN202220883531	2022.11.15	平顶山学院	李文亮；刘文宗；袁姗姗；谭媛；赵一凡
	一种防碰撞钢琴翻盖结构	实用新型	CN202221221290	2022.11.15	上海博尊钢琴有限公司	林洁
	一种自动钢琴键盘盖板	实用新型	CN202221327609	2022.11.15	广州珠江艾茉森数码乐器股份有限公司	陈智球；刘春清；卢毅明
	一种钢琴板材镜面抛光装置	实用新型	CN202221567492	2022.11.18	无锡斯坦梅尔钢琴有限公司	曹顺军
	一种钢琴用乐谱支架	实用新型	CN202221932375	2022.11.18	刘东	刘东

续表

类别	名称	专利类型	申请（专利）号	公开（公告）日	申请（专利权）人	发明（设计）人
钢琴	钢琴（GH275宝石琴）	外观设计	CN202230551520	2022.11.18	广州珠江恺撒堡钢琴有限公司	潘启槟；韩祎晴；吴小群
	一种可调节高度的钢琴踏板辅助装置	发明专利	CN201811645462	2022.11.22	华南农业大学	陆珊
	一种钢琴用自动打销机	实用新型	CN202121597652	2022.11.22	邵阳学院	常薰匀
	一种钢琴维护用的除湿防锈装置	发明专利	CN202211004855	2022.11.22	齐齐哈尔大学	于宝莹；王昭；张吉武；张挥球；李海港
	一种具有缓解疲劳功能的钢琴座椅	实用新型	CN202221257436	2022.11.22	上海耶声教育科技有限公司	胡芷萱；杨柳
	一种组合式钢琴模拟键盘	实用新型	CN202220928650	2022.11.22	许诺	许诺
	一种钢琴合盖缓冲结构	实用新型	CN202222086961	2022.11.22	邵阳学院	罗力思
	一种可抱挎使用的电钢琴	实用新型	CN202221812283	2022.11.22	晋江市声乐电子科技有限公司	尤祖乐；周荣章
	一种钢琴用调音器	实用新型	CN202222139543	2022.11.22	浙江卡罗德钢琴制造有限公司	何宝祥
	一种车载用镁合金材质UV钢琴黑漆	发明专利	CN202111576674	2022.11.25	惠州市凯辉化工有限公司	梅健；杨如切；裴广亚
	一种带有缓冲结构的钢琴盖板	发明专利	CN202210028658	2022.11.25	上海哈利路亚乐器有限公司	陈山
	一种方便安装且不易开裂的钢琴支柱连接结构	实用新型	CN202220889897	2022.11.25	福建亚东钢琴有限公司	洪亚东；李瑾娟；周文银
	一种儿童钢琴教学用踏板延伸装置	实用新型	CN202221033444	2022.11.25	湘南学院	邓筱筱
	一种钢琴盖开合机构、钢琴盖自动开合盖及取放装置	实用新型	CN202221030754	2022.11.25	苏州精濑光电有限公司；武汉精测电子集团股份有限公司	王永坤；肖治祥；朱涛
	一种用于加工钢琴键的环保型抛光装置	实用新型	CN202221925237	2022.11.25	福建亚东钢琴有限公司	洪亚东；李瑾娟；周文银
	钢琴手型练习辅助件	外观设计	CN202230506568	2022.11.25	张丹薇	张丹薇
	一种便携式钢琴键盘练习器	实用新型	CN202222045432	2022.11.25	王奕雯	王奕雯；李德宁；王巍；郭延慧；丁笛洋；王炳辉；丁玉磊
	一种用于钢琴的智能大屏升降结构	实用新型	CN202221048525	2022.11.29	舒颖	舒颖
	一种用于钢琴榔头批量打磨的固定装置	实用新型	CN202220696477	2022.11.29	严威	严威

续表

类别	名称	专利类型	申请（专利）号	公开（公告）日	申请（专利权）人	发明（设计）人
钢琴	一种钢琴键盖缓降器	实用新型	CN202221962692	2022.11.29	吴金全	吴金全；朱勇
	一种钢琴手型练习辅助件	实用新型	CN202222089318	2022.11.29	张丹薇	张丹薇
	一种钢琴弦槌毡自动叠毛网设备	实用新型	CN202222048831	2022.11.29	宁波晨心乐器有限公司	罗再庆；龚若望
	一种钢琴弦码精准打孔清屑装置	实用新型	CN202221714283	2022.11.29	无锡斯坦梅尔钢琴有限公司	曹顺军
	一种钢琴演奏用的辅助拨弦装置	实用新型	CN202222216895	2022.11.29	王靖	王靖
	一种钢琴码桥	实用新型	CN202222212263	2022.11.29	烟台博斯纳钢琴制造有限公司	王锡玉；邴艳丽；姜登丰
	一种具有弹奏指导功能的数码钢琴	发明专利	CN202011025203	2022.12.02	天津中德应用技术大学	徐敏
	钢琴联动器的组装设备	发明专利	CN202211045755	2022.12.02	广州珠江恺撒堡钢琴有限公司	林鸣亚；何玉坚；冯锦豪
	一种钢琴演奏指距固定装置	发明专利	CN202210986746	2022.12.02	湖州师范学院	张霞
	一种钢琴键漆自动涂装夹紧机构	实用新型	CN202221610380	2022.12.02	杭州优忆科技有限公司	陈刚；吴玉林；潘为国
	钢琴（KA180T）	外观设计	CN202230512880	2022.12.02	广州珠江钢琴集团股份有限公司	潘启槟；叶婉莹
	一种钢琴的隐形防护装置	发明专利	CN202110293039	2022.12.06	艾萌阳	艾萌阳
	一种钢琴中盘制造用辅助机构	实用新型	CN202221278789	2022.12.06	湖州豪卓钢琴有限公司	王建伟；李朋；沈佳怡
	按键面板（钢琴）	外观设计	CN202230544432	2022.12.06	佛山市淇特科技有限公司	彭冠群
	一种电钢琴重锤键盘	发明专利	CN201810971754	2022.12.09	晋江力达电子有限公司	吴希达
	钢琴线位置检测器以及导轨定心装置	发明专利	CN202210613398	2022.12.09	株式会社日立大厦系统	木下康；浜田悠太；伊藤雅人；春山尚辉
	折叠钢琴（X88B）	外观设计	CN202230493069	2022.12.09	深圳市特伦斯乐器有限公司	郑梓航
	折叠钢琴（X88A）	外观设计	CN202230493063	2022.12.09	深圳市特伦斯乐器有限公司	郑梓航
	折叠钢琴（X88E）	外观设计	CN202230492454	2022.12.09	深圳市特伦斯乐器有限公司	郑梓航
	钢琴、钢琴的击弦机	发明专利	CN201680076480	2022.12.13	藤井钢琴服务有限公司	藤井幸光
	一种钢琴演奏动作检测装置	实用新型	CN202221099018	2022.12.13	黄虹愚	黄虹愚
	一种多功能钢琴弹奏教学辅助装置	发明专利	CN202211228213	2022.12.13	济南幼儿师范高等专科学校	朱晓艳

续表

类别	名称	专利类型	申请（专利）号	公开（公告）日	申请（专利权）人	发明（设计）人
钢琴	一种多机位钢琴演奏教学辅助设备	实用新型	CN202221102437	2022.12.13	黄虹愚	黄虹愚
	一种具有除尘效果的钢琴展销咨询台	实用新型	CN202221141070	2022.12.13	上海耶声教育科技有限公司	胡芷萱；杨柳
	一种钢琴演奏用可调节座椅	实用新型	CN202221973165	2022.12.13	泉州市博兰仕电子科技有限公司	何伟聪
	一种具有防震隔音功能的钢琴橡胶脚垫	实用新型	CN202222043136	2022.12.13	伊藤政（上海）贸易有限公司	咸碧玉；曹怡文；柴思逢
	一种具有隔热防震功能的钢琴隔音垫板	实用新型	CN202222170534	2022.12.13	伊藤政（上海）贸易有限公司	咸碧玉；曹怡文；柴思逢
	一种电子钢琴用止音器	实用新型	CN202221833914	2022.12.13	泉州市博兰仕电子科技有限公司	何伟聪
	一种钢琴琴槌的制作装置	发明专利	CN202210072315	2022.12.16	陈美姿	陈美姿
	一种立式钢琴的选择延音装置	实用新型	CN202220733337	2022.12.16	湖南艺术职业学院（湖南省艺术学校）	刘岱
	一种钢琴教育用按键按压校正装置	实用新型	CN202220978852	2022.12.16	湘南学院	段霁虹
	一种脚踏式钢琴乐谱翻页器	发明专利	CN202211069600	2022.12.16	陈希才	陈希才
	一种钢琴线上教学用侧视摄像头结构	实用新型	CN202221914101	2022.12.16	湖南卡罗德钢琴有限公司	赖志强；李炯；黄鹏；阙富鑫
	一种具有拾音装置的钢琴结构	实用新型	CN202222229451	2022.12.16	北京乐界乐科技有限公司	倪卫娟；李扬；贾建伟
	一种立式钢琴音毡粘制装置	实用新型	CN202221136171	2022.12.20	张蓉	张蓉
	一种钢琴音色整理支撑架	发明专利	CN202211121280	2022.12.20	信阳师范学院	罗一鸣
	一种钢琴液压式缓降装置	实用新型	CN202222140853	2022.12.20	无锡斯坦梅尔钢琴有限公司	曹顺军
	一种带有防滑琴键的钢琴	实用新型	CN202222196600	2022.12.20	吉林师范大学	林代鑫；潘婧
	具有调节结构的钢琴顶盖铰链	实用新型	CN202221988160	2022.12.20	宁波四海琴业有限公司	樊建能
	一种pcb板连接器钢琴盖	实用新型	CN202222279474	2022.12.20	重庆宇隆电子技术研究院有限公司	张伟
	一种钢琴脚踏板增高器	实用新型	CN202222444826	2022.12.20	李道宇	李道宇；王阔；李敏
	一种钢琴教学的音乐识谱板	发明专利	CN202011251084	2022.12.23	许文忠	许文忠
	一种钢琴触键原理训练器	发明专利	CN202211069585	2022.12.23	陈希才	陈希才

续表

类别	名称	专利类型	申请（专利）号	公开（公告）日	申请（专利权）人	发明（设计）人
钢琴	一种钢琴用便于钢琴谱翻页的钢琴谱架	实用新型	CN202221232561	2022.12.23	刘娜	刘娜
	一种用于钢琴琴槌生产的打磨装置	实用新型	CN202221833002	2022.12.23	上海博尊钢琴有限公司	林洁
	一种抗变形的钢琴中盘	实用新型	CN202222475208	2022.12.23	浙江卡罗德钢琴制造有限公司	何宝祥
	电钢琴三脚踏板	外观设计	CN202230662437	2022.12.23	温州皖美电子科技有限公司	陈宏宇；张念念
	钢琴（便捷琴架多声道）	外观设计	CN202230550504	2022.12.23	于建红	于建红
	一种钢琴背架入榫机	实用新型	CN202221944520	2022.12.23	浙江卡罗德钢琴制造有限公司	何宝祥
	一种具有吸尘装置的钢琴音板切割设备	实用新型	CN202221802014	2022.12.23	上海博尊钢琴有限公司	林洁
吉他	吉他	外观设计	CN202130618900.3	2022.01.04	广州市贝贝音乐传播有限公司	郑振兴
	一种吉他面板边缘打磨装置	实用新型	CN202120905773.X	2022.01.07	沭阳虞峰木业有限公司	王军民
	吉他琴颈长度切割设备	发明专利	CN202120345379.5	2022.01.07	可尔特乐器（大连）有限公司	金东植；王鹏
	一种吉他生产用自动喷漆装置	实用新型	CN202120905806.0	2022.01.07	沭阳虞峰木业有限公司	王军民
	一种吉他加工用可调式打孔装置	实用新型	CN202121783690.4	2022.01.07	贵州正安娜塔莎乐器制造有限公司	赵建峰
	吉他	实用新型	CN202121234346.X	2022.01.11	广州市拿火信息科技有限公司	陆子天；谢倬豪；尹帅
	吉他	实用新型	CN202121234334.7	2022.01.11	广州市拿火信息科技有限公司	陆子天；钟蔚
	弹奏式乐器	实用新型	CN202121073257.1	2022.01.11	广州市拿火信息科技有限公司	陆子天；钟蔚
	一种吉他生产用高效转移装置	实用新型	CN202121862955.X	2022.01.11	贵州正安娜塔莎乐器制造有限公司	赵建峰
	一种非对称式琴颈以及具有该琴颈的吉他	实用新型	CN202121064827.0	2022.01.11	惠州市多利亚乐器有限公司	朱伟
	一种组合式吉他变调夹	实用新型	CN202120885156.8	2022.01.21	鲁子畏	鲁子畏；鲁文波；刘谦
	一种四弦多功能琴	实用新型	CN202121247516.8	2022.01.25	惠州市乔辉乐器有限公司	张长桥
	一种新型班卓琴	实用新型	CN202121253507.X	2022.01.25	惠州市乔辉乐器有限公司	张长桥
	一种新型四弦琴	实用新型	CN202121253403.9	2022.01.25	惠州市乔辉乐器有限公司	张长桥

续表

类别	名称	专利类型	申请（专利）号	公开（公告）日	申请（专利权）人	发明（设计）人
吉他	一种吉他琴弦保养器	实用新型	CN202122177639.5	2022.01.25	遵义弘毅乐器有限公司	黄毅豪
	一种吉他用调音工具	实用新型	CN202121806227.7	2022.01.25	泰兴市琴海乐器有限公司	何琴；翁剑
	一种吉他表面喷涂设备	实用新型	CN202122174193.0	2022.01.28	湖南瑞声乐器制造有限公司	李尹
	一种尤克里里拉弦板结构	实用新型	CN202122174174.8	2022.01.28	湖南瑞声乐器制造有限公司	李尹
	一种琴柄加强结构	实用新型	CN202122174831.9	2022.01.28	湖南瑞声乐器制造有限公司	李尹
	一种尤克里里生产用指板设备	实用新型	CN202122174799.4	2022.01.28	湖南瑞声乐器制造有限公司	李尹
	一种尤克里里生产用磨框设备	实用新型	CN202122174811.1	2022.01.28	湖南瑞声乐器制造有限公司	李尹
	一种尤克里里音梁发声结构	实用新型	CN202122174181.8	2022.01.28	湖南瑞声乐器制造有限公司	李尹
	18孔缠弦吉他	实用新型	CN202122176578.0	2022.02.11	赵茂林	赵茂林
	吉他系统控制旋钮	外观设计	CN202130489267.2	2022.02.11	深圳市魔耳乐器有限公司	李凡；许智君
	一种尤克里里音孔开槽机	实用新型	CN202122174160.6	2022.02.11	湖南瑞声乐器制造有限公司	李尹
	一种方便携带的吉他拨片	实用新型	CN202121744292.1	2022.02.15	袁悦晨	袁悦晨
	尤克里里（MA3EG）	外观设计	CN202130541162.7	2022.02.15	广州玛雅国际乐器有限公司	蔡昌守
	吉他（NEXG）	外观设计	CN202130700420.1	2022.02.15	惠州市恩雅乐器有限公司	胡海明
	一种吉他调音夹	实用新型	CN202121890191.5	2022.02.18	广州蓝深科技有限公司	黄国桂；彭新煌；周忠发
	一种吉他琴身夹紧装置	实用新型	CN202023089014.5	2022.02.18	广州华丰乐器制造有限公司	黄振熙；李宗武；钟士弟
	一种吉他变调夹	实用新型	CN202121935787.2	2022.02.18	广州蓝深科技有限公司	王如程；李俊杰；陈亮
	一种木吉他用弦架	实用新型	CN202121342348.0	2022.02.18	云南畅屯科教设备有限公司	孙群东
	一种适用于电吉他和民谣吉他的多功能拨片	实用新型	CN202120119147.8	2022.02.18	武汉科技大学城市学院	程一龙
	一种吉他面板粘合溢出胶打磨装置	实用新型	CN202122074423.6	2022.02.18	珠海市英诚电子科技有限公司	范艇海
	一种吉他琴颈	实用新型	CN202122115405.8	2022.02.18	广州蓝深科技有限公司	周联峰
	一种吉他批量生产时候安装品丝的辅助工具	发明专利	CN202120606669.0	2022.02.18	张晓勉	张晓勉
	一种便于调弦的吉他	实用新型	CN202122250697.6	2022.02.22	尚宇铭史开源	尚宇铭；史开源
	尤克里里（MA1FB）	外观设计	CN202130540968.4	2022.02.25	广州玛雅国际乐器有限公司	蔡昌守
	尤克里里（MA1PY）	外观设计	CN202130540971.6	2022.02.25	广州玛雅国际乐器有限公司	蔡昌守
	尤克里里（MA1ZE）	外观设计	CN202130541209.X	2022.03.01	广州玛雅国际乐器有限公司	蔡昌守

续表

类别	名称	专利类型	申请（专利）号	公开（公告）日	申请（专利权）人	发明（设计）人
吉他	尤克里里（白羊座琴头菠萝桶）	外观设计	CN202130718170.4	2022.03.01	广州市维音乐器有限公司	邹寅祥
	多功能一体化吉他	实用新型	CN202122129365.2	2022.03.04	惠州市恩雅乐器有限公司	胡海明
	尤克里里（智能音响款）	外观设计	CN202130731244.8	2022.03.04	惠州市恩雅乐器有限公司	胡海明
	一种具有隐藏拉弦结构的吉他面板	实用新型	CN202121941801.X	2022.03.04	惠州市恩雅乐器有限公司	胡海明
	吉他（MDT-100）	外观设计	CN202130714740.2	2022.03.08	宇声乐器（惠州）有限公司	冯振鑫
	吉他（DT-100）	外观设计	CN202130712379.X	2022.03.08	宇声乐器（惠州）有限公司	冯振鑫
	吉他（DX-100）	外观设计	CN202130711640.4	2022.03.08	宇声乐器（惠州）有限公司	冯振鑫
	吉他（STD-100）	外观设计	CN202130714796.8	2022.03.08	宇声乐器（惠州）有限公司	冯振鑫
	一种吉他开声支架	实用新型	CN202120841155.3	2022.03.08	深圳市搜罗乐器有限公司	欧阳斌
	一种便于固定的吉他制造用切割装置	实用新型	CN202022752547.0	2022.03.08	湖南省永州市永晟乐器制造有限公司	潘赟
	木吉他	外观设计	CN202130743322.6	2022.03.08	深圳市魔耳乐器有限公司	李凡；许智君
	一种吉他调弦座壳加工装置	实用新型	CN202120776695.8	2022.03.11	漳州宾玮五金配件有限公司	张琮闵；陈金再
	吉他翻转工装	实用新型	CN202121406607.1	2022.03.11	广州市鸣雅玛丁尼乐器制造有限公司	汪宏齐
	吉他（FLX1）	外观设计	CN202130791683.8	2022.03.11	广州飞乐乐器有限公司	周波
	尤克里里（轮回）	外观设计	CN202130272723.8	2022.03.15	湖南瑞声乐器制造有限公司	李尹；陈敏
	尤克里里（MA1GR）	外观设计	CN202130540986.2	2022.03.15	广州玛雅国际乐器有限公司	蔡昌守
	吉他	外观设计	CN202130398893.0	2022.03.22	广州市拿火信息科技有限公司	陆子天；钟蔚；郑灏鋆
	吉他琴颈	外观设计	CN202130780583.5	2022.03.22	孙宝金	孙宝金
	吉他琴头	外观设计	CN202130743633.2	2022.03.22	深圳市魔耳乐器有限公司	李凡；许智君；黄健
	吉他（Lomanti）	外观设计	CN202130821132.1	2022.03.25	张珑荠	张珑荠
	吉他	外观设计	CN202130664312.3	2022.03.25	潘思宇周子萱	潘思宇；周子萱；戴勇
	一种滑动式固定可调节琴弦的调节装置	实用新型	CN202122059136.8	2022.04.01	青岛美乐克乐器有限公司	刘金龙；徐春吉
	一种可对琴弦两端进行调节的调节装置	实用新型	CN202122059119.4	2022.04.01	青岛美乐克乐器有限公司	刘金龙；徐春吉
	吉他柄开槽装置	实用新型	CN202122646027.6	2022.04.05	常熟市先锋乐器有限公司	马建锋
	吉他连接位置钻孔加工装置	实用新型	CN202122645284.8	2022.04.05	常熟市先锋乐器有限公司	马建锋

续表

类别	名称	专利类型	申请（专利）号	公开（公告）日	申请（专利权）人	发明（设计）人
吉他	一种吉他的边缘切割装置	实用新型	CN202122672879.2	2022.04.05	常熟市先锋乐器有限公司	马建锋
	吉他连接位置开槽装置	实用新型	CN202122645240.5	2022.04.05	常熟市先锋乐器有限公司	马建锋
	吉他手柄多工位仿形制作机构	实用新型	CN202122370932.3	2022.04.05	台州市乐信科技股份有限公司	黄建钧
	吉他叠装式多工位压装治具	实用新型	CN202122355374.3	2022.04.05	台州市乐信科技股份有限公司	黄建钧
	一种吉他生产用吉他板多规格钻孔装置	实用新型	CN202122700037.3	2022.04.05	常熟市先锋乐器有限公司	马建锋
	吉他多孔定距一步打孔机	实用新型	CN202122368702.3	2022.04.05	台州市乐信科技股份有限公司	黄建钧
	一种数控大吉他刨柄拉槽钻孔机的定位机构	实用新型	CN202122893054.3	2022.04.08	佛山市科达机械设备有限公司	陈敦勇；刘道锡；郁文单
	一种吉他琴桥	实用新型	CN202122886606.8	2022.04.08	遵义弘毅乐器有限公司	黄毅豪
	一种数控大吉他的机械加工设备	实用新型	CN202122893072.1	2022.04.08	佛山市科达机械设备有限公司	陈敦勇；刘道锡；郁文单
	一种自动化吉他研磨抛光装置	实用新型	CN202122338585.6	2022.04.08	钰丰乐器（福建）有限公司	陈志濬
	一种吉他的生产工艺	发明专利	CN202011246048.2	2022.04.12	贵州正安娜塔莎乐器制造有限公司	赵建峰；卢旭东；徐博；徐文武
	一种吉他和弦助弹器	实用新型	CN202121878501.1	2022.04.12	杭州艺旗音乐宝科技有限公司	甘凌；孙印建；李维；安宁
	吉他侧板框架组装机构	实用新型	CN202121862655.1	2022.04.12	广州华丰乐器制造有限公司	黄振熙
	吉他琴头（民谣S35-GC）	外观设计	CN202230051755.X	2022.04.12	广州珠江恺撒堡钢琴有限公司	梁快光；黄毅；邱晓泽；陈会婷
	吉他护板（S35-GC）	外观设计	CN202230051462.1	2022.04.12	广州珠江恺撒堡钢琴有限公司	梁快光；邱晓泽；陈会婷；黄毅
	一种具有防摔结构的尤克里里吉他面板	实用新型	CN202122801942.8	2022.04.15	惠州尚亿乐器科技有限公司	熊萍
	吉他弦高尺	外观设计	CN202230021679.8	2022.04.15	佛山市传美乐器有限公司	梁国柱
	一种便于清理琴枕的吉他	实用新型	CN202121673200.5	2022.04.15	泰兴市琴海乐器有限公司	何琴；翁剑
	一种吉他指板打孔装置	实用新型	CN202120270327.6	2022.04.19	广州华丰乐器制造有限公司	黄振熙；李宗武；钟士弟
	一种通用型吉他品丝的品脚切割装置	实用新型	CN202121398685.1	2022.04.22	黑龙江伊瑷斯霹电子音响有限公司	陈晓方；田野；刘颖；吕传更；李光玉
	一种吉他对框模具	实用新型	CN202120974968.X	2022.04.22	宿迁市和美乐器有限公司	邵前胜
	吉他调音器	外观设计	CN202230012354.3	2022.04.26	李玉超	李玉超

续表

类别	名称	专利类型	申请（专利）号	公开（公告）日	申请（专利权）人	发明（设计）人
吉他	一种纯碳纤维旅行吉他	实用新型	CN202122125371.0	2022.04.29	中山市合创碳纤维科技有限公司	虞向阳
	一种吉他箱体组装设备	发明专利	CN202110402934.8	2022.05.03	长沙祥泰机械科技有限公司	罗带君
	一种吉他弦管槽自动开槽装置	实用新型	CN202123243949.9	2022.05.10	常熟市先锋乐器有限公司	马建锋
	吉他琴桶抛光设备	实用新型	CN202122688182.4	2022.05.10	可尔特乐器（大连）有限公司	金东植
	一种吉他琴箱的燕尾槽加工机	实用新型	CN202122672865.0	2022.05.10	常熟市先锋乐器有限公司	马建锋
	一种吉他侧板成型机	实用新型	CN202122672873.5	2022.05.10	常熟市先锋乐器有限公司	马建锋
	一种吉他外壳拼接固化装置	实用新型	CN202123244001.5	2022.05.10	常熟市先锋乐器有限公司	马建锋
	一种新型吉他生产加工的涂胶装置	实用新型	CN202122700055.1	2022.05.10	常熟市先锋乐器有限公司	马建锋
	吉他音孔饰圈（海浪形）	外观设计	CN202230054441.5	2022.05.13	广州珠江恺撒堡钢琴有限公司	邱晓泽；梁快光；陈会婷；黄毅
	吉他（民谣A800-D）	外观设计	CN202230056953.5	2022.05.13	广州珠江恺撒堡钢琴有限公司	邱晓泽；陈会婷；黄毅；梁快光
	一种扩音吉他	实用新型	CN202122485362.2	2022.05.13	惠州市乔辉乐器有限公司	张长桥
	吉他音孔饰圈（图腾）	外观设计	CN202230054435.X	2022.05.13	广州珠江恺撒堡钢琴有限公司	邱晓泽；黄毅；陈会婷；梁快光
	吉他琴头（古典HC8500）	外观设计	CN202230051452.8	2022.05.13	广州珠江钢琴集团股份有限公司	邱晓泽；梁快光；黄毅；邓东燕
	吉他指板（海浪形）	外观设计	CN202230054380.2	2022.05.13	广州珠江恺撒堡钢琴有限公司	邱晓泽；黄毅；梁快光；陈会婷
	一种具有多种颜色指板的吉他	实用新型	CN202122021344.9	2022.05.13	成欣宇	成欣宇
	吉他音孔饰圈（水波形）	外观设计	CN202230054378.5	2022.05.13	广州珠江钢琴集团股份有限公司	黄毅；邱晓泽；梁快光；陈会婷；邓东燕
	一种基于调整吉他接柄角度的可调节式插接柄结构	实用新型	CN202122707425.4	2022.05.13	广州阿塔米得拉乐器有限公司	姚欣
	吉他音孔饰圈（古典HC8500）	外观设计	CN202230054434.5	2022.05.13	广州珠江钢琴集团股份有限公司	邱晓泽；邓东燕；梁快光；黄毅
	吉他指板（图腾形）	外观设计	CN202230056936.1	2022.05.13	广州珠江恺撒堡钢琴有限公司	邱晓泽；梁快光；黄毅；陈会婷
	一种吉他拨片及其防滑处理的方法	发明专利	CN202210036375.8	2022.05.13	深圳市一笙设计有限公司	白一鸿

续表

类别	名称	专利类型	申请（专利）号	公开（公告）日	申请（专利权）人	发明（设计）人
吉他	吉他指板（水波形）	外观设计	CN202230056950.1	2022.05.17	广州珠江钢琴集团股份有限公司	黄毅；邱晓泽；梁快光；陈会婷；邓东燕
	吉他琴马（民谣S1CO-JCB）	外观设计	CN202230051455.1	2022.05.17	广州珠江钢琴集团股份有限公司	黄毅；陈会婷；邓东燕；邱晓泽；梁快光
	吉他（TG5）	外观设计	CN202130703905.6	2022.05.24	广州华丰乐器制造有限公司	黄振熙；蒋国强；钟士弟
	一种乐器专用弦线	实用新型	CN202123264817.4	2022.05.24	江阴六环合金线有限公司	朱向阳；胡甲冒
	一种吉他辅助按弦器	实用新型	CN202120962374.7	2022.05.24	张文源	张文源
	吉他（TD5C）	外观设计	CN202130703904.1	2022.05.24	广州华丰乐器制造有限公司	黄振熙；蒋国强；钟士弟
	一种吉他弦生产用批量切割装置	实用新型	CN202122699401.9	2022.05.27	常熟市先锋乐器有限公司	马建锋
	吉他外壳固定组装装置	实用新型	CN202122645994.0	2022.05.27	常熟市先锋乐器有限公司	马建锋
	一种便于具有保护指板功能的竹制吉他	实用新型	CN202122291931.X	2022.05.27	桃江县杰鑫乐器有限公司	曹德
	一种拼接成型的吉他指板以及吉他	实用新型	CN202122186396.1	2022.05.27	广州市桐馨乐器制造有限公司	汪锋华
	一种便于携带的电木两用吉他	实用新型	CN202122222700.3	2022.05.27	桃江县杰鑫乐器有限公司	曹德
	一种易于悬挂的楠竹材质吉他	实用新型	CN202122291929.2	2022.05.27	桃江县杰鑫乐器有限公司	曹德
	一种多功能吉他	发明专利	CN202110949109.X	2022.05.31	惠州市恩雅乐器有限公司	胡海明
	一种多功能效果的便携式吉他	实用新型	CN202122934246.4	2022.05.31	余武钢	余武钢
	智能碳纤维吉他	外观设计	CN202230158156.8	2022.05.31	小叶子（北京）科技有限公司	胥晓叶；薄峰峰；姜婷婷
	吉他弱音静音器	外观设计	CN202130876766.7	2022.06.07	深圳市迪伦乐器有限责任公司	苏厚胜；姜波；伍健明
	一种便于使用的可调型吉他	实用新型	CN202122497933.4	2022.06.10	泰兴市宏轩乐器有限公司	黄为民；翁艮平；李桂美
	一种便于组装拆卸的吉他接柄结构	实用新型	CN202123247335.8	2022.06.14	舒城吉特育乐用品有限公司	曾寿贤
	一种用于吉他琴箱面板加工的自动打磨装置	实用新型	CN202220180096.4	2022.06.14	宇声乐器（惠州）有限公司	蔡国宏；蔡昌呈；刘伟；杨政国
	吉他拨片工具	外观设计	CN202130820615.X	2022.06.14	黄菲	黄菲

续表

类别	名称	专利类型	申请（专利）号	公开（公告）日	申请（专利权）人	发明（设计）人
吉他	一种磁吸式连接的吉他接柄	实用新型	CN202123249668.4	2022.06.14	舒城吉特育乐用品有限公司	曾寿贤
	一种吉他侧板成型装置	实用新型	CN202220122922.X	2022.06.17	宇声乐器（惠州）有限公司	蔡国宏；蔡昌呈；刘伟；杨政国
	一种便于更换弦的新型吉他	实用新型	CN202122875708.X	2022.06.24	惠州市缘丰乐器有限公司	叶翠文
	一种有助于提供多种功能的吉他结构	实用新型	CN202122876605.5	2022.06.24	惠州市缘丰乐器有限公司	叶翠文
	一种用于打磨吉他琴柄的打磨装置	实用新型	CN202220343079.8	2022.06.24	雅歌乐器（漳州）有限公司	陈小灵；杨海文
	吉他（古典HC8500）	外观设计	CN202230056924.9	2022.06.24	广州珠江钢琴集团股份有限公司	邱晓泽；黄毅；邓东燕；梁快光
	一种用于吉他面板加工的拼板机	实用新型	CN202220180169.X	2022.06.24	宇声乐器（惠州）有限公司	蔡国宏；蔡昌呈；刘伟；杨政国
	一种双摇电吉他	发明专利	CN202210299732.X	2022.06.24	未来之声（山东）电子有限公司	边洪磊
	一种吉他音孔打磨机	实用新型	CN202123069279.3	2022.06.28	惠州尚亿乐器科技有限公司	熊萍
	一种带碳纤维包边的折叠式吉他	实用新型	CN202122863134.4	2022.06.28	惠州尚亿乐器科技有限公司	熊萍
	一种多工位连续型吉他抛光设备	实用新型	CN202123068718.9	2022.06.28	惠州尚亿乐器科技有限公司	熊萍
	一种用于吉他调弦座壳加工的定位模具	实用新型	CN202220299448.8	2022.06.28	宇声乐器（惠州）有限公司	蔡国宏；蔡昌呈；刘伟；杨政国
	一种可升高弦音的单摇吉他琴桥	实用新型	CN202220230915.1	2022.06.28	郑振虎	郑振虎
	一种音质稳定吉他面板及吉他	实用新型	CN202123069299.0	2022.06.28	惠州尚亿乐器科技有限公司	熊萍
	一种具有新型吉他琴头的吉他	实用新型	CN202123149827.3	2022.06.28	惠州市缘丰乐器有限公司	叶翠文
	一种用于乐器校音的调音器	实用新型	CN202220183055.0	2022.06.28	惠州市阿诺玛科技有限公司	陈海华；龚奔峰
	一种可更新音色的电吉他	实用新型	CN202123065903.2	2022.06.28	惠州市缘丰乐器有限公司	叶翠文
	一种带有内置扩音器的便携折叠式吉他	实用新型	CN202123148232.6	2022.06.28	惠州市缘丰乐器有限公司	叶翠文
	一种充电式乐器调音器	实用新型	CN202220055588.0	2022.06.28	惠州市阿诺玛科技有限公司	陈海华；龚奔峰
	一种多功能吉他琴桥	实用新型	CN202220230913.2	2022.06.28	郑振虎	郑振虎
	一种具有较长使用寿命的吉他	实用新型	CN202123065869.9	2022.06.28	惠州市缘丰乐器有限公司	叶翠文

续表

类别	名称	专利类型	申请（专利）号	公开（公告）日	申请（专利权）人	发明（设计）人
吉他	一种用于吉他外框定型的固定装置	实用新型	CN202220299483.X	2022.06.28	宇声乐器（惠州）有限公司	蔡国宏；蔡昌呈；刘伟；杨政国
	一种吉他边缘切削加工装置	实用新型	CN202122863092.4	2022.06.28	惠州尚亿乐器科技有限公司	熊萍
	吉他琴头	外观设计	CN202230223702	2022.07.01	平光泰典	平光泰典
	一种用于木吉他侧板加工的压合成型装置	实用新型	CN202220299264	2022.07.01	宇声乐器（惠州）有限公司	蔡国宏；蔡昌呈；刘伟；杨政国
	一种吉他面板	实用新型	CN202123062014	2022.07.01	广东兆盈合成新材有限公司	阮梓轩
	一种吉他用辅助练习工具	实用新型	CN202121736945	2022.07.01	泰兴市琴海乐器有限公司	何琴；翁剑
	一种吉他颈部	实用新型	CN202220226878	2022.07.05	广州蓝深科技有限公司	代若飞
	吉他挡指线抛光设备	实用新型	CN202220055278	2022.07.05	可尔特乐器（大连）有限公司	金东植
	一种电吉他/电贝斯的门子连接器	实用新型	CN202220038687	2022.07.05	倬尼乐器有限公司	罗林
	指板保护板（吉他）	外观设计	CN202130579923	2022.07.05	李泽民	李泽民
	吉他琴柄指板琴头加强结构	实用新型	CN202123181067	2022.07.05	清远集思科技有限公司	包生标
	琴颈（吉他）	外观设计	CN202230221358	2022.07.12	南京壹柒零壹文化科技有限公司	李阳
	吉他架	外观设计	CN202230191429	2022.07.12	高要区金利镇燊韵五金厂	罗灏祥
	通用性吉他背带扣	实用新型	CN202220313725	2022.07.12	遵义中立精工制造有限公司	林遵义；黄洪
	一种吉他音阶线的铜线输出调整装置	实用新型	CN202220312519	2022.07.12	佛山市盈展乐器有限公司	何庆彬
	琴码（爱克斯吉他）	外观设计	CN202230229968	2022.07.15	周波	周波
	吉他无线收发器（WP-11）	外观设计	CN202230133018	2022.07.19	珠海笙科智能科技有限公司	陈富剑
	吉他指板（梅花形）	外观设计	CN202230056941	2022.07.19	广州珠江恺撒堡钢琴有限公司	梁快光；陈会婷；黄毅；邱晓泽
	一种可防止共振啸叫的音响吉他	实用新型	CN202122752323	2022.07.19	厦门巨声文化传播有限公司	张健
	一种可调节琴弦位置的吉他	实用新型	CN202122431394	2022.07.19	惠州市乔辉乐器有限公司	张长桥
	一种便于快速伸展固定安装的吉他调节安装支架	实用新型	CN202122421294	2022.07.19	宁波万臣音响电子科技有限公司	陆玉强
	吉他面板	外观设计	CN202230242032	2022.07.22	张达林	张达林
	一种方便收纳的电吉他	实用新型	CN202220554854	2022.07.22	雅歌乐器（漳州）有限公司	吕孟哲；张育琦
	一种木吉他加工用锯侧板机	实用新型	CN202220554852	2022.07.22	雅歌乐器（漳州）有限公司	陈晓云；陈志明

续表

类别	名称	专利类型	申请（专利）号	公开（公告）日	申请（专利权）人	发明（设计）人
吉他	一种吉他琴柄刨面弧度加工设备	实用新型	CN202220342816	2022.07.22	雅歌乐器（漳州）有限公司	颜振玲；上官诚龙
	一种便于拆卸琴颈的吉他	实用新型	CN202123236052	2022.07.22	惠州市创韵乐器有限公司	颜学军；梁应忠；兰太金
	吉他挂钩	外观设计	CN202230252661	2022.07.26	赣州市美加好木业有限公司	朱帆
	一种吉他琴颈的底部支撑结构	实用新型	CN202220618285	2022.07.26	贵州正安娜塔莎乐器制造有限公司	赵建峰；张维义；张荣
	数字吉他琴桥	实用新型	CN202220202115	2022.07.26	北京罗兰盛世音乐教育科技有限公司	程崧明；盛子宸
	一种内部设有支撑机构的吉他	实用新型	CN202220153443	2022.07.29	马吉霞	马吉霞
	一种高效吉他指板粘合装置	实用新型	CN202123429740	2022.07.29	广西贺州市金海乐器股份有限公司	黄韶羡
	一种全自动高效吉他接柄机	实用新型	CN202122863051	2022.07.29	惠州尚亿乐器科技有限公司	熊萍
	一种多功能吉他背带夹	实用新型	CN202220053663	2022.08.02	深圳市乐迪卡科技有限公司	刘丹
	一种面板防潮效果好的吉他	实用新型	CN202123406763	2022.08.02	惠州市创韵乐器有限公司	颜学军；梁应忠；兰太金
	一种新型的吉他琴码结构	实用新型	CN202220887380	2022.08.05	漳州汉旗乐器有限公司	林天福；许锴
	自动吉他弦微调检测装置	发明专利	CN201711422472	2022.08.09	马根昌	马根昌
	一种音乐互动节奏吉他	实用新型	CN202220674513	2022.08.09	陈亚萍	陈亚萍
	一种用于吉他贴指板的压紧设备	实用新型	CN202220554675	2022.08.09	雅歌乐器（漳州）有限公司	颜振玲；吴森林
	一种方便琴柄拆装的木吉他	实用新型	CN202220342741	2022.08.09	雅歌乐器（漳州）有限公司	许凯杰；张育瑄
	吉他	外观设计	CN202130841830	2022.08.09	犰狳企业公司	C・坎内拉；E・A・K・鲁宾逊
	一种适用于多尺寸吉他侧板的热弯成形装置	实用新型	CN202220964217	2022.08.12	惠州市宏声乐器有限公司	曾金山
	一种带琴弦保护结构的吉他	实用新型	CN202220843341	2022.08.12	惠州市宏声乐器有限公司	曾金山
	一种用于吉他加工的切割装置	实用新型	CN202220138176	2022.08.12	宇声乐器（惠州）有限公司	蔡国宏；蔡昌呈；刘伟；杨政国
	一种吉他边缘切削加工装置	实用新型	CN202123378289	2022.08.12	枣庄奥森乐器有限公司	高焕雨；董泽滨；李传军；陈丽丽；李华超；张倩；王玲芝；边玉喜

续表

类别	名称	专利类型	申请（专利）号	公开（公告）日	申请（专利权）人	发明（设计）人
吉他	一种重力自锁吉他架	实用新型	CN202220667846	2022.08.16	天津劳伦斯乐器有限公司	田如刚
	一种新型吉他架抱紧结构	实用新型	CN202220641973	2022.08.16	天津劳伦斯乐器有限公司	田如刚
	一种可调节间距的排式吉他架	实用新型	CN202220531527	2022.08.16	天津劳伦斯乐器有限公司	田如刚
	一种吉他架的自锁式上托叉	实用新型	CN202220506489	2022.08.16	天津劳伦斯乐器有限公司	田如刚
	一种吉他表面打磨机	实用新型	CN202220237909	2022.08.16	惠州市盛辉木业有限公司	庄恒盛
	一种用于吉他面板加工的压合装置	实用新型	CN202220180199	2022.08.16	宇声乐器（惠州）有限公司	蔡国宏；蔡昌呈；刘伟；杨政国
	一种具有乐谱支撑装置的吉他架	实用新型	CN202220011816	2022.08.16	天津劳伦斯乐器有限公司	田如刚
	一种用于吉他加工的多轴加工装置	实用新型	CN202220122865	2022.08.19	宇声乐器（惠州）有限公司	蔡国宏；蔡昌呈；刘伟；杨政国
	一种吉他音阶线表面除油设备	实用新型	CN202220021495	2022.08.19	佛山市盈展乐器有限公司	何庆彬
	一种吉他辅助按弦装置	实用新型	CN202123229399	2022.08.19	张文源	张文源
	一种爵士吉他	实用新型	CN202220925075	2022.08.23	雅歌乐器（漳州）有限公司	陈晓云；胡和清
	一种稳定性高的木吉他	实用新型	CN202220919192	2022.08.23	雅歌乐器（漳州）有限公司	许凯杰；陈志伟
	一种吉他琴颈连接结构	实用新型	CN202220746422	2022.08.23	陈哲	陈哲
	一种吉他音阶线生产用送料盘	实用新型	CN202220332832	2022.08.23	佛山市盈展乐器有限公司	何庆彬
	一种吉他音阶线用的检测拉伸设备	实用新型	CN202220312494	2022.08.23	佛山市盈展乐器有限公司	何庆彬
	一种低失真低噪音节能式吉他	实用新型	CN202220237916	2022.08.23	惠州市盛辉木业有限公司	庄恒盛
	一种音梁延长的吉他面板及吉他	实用新型	CN202220237563	2022.08.23	惠州市盛辉木业有限公司	庄恒盛
	一种吉他音阶线表面喷涂装置	实用新型	CN202220021499	2022.08.23	佛山市盈展乐器有限公司	何庆彬
	一种吉他音阶线的开槽进料装置	实用新型	CN202220021479	2022.08.23	佛山市盈展乐器有限公司	何庆彬
	一种吉他音阶线表面处理用清洗装置	实用新型	CN202220019585	2022.08.23	佛山市盈展乐器有限公司	何庆彬
	吉他（leony）	外观设计	CN202130670213	2022.08.23	黎庶	黎庶
	一种高精度吉他品线槽切割设备	实用新型	CN202123426905	2022.08.23	广西贺州市金海乐器股份有限公司	黄韶美

续表

类别	名称	专利类型	申请（专利）号	公开（公告）日	申请（专利权）人	发明（设计）人
吉他	一种用于吉他拨片的防丢失型护套	实用新型	CN202123245498	2022.08.23	上海建桥学院有限责任公司	邵朋飞；许关琳；卓达；邵玉至；邵敏
	吉他（竹子）	外观设计	CN202230142555	2022.08.26	贵州正安娜塔莎乐器制造有限公司	赵建峰；张维义；张荣
	一种具有音质稳定结构的木吉他	实用新型	CN202220261138	2022.08.30	惠州市盛辉木业有限公司	庄恒盛
	一种吉他的琴颈数控切割装置	实用新型	CN202220237565	2022.08.30	惠州市盛辉木业有限公司	庄恒盛
	吉他	外观设计	CN202230327614	2022.09.02	张泽鹏	张泽鹏
	一种电吉他琴桥	实用新型	CN202220496947	2022.09.02	遵义中立精工制造有限公司	林遵义；黄洪
	一种高度可调节吉他弦座	实用新型	CN202220398235	2022.09.02	遵义中立精工制造有限公司	林遵义；黄洪
	一种吉他拉弦板	实用新型	CN202220398147	2022.09.02	遵义中立精工制造有限公司	林遵义；黄洪
	一种电吉他双摇琴桥	实用新型	CN202220397511	2022.09.02	遵义中立精工制造有限公司	林遵义；黄洪
	一种吉他弱音静音器	实用新型	CN202123416846	2022.09.02	邓浩祺	苏厚胜；姜波；伍健明
	一种吉他琴颈角度调节装置	实用新型	CN202123378350	2022.09.02	枣庄奥森乐器有限公司	高焕雨；董泽滨；李华超；陈丽丽；李传军；边玉喜；张倩；王玲芝
	吉他琴体（S1）	外观设计	CN202230249041	2022.09.06	洪培林	洪培林
	吉他琴体（S2）	外观设计	CN202230249022	2022.09.06	洪培林	洪培林
	一种用于电吉他琴柄的自动供料式多维度加工装置	实用新型	CN202221021881	2022.09.06	广州市威柏乐器制造有限公司	凌建聪
	一种电吉他尾钉多维度钻孔装置	实用新型	CN202221016743	2022.09.06	广州市威柏乐器制造有限公司	凌建聪
	一种用于吉他内圈的自动钻孔装置	实用新型	CN202221016730	2022.09.06	广州市威柏乐器制造有限公司	凌建聪
	一种吉他琴颈高频粘接设备	实用新型	CN202220043312	2022.09.09	可尔特乐器（大连）有限公司	金东植
	吉他琴鼻精细打磨设备	实用新型	CN202122354796	2022.09.09	可尔特乐器（大连）有限公司	金东植
	吉他	实用新型	CN202120904318	2022.09.09	广州市拿火信息科技有限公司	陆子天；贺达晖；陈梓聪；钟蔚
	吉他专用多功能支架	实用新型	CN202220662123	2022.09.13	徐波	徐波；王依诺；苟霜；白文豪
	吉他（1）	外观设计	CN202230365513	2022.09.16	山东省雅特乐器股份有限公司	赵卫国

续表

类别	名称	专利类型	申请（专利）号	公开（公告）日	申请（专利权）人	发明（设计）人
吉他	新型材料注塑吉他四边形网梁面板结构	实用新型	CN202123265188	2022.09.16	清远集思科技有限公司	包生标
	立式吉他架	实用新型	CN202123066628	2022.09.16	上海映皓教育科技有限公司	杨勇
	吉他（2201）	外观设计	CN202230406509	2022.09.20	高焕雨	高焕雨
	吉他（嘉卓001）	外观设计	CN202230406416	2022.09.20	吴细坚	吴细坚
	吉他（otenee2）	外观设计	CN202230417614	2022.09.23	张泉	张泉
	吉他（otenee1）	外观设计	CN202230417532	2022.09.23	张泉	张泉
	带湿度计的吉他挂钩底座	外观设计	CN202230379572	2022.09.23	东莞市乐邦乐器有限公司	刘健
	一种吉他生产用侧面加工装置	发明专利	CN202110631852	2022.09.27	贵州萨伽乐器有限公司	田家树
	吉他琴码	外观设计	CN202230372054	2022.09.27	李丹	李丹
	吉他架	外观设计	CN202230325918	2022.09.27	叶昌运	叶昌运
	一种吉他喷涂专用转台	实用新型	CN202221715401	2022.09.30	深圳东方成业科技有限公司	谭伟；张琪
	吉他排架（多组）	外观设计	CN202230378283	2022.10.04	农伟成	农伟成
	吉他（带有助学符号标记）	外观设计	CN202230151762	2022.10.04	张洪海	张洪海
	吉他指板	外观设计	CN202230074393	2022.10.11	刘憙钟	刘憙钟
	吉他	外观设计	CN202130687344	2022.10.18	惠州市众威特碳纤维制品有限公司	程麒
	一种数控吉他木柄成型装置	实用新型	CN202220977756	2022.10.18	惠州市优乐实业有限公司	首汉军
	一种吉他调弦器结构	实用新型	CN202220176332	2022.10.18	遵义中立精工制造有限公司	林遵义；黄洪
	吉他琴颈	外观设计	CN202230355216	2022.10.18	大连圣约乐器有限公司	薛非
	一种吉他和弦辅助按弦装置	发明专利	CN202210855384	2022.10.21	徐正奇	徐正奇
	一种吉他架	实用新型	CN202221267854	2022.10.21	高要区金利镇燊韵五金厂	罗灏祥
	下驹（无头电吉他）	外观设计	CN202230299117	2022.10.21	林嘉铭	林嘉铭
	吉他柄头（UK）	外观设计	CN202230259325	2022.10.21	寻乌县骏伟电子商务有限公司	宁文杰
	吉他琴桶	外观设计	CN202230355771	2022.10.21	大连圣约乐器有限公司	薛非
	吉他（教学）	外观设计	CN202230391382	2022.10.21	深圳市摩森智控技术有限公司	朱伟健；王云；李志通；汪春媚
	一种西式接柄燕尾吉他柄	实用新型	CN202221229623	2022.10.25	广州阿塔米得拉乐器有限公司	姚欣；曾桂荣；许志艺
	一种原声吉他高稳定拉弦板	实用新型	CN202221316558	2022.10.25	广州阿塔米得拉乐器有限公司	曾桂荣；姚欣

续表

类别	名称	专利类型	申请（专利）号	公开（公告）日	申请（专利权）人	发明（设计）人
吉他	一种可手动调节弦距的吉他马仔	实用新型	CN202220961846	2022.10.25	广州阿塔米得拉乐器有限公司	曾桂荣；姚欣
	吉他	发明专利	CN202110468513	2022.10.28	广州市拿火信息科技有限公司	陆子天；贺达晖；陈梓聪；钟蔚
	一种吉他生产过程中挂吉他的治具	实用新型	CN202220642659	2022.10.28	浙江日鼎涂装科技有限公司	刘浩宇；李世玮；高岩
	吉他	外观设计	CN202230448076	2022.10.28	周奇兵	周奇兵
	吉他（2）	外观设计	CN202230377120	2022.10.28	张福坤	张福坤
	吉他（1）	外观设计	CN202230377124	2022.10.28	张福坤	张福坤
	电吉他琴桥	外观设计	CN202230468543	2022.10.28	深圳市魔耳乐器有限公司	黄健；郭坤；黎云
	吉他琴桥	外观设计	CN202230164178	2022.10.28	王瑞	王瑞
	吉他折叠支架	实用新型	CN202221264635	2022.11.01	佛山市博蔚金属制品有限公司	王永敢
	一种吉他导光板	发明专利	CN202210925439	2022.11.01	东莞市康德光电科技有限公司	卢宇豪
	一种吉他结构	实用新型	CN202221570686	2022.11.01	河北金音乐器集团有限公司	周俊岭；李承邦
	一种电子吉他的音质调节装置	实用新型	CN202221450110	2022.11.04	肇庆市高要区盛悦乐器有限公司	周盛球；李永和；陆家棉
	一种键盘乐器与吉他的联奏乐器	实用新型	CN202220681838	2022.11.04	寇庆山	寇庆山
	一种吉他琴弦断弦后快速更换装置	实用新型	CN202221163177	2022.11.08	青岛美乐克乐器有限公司	刘金龙；徐春吉
	一种同步颤音琴桥的电吉他	实用新型	CN202221283778	2022.11.08	城固县两汉文创乐器有限公司	首汉军
	一种用于木吉他的精准微调音机构	实用新型	CN202221764361	2022.11.08	惠州声柏乐器有限公司	张承君
	吉他琴头	外观设计	CN202230496516	2022.11.11	东莞市部落乐器有限公司	张方辉
	一种木制吉他生产加工用烘干设备	实用新型	CN202221660845	2022.11.11	湖南南华乐器有限公司	邹建全；叶文诗；祝孟淇
	吉他（2）	外观设计	CN202230365549	2022.11.11	山东省雅特乐器股份有限公司	赵卫国
	吉他琴弦拉伸器	外观设计	CN202230488590	2022.11.11	佛山市传美乐器有限公司	梁国柱
	一种用于吉他的除尘装置	实用新型	CN202221661575	2022.11.11	湖南南华乐器有限公司	邹建全；叶文诗；祝孟淇
	一种便于防护的木吉他音箱	实用新型	CN202221505777	2022.11.15	杭州声贝音响有限公司	蔡忠伟；程文胜

续表

类别	名称	专利类型	申请（专利）号	公开（公告）日	申请（专利权）人	发明（设计）人
吉他	一种小四弦吉他琴体密封槽结构	实用新型	CN202221841726	2022.11.15	惠州声柏乐器有限公司	张承君
	一种吉他半成品抛光装置	实用新型	CN202221588025	2022.11.15	泰兴市美音乐器有限公司	殷飞；殷志荣；吕宏
	吉他	外观设计	CN202230522520	2022.11.15	深圳碳吉科技有限公司	赵柯；林龙；肖文启
	一种吉他弦距自动调节装置	实用新型	CN202221586697	2022.11.15	泰兴市美音乐器有限公司	殷飞；殷志荣；吕宏
	一种吉他生产木料裁切定形设备	发明专利	CN202210969139	2022.11.18	广东声凯乐器有限公司	黄志康；郭海华
	一种用于吉他琴弦紧固的锁紧机构	实用新型	CN202221522156	2022.11.18	贵州师范大学	吕高乐
	一种便于合桶的新型吉他	实用新型	CN202220724587	2022.11.18	惠州市多利亚乐器有限公司	朱伟
	吉他辅助按弦装置的按弦片（可置换2）	外观设计	CN202230464782	2022.11.18	徐正奇	徐正奇
	吉他护手（宗正）	外观设计	CN202230512990	2022.11.18	赵茂林	赵茂林
	吉他辅助按弦装置的按弦片（可置换1）	外观设计	CN202230465322	2022.11.18	徐正奇	徐正奇
	吉他辅助按弦装置	外观设计	CN202230465323	2022.11.18	徐正奇	徐正奇
	电吉他	外观设计	CN202230373280	2022.11.22	刘子朋	刘子朋
	一种多功能吉他琴弓	实用新型	CN202222138395	2022.11.25	上海有练乐器科技有限公司	陆平平
	智能吉他	外观设计	CN202230402698	2022.11.25	深圳市戴乐体感科技有限公司	牛亚锋
	吉他	外观设计	CN202230472426	2022.11.25	彭进辉	彭进辉
	一种吉他和弦辅助按弦装置	实用新型	CN202221873951	2022.11.29	徐正奇	徐正奇
	乐器背带皮头（吉他/贝斯）	外观设计	CN202230553044	2022.11.29	广州皮咔音乐文化有限公司	汪舟
	一种具有改进结构的新型吉他	实用新型	CN202222076492	2022.11.29	漳州市昱恒乐器有限公司	吴顺南
	一种具有角度调节的自动吉他接柄装置	实用新型	CN202222078002	2022.11.29	惠州声柏乐器有限公司	张承君
	一种新型吉他箱	实用新型	CN202221715715	2022.11.29	珠海连青电子科技有限公司	李宁
	一种吉他加工用的高效板材切割设备	实用新型	CN202222076999	2022.11.29	漳州市昱恒乐器有限公司	吴顺南
	吉他琴头	外观设计	CN202230405479	2022.11.29	高焕雨	高焕雨
	一种含有电动驱动模块的吉他辅助和弦器	实用新型	CN202221873000	2022.11.29	徐正奇	徐正奇

续表

类别	名称	专利类型	申请（专利）号	公开（公告）日	申请（专利权）人	发明（设计）人
吉他	一种吉他压电拾音器	实用新型	CN202121732947	2022.12.02	惠州市老郝乐器有限公司	郝想清
	一种吉他辅助按弦装置	实用新型	CN202220411845	2022.12.02	周俊如	周俊如
	一种吉他边缘切削装置	实用新型	CN202221571212	2022.12.02	湖南南华乐器有限公司	邹建全；叶文诗；祝孟淇
	一种吉他表面喷涂设备	实用新型	CN202221571201	2022.12.02	湖南南华乐器有限公司	邹建全；叶文诗；祝孟淇
	一种吉他生产用吉他板多规格钻孔装置	实用新型	CN202221570513	2022.12.02	湖南南华乐器有限公司	邹建全；叶文诗；祝孟淇
	一种用于吉他涂装工艺的定位装置	实用新型	CN202221660838	2022.12.02	湖南南华乐器有限公司	邹建全；叶文诗；祝孟淇
	一种用于吉他侧板的弯边装置	实用新型	CN202221660855	2022.12.02	湖南南华乐器有限公司	邹建全；叶文诗；祝孟淇
	一种吉他拾音器以及设有该吉他拾音器的琴码	实用新型	CN202221932149	2022.12.02	广州蓝深科技有限公司	周忠发；代若飞；钟锐
	乐器背带（吉他/贝斯）	外观设计	CN202230552718	2022.12.02	广州皮咔音乐文化有限公司	汪舟
	吉他音孔效果拾音器（充电EQ效果器）	外观设计	CN202230407827	2022.12.02	舒帮献	舒帮献
	一种吉他品丝的生产设备	实用新型	CN202222364034	2022.12.02	金华仁旺金属制品有限公司	肖连云；周福全
	一种多功能吉他挂钩	实用新型	CN202221546906	2022.12.06	东莞市乐邦乐器有限公司	刘健
	吉他效果器多路电源（VA12 PRO）	外观设计	CN202230552576	2022.12.06	深圳市威拓思音乐有限公司	胡小明
	吉他支架	外观设计	CN202230528278	2022.12.06	佛山市南海四海泰兴实业有限公司	李子昂
	一种环保吉他快装组合	实用新型	CN202221776976	2022.12.06	广州阿塔米得拉乐器有限公司	黄红艳；姚欣；许志艺
	吉他效果器多路电源（M238）	外观设计	CN202230552708	2022.12.06	深圳市威拓思音乐有限公司	胡小明
	吉他效果器多路电源（M239）	外观设计	CN202230552706	2022.12.06	深圳市威拓思音乐有限公司	胡小明
	吉他效果器多路电源（DD9）	外观设计	CN202230552932	2022.12.06	深圳市威拓思音乐有限公司	胡小明
	吉他效果器多路电源（FP系列）	外观设计	CN202230552723	2022.12.06	深圳市威拓思音乐有限公司	胡小明
	吉他效果器多路电源（M237）	外观设计	CN202230552690	2022.12.06	深圳市威拓思音乐有限公司	胡小明
	吉他效果器多路电源（PWT系列）	外观设计	CN202230552417	2022.12.06	深圳市威拓思音乐有限公司	胡小明

续表

类别	名称	专利类型	申请（专利）号	公开（公告）日	申请（专利权）人	发明（设计）人
吉他	吉他	外观设计	CN202230569437	2022.12.06	刘佳宁	刘佳宁
	吉他琴包	发明专利	CN202110642599	2022.12.09	广州市拿火信息科技有限公司	陆子天；郑灏鋆
	吉他琴包	发明专利	CN202110642596	2022.12.09	广州市拿火信息科技有限公司	陆子天；郑灏鋆
	一种吉他面板边缘打磨装置	实用新型	CN202222278578	2022.12.09	谢友超；丁薇	谢友超；丁薇
	一种便于使用的吉他拾音器	实用新型	CN202221900612	2022.12.09	漳州市昱恒乐器有限公司	吴顺南
	一种具有内装无线传声结构的电吉他	实用新型	CN202123294023	2022.12.13	舒城吉特育乐用品有限公司	曾寿贤
	一种具有高度调节的电子管双道吉他放大器	实用新型	CN202222404296	2022.12.13	杭州声贝音响有限公司	程文胜
	一种应用于电吉他生产的零件组装设备	实用新型	CN202222146387	2022.12.13	江苏新世纪乐器有限公司	何永进；钱庄胜；吴忠群；仇新兰
	一种新型吉他音梁结构	实用新型	CN202222259263	2022.12.13	济南原声社文化传媒有限公司	丁文飞
	落地吉他架	外观设计	CN202230472693	2022.12.13	深圳市开珲科技有限公司	杨晓祥
	一种吉他立木自动切削机	实用新型	CN202222216691	2022.12.13	广州市桐馨乐器制造有限公司	汪锋华
	一种吉他琴柄安装结构	实用新型	CN202222259326	2022.12.13	济南原声社文化传媒有限公司	丁文飞
	一种便于卡合固定的吉他加工用边缘打磨装置	实用新型	CN202222041909	2022.12.13	江苏新世纪乐器有限公司	吴忠群；何永进；钱庄胜；仇新兰
	一种新型高强度吉他	实用新型	CN202222270305	2022.12.13	济南原声社文化传媒有限公司	丁文飞
	一种多功能一体化吉他	实用新型	CN202222270304	2022.12.13	济南原声社文化传媒有限公司	丁文飞
	吉他包	外观设计	CN202230614515	2022.12.16	高碑店市金川乐器箱包制造有限责任公司	李金祥
	一种拾音器外壳装置及电吉他	实用新型	CN202221818902	2022.12.16	李同领	李同领
	一种直压式可调节吉他变调夹	实用新型	CN202221541740	2022.12.20	肇庆市高要区盛悦乐器有限公司	陈新华；覃庆才；李永和
	一种可拆卸连接结构的静音吉他	实用新型	CN202221443689	2022.12.20	城固县两汉文创乐器有限公司	首汉军
	一种具有分体式共鸣箱的吉他	发明专利	CN202211057040	2022.12.20	南京工业大学	潘思宇；戴勇

续表

类别	名称	专利类型	申请（专利）号	公开（公告）日	申请（专利权）人	发明（设计）人
吉他	吉他	实用新型	CN202222222460	2022.12.20	深圳市戴乐体感科技有限公司	牛亚锋；洪文博；王辰
	一种吉他侧板全包围弯边机	实用新型	CN202222216982	2022.12.20	广州市桐馨乐器制造有限公司	汪锋华
	吉他指板铣弧度辅具工具	外观设计	CN202230479061	2022.12.20	惠州市琴刃工具乐器配件有限公司	宋华
	一种吉他下码自动定位器	实用新型	CN202222228833	2022.12.20	广州市桐馨乐器制造有限公司	汪锋华
	一种快速切换的吉他拨片	发明专利	CN202010016967	2022.12.23	商丘师范学院	孔俊；张蓓蕾
提琴	一种小提琴琴箱背弧加工装置	发明专利	CN202111228576.X	2022.01.04	张牧春	张牧春
	一种小提琴演奏与教学乐谱固定架	实用新型	CN202121241644.1	2022.01.04	枣庄学院	赵鹏程
	一种可调式的小提琴演奏者的保护肩垫	实用新型	CN202121207311.7	2022.01.18	江苏凤灵乐器有限公司	张文举；李晓晨
	一种提琴箱	实用新型	CN202121823948.9	2022.01.18	贵州师范学院	袁子洋
	一种儿童专用小提琴	实用新型	CN202023289097.2	2022.01.18	泰兴市鸿艺乐器有限公司	翁新年；翁美华
	一种可调节小提琴使用手感的琴码	实用新型	CN202121766708.X	2022.01.21	周口职业技术学院	赵明霞；苑申申；王莉
	会发声的小提琴指位装置	实用新型	CN202121288429.7	2022.01.25	宋汉鑫	宋汉鑫
	小提琴调音装置	实用新型	CN202121386045.9	2022.01.25	南京工业大学	徐国进；杨道业；潘楚颖
	一种防晃动的提琴存放盒	实用新型	CN202121673128.6	2022.01.25	泰兴市琴海乐器有限公司	何琴；翁剑
	一种带有防护功能小提琴存放装置	实用新型	CN202122444445.7	2022.01.28	李北	李北
	一种腮托及小提琴	实用新型	CN202121840315.9	2022.02.18	广州蓝深科技有限公司	陈帅博；王如程
	一种提琴直弓器	发明专利	CN202111425123.6	2022.02.18	崔桂花	崔桂花
	一种基于终端的大提琴演奏方法、装置及终端	发明专利	CN201910031926.X	2022.02.22	陕西理工大学	王旸
	小提琴起弦器	外观设计	CN202130705555.7	2022.02.22	张晓勉	不公告设计人
	一种小提琴共鸣体的音质检测方法	发明专利	CN202111399155.3	2022.03.08	中航复合材料有限责任公司、中航复材（北京）科技有限公司	陈旭
	小提琴握弓器（拆弓21HB）	外观设计	CN202130811431.7	2022.03.29	陈景欣	陈景欣
	一种提琴的低音梁结构	实用新型	CN202122917454.3	2022.04.08	吴钧成	吴钧成
	便于调节的小提琴弦轴	实用新型	CN202121769030.0	2022.04.12	姜许雷	姜许雷

续表

类别	名称	专利类型	申请（专利）号	公开（公告）日	申请（专利权）人	发明（设计）人
提琴	一种小提琴音梁加工设备	实用新型	CN202122947390.1	2022.04.12	河南昊韵乐器有限公司	李建明；刘孝斌
	一种新型提琴	发明专利	CN202111469129.3	2022.04.15	王林兴	王林兴
	小提琴指板	外观设计	CN202230097263.4	2022.05.03	董维维	董维维；额尔敦
	大、小提琴的机械弦轴	实用新型	CN202121201238.2	2022.05.10	郑乐林	郑乐林
	小提琴音柱	外观设计	CN202230133144.X	2022.05.17	董维维	董维维；额尔敦
	电子小提琴琴身	外观设计	CN202230070466.4	2022.05.17	陈伟健	陈伟健
	提琴弓直器	外观设计	CN202230082290.4	2022.05.24	陈景欣	陈景欣
	一种便携式小提琴托架	实用新型	CN202122813331.5	2022.05.24	田瑞阳	田瑞阳
	一种轻便式电声大提琴	实用新型	CN202122972068.4	2022.05.27	王大维；张晓理	王大维；秦楠
	提琴打磨用夹具	外观设计	CN202130768469.0	2022.05.27	张晓勉	张晓勉
	稳定可靠的小提琴托架结构	实用新型	CN202122435493.X	2022.06.10	泰兴市宏轩乐器有限公司	黄为民；翁艮平；李桂美
	一种提琴制作用压板设备	实用新型	CN202123408886.8	2022.06.14	河南昊韵乐器有限公司	李建明；刘孝斌
	一种小提琴指板安装装置	实用新型	CN202123397800.6	2022.06.14	河南昊韵乐器有限公司	李建明；刘孝斌
	一种舒适性小提琴肩托	实用新型	CN202123408890.4	2022.06.14	河南昊韵乐器有限公司	李建明；孙台立；陈曦
	一种小提琴琴头雕刻装置	实用新型	CN202123397781.7	2022.06.14	河南昊韵乐器有限公司	李建明；孙台立；陈曦
	小提琴或中提琴的肩托	外观设计	CN202130321143.3	2022.06.14	库恩·舒尔德·雷斯特公司	朱丽安娜·法哈；阿莱德·詹姆斯
	一种小提琴加工系统	发明专利	CN201710416979.4	2022.06.17	南通睿控机械科技有限公司	朱晓亮
	一种简易式小提琴肩托	实用新型	CN202220002250.9	2022.06.21	叶婷婷	叶婷婷
	小提琴肩托（大弧度可调节小提琴肩托）	外观设计	CN202230141042.2	2022.06.24	泰兴市喜洋洋乐器配件厂	翁新忠
	提琴制作外形结构切割器	实用新型	CN202123280973	2022.07.01	上海文杉乐器有限公司	丁波
	提琴制作维修琴边夹具	实用新型	CN202123186127	2022.07.01	上海文杉乐器有限公司	丁波
	提琴边框温控烘型器	实用新型	CN202123053503	2022.07.01	上海文杉乐器有限公司	丁波
	大提琴低音提琴演奏防滑垫止滑器	实用新型	CN202122991692	2022.07.01	上海文杉乐器有限公司	丁波
	提琴琴头指板安装角度高度装配器	实用新型	CN202220286191	2022.07.05	上海文杉乐器有限公司	丁波
	一种肩垫及提琴	实用新型	CN202123358410	2022.07.05	广州蓝深科技有限公司	陈帅博；周联峰；张文吉
	一种小提琴的琴弦调整装置	实用新型	CN202123366015	2022.07.15	大连大学	林涛

续表

类别	名称	专利类型	申请（专利）号	公开（公告）日	申请（专利权）人	发明（设计）人
提琴	一种防止滑落的可调型小提琴	发明专利	CN202110413888	2022.07.29	燕山大学	陈红宇
	提琴木板频率检测器	实用新型	CN202220417213	2022.07.29	上海文杉乐器有限公司	丁波
	一种热力介导的小提琴琴码矫正装置	实用新型	CN202220896506	2022.08.12	福州市闽都文化艺术中心	王思捷
	小提琴（木纹玉）	外观设计	CN202230293632	2022.08.16	内蒙古鑫龙哈斯乐器有限公司	刘德明
	一种小提琴琴码弯曲度测量和矫正装置	实用新型	CN202220896649	2022.08.16	福州市闽都文化艺术中心	王思捷
	小提琴辅助练习弓	实用新型	CN202220401185	2022.08.30	南京爱韵乐器有限公司	顾萍；董其伟
	一种高性能一体成型结构的教学小提琴	实用新型	CN202121262602	2022.08.30	重庆琴小宝教育科技有限公司	焦勇建
	一种一体成型的教学小提琴	实用新型	CN202121260820	2022.08.30	重庆琴小宝教育科技有限公司	焦勇建
	大提琴（佘太翠玉）	外观设计	CN202230293457	2022.09.02	内蒙古鑫龙哈斯乐器有限公司	刘德明
	一种提琴用琴轴	实用新型	CN202220024327	2022.09.02	冯锡彬	冯锡彬
	一种弦轴及提琴	实用新型	CN202123358317	2022.09.06	广州蓝深科技有限公司	王如程；周联峰；陈帅博；陈亮
	小提琴肩托	外观设计	CN202230249523	2022.09.16	泰兴市恒杰乐器有限公司	闾斌
	提琴发音开音器	实用新型	CN202221181609	2022.10.04	上海文杉乐器有限公司	丁波
	小提琴（狮子头）	外观设计	CN202230159583	2022.10.04	钱鑫	钱鑫
	一种小提琴握弓辅助练习器	发明专利	CN202210806054	2022.10.14	邵华	刘贝；邵华
	一种提琴	发明专利	CN201910810848	2022.10.21	张力中	张力中
	电子小提琴	外观设计	CN202230283387	2022.10.21	北京原野视觉音乐器材有限公司	韩仲林
	挎包（大提琴包）	外观设计	CN202230473175	2022.10.28	林振霖	林振霖
	一种防止滑落的可调型小提琴	发明专利	CN202210839703	2022.11.01	泰兴市通灵乐器有限公司	殷建设；殷秀婷；唐惠芳
	大提琴端针支架	外观设计	CN202230484075	2022.11.15	革木松香手工定制私人有限公司	A·贝克；E·夸克–贝克；C·普莱斯特德
	小提琴学习辅助装置	发明专利	CN202010816384	2022.11.25	刘洁	刘洁
	提琴脱模装置	实用新型	CN202221974266	2022.11.25	牡丹江和音乐器有限公司	贾酝；单东岩；单艺；胡继国

续表

类别	名称	专利类型	申请（专利）号	公开（公告）日	申请（专利权）人	发明（设计）人
电声乐器	一种多功能可拆式电子琴	发明专利	CN202111387565.6	2022.01.04	晋江市声乐电子科技有限公司	尤祖乐；周荣章
	一种电子琴	实用新型	CN202121718503.4	2022.01.04	江西宝睿电子科技有限公司	张振
	一种电子打击旋律乐器	实用新型	CN202121349028.8	2022.01.04	陕西理工大学	王宇恒
	一种新型电吉他	实用新型	CN202121408000.7	2022.01.04	浙江师范大学	张海敏
	一种电子琴支撑架	实用新型	CN202121482204.5	2022.01.07	海南掌上天下网络技术有限公司	朱静丽
	一种电吉他	实用新型	CN202121477093.9	2022.01.07	深圳市魔耳乐器有限公司	许智君；李凡
	一种幼儿电子琴USB连接结构	实用新型	CN202121861652.6	2022.01.11	广东宝丽文化发展有限公司	王泽汉
	智能综合演奏装置	实用新型	CN202120846041.8	2022.01.11	杭州艺旗音乐宝科技有限公司	黄德华；安宁；马鑫
	红橙黄绿蓝紫青七彩谱激光全智能电子琴	发明专利	CN202111386701.X	2022.01.18	汉寿何岗新能源汽车有限公司	何艺菲；何岗
	一种电子手风琴	实用新型	CN202121565491.6	2022.01.21	北京东奇众科技术有限公司	郭学成；刘学文；赵志超；曲亚斌；文广宇；李磊；杨思贵；豆平祖；韩军军；宗建邦
	一种幼儿电子琴电源安装结构	实用新型	CN202121861647.5	2022.01.25	广东宝丽文化发展有限公司	王泽汉
	一种多层键盘及电子琴	实用新型	CN202122108943.4	2022.01.25	晋江市声乐电子科技有限公司	尤祖乐；周荣章
	一种电子琴琴盖注塑成型装置	实用新型	CN202121986613.9	2022.01.25	广东宝丽文化发展有限公司	王泽汉
	一种提琴类电声乐器的制造方法	发明专利	CN202111219590.3	2022.01.28	上海东音乐器有限公司	吴大旷
	一种带锁定结构的可调电子琴支架	实用新型	CN202122297154.X	2022.02.11	宁波万臣音响电子科技有限公司	陆玉强
	一种具有电子琴谱的音乐钢琴	实用新型	CN202120655587.5	2022.02.11	成都师范学院	付渝涛
	一种易组装带支架电子琴	实用新型	CN202121887116.3	2022.02.11	晋江新菱电子有限公司	吴若朋
	用于音箱及电子琴注塑件烫金装置的压料机构	实用新型	CN202122344721.2	2022.02.15	常州煜明电子股份有限公司	何国锋
	一种电吉他的琴颈调节装置	实用新型	CN202122179775.8	2022.02.15	遵义弘毅乐器有限公司	黄毅豪
	一种智能电声二胡	发明专利	CN202111512605.5	2022.02.18	北京龙行尚明科技有限公司	宋明

续表

类别	名称	专利类型	申请（专利）号	公开（公告）日	申请（专利权）人	发明（设计）人
电声乐器	一种可折叠电子琴	发明专利	CN202111398383.9	2022.02.18	苏州戊戌庚鑫教育科技发展有限公司	邹淑芹
	一种新型数码钢琴	实用新型	CN202121594722.6	2022.02.22	厦门白鹭数码钢琴有限公司	谢长标
	电子琴	外观设计	CN202130237011.2	2022.02.25	杭州艺旗音乐宝科技有限公司	黄德华；安宁；马鑫
	教学用乐理电子琴	外观设计	CN202130744533.1	2022.03.01	北京金三惠科技有限公司	李现峰；魏宏惠；魏宏茹
	一种带麦克风的幼儿电子琴	实用新型	CN202121861672.3	2022.03.01	广东宝丽文化发展有限	王泽汉
	一种挂钩式电子鼓盘触发装置及电子鼓	发明专利	CN202111646691.9	2022.03.01	上海华新乐器有限公司	林伯龙
	电子琴架	外观设计	CN202130604837.8	2022.03.08	佛山市博蔚金属制品有限公司	王永敢
	电胡琴及其可多音色转换的控制系统	发明专利	CN202111350610.0	2022.03.08	深圳市卓乐科技有限公司	李国飞；周卫星；赵干平
	一种物联网空气电子琴	发明专利	CN201910930559.7	2022.03.11	湖北美和易思教育科技有限公司	海克洪；王迎曙
	一种带卡拉OK功能的数码钢琴	实用新型	CN202122176879.3	2022.03.11	广州珠江艾茉森数码乐器股份有限公司	卢毅明；刘春清
	电子键盘乐器	外观设计	CN202130751322.0	2022.04.01	雅马哈株式会社	柏濑一辉
	脚踏键盘乐器	外观设计	CN202130822946.7	2022.04.01	东莞市美派电子科技有限公司	贾逸可
	一种带直播功能的数码钢琴	实用新型	CN202122176913.7	2022.04.05	广州珠江艾茉森数码乐器股份有限公司；	卢毅明；刘春清
	一种音频连接线	实用新型	CN202122609151.5	2022.04.05	嘉兴凯达电子有限公司	王宇
	一种方便安装的电子琴	实用新型	CN202122449754.3	2022.04.05	晋江新菱电子有限公司	吴若朋
	一种双排键电子琴脚键盘练习架	实用新型	CN202120903377.3	2022.04.05	陕西学前师范学院	阮有友
	用于电子打击乐器的敲击模组和电子打击乐器	实用新型	CN202122619246.5	2022.04.05	黄志坚	黄志坚
	一种电子吹奏乐器的力度按键	实用新型	CN202122786603.7	2022.04.08	深圳市华麦斯信息科技有限公司	于晓霞
	一种琴键寿命测试结构	实用新型	CN202122807319.3	2022.04.08	龙健实业有限公司	黄延军；梁玉进；赖树秋；晏建国
	一种便捷智能电钢琴	实用新型	CN202120989313.X	2022.04.12	江西宝睿电子科技有限公司	张振
	一种电子琴壳体	实用新型	CN202122763897.1	2022.04.12	广州蓝深科技有限公司	王如程；叶锋；梅榕锋；陈亮；赖依蓝

续表

类别	名称	专利类型	申请（专利）号	公开（公告）日	申请（专利权）人	发明（设计）人
电声乐器	一种带有新型弦码及琴桥的电吉他	实用新型	CN202120871938.6	2022.04.19	牟新旭	牟新旭
	一种智能可调式电子吉他	实用新型	CN202121806228.1	2022.04.19	泰兴市琴海乐器有限公司	何琴；翁剑
	一种电吉他用多功能夹具	实用新型	CN202121735968.0	2022.04.19	泰兴市琴海乐器有限公司	何琴；翁剑
	一种用于电子吹奏乐器的演奏键	实用新型	CN202122789234.7	2022.04.26	深圳市华麦斯信息科技有限公司	于晓霞
	一种多功能柔性屏电子钢琴	发明专利	CN201910669582.5	2022.04.29	中国地质大学（武汉）	汪勇延；刘学淦；魏悦卿；代棋帆；牛佳乐
	一种乐器跟弹系统	实用新型	CN202121252406.0	2022.04.29	黄志坚	黄志坚
	一种智能电钢琴	实用新型	CN202122735573.7	2022.05.06	福建省优必胜电子科技发展有限公司	黄书林
	一种新型电钢琴	实用新型	CN202122721246.6	2022.05.06	福建省优必胜电子科技发展有限公司	黄书林
	一种智能电声二胡	实用新型	CN202123072154.6	2022.05.10	北京龙行尚明科技有限公司	宋明
	一种移动式钢琴	实用新型	CN202123125920.0	2022.05.13	福建省优必胜电子科技发展有限公司	黄书林
	一种自带封闭罩的钢琴	实用新型	CN202123125678.7	2022.05.13	福建省优必胜电子科技发展有限公司	黄书林
	一种电动封闭的电钢琴	实用新型	CN202122959299.1	2022.05.13	福建省优必胜电子科技发展有限公司	黄书林
	一种便携式电钢琴	实用新型	CN202122964363.5	2022.05.13	福建省优必胜电子科技发展有限公司	黄书林
	琴键板与硅胶按键自动组装机	发明专利	CN202110670246.X	2022.05.13	东莞市龙健电子有限公司	尹波
	一种虚拟演奏系统	实用新型	CN202121056217.6	2022.05.13	黄志坚	黄志坚
	一种户外太阳能电钢琴	实用新型	CN202023114062.5	2022.05.17	厦门南洋职业学院	马惠春
	一种便于移调的电子乐器	实用新型	CN202220015533.7	2022.05.31	张立国	齐丽丽；张立国
	一种具有电子琴谱的音乐钢琴	发明专利	CN202110747590.4	2022.06.03	杨怡	杨怡
	电吉他琴颈与琴桶的连接结构	实用新型	CN202122912973.0	2022.06.07	可尔特乐器（大连）有限公司	金东植
	一种电吹管八度控制装置	实用新型	CN202220079742.8	2022.06.14	上海雅思乐电子科技有限公司	江立康
	电琵琶	外观设计	CN202230214825.9	2022.06.28	文博	文博
	一种音乐合奏专用拾音器装置	发明专利	CN202011099995	2022.07.01	长春光华学院	尹航

续表

类别	名称	专利类型	申请（专利）号	公开（公告）日	申请（专利权）人	发明（设计）人
电声乐器	一种可卷曲电子琴	实用新型	CN202220136503	2022.07.05	广东粤港澳大湾区黄埔材料研究院	俞晓峰；张通；王小虎；周金长；聂科良；杨小牛
	一种具有自动控制吉他琴弦的电吉他	实用新型	CN202123259802	2022.07.05	惠州市缘丰乐器有限公司	叶翠文
	电子琴	外观设计	CN202230149950	2022.07.08	揭西县小天使电子电器有限公司	彭启明
	一种用于电子乐器的八度控制器锁止装置	实用新型	CN202220510503	2022.07.08	汝州市奥畅乐器有限公司	张飞
	一种柔性贴紧式拾音屏装置	实用新型	CN202220148203	2022.07.08	梁志辉	梁志辉
	基于SATA电缆接口的电钢琴	实用新型	CN202123417159	2022.07.12	揭西县小天使电子电器有限公司；董玉金	彭启明；董玉金；张优辉
	谱架及具有该谱架的电子乐器	实用新型	CN202220370139	2022.07.15	广州蓝深科技有限公司	王如程；向继遵；陈亮
	手卷电子钢琴（BL-49）	外观设计	CN202230222787	2022.07.15	江西宝睿乐器有限公司	王莉莉
	一种便携式电声大提琴	实用新型	CN202123063020	2022.07.15	上海东音乐器有限公司	吴大旷
	一种通过乐器机械运动信息产生颤音效果的电子乐器装置	实用新型	CN202123266059	2022.07.19	深圳市杰软信息技术有限公司	王列
	拾音器	外观设计	CN202230193527	2022.07.19	冯成	冯成
	一种方便使用的电吉他	实用新型	CN202220554805	2022.07.22	雅歌乐器（漳州）有限公司	吕孟哲；顾青松
	电琵琶（诗娴）	外观设计	CN202230255695	2022.07.26	李诗娴	李诗娴
	声音的扩散器、具有该扩散器的电子乐器以及键盘电子乐器	实用新型	CN202220189079	2022.07.29	雅马哈株式会社	井奥健太；安达万纯
	一种防尘效果好的电子琴扬声器	实用新型	CN202220598416	2022.08.02	天津真美联合电子股份有限公司	董秀环
	一种电子乐器压感检测装置	实用新型	CN202220540138	2022.08.09	宁波市沃特测试技术服务有限公司	王守印
	一种双摇电吉他	实用新型	CN202220663294	2022.08.09	未来之声（山东）电子有限公司	边洪磊
	演奏模块以及电子打击乐器	实用新型	CN202220768104	2022.08.16	黄志坚	黄志坚
	一种方便更换的电子琴黑白键	实用新型	CN202220440987	2022.08.16	江苏弘道高新材料科技有限公司	洪融
	电吹管吹嘴（双防水增强型）	外观设计	CN202230240760	2022.08.19	佛山市弹指之间乐器有限公司	高涛

续表

类别	名称	专利类型	申请（专利）号	公开（公告）日	申请（专利权）人	发明（设计）人
电声乐器	一种电子古筝	实用新型	CN202220694928	2022.08.23	无极传奇（深圳）科技有限公司	曾迪安
	一种弦类乐器的拾音器	实用新型	CN202220694634	2022.08.23	无极传奇（深圳）科技有限公司	曾迪安
	电木吉他	实用新型	CN202220943421	2022.08.23	深圳市世尊科技有限公司	何鑫
	智能吉他	外观设计	CN202230206939	2022.08.26	未知星球科技（东莞）有限公司	唐文轩；李劲松；林思婷；陈伟浩；王思源；黎上兴；萧伟杰；罗辉均
	电吉他	实用新型	CN202123440067	2022.08.30	桂林智神信息技术股份有限公司	廖易仑；郑庆伟；蒙海强；苏晓；唐昌辉
	贴片拾音器（2）	外观设计	CN202230202122	2022.09.06	深圳宣音科技有限公司	李春林
	贴片拾音器（1）	外观设计	CN202230202115	2022.09.06	深圳宣音科技有限公司	李春林
	一种智能吹响乐器	实用新型	CN202221205389	2022.09.06	游桢	游桢
	具有触摸板的电子乐器	实用新型	CN202220812222	2022.09.09	得理电子（上海）有限公司	徐钊；谢应宸；叶海鹏；张益一
	用于电子乐器的显示屏幕的动态图形用户界面	外观设计	CN202130546167	2022.09.09	广州市拿火信息科技有限公司	陆子天；熊雄；温毓灵；沈安琪；陈芳芳
	一种挂钩式电子鼓盘触发装置及电子鼓	实用新型	CN202123389112	2022.09.09	上海华新乐器有限公司	林伯龙
	一种带有固定装置的拾音器	实用新型	CN202221057521	2022.09.09	梁志辉	梁志辉
	一种带有压力传感器的电吹管吹嘴及电吹管	实用新型	CN202221055864	2022.09.13	深圳市杰软信息技术有限公司	王列
	一种可拖拽行走的电子琴	实用新型	CN202221041095	2022.09.13	晋江市声乐电子科技有限公司	尤祖乐；周荣章
	电钢琴（C-811）	外观设计	CN202230327091	2022.09.13	泉州佳德美电子科技有限公司	曾华州
	电子琴（61键）	外观设计	CN202230285162	2022.09.20	广州蓝深科技有限公司	黄永宁
	一种新型的电子镲片	发明专利	CN202210022757	2022.10.04	长沙幻音电子科技有限公司	苏义；刘杰；曹强
	调音台（EX802）	外观设计	CN202230339540	2022.10.04	恩平市科华电子有限公司	张健熙
	用于键盘乐器的键盘设备	发明专利	CN202210310926	2022.10.04	株式会社河合乐器制作所	山口勉
	电钢琴（三脚支撑）	外观设计	CN202230355984	2022.10.04	晋江和祥盛电子科技有限公司	郭秀玲
	一种智能型钢琴	发明专利	CN202210861313	2022.10.11	东北农业大学	韩雪

续表

类别	名称	专利类型	申请（专利）号	公开（公告）日	申请（专利权）人	发明（设计）人
电声乐器	电子琴	外观设计	CN202230425048	2022.10.14	陈旭龙	陈旭龙
	一种多通道TRS插座、兼容TRS和磁力接口的连接器	发明专利	CN202210083732	2022.10.14	长沙幻音电子科技有限公司	刘杰；陈风虎
	一种多功能电钢琴	实用新型	CN202221445642	2022.10.14	晋江和祥盛电子科技有限公司	郭秀玲
	电钢琴（N-30）	外观设计	CN202230264684	2022.10.14	晋江和祥盛电子科技有限公司	苏炳坤；林银镜；杨学锋；陈茂桂；范家余
	电钢琴（N-90）	外观设计	CN202230264831	2022.10.14	晋江和祥盛电子科技有限公司	苏炳坤；林银镜；杨学锋；陈茂桂；范家余
	电钢琴（2001）	外观设计	CN202230322945	2022.10.14	程刚	程刚
	一种电子键盘乐器	发明专利	CN202210163472	2022.10.18	蒋恩良	蒋恩良
	一种电子琴用的固定装置	实用新型	CN202221307220	2022.10.18	晋江市声乐电子科技有限公司	尤祖乐；周荣章
	一种电子钢琴	实用新型	CN202220443970	2022.10.18	森兰信息科技（上海）有限公司	刘晓露；滕杨裔；李政春
	一种用于电子乐器的无线收发效果器	实用新型	CN202221552113	2022.10.21	深圳市靠谱音乐科技有限公司	占群伟；张琳；欧阳斌
	一种电子设备	实用新型	CN202221637422	2022.10.21	联想（北京）有限公司	李昕
	电子琴（NM-8608）	外观设计	CN202230356976	2022.10.21	程刚	程刚
	一种萨克斯教学用智能辅助音准矫正装置	发明专利	CN202110041431	2022.10.25	西安石油大学	马妮
	MIDI键盘（X8H III）	外观设计	CN202230428477	2022.10.25	东莞市美派电子科技有限公司	贾逸可
	一种添加了LED气氛灯球的电子琴	实用新型	CN202221576890	2022.10.28	深圳市时达尔贸易有限公司	陈宇东
	拾音器组件（管乐器智能无线麦克风）	外观设计	CN202230540331	2022.10.28	广州大咖电子科技有限公司	崔德宝
	一种智能音乐学习及训练装置	发明专利	CN202011244373	2022.11.01	毛迎新	毛迎新
	一种智能调音装置	实用新型	CN202221643404	2022.11.01	四川省商投信息技术有限责任公司	李艳琼；王启凡；曾宇航；黄薪楠；赵雨欣
	电钢琴（书桌翻盖式琴盖）	外观设计	CN202230362246	2022.11.01	晋江贝斯特电子科技有限公司	周勇

续表

类别	名称	专利类型	申请（专利）号	公开（公告）日	申请（专利权）人	发明（设计）人
电声乐器	位移传感器及电子乐器	发明专利	CN202180021497	2022.11.04	雅马哈株式会社	石井润；田之上美智子
	有源电子板二胡琴头壳体	外观设计	CN202230477416	2022.11.04	李凤明	李凤明
	一种电子调音台	实用新型	CN202221858469	2022.11.04	广州蓝深科技有限公司	谭振林；向继遵；陈树宇
	音效器、音频处理方法和存储介质	发明专利	CN202010115577	2022.11.04	长沙幻音电子科技有限公司	郭润博；曹强
	一种带有精密光刻导流罩的拾音器智能制造装置	发明专利	CN202210588549	2022.11.08	江门市金丰贝卡音视频科技有限公司	卢子河；陈月嫦；陈子佳
	电子钢琴	外观设计	CN202230037488	2022.11.08	温州市中等幼儿师范学校	金融
	一种乐器音色建模方法、装置、音源器和存储介质	发明专利	CN202210994244	2022.11.11	长沙幻音电子科技有限公司	旷世强；刘杰
	一种带琴颈致动器的弦鸣乐器	发明专利	CN202210992830	2022.11.11	长沙幻音电子科技有限公司	郭润博；刘杰
	电子乐器LED渲染装置及系统	实用新型	CN202221382512	2022.11.18	得理电子（上海）有限公司	张益一；陈彬
	电子乐器、电子乐器的控制方法以及存储介质	发明专利	CN202210553849	2022.11.22	卡西欧计算机株式会社	寺尾健；小西友美
	一种应用于电子琴的塑料白键	实用新型	CN202221913862	2022.11.22	江苏弘道高新材料科技有限公司	洪融
	一种智能手琴	实用新型	CN202123430221	2022.11.22	深圳大森电器有限公司	陈勇
	一种卡合固定的电钢琴键盘	实用新型	CN202221267632	2022.11.22	晋江市富华玩具有限公司	余迎春；王水华；王慧娟；刘洋
	一种便于组装的电子钢琴	实用新型	CN202222181727	2022.11.22	兴安职业技术学院	张冬
	一种快速拆卸的电子琴键盘基座	实用新型	CN202221913625	2022.11.25	江苏弘道高新材料科技有限公司	洪融
	一种侧插式插座新型电子钹镲	实用新型	CN202221747785	2022.11.25	得理乐器（珠海）有限公司	林国良；张迎霞；廖照华
	一种镶嵌在乐器内部的小型调音器	实用新型	CN202222119320	2022.11.25	信阳仟胜电子科技有限公司	罗国卿；罗先柱；付胜强
	一种平面电子鼓打击板	实用新型	CN202221919419	2022.12.02	音王电声股份有限公司	杜宗辉；张龙广
	一种电子琴专用课桌	实用新型	CN202222257871	2022.12.02	苏丹	苏丹
	一种萨克斯训练用智能辅助音准矫正装置	发明专利	CN202211157529	2022.12.02	绵阳师范学院	李冰；曾勇
	一种墙壁镶嵌式效果器	实用新型	CN202222135307	2022.12.02	恩平市赛扬电子科技有限公司	梁明亮；伍伟诚
	数码钢琴（ST-8819）	外观设计	CN202230492466	2022.12.02	深圳市特伦斯乐器有限公司	郑梓航

续表

类别	名称	专利类型	申请（专利）号	公开（公告）日	申请（专利权）人	发明（设计）人
电声乐器	电子鼓	实用新型	CN202221066677	2022.12.06	朴奎泰	朴奎泰
	电子钹镲	外观设计	CN202230428569	2022.12.06	得理乐器（珠海）有限公司	林国良；张迎霞；廖照华
	一种琴类乐器便携式调音器	实用新型	CN202222047929	2022.12.06	信阳仟胜电子科技有限公司	罗国卿；孙小林
	电子吹管（托马斯t7100）	外观设计	CN202230405758	2022.12.09	连云港都朗商贸有限公司	贺夏
	一种新型效果器	实用新型	CN202221048409	2022.12.09	恩平市威力斯电子科技有限公司	吴锦龙
	一种机械按键的键帽角度与高度调整结构及键盘	实用新型	CN202221107095	2022.12.13	东莞市铭冠电子科技有限公司	李晨曦；李卫华
	一种双排键电子琴脚键盘练习架	实用新型	CN202221869938	2022.12.16	郭栋靓	郭栋靓
	翻谱器（火听智能）	外观设计	CN202230311671	2022.12.16	广东小叶紫檀科技有限公司	廖民
	升降式电钢琴（2）	外观设计	CN202230567401	2022.12.16	晋江市智圆行方电子商务有限公司	邱爱白
	电钢琴（O型）	外观设计	CN202230515383	2022.12.16	晋江市智圆行方电子商务有限公司	邱爱白
	电钢琴（A型）	外观设计	CN202230515344	2022.12.16	晋江市智圆行方电子商务有限公司	邱爱白
	电钢琴（I型）	外观设计	CN202230515345	2022.12.16	晋江市智圆行方电子商务有限公司	邱爱白
	升降式电钢琴（1）	外观设计	CN202230567013	2022.12.16	晋江市智圆行方电子商务有限公司	邱爱白
	具有节拍检测功能的电子节拍器	实用新型	CN202222590720	2022.12.20	赣南师范大学	高逊；卢胤霏；黄彦钧；陈剑英；肖艳平；柯莉娟
	一种折叠式键盘	实用新型	CN202222613467	2022.12.20	深圳市从文安全电子有限公司	宋健
	电子琴	外观设计	CN202230658219	2022.12.23	汕头市协成塑胶玩具有限公司	陈国雄
二胡	倒置琴轴可变弦距二胡	外观设计	CN202130077131.0	2022.01.18	牛力明	牛力明
	一种可使发声更悠扬的二胡琴筒结构	实用新型	CN202121692078.6	2022.01.18	张科	张科
	二胡（JU-07）	外观设计	CN202130642423.4	2022.01.18	深圳市卓乐科技有限公司	李国飞
	一种采用榫卯结构琴鼓的三弦	实用新型	CN202121909038.2	2022.01.18	乐海乐器有限公司	宋少影；宋少康；宋国宣
	一种可折叠式二胡弓杆	实用新型	CN202121813453.8	2022.01.25	黄河水利职业技术学院	华雷；华乃馨

续表

类别	名称	专利类型	申请（专利）号	公开（公告）日	申请（专利权）人	发明（设计）人
二胡	一种适用于中老年人快速学二胡使用的弓子	实用新型	CN202121942476.9	2022.02.11	重庆人文科技学院	王宁
	一种可更换、调节二胡蒙皮结构	实用新型	CN202122208112.4	2022.02.18	罗彩柱	罗彩柱
	一种用于二胡训练的便携式腰托组件	实用新型	CN202121213772.5	2022.02.22	上海连麦网络科技有限公司	凌元
	使用方便的二胡琴包	实用新型	CN202121946555.7	2022.02.22	黄河科技学院	胡宁；贾媛媛；铁静；张艳；石岩
	一种触摸式音节弦	实用新型	CN202121218044.3	2022.02.22	孟进周	孟进周
	一种琴筒改良的中音二胡	实用新型	CN202122041889.6	2022.02.25	北京荟萃乐平乐器有限公司	李毅；李乐平
	琴桶（百年回响）	外观设计	CN202130684044.1	2022.02.25	北京荟萃乐平乐器有限公司	李毅；李乐平
	一种套琴	实用新型	CN202121250291.1	2022.03.01	王青芳	王青芳
	一种具有爆发力和穿透力的三声道二胡	发明专利	CN202111291913.X	2022.03.01	季铎	季铎
	一种便于调节音调的二胡	实用新型	CN202122130316.0	2022.03.01	李彦凡	李彦凡；李永志；李艺云
	一种二胡演奏用便携式托架	实用新型	CN202121562896.4	2022.03.04	陈程	陈程
	二胡指位速查表（周钰）	外观设计	CN202130648793.9	2022.03.04	周钰	周钰；周桃桃；王佳
	一种二胡初学者左手持琴的手型固定装置	实用新型	CN202122486769.7	2022.03.08	赣南师范大学	胡可
	中低音弦乐器	实用新型	CN202122166651.6	2022.03.11	上海民族乐器一厂有限公司	曹荣；龚耀宗；王琳琳
	一种同时具有二胡和小提琴功能的弦乐器	实用新型	CN202122569054.8	2022.03.11	卢嘉谦	卢嘉谦
	二胡（箭古胡）	外观设计	CN202130834208.4	2022.04.01	王明鹏	王明鹏
	一种套皮器	实用新型	CN202122692943.3	2022.04.05	胡智勇	胡智勇
	一种二胡用改良琴托装置	实用新型	CN202121538898.X	2022.04.05	黄鸿昌	黄鸿昌
	一种站立演奏用二胡琴托结构	实用新型	CN202122754870.6	2022.04.05	胡文杰	胡文杰
	一种具有可拆卸琴皮的二胡	实用新型	CN202122647846.2	2022.04.12	胡智勇	胡智勇
	一种二泉二胡	实用新型	CN202122393257.6	2022.04.15	乐海乐器有限公司	宋少康；宋国宣；张连山；陈莉芳
	一种二胡专用松香卡	实用新型	CN202122715756.2	2022.04.19	龙正洪	龙正洪

续表

类别	名称	专利类型	申请（专利）号	公开（公告）日	申请（专利权）人	发明（设计）人
二胡	一种二胡胡筒加工装置	发明专利	CN202210027607.3	2022.04.29	河北工业职业技术学院	郑瑞芝
	一种弯脖琴杆包夹琴筒式二胡	实用新型	CN202123205155.3	2022.05.06	陈建勋	陈建勋
	一种适用儿童的二胡	实用新型	CN202122393435.5	2022.05.10	乐海乐器有限公司	陈莉芳；宋少康；宋国宣；张连山
	一种二胡皮自动铲油脂装置	发明专利	CN202010090901.X	2022.05.10	吴修贵	吴修贵
	一种二胡制作用便于上蜡的皮革磨平器	发明专利	CN202010391636.9	2022.05.13	黄志芳	黄志芳
	一种二胡用支撑装置	实用新型	CN202123120989.4	2022.05.17	黄鸿昌	黄鸿昌
	二胡运弓伴侣	实用新型	CN202220065624.1	2022.06.07	邢西凯	邢西凯
	一种缘自二胡的三弦二胡用的琴码	实用新型	CN202220168457.3	2022.06.14	丁德厚	丁德厚
	二胡（2110AAP流金岁月）	外观设计	CN202130859670.X	2022.06.14	上海民族乐器一厂有限公司	王琳琳
	二胡（LM10AAJ时空穿越）	外观设计	CN202130859674.8	2022.06.14	上海民族乐器一厂有限公司	吴姝蓉
	一种舞台表演用可调式二胡	实用新型	CN202220143157	2022.07.05	孙吉起	孙吉起
	一种二胡琴弦绷紧结构	实用新型	CN202123052119	2022.07.05	北海职业学院	梁子贤；陈春霞；黄进惯
	一种便于调节高中低音的可拆卸组装式板胡	实用新型	CN202220315945	2022.07.05	李彦凡	李彦凡；李艺云
	一种便于切割开口的锡胡加工用切割装置	实用新型	CN202220423564	2022.07.08	丹阳市赵氏二胡有限公司	赵军；王玉芳；眭杰
	二胡站姿演奏挂件	外观设计	CN202230239647	2022.07.26	程少来	程少来；涂婳
	外顶可调式二胡千斤	实用新型	CN202123118457	2022.08.02	王维汉	王维汉
	一种便于拆卸组装的锡胡	实用新型	CN202220423462	2022.08.02	丹阳市赵氏二胡有限公司	赵军；王玉芳；眭杰
	一种声学改进内琴马的革胡	实用新型	CN202220940661	2022.08.23	吴昱忻	吴昱忻
	一种跟弦偶音二胡	实用新型	CN202220728151	2022.08.30	王湘民	王湘民
	二胡（佘太翠玉）	外观设计	CN202230293618	2022.09.02	内蒙古鑫龙哈斯乐器有限公司	刘德明
	四胡（佘太翠玉）	外观设计	CN202230293447	2022.09.02	内蒙古鑫龙哈斯乐器有限公司	刘德明
	椅子（聆椅-二胡椅）	外观设计	CN202230337512	2022.09.13	韩梅	韩梅
	板胡（卷书头秦腔款）	外观设计	CN202230344031	2022.09.16	张勇	张勇

续表

类别	名称	专利类型	申请（专利）号	公开（公告）日	申请（专利权）人	发明（设计）人
二胡	二胡（2110AAAPP百花盛开）	外观设计	CN202130859691	2022.09.20	上海民族乐器一厂有限公司	周力；翁纪军
	二胡（2108AAT一瓣心香）	外观设计	CN202130855704	2022.09.20	上海民族乐器一厂有限公司	王传赡
	二胡（2110AAALC碧玉铃兰）	外观设计	CN202130855701	2022.09.20	上海民族乐器一厂有限公司	钱冰菁
	二胡（LM10AAAPP东西物语）	外观设计	CN202130855684	2022.09.20	上海民族乐器一厂有限公司	钱冰菁
	二胡（LM10AAAPP东情西韵）	外观设计	CN202130855678	2022.09.20	上海民族乐器一厂有限公司	钱冰菁；翁纪军
	二胡（2110AAAJ春色撷芳）	外观设计	CN202130855531	2022.09.20	上海民族乐器一厂有限公司	钱冰菁
	二胡（2110AAF半天朱霞）	外观设计	CN202130855523	2022.09.20	上海民族乐器一厂有限公司	王传赡
	板胡（平头秦腔款）	外观设计	CN202230344013	2022.09.23	张勇	张勇
	二胡音准微调器	外观设计	CN202130876490	2022.10.14	吴绍虎	吴绍虎
	一种多功能二胡音准仪	实用新型	CN202221215690	2022.10.28	中南民族大学	周利丰
	一种二胡固定结构	实用新型	CN202221725762	2022.11.01	邵阳学院	贺思敏
	一种二胡	实用新型	CN202221636900	2022.11.01	朱于明	朱于明
	二胡效果发声器	实用新型	CN202221624715	2022.11.01	吟飞科技（江苏）有限公司	赵平；卞留念；张俊；鲍罗尔
	一种二胡胡筒加工装置	发明专利	CN202210027607	2022.11.08	河北工业职业技术学院	郑瑞芝
	一种带调律琴皮装置的二胡	实用新型	CN202221601274	2022.11.11	叶少忠	叶少忠
	二胡持弓辅助器	实用新型	CN202221026029	2022.11.15	浙江音乐学院	张咏音；侯少哲
	一种便于携带演出的二胡	实用新型	CN202222084684	2022.11.22	四川轻化工大学	李丹；丁小勇；张艺
	一种用于二胡的音箱安装结构及具有该结构的二胡	实用新型	CN202222192612	2022.11.22	惠州市杰德创新科技有限公司	刘路琴
	二胡效果发声器	外观设计	CN202230397607	2022.12.06	吟飞科技（江苏）有限公司	赵平；卞留念；张俊；鲍罗尔
	一种透杆二胡琴筒	实用新型	CN202121782139	2022.12.20	罗彩柱	罗彩柱
葫芦丝	带有音箱的葫芦丝	实用新型	CN202121989340.3	2022.01.21	陈国平	陈国平
	一种葫芦丝内部水气处理装置	实用新型	CN202122094559.3	2022.02.15	龙岩学院	赖义汉；陈美娇
	一种双腔双主管单吹嘴葫芦丝	实用新型	CN202121252652.6	2022.03.01	姚水成	姚水成
	一种方便清洁的葫芦丝	实用新型	CN202122021174.4	2022.05.13	成欣宇	成欣宇
	一种葫芦丝	发明专利	CN202010545888	2022.08.26	江西财经大学	李二永；万梦丹；葛萌

续表

类别	名称	专利类型	申请（专利）号	公开（公告）日	申请（专利权）人	发明（设计）人
葫芦丝	葫芦丝（木纹玉）	外观设计	CN202230293610	2022.09.02	内蒙古鑫龙哈斯乐器有限公司	刘德明
	葫芦丝（佘太翠玉）	外观设计	CN202230305116	2022.09.09	内蒙古鑫龙哈斯乐器有限公司	刘德明
	一种便于吹出高音的葫芦丝	实用新型	CN202220630343	2022.09.16	熊道全	熊道全
	一种牛角巴乌及葫芦丝	实用新型	CN202221567014	2022.11.08	云南臻旋文化传播有限公司	杨健
	葫芦丝支架	外观设计	CN202230561441	2022.12.06	赣州市美加好木业有限公司	朱帆
扬琴	一种扬琴琴罩	实用新型	CN202122142695.5	2022.03.11	乐海乐器有限公司	宋恩辉；靳亚利；张计孟；温澎涛
	一种提高扬琴音色的音梁结构	实用新型	CN202122723349.6	2022.04.29	乐海乐器有限公司	张计孟；温澎涛；靳亚利
	一种扬琴加工用钻孔装置	发明专利	CN202111468035	2022.07.12	北京星海钢琴集团有限公司	不公告发明人
	一种扬琴学习多功能练习台	发明专利	CN202110670447	2022.08.26	徐州工程学院	刘思瑶；刘强
	扬琴止音器	实用新型	CN202221461079	2022.10.21	卢云龙	卢云龙
	一种扬琴的合金挂弦板	实用新型	CN202220894408	2022.11.15	李智敏	李智敏
	一种扬琴的合金拉弦板	实用新型	CN202220894525	2022.11.15	李智敏	李智敏
	一种新型合金同音等距等角扬琴	实用新型	CN202220894346	2022.11.15	李智敏	李智敏
	一种扬琴的合金调音板	实用新型	CN202220892399	2022.11.15	李智敏	李智敏
	一种可调式便携扬琴架	实用新型	CN202221630433	2022.12.02	王燕	王燕
古筝	一种古筝抽湿烘干装置	实用新型	CN202121556098.0	2022.01.04	阿坝师范学院	杨静
	古筝止音条	外观设计	CN202130325069.2	2022.01.04	刘玉平	刘玉平
	可调节便携式古筝架	实用新型	CN202120097637.2	2022.01.07	何小栋文化艺术（上海）有限责任公司	何小栋
	一种加工古筝面板下料装置	发明专利	CN202111382987.4	2022.01.07	扬州大学	秦康生；汤恩斌；张志高；程宏辉；龚丽霞
	一种古筝加工用木料烘烤设备	实用新型	CN202122335191.5	2022.01.07	沈德会	周晓婷
	古筝（芳华）	外观设计	CN202130641482.X	2022.01.11	兰考萬琴堂乐器有限公司	徐会波
	基于神经网络的近红外光谱识别古筝面板用木材等级的方法	发明专利	CN201811436277.3	2022.01.11	东北林业大学、扬州市良匠古筝制作研究院有限公司	黄英来；孟诗语；苗红；曲玉利；于鸣；温馨
	一种可自由升降的教学古筝支架	实用新型	CN202120708747.8	2022.01.11	方正	方正；周倚帆

续表

类别	名称	专利类型	申请（专利）号	公开（公告）日	申请（专利权）人	发明（设计）人
古筝	一种用于古筝教学的古筝摆放架	实用新型	CN202121140780.1	2022.01.18	山西大学	贾江丽
	古筝（219698PP瑶池莲语）	外观设计	CN202130581403.0	2022.01.28	上海民族乐器一厂	翁纪军；周力
	一种微调双槽古筝码子	实用新型	CN202121311700.4	2022.01.28	郭雅志	郭雅志
	古筝指甲（二）	外观设计	CN202130508711.0	2022.02.11	郝昆	郝昆
	古筝指甲（三）	外观设计	CN202130508979.4	2022.02.11	郝昆	郝昆
	古筝指甲（一）	外观设计	CN202130508982.6	2022.02.11	郝昆	郝昆
	高度自修正式白松古筝	发明专利	CN201811610150.9	2022.02.11	余姚市恒正金属制品有限公司	章微微
	一种古筝面板的加工装置及加工方法	发明专利	CN202111346256.4	2022.02.18	扬州大学	秦康生；汤恩斌；张志高；程宏辉；龚丽霞
	多功能二十一弦古筝	发明专利	CN201811610160.2	2022.02.18	余姚市恒正金属制品有限公司	章微微
	一种基于古筝教学用可快速安装的古筝摆放架	实用新型	CN202121216395.0	2022.02.22	上海连麦网络科技有限公司	凌元
	古筝架	外观设计	CN202030402025.0	2022.02.22	长江大学	龙诗文
	一种用于古筝教学的可快速换弦古筝	实用新型	CN202121224480.1	2022.02.22	上海连麦网络科技有限公司	凌元
	古筝	实用新型	CN202130636625.8	2022.02.25	李娟	李娟
	一种古筝箱	实用新型	CN202122189040.3	2022.03.01	炫音文化创意（东莞）有限公司	莫伟樑；吴梓澄；黄永杰
	多腔式古筝共鸣音箱	实用新型	CN202121839371.0	2022.03.04	苏协憬	苏协憬
	古筝指甲（十二）	外观设计	CN202230043984.7	2022.03.04	郝昆	郝昆
	古筝（青罗歌扇）	外观设计	CN202130750560.X	2022.03.04	扬州市琼花民族乐器有限公司	苗红；徐艳；曲玉利
	古筝指甲（九）	外观设计	CN202230044523.1	2022.03.04	郝昆	郝昆
	古筝（幼儿宝）	外观设计	CN202130717269.2	2022.03.08	兰考萬琴堂乐器有限公司	徐会波
	古筝指甲（十一）	外观设计	CN202230044517.6	2022.03.11	郝昆	郝昆
	一种适用于古筝拾音器的检测及放大电路	实用新型	CN202122425084.1	2022.03.11	湖北科技学院	王可畏
	古筝琴体（秋意）	外观设计	CN202130386231.1	2022.03.18	兰考县韵音乐器有限公司	郭少云
	古筝琴体（采莲）	外观设计	CN202130386291.3	2022.03.18	兰考县韵音乐器有限公司	郭少云
	古筝指甲（八）	外观设计	CN202230043989.X	2022.03.18	郝昆	郝昆
	古筝指甲（十）	外观设计	CN202230044516.1	2022.03.18	郝昆	郝昆
	古筝指甲（五）	外观设计	CN202230043983.2	2022.03.18	郝昆	郝昆

续表

类别	名称	专利类型	申请（专利）号	公开（公告）日	申请（专利权）人	发明（设计）人
古筝	古筝指甲（四）	外观设计	CN202230044521.2	2022.03.18	郝昆	郝昆
	古筝指甲（七）	外观设计	CN202230043986.6	2022.03.18	郝昆	郝昆
	一种双七古筝	实用新型	CN202122525944.9	2022.04.05	吉阳子	吉阳子
	一种古筝调音结构及调音器	实用新型	CN202122209651.X	2022.04.05	夏刚	夏刚
	一种新型古筝指甲套	实用新型	CN202122523657.4	2022.04.05	湖南人文科技学院	刘利连
	一种自动调音古筝	实用新型	CN202122209683.X	2022.04.05	夏刚	夏刚
	古筝（桃花扇）	外观设计	CN202130717270.5	2022.04.05	兰考万琴堂乐器有限公司	徐会波
	一种用于器乐演奏用的多功能古筝摆放架	实用新型	CN202122858688.5	2022.04.05	山西工商学院	冯蕊丹
	一种古筝指甲	实用新型	CN202122562613.2	2022.04.08	沈非；刘晶	沈非；刘晶
	古筝义甲（多孔型-01）	外观设计	CN202130848675.2	2022.04.08	沈非；刘晶	沈非；刘晶；高鉴丰；杨淇钧；杨雨霄；潘越
	古筝义甲（长孔型-01）	外观设计	CN202130861271.7	2022.04.08	沈非；刘晶	沈非；刘晶；高鉴丰；杨淇钧；杨雨霄；潘越
	古筝（一生所爱）	外观设计	CN202130778355.4	2022.04.08	扬州木九辰乐器有限公司	乔晶
	古筝义甲（长孔型-02）	外观设计	CN202130861272.1	2022.04.08	沈非；刘晶	沈非；刘晶；高鉴丰；杨淇钧；杨雨霄；潘越
	古筝（混沌）	外观设计	CN202130717285.1	2022.04.12	兰考万琴堂乐器有限公司	徐会波
	古筝指甲收纳板（水晶）	外观设计	CN202130735335.9	2022.04.12	张佳丽	张佳丽
	古筝（混沌2）	外观设计	CN202130717272.4	2022.04.12	兰考万琴堂乐器有限公司	徐会波
	古筝义甲（多孔型-02）	外观设计	CN202130848454.5	2022.04.15	沈非；刘晶	沈非；刘晶；高鉴丰；杨淇钧；杨雨霄；潘越
	一种穿孔式古筝S弯尾岳山	实用新型	CN202122567343.4	2022.04.19	扬州金韵乐器御工坊有限公司	刘文荣；熊颖；熊立群；薛磊
	古筝指甲（飞弦大指）	外观设计	CN202230026011.2	2022.04.19	威尔玛（青岛）乐器有限公司	陈永国
	古筝指甲（飞弦中指）	外观设计	CN202230025995.2	2022.04.19	威尔玛（青岛）乐器有限公司	陈永国
	一种带有扩音功能的古筝音梁装置	实用新型	CN202122521163.2	2022.04.19	扬州金韵乐器御工坊有限公司	刘文荣；熊颖；熊立群；薛磊
	古筝（太极）	外观设计	CN202230020153.8	2022.04.26	河南鸿鹄民族乐器有限公司	徐登辉
	一种古筝面板表面切削装置	实用新型	CN202122958174.7	2022.04.26	扬州大学	秦康生；王一仲
	古筝止音条	外观设计	CN202230113038.5	2022.05.06	任军	任军

续表

类别	名称	专利类型	申请（专利）号	公开（公告）日	申请（专利权）人	发明（设计）人
古筝	古筝止音条	外观设计	CN202230092006.1	2022.05.06	任军	任军
	古筝（星汉素璞）	外观设计	CN202230020126.0	2022.05.06	河南鸿鹄民族乐器有限公司	徐登辉
	古筝筝码的底垫	实用新型	CN202123295936.6	2022.05.10	陈羽善	陈羽善；张吟；黄小玉
	一种古筝用具有引线结构的换弦装置	实用新型	CN202123222707.1	2022.05.13	周倚帆	周倚帆
	古筝（太极二）	外观设计	CN202230020149.1	2022.05.17	河南鸿鹄民族乐器有限公司	徐登辉
	古筝（21696T蔚为大观）	外观设计	CN202130775904.2	2022.05.24	上海民族乐器一厂有限公司	曹含英
	古筝（21694L喜出望外）	外观设计	CN202130775912.7	2022.05.24	上海民族乐器一厂有限公司	曹含英
	古筝（双七ShuangQi）	外观设计	CN202230102029.6	2022.05.24	吉阳子	吉阳子
	古筝（LM698LCJ时空之旅）	外观设计	CN202130775906.1	2022.05.24	上海民族乐器一厂有限公司	曹含英
	古筝（21698LCJ北窗偶题）	外观设计	CN202130775908.0	2022.05.24	上海民族乐器一厂有限公司	曹含英
	古筝（21698LCT花前月下）	外观设计	CN202130775903.8	2022.05.24	上海民族乐器一厂有限公司	曹含英
	古筝（LM698LCT恋恋花海）	外观设计	CN202130775902.3	2022.05.24	上海民族乐器一厂有限公司	曹含英
	古筝（如墨）	外观设计	CN202230156553.1	2022.05.27	扬州金韵乐器御工坊有限公司	熊立群；吴开平；熊颖；薛磊
	古筝（玲珑臻）	外观设计	CN202230044241.1	2022.05.27	徐登辉	徐登辉
	古筝（梵心静水）	外观设计	CN202230156490.X	2022.05.27	扬州一鸣乐器有限公司	李浦江；朱磊；熊颖
	古筝琵琶指甲条（熊）	外观设计	CN202230157395.1	2022.05.31	刘玉平	刘玉平
	古筝（21698P九色鹿图案）	外观设计	CN202130788850.3	2022.05.31	上海民族乐器一厂有限公司	钱冰菁
	古筝（219698JJ惺惺相惜）	外观设计	CN202130788757.2	2022.05.31	上海民族乐器一厂有限公司	钱冰菁
	古筝（21695RR葵花向日）	外观设计	CN202130788760.4	2022.05.31	上海民族乐器一厂有限公司	钱冰菁
	古筝（LM698PQ春华秋实）	外观设计	CN202130789589.9	2022.05.31	上海民族乐器一厂有限公司	钱冰菁；翁纪军
	古筝（长江古筝YT163BHL011）	外观设计	CN202230160512.X	2022.05.31	宜昌金宝乐器制造有限公司	吴天延；熊南方；乔宪伟
	古筝（LM9698PP东情西韵）	外观设计	CN202130789586.5	2022.05.31	上海民族乐器一厂有限公司	钱冰菁；翁纪军
	古筝（LM698PQ花开似槿）	外观设计	CN202130788833.X	2022.05.31	上海民族乐器一厂有限公司	钱冰菁；翁纪军
	古筝（21691P青山泉韵）	外观设计	CN202130789605.4	2022.05.31	上海民族乐器一厂有限公司	钱冰菁
	古筝（21698P碧山秋水）	外观设计	CN202130788758.7	2022.05.31	上海民族乐器一厂有限公司	钱冰菁
	古筝（LM698PQ东西物语）	外观设计	CN202130788747.9	2022.05.31	上海民族乐器一厂有限公司	钱冰菁
	古筝（岩松）	外观设计	CN202230016164.9	2022.06.07	黄幸鸣	黄幸鸣
	古筝（21698FZ万福金安）	外观设计	CN202130788857.5	2022.06.10	上海民族乐器一厂有限公司	钱冰菁
	一种古筝琴码定位条	实用新型	CN202220082913.2	2022.06.14	河南中州民族乐器有限公司	代胜民

续表

类别	名称	专利类型	申请（专利）号	公开（公告）日	申请（专利权）人	发明（设计）人
古筝	古筝（岩松）	外观设计	CN202230019411.0	2022.06.14	黄幸鸣	黄幸鸣
	古筝（LM698RR画眉采樱）	外观设计	CN202130843171.1	2022.06.14	上海民族乐器一厂有限公司	薛蕴思
	古筝（LM694LT锦书寄思）	外观设计	CN202130832048.X	2022.06.14	上海民族乐器一厂有限公司	王琳琳
	古筝（219698PP百花盛开）	外观设计	CN202130843167.5	2022.06.14	上海民族乐器一厂有限公司	周力；翁纪军
	古筝（21698F穗穗平安）	外观设计	CN202130838598.2	2022.06.14	上海民族乐器一厂有限公司	王传赡
	古筝（和美）	外观设计	CN202130843158.6	2022.06.14	上海民族乐器一厂有限公司	周力；朱忠民；黄晓明
	古筝（21698JT如意心意）	外观设计	CN202130832051.1	2022.06.14	上海民族乐器一厂有限公司	王琳琳
	古筝（21698LC花开敦煌）	外观设计	CN202130838606.3	2022.06.14	上海民族乐器一厂有限公司	吴姝蓉
	古筝（LM698PQ珠莲碧荷）	外观设计	CN202130843173.0	2022.06.14	上海民族乐器一厂有限公司	周力；翁纪军
	古筝（21698LC密林歌鸟）	外观设计	CN202130842424.3	2022.06.14	上海民族乐器一厂有限公司	薛蕴思
	古筝（21698P流金岁月）	外观设计	CN202130831985.3	2022.06.14	上海民族乐器一厂有限公司	王琳琳
	古筝（21698P牡丹盛开）	外观设计	CN202130831984.9	2022.06.14	上海民族乐器一厂有限公司	王琳琳
	古筝（21694L芷兰玉树）	外观设计	CN202130837865.4	2022.06.14	上海民族乐器一厂有限公司	王传赡
	古筝（21694LC执手相遇）	外观设计	CN202130832056.4	2022.06.14	上海民族乐器一厂有限公司	王琳琳
	古筝（21698LCJ众华璎珞）	外观设计	CN202130842428.1	2022.06.14	上海民族乐器一厂有限公司	薛蕴思
	古筝（21698P漫漫长征）	外观设计	CN202130837856.5	2022.06.14	上海民族乐器一厂有限公司	吴姝蓉
	古筝（21694RR迷人朝颜）	外观设计	CN202130837861.6	2022.06.14	上海民族乐器一厂有限公司	吴姝蓉
	古筝（LM698LCJ花开圆满）	外观设计	CN202130837845.7	2022.06.14	上海民族乐器一厂有限公司	吴姝蓉
	古筝（21698P云卷云舒）	外观设计	CN202130843177.9	2022.06.14	上海民族乐器一厂有限公司	薛蕴思
	古筝（LM9698JLC永偕同心）	外观设计	CN202130789588.4	2022.06.14	上海民族乐器一厂有限公司	钱冰菁
	古筝（21695OE美人遮面）	外观设计	CN202130838607.8	2022.06.14	上海民族乐器一厂有限公司	吴姝蓉
	古筝（21698JLC纨扇添姿）	外观设计	CN202130832052.6	2022.06.14	上海民族乐器一厂有限公司	王琳琳
	古筝（21694T花须蝶芒）	外观设计	CN202130838599.7	2022.06.14	上海民族乐器一厂有限公司	王传赡
	古筝（21698LC藻井凌空）	外观设计	CN202130832045.6	2022.06.14	上海民族乐器一厂有限公司	王琳琳
	古筝（21694FF千岩竞秀）	外观设计	CN202130838610.X	2022.06.14	上海民族乐器一厂有限公司	王传赡
	一种新型古筝抬弦转调装置	实用新型	CN202122718343.X	2022.06.24	孙瑞霞	孙瑞霞
	古筝消音带（把手式）	外观设计	CN202230167757.5	2022.06.28	朱勇	朱勇
	一种民族乐器用除尘装置	实用新型	CN202220624251.7	2022.06.28	张晋晋	张晋晋
	古筝指甲（六）	外观设计	CN202230043987	2022.07.05	郝昆	郝昆
	古筝挂钩（1）	外观设计	CN202230224198	2022.07.08	赣州市美加好木业有限公司	朱帆
	古筝挂钩（2）	外观设计	CN202230224195	2022.07.08	赣州市美加好木业有限公司	朱帆

续表

类别	名称	专利类型	申请（专利）号	公开（公告）日	申请（专利权）人	发明（设计）人
古筝	古筝（16弦）	外观设计	CN202230197906	2022.07.08	扬州古的筝文化发展有限公司	王琼
	一种带谱架的古筝	实用新型	CN202220150111	2022.07.08	绥化学院	符小娟
	一种古筝可调节指套	实用新型	CN202121587983	2022.07.15	叶志华	叶志华
	一种古筝手型矫正器	实用新型	CN202220319657	2022.07.19	湖南人文科技学院	刘利连
	古筝（凤尾罗香）	外观设计	CN202230257682	2022.07.22	扬州市龙啸琴筝有限公司	袁越璐；王智；曲玉利
	古筝（龙行九洲）	外观设计	CN202230257570	2022.07.22	扬州市龙啸琴筝有限公司	袁越璐；陆盼盼；曲玉利
	古筝（满园春色）	外观设计	CN202230213178	2022.07.29	扬州市琼花民族乐器有限公司	苗红；陈杰；曲玉利
	古筝（一脉幽香）	外观设计	CN202230213145	2022.07.29	扬州市琼花民族乐器有限公司	苗红；陈杰；曲玉利
	古筝（月满西楼）	外观设计	CN202230212994	2022.07.29	扬州市琼花民族乐器有限公司	苗红；陈杰；曲玉利
	古筝（浮生梦）	外观设计	CN202230212991	2022.07.29	扬州市琼花民族乐器有限公司	苗红；陈杰；曲玉利
	一种耐用型便于更换弦丝的古筝	实用新型	CN202220314337	2022.08.02	琼台师范学院	吴立群
	一种多弦古筝码和古筝	实用新型	CN202123252484	2022.08.05	上海民族乐器一厂有限公司	姚卫平；李素芳；徐仲荣
	一种古筝义甲测试装置	发明专利	CN202110445451	2022.08.09	赵岚	赵岚
	古筝（碧玉篸）	外观设计	CN202230235710	2022.08.26	扬州金韵乐器御工坊有限公司	熊立群；薛磊；熊颖；吴开平；王荣发
	古筝止音条	外观设计	CN202230192074	2022.08.30	聂鹏程	聂鹏程
	一种可调高度和长度的折叠式古筝架	实用新型	CN202221077148	2022.08.30	淮南师范学院	刘凤艳；张圣悦
	一种智能OLED古筝指甲套	发明专利	CN201910404358	2022.09.02	重庆师范大学	牛连斌；关云霞；陈丽佳
	一种古筝教学用古筝拨片套	实用新型	CN202220319663	2022.09.20	湖南人文科技学院	刘利连
	立式古筝展示架	实用新型	CN202220811501	2022.10.04	扬州金韵乐器御工坊有限公司	薛磊；熊立群；吴开平
	古筝	外观设计	CN202230213605	2022.10.04	江门市第一中学	罗逸琳；张海莲
	古筝指甲（十八）	外观设计	CN202230435860	2022.10.11	郝昆	郝昆
	古筝（境·海）	外观设计	CN202230391583	2022.10.11	河南玉尚乐器有限公司	刘舒道

续表

类别	名称	专利类型	申请（专利）号	公开（公告）日	申请（专利权）人	发明（设计）人
古筝	古筝指甲（十七）	外观设计	CN202230436330	2022.10.11	郝昆	郝昆
	古筝（秋）	外观设计	CN202230391568	2022.10.11	河南玉尚乐器有限公司	刘舒道
	一种可加快干燥的古筝用喷漆装置	实用新型	CN202221846394	2022.10.14	湖南女子学院	黎莉
	古筝	外观设计	CN202230152106	2022.10.14	刘春辉	刘春辉
	古筝岳山贴片（元岐）	外观设计	CN202230327538	2022.10.14	扬州金韵乐器御工坊有限公司	熊立群
	古筝岳山贴片（朝晖）	外观设计	CN202230327521	2022.10.14	扬州金韵乐器御工坊有限公司	王荣发；薛磊；李宏伟
	一种古筝琴架制作装置	发明专利	CN202110455234	2022.10.18	张双	张双
	一种古筝弹奏义甲疲劳检测装置	发明专利	CN202210962158	2022.10.18	赵岚	赵岚
	基于近红外线结构光的古筝琴弦定位模具视觉检测方法	发明专利	CN202211130230	2022.10.18	扬州金韵乐器御工坊有限公司	熊立群；薛磊；吴开平；熊颖
	一种便于更换琴弦的古筝	实用新型	CN202122706990	2022.10.21	东华理工大学	吕彬；白文月；施漫妃；简杜嘉
	台式古筝支架	外观设计	CN202230267890	2022.10.21	郯城福芝乐器有限公司	李夫芝
	一种带有基于乐器共鸣板物理振动拾音装置的古筝	实用新型	CN202221492596	2022.11.01	北京乐界乐科技有限公司	倪卫娟；李扬；贾建伟
	一种可防松动的古筝琴弦调节结构	实用新型	CN202221605638	2022.11.01	北京乐界乐科技有限公司	倪卫娟；贾建伟
	一种具有音梁式共鸣箱的古筝	实用新型	CN202123042362	2022.11.04	陈漫丹	陈漫丹
	古筝	外观设计	CN202230523814	2022.11.15	张媛媛；余家锐	张媛媛；余家锐
	一种便于调节高度的古筝支架	实用新型	CN202221846414	2022.11.15	湖南女子学院	黎莉
	古筝支架（透明）	外观设计	CN202230419089	2022.11.15	向恩来	向恩来
	古筝（雅韵）	外观设计	CN202230513490	2022.11.15	蒙桂英	蒙桂英
	古筝架（A–云）	外观设计	CN202230507660	2022.11.22	扬州金韵乐器御工坊有限公司	薛磊
	古筝调音器	外观设计	CN202230167522	2022.12.02	宁夏大学	曹茗茗
	一种古筝调弦装置	实用新型	CN202222109427	2022.12.09	中国传媒大学附属小学	杨琳；胡歆雨；金煊滟
	基于光学信息的古筝面板材料检测方法	发明专利	CN202210989086	2022.12.13	扬州金韵乐器御工坊有限公司	熊立群；薛磊；吴开平；熊颖

续表

类别	名称	专利类型	申请（专利）号	公开（公告）日	申请（专利权）人	发明（设计）人
古筝	一种用于制作古筝的烤漆装置	实用新型	CN202221963726	2022.12.13	张伟的	张伟的
	一种具有折叠携带效果的古筝调音扳手	实用新型	CN202222346420	2022.12.13	扬州大学广陵学院	葛灵月
	一种具有音槽的16弦钢弦古筝	实用新型	CN202221948002	2022.12.13	西安音乐学院乐器厂	张小东；赵张斌；陈强强
	古筝包	外观设计	CN202230614015	2022.12.16	高碑店市金川乐器箱包制造有限责任公司	李金祥
	一种具有拾音装置的古筝弦轴板	实用新型	CN202222420690	2022.12.20	北京乐界乐科技有限公司	倪卫娟；李扬；贾建伟
	一种可随意调节内部腔体的古筝	实用新型	CN202222419201	2022.12.20	北京乐界乐科技有限公司	倪卫娟；李扬；贾建伟
	古筝（姹紫嫣红）	外观设计	CN202230620872	2022.12.20	炫音文化创意（东莞）有限公司	莫伟梁；吴梓澄；黄永杰
	一种可存放指甲的古筝	实用新型	CN202221606795	2022.12.20	刘蓓蓓	刘蓓蓓
	一种带夹子的古筝缠绕卡	实用新型	CN202221639870	2022.12.20	黄子轩	黄子轩
	古筝（彩云追月）	外观设计	CN202230620536	2022.12.20	炫音文化创意（东莞）有限公司	莫伟梁；吴梓澄；黄永杰
	一种古筝调弦装置	实用新型	CN202220663787	2022.12.23	阿坝师范学院	杨静
古琴	一种可调节琴弦高度的古琴	实用新型	CN202121308331.3	2022.01.04	南京交通职业技术学院	郭文；杨辰雨；刘文倩；王青云；张昱笑；孙成东
	古琴	实用新型	CN202121081420.9	2022.01.11	梁晊玮	梁晊玮
	一种新型少年儿童古琴	实用新型	CN202121649904.9	2022.01.25	诸嘉仁诸祥康	诸嘉仁；诸祥康
	一种古琴用上弦紧弦装置	实用新型	CN202121657019.5	2022.01.28	陶贵宝	陶贵宝
	一种古琴槽腹	实用新型	CN202121309455.3	2022.01.28	南京交通职业技术学院	郭文；杨辰雨；刘文倩；王青云；张昱笑；孙成东
	一种古琴减字符的数字化、动态生成方法	发明专利	CN202111303569.1	2022.01.28	刘雪锋	刘雪锋；刘星星
	一种徽位个性化的古琴	实用新型	CN202122168060.2	2022.02.11	廖敏发	廖敏发
	一种古琴谱字数字轮廓标识生成方法和装置	发明专利	CN202111387911.0	2022.02.18	文化艺术出版社有限公司、古雨文化教育科技（北京）有限公司	陈永聪；刘钊；杨斌
	古琴节奏减字谱编写方法	发明专利	CN202111414316.1	2022.03.01	刘星	刘星
	一种古琴调音器的实现方法	发明专利	CN202111419225.7	2022.03.01	刘雪锋	刘雪锋；刘星星

续表

类别	名称	专利类型	申请（专利）号	公开（公告）日	申请（专利权）人	发明（设计）人
古琴	古琴（梦芭蕾式）	外观设计	CN202130744382.X	2022.03.04	英杰东	英杰东
	古琴（临风式）	外观设计	CN202130422460.4	2022.03.11	王先宏	王先宏
	古琴（芙蓉式）	外观设计	CN202130422217.2	2022.03.11	王先宏	王先宏
	古琴琴轸（云柱款）	外观设计	CN202130823260.X	2022.03.15	李全	李全
	古琴雁足（云柱款）	外观设计	CN202130823256.3	2022.03.15	李全	李全
	古琴（逍遥式）	外观设计	CN202130823271.8	2022.04.01	李全	李全
	古琴（混元式）	外观设计	CN202130858390.7	2022.04.01	李全	李全
	一种交互式演奏九弦琴	发明专利	CN202111387644.7	2022.04.08	扬州金韵乐器御工坊有限公司	刘文荣；熊颖；熊立群；薛磊
	一种新型古琴	实用新型	CN202121820954.9	2022.04.12	詹悦	詹悦
	古琴（古琴徽位）	外观设计	CN202130844914.7	2022.04.19	魏番娟	魏番娟
	一种集成有拾音扩音设备的古琴	实用新型	CN202123088860.X	2022.04.26	江南大学	胡玥；胡伟峰；侯奕含；刘佳欣；徐元达；孙傲然
	教学用古琴	实用新型	CN202123134595.4	2022.05.10	湖北丝音科技有限公司	程瑜锋
	古琴（浴龙式）	外观设计	CN202230029019.4	2022.05.24	惠州市姜氏古琴文化发展有限公司	姜喜悦
	古琴（具有按音点位2）	外观设计	CN202230026749.9	2022.05.24	潍坊高新区旷览书院教育培训有限公司	马冠鸿
	梳子（伏羲式古琴梳）	外观设计	CN202230084824.7	2022.05.24	潘玉兰	李皞
	古琴（具有按音点位1）	外观设计	CN202230026748.4	2022.05.24	潍坊高新区旷览书院教育培训有限公司	马冠鸿
	古琴（东坡式）	外观设计	CN202230029024.5	2022.05.27	惠州市姜氏古琴文化发展有限公司	姜喜悦
	古琴（圣女式）	外观设计	CN202230029259.4	2022.05.27	惠州市姜氏古琴文化发展有限公司	高美宝
	古琴（上善若水）	外观设计	CN202230156318.4	2022.05.27	陆飞宏	陆飞宏
	古琴（聚神跱而永康）	外观设计	CN202230156322.0	2022.06.03	陆飞宏	陆飞宏
	古琴（天羯式）	外观设计	CN202230029258.X	2022.06.17	惠州市姜氏古琴文化发展有限公司	姜喜悦
	古琴板	外观设计	CN202230018525	2022.07.01	李孟璇	杨青；李孟璇
	一种古琴专用拾音器	实用新型	CN202122323227	2022.07.12	济南云格电子科技有限公司	陈永强
	古琴匣	外观设计	CN202230024275	2022.07.19	苏州密宝文化传播有限公司	金静雅
	古琴的琴身	实用新型	CN202122405498	2022.07.22	杨致俭	杨致俭
	古琴的岳山和承露的配合结构	实用新型	CN202122394476	2022.07.22	杨致俭	杨致俭

续表

类别	名称	专利类型	申请（专利）号	公开（公告）日	申请（专利权）人	发明（设计）人
古琴	古琴的复合面板	实用新型	CN202122394475	2022.07.22	杨致俭	杨致俭
	一种古琴上弦器	实用新型	CN202220480878	2022.08.05	陶贵宝	陶贵宝
	古琴（子澳式）	外观设计	CN202230323204	2022.09.02	金润一	金润一；金子澳
	古琴（宝瓶式）	外观设计	CN202230343175	2022.09.06	英杰东	申屠丹笛；英杰东
	高古式古琴	外观设计	CN202230325390	2022.09.06	苏晋院	苏晋院
	古琴	外观设计	CN202130756452	2022.09.09	聊城大学	王好军
	古琴（归谷式）	外观设计	CN202230417522	2022.09.23	吴一琴子	吴一琴子
	古琴（音阶古琴）	外观设计	CN202230422105	2022.09.27	童生才	童生才
	一种具有支撑调节功能的古琴	实用新型	CN202221408166	2022.09.27	深圳市蓝浩环艺装饰设计有限公司	王晓军；王令；卢科湘
	一种用于古琴加工的雕刻装置	实用新型	CN202221408106	2022.09.27	深圳市蓝浩环艺装饰设计有限公司	王晓军；王令；卢科湘
	一种可调节的古琴琴弦安装装置	发明专利	CN202210680723	2022.10.04	汨罗市华雅工艺美术品有限公司	苏文胜
	古琴桌	外观设计	CN202230301264	2022.10.04	孙展敏	孙展敏
	一种古琴掏膛加工用定位装置	实用新型	CN202220329602	2022.10.28	河南应用技术职业学院	王湘妍；冷月；刘晓垒；崔璀；刘磊；陈杨洋；刘一帆；刘增周；王红；程俊杰；肖兴博；朱万康
	古琴硅胶防滑垫	外观设计	CN202230534748	2022.11.04	上海圣弦琴业有限公司	刘蓓莹
	古琴切片槽腹工艺	发明专利	CN201810330383	2022.11.08	南京交通职业技术学院	孙成东
	一种基于古琴用放置台的定位结构	实用新型	CN202221511912	2022.11.08	深圳市蓝浩环艺装饰设计有限公司	王晓军；王令；卢科湘
	一种古琴机械琴轸	实用新型	CN202221607482	2022.11.18	舒荣明	舒荣明
	一种用于通风发酵罐的内置古琴式换热器及通风发酵罐	实用新型	CN202221958343	2022.11.25	山东鲁抗医药装备有限公司；江南大学	杨波；蔡艳芹；郑志永
	古琴（北溟）	外观设计	CN202230504435	2022.12.06	扬州金韵乐器御工坊有限公司	熊炳光
	基于光学手段的古琴表面材料破损检测识别方法	发明专利	CN202211151374	2022.12.13	扬州金韵乐器御工坊有限公司	熊立群；薛磊；吴开平；熊颖
	一种古琴琴弦声学指标测试装置	发明专利	CN202210992928	2022.12.13	上海乐圣乐器有限公司	胡丹越

续表

类别	名称	专利类型	申请（专利）号	公开（公告）日	申请（专利权）人	发明（设计）人
打击乐器	一种快速收折踩镲架踏板	实用新型	CN202121800687.9	2022.01.04	天津市津宝乐器有限公司	马传海；刘珈旭
	一种军鼓清洁机构	实用新型	CN202121023261.7	2022.01.07	江苏爱得声乐器有限公司	梁山吉；梁山学；徐迎春
	架子鼓圈击打耐用性测试机	实用新型	CN202121930081.7	2022.01.18	广东贝洛新材料科技有限公司	余万春；苏会敏；张思儒
	一种架子鼓的连接结构	实用新型	CN202121831516.2	2022.01.18	桂林师范高等专科学校	蒋聂；李卓然；吴俊菲；李艺；李琳；杨雨姗；卢玲勤；莫千淇
	一种能分辨开闭合状态的真电结合踩镲	发明专利	CN202111321206.0	2022.01.18	浙江格莱姆乐器有限公司	杜凌云
	一种鼓盘固定结构	实用新型	CN202121370804.2	2022.01.18	深圳市阿诺玛乐器有限公司	陈海华
	一种踩镲超级快拆组件	实用新型	CN202121920815.3	2022.01.25	天津市津宝乐器有限公司	马传海；刘珈旭
	一种幼儿启蒙用电子鼓	实用新型	CN202122096112.X	2022.01.25	广东宝丽文化发展有限公司	王泽汉
	一种多功能幼儿架子鼓结构	实用新型	CN202121985407.6	2022.01.25	广东宝丽文化发展有限公司	王泽汉
	一种稳固性能好的地鼓支架结构	实用新型	CN202122072993.1	2022.01.28	南通余音乐器有限公司	余国杰
	一种无极角度调节军鼓架	实用新型	CN202121793428.8	2022.02.11	天津市津宝乐器有限公司	马传海；刘珈旭
	一种吊镲架超级快拆组件	实用新型	CN202121920814.9	2022.02.11	天津市津宝乐器有限公司	马传海；刘珈旭
	一种便于拆装的架子鼓桶鼓连接臂结构	实用新型	CN202121864344.9	2022.02.15	宁波蓝色天空进出口有限公司	邓鹏程
	一种鼓盘及打击乐器	实用新型	CN202121341280.4	2022.02.22	深圳市阿诺玛乐器有限公司	陈海华
	一种便携式架子鼓	实用新型	CN202122486260.2	2022.02.25	河北固朗乐器制造有限公司	李艳达
	一种打击乐器模拟装置	实用新型	CN202121358859.1	2022.04.01	深圳平正智能科技有限公司	颜明；李宁
	一种便携式单人操控打击乐组	实用新型	CN202121234094.0	2022.04.12	孙玉龙	孙玉龙
	一种管琴打击乐器	实用新型	CN202120637133.5	2022.04.12	高畅	高畅
	热巴鼓（1）	外观设计	CN202130869686.9	2022.04.15	常州纺织服装职业技术学院	李可欣；乔京禄
	热巴鼓（2）	外观设计	CN202130869687.3	2022.04.15	常州纺织服装职业技术学院	李可欣；乔京禄
	一种具有除尘功能的架子鼓鼓面生产用裁切装置	实用新型	CN202120944530.7	2022.04.26	比扬（天津）乐器制造股份有限公司	窦贺君；杨秀娟；牟海英；张凤霞；郑国哲；史新苗；曹丽娟
	鼓（民族）	外观设计	CN202130847894.9	2022.05.03	北京金三惠科技有限公司	李现峰；魏宏惠；魏宏茹

续表

类别	名称	专利类型	申请（专利）号	公开（公告）日	申请（专利权）人	发明（设计）人
打击乐器	非洲鼓	外观设计	CN202130847885.X	2022.05.03	北京金三惠科技有限公司	李现峰；魏宏惠；魏宏茹
	一种架子鼓鼓桶用悬挂装置	实用新型	CN202122059074.0	2022.05.10	宁波海伦鼓尚教育科技有限公司	俞军；蔡哲男
	一种打击乐器的敲击结构	实用新型	CN202123206714.2	2022.05.13	北海职业学院	梁子贤；陈春霞；黄进惯
	一种乐器加工用大鼓鼓皮锤钉装置	发明专利	CN202011203743.0	2022.05.13	杨峰	杨峰
	一种架子鼓用底鼓增高器	实用新型	CN202122424911.5	2022.05.13	天津市顶酷乐器有限公司	王立民；胡金刚
	一种带有万向调节支架的新型军鼓	实用新型	CN202122707761.9	2022.05.17	天津聚声乐器有限公司	崔绍飞
	一种具有调节功能的打击乐器演奏结构及其使用方法	发明专利	CN202210228090.4	2022.05.17	武丽娟	武丽娟
	一种体感式音乐仿真架子鼓鼓槌	实用新型	CN202220020573.0	2022.05.24	临清市森源博乐器配件制造有限公司	倪荣岐；倪文平；高云红
	一种发光型架子鼓鼓槌	实用新型	CN202220020838.7	2022.05.24	临清市森源博乐器配件制造有限公司	倪荣岐；倪文平；高云红
	一种架子鼓鼓桶	实用新型	CN202123140974.4	2022.05.24	浙江广承实业有限公司	黄乔湘
	一种架子鼓中鼓座	实用新型	CN202123141017.3	2022.05.24	浙江广承实业有限公司	黄乔湘
	一种折叠型架子鼓踩锤夹板	实用新型	CN202220020810.3	2022.05.24	临清市森源博乐器配件制造有限公司	倪荣岐；倪文平；高云红
	一种可调节的架子鼓踩锤夹板	实用新型	CN202220020831.5	2022.05.24	临清市森源博乐器配件制造有限公司	倪荣岐；倪文平；高云红
	一种防脱落的架子鼓鼓槌	实用新型	CN202220020825.X	2022.05.24	临清市森源博乐器配件制造有限公司	倪荣岐；倪文平；高云红
	一种架子鼓两用鼓槌	实用新型	CN202220020586.8	2022.05.24	临清市森源博乐器配件制造有限公司	倪荣岐；倪文平；高云红
	静音垫（架子鼓用）	外观设计	CN202230176434.2	2022.05.31	山西工商学院	张怀宇
	一种可调的嵌入式铃片行进军鼓用背架	实用新型	CN202122918537.4	2022.05.31	南皮县鹏宇机电有限公司	徐浩
	一种架子鼓用四点式悬吊支架	实用新型	CN202123141020.5	2022.06.03	浙江广承实业有限公司	黄乔湘
	通运大鼓	外观设计	CN202230126318.X	2022.06.14	天津市津宝乐器有限公司	吴定军；刘珈旭
	电子鼓及音乐器件	实用新型	CN202122977201.5	2022.06.17	广州美术学院	梁晓琳；安娃；余汉生；杨帆
	一种大鼓生产用黄皮拉伸装置	发明专利	CN202110204621.1	2022.06.28	张晓莲	张晓莲

续表

类别	名称	专利类型	申请（专利）号	公开（公告）日	申请（专利权）人	发明（设计）人
打击乐器	军鼓上加强音效的鼓腔	实用新型	CN202220325181.5	2022.06.28	贾士洪	贾士洪
	鼓棒（防滑定位）	外观设计	CN202230223262	2022.07.01	漳州汉旗乐器有限公司	林天福；许锴
	一种架子鼓镲片用双面清洗装置	实用新型	CN202220385503	2022.07.05	南通余音乐器有限公司	余国杰；柴通通
	一种双层鼓皮	实用新型	CN202220172281	2022.07.05	浙江广承实业有限公司	黄乔湘
	一种便于调节的塑料铜鼓架移动装置	实用新型	CN202123112573	2022.07.05	天津市德恩思工贸有限公司	刘明苍；刘桂兴
	一种免调音鼓皮	实用新型	CN202220172271	2022.07.15	浙江广承实业有限公司	黄乔湘
	鼓簧（今又称：排笙）	外观设计	CN202130619383	2022.07.19	杜长松	杜长松
	一种多功能架子鼓拆装扳手	实用新型	CN202123134823	2022.07.19	天津市百诚恒志科技发展有限公司	王振超；王振海；刘国军
	外挂式行进鼓无线MIDI控制套装	实用新型	CN202220244148	2022.07.26	北京罗兰盛世音乐教育科技有限公司	程崧明；盛子宸
	原声小军鼓、行进鼓数字信号识别装置	实用新型	CN202220222754	2022.07.26	北京罗兰盛世音乐教育科技有限公司	程崧明；盛子宸
	一种鼓形琴面固定及粘接专用模具	实用新型	CN202220475006	2022.07.29	青岛北方原野乐器有限公司	岳中岩；耿雨生
	一种隐藏式辐条新型自行车前花鼓	实用新型	CN202220486358	2022.08.05	深圳市多特自行车有限公司	陈金榜
	非洲鼓（KELAND凯朗黄底小象款）	外观设计	CN202230249312	2022.08.09	邵雄裕	邵雄裕
	一种可减少共振效果的架子鼓用棒槌	实用新型	CN202220735853	2022.08.09	南通余音乐器有限公司	柴通通；余国杰
	一种拨浪鼓鼓体的精磨装置	实用新型	CN202220340742	2022.08.09	台州格来美洁具有限公司	林昊
	鼓（MG-QQ）	外观设计	CN202230236620	2022.08.12	江苏容顺祥乐器有限公司	刘家庆
	一种针对架子鼓的音高判别与自动调音装置	实用新型	CN202220136738	2022.08.16	上海智勇教育培训有限公司	王松浩
	响线小鼓的响线调整装置	实用新型	CN202220577881	2022.08.19	功学社教育用品股份有限公司	庄云慈
	一种网面松紧度调节装置及鼓	实用新型	CN202220537973	2022.08.19	得理乐器（珠海）有限公司	廖照华；黄凯成
	一种增强趣味性和挑战性的光波鼓	实用新型	CN202220117616	2022.08.23	广州贝斯乐游乐设备有限公司	莫忠灿
	手鼓	外观设计	CN202230047413	2022.08.26	李江秋子	李江秋子
	一种行进定音鼓踏座控制机构	实用新型	CN202220714903	2022.08.30	天津市津宝乐器有限公司	戴勇才；刘珈旭

续表

类别	名称	专利类型	申请（专利）号	公开（公告）日	申请（专利权）人	发明（设计）人
打击乐器	可调节音高的手持式羌族羊皮鼓	实用新型	CN202220206580	2022.08.30	西南科技大学	吴元会；康薇嘉
	陶鼓	外观设计	CN202230265958	2022.09.02	朴树棠	朴树棠；朴四郎；郎爱坤
	哑鼓（SD60）	外观设计	CN202230090015	2022.09.02	深圳市搜罗乐器有限公司	欧阳斌
	一种新型的塑料拨浪鼓	实用新型	CN202123220094	2022.09.06	东莞必凯塑胶科技有限公司	曾承荣
	空灵鼓（莲花盘）	外观设计	CN202230335931	2022.09.09	杭州洁熙网络科技有限公司	汤娜
	一种便于快速安装的架子鼓踩锤夹板	实用新型	CN202220020596	2022.09.09	临清市森源博乐器配件制造有限公司	倪荣岐；倪文平；高云红
	空灵鼓（小熊）	外观设计	CN202230331827	2022.09.13	季雪娇	季雪娇
	空灵鼓（静心）	外观设计	CN202230328135	2022.09.13	季雪娇	季雪娇
	空灵鼓（荷花）	外观设计	CN202230084555	2022.09.13	季雪娇	季雪娇
	一种鼓棒自动称重分选装置	实用新型	CN202220963559	2022.09.16	漳州汉旗乐器有限公司	林天福；许锴；谢团东
	一种设置金属保护边框的哑鼓	实用新型	CN202220935126	2022.09.16	漳州汉旗乐器有限公司	林天福；许锴
	具有用于调节链条或类似装置的特征的鼓踏板	发明专利	CN201780007399	2022.09.27	鼓工场有限公司	理查德·A·西克拉
	铜鼓（壮族文化乐器）	外观设计	CN202230346168	2022.09.27	广西柳州第二机床厂有限公司	邱贤宁；秦勇坚；付强；邱健富；韦海练；陀梁荣；叶文生；潘熠如；陈梁铭；张樱；黄大；黄毅；谢旺盛；唐杰；黄丽金；杨智堂；王思思；杨强；梁荣海
	具有调音功能的架子鼓	实用新型	CN202221117897	2022.10.04	浙江广承实业有限公司	黄乔湘
	实木拼接架子鼓鼓腔结构	实用新型	CN202221117896	2022.10.04	浙江广承实业有限公司	黄乔湘
	一种行进鼓背架	实用新型	CN202221353297	2022.10.04	天津市津宝乐器有限公司	刘珈旭；戴勇才
	一种新型行进多音鼓	实用新型	CN202221353296	2022.10.04	天津市津宝乐器有限公司	刘珈旭；戴勇才
	架子鼓四点悬挂装置	实用新型	CN202221117972	2022.10.04	浙江广承实业有限公司	黄乔湘
	鼓（神都鼓）	外观设计	CN202230360910	2022.10.11	马向阳	马向阳；刘庆北；刘小强；马云坤
	行进大军鼓	外观设计	CN202230300226	2022.10.14	天津市津宝乐器有限公司	刘珈旭；戴勇才
	一种设置防撞底框的哑鼓	实用新型	CN202220857304	2022.10.21	漳州汉旗乐器有限公司	林天福；许锴

续表

类别	名称	专利类型	申请（专利）号	公开（公告）日	申请（专利权）人	发明（设计）人
打击乐器	一种用于鼓棒展示的多功能展架	实用新型	CN202221086865	2022.10.21	漳州汉旗乐器有限公司	林天福；许锴
	一种具有多种鼓面的哑鼓练习器	实用新型	CN202221681902	2022.10.21	漳州汉旗乐器有限公司	林天福；许锴
	一种嵌装节拍器的底鼓练习器	实用新型	CN202221681881	2022.10.21	漳州汉旗乐器有限公司	林天福；许锴；谢团东；孙月华；林天乐
	空灵鼓（高音伴侣千叶款）	外观设计	CN202230481060	2022.10.25	龙港市舒音工艺品有限公司	缪宝龙
	空灵鼓（1）	外观设计	CN202230480719	2022.10.25	龙港市舒音工艺品有限公司	缪宝龙
	具有自对准响弦的鼓	发明专利	CN201880007025	2022.10.28	鼓工场有限公司	鲁本·施泰因豪泽
	陶制低音岳鼓	实用新型	CN202123195598	2022.10.28	南宁职业技术学院	梁振森；蒙海滨；欧超阳；王雨；陈亦静；陈尧宇；赵叶华；刘盛超；蒙良柱
	鼓盘检测装置及系统	实用新型	CN202221382432	2022.10.28	得理电子（上海）有限公司	张益一；陆克明；陈彬
	一种爵士鼓	实用新型	CN202221393524	2022.11.01	天津摩登乐器制造有限公司	温韬
	一种具有鼓机功能的声卡装置	实用新型	CN202221669323	2022.11.01	张洪海	张洪海
	塑料鼓圈	实用新型	CN202221189076	2022.11.08	深圳市天怡乐器有限公司	黄卫平；简威；刘伟；陈鄂江
	定音鼓槌手卷旋涡结构	实用新型	CN202221519790	2022.11.08	黑龙江省播艺互联网生活服务平台有限责任公司	张弛
	一种便于安装的架子鼓	实用新型	CN202221512150	2022.11.15	漳州汉旗乐器有限公司	谢团东；林天福；许铠
	一种便携型带稳定吸附功能的哑鼓练习垫	实用新型	CN202221512577	2022.11.15	漳州汉旗乐器有限公司	谢团东；林天福；许铠
	一种初学者练习用的便携式箱鼓	实用新型	CN202221514938	2022.11.15	漳州汉旗乐器有限公司	谢团东；林天福；许铠
	一种便于更换鼓膜的架子鼓	实用新型	CN202221933468	2022.11.22	南通余音乐器有限公司	余国杰；柴通通
	一种非接触网鼓鼓盘	发明专利	CN202210984098	2022.11.25	音王电声股份有限公司	杜宗辉；张龙广；王朋珍
	空灵鼓（2）	外观设计	CN202230481077	2022.11.25	龙港市舒音工艺品有限公司	缪宝龙
	空灵鼓	外观设计	CN202230436910	2022.11.25	龙港市舒音工艺品有限公司	缪宝龙
	一种安装在鼓类乐器中用于增大回声的装置	发明专利	CN202210921077	2022.11.29	宝鸡职业技术学院	贺艳艳；甄子浩；任瑞；李晓君

续表

类别	名称	专利类型	申请（专利）号	公开（公告）日	申请（专利权）人	发明（设计）人
打击乐器	一种鼓乐器制造零部件加工裁切设备	实用新型	CN202222044406	2022.11.29	信缘利众重庆实业有限公司	刘信华
	一种鼓槌石斛切断装置	实用新型	CN202221662621	2022.11.29	云南云斛生物科技有限公司	张廷刚；裴恒敏；王萍
	一种鼓乐器制造用全方位喷涂装置	实用新型	CN202222044374	2022.11.29	信缘利众重庆实业有限公司	刘信华
	一种便于消音的练习用架子鼓底鼓	发明专利	CN201910674263	2022.12.02	天津优尼柯乐器有限公司	吴臣
	一种基于潮州音乐教学用锣鼓器具	实用新型	CN202221706493	2022.12.02	广东第二师范学院	余少萤
	一种多功能鼓棒夹	实用新型	CN202221919445	2022.12.02	音王电声股份有限公司	杜宗辉；张龙广
	一种可伴音切换卡洪鼓	发明专利	CN201910371742	2022.12.06	日照职业技术学院	周薇；韩朔
	一种架子鼓的鼓槌槌头加工装置	发明专利	CN202210359498	2022.12.06	浙江广承实业有限公司	黄乔湘
	一种鼓棒夹	实用新型	CN202221920390	2022.12.06	音王电声股份有限公司	杜宗辉；张龙广
	户外打击乐器（手鼓）	外观设计	CN202230572722	2022.12.09	武汉亿童文教股份有限公司	陈兆宇；吴小迪；朱颖
	具有整件式多鼓安装框架的行进中鼓组件	发明专利	CN201780015856	2022.12.13	BD表演艺术	A·默里；S·约翰逊
	减震消音型木框架子鼓	实用新型	CN202221117885	2022.12.13	浙江广承实业有限公司	黄乔湘
	一种行进军鼓用防护支架	实用新型	CN202220669728	2022.12.13	天津聚声乐器有限公司	白金雪
	空灵鼓	外观设计	CN202230276477	2022.12.13	王鹏程	王鹏程
	一种非接触网鼓鼓盘	实用新型	CN202222162737	2022.12.13	音王电声股份有限公司	杜宗辉；张龙广；王朋珍
	一种多边型卡洪鼓	实用新型	CN202221040037	2022.12.16	惠州市壁虎文化传播有限公司	赵进荣
	一种哑鼓训练装置	实用新型	CN202222143654	2022.12.20	中国传媒大学附属小学	杨琳；李长泽
管乐器	一种萨克斯的摆放支架	实用新型	CN202121136268.X	2022.01.04	张我正	张我正
	一种铜管乐器专用管壁清理工具	发明专利	CN202111172570.5	2022.01.04	武强嘉华乐器有限公司	颜彬
	一种连接弯管、弯笛头、弯笛身及弯头长笛	实用新型	CN202121779282.1	2022.01.04	乔正军	乔正军；詹姆斯·高菲；詹姆斯·高威；倪志杰；韩国良；何声奇；向兆年；杨宗文；王阳；何小平；孙国春

续表

类别	名称	专利类型	申请（专利）号	公开（公告）日	申请（专利权）人	发明（设计）人
管乐器	萨克斯双层喇叭口	实用新型	CN202120968858.2	2022.01.07	龙口金鸣乐器有限公司	李廷东
	一种基于大数据的曲谱自动修正方法	发明专利	CN202111246125.9	2022.01.07	云羽钢琴制造（武汉）有限公司	祝丽
	长笛包	外观设计	CN202130599535.6	2022.01.07	杜昱明	杜昱明
	一种萨克斯风吊挂装置的调整块	实用新型	CN202121039024.X	2022.01.11	茅台学院	梁宇
	一种萨克斯连体拔口套	实用新型	CN202120464547.2	2022.01.11	山东泰山管乐器制造有限公司	赵人兴
	一种萨克斯弱音器低音区音色控制器	实用新型	CN202120464548.7	2022.01.11	山东泰山管乐器制造有限公司	赵人兴
	一种萨克斯哨片曲面加工数控机床夹持加工运动控制模块	实用新型	CN202121363654.2	2022.01.28	上海帅创机电科技有限公司	林砺宗
	一种具有多种号乐演奏功能的数码号	发明专利	CN202111246615.9	2022.01.28	一诺云科技（武汉）有限公司	祝丽
	吸音效果好的萨克斯	实用新型	CN202121342358.4	2022.02.18	云南畅屯科教设备有限公司	孙群东
	小号（G调）	外观设计	CN202130706863.1	2022.02.22	天津市津宝乐器有限公司	杨学民；刘珈旭；齐金全
	美音号（G调）	外观设计	CN202130706799.7	2022.02.22	天津市津宝乐器有限公司	杨学民；刘珈旭；齐金全
	一种可调音长笛	发明专利	CN202111376069.0	2022.02.25	渤海大学	潘星宇；韩乐
	单簧管便携支架	外观设计	CN202130515220.9	2022.03.01	鲍伟	鲍伟
	一种单簧管二节及单簧管	实用新型	CN202121137992.4	2022.03.04	栾晓翠；邓云	栾晓翠；邓云
	一种萨克斯清洁与漏气检测内胆	实用新型	CN202121862345.X	2022.03.08	张剑铮	张剑铮
	一种萨克斯弯脖螺丝	实用新型	CN202122696137.3	2022.03.08	上海九野乐器科技有限公司	张禄超
	行进上低音号（G调）	外观设计	CN202130706801.0	2022.03.08	天津市津宝乐器有限公司	杨学民；刘珈旭；齐金全
	行进抱号（G调）	外观设计	CN202130706864.6	2022.03.08	天津市津宝乐器有限公司	杨学民；刘珈旭；齐金全
	号嘴（圆号）	外观设计	CN202130718835.1	2022.03.08	天津市津宝乐器有限公司	李博
	号嘴（小号）	外观设计	CN202130718842.1	2022.03.08	天津市津宝乐器有限公司	杨学民；刘珈旭
	哨片切割器	实用新型	CN202122162584.0	2022.03.08	李昕	李昕
	一种单簧管管口保护配件	发明专利	CN202010826476.6	2022.03.08	上海曦音文化传播有限	丁嘉成
	一种管乐器音准校准装置	发明专利	CN201911104461.2	2022.04.01	河南科技学院	樊一帆；何甲麒；崔尧；刘广莉

续表

类别	名称	专利类型	申请（专利）号	公开（公告）日	申请（专利权）人	发明（设计）人
管乐器	一种管乐器平坑整形维修工具	实用新型	CN202122951147.7	2022.04.08	上海九野乐器科技有限公司	张禄超
	一种管乐器直管部位平坑整形维修工具	实用新型	CN202122951350.4	2022.04.08	上海九野乐器科技有限公司	张禄超
	一种管乐器U形管部位平坑整形维修工具	实用新型	CN202122951307.8	2022.04.08	上海九野乐器科技有限公司	张禄超
	一种管乐器弯管部位平坑整形维修工具	实用新型	CN202122951018.8	2022.04.08	上海九野乐器科技有限公司	张禄超
	太阳号（JBSH-100）	外观设计	CN202230004394.3	2022.04.12	天津市津宝乐器有限公司	杨学民；刘珈旭；孙敏
	大抱号（JBBB-211）	外观设计	CN202230036815.0	2022.04.12	天津市津宝乐器有限公司	杨学民；刘珈旭；朱桂珍
	小号（JBTR-730）	外观设计	CN202230036978.9	2022.04.12	天津市津宝乐器有限公司	刘珈旭；齐金全；朱桂珍
	法式单簧管的二节管	实用新型	CN202122830681.2	2022.04.12	龙口金鸣乐器有限公司	刘军；于娜；鞠业昊
	一种新型高音准倍低音弯管笛及制作方法	发明专利	CN202210128738.0	2022.04.19	杭州风雅宫乐器有限公司	王建宏
	用于萨克斯风管乐器的清洁工具	实用新型	CN202123165305.2	2022.04.29	侨柯有限公司	柯錤益
	哨片保护套	外观设计	CN202230067424.5	2022.04.29	绍兴柯桥高晟乐器有限公司	高哲羽
	一种单簧管指托	实用新型	CN202122349232.6	2022.05.03	上海九野乐器科技有限公司	张禄超
	一种萨克斯管	实用新型	CN202121342344.2	2022.05.10	云南畅屯科教设备有限公司	孙群东
	两用笛塞及木管乐器	实用新型	CN202123395285.8	2022.05.24	黄寿兵	黄寿兵
	上低音号（JBEP-1150）	外观设计	CN202230036984.4	2022.06.07	天津市津宝乐器有限公司	齐金全；杨学民；刘珈旭
	礼号（JBTR-1310）	外观设计	CN202230037212.2	2022.06.07	天津市津宝乐器有限公司	齐金全；杨学民；孙敏
	一种防掉落长笛	实用新型	CN202220156402	2022.07.01	天津德誉乐器有限公司	刘德春
	一种新型黑管	实用新型	CN202220213788	2022.07.01	天津德誉乐器有限公司	张艳杰
	一种具有高适配性的萨克斯	实用新型	CN202220214514	2022.07.01	天津德誉乐器有限公司	李玉田
	一种适合儿童使用的萨克斯	实用新型	CN202220213888	2022.07.01	天津德誉乐器有限公司	王广先
	唢呐（六孔笛子唢呐）	外观设计	CN202230193416	2022.07.05	方立钢	方立钢
	一种新型高音准倍低音弯管笛	实用新型	CN202220288309	2022.07.05	杭州风雅宫乐器有限公司	王建宏

续表

类别	名称	专利类型	申请（专利）号	公开（公告）日	申请（专利权）人	发明（设计）人
管乐器	一种改进型长笛	实用新型	CN202220156438	2022.07.05	天津德誉乐器有限公司	刘德春
	一种乐器小号保养用润滑装置	实用新型	CN202122947624	2022.07.05	西安音乐学院	刘昊
	一种智能训练单簧管	实用新型	CN202122320176	2022.07.05	北京单簧管品趣汇文化传播有限公司	杨启承
	一种新型双排圆号	实用新型	CN202220192067	2022.07.08	天津市津宝乐器有限公司	刘珈旭；齐金全；朱桂珍
	一种锥形活塞式长号	实用新型	CN202220192066	2022.07.08	天津市津宝乐器有限公司	杨学民；齐金全；刘珈旭
	一种斜跨式太阳号	实用新型	CN202220191820	2022.07.08	天津市津宝乐器有限公司	杨学民；刘珈旭；孙敏
	一种萨克斯组装加工用定位夹具	实用新型	CN202220389033	2022.07.08	天津德誉乐器有限公司	张艳杰
	一种双鸟哨型卡祖笛	实用新型	CN202220290168	2022.07.12	四川文化艺术学院	刘文荣
	一种萨克斯管用组合式哨片	实用新型	CN202123319655	2022.07.12	刘晓波；黄安国	刘晓波；黄安国
	收纳筐（小号）	外观设计	CN202230216550	2022.07.19	林姿含	林姿含
	陶笛（WAD素烧笛D调）	外观设计	CN202230257772	2022.07.22	我爱笛（厦门）乐器有限公司	林烨
	沟槽式调频笛	实用新型	CN202123189779	2022.07.26	史大鹏；史艳生	史大鹏；史艳生
	一种带有管状固定夹具的半自动管形吹奏乐器打孔一体机	实用新型	CN202221011581	2022.07.29	南京土木社文化传播有限公司	戴凌冰；王佳春
	一种萨克斯管演奏用支架	实用新型	CN202220673673	2022.07.29	邹圆	邹圆
	尺八（大弯管）	外观设计	CN202130809631	2022.07.29	成都大有林泉文化传播有限公司	易佳林
	一种木管乐器弹力卡子	实用新型	CN202220569080	2022.08.02	何利昌	何利昌
	笛（新式印第安笛）	外观设计	CN202230261593	2022.08.05	赵洪啸	赵洪啸
	竖笛（初学款）	外观设计	CN202130806355	2022.08.05	吕根良	吕根良
	可拆卸哨笛用笛头	实用新型	CN202123436825	2022.08.12	江苏集萃碳纤维及复合材料应用技术研究院有限公司	唐宁；谭佃龙；霍姗姗；於仁明；贾炜琰
	一种用于单簧管的存放装置	发明专利	CN202011297151	2022.08.12	孙小淇	孙小淇
	改进的长笛头部接头	发明专利	CN201680068570	2022.08.16	佐尔坦·洛考特；陶马什·霍瓦特	佐尔坦·洛考特；陶马什·霍瓦特
	一种竹笛加工孔壁处理装置	实用新型	CN202220281408	2022.08.16	上海阿噌实业有限公司	张月慧

续表

类别	名称	专利类型	申请（专利）号	公开（公告）日	申请（专利权）人	发明（设计）人
管乐器	一种单孔口笛	实用新型	CN202220064127	2022.08.16	张强	张强
	一种萨克斯加工用切割装置	实用新型	CN202220388616	2022.08.16	天津德誉乐器有限公司	张艳杰
	一种萨克斯加工用打磨装置	实用新型	CN202220359289	2022.08.16	天津德誉乐器有限公司	王广先
	一种萨克斯加工用打孔装置	实用新型	CN202220357120	2022.08.19	天津德誉乐器有限公司	周福桥
	一种新型多排管排笛	实用新型	CN202220726951	2022.08.23	吴绍虎	吴绍虎
	一种新型双管竖笛	实用新型	CN202220726321	2022.08.23	吴绍虎	吴绍虎
	木管乐器	外观设计	CN202130706938	2022.08.23	雅马哈株式会社	辰巳惠三；西冈大贵；末永雄一朗
	一种萨克斯连接件开槽机	实用新型	CN202220361607	2022.08.23	天津德誉乐器有限公司	周福桥
	一种乐器弯管圆度整形装置	实用新型	CN202220400956	2022.08.26	安顺学院	李艺
	卡祖笛	外观设计	CN202230319189	2022.08.30	谢欢	谢欢
	乐器（卡祖笛）	外观设计	CN202230300334	2022.08.30	王道文	王道文
	圆号（带立缸）	外观设计	CN202230288848	2022.08.30	天津市津宝乐器有限公司	刘珈旭；齐金全；朱桂珍
	一种带有调节机构的黑管乐器	实用新型	CN202123384354	2022.08.30	上海连麦网络科技有限公司	凌元
	一种便于修复的笛子结构	实用新型	CN202221164960	2022.09.02	河南城建学院	柴洁；李婕
	竹笛	外观设计	CN202230305424	2022.09.06	杭州竹笛行业协会	丁小明；董雪华；李德华
	一体式卡祖笛	外观设计	CN202230293237	2022.09.06	梁志辉	梁志辉
	卡祖笛	外观设计	CN202230234639	2022.09.06	马林	马林
	笛子	外观设计	CN202130839625	2022.09.06	丁立	丁立
	一种黑管制造用自动打磨机设备	实用新型	CN202220845011	2022.09.06	龙口金鸣乐器有限公司	李廷东
	萨克斯变音卡（格瑞兹）	外观设计	CN202230275023	2022.09.06	摇摆（青岛）文化传播有限公司	张永锋
	一种萨克斯制造用淬火装置	实用新型	CN202220857883	2022.09.06	龙口金鸣乐器有限公司	于娜；刘军
	一种萨克斯笛头	实用新型	CN202220554268	2022.09.09	中沃舜克管乐器（上海）有限公司	张艳玲
	音色可调的萨克斯笛头	实用新型	CN202220554226	2022.09.09	中沃舜克管乐器（上海）有限公司	张艳玲

续表

类别	名称	专利类型	申请（专利）号	公开（公告）日	申请（专利权）人	发明（设计）人
管乐器	一种管乐器穿孔装置	发明专利	CN202210776089	2022.09.09	烟台南山学院	杨晋；冯帆
	萨克斯喇叭与主体管连接结构	实用新型	CN202220608519	2022.09.09	中沃舜克管乐器（上海）有限公司	张艳玲
	一种单簧管可调式调节管	实用新型	CN202220608242	2022.09.09	中沃舜克管乐器（上海）有限公司	张艳玲
	可调式萨克斯笛头	发明专利	CN201811539658	2022.09.16	杭州松联五金制品有限公司	林遵义
	萨克斯可调式变音笛头	发明专利	CN201910089545	2022.09.16	杭州松联五金制品有限公司	林遵义
	一种用于单簧管的哨片固定装置	实用新型	CN202220825585	2022.09.16	韩伟光	韩伟光
	一种笛子批量化开孔设备	发明专利	CN202011244974	2022.09.20	何志南	何志南
	一种文化笛生产前期曲度矫正设备	发明专利	CN202011329083	2022.09.20	何志南	何志南
	一种竹笛加工表面去皮装置	实用新型	CN202220356104	2022.09.20	张月慧	张月慧
	竹笛（大漆笛）	外观设计	CN202230383485	2022.09.27	杭州竹笛行业协会	丁小明；董雪华；李德华
	一种防震管乐器收声装置	实用新型	CN202221450075	2022.09.27	潘峰	潘峰
	笛子	外观设计	CN202230387607	2022.09.30	刘同引	刘同引
	一种新型竹笛	实用新型	CN202220955243	2022.09.30	丁建	丁建
	一种管弦乐器	实用新型	CN202123439775	2022.10.04	宋陈亿	宋陈亿；宋自章
	一种单簧管乐器用弹簧顶尖装置	实用新型	CN202221067883	2022.10.04	龙口金鸣乐器有限公司	刘军
	带有阀的管乐器	发明专利	CN202110483356	2022.10.11	纽沃仪器（亚洲）有限责任公司	马克西米利安·斯潘塞·克利索尔德
	一种便于调音的多模块电吹管	实用新型	CN202221092534	2022.10.11	天津柯尼雅电子科技有限公司	张浩
	电吹管（JWI-01）	外观设计	CN202230469171	2022.10.28	深圳市卓乐科技有限公司	李国飞；李元勋
	一种电吹管防口水组件	实用新型	CN202221621715	2022.10.28	佛山市弹指之间乐器有限公司	戴珍
	一种八度控制器及电吹管	实用新型	CN202220883534	2022.11.11	汝州市奥畅乐器有限公司	张飞
	一种铜管乐器收纳架	实用新型	CN202221144617	2022.11.15	安图县第三小学校	陈超；佟晶
	电吹管吹嘴（防水）	外观设计	CN202230374237	2022.11.15	佛山市弹指之间乐器有限公司	戴珍
	双簧管哨片稳定器	实用新型	CN202190000276	2022.11.18	高天辰	高天辰
	乐器支架（电吹管）	外观设计	CN202230343701	2022.11.22	何尚烨	何尚烨

续表

类别	名称	专利类型	申请（专利）号	公开（公告）日	申请（专利权）人	发明（设计）人
管乐器	一种用于电吹管的触摸式滑音条结构及电吹管	实用新型	CN202221177404	2022.11.25	天津柯尼雅电子科技有限公司	张浩
	一种乐器长管高精度打孔机构	实用新型	CN202221665453	2022.11.25	嘉华乐器（嘉善）有限公司	徐海霞
	一种具有一体式内管拉管活塞的长号	实用新型	CN202221503140	2022.11.29	河北华声乐器制造有限公司	张立国；张立根；张红梅；王青；王成；孟凡丽
	电吹管	外观设计	CN202230462999	2022.12.09	东莞市小步乐器科技有限公司	廖文艺
	一种巴松管演奏用清洁装置	实用新型	CN202222239961	2022.12.13	常小川	常小川
	一种用于电吹管的滚轮按键	实用新型	CN202221006157	2022.12.16	天津柯尼雅电子科技有限公司	张浩
	一种管乐器的公母连接插头	实用新型	CN202222144862	2022.12.16	黄晓云	黄晓云
	一种管乐器的置物架结构	实用新型	CN202220035790	2022.12.20	许昌学院	宋睿龙
	一种用于管乐器的校准音准的装置	实用新型	CN202222138580	2022.12.20	衡水新星乐器有限公司	付云垒
	一种管乐器用的改进型转阀	实用新型	CN202222275349	2022.12.20	衡水新星乐器有限公司	付云垒
	一种用于管乐器的齐口装置	实用新型	CN202222138577	2022.12.20	衡水新星乐器有限公司	付云垒
	一种用于管乐器的簧片调节机构	实用新型	CN202222138570	2022.12.20	衡水新星乐器有限公司	付云垒
	一种单簧管二节及单簧管结构	实用新型	CN202222315589	2022.12.20	衡水新星乐器有限公司	付云垒
	哨片（管子）	外观设计	CN202230482038	2022.12.20	赵新乐	赵新乐
	一种管乐器的清洗装置	实用新型	CN202222146300	2022.12.20	衡水新星乐器有限公司	付云垒
笛箫	一种便于使用的箫笛加工用切断装置	实用新型	CN202022088767.8	2022.01.04	贵州玉屏竹韵箫笛乐器有限公司	舒厚槐
	一种具有旋转调节功能的竹笛箫艺品雕刻机	实用新型	CN202022088789.4	2022.01.04	贵州玉屏竹韵箫笛乐器有限公司	舒厚槐
	一种竹笛箫生产用抛光机	实用新型	CN202022089420.5	2022.01.04	贵州玉屏竹韵箫笛乐器有限公司	舒厚槐
	新型宽音域竹笛	实用新型	CN202121855232.7	2022.02.11	付晏铭	付晏铭；马浩磊；张瑷麟；王宇航
	一种具有恒湿功能的笛子储存装置	实用新型	CN202122229643.1	2022.02.18	郑州大学	王波智
	一种清理笛子内腔的工具	实用新型	CN202121210820.5	2022.02.18	王强	王强

续表

类别	名称	专利类型	申请（专利）号	公开（公告）日	申请（专利权）人	发明（设计）人
笛箫	一种合律的十二平均律的七孔笛子	实用新型	CN202121219844.7	2022.04.01	艾鸿波	艾鸿波
	镇尺箫笛	实用新型	CN202121026221.8	2022.04.05	吴哲	吴哲
	一种用于笛箫及民乐开口吹孔乐器上的辅助装置	实用新型	CN202122870106.5	2022.04.05	桂真大	桂真大
	萧笛	实用新型	CN202122627329.9	2022.04.05	张权	张权
	一种乐器加工用竹笛眼孔抛光打磨设备	发明专利	CN202011435022.2	2022.04.08	郝强强	郝强强
	笛子（三尺竹）	外观设计	CN202130749953.9	2022.04.15	李成兵	李成兵；李微笑
	笛子	外观设计	CN202230043969.2	2022.04.26	罗忠华	罗忠华
	笛子	外观设计	CN202130871357.8	2022.05.06	姚建华	姚建华
	笛子助吹器	外观设计	CN202130855642.0	2022.05.17	深圳市辰凤祥乐器有限公司	何敬
	一种可储存笛膜的笛穗	实用新型	CN202121703588.9	2022.05.17	王曦蕤	王曦蕤
	笛子	外观设计	CN202230087745.1	2022.05.24	姜锐	姜锐
	笛子	外观设计	CN202230189511.8	2022.06.21	贺建；郑龙	贺建；郑龙；薛志华
	一种具有储存笛膜功能的笛穗	实用新型	CN202123194148.8	2022.06.21	尚鹭洋	尚鹭洋
	卡祖笛拾音器及具有其的卡祖笛	实用新型	CN202220551778	2022.10.04	惠州市新界科技有限公司	苏厚胜；姜波；伍健明
	一种竹笛加工用钻孔打磨设备	发明专利	CN202210920939	2022.10.04	江苏旅游职业学院	秦忠亚
	一种长笛制造用自动烤焊设备	实用新型	CN202220857881	2022.10.04	龙口金鸣乐器有限公司	李廷东
	一种方槽打孔设备和木笛头固定装置	发明专利	CN202210889334	2022.10.04	乐工坊文化产业（江苏）有限公司	罗有航；王慧芳；徐爱南
	一种易于组装的可调音卡祖笛装配结构	实用新型	CN202221294400	2022.10.14	尹宏成	尹宏成
	笛子（口袋笛）	外观设计	CN202230470530	2022.10.14	贾恩明	贾恩明
	笛子（十二音）	外观设计	CN202230412682	2022.10.14	胡玉林	胡玉林
	一种用于卡祖笛的声学振膜	发明专利	CN202210902995	2022.10.18	深圳宁梵声学有限公司	杨贺捷
	箫（整节箫）	外观设计	CN202230382913	2022.10.18	杭州竹笛行业协会	丁小明；董雪华；李德华
	笛子	外观设计	CN202230438969	2022.10.21	郭新明	郭新明
	卡祖笛（B800）	外观设计	CN202230444706	2022.10.25	东莞市蓝光电子科技有限公司	甘汝云

续表

类别	名称	专利类型	申请（专利）号	公开（公告）日	申请（专利权）人	发明（设计）人
笛箫	笛子	外观设计	CN202230485876	2022.10.25	汤小喜	汤小喜
	卡祖笛（B款）	外观设计	CN202230440857	2022.10.25	丰顺县阿和林乐器有限公司	林锦河
	笛子	外观设计	CN202230485863	2022.10.28	汤小喜	汤小喜
	笛子	外观设计	CN202230485868	2022.10.28	汤小喜	汤小喜
	笛子	外观设计	CN202230485865	2022.10.28	汤小喜	汤小喜
	卡祖笛	外观设计	CN202230415591	2022.10.28	深圳宁梵声学有限公司	杨贺捷
	卡祖笛	外观设计	CN202230407400	2022.10.28	张卫明	张卫明
	笛子（双吹孔）	外观设计	CN202230412665	2022.10.28	胡玉林	胡玉林
	一种带滑动振膜保护盖的卡祖笛	发明专利	CN202210903924	2022.11.01	深圳宁梵声学有限公司	杨贺捷
	卡祖笛装置	实用新型	CN202221367002	2022.11.01	茆成龙	茆成龙
	一种适用于陶笛的一次性吹口结构	实用新型	CN202221901095	2022.11.04	临沂市理工学校	李扬；王俊燕；杨青云；刘永林；王建涛
	卡祖笛	外观设计	CN202230517290	2022.11.04	朱其招	朱其招
	一种新型结构的卡祖笛	实用新型	CN202221887408	2022.11.04	丰顺县阿和林乐器有限公司	林锦河
	泥哨（敬器陶笛）	外观设计	CN202230460940	2022.11.08	临沂宗沛斋工贸有限公司	张宗沛
	竹笛（吹嘴笛02）	外观设计	CN202230476443	2022.11.08	杭州竹笛行业协会	丁小明；董雪华；李德华
	滑笛	实用新型	CN202221516651	2022.11.15	青岛乐客乐器有限公司	徐超
	一种新型滑笛	实用新型	CN202221516122	2022.11.15	青岛乐客乐器有限公司	徐超
	卡祖笛	外观设计	CN202230508893	2022.11.15	马林	马林
	乐器祖卡笛（YS-01）	外观设计	CN202230292146	2022.11.18	游桢	游桢
	卡祖笛（A款）	外观设计	CN202230440856	2022.11.18	丰顺县阿和林乐器有限公司	林锦河
	一种新型改良的羌笛	实用新型	CN202222020161	2022.11.22	阿坝职业学院	刘杰；王雨露；李晓梅；何王金
	卡祖笛	外观设计	CN202230486705	2022.11.22	河南瑞昱阳电气服务有限公司	孙伟成；齐建春
	竹笛（吹嘴笛01）	外观设计	CN202230476155	2022.11.22	杭州竹笛行业协会	丁小明；董雪华；李德华
	竹笛（吹嘴笛03）	外观设计	CN202230476154	2022.11.22	杭州竹笛行业协会	丁小明；董雪华；李德华
	竹笛（花牛角）	外观设计	CN202230548872	2022.11.22	杭州竹笛行业协会	丁小明；董雪华；李德华
	一种卡祖笛	实用新型	CN202221965653	2022.11.22	河南瑞昱阳电气服务有限公司	孙伟成；齐建春

续表

类别	名称	专利类型	申请（专利）号	公开（公告）日	申请（专利权）人	发明（设计）人
笛箫	一种基于笛子笛膜孔用于笛膜稳定的防变形防爆裂装置	实用新型	CN202221503188	2022.11.25	衡水金声乐器有限公司	石志成
	一种便于儿童使用的儿童型长笛	实用新型	CN202221154488	2022.11.29	河北华声乐器制造有限公司	张立国；张立根；张红梅；王青；王成；孟凡丽
	一种防灰尘的萨克斯笛头	实用新型	CN202222026103	2022.11.29	崔嘉扬	崔嘉扬
	一种用于卡祖笛的声学振膜	实用新型	CN202221979498	2022.12.02	深圳宁梵声学有限公司	杨贺捷
	一种带滑动振膜保护盖的卡祖笛	实用新型	CN202221976297	2022.12.02	深圳宁梵声学有限公司	杨贺捷
	陶笛（兽首）	外观设计	CN202230234611	2022.12.06	西安市曲江第二小学	张梓乐；阎利娟；寇爱芳；胡小娟；穆艾嘉；王卓月；俞佳
	笛子（梦回西汉）	外观设计	CN202230303655	2022.12.06	林新晶	林新晶
	卡祖笛	实用新型	CN202222101319	2022.12.09	朱其招	朱其招
	一种卡祖笛	实用新型	CN202221834310	2022.12.13	东莞市华锦礼品有限公司	姜平；姜苏
	竹笛（红线）	外观设计	CN202230548876	2022.12.13	杭州竹笛行业协会	丁小明；董雪华；李德华
	竹笛（黑线）	外观设计	CN202230548619	2022.12.13	杭州竹笛行业协会	丁小明；董雪华；李德华
	一种便携式卡祖笛	实用新型	CN202222432914	2022.12.16	广州琴夫人科技有限公司	郭俊兴
	卡祖笛	外观设计	CN202230580773	2022.12.16	广州琴夫人科技有限公司	郭俊兴
	半笛	外观设计	CN202230535880	2022.12.20	王明明	王明明
	一种卡祖笛	发明专利	CN202211297053	2022.12.23	梁志辉	梁志辉
	笛子（一蓑烟雨）	外观设计	CN202230616889	2022.12.23	申占君	申占君
箜篌	双排弦箜篌转调器（66弦）	外观设计	CN202130776497.7	2022.04.01	陈国永	陈国永
	一种共鸣箱及箜篌	实用新型	CN202121573815.0	2022.04.26	文晓君	文晓君
	箜篌（23弦小箜篌）	外观设计	CN202130859675.2	2022.05.06	邱翔玲；林惠珍	林惠珍；邱翔玲
	箜篌	外观设计	CN202230150832	2022.08.02	谭程	谭程；谭金贵
	箜篌（72弦）	外观设计	CN202230259776	2022.08.19	陈国永	陈国永
	一种箜篌防打弦转调机械装置	实用新型	CN202220836631	2022.08.26	久鼎文化产业发展有限责任公司	鲁璐；陶润
	椅子（箜篌椅）	外观设计	CN202230380611	2022.10.21	王一宇	王一宇
	箜篌（小玉音普及型）	外观设计	CN202230454295	2022.11.01	盖蕾蓉	盖蕾蓉

续表

类别	名称	专利类型	申请（专利）号	公开（公告）日	申请（专利权）人	发明（设计）人
箜篌	一种古箜篌抬弦转调器	实用新型	CN202220873986	2022.11.22	天台九丰精密模具有限公司	陈杰
	箜篌	外观设计	CN202230372211	2022.11.25	西安音乐学院	赵张斌；张志强；高纯华
	一种唐竖箜篌	实用新型	CN202221948148	2022.12.13	西安音乐学院乐器厂	张小东；赵张斌；陈强强
手风琴	一种便携式手风琴	实用新型	CN202121404697.0	2022.01.18	香河天音乐器有限公司	曹振民
	一种半自动手风琴总装销钉孔钻孔机	实用新型	CN202120328427.X	2022.02.22	江阴金杯安琪乐器有限公司	刘超；时建明；周磊
	一种手风琴琴体支撑架	实用新型	CN202121370555.7	2022.02.25	王征	王征；王迪
	一种新型三十键六十贝斯变音式手风琴	实用新型	CN202122112301.1	2022.04.01	天津市晟爵乐器有限公司	田寿江
	控制手风琴风箱气流的电磁阀	实用新型	CN202121208024.8	2022.05.10	贝尔杜纳手风琴有限责任公司	蒙格西尼·弗朗西斯科
	用于手风琴的机电系统	实用新型	CN202122244719.8	2022.06.14	贝尔杜纳手风琴有限责任公司	蒙格西尼·弗朗西斯科
	一种可自动进料的手风琴制作用刨床	实用新型	CN202220719828	2022.07.12	香河天音乐器有限公司	曹振民
	一种具有防护结构的手风琴制作用剪板机	实用新型	CN202220712662	2022.07.12	香河天音乐器有限公司	曹振民
	手风琴	外观设计	CN202230207989	2022.09.16	哈尔滨琢玉信息技术有限公司	刘传斌
	一种具有防尘结构的手风琴制作用平面磨床	实用新型	CN202220706102	2022.09.23	香河天音乐器有限公司	曹振民
	一种手风琴模拟装置	实用新型	CN202123153769	2022.10.11	深圳华侨城文化旅游科技集团有限公司	黄友义；李坚；文红光；胡伟
	手风琴琴盖	外观设计	CN202230464722	2022.10.28	天津市晟爵乐器有限公司	田寿江
	一种巴扬手风琴音质调节装置	实用新型	CN202220647265	2022.11.01	广东省外语艺术职业学院	张霖
	矫正脊椎的手风琴背带	发明专利	CN202110520586	2022.11.15	王源	王源
	手风琴攻牙工装	发明专利	CN202211138521	2022.11.22	江苏精研科技股份有限公司	胡红宇；张明明；乔元元；程峰
	一种便携式手风琴折叠乐谱支架	实用新型	CN202222474536	2022.12.20	信阳仟胜电子科技有限公司	付胜强；罗先柱
口琴	口琴	外观设计	CN202130641441.0	2022.01.18	李飞	李飞
	一种可防止误吹的口琴	实用新型	CN202121371878.8	2022.01.28	江阴嘉德瑞乐器有限公司	顾唯晖；宋继虎；徐挺
	一种可变奏半音阶口琴	实用新型	CN202121371876.9	2022.01.28	江阴嘉德瑞乐器有限公司	顾唯晖；宋继虎；徐挺

续表

类别	名称	专利类型	申请（专利）号	公开（公告）日	申请（专利权）人	发明（设计）人
口琴	一种高安全性可防漏气的口琴	实用新型	CN202121371820.3	2022.01.28	江阴嘉德瑞乐器有限公司	顾唯晖；宋继虎；徐挺
	一种便携式口琴	实用新型	CN202121371865.0	2022.01.28	江阴嘉德瑞乐器有限公司	顾唯晖；宋继虎；徐挺
	一种基于口琴的易清理座板	实用新型	CN202121371862.7	2022.01.28	江阴嘉德瑞乐器有限公司	顾唯晖；宋继虎；徐挺
	一种笛声半音阶口琴	实用新型	CN202120426328.5	2022.02.18	江苏东方乐器有限公司	孔文忠
	具有一体式吹嘴的口琴琴格及其口琴	实用新型	CN202121367253.4	2022.02.25	萃鼎塑胶五金制品（东莞）有限公司	欧阳俊杰；欧阳俊武；张燕燕
	一种12孔24音布鲁斯口琴	实用新型	CN202121501416.3	2022.03.04	尹鹏	尹鹏
	一种音乐和弦贝斯口琴	发明专利	CN202111047548.8	2022.03.08	江苏天鹅乐器有限公司	陈红梅；陈滔
	儿童口琴（新款）	外观设计	CN202130778180.7	2022.03.08	黄新浩	黄新浩
	一种口琴	实用新型	CN202121078736.2	2022.03.11	张挺	张挺
	音乐口琴	外观设计	CN202130827458.5	2022.04.15	佳木斯职业学院	韩慧
	口琴	外观设计	CN202230068841.1	2022.04.22	湖南文理学院	何潇鸿
	一种便于拆卸维修的口琴	实用新型	CN202122194657.4	2022.04.29	江苏东方乐器有限公司	孔文忠
	一种便于簧片校准调节的新型高音准口琴	实用新型	CN202122194655.5	2022.04.29	江苏东方乐器有限公司	孔文忠
	一种半音阶口琴	实用新型	CN202123083359.4	2022.05.17	龙登杰	龙登杰
	口琴	外观设计	CN202230141485.1	2022.05.17	赵春美	赵春美
	口琴	外观设计	CN202230149475.2	2022.06.03	无锡米派国际贸易有限公司	徐挺；李撰梁
	一种半音阶口琴膜片	实用新型	CN202120524262.3	2022.06.03	郭铁军；艾今	郭铁军；艾今
	一种音乐教学专用口琴	实用新型	CN202122451772	2022.07.05	江苏东方乐器有限公司	孔文忠
	一种伸缩可调的高音准口琴	实用新型	CN202122450402	2022.07.05	江苏东方乐器有限公司	孔文忠
	指压式数字口琴	实用新型	CN202220071009	2022.07.12	吟飞科技（江苏）有限公司	赵平；宋建平；陈国斌；杨宗华；张维；张鹏；汤仁武
	一种数字口琴	实用新型	CN202220064254	2022.07.12	吟飞科技（江苏）有限公司	赵平；宋建平；陈国斌；杨宗华；张维；张鹏；汤仁武
	口琴保护套（动物）	外观设计	CN202230223147	2022.07.19	许奕航	许奕航
	一种音乐和弦贝斯口琴	发明专利	CN202111047548	2022.07.29	江苏天鹅乐器有限公司	陈红梅；陈滔

续表

类别	名称	专利类型	申请（专利）号	公开（公告）日	申请（专利权）人	发明（设计）人
口琴	一种疏水透气型数字口琴	实用新型	CN202220052666	2022.07.29	吟飞科技（江苏）有限公司	赵平；宋建平；陈国斌；杨宗华；张维；张鹏；汤仁武
	口琴（10孔）	外观设计	CN202230247886	2022.08.05	张维维	张维维
	一种具有音簧固定板保护功能的口琴	实用新型	CN202122321675	2022.08.05	江苏东方乐器有限公司	孔文忠
	一种无膜半音阶口琴	发明专利	CN202111079349	2022.08.19	江苏天鹅乐器有限公司	陈红梅；陈滔
	一种带视频教学的入门级口琴	实用新型	CN202221087612	2022.09.16	江苏东方乐器有限公司	孔文忠
	一种24孔小调口琴	实用新型	CN202221087610	2022.09.16	江苏东方乐器有限公司	孔文忠
	一种具有自动送料功能的口琴簧片自动组装设备	实用新型	CN202221573794	2022.09.23	江苏天鹅乐器有限公司	陈滔；朱鹏
	口琴	外观设计	CN202230396303	2022.09.30	吉日嘎拉	吉日嘎拉
	一种十二调可调式演奏级口琴	实用新型	CN202221290563	2022.10.11	江苏东方乐器有限公司	孔文忠
	一种十二孔半音阶入门级口琴	实用新型	CN202221178287	2022.10.14	江苏东方乐器有限公司	孔文忠
	一种迷你式十孔口琴	实用新型	CN202221178599	2022.10.18	江苏东方乐器有限公司	孔文忠
	挎包（口琴包）	外观设计	CN202230471492	2022.10.21	林振霖	林振霖
	口琴盖板	外观设计	CN202230527967	2022.11.01	吴东杨	吴东杨；蔡明宪；张晁滕
	一种十孔半音阶口琴	实用新型	CN202221210992	2022.11.11	杜卜	杜卜
	口琴（02）	外观设计	CN202230371688	2022.11.11	江苏东方乐器有限公司	孔文忠
	口琴（01）	外观设计	CN202230371689	2022.11.11	江苏东方乐器有限公司	孔文忠
	口琴	外观设计	CN202230079022	2022.11.22	李飞	李飞
琵琶	乐器支架	实用新型	CN202121381664.9	2022.01.07	河南中州民族乐器有限公司	代阳光
	一种具有内置拾音器的琵琶	实用新型	CN202122104414.7	2022.02.08	陈辰	陈辰
	一种琵琶辅助练习用专业腰脱	实用新型	CN202121226024.0	2022.02.22	上海连麦网络科技有限公司	凌元
	一种琵琶教学用坐姿调整装置	实用新型	CN202122191394.1	2022.03.15	西北民族大学	东保吉
	琵琶罩	外观设计	CN202130803865.2	2022.03.25	保定海拓箱包制造有限公司	吴晓军
	琵琶	外观设计	CN202130771076.5	2022.04.08	常鹏龙	常鹏龙
	琵琶	外观设计	CN202130848052.5	2022.04.26	西安曲江城墙旅游发展有限公司	柳光良；党青峰；张飞

续表

类别	名称	专利类型	申请（专利）号	公开（公告）日	申请（专利权）人	发明（设计）人
琵琶	一种琵琶的琴头固定机构	实用新型	CN202123422148.9	2022.06.07	曹卫东	吴玉霞；曹卫东
	琵琶（LM542YY金玉良缘）	外观设计	CN202130842451.0	2022.06.14	上海民族乐器一厂有限公司	钱冰菁
	琵琶（21539PP百花盛开）	外观设计	CN202130843210.8	2022.06.14	上海民族乐器一厂有限公司	钱冰菁；翁纪军
	琵琶（21541PP云卷云舒）	外观设计	CN202130852849.2	2022.06.14	上海民族乐器一厂有限公司	薛蕴思
	琵琶（LM542PP东西物语）	外观设计	CN202130842453.X	2022.06.14	上海民族乐器一厂有限公司	钱冰菁
	琵琶（LM541LC匠心圆满）	外观设计	CN202130855514.6	2022.06.14	上海民族乐器一厂有限公司	吴姝蓉
	琵琶（21542PP流金岁月）	外观设计	CN202130842445.5	2022.06.14	上海民族乐器一厂有限公司	王琳琳
	琵琶（21541YY鸢尾情绵）	外观设计	CN202130842455.9	2022.06.14	上海民族乐器一厂有限公司	钱冰菁
	云琵琶	外观设计	CN202230214870.4	2022.06.28	文博	文博
	琵琶	外观设计	CN202230147803	2022.07.01	迪妹夺	迪妹夺
	琵琶展示架（系列）	外观设计	CN202230213916	2022.07.05	曾朝琪	曾朝琪
	琵琶开榫机	发明专利	CN202110618408	2022.07.12	乐海乐器有限公司	宋营彬；宋恩辉；张瑞凯
	琵琶（花式）	外观设计	CN202230214847	2022.07.22	文博	文博
	一种琵琶左手指力练习器	实用新型	CN202121520422	2022.08.02	关睿	关睿
	琵琶（21542LC碧玉铃兰）	外观设计	CN202130852848	2022.09.20	上海民族乐器一厂有限公司	钱冰菁
	琵琶（LM539PP东情西韵）	外观设计	CN202130852829	2022.09.20	上海民族乐器一厂有限公司	周力；翁纪军
	琵琶（21560L三兔藻井）	外观设计	CN202130852455	2022.09.20	上海民族乐器一厂有限公司	薛蕴思
	琵琶（21560PP花开敦煌）	外观设计	CN202130852453	2022.09.20	上海民族乐器一厂有限公司	吴姝蓉
	琵琶	外观设计	CN202230466439	2022.10.28	田娟	田娟；曹卫东
	一种便于更换品相的琵琶	发明专利	CN201811630914	2022.11.01	安阳师范学院	赵正巍；尹涛；孙磊
	一种带有固定琴弦装置和微调弦装置的箱体式小琵琶	实用新型	CN202220312901	2022.11.04	陈文雯；谢青	陈文雯；谢青
	琵琶包	外观设计	CN202230510441	2022.11.04	李文娟	李文娟
	琵琶	外观设计	CN202230541456	2022.11.29	山西工商学院	乔鑫
	琵琶练指器	外观设计	CN202230461587	2022.12.02	孔伟斌	孔伟斌
	琵琶（小）	外观设计	CN202230507117	2022.12.06	谢青；陈文雯	谢青；陈文雯；田建壮
其他	一种乐器用微尘松香及其制备方法	发明专利	CN202111313574.0	2022.01.07	怀化市新谱乐器有限公司	杨司银；杨司金
	一种乐器盒用保护架	实用新型	CN202120857597.7	2022.01.11	涿州市赵家笙乐器科技有限公司	赵宏亮；赵广阔
	一种乐器专用清面漆及其制备方法	发明专利	CN202111330557.8	2022.01.11	怀化市新谱乐器有限公司	杨司银；杨司金

续表

类别	名称	专利类型	申请（专利）号	公开（公告）日	申请（专利权）人	发明（设计）人
其他	一种多功能拾音夹	实用新型	CN202121232110.2	2022.01.11	深圳市伊诺乐器有限公司	许伟庭
	一种乐器生产用抛光装置	实用新型	CN202121759552.2	2022.01.18	阿托拉斯乐器制造（大连）有限公司	王明海
	拇指琴	外观设计	CN202130662529.0	2022.01.21	惠州市铭仕乐器有限公司	魏志荣
	一种教学用机械节拍器的稳固装置及其使用方法	发明专利	CN202111286372.1	2022.01.21	怀化市新谱乐器有限公司	杨司银；杨司金
	一种具有除尘功能的木工镂铣机	实用新型	CN202122015645.0	2022.01.28	廊坊九洲乐器有限公司	刘久洲
	一种用于板材拼接的紧固夹持装置	实用新型	CN202121723381.8	2022.01.28	牡丹江和音乐器有限公司	单东岩
	陶笛（扁嘴）	外观设计	CN202130600132.9	2022.02.01	嘉兴风雅乐器制造有限公司	邹月敏
	一种琴键结构	实用新型	CN202122167232.4	2022.02.11	得理乐器（珠海）有限公司	周鹏；刘国宗；江万年
	阮	外观设计	CN202130608161.X	2022.02.08	河南中州民族乐器有限公司	代阳光
	一种踏板效果器外壳	实用新型	CN202122066120.X	2022.02.15	深圳市朗韵乐器有限公司	朱瑾然；陈力皓
	卡林巴琴（MKA17PY）	外观设计	CN202130541009.4	2022.02.18	广州玛雅国际乐器有限公司	蔡昌守
	卡林巴琴（MKA17SM）	外观设计	CN202130541166.5	2022.02.18	广州玛雅国际乐器有限公司	蔡昌守
	卡林巴琴（MKA17ZE）	外观设计	CN202130541022.X	2022.02.18	广州玛雅国际乐器有限公司	蔡昌守
	一种基于互联网音乐教学专用音乐节拍器	发明专利	CN202210043371.2	2022.02.18	尼凯乐器（深圳）有限公司	周艳；宋燕刚
	弦乐器的工装装置	实用新型	CN202122164682.8	2022.02.18	上海民族乐器一厂有限公司	火晓杰；钱冰菁
	卡林巴琴（MKA17CH）	外观设计	CN202130541182.4	2022.02.22	广州玛雅国际乐器有限公司	蔡昌守
	按键片（刻花）	外观设计	CN202130706862.7	2022.02.22	天津市津宝乐器有限公司	杨学民；刘珈旭；孙敏
	用于乐器的加振效果均衡器	实用新型	CN202122428639.8	2022.02.22	惠州市铭仕乐器有限公司	魏志荣
	带有隔帘装置的单轴木工镂铣机	实用新型	CN202122412251.9	2022.03.01	廊坊九洲乐器有限公司	刘久洲
	扁键气缸端盖（刻花）	外观设计	CN202130715227.5	2022.03.08	天津市津宝乐器有限公司	杨学民；刘珈旭；朱桂珍
	一种木琴键结构	实用新型	CN202122169309.1	2022.03.11	得理乐器（珠海）有限公司	周鹏；许瑞祥；刘国宗；张尚平
	一种冲击测试系统	实用新型	CN202122279794.8	2022.03.11	得理乐器（珠海）有限公司	江万年；王志斌；廖照华
	一种木琴键结构	实用新型	CN202122169309.1	2022.03.11	得理乐器（珠海）有限公司	周鹏；许瑞祥；刘国宗；张尚平
	陶笛（WAD素烧笛G调）	外观设计	CN202130711327.0	2022.03.18	我爱笛（厦门）乐器有限公司	林烨

续表

类别	名称	专利类型	申请（专利）号	公开（公告）日	申请（专利权）人	发明（设计）人
其他	陶笛（WAD素烧笛C调）	外观设计	CN202130680599.9	2022.03.18	我爱笛（厦门）乐器有限公司	林烨
	陶笛（WAD素烧笛F调）	外观设计	CN202130735343.3	2022.03.18	我爱笛（厦门）乐器有限公司	林烨
	陶笛（WAD素烧笛SF调双管）	外观设计	CN202130761414.7	2022.03.18	我爱笛（厦门）乐器有限公司	林烨
	陶笛（WAD素烧笛AC调双管）	外观设计	CN202130671217.6	2022.03.18	我爱笛（厦门）乐器有限公司	林烨
	铝合金多功能变调夹（XD-001）	外观设计	CN202130716886.0	2022.03.18	深圳小调乐器有限公司	黄锡水
	风铃（竹制风铃）	外观设计	CN202130814894.9	2022.03.22	聆动乐器（锦州）有限公司	孟翔航；高爽
	七弦五音莱雅琴（2021版）	外观设计	CN202130766772.7	2022.04.01	邓智英	邓智英；托马斯·佩德罗利
	筑	实用新型	CN202121384555.2	2022.04.05	北京乐器研究所	彭丽颖
	拇指琴（图腾）	外观设计	CN202130867675.7	2022.04.12	何雨晴	何雨晴
	一种利用拨动机构调节音调的乐器	实用新型	CN202122725587.0	2022.04.12	上海福晞科技发展有限公司	陈军
	冬不拉（葫芦）	外观设计	CN202130764177.X	2022.04.12	沙合达汉·阿不拉孜	沙合达汉·阿不拉孜
	拇指琴（海豚）	外观设计	CN202130867674.2	2022.04.12	何雨晴	何雨晴
	拇指琴（幸运猫）	外观设计	CN202130867951.X	2022.04.12	何雨晴	何雨晴
	一种音乐节奏练习用节拍器	实用新型	CN202122700122.X	2022.04.12	郑州科技学院	徐开放；牛延龙；李秀敏
	一种音乐作曲用调音装置	发明专利	CN202111677101.9	2022.04.12	南阳理工学院	周密
	移动琴弦式弹拨乐器	发明专利	CN202111396322.9	2022.04.15	南京艺术学院	刘文荣
	方形哨笛	外观设计	CN202130699861.4	2022.04.15	李振霞	李振霞
	一种便于携带的唢呐乐器	实用新型	CN202121025540.7	2022.04.19	广西民族师范学院	钟小勇；沙琪
	一种带自锁机构并且具有保护功能的落地乐器支架	发明专利	CN202111262139.X	2022.04.22	长沙幻音电子科技有限公司	刘杰；贺江波
	琴（韩雅琴）	外观设计	CN202230056033.3	2022.04.29	惠州市韩音乐器贸易有限公司	南宫圣燮；金珉弘
	拇指琴（迷你龙猫01款）	外观设计	CN202130641306.6	2022.04.29	杨菲	杨菲
	一种琴键配重结构	发明专利	CN202111668997.4	2022.04.29	福建艾维尔科技有限公司	朱臣竹；黄寒堂
	音感钟	外观设计	CN202130847845.5	2022.05.03	北京金三惠科技有限公司	李现峰；魏宏惠；魏宏茹
	梆子（龙口）	外观设计	CN202130847874.1	2022.05.03	北京金三惠科技有限公司	李现峰；魏宏惠；魏宏茹
	火车笛	外观设计	CN202130847844.0	2022.05.03	北京金三惠科技有限公司	李现峰；魏宏惠；魏宏茹

续表

类别	名称	专利类型	申请（专利）号	公开（公告）日	申请（专利权）人	发明（设计）人
其他	高低梆子	外观设计	CN202130847875.6	2022.05.03	北京金三惠科技有限公司	李现峰；魏宏惠；魏宏茹
	单响筒	外观设计	CN202130847841.7	2022.05.03	北京金三惠科技有限公司	李现峰；魏宏惠；魏宏茹
	振动器	外观设计	CN202130857034.3	2022.05.03	北京金三惠科技有限公司	李现峰；魏宏惠；魏宏茹
	合成键低台中高音打琴	外观设计	CN202130856837.7	2022.05.03	北京金三惠科技有限公司	李现峰；魏宏惠；魏宏茹
	棒铃	外观设计	CN202130853103.3	2022.05.03	北京金三惠科技有限公司	李现峰；魏宏惠；魏宏茹
	刮胡	外观设计	CN202130857904.7	2022.05.03	北京金三惠科技有限公司	李现峰；魏宏惠；魏宏茹
	蛙鸣器	外观设计	CN202130857900.9	2022.05.03	北京金三惠科技有限公司	李现峰；魏宏惠；魏宏茹
	一种乐器生产用冷压压板机	实用新型	CN202122337779.4	2022.05.03	钰丰乐器（福建）有限公司	陈志濬
	碰钟	外观设计	CN202130853102.9	2022.05.03	北京金三惠科技有限公司	李现峰；魏宏惠；魏宏茹
	合成键高台低音打琴	外观设计	CN202130853104.8	2022.05.03	北京金三惠科技有限公司	李现峰；魏宏惠；魏宏茹
	一种乐器自动开槽工艺	发明专利	CN202111595430.9	2022.05.06	钰丰乐器（福建）有限公司	陈志濬；陈志维
	一种乐器加工用压力监测的液压机	实用新型	CN202123150479.1	2022.05.06	天津汇罡科技发展有限公司	张良
	拇指琴（迷你龙猫02款）	外观设计	CN202130641453.3	2022.05.06	杨菲	杨菲
	古筝筝码的底垫	实用新型	CN202123295936.6	2022.05.10	陈羽善	陈羽善；张吟；黄小玉
	一种专业演奏琴弓	实用新型	CN202122705998.3	2022.05.10	乐海乐器有限公司	宋少康；陈莉芳
	弦乐器的支撑设备和具有该支撑设备的弦乐器	发明专利	CN202110516410.1	2022.05.13	郑在硕	郑在硕
	鸣鸠琴	外观设计	CN202130780911.1	2022.05.13	广州市晟雅教育培训有限公司	史培勇
	低音鼓垫和架子鼓	发明专利	CN202110261642.7	2022.05.13	星野乐器株式会社	平泽谕；本庄厚志
	一种可以提高音效的筝马	实用新型	CN202122750585.7	2022.05.17	扬州金韵乐器御工坊有限公司	熊立群；薛磊
	一种新型编钟及编钟演奏装置	发明专利	CN202110076957.4	2022.05.24	郝学志	郝学志

续表

类别	名称	专利类型	申请（专利）号	公开（公告）日	申请（专利权）人	发明（设计）人
其他	复合材料可调音哨笛（阳钦03型）	外观设计	CN202130853942.5	2022.05.27	王阳钦	王阳钦
	防水防潮渔鼓乐器的加工方法	发明专利	CN202210161026.9	2022.05.27	湖南科技学院	左文；肖优；柏小剑；成艺；魏雅楠；吴姣；谢雨桦；文桢昊
	金属可调音哨笛（阳钦02型）	外观设计	CN202130854590.5	2022.05.27	王阳钦	王阳钦
	一种新式调弦装置	实用新型	CN202123111779.9	2022.05.31	久鼎文化产业发展有限责任公司	鲁璐；王新希；陶润
	陶笛（WAD素烧笛SD调双管）	外观设计	CN202130749189.5	2022.06.03	我爱笛（厦门）乐器有限公司	林烨
	乐器架以及踩镲架	发明专利	CN202111461170.6	2022.06.03	雅马哈株式会社	重永文博
	提琴制作中全频响应理论及技术应用	发明专利	CN202210096025.0	2022.06.03	李建平	李建平
	一种折叠乐器	发明专利	CN202210407468.7	2022.06.07	刘子傲	刘子傲
	一种竖吹乐器可调节吹嘴结构	实用新型	CN202220079181.1	2022.06.14	王太平	王太平
	一种新型带校音器的琴弦	实用新型	CN202122934243.0	2022.06.14	余武钢	余武钢
	一种用于音乐表现的吹奏乐器	实用新型	CN202220081729.6	2022.06.14	贺小平	贺小平；曾宪清；施焦
	琴弓及音质调整件	发明专利	CN202011371130.8	2022.06.17	陈智泓	陈智泓
	一种安全性高的自制管钟乐器	实用新型	CN202123348044.8	2022.06.21	南京市浦口区江浦实验小学滨江分	任荔；张陆军；戴春玲；窦妍
	一种木管乐器笛头卡子	实用新型	CN202220147637.3	2022.06.24	何利昌	何利昌
	一种小型手持式电子乐器及其侧按键机构	实用新型	CN202220179782.X	2022.06.24	深圳长城开发科技股份有限公司	胡珍祥
	一种四弦冬不拉	实用新型	CN202122920859.2	2022.06.28	塔勒哈特拜克·对森毕	塔勒哈特拜克·对森毕
	一种调节的乐器制造智能转台装置	实用新型	CN202220710532	2022.07.01	山东中艺音美器材有限公司	陈琦
	一种乐器演奏用调节架	实用新型	CN202123279943	2022.07.01	重庆三峡职业学院	吴莉莎；吴建
	一种学前音乐教育便携式听力练习装置	实用新型	CN202123423963	2022.07.01	西安培华学院	栾博强
	乐器麦克风夹子	外观设计	CN202230209872	2022.07.05	深圳市吉合昌电子有限公司	王海荣
	乐器面板结构	实用新型	CN202122502609	2022.07.05	广州市拿火信息科技有限公司	陆子天；贺达晖；陈梓聪；余振辉；钟蔚

续表

类别	名称	专利类型	申请（专利）号	公开（公告）日	申请（专利权）人	发明（设计）人
其他	一种曼陀铃侧面板加热定型用模具	实用新型	CN202220506962	2022.07.05	青岛北方原野乐器有限公司	岳中岩；耿雨生
	一种15音卡林巴琴	实用新型	CN202123327277	2022.07.05	惠州市格尔斯乐器有限公司	罗晓群
	一种增强声音回响的班卓琴结构	实用新型	CN202123156772	2022.07.05	惠州市格尔斯乐器有限公司	罗晓群
	一种增强型指形簧片冲压模具	实用新型	CN202220467693	2022.07.05	深圳市尊德五金制品有限公司	不公告发明人
	蜀杨琴	实用新型	CN202122384486	2022.07.05	四川省蜀乐佳音文化科技有限公司	王福；林戈尔
	一种多功能合唱乐谱架	实用新型	CN202122143120	2022.07.05	张洋	张洋
	一种艺术音乐类专业用乐器存放装置	实用新型	CN202220166075	2022.07.08	河南应用技术职业学院	刘琦；王莹
	一种乐器放置架	实用新型	CN202220085855	2022.07.08	上海工程技术大学	刘佳明；胡盛斌；卢帅多
	弦竖琴（15-16）	外观设计	CN202230133381	2022.07.08	石大才	石大才
	一种可穿戴的多传感器交互式音乐控制器	实用新型	CN202220118169	2022.07.08	班文林	班文林；邱文；王东明
	一种五弦尤克里里	实用新型	CN202220000506	2022.07.08	周钟	周钟
	一种音乐制作辅助装置	实用新型	CN202123246453	2022.07.08	杭州青立教育科技有限公司	曾文斌
	多功能弦乐器量规	外观设计	CN202130708709	2022.07.12	杨文汉	杨文汉
	琴头	外观设计	CN202230230939	2022.07.12	正安张维义乐器制造有限公司	张维义
	效果器板（VPPD）	外观设计	CN202230196114	2022.07.12	深圳市快艺科技有限公司	刘宇；郑雄戈
	一种箫口结构以及箫	实用新型	CN202220398676	2022.07.12	韩振国	韩振国
	一种便于演奏敲击定位的手碟	实用新型	CN202220375348	2022.07.12	四川五行创艺文化艺术传播有限责任公司	杨鑫
	一种马头琴	实用新型	CN202220363892	2022.07.12	旺盛	旺盛
	一种可调式琴颈托架	实用新型	CN202220245802	2022.07.12	于杰	于杰
	一种活动式琴弦支承结构	实用新型	CN202220243958	2022.07.12	遵义中立精工制造有限公司	林遵义；黄洪
	一种琴弦端部安装结构	实用新型	CN202220230233	2022.07.12	遵义中立精工制造有限公司	林遵义；黄洪
	一种琴弦的压紧固定装置	实用新型	CN202220229155	2022.07.12	遵义中立精工制造有限公司	林遵义；黄洪
	一种新型拉弦组件	实用新型	CN202122421284	2022.07.12	北京天音有成文化发展有限公司	孙全武
	一种应用于拨弦乐器的自动演奏装置	发明专利	CN202010852372	2022.07.15	广东工业大学	陈超艺；陈新度；吴磊
	一种乐器的置物架结构	实用新型	CN202123124504	2022.07.15	孙怀志	孙怀志

续表

类别	名称	专利类型	申请（专利）号	公开（公告）日	申请（专利权）人	发明（设计）人
其他	琴板自动打定位孔机	实用新型	CN202122925194	2022.07.15	河南昊韵乐器有限公司	李建明；王强；黄建忠
	一种用于音乐教学的音乐识谱板	发明专利	CN202110548385	2022.07.15	河南大学	尚永娜
	柳琴	外观设计	CN202230142069	2022.07.15	李明柱	李明柱
	乐器埙（泥鸡）	外观设计	CN202230078382	2022.07.19	张辉德	张辉德
	一种可折叠的弓弦乐器弓	实用新型	CN202220331336	2022.07.19	贺志强	贺志强
	一种儿童班卓琴	实用新型	CN202122437494	2022.07.19	惠州市乔辉乐器有限公司	张长桥
	一种用于音乐教学的音谱本放置装置	实用新型	CN202220179276	2022.07.19	济南幼儿师范高等专科学校	王雅琳；王寿山
	一种带有吹嘴的弧形演奏用的排箫	实用新型	CN202122662878	2022.07.19	吴绍虎	吴绍虎
	一种可调节的踏瓣	实用新型	CN202122438744	2022.07.19	宁波四海琴业有限公司	何四海
	乐器弦	发明专利	CN201780093927	2022.07.22	丹麦拉森琴弦公司	托马斯·兹维格
	乐器数字接口转换器（MTR-5）	外观设计	CN202230232440	2022.07.22	华示（深圳）技术有限公司	李桦标
	一种便携式乐器支架	实用新型	CN202220573346	2022.07.22	绍兴市创见光电科技有限公司	孙亚建
	一种琴架连接系统	实用新型	CN202220557551	2022.07.22	杭州爱尔科乐器有限公司	彭广根；蒋峰；肖华
	一种乐谱自动翻阅装置	实用新型	CN202220786946	2022.07.22	滨州学院	王飞
	一种琴键配重结构	实用新型	CN202123419385	2022.07.22	福建艾维尔科技有限公司	朱臣竹；黄寒堂
	一种弹奏触感可调的琴键结构	实用新型	CN202123419383	2022.07.22	福建艾维尔科技有限公司	黄寒堂；朱臣竹
	键盘装置以及键盘乐器	发明专利	CN201810021588	2022.07.26	卡西欧计算机株式会社	西村雄一
	琴弦调音器及使用琴弦调音器的月琴	实用新型	CN202121367926	2022.07.26	济南库伦特科技有限公司	刘镇昌；刘焰
	低音拉弦乐器	外观设计	CN202230048549	2022.07.29	郑荃	郑荃
	一种变调夹长弯件专用钻孔设备	实用新型	CN202220660431	2022.07.29	青岛北方原野乐器有限公司	李现中；岳中岩
	一种仿形琴体开槽设备	实用新型	CN202220630376	2022.07.29	青岛北方原野乐器有限公司	李现中；岳中岩
	一种琴面打磨用低噪音吸尘工作台	实用新型	CN202220580994	2022.07.29	青岛北方原野乐器有限公司	李现中；岳中岩
	一种音乐教学用乐器敲打装置	实用新型	CN202122721310	2022.08.02	九江学院	梅佳琪
	琴弓（专业演奏型）	外观设计	CN202130728587	2022.08.02	乐海乐器有限公司	宋少康；陈莉芳

续表

类别	名称	专利类型	申请（专利）号	公开（公告）日	申请（专利权）人	发明（设计）人
其他	一种乐器板材的供送料装置	实用新型	CN202123445424	2022.08.05	佛山市南海音源乐器板材制造有限公司	黄长贤；邱伟丰
	一种乐器板材的自动收取料装置	实用新型	CN202123421722	2022.08.05	佛山市南海音源乐器板材制造有限公司	黄长贤；邱伟丰
	智能手琴	实用新型	CN202123430215	2022.08.05	深圳大森电器有限公司	陈勇
	一种新型乐器支架	实用新型	CN202220444331	2022.08.09	济南幼儿师范高等专科学校	陈桐
	音乐乐谱展示装置	实用新型	CN202220271801	2022.08.09	马晰炜	马晰炜
	马头琴	外观设计	CN202230270469	2022.08.12	旺盛	旺盛
	一种乐器演奏用多功能便携外放设备	发明专利	CN202110630144	2022.08.19	佳木斯大学	李研
	一种乐器零件自动倒角的加工中心	实用新型	CN202220214552	2022.08.19	天津德誉乐器有限公司	王广先
	一种乐器零件加工中心的固定装置	实用新型	CN202220213897	2022.08.19	天津德誉乐器有限公司	李玉田
	一种哨片保护套	实用新型	CN202221077117	2022.08.19	上海九野乐器科技有限公司	张禄超
	一种哨片保护夹	实用新型	CN202221076887	2022.08.19	上海九野乐器科技有限公司	张禄超
	一种具有高稳固性的负压机械手	实用新型	CN202123312343	2022.08.19	钰丰乐器（福建）有限公司	陈志维
	一种琴键按压力度实时调节装置	实用新型	CN202122464285	2022.08.19	宋齐	宋齐
	一种挖铁芯沟槽机	实用新型	CN202220919315	2022.08.23	雅歌乐器（漳州）有限公司	陈小灵；杨金木
	一种发声设备用的输出端自动静音装置	实用新型	CN202220848338	2022.08.23	广州珠江艾茉森数码乐器股份有限公司	陈智球；刘春清；卢毅明；谢石林
	一种班卓琴的木制共鸣器	实用新型	CN202123156750	2022.08.23	惠州市格尔斯乐器有限公司	罗晓群
	金属箫（竹节）	外观设计	CN202230180911	2022.08.23	梁仲仔	梁仲仔
	铜锣（户外设施）	外观设计	CN202230151822	2022.08.23	佛山职业技术学院	丁奕文；李贝贝
	一种多功能琴谱放置架	实用新型	CN202221052633	2022.08.23	祖英	祖英
	一种方便存放的多音筒	实用新型	CN202220858507	2022.08.23	山东省雷鸣教学设备有限公司	蒋正源；李健；薄文隆
	弦列铁板强度测试系统	实用新型	CN202221021284	2022.08.26	宜昌金宝乐器制造有限公司	王军；黄维；施屈原
	一种用于卡巴林琴体的四角打磨机	实用新型	CN202220108025	2022.08.26	惠州市格尔斯乐器有限公司	罗晓群
	埙	外观设计	CN202230305795	2022.08.26	杭州竹笛行业协会	丁小明；董雪华；李德华
	乐器踏板（SP2）	外观设计	CN202230303178	2022.08.30	深圳市海莱特电子有限公司	杨嘉辉

续表

类别	名称	专利类型	申请（专利）号	公开（公告）日	申请（专利权）人	发明（设计）人
其他	乐器收纳架	外观设计	CN202230023549	2022.08.30	山东泰岳文化发展有限公司	唐志成
	一种用于乐器部件加工的机械手臂抛光机构	实用新型	CN202123312408	2022.08.30	钰丰乐器（福建）有限公司	陈志维
	一种变调夹中间件打孔设备	实用新型	CN202220550491	2022.08.30	青岛北方原野乐器有限公司	李现中；岳中岩
	一种防脱落笙苗	实用新型	CN202123379078	2022.08.30	涿州市赵家笙乐器科技有限公司	赵宏亮；赵广阔
	一种吹响乐器	实用新型	CN202221205324	2022.09.02	游桢	游桢
	一种新式乐器互换软胶的螺旋式变调夹	实用新型	CN202221075235	2022.09.02	深圳小调乐器有限公司	黄锡水
	琴弦（炫彩）	外观设计	CN202230109017	2022.09.02	广州市罗曼士乐器制造有限公司	郑晓明
	乐器支架（折叠伸缩式）	外观设计	CN202230314758	2022.09.06	吴利栋	吴利栋
	一种折叠乐器	实用新型	CN202220899442	2022.09.06	刘子傲	刘子傲
	一种乐器芯板的自动裁切设备	实用新型	CN202123421723	2022.09.06	佛山市南海音源乐器板材制造有限公司	黄长贤；邱伟丰
	一种适于A型曼陀铃回线的粘接成型装置	实用新型	CN202221016796	2022.09.06	广州市威柏乐器制造有限公司	凌建聪
	共鸣盘定位安装系统	实用新型	CN202221009463	2022.09.06	宜昌金宝乐器制造有限公司	吴天延；罗扬；王军；黄维
	制音档固定装置	实用新型	CN202220807199	2022.09.06	宜昌金宝乐器制造有限公司	吴天延；陈雪琴；吴福林；熊南方
	一种实木复合芯板自动输涂胶装置	实用新型	CN202123445371	2022.09.06	佛山市南海音源乐器板材制造有限公司	黄长贤；邱伟丰
	效果器踏板	外观设计	CN202230313902	2022.09.06	深圳市思研鑫科技有限公司	罗汉生
	尺八（01）	外观设计	CN202230305782	2022.09.06	杭州竹笛行业协会	丁小明；董雪华；李德华
	尺八（02）	外观设计	CN202230305425	2022.09.06	杭州竹笛行业协会	丁小明；董雪华；李德华
	乐器录制装置	实用新型	CN202123269899	2022.09.09	广州市拿火信息科技有限公司	陆子天；谢倬豪；尹帅
	调弦器及弦乐器	实用新型	CN202120860897	2022.09.09	广州市拿火信息科技有限公司	陆子天；钟蔚
	琴桶f孔边条粘接设备	实用新型	CN202220119111	2022.09.09	可尔特乐器（大连）有限公司	金东植
	一种新型尤克里里	发明专利	CN201711285736	2022.09.09	广州市拿火信息科技有限公司	陆子天；钟锐；刘可颖；周汀沙；周联峰；瓦西里

续表

类别	名称	专利类型	申请（专利）号	公开（公告）日	申请（专利权）人	发明（设计）人
其他	一种便于演奏的民族乐器	实用新型	CN202220933040	2022.09.13	北京中聚盈科科技有限公司	孙长兴；陈雪；孙妍；米学斌；李沛胜
	木质乐器喷漆用升降式喷漆房	实用新型	CN202122367272	2022.09.13	台州市乐信科技股份有限公司	黄建钧
	抛光机掉件自动停车系统	实用新型	CN202221554631	2022.09.13	河北金音乐器集团有限公司	周俊岭；李承榜
	乐器架	外观设计	CN202230346972	2022.09.16	范少康	范少康
	乐器置物架	外观设计	CN202230176106	2022.09.23	王磊	王磊
	变调夹（TC-06）	外观设计	CN202230350854	2022.09.23	东莞市乐邦乐器有限公司	刘健
	一种箫壁自动打磨机	发明专利	CN202010738920	2022.09.23	肖中华	肖中华
	乐器无线收发器	外观设计	CN202230342805	2022.09.27	魔三音响科技（深圳）有限公司	尤丰；王明海
	马头琴	外观设计	CN202230317132	2022.09.27	内蒙古鑫龙哈斯乐器有限公司	刘德明
	箫（二节箫）	外观设计	CN202230383492	2022.09.27	杭州竹笛行业协会	丁小明；董雪华；李德华
	箫（三节箫）	外观设计	CN202230383491	2022.09.27	杭州竹笛行业协会	丁小明；董雪华；李德华
	一种乐器边缘切削加工装置	实用新型	CN202123059217	2022.09.30	穆姗姗	穆姗姗
	扁键活塞螺钉（刻花）	外观设计	CN202130718856	2022.10.04	天津市津宝乐器有限公司	杨学民；刘珈旭；孙敏
	一种响弦调节器	实用新型	CN202221362200	2022.10.04	天津市津宝乐器有限公司	刘珈旭；戴勇才
	一种多功能效果器板	实用新型	CN202220955401	2022.10.04	深圳市快艺科技有限公司	刘宇；郑雄戈
	钟琴	实用新型	CN202220534579	2022.10.04	惠州市新界科技有限公司	陈江华
	乐器架以及踩镲架	实用新型	CN202122993510	2022.10.04	雅马哈株式会社	重永文博
	乐器拨片（翘角）	外观设计	CN202230391734	2022.10.04	刘百昌	刘百昌
	一种显示光投影式练习电钢琴	发明专利	CN202210722421	2022.10.04	河南广播电视大学	杨柳青；王菲菲；李艳慧；李莎；包春吟
	可提高击弦机键盘灵敏度的结构	实用新型	CN202220658044	2022.10.11	江西正音乐器有限公司	曾国军；李秀枝
	四弦琴	外观设计	CN202230307816	2022.10.11	惠州市奇尔瑞乐器有限公司	帅应开
	乐器触摸屏拾音器（TS-1）	外观设计	CN202230347600	2022.10.11	惠州市布鲁斯乐器有限公司	徐美英
	乐器触摸屏拾音器（TS-3）	外观设计	CN202230347615	2022.10.11	惠州市布鲁斯乐器有限公司	徐美英
	一种可旋转音乐教学支架	发明专利	CN202111074990	2022.10.11	甘肃建筑职业技术学院	何倩
	一种乐器通孔加工装置	实用新型	CN202220371545	2022.10.11	安顺学院	李艺

续表

类别	名称	专利类型	申请（专利）号	公开（公告）日	申请（专利权）人	发明（设计）人
其他	一种民族音乐教学装置	发明专利	CN202210894821	2022.10.11	山东艺术学院	张倩；于晓楠；焦健；程静静
	一种防滑的琴谱架	实用新型	CN202221686871	2022.10.11	山西工商学院	李倩
	一种笙	发明专利	CN202210857033	2022.10.14	涿州市赵家笙乐器科技有限公司	赵宏亮；赵金阔
	岳山贴片（迎峰）	外观设计	CN202230327482	2022.10.14	扬州金韵乐器御工坊有限公司	薛磊；熊立群
	一种多功能声乐乐谱架	实用新型	CN202122916526	2022.10.14	邵阳学院	刘旭
	一种伴奏式数码演奏器	发明专利	CN202210821393	2022.10.14	商丘师范学院	马冬莉；段婷婷；侯柯
	组合乐器	外观设计	CN202230221100	2022.10.14	山东省雷鸣教学设备有限公司	胡晓艳；薄文隆；李健
	乐器触摸屏拾音器（TS-2）	外观设计	CN202230347580	2022.10.18	惠州市布鲁斯乐器有限公司	徐美英
	一种发光琴弦	发明专利	CN202211000750	2022.10.18	惠州市杰德创新科技有限公司	刘路琴
	一种带有电箱的双音梁柳琴	发明专利	CN202210831393	2022.10.18	江苏师范大学	孟醒；孟宪洪
	阮（半无品中阮）	外观设计	CN202230443508	2022.10.18	华卉	华卉
	一种型材端面倒角铣脚加工设备	实用新型	CN202220625570	2022.10.21	广州市罗曼士乐器制造有限公司	陈飞扬
	一种弦乐器琴弦清洁刷	实用新型	CN202221354957	2022.10.21	山东技师学院	何晓聪
	拉弦乐器	发明专利	CN201910682852	2022.10.21	唐文均；唐亓齐	唐文均；唐亓齐
	一种改变声板受力角度的马仔	实用新型	CN202221038868	2022.10.25	广州阿塔米得拉乐器有限公司	黄红艳；姚欣
	一种新型的乐器制造用上胶装置	实用新型	CN202220707809	2022.10.25	山东中艺音美器材有限公司	陈琦
	一种新型弦琴	实用新型	CN202221534280	2022.10.28	天津市津宝乐器有限公司	刘佳辉；刘运斌
	一种弯音总成器件及一种乐器	实用新型	CN202220883533	2022.10.28	汝州市奥畅乐器有限公司	张飞
	调弦器及弦乐器	发明专利	CN202110450252	2022.10.28	广州市拿火信息科技有限公司	陆子天；钟蔚
	一种拆卸组合式唢呐	实用新型	CN202123055078	2022.10.28	运城学院	史新刚
	一种教学用模块化打击乐器	实用新型	CN202221669418	2022.10.28	西北师范大学	刘凯璇；王碧雲；李国庆
	一种巴松哨片制造用的划痕器	实用新型	CN202123017105	2022.10.28	武汉雄鹰哨片有限公司	哈思雄
	具有可调节辅助装置的打击乐器	发明专利	CN201880007019	2022.10.28	鼓工场有限公司	理查德·A·西克拉

续表

类别	名称	专利类型	申请（专利）号	公开（公告）日	申请（专利权）人	发明（设计）人
其他	萨克斯背带	外观设计	CN202230455328	2022.10.28	武汉音画奇尚音乐文化传播有限公司	柯文朴
	一种音乐教学用乐谱架	发明专利	CN202210045270	2022.10.28	李珊珊	李珊珊
	一种多种形式演奏的排箫	实用新型	CN202221448999	2022.10.28	吴绍虎	吴绍虎
	一种拓宽低音的三弦马头琴	实用新型	CN202221080929	2022.10.28	莫日更毕力格	莫日更毕力格
	一种音乐教学用五线谱划线器	实用新型	CN202221798865	2022.10.28	色苏雅拉图	色苏雅拉图
	一种防滑性好的调音扳手	实用新型	CN202220106285	2022.11.01	上海哈利路亚乐器有限公司	张松；陈山
	一种琴键清理装置	实用新型	CN202220117900	2022.11.01	上海哈利路亚乐器有限公司	张松；陈山
	一种琴弦的保养装置	实用新型	CN202220117893	2022.11.01	上海哈利路亚乐器有限公司	张松；陈山
	一种带有防护结构的琴弦切断钳	实用新型	CN202220093506	2022.11.01	上海哈利路亚乐器有限公司	陈山；张松
	一种用于音乐教学的音乐识谱板	发明专利	CN202210835506	2022.11.01	吴强成	吴强成；刘飞
	一种减震乐器包	实用新型	CN202221550976	2022.11.04	珠海连青电子科技有限公司	李宁
	一种可调乐器架	实用新型	CN202221563272	2022.11.04	珠海连青电子科技有限公司	李宁
	一种琴谱架防松脱结构	实用新型	CN202221440040	2022.11.04	得理乐器（珠海）有限公司	贺祚荣；冼立新；刘国宗；江万年
	乐器三脚架	外观设计	CN202230364895	2022.11.04	重庆市星贯众文化艺术传播有限公司	宋秀丽
	一种带扩音装置的尤克里里	实用新型	CN202221177780	2022.11.08	城固县两汉文创乐器有限公司	首汉军
	一种按压连接式多个琴弦固定装置	实用新型	CN202221163158	2022.11.08	青岛美乐克乐器有限公司	刘金龙；徐春吉
	一种弦乐器生产用高效喷漆装置	实用新型	CN202221443668	2022.11.08	城固县两汉文创乐器有限公司	首汉军
	一种声弦乐器音品线槽高效切割装置	实用新型	CN202221178116	2022.11.08	城固县两汉文创乐器有限公司	首汉军
	无头琴琴弦固定件	外观设计	CN202230468542	2022.11.08	深圳市魔耳乐器有限公司	黄健；郭坤；黎云
	敲琴（TL25L-RE）	外观设计	CN202230557280	2022.11.08	江苏容顺祥乐器有限公司	刘家庆
	一种演奏效果可变的吹奏乐器	实用新型	CN202221231421	2022.11.08	吟飞科技（江苏）有限公司	赵平；宋建平；陈国斌；张维；杨宗华；张鹏；汤仁武；眭黎凡；沈啸云

续表

类别	名称	专利类型	申请（专利）号	公开（公告）日	申请（专利权）人	发明（设计）人
其他	一种纳米抛光覆膜琴弦	实用新型	CN202120773356	2022.11.11	广州市罗曼士乐器制造有限公司	郑晓明
	打击乐器及乐曲在治疗抑郁症中的用途及治疗抑郁症装置	发明专利	CN202210986943	2022.11.11	北京乐器研究所	张小川；陈显扬；赵春婷；高彤
	冒顿潮尔（岫玉）	外观设计	CN202230317135	2022.11.11	内蒙古鑫龙哈斯乐器有限公司	刘德明
	一种滑动式电动敲击乐器	实用新型	CN202221837300	2022.11.11	右转弯智能科技（重庆）有限公司	张鹏程；周海军；张原浩
	一种音孔拾音器	实用新型	CN202222247104	2022.11.11	合肥三恩信息科技有限公司	胡程远
	拾音装置以及弦乐器	实用新型	CN202221807497	2022.11.11	深圳市豪恩声学股份有限公司	刘永方；孟祥全；王丽
	一种新型四弦民族乐器	发明专利	CN202210976679	2022.11.11	巴音	哈勒珍
	一种新型全音筝	实用新型	CN202221769627	2022.11.11	温馨	温馨
	乐器效果拾音器（充电EQ效果器）	外观设计	CN202230361279	2022.11.11	舒帮献	舒帮献
	一种用于分离木制粘合部件的加热夹具	实用新型	CN202221101237	2022.11.15	黑龙江省典匠乐器配件制造有限公司	李学杰
	一种萨克斯加工用的自动焊接设备	实用新型	CN202220857882	2022.11.15	龙口金鸣乐器有限公司	张杨
	一种萨克斯用可变音卡箍	实用新型	CN202221126670	2022.11.15	摇摆（青岛）文化传播有限公司	张永锋
	半无品中阮	实用新型	CN202221839193	2022.11.15	华卉	华卉
	埙（大漆汉宫金阙）	外观设计	CN202230223003	2022.11.15	郑安邦	郑安邦；沈瀚超
	一种乐器音质检测设备	实用新型	CN202221955606	2022.11.18	信阳仟胜电子科技有限公司	孙小林；罗国卿
	一种高精度乐器精度检测装置及检测方法	发明专利	CN202210969919	2022.11.18	江阴金杯安琪乐器有限公司	时强；时建明
	乐器包边条开槽辅具工具	外观设计	CN202230481068	2022.11.18	惠州市琴刃工具乐器配件有限公司	宋华
	一种琴键组件及键盘	实用新型	CN202222452935	2022.11.18	广州珠江艾茉森数码乐器股份有限公司	刘春清
	冒顿潮尔（木纹玉）	外观设计	CN202230591533	2022.11.18	内蒙古鑫龙哈斯乐器有限公司	刘德明
	拨片	外观设计	CN202230398775	2022.11.18	苏州工业园区服务外包职业学院	张聿；朱启程
	三角琴音板装配工装	实用新型	CN202221843328	2022.11.18	广州珠江恺撒堡钢琴有限公司	曾德良；张金奎；李建萍；王翠娟；苏家裕

续表

类别	名称	专利类型	申请（专利）号	公开（公告）日	申请（专利权）人	发明（设计）人
其他	三角琴低音底板定位工装	实用新型	CN202221843371	2022.11.18	广州珠江恺撒堡钢琴有限公司	曾德良；李建萍；张金奎；王翠娟；苏家裕
	弦乐器用的声学器件	实用新型	CN202221678705	2022.11.18	石桥敬三	石桥敬三
	行进背架	发明专利	CN202210210038	2022.11.22	星野乐器株式会社	宫嶋秀幸
	一种基于时变多段式频谱的音色拟合系统	发明专利	CN201910128159	2022.11.22	深圳市魔耳乐器有限公司	沈平；唐镇宇；张建雄；余佩佩
	可调节多角度推刨平台	实用新型	CN202221318862	2022.11.22	扬州金韵乐器御工坊有限公司	熊立群；薛磊；杨雨新
	乐器指板品丝找平测量四边尺	外观设计	CN202230481385	2022.11.22	惠州市琴刃工具乐器配件有限公司	宋华
	键盘乐器	发明专利	CN201910509282	2022.11.22	卡西欧计算机株式会社	谷口弘和；赤石明人；星野晓久
	用于键盘乐器的支架	外观设计	CN202230353529	2022.11.22	卡西欧计算机株式会社	神出英；中村周平；荻野真佐辉
	相较传统胡琴扩展了功能与性能的数码胡琴	发明专利	CN202110554889	2022.11.22	张大勇	张大勇
	七孔箫	实用新型	CN202221461690	2022.11.22	王通	王通
	一种室内室外两用型倍低音号	实用新型	CN202221193254	2022.11.25	河北华声乐器制造有限公司	张立国；张立根；张红梅；王青；王成；孟凡丽
	一种萨克斯喇叭口的外表面打磨设备	发明专利	CN202210972616	2022.11.25	龙口金鸣乐器有限公司	李廷东；张杨
	一种木材的干燥处理工艺	发明专利	CN202211121512	2022.11.25	广东玛丁尼乐器文化股份有限公司	汪宏齐；汪洁；徐敏敏；汪飞；肖生军
	自动焊接装置	实用新型	CN202221571472	2022.11.25	河北金音乐器集团有限公司	周俊岭；孙洪刚
	光学式打击乐器	实用新型	CN202221848757	2022.11.25	原相科技股份有限公司	刘峰其
	手钹	外观设计	CN202230380733	2022.11.25	西安音乐学院	赵张斌；张志强；高纯华
	排箫	外观设计	CN202230372214	2022.11.25	西安音乐学院	赵张斌；张志强；高纯华
	唐筝	外观设计	CN202230372255	2022.11.25	西安音乐学院	赵张斌；张志强；高纯华
	筚篥	外观设计	CN202230372252	2022.11.25	西安音乐学院	赵张斌；张志强；高纯华
	一种教学乐器	实用新型	CN202222084566	2022.11.25	曾菁	曾菁

续表

类别	名称	专利类型	申请（专利）号	公开（公告）日	申请（专利权）人	发明（设计）人
其他	一种便于儿童使用的儿童型萨克斯	实用新型	CN202221259622	2022.11.29	河北华声乐器制造有限公司	张立国；张立根；张红梅；王青；王成；孟凡丽
	一种行进圆号用吹嘴转换器	实用新型	CN202221123801	2022.11.29	河北华声乐器制造有限公司	张立国；张立根；张红梅；王青；王成；孟凡丽
	立式琴弦槌	外观设计	CN202230558674	2022.11.29	宁波晨心乐器有限公司	罗再庆
	月琴琴弦加工的缠绕机自动裁切装置	实用新型	CN202221888901	2022.11.29	西昌市星城盟乐乐器有限公司	雷波；钟向春；卢青
	一种乐器支架	实用新型	CN202221997222	2022.11.29	南通创赢乐器科技有限公司	王立
	一种可拆卸弦乐器琴弓	实用新型	CN202222138736	2022.11.29	上海有练乐器科技有限公司	陆平平
	吹奏乐器的可折弯吹嘴结构	实用新型	CN202221984613	2022.11.29	上海锣钹信息科技有限公司	余汉瑜
	一种拉弓组件及马头琴机器人	实用新型	CN202221903835	2022.11.29	内蒙古科技大学	赵云彦；韩冬楠；常裕恒；林泽宇；于龙宇；陈真
	乐器吹嘴	外观设计	CN202230518804	2022.11.29	上海锣钹信息科技有限公司	余汉瑜
	吹奏乐器咬颤的检测装置	实用新型	CN202221984573	2022.11.29	上海锣钹信息科技有限公司	官健
	吹奏乐器的可移动指托结构	实用新型	CN202221995843	2022.11.29	上海锣钹信息科技有限公司	余汉瑜
	一种炫彩琴弦	实用新型	CN202220411532	2022.12.02	广州市罗曼士乐器制造有限公司	郑晓明
	一种指板品线槽加工用夹具	实用新型	CN202221848943	2022.12.02	广州阿塔米得拉乐器有限公司	许志艺；姚欣
	一种双键可控角度萨克斯	实用新型	CN202221985401	2022.12.02	嘉华乐器（嘉善）有限公司	徐海霞
	一种学习马头琴用拉琴辅助器	实用新型	CN202222133882	2022.12.02	内蒙古金杭盖民族手工艺品制作有限公司	白玉昆
	一种混合琴弦	实用新型	CN202220409994	2022.12.06	广州市罗曼士乐器制造有限公司	郑晓明
	琴身（Grand parlor桶形）	外观设计	CN202230497836	2022.12.06	漳州市龙吟乐器有限公司	段性皓
	调音扳手（S形）	外观设计	CN202230552244	2022.12.06	扬州金韵乐器御工坊有限公司	薛磊
	弦乐器	发明专利	CN202110624733	2022.12.06	广州市拿火信息科技有限公司	陆子天；谢倬豪；尹帅；苏开生
	节拍器	实用新型	CN202222034439	2022.12.06	深圳市瑞孚科技有限公司	贾鬻
	弦乐器	发明专利	CN201780016323	2022.12.06	马德唐恩音乐股份有限公司	安东尼·布拉格
	用于弦乐器的琴桥和包括该琴桥的弦乐器	实用新型	CN202221479640	2022.12.06	桂林智神信息技术股份有限公司	廖易仑；唐昌辉；苏晓

续表

类别	名称	专利类型	申请（专利）号	公开（公告）日	申请（专利权）人	发明（设计）人
其他	脚踏式自动翻谱仪	实用新型	CN202123204905	2022.12.06	王会芬	王会芬；李德彪
	可精细调弦的阮	实用新型	CN202221916724	2022.12.06	陈文雯	陈文雯
	一种应用在萨克斯上的美音器	实用新型	CN202222129249	2022.12.09	里歌中艺乐器音响（北京）有限公司	李强
	无线信号发射及接收器	外观设计	CN202230586878	2022.12.09	惠州市恩雅乐器有限公司	胡海明；齐震；黄梯
	一种悬挂式电动敲击乐器	实用新型	CN202221837301	2022.12.09	右转弯智能科技（重庆）有限公司	张鹏程；周海军；张原浩
	冬不拉（二）	外观设计	CN202230507221	2022.12.09	革命别克·买地	革命别克·买地；古丽加丽·革命别克
	一种面板板材的四边自动裁切规整装置	实用新型	CN202221294281	2022.12.13	佛山市南海音源乐器板材制造有限公司	黄长贤；邱伟丰
	一种适用于乐器板材压合机的温压装置	实用新型	CN202221298068	2022.12.13	佛山市南海音源乐器板材制造有限公司	黄长贤；邱伟丰
	一种可实现分段加热的导热油加热装置	实用新型	CN202221294313	2022.12.13	佛山市南海音源乐器板材制造有限公司	黄长贤；邱伟丰
	一种用于木器镶线的压条装置	实用新型	CN202221974271	2022.12.13	牡丹江和音乐器有限公司	贾酝；单东岩；单艺；胡继国
	一种稳定性好的拾音器	实用新型	CN202222182997	2022.12.13	青岛柏思顿乐器有限公司	宋娜
	敲琴（TL27QQ）	外观设计	CN202230584324	2022.12.13	江苏容顺祥乐器有限公司	刘家庆
	一种压谱器	实用新型	CN202222234798	2022.12.13	青岛乐客乐器有限公司	徐超
	一种拾音器降噪结构	实用新型	CN202222608508	2022.12.13	青岛柏思顿乐器有限公司	宋娜
	乐器吹嘴	外观设计	CN202230256787	2022.12.13	上海锣钹信息科技有限公司	解路禄
	乐器校音器（带夹子）	外观设计	CN202230581182	2022.12.13	广州琴夫人科技有限公司	郭俊兴
	乐器及其零件和制造	发明专利	CN202210652828	2022.12.13	纽沃仪器（亚洲）有限责任公司	马克西米利安·斯潘塞·克利索尔德
	一种竹箫内腔打磨设备	发明专利	CN202011284999	2022.12.13	陈毛者	陈毛者
	节拍器	外观设计	CN202230569652	2022.12.13	蒙桂英	蒙桂英
	一种音乐教学教具收纳装置	发明专利	CN202210931839	2022.12.16	哈尔滨学院	吕爽
	一种演唱用谱架	实用新型	CN202220940060	2022.12.16	桂林师范高等专科学校	蒋聂；党宇娜；龙晓明；肖漫宇；周振飞；蒋宾；黄卫华
	一种原声乐器拾音器	实用新型	CN202220900843	2022.12.16	冯成	冯成

续表

类别	名称	专利类型	申请（专利）号	公开（公告）日	申请（专利权）人	发明（设计）人
其他	一种弦乐器生产用自动磨框装置	实用新型	CN202221443680	2022.12.20	城固县两汉文创乐器有限公司	首汉军
	一种新型尤克里里拉弦板	实用新型	CN202221283088	2022.12.20	城固县两汉文创乐器有限公司	首汉军
	一种乐器用山毛榉锯材防霉节能干燥装置	实用新型	CN202222248210	2022.12.20	宜昌金宝乐器制造有限公司	吴天延
	一种音乐制作辅助装置	实用新型	CN202222009905	2022.12.20	新乡职业技术学院	高静；姚航；陈伟；张梦明；杨晓静
	声音信号处理装置以及声音信号处理方法	发明专利	CN202010216221	2022.12.20	雅马哈株式会社	须山明彦；青木良太郎；福山龙也
	一种乐器支撑用的交叉轴式支架及其使用方法	发明专利	CN201910283255	2022.12.20	朱苗苗	朱苗苗
	萨克斯声音反射板	外观设计	CN202130407453	2022.12.20	张连顺	张连顺
	哨片（唢呐）	外观设计	CN202230482457	2022.12.20	赵新乐	赵新乐
	一种音乐识谱板	实用新型	CN202222409540	2022.12.20	郭倩	郭倩
	一种乐器用山毛榉锯材防霉节能干燥装置及方法	发明专利	CN202211026506	2022.12.23	宜昌金宝乐器制造有限公司	吴天延
	一种月琴生产加工用打孔装置	实用新型	CN202221572783	2022.12.23	西昌市星城盟乐乐器有限公司	卢青；钟向春；雷波
	一种带有光电信号触发结构的键盘	实用新型	CN202222372231	2022.12.23	广州珠江艾茉森数码乐器股份有限公司	刘春清；鲁业斌
	一种用于乐器加工的定位夹紧装置	发明专利	CN202211191459	2022.12.23	莆田学院	张大军
	一种拾音器装置	实用新型	CN202222033210	2022.12.23	潘昱蓉	潘昱蓉；江宏裕

年鉴

2023

CHINA MUSICAL
INSTRUMENT YEARBOOK
（2023）

行业篇 1

指标数据篇 103

协会工作篇 145

科技创新篇 204

职业技能篇 390

音乐教育篇 411

产业集群篇 425

海外信息篇 441

职业技能考核

2022年中国钢琴调律师行业概况

2022年，钢琴调律师分会在中国乐器协会领导支持下，坚持以习近平新时代中国特色社会主义思想为指导，以推动高质量发展为主题，紧紧围绕中国乐器协会各个时期的工作目标，本着服务钢琴制造产业、调律师行业以及社会地方组织的责任和宗旨，开展了以调律师分会为主的各项工作，为促进钢琴调律师行业发展做出积极的贡献。

一、联合钢琴分会召开了《钢琴制作工》标准修订会议

钢琴调律师分会以及3个职业技能鉴定站，始终以服务钢琴生产为己任，满足企业钢琴制作工种的职工技能认定需求。根据中国乐器协会关于2022年《钢琴制作工》国家标准修订实施方案，调律师分会在中国乐器协会指导下，由中国乐器协会钢琴分会牵头，于2022年3月24日召开全国10余家钢琴制造企业线上标准修订会议，钢琴调律师分会及鉴定站代表参与了《钢琴制作工》国家标准修订工作。会议期间各方专家代表提出了标准修订意见。珠江钢琴作为标准修订的起草单位，于6月15日将修改完毕的《钢琴制作工》征求意见稿提交给参与标准修订的各个企业代表，此项工作目前处于修订后的整理阶段。

二、调律师分会与琴行分会合作开展全国调律师技能评价筹备工作

2022年调律师分会积极响应协会工作要求，更好地发挥调律师分会与琴行分会在全国钢琴产、教、研各方面的作用，两分会拟定以调律师社会群体为主，在中国乐器协会指导下，合作开展全国性职业技能培训、音乐教育与技术交流以及职业技能评价等工作，并拟定如下合作内容：

（1）琴行分会充分利用全国各地会员单位的资源优势，组织开展调律师职业能力培训、等级评价工作。按调律师分会相关评价要求，推荐具备条件的承办单位，制定培训与考核具体工作方案，包括时间、地点、收费标准、考核场地与设备等。

（2）调律师分会在发挥当地鉴定站作用的基础上，为合作开展的培训与考核工作提供技术支持。包括培训具备考评资质的讲师、职业教材、理论题库、考评员等。协助琴行分会对承办单位进行资质审核。

三、制定协会授权调律师培训机构相关要求

为满足全国钢琴调律师提高专业技术水平的要求，中国乐器协会支持全社会具有钢琴调律师培训能力的大专院校、社会团体以及相关培训机构，与中国乐器协会合作开展钢琴调律师技术培训工作（此机构不具考评认证功能）；并对有意愿合作开展此项工作单位提出的相关要求，都给予高度的重视。为中国调律师分会在国际舞台以及亚洲地区所占有的重要位置打下坚实的基础，提高了我国调律师行业的整体技术水平，缩短我国与先进国家技术水平的差距。从理论、实操培训场地及教学设备以及培训教师等方面都做了相应要求。

四、全力开展社会调律师职业能力评价工作

2022年，中国乐器协会职业能力评价总站以及钢琴调律师分会，不断加强与企业、职业院校以及高等教育机构的合作，加强钢琴调律师的技能培训来壮大调律师从业队伍。以3个鉴定站为代表的所有站基地，在疫情反复出现的状态下，始终坚持以提高调律师的整体素质为己任，克服重重困难完成了

全年的职业能力等级评价。截至2022年，全国范围内共评价19个批次，600人次。其中：北京鉴定站完成7个批次，162人次；广州鉴定站完成6个批次，207人次；上海鉴定站完成1个批次，58人次；吉林省钢琴调律师协会完成2个批次，64人次；辽宁省钢琴调律师协会完成1个批次，56人次；院校完成1个批次，25人次；技师及以上完成1个批次，28人次评审。此项工作得到社会调律师的认可。

五、召开分会工作会，积极参加考评员培训

2022年7月，在北京召开了分会工作会。会上制定了钢琴调律师资格考试委员会委员推荐条件，完善了钢琴调律师职业技能评价审核申报标准，制定并实施了调律师越级破格申报条件。7月份，在总站协调组织下，积极参加中国轻工业联合会在宁波组织的考评员培训。

2022年，钢琴调律师分会一直坚守在中国乐器协会的正确指导下，以服务全国广大调律师为目标，认真履行调律师职业的行业要求，充分发挥调律师分会在钢琴制造产业中的重要作用，服务于全社会所有调律师相关的各项工作。对推动中国钢琴制造业发展以及调律师职业技能进步做出了积极的贡献。

2022年全国钢琴调律师职业能力等级评价统计表

鉴定站（基地）	鉴定日期	五级/初级技能	四级/中级技能	三级/高级技能	二级/技师	一级/高级技师	合计
北京鉴定站	2021年12月	5					5
	2022年3月	4	36	25			65
	2022年4月		5	5			10
	2022年8月	8					8
	2022年8月	9	6	12			27
	2022年10月	1	14	27			42
	2021年11月	5					5
	小计	32	61	69			162
广州鉴定站	2022年4月	17	14	14			45
	2022年4月			36			36
	2022年5月		1	8			9
	2022年10月	11	1	20			32
	2022年6月	26		1			27
	2021年10月	16	15	27			58
	小计	70	31	106			207
上海鉴定站	2022年9月	12	22	24			58
	小计	12	22	24			58

续表

鉴定站（基地）	鉴定日期	五级/初级技能	四级/中级技能	三级/高级技能	二级/技师	一级/高级技师	合计
辽宁省钢琴调律师协会基地	2022年8月	5	18	33			56
	小计	5	18	33			56
吉林省钢琴调律师协会基地	2022年5月	9	5	23			37
	2022年11月		2	25			27
	小计	9	7	48			64
院校	2022年7月（湖南）	5	9	11			25
	小计	5	9	11			25
技师及以上评审通过	2022年9月				19	9	28
	小计				19	9	28
2022年合计		133	148	291	19	9	600

2022年通过钢琴调律师国家职业资格考核鉴定名单

	姓名	性别	证书号码	级别
二级技师及以上等级	郑波	男	H00171107000022I002275	一级/高级技师
	韩卫国	男	H00171107000022I002276	一级/高级技师
	谢建涛	男	H00171107000022I002277	一级/高级技师
	陈茂林	男	H00171107000022I002278	一级/高级技师
	张翔	男	H00171107000022I002279	一级/高级技师
	徐刚	男	H00171107000022I002280	一级/高级技师
	郭强	男	H00171107000022I002281	一级/高级技师
	林汉聪	男	H00171107000022I002282	一级/高级技师
	张楠	男	H00171107000022I002283	一级/高级技师
	李元普	女	H00171107000022200I280	二级/技师
	马延科	男	H00171107000022200I281	二级/技师
	付士健	男	H00171107000022200I282	二级/技师
	刘莉波	男	H00171107000022200I283	二级/技师
	孙鑫昌	男	H00171107000022200I284	二级/技师
	武国斌	男	H00171107000022200I285	二级/技师
	王宇鹏	男	H00171107000022200I286	二级/技师

续表

	姓名	性别	证书号码	级别
二级技师及以上等级	韩伟良	男	H001711070000222001287	二级/技师
	沈菲	女	H001711070000222001288	二级/技师
	王铁兵	男	H001711070000222001289	二级/技师
	路一平	男	H001711070000222001290	二级/技师
	姜军	男	H001711070000222001291	二级/技师
	贺相宜	女	H001711070000222001292	二级/技师
	张涛	男	H001711070000222001293	二级/技师
	胡鑫	男	H001711070000222001294	二级/技师
	琚俊伟	男	H001711070000222001295	二级/技师
	王飞	男	H001711070000222001296	二级/技师
	李守举	男	H001711070000222001297	二级/技师
	易耀	男	H001711070000222001298	二级/技师
北京鉴定站	马永生	男	H001711070000223009208	三级/高级技能
	黄诗辉	男	H001711070000223009209	三级/高级技能
	张宁波	男	H001711070000223009210	三级/高级技能
	李楠	男	H001711070000223009211	三级/高级技能
	刘晓亮	男	H001711070000223009212	三级/高级技能
	吴帅	男	H001711070000223009183	三级/高级技能
	刘克勇	男	H001711070000223009184	三级/高级技能
	陈允梅	男	H001711070000223009185	三级/高级技能
	胡迪	男	H001711070000223009186	三级/高级技能
	张荣庆	男	H001711070000223009187	三级/高级技能
	李睿	男	H001711070000223009188	三级/高级技能
	宋文	男	H001711070000223009189	三级/高级技能
	韦仁	男	H001711070000223009190	三级/高级技能
	闫辰龙	男	H001711070000223009191	三级/高级技能
	吴作海	男	H001711070000223009192	三级/高级技能
	吴声健	男	H001711070000223009193	三级/高级技能
	刘泉荷	女	H001711070000223009194	三级/高级技能
	徐赛	男	H001711070000223009195	三级/高级技能
	代松	男	H001711070000223009196	三级/高级技能
	王冠才	男	H001711070000223009197	三级/高级技能
	许可	男	H001711070000223009198	三级/高级技能
	常文帅	男	H001711070000223009199	三级/高级技能

续表

	姓名	性别	证书号码	级别
北京鉴定站	洪亮	男	H001711070000223009200	三级/高级技能
	尹纪国	男	H001711070000223009201	三级/高级技能
	孙杨	男	H001711070000223009202	三级/高级技能
	陈长领	男	H001711070000223009203	三级/高级技能
	陈睿	男	H001711070000223009204	三级/高级技能
	杨刚	男	H001711070000223009205	三级/高级技能
	徐玮	男	H001711070000223009206	三级/高级技能
	高继亮	男	H001711070000223009207	三级/高级技能
	马洋洋	女	H001711070000223011152	三级/高级技能
	张晓倩	女	H001711070000223011153	三级/高级技能
	王波智	男	H001711070000223011154	三级/高级技能
	武建泽	男	H001711070000223011155	三级/高级技能
	马家俊	男	H001711070000223011156	三级/高级技能
	李恩	男	H001711070000223011157	三级/高级技能
	周煜昌	男	H001711070000223011158	三级/高级技能
	张延杰	男	H001711070000223011159	三级/高级技能
	王文祥	男	H001711070000223011160	三级/高级技能
	刘海威	男	H001711070000223011161	三级/高级技能
	陈星彤	男	H001711070000223011162	三级/高级技能
	张灵恩	男	H001711070000223011163	三级/高级技能
	王俊杰	男	H001711070000233000678	三级/高级技能
	耿慧喆	男	H001711070000233000679	三级/高级技能
	吴桐	男	H001711070000233000680	三级/高级技能
	刘艺莘	男	H001711070000233000681	三级/高级技能
	李铭	男	H001711070000233000682	三级/高级技能
	赵婧娴	女	H001711070000233000683	三级/高级技能
	刘连桥	男	H001711070000233000684	三级/高级技能
	马艺菲	女	H001711070000233000685	三级/高级技能
	程勇	男	H001711070000233000686	三级/高级技能
	杨俊新	男	H001711070000233000687	三级/高级技能
	董国锐	男	H001711070000233000688	三级/高级技能
	李栋楠	男	H001711070000233000689	三级/高级技能
	汪静秋	女	H001711070000233000690	三级/高级技能
	姜峦峰	男	H001711070000233000691	三级/高级技能

续表

	姓名	性别	证书号码	级别
北京鉴定站	郭响	男	H001711070000233000692	三级/高级技能
	马敬琳	男	H001711070000233000693	三级/高级技能
	赵峰峰	男	H001711070000233000694	三级/高级技能
	刘斌	男	H001711070000233000696	三级/高级技能
	王光明	男	H001711070000233000697	三级/高级技能
	钱猛	男	H001711070000233000698	三级/高级技能
	李章	男	H001711070000233000699	三级/高级技能
	李胡达古拉	女	H001711070000233000700	三级/高级技能
	李鹏滨	男	H001711070000233000701	三级/高级技能
	王岩	男	H001711070000233000702	三级/高级技能
	胡光进	男	H001711070000233000703	三级/高级技能
	程明亮	男	H001711070000233000704	三级/高级技能
	张奇丞	男	H001711070000233000705	三级/高级技能
	杜荣宝	男	H001711070000224007855	四级/中级技能
	王七星	男	H001711070000224007856	四级/中级技能
	王江傲	男	H001711070000224007857	四级/中级技能
	王潮	男	H001711070000224007858	四级/中级技能
	刘常胜	男	H001711070000224007859	四级/中级技能
	李召	男	H001711070000224007819	四级/中级技能
	王小虎	男	H001711070000224007820	四级/中级技能
	尚轩正	男	H001711070000224007821	四级/中级技能
	许丞	男	H001711070000224007822	四级/中级技能
	宫祥绅	男	H001711070000224007823	四级/中级技能
	洪志宇	男	H001711070000224007824	四级/中级技能
	张德伟	男	H001711070000224007825	四级/中级技能
	曹务川	男	H001711070000224007826	四级/中级技能
	刘文夏	男	H001711070000224007827	四级/中级技能
	高伟峰	男	H001711070000224007828	四级/中级技能
	李洋	男	H001711070000224007829	四级/中级技能
	张杰	男	H001711070000224007830	四级/中级技能
	杨加彬	男	H001711070000224007831	四级/中级技能
	刘进鹏	男	H001711070000224007832	四级/中级技能
	张丽	女	H001711070000224007833	四级/中级技能
	孟凡峰	男	H001711070000224007834	四级/中级技能

续表

	姓名	性别	证书号码	级别
北京鉴定站	张廣通	男	H001711070000224007835	四级/中级技能
	宋亚	女	H001711070000224007836	四级/中级技能
	杨潇潇	男	H001711070000224007837	四级/中级技能
	李在睿	男	H001711070000224007838	四级/中级技能
	殷刚	男	H001711070000224007839	四级/中级技能
	刘琪	女	H001711070000224007840	四级/中级技能
	郭延锋	男	H001711070000224007841	四级/中级技能
	张游	男	H001711070000224007842	四级/中级技能
	赵雪茹	女	H001711070000224007843	四级/中级技能
	谢康伟	男	H001711070000224007844	四级/中级技能
	庞文语	女	H001711070000224007845	四级/中级技能
	王小迪	男	H001711070000224007846	四级/中级技能
	王宇	男	H001711070000224007847	四级/中级技能
	姜睿珏	女	H001711070000224007848	四级/中级技能
	涂传明	男	H001711070000224007849	四级/中级技能
	吴勇钊	男	H001711070000224007850	四级/中级技能
	于天然	女	H001711070000224007851	四级/中级技能
	牛星朋	男	H001711070000224007852	四级/中级技能
	李晓霞	女	H001711070000224007853	四级/中级技能
	邸盛开	男	H001711070000224007854	四级/中级技能
	周欢	男	H001711070000224009437	四级/中级技能
	王一凡	女	H001711070000224009438	四级/中级技能
	宋鹏飞	男	H001711070000224009439	四级/中级技能
	李冉	男	H001711070000224009440	四级/中级技能
	陈仪润	男	H001711070000224009441	四级/中级技能
	高文博	男	H001711070000224009442	四级/中级技能
	张国裕	男	H001711070000233000695	四级/中级技能
	李港芃	男	H001711070000234001063	四级/中级技能
	贺平	男	H001711070000234001064	四级/中级技能
	张家菖	男	H001711070000234001065	四级/中级技能
	贾康豪	男	H001711070000234001066	四级/中级技能
	张艺茹	女	H001711070000234001067	四级/中级技能
	董书超	男	H001711070000234001068	四级/中级技能
	吕鹏	男	H001711070000234001069	四级/中级技能

续表

	姓名	性别	证书号码	级别
北京鉴定站	乔晋飞	男	H001711070000234001070	四级/中级技能
	刘世杰	男	H001711070000234001071	四级/中级技能
	崔宁宁	男	H001711070000234001072	四级/中级技能
	赵天坤	男	H001711070000234001073	四级/中级技能
	关乃金	男	H001711070000234001074	四级/中级技能
	李腾	男	H001711070000234001075	四级/中级技能
	王文灏	男	H001711070000225002000	五级/初级技能
	梁景涛	男	H001711070000225002001	五级/初级技能
	高士峰	男	H001711070000225002002	五级/初级技能
	李浩	男	H001711070000225002003	五级/初级技能
	崔海	男	H001711070000225002486	五级/初级技能
	袁颖	女	H001711070000225002487	五级/初级技能
	张祺	男	H001711070000225002488	五级/初级技能
	张健	男	H001711070000225002489	五级/初级技能
	董瑞	男	H001711070000225002490	五级/初级技能
	马功臣	男	H001711070000225002491	五级/初级技能
	魏炳全	男	H001711070000225002492	五级/初级技能
	付嘉迅	男	H001711070000225002493	五级/初级技能
	周想	女	H001711070000225002477	五级/初级技能
	王洁	女	H001711070000225002478	五级/初级技能
	闫冰冰	男	H001711070000225002479	五级/初级技能
	刘铮	女	H001711070000225002480	五级/初级技能
	孙鲜	男	H001711070000225002481	五级/初级技能
	赵明杰	男	H001711070000225002482	五级/初级技能
	徐梦	女	H001711070000225002483	五级/初级技能
	常成	男	H001711070000225002484	五级/初级技能
	姚鑫	男	H001711070000225002485	五级/初级技能
	张潇匀	女	H001711070000235000099	五级/初级技能
	艾玲丽	女	H001711070000235000094	五级/初级技能
	甄臻	男	H001711070000235000095	五级/初级技能
	唐小惠	女	H001711070000235000096	五级/初级技能
	王永红	男	H001711070000235000097	五级/初级技能
	尹焱辉	男	H001711070000235000098	五级/初级技能

续表

	姓名	性别	证书号码	级别
广州鉴定站	严波	男	H001711070000223009213	三级/高级技能
	马亚坤	男	H001711070000223009214	三级/高级技能
	韦家宝	男	H001711070000223009215	三级/高级技能
	李启剑	男	H001711070000223009216	三级/高级技能
	李凯	男	H001711070000223009217	三级/高级技能
	米波	男	H001711070000223009218	三级/高级技能
	孙擎晴	男	H001711070000223009219	三级/高级技能
	哈俊吉	男	H001711070000223009220	三级/高级技能
	李启明	男	H001711070000223009221	三级/高级技能
	余家强	男	H001711070000223009222	三级/高级技能
	章靖煜	男	H001711070000223009223	三级/高级技能
	杜小三	男	H001711070000223009224	三级/高级技能
	陈燕辉	男	H001711070000223009225	三级/高级技能
	张明连	女	H001711070000223009226	三级/高级技能
	廖肖强	男	H001711070000223010373	三级/高级技能
	梁勇	男	H001711070000223010374	三级/高级技能
	胡小灵	男	H001711070000223010375	三级/高级技能
	黄树全	男	H001711070000223010376	三级/高级技能
	罗启盛	男	H001711070000223010377	三级/高级技能
	李惠玲	女	H001711070000223010378	三级/高级技能
	卢洁	女	H001711070000223010379	三级/高级技能
	郭锦媚	女	H001711070000223010380	三级/高级技能
	李彤兴	男	H001711070000223010381	三级/高级技能
	周祥山	男	H001711070000223010382	三级/高级技能
	黄耿志	男	H001711070000223010383	三级/高级技能
	林婷婷	女	H001711070000223010384	三级/高级技能
	黄健勇	男	H001711070000223010385	三级/高级技能
	麦东娇	女	H001711070000223010386	三级/高级技能
	徐丽芳	女	H001711070000223010387	三级/高级技能
	廖会艳	女	H001711070000223010388	三级/高级技能
	张亮	男	H001711070000223010389	三级/高级技能
	郑际童	男	H001711070000223010390	三级/高级技能
	叶路聪	男	H001711070000223010391	三级/高级技能
	曾美华	男	H001711070000223010392	三级/高级技能

续表

	姓名	性别	证书号码	级别
广州鉴定站	饶珩	女	H00171107000022301O393	三级/高级技能
	吴柳	女	H001711070000223010394	三级/高级技能
	黄雪玲	女	H001711070000223010395	三级/高级技能
	陈会婷	女	H001711070000223010396	三级/高级技能
	卢泽红	女	H001711070000223010397	三级/高级技能
	罗婉芳	女	H001711070000223010398	三级/高级技能
	黄可文	女	H001711070000223010399	三级/高级技能
	曾剑鸣	男	H001711070000223010400	三级/高级技能
	原志声	男	H001711070000223010401	三级/高级技能
	李树炯	男	H001711070000223010402	三级/高级技能
	曾子昭	男	H001711070000223010403	三级/高级技能
	邹文华	男	H001711070000223010404	三级/高级技能
	卢冠辉	男	H001711070000223010405	三级/高级技能
	周楚君	女	H001711070000223010406	三级/高级技能
	周丹丹	女	H001711070000223010407	三级/高级技能
	曾勇	男	H001711070000223010408	三级/高级技能
	王玮璇	女	H001711070000223010365	三级/高级技能
	刘佳玮	男	H001711070000223010366	三级/高级技能
	刘昌远	男	H001711070000223010367	三级/高级技能
	王汀	男	H001711070000223010368	三级/高级技能
	方正	男	H001711070000223010369	三级/高级技能
	宋泽安	男	H001711070000223010370	三级/高级技能
	崔千子	女	H001711070000223010371	三级/高级技能
	朱乔方	男	H001711070000223010372	三级/高级技能
	郑曦	男	H001711070000223012497	三级/高级技能
	蔡雅斤	男	H001711070000223012498	三级/高级技能
	林鹭伟	男	H001711070000223012499	三级/高级技能
	蔡子超	男	H001711070000223012500	三级/高级技能
	钱新伟	男	H001711070000223012501	三级/高级技能
	黄少青	男	H001711070000223012502	三级/高级技能
	林健和	男	H001711070000223012503	三级/高级技能
	刘少强	男	H001711070000223012504	三级/高级技能
	王优博	男	H001711070000223012505	三级/高级技能
	林志芳	男	H001711070000223012506	三级/高级技能

续表

	姓名	性别	证书号码	级别
广州鉴定站	邱能康	男	H001711070000223012507	三级/高级技能
	薛桂英	女	H001711070000223012508	三级/高级技能
	吴远程	男	H001711070000223012509	三级/高级技能
	LIN YUHAO	男	H001711070000223012510	三级/高级技能
	赖金土	男	H001711070000223012511	三级/高级技能
	李鸿亨	男	H001711070000223012512	三级/高级技能
	程磊磊	男	H001711070000223012513	三级/高级技能
	华登文	男	H001711070000223012514	三级/高级技能
	涂春松	男	H001711070000223012515	三级/高级技能
	常鹏宇	男	H001711070000223012516	三级/高级技能
	高亮	男	H001711070000223012496	三级/高级技能
	毛俊龙	男	H001711070000233002479	三级/高级技能
	林凤加	男	H001711070000233002480	三级/高级技能
	李乐	男	H001711070000233002481	三级/高级技能
	杨光	男	H001711070000233002482	三级/高级技能
	林源	男	H001711070000233002483	三级/高级技能
	余宏新	男	H001711070000233002484	三级/高级技能
	张秤飞	男	H001711070000233002485	三级/高级技能
	李贵锋	男	H001711070000233002486	三级/高级技能
	张鹏科	男	H001711070000233002487	三级/高级技能
	罗峰	男	H001711070000233002488	三级/高级技能
	杨勇	男	H001711070000233002489	三级/高级技能
	杜肖雄	男	H001711070000233002490	三级/高级技能
	龚川	男	H001711070000233002491	三级/高级技能
	米楠	男	H001711070000233002492	三级/高级技能
	杨俊	男	H001711070000233002493	三级/高级技能
	邢馨尹	女	H001711070000233002494	三级/高级技能
	董亚夫	男	H001711070000233002495	三级/高级技能
	何劲	男	H001711070000233002496	三级/高级技能
	董焕琦	男	H001711070000233002497	三级/高级技能
	卢康	男	H001711070000233002498	三级/高级技能
	何嘉政	男	H001711070000233002499	三级/高级技能
	陈磊	男	H001711070000233002500	三级/高级技能
	陈新建	男	H001711070000233002501	三级/高级技能

续表

	姓名	性别	证书号码	级别
广州鉴定站	温燕伟	男	H001711070000233002502	三级/高级技能
	洪子杰	男	H001711070000233002503	三级/高级技能
	杨代辉	男	H001711070000233002504	三级/高级技能
	丁鹏	男	H001711070000224007860	四级/中级技能
	王学成	男	H001711070000224007861	四级/中级技能
	梁恒镇	男	H001711070000224007862	四级/中级技能
	朱慧媛	女	H001711070000224007863	四级/中级技能
	黄婷婷	女	H001711070000224007864	四级/中级技能
	沈文滔	男	H001711070000224007865	四级/中级技能
	张军强	男	H001711070000224007866	四级/中级技能
	谢庚泰	男	H001711070000224007867	四级/中级技能
	叶祖希	男	H001711070000224007868	四级/中级技能
	黎晋珲	男	H001711070000224007869	四级/中级技能
	李宗濠	男	H001711070000224007870	四级/中级技能
	冯进	男	H001711070000224007871	四级/中级技能
	张伟	男	H001711070000224007872	四级/中级技能
	王子豪	男	H001711070000224007873	四级/中级技能
	李雅洁	女	H001711070000224008554	四级/中级技能
	林晓乐	男	H001711070000224011229	四级/中级技能
	陈俊宇	男	H001711070000233002505	四级/中级技能
	徐宁	男	H001711070000234002353	四级/中级技能
	石路	男	H001711070000234002354	四级/中级技能
	黄兆莹	男	H001711070000234002355	四级/中级技能
	周俊帮	男	H001711070000234002356	四级/中级技能
	肖益佳	女	H001711070000234002357	四级/中级技能
	李尔	男	H001711070000234002358	四级/中级技能
	王大明	男	H001711070000234002359	四级/中级技能
	吴志宇	男	H001711070000234002360	四级/中级技能
	郝康乐	男	H001711070000234002361	四级/中级技能
	邹达滨	男	H001711070000234002362	四级/中级技能
	虎志宇	男	H001711070000234002363	四级/中级技能
	黄浩洋	男	H001711070000234002364	四级/中级技能
	彭海活	男	H001711070000234002365	四级/中级技能
	邓聪	男	H001711070000234002366	四级/中级技能

续表

	姓名	性别	证书号码	级别
广州鉴定站	范洪超	男	H00171107000022500200 4	五级/初级技能
	陈清贤	男	H001711070000225002005	五级/初级技能
	王泽泽	男	H001711070000225002006	五级/初级技能
	欧阳子杰	男	H001711070000225002007	五级/初级技能
	沈政帮	男	H001711070000225002008	五级/初级技能
	罗辉龙	男	H001711070000225002009	五级/初级技能
	范洪丽	女	H001711070000225002010	五级/初级技能
	张来德	男	H001711070000225002011	五级/初级技能
	郭志文	男	H001711070000225002012	五级/初级技能
	刘洋	男	H001711070000225002013	五级/初级技能
	钟宜成	男	H001711070000225002014	五级/初级技能
	谢宗洋	男	H001711070000225002015	五级/初级技能
	潘力生	男	H001711070000225002016	五级/初级技能
	刘觐源	男	H001711070000225002017	五级/初级技能
	李刚	男	H001711070000225002018	五级/初级技能
	刘忠和	男	H001711070000225002019	五级/初级技能
	黄诗华	男	H001711070000225002020	五级/初级技能
	杨思约	男	H001711070000225002681	五级/初级技能
	张涛	男	H001711070000225002682	五级/初级技能
	吕振砚	男	H001711070000225002683	五级/初级技能
	杨伟艳	女	H001711070000225002684	五级/初级技能
	方佳祥	男	H001711070000225002685	五级/初级技能
	王泳棋	男	H001711070000225002686	五级/初级技能
	张珏菁	女	H001711070000225002687	五级/初级技能
	涂家曙	男	H001711070000225002688	五级/初级技能
	郑子跃	女	H001711070000225002689	五级/初级技能
	陈文启	男	H001711070000225002690	五级/初级技能
	熊泊睿	男	H001711070000225002691	五级/初级技能
	韦星宇	男	H001711070000225002655	五级/初级技能
	陈泳锦	男	H001711070000225002656	五级/初级技能
	覃江英	女	H001711070000225002657	五级/初级技能
	冯翀	男	H001711070000225002658	五级/初级技能
	曾月霞	女	H001711070000225002659	五级/初级技能
	覃社静	女	H001711070000225002660	五级/初级技能

续表

	姓名	性别	证书号码	级别
广州鉴定站	顾玉钦	男	H001711070000225002661	五级/初级技能
	李津林	男	H001711070000225002662	五级/初级技能
	吴海桦	女	H001711070000225002663	五级/初级技能
	莫林萍	女	H001711070000225002664	五级/初级技能
	黄景波	男	H001711070000225002665	五级/初级技能
	钟建润	男	H001711070000225002666	五级/初级技能
	张嘉慧	女	H001711070000225002667	五级/初级技能
	林俊颜	女	H001711070000225002668	五级/初级技能
	谢博艺	男	H001711070000225002669	五级/初级技能
	农朝康	男	H001711070000225002670	五级/初级技能
	周银毅	男	H001711070000225002671	五级/初级技能
	班华华	男	H001711070000225002672	五级/初级技能
	李善吉	男	H001711070000225002673	五级/初级技能
	梁传杰	男	H001711070000225002674	五级/初级技能
	刘小龙	男	H001711070000225002675	五级/初级技能
	李育汉	男	H001711070000225002676	五级/初级技能
	覃淼英	女	H001711070000225002677	五级/初级技能
	潘烨龙	男	H001711070000225002678	五级/初级技能
	李哲慧	女	H001711070000225002679	五级/初级技能
	梁峻明	男	H001711070000225002680	五级/初级技能
	刘俊辉	男	H001711070000234002367	五级/初级技能
	何卓杰	男	H001711070000235000112	五级/初级技能
	谢寒	男	H001711070000235000113	五级/初级技能
	许俊杰	男	H001711070000235000114	五级/初级技能
	林建超	男	H001711070000235000115	五级/初级技能
	刘彤桐	女	H001711070000235000116	五级/初级技能
	李志诚	男	H001711070000235000117	五级/初级技能
	曾庆永	男	H001711070000235000118	五级/初级技能
	卫炜	女	H001711070000235000119	五级/初级技能
	李先觉	男	H001711070000235000120	五级/初级技能
	付志杰	男	H001711070000235000121	五级/初级技能
	谢学有	男	H001711070000235000122	五级/初级技能
	尹箭君	男	H001711070000235000123	五级/初级技能
	苏照勇	男	H001711070000235000124	五级/初级技能

续表

	姓名	性别	证书号码	级别
广州鉴定站	陈翔	男	H001711070000235000125	五级/初级技能
	蔡玮嘉	女	H001711070000235000126	五级/初级技能
	邹宏伟	男	H001711070000235000127	五级/初级技能
上海鉴定站	吕甜	女	H001711070000223012472	三级/高级技能
	张洪源	男	H001711070000223012473	三级/高级技能
	程贵生	男	H001711070000223012474	三级/高级技能
	吕双喜	男	H001711070000223012475	三级/高级技能
	夏晨亮	男	H001711070000223012476	三级/高级技能
	田宇	男	H001711070000223012477	三级/高级技能
	陈伟佳	男	H001711070000223012478	三级/高级技能
	吴二虎	男	H001711070000223012479	三级/高级技能
	杨昊	男	H001711070000223012480	三级/高级技能
	王怀天	男	H001711070000223012481	三级/高级技能
	王进	男	H001711070000223012482	三级/高级技能
	何小飞	男	H001711070000223012483	三级/高级技能
	张祥	男	H001711070000223012484	三级/高级技能
	王洪远	男	H001711070000223012485	三级/高级技能
	田权	男	H001711070000223012486	三级/高级技能
	张强	男	H001711070000223012487	三级/高级技能
	李前锋	男	H001711070000223012488	三级/高级技能
	陈尧	男	H001711070000223012489	三级/高级技能
	李秋云	男	H001711070000223012490	三级/高级技能
	聂磊	男	H001711070000223012491	三级/高级技能
	王石磊	男	H001711070000223012492	三级/高级技能
	吴中华	男	H001711070000223012493	三级/高级技能
	王雪光	男	H001711070000223012494	三级/高级技能
	徐维强	男	H001711070000223012495	三级/高级技能
	肖迎阳	女	H001711070000224011207	四级/中级技能
	朱德川	男	H001711070000224011208	四级/中级技能
	徐静静	女	H001711070000224011209	四级/中级技能
	郑璐瑶	女	H001711070000224011210	四级/中级技能
	吴靓	男	H001711070000224011211	四级/中级技能
	陆兴琪	男	H001711070000224011212	四级/中级技能
	刘虹	女	H001711070000224011213	四级/中级技能

续表

	姓名	性别	证书号码	级别
上海鉴定站	魏伦	男	H00171107000022401 1214	四级/中级技能
	王书豪	男	H001711070000224011215	四级/中级技能
	唐鹏	男	H001711070000224011216	四级/中级技能
	蔡建成	男	H001711070000224011217	四级/中级技能
	朱凯	男	H001711070000224011218	四级/中级技能
	钱妙炎	男	H001711070000224011219	四级/中级技能
	戚功菊	女	H001711070000224011220	四级/中级技能
	周知恩	男	H001711070000224011221	四级/中级技能
	郑兰方	女	H001711070000224011222	四级/中级技能
	姚莉莉	女	H001711070000224011223	四级/中级技能
	李龙春	男	H001711070000224011224	四级/中级技能
	曲天	男	H001711070000224011225	四级/中级技能
	朱辰	男	H001711070000224011226	四级/中级技能
	李振东	男	H001711070000224011227	四级/中级技能
	李庆辉	男	H001711070000224011228	四级/中级技能
	钱靖	女	H001711070000225002643	五级/初级技能
	周小芳	女	H001711070000225002644	五级/初级技能
	李泓呈	男	H001711070000225002645	五级/初级技能
	杨俊	男	H001711070000225002646	五级/初级技能
	杨彤	女	H001711070000225002647	五级/初级技能
	王鑫	男	H001711070000225002648	五级/初级技能
	赵国胜	男	H001711070000225002649	五级/初级技能
	陶玉善	男	H001711070000225002650	五级/初级技能
	丁彦斌	男	H001711070000225002651	五级/初级技能
	胡立强	男	H001711070000225002652	五级/初级技能
	朱张义	男	H001711070000225002653	五级/初级技能
	彭明明	男	H001711070000225002654	五级/初级技能
吉林省钢琴调律师协会	王璇烨	男	H001711070000223009227	三级/高级技能
	唐献秋	男	H001711070000223009228	三级/高级技能
	陈俊伟	男	H001711070000223009229	三级/高级技能
	赵亚俊	男	H001711070000223009230	三级/高级技能
	孔祥	男	H001711070000223009231	三级/高级技能
	张亭亭	女	H001711070000223009232	三级/高级技能
	杨文江	男	H001711070000223009233	三级/高级技能

续表

	姓名	性别	证书号码	级别
吉林省钢琴调律师协会	朱月龙	男	H001711070000223009234	三级/高级技能
	游马强	男	H001711070000223009235	三级/高级技能
	门展辉	男	H001711070000223009236	三级/高级技能
	王振宇	男	H001711070000223009237	三级/高级技能
	赵辉	男	H001711070000223009238	三级/高级技能
	许嘉	男	H001711070000223009239	三级/高级技能
	王昱学	男	H001711070000223009240	三级/高级技能
	刘佳琦	男	H001711070000223009241	三级/高级技能
	宋兰天	女	H001711070000223009242	三级/高级技能
	徐丹	男	H001711070000223009243	三级/高级技能
	许晓宁	女	H001711070000223009244	三级/高级技能
	姚维芳	男	H001711070000223009245	三级/高级技能
	杜俊达	男	H001711070000223009246	三级/高级技能
	殷爽	女	H001711070000223009247	三级/高级技能
	张志奇	男	H001711070000223009248	三级/高级技能
	万健	男	H001711070000223009249	三级/高级技能
	单陈民	男	H001711070000223009400	三级/高级技能
	钟剑林	男	H001711070000223009401	三级/高级技能
	师帅	男	H001711070000223009402	三级/高级技能
	龙开义	男	H001711070000223009403	三级/高级技能
	彭李	男	H001711070000223009404	三级/高级技能
	谢勇	男	H001711070000223009405	三级/高级技能
	费乐	男	H001711070000223009406	三级/高级技能
	陈嘉	男	H001711070000223009407	三级/高级技能
	谢伟玉	女	H001711070000223009408	三级/高级技能
	曾毅	男	H001711070000223009409	三级/高级技能
	李伍	男	H001711070000223009410	三级/高级技能
	徐杨漾	男	H001711070000233000653	三级/高级技能
	韩树青	男	H001711070000233000654	三级/高级技能
	郗亚娟	女	H001711070000233000655	三级/高级技能
	吴万浩	男	H001711070000233000656	三级/高级技能
	刘少辉	男	H001711070000233000657	三级/高级技能
	王伟	男	H001711070000233000658	三级/高级技能
	霸天阳	男	H001711070000233000659	三级/高级技能

续表

	姓名	性别	证书号码	级别
吉林省钢琴调律师协会	胡成铎	男	H001711070000233000660	三级/高级技能
	马云龙	男	H001711070000233000661	三级/高级技能
	沈家杰	男	H001711070000233000662	三级/高级技能
	荀磊磊	男	H001711070000233000663	三级/高级技能
	胡博	男	H001711070000233000664	三级/高级技能
	陈黎明	男	H001711070000233000665	三级/高级技能
	胡洋	男	H001711070000233000666	三级/高级技能
	韩萍	女	H001711070000233000667	三级/高级技能
	卢昊	男	H001711070000233000668	三级/高级技能
	周文琦	男	H001711070000233000669	三级/高级技能
	管俊澎	男	H001711070000233000670	三级/高级技能
	李首川	男	H001711070000233000671	三级/高级技能
	吴家奇	男	H001711070000233000672	三级/高级技能
	倪润泽	男	H001711070000233000673	三级/高级技能
	殷勇华	男	H001711070000233000674	三级/高级技能
	谭畅	男	H001711070000233000675	三级/高级技能
	刘重安	男	H001711070000233000676	三级/高级技能
	张秀川	男	H001711070000233000677	三级/高级技能
	张恩耀	男	H001711070000224007874	四级/中级技能
	张福龙	男	H001711070000224007875	四级/中级技能
	李德豹	男	H001711070000224007876	四级/中级技能
	孙健	男	H001711070000224007877	四级/中级技能
	李雨彤	女	H001711070000224007878	四级/中级技能
	张依凡	女	H001711070000224007892	四级/中级技能
	胡汉彬	男	H001711070000224007893	四级/中级技能
	廖旭祺	男	H001711070000224007894	四级/中级技能
	凌杰	男	H001711070000224007895	四级/中级技能
	欧阳群福	男	H001711070000224007896	四级/中级技能
	华玲	女	H001711070000224007897	四级/中级技能
	陈增	男	H001711070000224007898	四级/中级技能
	吴瀚	男	H001711070000224007899	四级/中级技能
	朱炎辉	女	H001711070000224007900	四级/中级技能
	惠晟豪	男	H001711070000234001061	四级/中级技能
	魏子超	男	H001711070000234001062	四级/中级技能

续表

	姓名	性别	证书号码	级别
吉林省钢琴调律师协会	肖璐	女	H001711070000225002021	五级/初级技能
	张蕊	女	H001711070000225002022	五级/初级技能
	符小娟	女	H001711070000225002023	五级/初级技能
	王洋	女	H001711070000225002024	五级/初级技能
	丁之然	女	H001711070000225002025	五级/初级技能
	邹艺淇	女	H001711070000225002026	五级/初级技能
	刑鹤霖	男	H001711070000225002027	五级/初级技能
	王思懿	女	H001711070000225002028	五级/初级技能
	王羽乔	女	H001711070000225002029	五级/初级技能
	张建辉	男	H001711070000225002039	五级/初级技能
	吕甜	女	H001711070000225002040	五级/初级技能
	程开新	男	H001711070000225002041	五级/初级技能
	曹致远	男	H001711070000225002042	五级/初级技能
	赵广胜	男	H001711070000225002043	五级/初级技能
辽宁省钢琴调律师协会	古艺雅	女	H001711070000223010409	三级/高级技能
	殷淑磊	男	H001711070000223010410	三级/高级技能
	巴金	男	H001711070000223010411	三级/高级技能
	马奕德	男	H001711070000223010412	三级/高级技能
	吕旭鹏	男	H001711070000223010413	三级/高级技能
	戴斌	男	H001711070000223010414	三级/高级技能
	窦乃宾	男	H001711070000223010415	三级/高级技能
	段明斗	男	H001711070000223010416	三级/高级技能
	关明明	男	H001711070000223010417	三级/高级技能
	赵亚蕾	女	H001711070000223010418	三级/高级技能
	沈魁	男	H001711070000223010419	三级/高级技能
	靳鲜莉	男	H001711070000223010420	三级/高级技能
	王兴晨	男	H001711070000223010421	三级/高级技能
	闵春君	男	H001711070000223010422	三级/高级技能
	王云朋	男	H001711070000223010423	三级/高级技能
	赵惠玲	女	H001711070000223010424	三级/高级技能
	李晓鹏	男	H001711070000223010425	三级/高级技能
	郭定	男	H001711070000223010426	三级/高级技能
	杨博光	男	H001711070000223010427	三级/高级技能
	李启彬	男	H001711070000223010428	三级/高级技能
	陈鑫	男	H001711070000223010429	三级/高级技能

续表

	姓名	性别	证书号码	级别
辽宁省钢琴调律师协会	荆蕾	女	H001711070000223010430	三级/高级技能
	刘伟琳	女	H001711070000223010431	三级/高级技能
	郭虹妤	女	H001711070000223010432	三级/高级技能
	吕振龙	男	H001711070000223010433	三级/高级技能
	张浩	男	H001711070000223010434	三级/高级技能
	彭文婕	女	H001711070000223010435	三级/高级技能
	邵海辉	男	H001711070000223010436	三级/高级技能
	张彪	男	H001711070000223010437	三级/高级技能
	王浪	男	H001711070000223010438	三级/高级技能
	卞良策	男	H001711070000223010439	三级/高级技能
	蔡璐灿	女	H001711070000223010440	三级/高级技能
	马昌胜	男	H001711070000223010441	三级/高级技能
	奴尔巴勒・托坎	男	H001711070000224008555	四级/中级技能
	努尔夏提・依斯特买斯	男	H001711070000224008556	四级/中级技能
	努尔巧丽盼・巴合提别克	女	H001711070000224008557	四级/中级技能
	王禹博	男	H001711070000224008558	四级/中级技能
	阿曼・奥巴克尔	男	H001711070000224008559	四级/中级技能
	古丽扎提・阿黑哈提	女	H001711070000224008560	四级/中级技能
	徐铭岳	女	H001711070000224008561	四级/中级技能
	赛力克・哈勒木汗	男	H001711070000224008562	四级/中级技能
	古丽江・卡热木	女	H001711070000224008563	四级/中级技能
	蔡永计	男	H001711070000224008564	四级/中级技能
	阿力木别尔得・奴尔旦哈孜	男	H001711070000224008565	四级/中级技能
	黄嘉文	男	H001711070000224008566	四级/中级技能
	何江娜	女	H001711070000224008567	四级/中级技能
	黄燕美	女	H001711070000224008568	四级/中级技能
	塔玛夏・托力克巴衣	女	H001711070000224008569	四级/中级技能
	赵勇	男	H001711070000224008570	四级/中级技能
	史咏梅	女	H001711070000224008571	四级/中级技能
	陈冉燃	女	H001711070000224008572	四级/中级技能
	王泽	男	H001711070000225002392	五级/初级技能
	曾昊辰	男	H001711070000225002393	五级/初级技能
	马奕	男	H001711070000225002394	五级/初级技能
	王光景	男	H001711070000225002395	五级/初级技能
	彭磊	男	H001711070000225002396	五级/初级技能

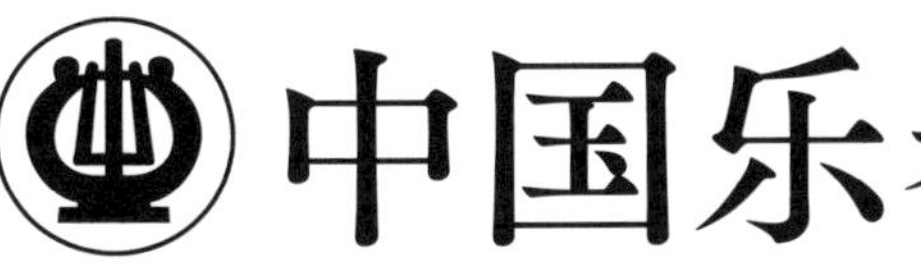

中国乐器年鉴

2023

CHINA MUSICAL INSTRUMENT YEARBOOK
（2023）

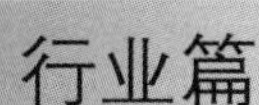

行业篇 1

指标数据篇 103

协会工作篇 145

科技创新篇 204

职业技能篇 390

音乐教育篇 411

产业集群篇 425

海外信息篇 441

音教大会

关于举办“2022国民音乐教育大会”的通知

各会员单位及广大音乐教育工作者：

为了贯彻和落实国家相关美育政策，提高我国音乐教育水平，提升国民音乐文化素养，“2022国民音乐教育大会”将于8月在北京举办。大会将严格按照国家相关部门疫情防控规定，采取“控规模、缩范围，减时间”的措施，秉承“音乐让生活更美好”的宗旨，围绕音乐教育核心，整合各界资源，直面当今音乐教育全产业链，直面当前形势、问题，切入热点和痛点，深入研究、交流音乐教育的理念、内容、方法与途径，推进音乐教育服务平台和内容体系的完善与构建。

一、时间、地点

时间：2022年8月2日—3日

（7月31日—8月1日为青少年民族乐器展演）

地点：中国国家图书馆（北京市海淀区中关村南大街33号）

二、大会宗旨

国民音乐教育大会以“乐器成为家庭标配，音乐成为生活刚需”为目标，倡导“每个国民一生学会一件乐器，每个家庭一年听一场音乐会”。在内容设计上兼顾学校美育教育与校外美育教育。

三、组织结构

主办单位：中国乐器协会、中央音乐学院、上海国展展览中心有限公司、华夏未来文化艺术基金会、人民音乐出版社

承办单位：中国乐器协会、上海国展展览中心有限公司

协办单位：中国民族管弦乐学会陶笛艺术委员会、北京乐器学会、北京学前教育委员会、辽宁省乐器学会、江苏省文化艺术科学技术协会、深圳乐器行业协会、华夏乐府联盟、中国音乐教育网、天津教育学会

国际合作伙伴：美国国际音乐制品协会（NAMM）、欧洲音乐产业联盟（CAFIM）、国际音乐教育学会（ISME）

四、大会内容

大会分为主会场和分会场，主会场主要包括开幕式、主题发言及论坛等。

分会场以主题讲座、工作坊和圆桌论坛为主，主要内容包括：学校音乐教育、幼儿音乐教育、音乐教育论文宣讲及点评、钢琴、合唱、琵琶、扬琴、古筝、古琴、箜篌、二胡、竹笛、笙、阮、柳琴等。大会期

间，还将举办青少年民族器乐展演、亲子音乐会、“万叶杯”音乐教育论文征集评选等，为更多喜爱音乐、学习音乐的青少年及家长朋友，提供更加丰富的内容（以上内容如有变化，请以现场为准）。

五、参会说明

（1）会务费：会务费1380元/人（交通、食宿费用自理，组委会可开具邀请函、正式发票、继续教育学时证明等）。

（2）报名方式：扫描二维码，进入报名通道，填写资料缴费。报名以网上缴费成功为准，大会不接受现场报名。

（3）参会人员：各级各类学校、幼儿园音乐教师及管理者、社会艺培机构从业者、广大乐器生产企业及琴行经销商、音乐教育科研工作者、在校研究生、琴童家长以及其他音乐教育行业相关人士。

（4）证书获得：

参会人员将获得“2022年国民音乐教育大会参会证书”（2022年国民音教大会参会证书样式，如有变化，请以最终现场发放实物为准）。

National Music Education Conference

2022国民音乐教育大会

National Music Education Conference

参会证书

CERTIFICATE

________先生（女士）

于2022年08月，参加国民音乐教育大会有关音乐教育理论、方法学习交流以及研讨等环节，特此证明！

国民音乐教育大会组委会

2022年08月

咨询电话：010-67661596/5718/2056/9098/8106（工作时间）。

以上条款解释权归组委会所有。

中国乐器协会

国民音乐教育大会组委会

2022年7月

相信音乐，热爱生活　奏响新时代华彩乐章
“2022国民音乐教育大会”在京圆满收官

编者按：2022年8月1日至3日，由中国乐器协会、中央音乐学院、上海国展展览中心有限公司、天津华夏未来文化艺术基金会、人民音乐出版社共同主办的“2022国民音乐教育大会”，在国图艺术中心和湖北大厦圆满收官。本届大会以“相信音乐，热爱生活”为主题，近200位音教专家加盟助阵9个分会场，倾情奉献60余场音乐教育成果交流与展示工作坊，来自全国各地的近700名音乐教育工作者，1000多名民族器乐展演选手，2700多名“万叶杯”论文（教案）参评教师，以及来自腾讯直播、央视频等网络直播平台的近70万在线观众，共赴2022国民音乐教育饕餮盛宴。

习近平总书记强调，“要努力构建德智体美劳全面培养的教育体系，形成更高水平的人才培养体系。”为进一步提升我国音乐教育质量，通过音乐的能量、乐器的魅力，激发信心，拉动乐器产业高质量发展，8月2日，“2022国民音乐教育大会”在国图艺术中心隆重开幕。中国轻工业联合会、中华全国手工业合作总社党委书记、会长张崇和，中国轻工业联合会、中华全国手工业合作总社党委副书记、中国乐器协会理事长、国民音乐教育大会组委会主席王世成，中央音乐学院党委书记赵旻，人民音乐出版社社长沈致金，天津华夏未来文化艺术基金会党委委员靳润成，天津华夏未来文化艺术基金会副理事长兼秘书长赵骞，著名专家学者李妲娜、吴斌、周海宏、郑莉、刘沛、章红艳、张天彤，国际提琴制作大师、大国工匠郑荃，著名音乐家卞留念，中国科学院声学所副所长杨军，中国音协管乐学会副主席姜斯文等出席开幕式。张崇和宣布大会开幕，并与王世成、赵旻、沈致金、吴斌、赵骞、姜斯文等共同为大会启幕。开幕式由中国乐器协会副理事长孙瑞勇主持。

一、以美育人，弘扬中华传统音乐文化

据不完全统计，我国目前乐器主要产品产量全球占比超50%，其中钢琴年产销36万架，全球占比72%。乐器行业的快速发展，为我国人民美好生活和音乐教育事业贡献了积极力量。音乐教育是提升全民族素质、体验美好幸福生活的重要路径，亦为乐器全产业链重要一环。

王世成理事长在开幕致辞中表示，2020年10月份，中共中央办公厅、国务院办公厅印发了《关于全面加强和改进新时代学校美育工作的意见》，在中国轻工业联合会党委领导和大力支持下，中国乐器协会积极引领行业认真落实文件精神，连续举办5年国民音乐教育大会，近两年，从形式到内容都有很多创新之处。“尽管大会采取‘控规模、缩范围、减时间’防疫举措，但知名专家、教育家、演奏家、企业家济济一堂，真诚希望通过音乐的能量和乐器的魅力，冲破疫情的阴霾，为参会代表倾情奉献音乐教育文化盛宴。”王世成在致辞中表示。本次国民音乐教育大会因疫情原因，国际音乐教育大师未能参加大会，但汇聚了国内音教大咖联袂奉献的60场名家大师讲堂，依然让参会代表兴奋不已，他们说，利用这样的机会，碰撞音教理念、打开音教新视野，收获很大。

“音乐教育是提高国人文化素养的重要途径，是关乎民族全面素质提高的重要一环。中央音乐学院作为国内最高音乐学府，一方面要培养‘尖子生’和‘国家队’，另一方面，推动和普及基层音乐教育也是中央音乐学院的重要任务之一。”中央音乐学院党委书记赵旻在致辞中表示，“国民音乐教育大会整合音乐教育资源、搭建交流平台，助推音乐教育事业发展和音乐人口扩展，助力全民艺术素质提高。”

音乐图书出版是音乐文化传播的主要方式，人民音乐出版社社长沈致金在致辞中表示，为实现乐

器教育全面覆盖，出版社积极举办竖笛、口风琴等乐器进校园活动，先后策划举办了多种形式的音乐教育活动，探索音乐文化全球传播视角，接下来将继续加强与音乐教育界的联系与交流，持续推进音乐教育内容产品的创新与服务，助力音乐教育学科建设和发展。

开幕式前，与会领导与国威酒业、珠江、上民一、海伦、柏斯、津宝、乐海、艾茉森、星海等大会赞助企业进行了交流。领导们对赞助企业提供的各类品牌乐器、智能音乐教学设备、音乐培训课程、乐器进校园综合解决方案表示赞赏与肯定，鼓励乐器企业依托国民音乐教育大会创新服务平台，积极推进乐器“进校园、进社区、进家庭”的三进工程。

二、振兴国乐，大咖高谈雄辩“新”课标

聚焦本届大会开幕式主题演讲，《龙腾虎跃》《我和我的祖国》暖场旋律致敬红色经典，著名音乐家卞留念激情演绎电声二胡独奏曲《赛马》，更将大会现场气氛渲染得激情澎湃。众名家大咖做客开幕论坛，演讲嘉宾且弹且谈，围绕新课标“快乐音乐教育”、民族乐器进课堂等热点话题，展开音乐教育创新理念的思想碰撞。

在主题演讲环节，中国音乐学院教授张天彤先声开讲，以“让每一个孩子会唱家乡的歌”为主题，用原生态民歌呼唤北方草原与森林的文化记忆，用心来讲述少数民族音乐的前世今生。她的讲座既言简意赅，又充满激情，让参会代表深切感受到挖掘抢救少数民族音乐的紧迫性，以及中国原生态民歌的非遗传承价值。

中央音乐学院教授周海宏以“学琴的三大基础与教育伤害”为题，从音乐心理学、人格与动机心理学视角，生动阐述在技术、乐感、勤奋器乐学习基础背后，儿童的放松心态、表现欲、兴趣，成为摒弃教育心理伤害、让孩子音乐天赋发挥到极致的快乐教育法门。

著名琵琶演奏家、教育家章红艳领衔主讲，携王磊（笙）、陈艳（二胡）、齐洁（琵琶）、程皓茹（古筝）4位青年民乐才俊，联袂钜献国乐经典，琴瑟互动，在开幕式现场播撒国乐火种，展现民族音乐文化自信，让参会代表们“领略民族器乐之美”。

由音乐教育家吴斌、首都师范大学教授郑莉、中国音乐学院教授刘沛3人共同带来的“音教三人行”特约主题论坛，成为本届大会创意策划热点。3位专家权威解读新课标，探研民族音乐进课堂的文化价值。众名家皆表示，新课标并非旧瓶装新酒，而是打破学科壁垒，厚植爱国主义情怀，坚定民族自信和文化自信的时代需要，更是中华传统文化艺术发展的必然选择！

据悉，尽管因场地防疫要求，线下严控人数，但线上盛况空前。开幕式和大会主旨演讲、论坛由新浪、凤凰、腾讯等多个线上平台同步直播，一上午时间，线上收看人数突破70万人次。网友留言众多，反响热烈。

三、星光璀璨，打造国乐文化盛宴

本届大会开幕式以及分会场各项音教专题活动聚焦美育、国乐文化传承，重量级演讲嘉宾高谈雄辩；九大分会场通过主题发言、圆桌论坛、大师课、音乐教育工作坊等形式，量身定制民乐进课堂、音教新课标等精彩折子戏；由大会组委会和人音社共同主办的“万叶杯”论文征集与评选活动持续提升大会学术水平……值得一提的是，大会特别策划首届民族器乐展演，由著名琵琶演奏家、中央音乐学院教授章红艳领衔，114位民乐专家组建权威专业评审团，全国各地1700多名青少年在琵琶、古筝、二胡、扬琴、古琴等11个项目展开才艺竞演，更加彰显主办方“让音乐成为生活刚需，乐器成为家庭标配”的初心使命。

盘点九大分会场活动策划，音教大会专家组专家李妲娜、吴斌、周海宏、郑莉、刘沛、杜永寿，中央音乐学院教授杨鸣、赵寒阳、徐阳、樊薇、袁非凡，中国音乐学院教授李民、李光陆，副教授杨婷婷以及合唱、音乐教学法、幼儿音乐教育等各方面专家，都在引领到场观众在各自领域之内进行深度交流学习。各分会场内容策划紧密联系实际，各具特色。其中，由首都师范大学音乐学院教授郑莉主持的《基于核心素养的音乐学科深度学习探微》，人民音乐出版社主编杜永寿主持的《新课标下的音

乐教学实践研究论坛》，中央音乐学院教授刘月宁主持的《新时代的大众扬琴艺术》，西南大学出版社策划的《中国传统文化在大中小学音乐课程中的而成的传承》，北京市海淀区音乐教育课题组带来的《民族乐器进课堂》等专题，关注音乐教育的重点和痛点，围绕专题邀请多位专家围炉漫话，与会代表均表示很受启发，收获满满。

值得一提的是，由大会组委会特别策划的“国威韵律——2022国民音乐教育大会开幕暨展演颁奖音乐会”中，青年琵琶演奏家江洋、阮演奏家邸琳、箜篌演奏家吴琳、二胡演奏家梁聆聆、笙演奏家王磊、扬琴演奏家徐盈睿联袂奉献国乐特色专场音乐会。整场音乐会选曲既有经典溯源，又兼容西方作曲创作理念。包括展现汉族龙图腾文化的琵琶曲《龙船》，极具地方特色的笙曲《晋调》，穿越宋朝之旅的箜篌曲《清明上河图》，浓郁新疆风格的阮曲《幽远的歌声》，以及具有浓郁西北风味的二胡《秦腔主题随想曲》。风格迥异的曲风，演奏家们精湛的演奏技艺，将音乐会不断推向高潮。

七月流火，八月未央。音乐是无国界的语言，每个民族都有独特的音符记忆。它是和平岁月欢快的旋律，也是抗击疫情的特殊时期心底燃起的希望。全体音乐教育工作者心怀赤诚，共同推动美育创新发展。讴歌伟大的党，讴歌伟大祖国，奏响迎接党的二十大新时代华彩乐章。

2022国民音乐教育大会圆满收官！热爱音乐，相信生活，在中国文化产业转型升级时代背景下，连续举办5年的国民音乐教育大会，已成为中国音乐教育的风向标。每年的国民音教大会已成为喜爱音乐、乐玩乐器的教育工作者和爱乐民众的年度盛会。大会组委会倡议业界同人，共同推动音教事业发展，扩大音乐人口，引导乐器消费，助力提高全民艺术素质。2023国民音乐教育大会，期待与您再次相聚！

音教市场

关于艺术培训机构现状调研报告

近日，文化和旅游部办公厅印发《关于做好文化艺术类校外培训管理相关工作的通知》。《通知》提出，积极开展本地区文化艺术类校外培训基本情况调研摸查，深入了解培训机构的数量、规模、师资、教材、培训内容、收费等情况，广泛听取相关文化艺术单位对规范管理文化艺术类校外培训机构、促进文化艺术类校外培训健康发展的意见和建议。

为配合《通知》要求，深入了解艺术培训机构的真实状况和现实需求，推动相关教育行业政策的调适，中国乐器协会音乐教育专业委员会面向全国艺术培训机构开展“关于艺术培训机构现状调研”。

本次问卷的调查时间为4月1日—30日，共回收问卷243份，全部为有效问卷（具体数据见下文）。此次调研获得的主要发现和结论如下：

一、机构概况

（一）地域分布

本次受访机构以华东地区和华中地区的机构为主。

（二）机构校区情况

本次参与调研的机构有74.49%为单店经营，加盟连锁的机构占13.99%，直营连锁的机构为11.52%。单店机构数量远远多于加盟连锁机构和直营连锁机构，具体数据如图1所示：

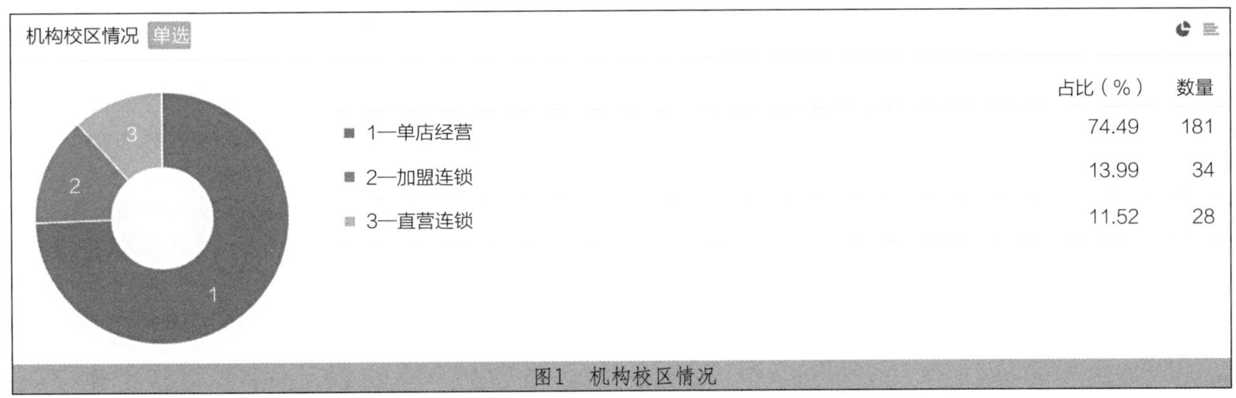

	占比（%）	数量
1—单店经营	74.49	181
2—加盟连锁	13.99	34
3—直营连锁	11.52	28

图1 机构校区情况

（三）机构平均单店面积

本次调研机构平均单店面积大于300m²的仅占23.05%；76.95%的机构平均单店面积低于300m²，未达到部分省市开办机构最低面积要求。具体数据如图2所示：

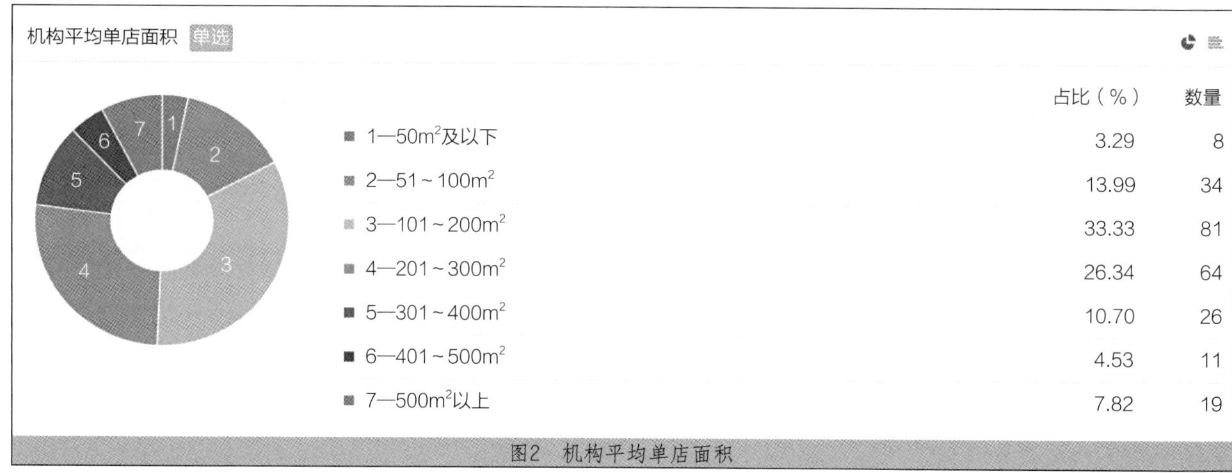

图2 机构平均单店面积

（四）机构开办年限

从参与调研机构开办年限来看，办学低于3年的机构占比23.87%；办学在3～5年的机构占比26.75%；办学超过5年的机构占比49.38%。由此可知，疫情当下，开办年限长的机构存活力更强。具体数据如图3所示：

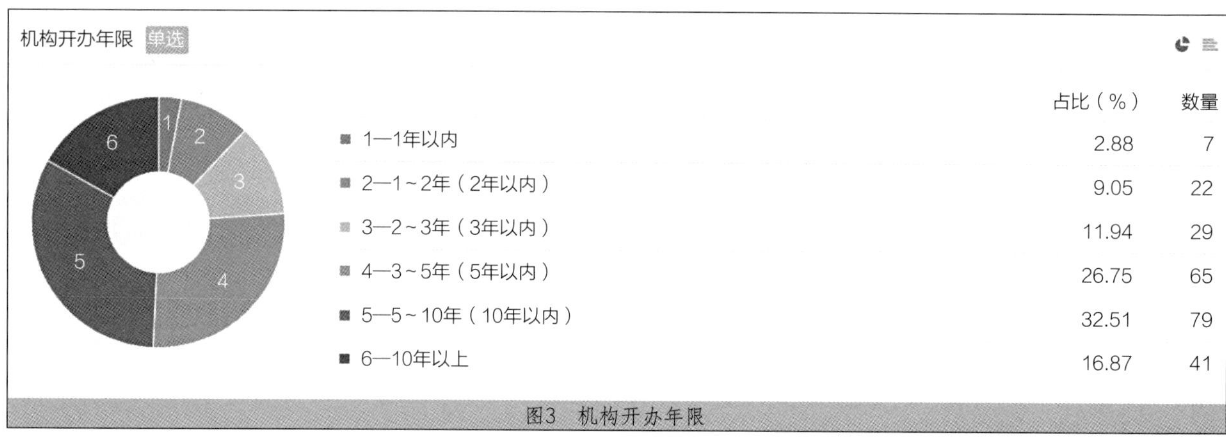

图3 机构开办年限

（五）机构人数规模

机构人数规模如图4所示。

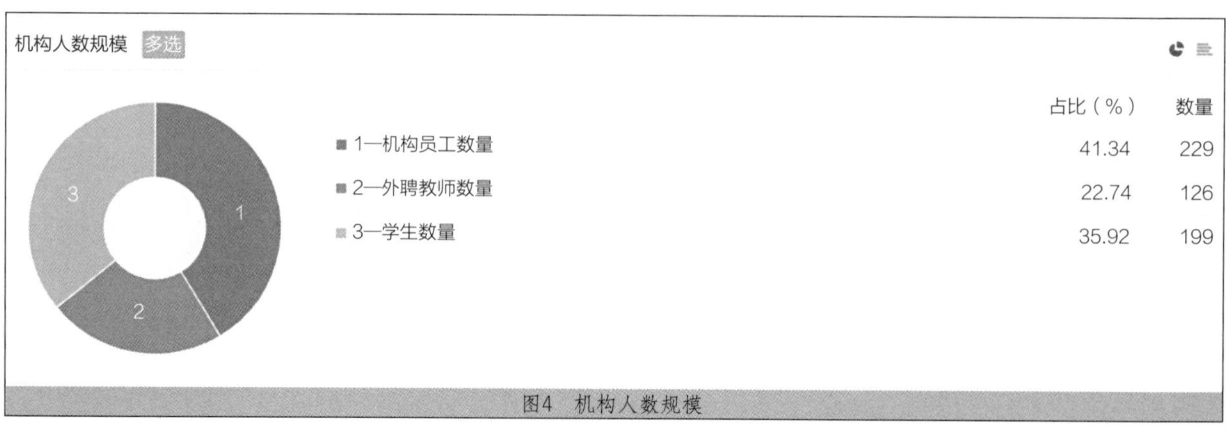

图4 机构人数规模

（六）机构物业使用/租用情况

从参与调研机构物业试用或租用情况来看，自有物业的机构占比15.23%，而租用物业的机构占比高达70.36%，由此可知，当机构受客观因素影响而停课时，市面上至少70.36%的机构将承受来自租金方面压力。具体数据如图5所示：

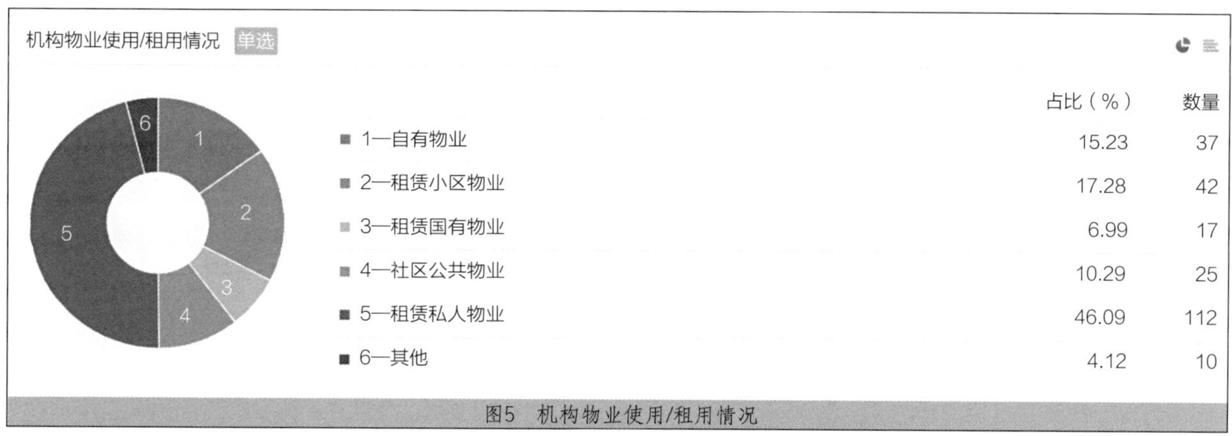

图5　机构物业使用/租用情况

（七）机构年主营业务收入

从参与调研机构年主营业务收入来看，80.08%的机构年主营业务收入在100万元以下；年主营业务收入在100万～300万元的占比为13.14%；而年主营业务收入大于300万元的机构仅为6.78%。小型机构数量上多，但是整体营收较低，在同样市场环境下，可能要面临更大的经营压力，具体数据如图6所示：

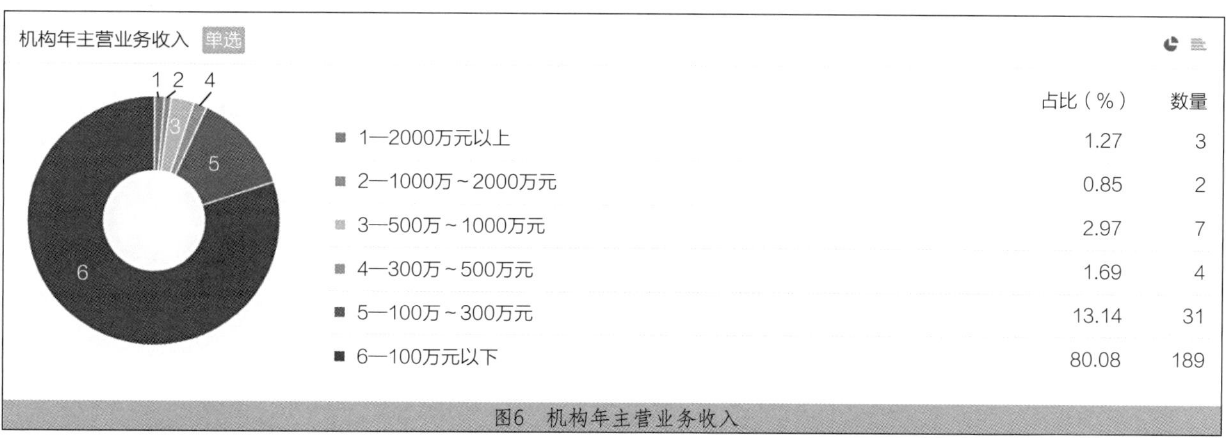

图6　机构年主营业务收入

（八）机构成本支出占比

从参与调研机构成本支出占比来看，机构租金的支出占比为31.96%，是最高的支出类型；人力成本支出占比29.08%，为机构第二大支出；教材教具成本支出及其他支出分别为20.03%和18.93%。由此可见，租金和人力成本仍是机构的两大主要支出。具体数据如图7所示：

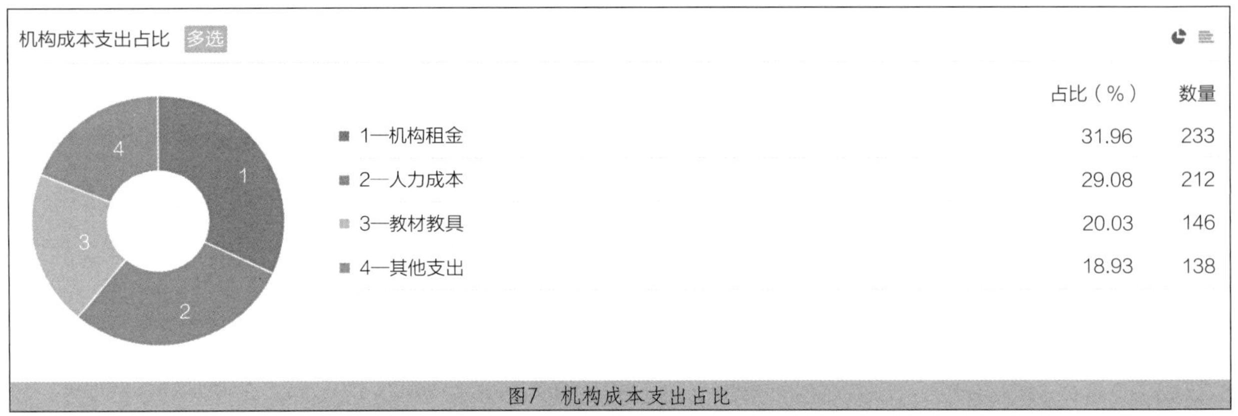

图7 机构成本支出占比

（九）机构在2020年、2021年营收情况

从参与调研机构近两年的营收情况来看，59.67%的机构处于亏损状态；27.57%的机构处于营收持平状态；仅有12.76%的机构能维持盈利。具体数据如图8所示：

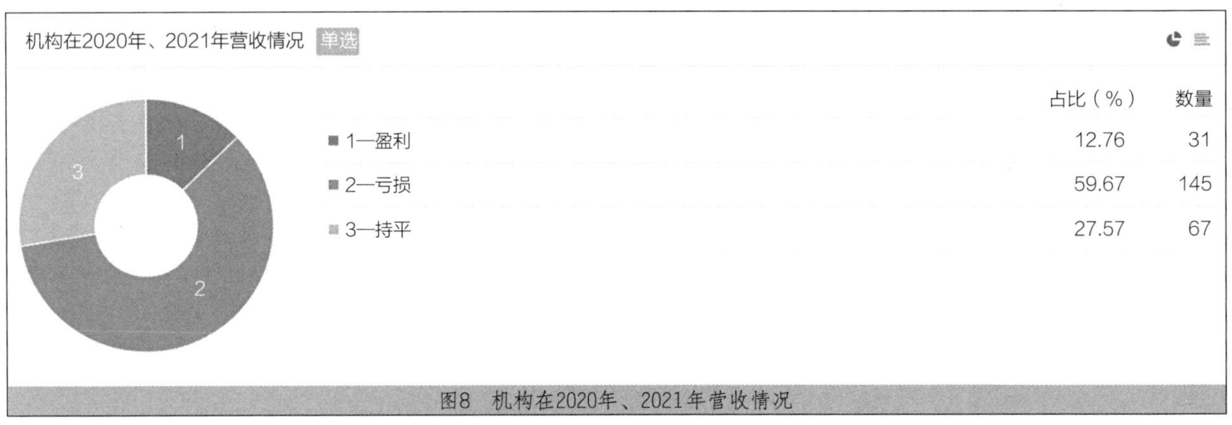

图8 机构在2020年、2021年营收情况

（十）机构主要营收来源及占比

从参与调研机构主要营收来源情况看，48.47%的机构主要营收为课程培训；机构在乐器销售上的营收占28.83%；此外22.7%的机构主要营收来源为教材销售和其他营收。由此建议机构可尝试增加跟主营业务相关的次级业务，增添营收类型，从而达到增加营收的目的。具体数据如图9所示：

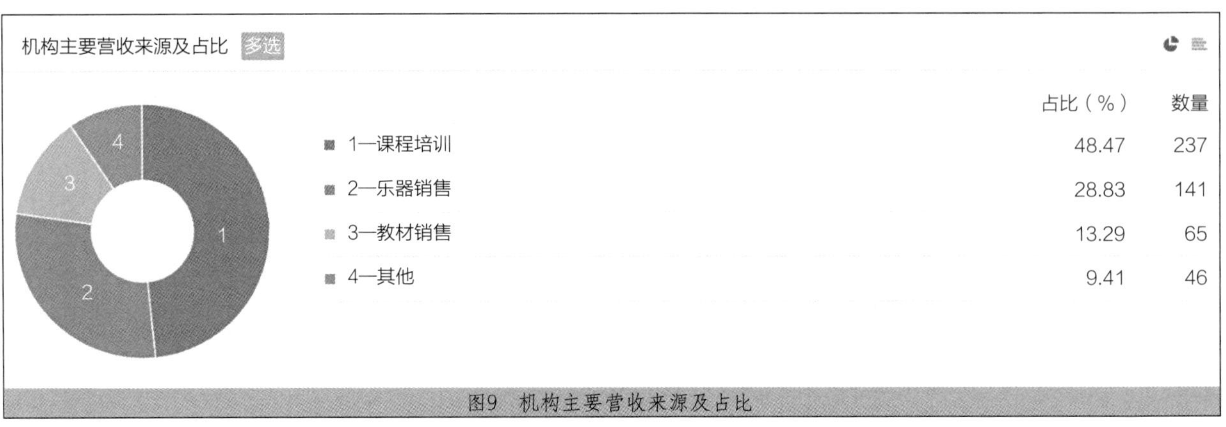

图9 机构主要营收来源及占比

二、教学情况

（一）机构开设哪些科目

从参与调研机构开设的科目看，钢琴培训占比21.42%；吉他培训占比16.64%；排名第三的则为其他培训科目。具体数据如图10所示：

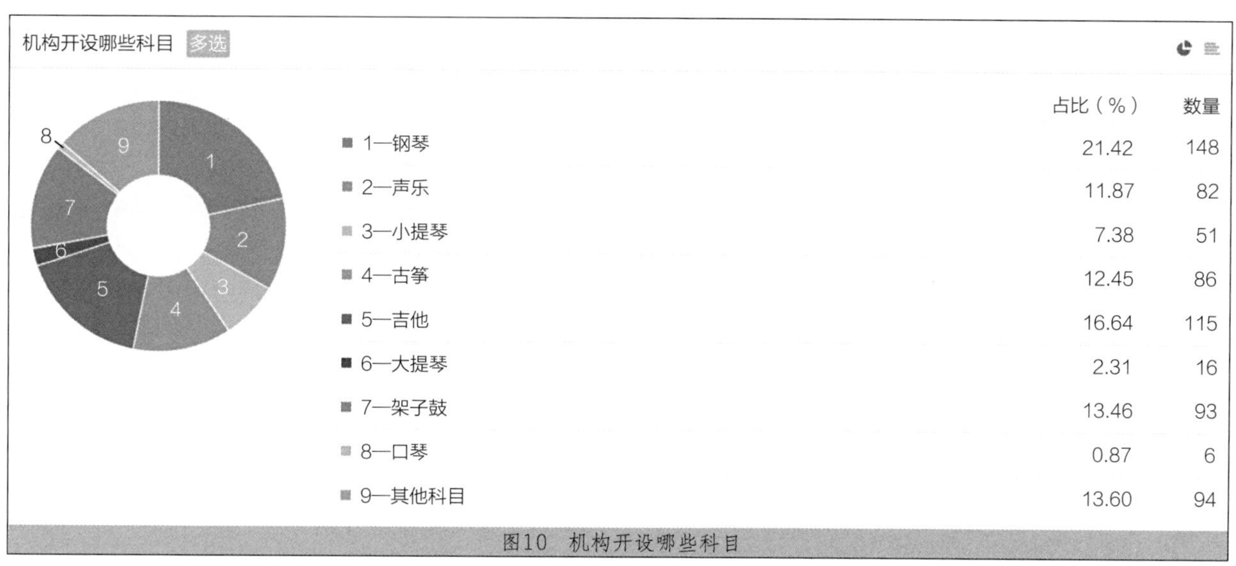

图10　机构开设哪些科目

（二）机构平均课时费（元/节）

根据调研反馈的数据，利用词云工具进行分析，从分析结果中知：不同机构之间平均课时费存在较大差异，而大多数机构平均课时费主要集中在100～150元/节。

（三）机构是否开设集体课

从调研数据中知，参与调研的机构中有65.84%的机构有开设集体课，有34.16%的机构未开设集体课。具体数据如图11所示：

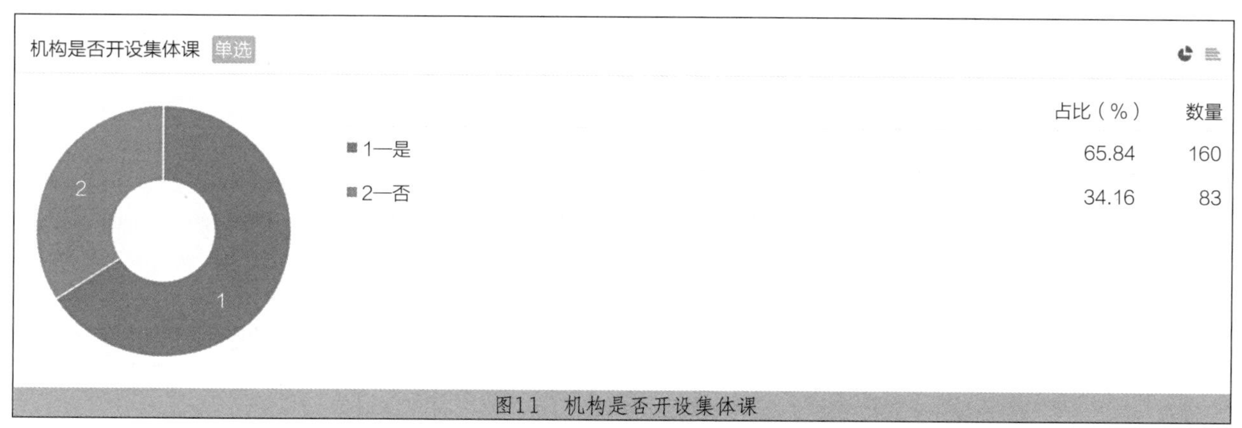

图11　机构是否开设集体课

（四）机构教材来源

从参与调研机构教材来源看，50.21%的机构直接采购第三方的教材；21.81%的机构用的是教师选定的教材；25.1%的机构有能力研发教材，用的是机构自身编写的教材。具体数据如图12所示：

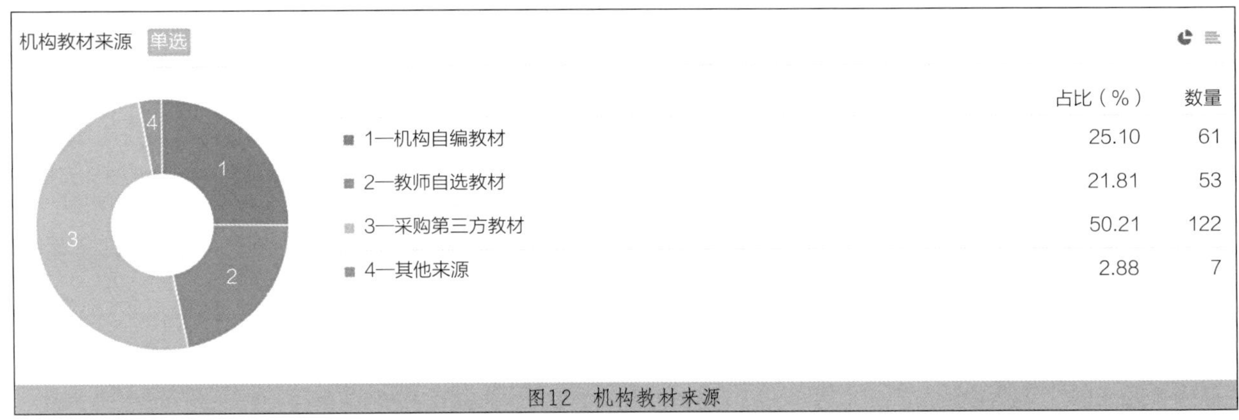

图12 机构教材来源

（五）机构学员年龄段区间及占比

从参与调研机构学员年龄段区间来看，机构12岁以下的学员占比62.03%；12~18岁的学员占比23.02%；18岁以上的学员占比为14.95%。由此可知，12岁以下的学员为参与艺术培训的主力军。具体数据如图13所示：

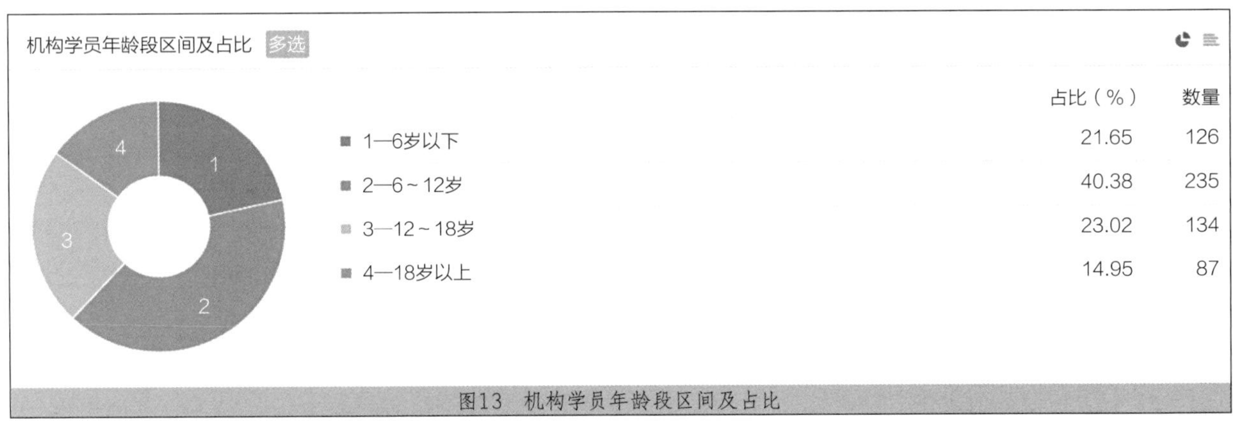

图13 机构学员年龄段区间及占比

（六）机构是否会组织教师参加业务培训

从调研数据中知，有87.24%的机构会组织教师参加业务培训来提升教师的业务水平，而有12.76%的机构则不会组织教师参加业务培训。具体数据如图14所示：

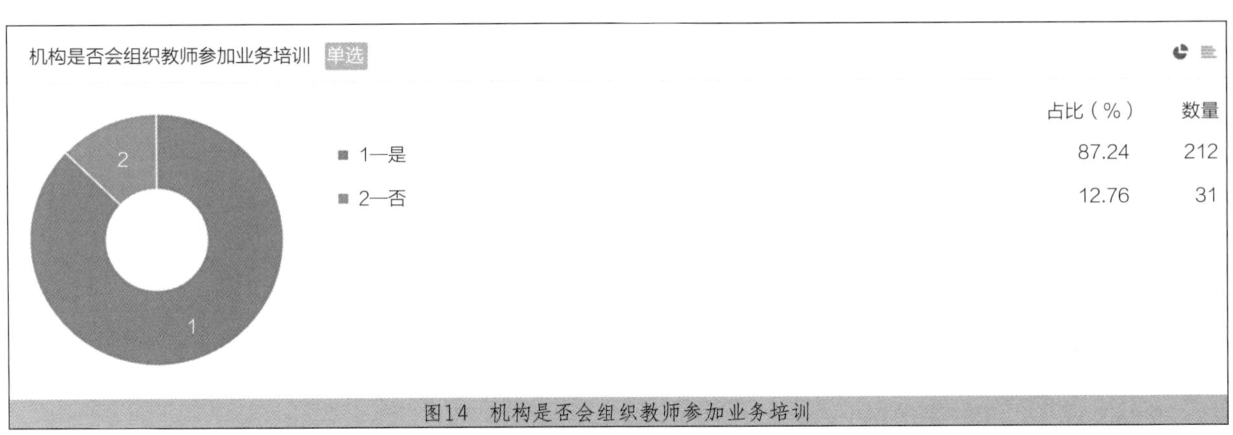

图14 机构是否会组织教师参加业务培训

（七）机构是否会承接比赛、展演、艺术节等活动

从调研反馈的数据来看，有85.6%的机构会承接比赛、展演、艺术节等活动来增加机构营收和知名度；而有14.4%的机构则表示从不承接校外相关活动。具体数据如图15所示：

图15 机构是否会承接比赛、展演、艺术节等活动

三、政策影响

（一）机构“双减”政策前后的经营情况对比

“双减”政策颁布伊始，教培市场上利好艺培机构的声音层出不穷，不少行业人士认为艺培机构的春天要来了。但“双减”9个月之后的真实调研反馈的是：有61.73%的机构认为“双减”前的经营情况会更好；有34.98%的机构感觉“双减”前后变化不大；仅有3.29%的机构在“双减”之后经营得更好。具体数据如图16所示：

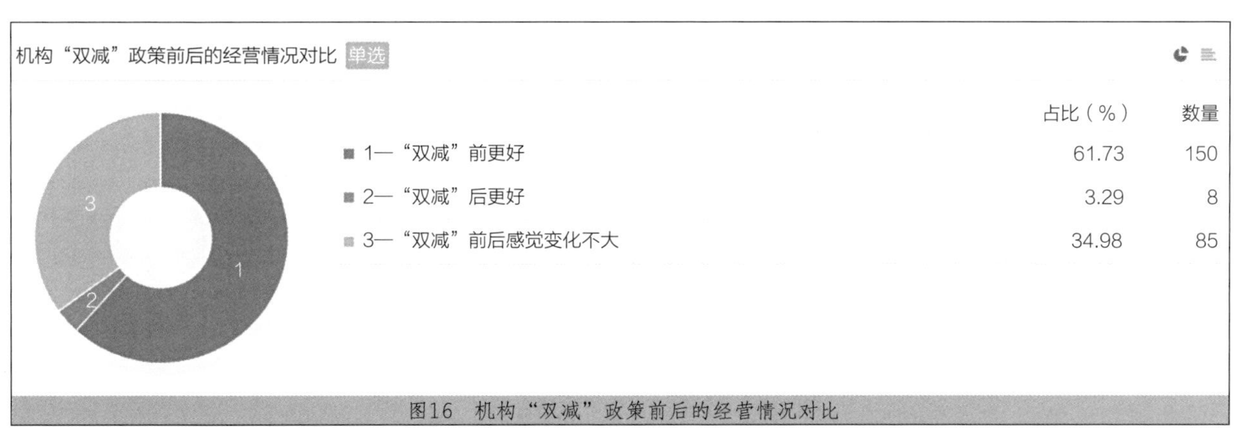

图16 机构“双减”政策前后的经营情况对比

（二）机构是否与当地学校合作开展课后拓宽

从调研反馈的数据看，有15.64%的机构目前和当地学校开展课后拓宽的合作；16.87%的机构正与当地学校展开合作洽谈；67.49%的机构暂无与学校拓宽的计划。具体数据如图17所示：

图17　机构是否与当地学校合作开展课后拓宽

（三）机构发展面临的最大压力来源于哪些方面

从调研反馈的数据看，有28.8%的机构认为发展面临最大的压力是新冠疫情；租金方面的压力占比21.19%；教育政策及学员流失方面的压力分别占比20.45%和11.85%；具体数据如图18所示：

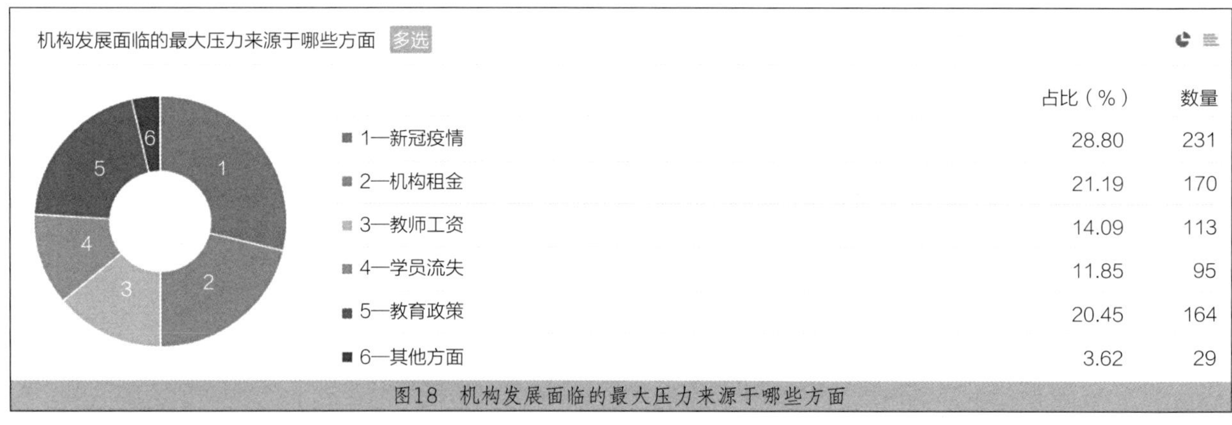

图18　机构发展面临的最大压力来源于哪些方面

四、建议与希望

本次调研，针对艺培机构对协会的建议或要求，为不局限受调研者的思路，没有采用多选题（提前设置选项），而是采取了开放式问题（非必填）的形式。64.73%参与调研机构均填写了具体的建议或要求。根据机构的反馈，利用词云工具进行分析，显示结果如下：

词云分析反映出当前艺培机构最为关切的内容是“复课”：

自2022年3月份以来，全国各地疫情相继爆发，为避免疫情进一步扩大，相对封闭的经营场所暂停营业，由此造就大部分艺培机构停课。

面对经营生存压力，一方面艺培机构迫切希望在疫情可控情况下能够尽早复课。而另一方面则希望地方能根据实际情况整改，不搞“一刀切”，同时还希望疫情防控期间能够给暂停营业的机构租金扶持或政策支持。

中国乐器协会先后于3月23日向教育部体卫艺司、4月6日向文旅部科技教育司提交了专报，并从充实完善校园乐器采购目录、建立多渠道合作机制、定向监制和研制校园乐器、预收费监管、培训教师资质、经营面积、减免房租水电、延期交纳社保、复工复产等10个方面提出了诉求和建议。目前，在动态跟进之中。

年鉴

—— 2023 ——

CHINA MUSICAL
INSTRUMENT YEARBOOK
（2023）

行业篇 1

指标数据篇 103

协会工作篇 145

科技创新篇 204

职业技能篇 390

音乐教育篇 411

产业集群篇 425

海外信息篇 441

管理办法

中国轻工业特色区域和产业集群共建管理办法（2022年版）

中国轻工业联合会共建特色区域和产业集群是经国家有关部门批准的一项国家级行业自律活动。为进一步深化和提升服务水平，发挥轻工行业协（学）会、中心的作用，加强行业自律，维护共建的权威性和公正性，鼓励和规范轻工业特色区域和产业集群发展，提升集聚质量和水平，提升区域品牌影响力，打造轻工业先进产业集群，助力形成优势互补高质量发展的区域经济布局，中国轻工业联合会特制定《中国轻工业特色区域和产业集群共建管理办法》（以下简称“管理办法”）。

一、共建标准

（一）标准的制定

由中国轻工业联合会授权有关行业协（学）会、中心，依据本管理办法制定各行业的相关标准，报中国轻工业联合会审定及批准备案后执行。

（二）标准基本内容

1. 具有行业优势，在国内行业中处于领先地位或具有明显特色区域优势。

（1）已形成稳定的专业化生产及销售中心，以某一行业领域或产品为龙头，形成上下游产业链及相关配套产业协同发展，注重公共服务平台建设，并具有五年以上行业发展基础。

（2）市场成熟度较高，辐射面较广，主导产品具有较高市场占有率和影响力。

2. 在区域经济发展中具有较大影响力，对区域经济发展、劳动就业等做出较大贡献。

3. 具有知名的品牌群体和突出的龙头企业，产品满足相关标准要求，质量达到行业先进水平。

4. 注重科技创新和人才培养，不断深化产业工人队伍建设的改革。

5. 注重环境保护，实现绿色、低碳、可持续发展。

6. 集聚效应明显，对行业发展具有积极的拉动作用。有长远发展规划及切实可行的、可持续发展的实施方案。

7. 注重保护知识产权，讲诚信，不生产、不销售假冒伪劣产品，区域内企业无重大违法经营行为。

8. 劳动关系和谐稳定，企业具有安全生产、职业健康措施，具有较强的社会责任感。

以上8项基本内容各行业协（学）会、中心，依据行业实际情况和授名分类，制定详细的定量标准、评价指标体系。

二、共建内容

（一）共同培育

中国轻工业联合会及相关行业协（学）会、中心，根据全国行业发展的总体情况、布局和产业政策，会同县级及以上政府有关部门，对基本具备条件的轻工业特色区域和产业集群进行辅导和培育；地方政府重视和扶持轻工业特色区域和产业集群发展，其土地、规划、环保等方面符合国家政策、法律法规要求。

辅导和培育期一般为1～3年，中国轻工业联合会及相关行业协（学）会、中心，对于地方政府在规划、科技创新、标准质量、人才培养、公共服务平台建设等方面未能达标的轻工业特色区域和产业集群，应给予必要的指导和服务。

（二）授名共建

对于基本符合共建标准的轻工业特色区域和产业集群，经批准后，予以授名，有效期4年并在相应的牌匾上注明。中国轻工业联合会及相关行业协（学）会、中心，在各自业务范围内开展工作，发挥行业组织的资源优势，参与其发展和提升的共建工作，鼓励相关地方行业组织参与共建工作。

1. 轻工业特色区域和产业集群称号的授名分为都、基地（城、园、区等）、乡（镇、街等）三级分类，按行业进行专业分目。

都：是指在该区域具有产业优势，区域特色突出，产业链较完整，行业或产品综合，龙头企业带动作用强，主导产品产量、销售量居全国同行业前3名；或该地区主导产品出口居全国同行业前3名，或以具有传统特色的著名品牌产品为核心，对国内外市场具有重要影响，对轻工行业发展贡献特别突出的地区。

基地（城、园、区等）：是指在该区域具有产业优势，区域特色明显，行业或产品较为综合，龙头企业带动作用强，主导产品产量、销售量一般居全国同行业前7名；或主导产品出口居全国同行业前7名；或作为居行业前列的专业原材料供给地，对轻工有关行业发展贡献突出的地区。

乡（镇、街等）：是指该区域具有产业优势，区域特色明显，行业或产品较为单一，产品具有较高市场占有率和影响力，主导产品产量、销售量一般居全国同行业前12名；或主导产品出口居全国同行业前12名；或主导产品具有历史发源地、地理标志等传统特色，对轻工有关行业和区域经济发展贡献比较大的地区。

2. 产业集群称号冠名前加“中国”字头。授名基本内容为“中国×××（之）都（基地、城、园、区、乡、镇、街等）· 地区名称”。

3. 根据行业发展的实际情况，可适当扩展命名内容，可在原有的产业集群授名的基础上增加“智能”“绿色”“创新”“品牌”“智慧”“设计”等命名元素，如“中国××智能生产基地 · 地区名称”。增加命名元素，需相应地调整考核指标，考核指标由中国轻工业联合会与行业协（学）会、中心共同确定。

4. 同一区域同一行业原则上不可重复申请授名。

5. 行业如有交叉，按协商合作原则审查办理。

三、授名程序

（一）申请

以所在县（市）级及以上政府名义正式向中国轻工业联合会及相关行业协（学）会、中心等提出共建授名申请；

以所在县（市）级及以上政府名义向中国轻工业联合会和省级地方轻工行业组织提出共建授名申请；

以所在县（市）级及以上政府名义向中国轻工业联合会、相关行业协（学）会、中心等以及省级地方轻工行业组织提出共建授名申请；

以所在县（市）级及以上政府名义向中国轻工业联合会提出共建授名申请；

根据实际情况，以上4种形式均可提出共建授名申请，并提交申请文件及报告文本。报告中需阐述申请理由及产业发展现状，并提出进一步完善和发展的目标，附县（市）级及以上政府批准的发展规划及相关文件。根据地方政府的申请，相关行业协（学）会、中心及省级地方轻工行业组织提出审查意见文件，中国轻工业联合会主管部门按程序受理申请，中国轻工业联合会主管领导听取共建授名申请汇报。

（二）考评

中国轻工业联合会主管部门受理申请5日内，报经会领导批准，由中国轻工业联合会及相关行业（学）会、中心等组织专家组实地考评，专家组由具有影响力的行业管理专家、政策研究专家、科技、环保、标准等领域专家组成，人数不少于5名，其中，具有高级职称的专家不少于3名。专家组经过实地考评后，提出考评报告和推荐意见。

（三）审核

根据专家组考评情况，行业协（学）会、中心等向中国轻工业联合会行文提出正式意见。由中国轻工业联合会主管部门在15个工作日内对申请、考评等有关材料进行形式审查，确认材料齐全、完整，符合共建条件后，提请中国轻工业联合会会长办公会审核，审核会议原则上每季度召开一次。

（四）批准

经中国轻工业联合会会长办公会审核批准后，由中国轻工业联合会和相关行业协（学）会、中心等联合正式发文，授予相应特色区域和产业集群称号，一般在中国轻工业联合会年度理事会上授予相应牌匾。

四、授名管理

（1）获得称号的轻工行业特色区域和产业集群的日常管理工作，由所在地人民政府及有关部门负责，每年4月底前向中国轻工业联合会和相关行业协（学）会、中心等报送上一年度特色区域和产业集群的年度发展情况，主要涵盖产业规模、市场规模、盈利能力、社会贡献、科技创新、绿色制造、服务平台等指标。报送内容以报表为主，鼓励有关部门同时报送产业集群发展过程中遇到的困难及提出进一步提高的措施和相关政策建议。此项工作列入复评要求。

（2）中国轻工业联合会会同相关行业协（学）会、中心等，负责对获得称号的行业特色区域和产业集群进行指导、监督、服务，以及区域品牌在行业的弘扬与提升，以保证特色区域称号的严肃性、可持续性及规范运作。

（3）获得称号的轻工行业特色区域和产业集群每4年复评一次。复评工作按照共建授名程序进行。到期复评的，提前3个月提出复评申请。复评不合格者给予一年期整改期限，整改期结束仍不达标者予以取消称号。

（4）中国轻工业联合会每年年初对截至上一年12月31日前授予和到期通过复评的轻工行业特色区域和产业集群进行认定；到期未复评超过两年的特色区域和产业集群不予认定，并以发文公告形式取消称号。认定的名单和公告取消的名单在“中国轻工业联合会”官方网站（http：//www.cnlic.org.cn）、中国轻工微信公众号上予以公布。

（5）特色区域和产业集群称号变更或提升须履行授名的相关报批程序重新审查。

（6）轻工业特色区域和产业集群授名不收取费用。中国轻工业联合会会同相关行业协（学）会、中心等，对轻工行业特色区域和产业集群进行宣传、咨询、培训等服务，服务内容及所需费用由相关方另行协商约定。

五、附则

本管理办法适用于轻工业所属行业特色区域和产业集群共建授名活动。解释权归中国轻工业联合会，与之配套的行业标准、评价指标体系解释权归相关行业协（学）会、中心等。

本管理办法自发布之日起施行。2017年4月中国轻工业联合会发布的《中国轻工业特色区域和产业集群共建管理办法》（修订版）同时废止。

工作会议

中国乐器协会举办“产业集群、分支机构、地方行业协会”工作会议

2022年11月14日，中国乐器协会产业集群、分支机构、地方行业协会工作会召开，全国各产业集群、分支机构、地方行业协会及乐器企业代表等，共有130余人参加了本次会议。

会议采取线上、线下结合的方式。线下主会场设在中国乐器协会，包括中国轻工业联合会党委副书记、中国乐器协会理事长王世成，罗兰数字音乐教育集团总经理程建铜，中国乐器协会管乐专委会副主任姜斯文，星海钢琴集团有限公司党委副书记、总经理张小川，北京中音中音科技有限公司董事长赵易天，北京海兹曼钢琴总经理谭宝利，北京乐器研究所所长张鑫，珠江钢琴集团总经理助理陈德然，中国乐器协会提琴制作师分会主任张安，器乐文化专委会秘书长金岩，北京天昱文化发展有限公司总经理宋华，北京德勇乐器有限公司闫坯铸，管乐专委会秘书长李玉，中国乐器协会专业委员会副主任曾泽民等，共十几位在京的协会副理事长及企业代表汇聚协会主会场参会。

此外，分别在河南兰考、河北肃宁、江苏黄桥、江苏扬州、贵州正安、浙江德清洛舍、杭州余杭中泰乡、山东郾部、北京平谷东高村镇、河北饶阳、广州珠江钢琴、星海钢琴、广东深圳等地设立了分会场。

一、基本盘回稳，产业组织发挥重要作用

中国乐器协会理事长王世成首先作了题为《坚持抱团融合发展，努力实现回稳向上》的主题报告。报告中对乐器行业整体运行情况及所面临的环境做了整体的介绍；对近两年来协会层面及产业集群、分支机构、地方行业协会所做工作和取得的成绩进行了总结与回顾；并结合党的二十大精神，对下一步整个乐器行业工作提出了具体要求与目标。

王世成理事长介绍说，目前中国乐器行业呈现出“两降、一平、一升、两增长、两带动”的特点：所谓“两降”即工业增加值增速下降、规模以上企业营业收入下降；“一平”是指出口几乎持平；“一升”即生产效率提升；“两增长”是指累计利润和营收利润率增长；“两带动”即骨干企业和科技创新带动明显。

报告同时肯定了产业集群、分支机构和地方行业协会为主的各乐器产业相关平台组织所发挥的重要作用。目前行业已培育并授牌的产业集群共有11个，疫情发生以来，地方政府及主管部门结合各自特色，围绕提升集群产业优势、激发集群创新活力、推进集群转型升级等方面，做出了积极贡献。

由于疫情影响，近年来全行业大型会议、活动减少，协会17个分支机构，各分支机构发挥主观能动性，横向联合，纵向深耕，努力提高专项活动的针对性和有效性，做了大量工作并取得一定效果。

在地方协会方面，多年来乐器产业的地方行业组织，一直与中乐协积极互动，主动服务，务实服务企业，发挥区域引领作用，共同发力促进产业发展。

二、打通产业链，融合各方优势加快发展

中国乐器协会始终坚持党建引领，践行国家发展战略，务实开展行业调研，在科技创新、人才培养、融合发展、诉求反映中持续发力。

王世成理事长指出，在促进科技创新方面，协会坚持举办行业科技大会，“全球业界新品首发”，组建专家委员会，加大“产、学、研、用”协同的组

织力度，开展“科技创新年”活动，并适时推出技术路线图和三级科研项目。此外，协会还专门组建了业务部，加大了行业参与中国轻工工业联合会、科技部、工信部等有关科技项目评奖活动的力度，积极为企业创新平台和创新产品争取更多荣誉，激励行业的科创工作，为企业争取地方补助资金。促进企业加大科技创新力度，增强科技创新能力。

在人才建设方面，协会持续做好钢琴调律师、提琴制作师职业能力的评价工作。在《国家职业分类大典》修订工作中，增加了“斫琴师”和“乐器设计师”职业；制定了已有乐器工种职业评价标准、教材和题库的编写工作计划，并落实了责任人和完成期限。2022年7月协会举办了乐器行业专业技术人员高级研修班，42名企业老总和技术骨干参加了为期3天的培训，知名教师精心备课、学员热情高涨，效果反映非常好。

在产业链融合方面，近几年协会先后创新开展了包括“国民音乐教育大会”“6・21国际乐器演奏日”“社会音乐师资培训”等服务平台，得到业内外各界的好评。同时，协会参与支持各企业举办的赛事活动，强化了企业、学校、音乐培训机构等资源的跨界融合，打通产业生态链。

在反映行业诉求方面，先后向工信部、发改委、海关总署、商务部、文化部、教育部、林草局等部委提交专题报告和专项请示，包括“二手钢琴”“玫瑰木”“蟒皮”“非学科类培训”“减轻税负”“校园乐器采购目录”等，切实为企业需求服务，为行业发展助力。

最后，王世成理事长就产业集群、分支机构及地方行业协会的下一步工作提出了具体要求和建议，要求大家认真学习、贯彻落实党的二十大精神和国家有关战略方针，提高政治站位，将行业放到整个国家宏观战略发展的大局之中。坚定信心，抱团融合发展，推动分支机构、产业集群、地方协会的工作进一步发展。

三、高质量发展，产业平台发挥重要作用

在专题分享环节中，中国北方乐器之都、河北肃宁县杨玲县长介绍说，肃宁县将规划占地1000亩的“国乐小镇”作为“十四五”期间乐器产业重点工程，着力打造集音乐教学、乐器研发、乐器制造、国乐传承、文化旅游于一体的国乐特色文化小镇。重点培育星海钢琴、乐海乐器两大龙头企业，引进上海民族乐器一厂，形成了“三海”鼎力发展的产业集群格局。杨玲县长介绍说，县里专门成立了乐器产业指导小组，发挥协会作用，定期召开行业发展形势交流会，组织参加上海国际乐器展等展会，推动全县乐器企业抱团发展。同时，加快省级工业设计中心、民族乐器技术创新中心和传统国乐研究中心建设，推动乐器生产智能制造，大力发展电子商务，开展“国乐进校园”普及性音教活动，定期举办名家名曲音乐会等，不断擦亮“中国北方乐器之都”金字招牌。

山东省潍坊昌乐县鄌郚镇是中国乐器协会授予的“中国电声乐器产业基地国电声吉他产业基地”，鄌郚镇党委副书记、镇长吕东方介绍说，昌乐县乐器行业协会统一注册“鄌郚”牌吉他，培植跨境电商平台+物流综合体，推动线上、线下营销扩张，探索“规模化生产+个性化定制”模式突破。借助“鄌郚”区域公用品牌，充分发挥乐器协会作用，加大与卞留念等知名音乐人的合作力度，发布联名款吉他；谋划开展“宝石节”“西瓜节”“音乐节”等活动，积极开展乐器进学校、进课堂，打造昌韵达、雅特、迪生等龙头企业，着力培育个性定制、制作体验、文化创意等新模式新业态。

中国乐器协会民族乐器协会分会秘书长周力从参与组织文化活动、提高乐器产品质量、加强人才队伍建设培养3个方面，介绍了近年来民族乐器分会各企业所做的探索和成绩，包括上海民族乐器一厂、乐海乐器有限公司、苏州民族乐器一厂、扬州金韵乐器御工坊有限公司等骨干企业，在上述几个方面做了大量的工作，在实现企业自身发展的同时，也有效地带动和推进了整个民族乐器行业的发展。“民族乐器产业的高质量发展离不开每一家民族乐器企业同心勠力合作，彼此借鉴、互相交流，才能取得更大的进步，行业内各家企业为此已经作出了相当大的努力。”周力介绍说，在党的二十大的开局之年，民族乐器行业还将守正创新，以文化传承与自信推动产业高质量发展。

中国乐器协会器乐文化专业委员会近年来在乐器进校园方面做了大量工作，并取得了很好的效果。器乐文化专业委员会副秘书长金岩介绍了与北京外国语大学校会合作推进高雅艺术进校园的成功经验，为与会代表带来了很大的启发。金岩介绍说，自2019年9月至今4年的时间，共有4876名学生参与，开设课程涉及13项中西乐器，组织聘请了27名授课专家，开展古筝、古琴、琵琶、二胡、葫芦丝、竹笛、吉他、陶笛、竹笛、箜篌、中国鼓（绛州鼓乐）等乐器集体教学，累计达到3700课时，特别新增了两种创新乐器课程，分别是丁笛、沛筑。同学们在学习民族传统音乐文化的同时还可以修到学分，所以美育乐器普及选修课程自开设以来受到师生的热烈欢迎和关注，在每学期选课系统公示后即被全校同学抢选一空。

深圳乐器行业协会秘书长解春辉介绍了该协会“多渠道开展乐器全产业链服务”方面的经验：近年来深圳乐器行业协会围绕“6·21国际乐器演奏日”“深圳乐器文化节”这两大活动品牌，开展乐器比赛、音乐会、汇报演出等活动，积极孵化优质文化项目，打造深圳新IP。另外，该协会与南方都市报社、华联发展集团、星海音乐学院、深圳慈善会、古筝学会、演出协会、民族管弦乐学会、吉他协会、尤克里里协会、琵琶协会、教育装备协会、会展产业协会、会议展览业协会、互联网产业协会等，加强横向联合，建立伙伴关系，共同策划实施“乡村留唱音乐教室援建公益计划”、古典吉他大赛等公益活动，通过加强横向联动融合，举办类似公益活动，助力乐器进校园。2022年，深圳深入实施创新驱动发展战略，深圳乐器行业协会也将紧抓机遇，发挥政策优势、地缘优势，发挥科技优势，打造智能乐器产业创新、民族乐器传承推广、乐器专业人才孵化和乐器文化国内外交流等四大平台，与深圳当地的社会经济文化发展紧密融合，并充分利用属地文化资源，拓展工作手臂，并不断扩大影响，增强了凝聚力，助力乐器产业发展。

坚持抱团融合发展，努力实现回稳向上
——在产业集群、分支机构、地方行业协会工作会议上的讲话

中国乐器协会　王世成（2022-11-14）

各位同人，大家上午好：

很高兴与各位同事云端握手、互致问候。大家知道，我们这次产业集群、分支机构、地方协会工作会议，并同步安排职业能力评价的专项培训，原定在河南兰考召开，并参观焦裕禄纪念馆，组织集体过主题党日活动，深度感受“亲民爱民、艰苦奋斗、科学求实、迎难而上、无私奉献”的焦裕禄精神，县委县政府也做了精心安排与准备，因为疫情原因，只好调整会议形式。在此我代表中乐协向为行业企业发展攻坚克难、拼搏付出的各位同事、向兰考县委县政府对本次会议的大力支持、向培训授课的人社部、轻工联有关负责同志一并表示衷心感谢和诚挚问候。

同志们，当前全党全国迅速掀起了深入学习贯彻党的二十大精神热潮，我们召开“三合一”工作会议，其主题是以党的二十大精神为指引，以新发展理念为统领，以高质量发展为首要任务，以科技人才创新三个“第一”要求为遵循，深化认识、把握大势、统一思想、坚定信心，积极探索回稳向上的实现路径，融通全产业链，致力抱团发展，共同推动乐器产业高质量发展，全力稳住行业大盘，并为明年打下一个不错的基础。

今天，利用这个机会，我讲几点意见。

一、乐器行业运行简析——稳住运行基本盘回稳向上

观全球：疫情仍有较大的不确定性，乌克兰危机影响超出预期，全球通胀压力持续加大，世界经济增长势头明显减弱，外部环境更趋复杂严峻。

看全国：综合施策频度加大，经济呈现恢复发展态势，保持大局总体稳定。三驾马车面临突出矛盾和问题，消费需求仍然不振，投资增长仍较乏力，稳定外贸难度加大，市场主体生产经营困难仍然较多。

“数”行业：截止到2022年9月，据中国轻工业信息中心发布的“2022年上半年中轻景气指数”，乐器景气指数为86.09，处于“渐冷”区间内，经济增速放缓，行业发展承压，呈现出“两降、一平、一升、两增长、两带动”的特点。“两降”即工业增加值增速为−5.7%；规模以上企业营业收入下降3.52%。“一平”是指出口增长0.11%。“一升”即生产效率提升，营业成本同比下降4.74%，环比8月又下降0.61%。“两增长”累计利润增长1.39%，自6月起，已连续4个月实现月度利润正增长；营收利润率为6.19%，高于轻工业6.06%的平均水平，同比增长0.5个百分点。“两带动”即骨干企业带动明显，直报的骨干企业利润率7.47%，高于规模以上企业1.54个百分点。亏损面8%，明显低于规模以上企业的27%；科技创新带动明显，科技含量高的电子乐器利润增长19.49%，骨干企业研发技改投入强度6.2%，积蓄发展后劲。具体行业经济运行分析报告，请参看协会杂志和官微全文，并希望相关企业重视和加强直报数据报送和共享。

二、三个方面工作成效——平台融合产业链多向发力

疫情以来，困难情况下，以产业集群、分支机构和地方行业协会为主的各乐器产业相关组织，积极作为，发挥各自功能作用，科学谋划，务实开展各项有效服务，助力行业逆势发展。

（一）发展特色产业集群，助力区域经济振兴

特色化和集群化是推动中小企业向“专精特新”方向发展的有效载体。目前行业已培育并授牌产业集群11个。疫情发生以来，地方政府及主管部门结合各自特色，围绕提升集群产业优势、激发集群创新活力、推进集群转型升级等方面，做出了积极贡献。

如“中国提琴产业之都”黄桥，由政府投资5000万元建设“绿岛”项目，规划设计全自动欧米伽静电喷涂生产线和自动化抛光、打磨设施。新征项目用地，新建标准厂房，年底前投产运行，年可完成35万只提琴系列产品表面处理，基本满足全镇中小型乐器企业的生产配套需求。

2022年7月，“中国北方乐器之都”肃宁成功引进上海民乐一厂有限公司生产加工基地项目，在经历了“一海”带动、“两海”发力之后，肃宁乐器产业进入了“三海”联盟的发展新历程，县委县府成立专班接续引导支持乐器产业转型发展。

“中国电声乐器产业基地”郾鄗，引导成立乐器小微电商企业124家，通过阿里巴巴国际站、亚马逊等平台，对接国际用户和订单，年可完成国际订单2.5万笔、营业额突破3.6亿元；引导乐器企业发展国外代理、建设海外专仓，进一步提升物流配送实效。

“中国吉他之都”正安克服疫情的影响，成功举办了中国吉他制作大赛、吉他技能大赛、吉他音乐节及贵州正安吉他展览会，进一步提升了园区吉他生产水平，有效促进了吉他工业、吉他文化、吉他旅游三位一体融合发展和产业转型升级，逐步实现“吉他制造”向“吉他文化”的转变。

“中国提琴产业基地”平谷，在疏解非首都功能大环境下，逐步调整集群结构，务实推进产业升级。目前全部完成煤改清洁能源。涉粉尘车间全部完成防爆、降尘升级改造，比改造前减排将近60%。基地龙头企业研发植物漆替代化工漆，实现提琴上色的“绿色革命”，至今使用环保漆已生产提琴约15万把，正在形成融合发展的音乐文化产业链和生态圈。

（二）分支机构整合资源，推动行业创新发展

乐器行业加上即将成立的未来音乐科技专委会，共计17个分支机构。由于疫情影响，近年来全行业大型会议、活动减少，各分支机构发挥主观能动性，

横向联合，纵向深耕，努力提高专项活动的针对性和有效性，做了大量工作并取得一定效果。

如钢琴分会多措并举，不断提升自主品牌的辨识度和文化影响力。与调律师分会合作，修订了《钢琴制作工标准》；调律师分会完成了124人次的认证工作，并组织了职业院校为主的调律师培训。民族乐器分会积极组织会员企业参加协会大型活动，协同反映政策诉求，组建《民族拉弦、弹拨乐器制作工》国家职业标准编写工作组，完成了初稿的编写工作并初步通过。电鸣乐器分会坚持定期举办线上行业MIDI技术交流活动，互促提高技术研究和应用水平，并完成《电鸣乐器音色与音乐风格中文名称》和《乐器中文通用名称国家标准》2项国家标准修订，以及《电鸣乐器合成器通用技术条件》等3项行业标准制修订。手风琴分会完成了《手风琴通用技术条件》行业标准修订，并组织了行业间技术交流活动。琴行分会通过“音乐联盟”抱团取暖，制定并实施市场策略和帮扶计划，通过琴行商学院对近百名钢琴教师和上千名学生进行钢琴家进课堂活动，助推钢琴销售。音教专委会开展“双减政策对艺培机构影响情况”和“艺术培训机构现状”等专项调研，真实向部委反映艺培市场情况。民族器乐文化专委会，积极推进乐器进校园，将古琴文化与演奏成功植入北京外国语大学课程体系，包括古筝、古琴、琵琶、二胡等7种民族乐器。管乐专委会发挥演奏家和企业家组合优势，多次组织了管乐展演与教师培训活动，并将培训与乐器展示结合，推动国产管乐“三进”工程。并策划国产管乐冠名品牌巡演活动。提琴制作师分会组织了《演奏大师与制作大师的对话》论坛活动，邀请提琴制作大师郑荃老师同小提琴演奏家、中央音乐学院教授林朝阳教授以提琴的声音为主题对话，探讨提琴制作的奥秘。

（三）地方协会主动服务，发挥区域引领作用

多年来，乐器产业的地方行业组织一直与中乐协积极互动，务实服务企业，共同发力促进产业发展。

广东省乐器协会参与《广东省工艺美术系列艺术设计专业人员职称评价标准条件》的修订工作。引“大国工匠”进课堂，开设“名师辅导”课程，助力在校学子技能提升。开办广东省乐器设计专业技术人员培训班，助推人才素质提升。江苏扬州市琴筝协会积极推动古筝申遗工作，荣获江苏省人民政府发布、江苏省文化厅颁发的“非物质文化遗产（古筝艺术）代表单位”称号，同时新增古琴非遗代表性传承人23名，古筝非遗代表性传承人12名。上海乐器协会邀请原社科院张兆安副院长作《当前经济形势与上海未来发展》的专题报告，并主动争取地方相关厅局的支持与指导。深圳乐器协会积极组织参与“深圳乐器文化节”“深圳国际数字音频产业展”“深圳吉他艺术节”等活动，为会员企业提供平台服务。昌乐县乐器协会统一注册“鄌郚牌”吉他商标，形成区域、企业双品牌布局。组织力量定期到企业技术指导和培训技术人员。

三、协会服务重点工作——提振信心谋发展凝心聚力

中国乐器协会始终坚持党建引领，践行国家发展战略，务实开展行业调研，在科技创新、人才培养、融合发展、诉求反映中持续发力。

（一）在科技创新中，发挥引领作用

为进一步激发乐器行业企业创新研发能力，提升产品品质，中乐协2015年开始召开行业科技大会，夯实研发基地基础；2019年起举办“全球业界新品首发”活动，张扬品牌价值；2020年组建专家委员会，加大“产、学、研、用”协同的组织力度；2021年开展“科技创新年”活动，并适时推出技术路线图和三级科研项目；此外，协会还专门组建了业务部，加大了行业参与中国轻工业联合会、科技部、工信部等有关科技项目评奖活动的力度，积极为企业创新平台和创新产品争取更多荣誉，激励行业科创工作，为企业争取地方补助资金。促进企业加大科技创新力度，增强科技创新能力。

（1）科技研发与技改投入持续上升。协会对各品类乐器的18家骨干企业抽样统计，完成科技研发投入3.62亿元、完成技术改造投入2.22亿元，累计技术创新总投入5.84亿元，占主营业务收入的6.5%，并逐年有所提高，也高于全国轻工行业科技百强企业2.8%的平均水平。

（2）大项目频频启动。珠江的文化产业创新创业孵化园、海伦的钢琴及钢琴配件项目、宜昌金宝的旅游工厂及夷陵生产基地、天津津宝的研发与生产基地都相继投入启动，星海的肃宁产业基地项目已正式投产，乐海的文化产业园项目也启动运营，上民一在兰考、肃宁的新产业基地也都签约实施。一大批的产业提升项目的投入，将为乐器行业"十四五"高质量发展积蓄动力与后劲。

（3）数字技术应用持续加码。珠江钢琴全自动生产线体系，吟飞科技的云数字音乐共享平台及MIDI智能数字音乐工作站建立，天津津宝的鼓圈与鼓腔、铜管乐器气缸与萨克斯管体全自动生产线以及机械人喷涂技术应用，得理公司的智联云采SRM供应链管理系统及智联云仓WMS仓储数据管理平台的七大管理模块等数字技术应用项目，都相继投入使用。包括得理公司、吟飞、幻音、蔚科、艾茉森、罗兰、乐界乐等企业的数字技术产品研发与推广，全行业向自动化、高端化、数字化方向发展迈进了一大步。

（二）在人才培养中，助力队伍建设

协会在国家人社部和中国轻工业联合会的统一指导下，持续做好钢琴调律师、提琴制作师职业能力评价工作。在《国家职业分类大典》修订工作中，经行业努力，增加了"斫琴师"和"乐器设计师"两个乐器新职业。同时制定了已有乐器工种职业评价标准、教材和题库的编写工作计划，并落实到各相关分支机构，明确了责任人和完成期限。今天下午将专题就乐器行业职业能力评价工作进行专题培训，请人社部、轻工联有关负责同志授课。

此外，按计划做好钢琴调律师的培训考核鉴定工作，以及钢琴调律、提琴制作、吉他制作等技能竞赛活动，组织开展科技之星、行业工匠以及参加轻工大国工匠等评选活动，选拔技能人才，树立典型模范，弘扬工匠精神。开展"技能强国，创新有我"主题征文活动，目前累计收到征文17篇。

为促进行业科技人才建设，7月协会举办了乐器行业专业技术人员高级研修班，42名企业老总和技术骨干参加了为期3天的培训，在材料学、声学、美学等方面深度授课、交流互鉴，知名教师精心备课、学员热情高涨，效果反映非常好。

（三）在融合发展中，打通产业链条

中国乐器协会顺应行业发展需要，从2015年开始探索，并形成了以"乐器成为家庭标配，音乐成为生活刚需"为目标，以"扩大中高端产品、扩大音乐人口比重"为重点，以产业链融合为路径的工作总思路，先后创新开展了包括"国民音乐教育大会""6·21国际乐器演奏日""社会音乐师资培训"等服务平台，得到业内外各界的一致好评，众多音乐教育家、演奏家，以及乐器企业和社会艺培机构、相关行业组织以及喜爱音乐，乐玩乐器的人们纷纷参与其中，为促进产业发展、挖掘现实和潜在乐器消费群体，帮助企业乐器销售发挥了积极而重要的作用。

对于器乐文化普及活动，从政府到企业都非常重视，积极推展。七届下来，"6·21国际乐器演奏日"有200多座城市参与，联合主办单位110多家，总演出场次超过1500场，直接参与人数累计近200万，在线观众超过3.7亿人次。

黄桥连续多年作为"6·21国际乐器演奏日"主会场之一，开展群众器乐文化活动，以琴韵小镇建设为契机，做好"十个一"工程，带动地区音乐文化和乐器产业发展。肃宁主办"武垣之声·律动肃宁——中国北方乐器之都名家名曲音乐会"，积极推动"乐器进校园"活动；正安举办吉他制作大赛、吉他音乐节和吉他展览会，促进三位一体融合发展和产业转型升级；管乐专委会为庆祝建党百年，组织143支管乐团参加了"双百"管乐系列音乐会演出，54支乐团参加"我们是共产主义接班人"全国校园管乐团队展播活动；在上海举办"东方美谷之夏"管乐嘉年华，143支管乐团，近9000名乐手参加，津宝、金音等企业也参与现场展示和宣传。口琴分会各骨干企业分别在网络平台举办口琴培训班、口琴比赛、口琴艺术节和公益口琴讲座等活动。器乐文化专委会组织了快闪"唱支山歌给党听"，公益音乐会"大音无声，国乐无界"等活动。

每年的国民音乐教育大会有上百位专家参会授课，近百场活动，千余人参加，受到全国各地音乐和乐器爱好者的好评。社会师资培训每年递增，已累计近3000名教师参加培训取得证书。

骨干企业借助国家文化产业发展政策，主动布局文化市场，依托杯赛、大师课、艺术节等，拖动音乐教育逐步向规模化、标准化、数字化、网络化、品牌连锁化发展，不断提升自主品牌的辨识度和影响力。

“珠江·恺撒堡”海伦“音才奖”“长江杯”“星海杯”钢琴比赛，“敦煌杯”民族乐器比赛，“鹦鹉杯”手风琴艺术节，“金杯”草原之夜手风琴音乐艺术节，“佰笛杯”线上手风琴大赛等，扬州青少儿国际古筝邀请赛，深圳乐器文化节系列活动，音教专委会与天猫联合推出“云上演奏会”，与抖音联合推出“抖音挑战赛”。以及“云冈杯”“普乐杯”“小肖邦”“酷练鼓”等，各企业的文化创意举措，强化了企业、学校、音乐培训机构等各界资源的跨界融合，打通产业生态链。

（四）在反映诉求中，务实服务企业

2022年初，协会在各集群政府、地方协会和分支机构、企业的配合下，在20多个地区开展了调研，包括在黄桥召开有近20家骨干企业负责人参加的经济运行座谈会，探讨产业发展思路，商研行业企业政策诉求，先后向工信部、发改委、海关总署、商务部、文化部、教育部、林草局等部委提交专题报告和专项请示，包括“二手钢琴”“玫瑰木”“蟒皮”“非学科类培训”“减轻税负”“校园乐器采购目录”等。

其中，“玫瑰木”和“蟒皮”问题，在协会与分会综合联动，多次与世界濒危组织、欧洲音乐产业联盟和国家林草局、海关总署沟通之后，已经得到妥善解决，目前允许有序进口。

“二手钢琴”问题，协会专门召集了钢琴企业和相关机构的座谈会，征求意见，了解情况，先后3次与海关召开专题会议进行沟通交流，并达成共识，待强标批复，即可启动相关工作，目前《乐器有害物质限量》强制性国家标准的文本已完善并报国标委。

非学科类艺术培训机构问题，协会在充分调研并写出数据支撑的调研报告基础上，先后3次向文旅部科技教育司、教育部体卫艺司提交了报告，并得到相关部门的积极反馈，因事关多个部委管理部门，目前尚在协调之中。

减轻税负诉求，已经在国家出台相关政策中得到解决，不少企业已经拿到退税款；校园乐器采购目录已经编制完成并呈报给教育部相关部门。

协会加强协调、积极支持帮助乐器企业申报制造业单项冠军和高新技术企业，争取政策惠及，已有明显进展。

与此同时，通过协会刊物和网络平台累计发布国家和地方有关政策及解读等50余篇，并整理制作“惠企政策汇编”；发表行业相关数据统计分析10余篇，切实为企业需求服务，为行业发展助力。

四、下步工作统筹安排——融合各方新优势，加快发展

同志们，下面结合学习习近平总书记二十大报告精神，就如何发挥分支机构、产业集群和地方协会各自优势与特点，进一步做好行业服务工作提几点意见：

（一）分支机构

分支机构是协会的内设机构，是协会工作的基础和重要组织部分，要按照协会整体安排，在全局中找准定位，配合做好发动和组织工作，在传承中坚守、在创新中前行，为行业的科技创新、高质量发展发挥积极作用。分支机构开展工作要坚持问题导向和需求导向，把握好以下4个关键点：

（1）要保证分支机构正常运转，主任单位要切实负起责任。协会分会的生命力在于务实开展有价值的活动。协会正在依据分支机构管理办法，组织对分支机构的考核工作，亦准备建立动态管理机制，保证分支机构的作用发挥。

（2）职业能力评价工作。在我们建设国内统一大市场，行业提高产品品质的过程中，从业者职业能力水平的提高是重中之重，结合国家加强职业培训，弘扬工匠精神的系列举措，乐器行业更应发挥做好这项工作的天然优势和必然需求，在统一部署下，按照分工做好职业能力评价标准、教材、题库编写等相关工作，各行业鉴定站（所和基地）也要

做好开展各工种职业能力培训和考评的准备工作，相互配合做好这项行业重要基础工作，下午培训后，希望大家务必高度重视、抓紧抓实、抓出成效。

（3）要加强横向交流，协同攻关。在行业高质量发展进程中，面对“卡脖子”技术的研发攻关，需要相关企业和组织相互协同，勇于担当领任务，本着共同的目标开展研发攻关工作，加速推动行业科技进步。在文化普及、师资培训、市场推广等行业活动中，也需要相互协同，一盘棋向前推进。

（4）要推进标准化工作，特别是团标工作。在行业工作中，标准化工作是与人才建设同等重要的基础工作，必须努力做好。在标准的类型、指标数据上要坚持市场化引领作用，在团体标准中要突出区域和行业特色，一类企业做标准，这是能力和素质的体现。

（5）要坚持依法依规办会。提高政治站位，强化遵纪守法意识，加强行业组织管理，规范行业组织运行，落实民政部《通知》要求，严格规范自身行为，不越红线、守住底线，做到“六不得一提高”，为新时代新征程开好局。

（二）产业集群

在党的二十大报告中，对区域经济发展在建设现代化强国进程中的作用有精准表述，为产业集群发展指明了方向。

（1）坚持特色建群，优势强群。乐器行业目前在各地政府的支持下，共建有11个产业集群，各具亮点各有千秋，对区域经济发展、制造业优强、文旅产业共荣、乡村振兴等方面发挥着重要作用。诚挚期待要做精“特色、优势”大文章，真正以“特”立足且差异化发展，以比较优势和竞争优势铸就集群的核心竞争力。

（2）坚持“产业为基、文化为魂、融合为径、人才为本”发展原则。要注重效果和效益，切忌产业“空心化”，特别注意龙头企业的带动作用、强化双品牌建设；应彰显乐器文化和区域文脉，并结合时代特征张扬创意文化，使产业集群始终保持文化底蕴；应以产业集群建设推动生产、生活、生态融合发展，加快形成以产促城、以城兴产、产城融合的态势；应强化人才自育与引进，发挥政策、环境、机制优势，形成人才流动的“洼地”效应。

（3）持续完善一平台六中心。即在产业集群平台上，持续建好制造中心、研发中心、标准中心、检测中心、物流中心、信息中心。并注意深化提升，向着现代产业集群平台的智能制造中心、创新创业中心、国际对标中心、检测追溯中心、智慧物流中心、投资决策中心的方向执着发展。加快布局建设一批产业创新中心等创新平台，逐步推动集群发展壮大。

（4）充分利用上海乐器展、国民音乐教育大会等平台扩大区域和企业品牌影响力和市场占有率。在中国乐器市场巨大潜力不断被挖掘的情形下，集群不仅要帮助企业做好产品的研发升级，更要助力企业在市场拓展、品牌宣传等方面的引导工作。

（三）地方行业协会

要共同把握好一家人、一盘棋的原则定位，保持同向、同心、同频的工作方法，深入思考和着力联动的问题。

（1）坚持联动发展。随着国家经济管理体制改革的不断深化，行业协会的地位作用，特别是不可替代性将会越发明显，我们要把握好机遇，加快联动发展，坚守“为行业谋高质量发展、为企业谋竞争力提升、为协会谋公信力增强、为消费者谋美好生活”的初心使命，做好中乐协年度重点活动和地方协会特色活动的联动，在为会员企业务实服务中得到自身发展。

（2）把握实现路径。可从科技创新、人才培养、展览展示、诉求反映、音教服务等多方面共同联手联动，加强热线联系，不断提高说清行业的能力，更好地为会员企业提供优质服务，努力为扩大音乐人口，扩大乐器市场联合发力，共同促进乐器产业转型发展。

（3）共勉着力重点。联动发展应增强主动意识，共同形成服务和发展的合力；应持续增强服务能力，不断创新市场化服务平台；应拓宽合作渠道，共享信息资源；应动态交流理念方法，携手应对挑战共谋发展。

同志们，2022年还有一个半月时间，疫情的影响还在继续，行业整体形势不容乐观。分支机构、产业集群、地方协会要认真学习、贯彻落实党的二十大精神和国家有关战略方针，提高政治站位，将行业放到整个国家宏观战略发展的大局之中。中国乐器行业经过40多年改革开放大潮的洗礼，已经从一个不起眼的小行业发展成为助力形成世界乐器制造大国和消费大国的中坚力量，这就要求我们各项工作要顺应时代变化，持续提高党建引领、融合创新、国际化、市场化、职业化五种能力。坚定信心，抱团融合发展，着力提高各层面工作人员综合素质和效率效能，努力实践乐器大国大作为，推动分支机构、产业集群、地方协会的工作进一步上水平，见实效。

同志们，年底年初，中国乐器协会还有3项重要行业活动：一是与南京艺术学院合作举办“乐器学高峰论坛”及优秀论文交流活动；二是12月中旬将在长沙举办年度行业科技创新与产业发展大会；三是择期举办第二十届上海国际乐器展。由衷感谢各位企业家行业同人精诚团结、同心共振、风雨相随、一路相伴，坚信市场化平台一定会发挥好促销增效的重要作用。届时期待各位同事共商行业大事、共叙乐器情缘。

希望全行业在党的二十大精神指引下，坚持“疫情要防住、经济要稳住、发展要安全”总基调，紧密围绕行业“十四五”规划，用足用好国家与地方政府的扶持性政策，把握长远战略与近期目标相结合，以科技创新与数字化转型为重点，继续推动“两翼发力”“六轮驱动”，着力提升品质、做强品牌；把握人才培养与职业能力评价相结合，致力多层次人才队伍建设，以“乐器三进”为扩大市场的切入点，进一步强化全产业链融合，努力为实现乐器强国共同不懈奋斗。

经验分享

园区规划引领　产业融合发展
推动肃宁乐器产业迈向高质量
——中国北方乐器之都·肃宁

肃宁县位于河北省中部，隶属于沧州市，总人口37万，总面积525平方千米。肃宁是一座状元之城，历史文化底蕴深厚。距今已有3000年建城史，先后出过元朝文状元魏元礼、清代武状元哈攀龙和清代末科状元刘春霖3名状元，以及36名进士。肃宁是一座通衢之城，区位优越交通便捷。地处京津冀腹地、沧保衡中心，距北京、天津、石家庄各150千米，距雄安新区50千米，边界距离仅20千米，是雄安新区“南大门”；三条铁路交会设站，6条高速纵横环绕。肃宁是一座活力之城，特色产业蓬勃发展，先后获评中国北方乐器之都、中国裘皮之都、中国针纺服装名城、国家电子商务进农村综合示范县、国家数字乡村试点等荣誉称号。

肃宁乐器产业起源于20世纪80年代，现已形成设计研发、原材料供应、生产加工、产品展销、仓储物流全链条产业格局，拥有相关企业96家，其中乐器加工企业60多家，从业人数5000余人，产品涵盖钢琴、提琴、扬琴、二胡、古筝、琵琶、阮等乐器，共200多个品种，年产量100多万件，拥有“星海”和“乐海”两个中国驰名商标。2021年，肃宁县荣获“中国北方乐器之都·肃宁”称号。

近年来，在中国乐器协会的大力支持指导下，肃宁县依托乐器产业规模基础、品牌基础、音乐文化基础和产业配套基础，以打造“中国乐器之都”为目标，以建设“国乐小镇”为载体，着力推动肃宁乐器产业集群化、品牌化发展。具体工作中重点抓了以下3个方面：

（一）明晰产业发展路径，构建肃宁乐器新格局

（1）规划建设园区。2022年河北省委倪岳峰书记、政府王正谱省长先后到乐海乐器有限公司调研，对国乐小镇建设规划给予肯定，要求肃宁传承好民族乐器深厚的底蕴文化，彰显好民族乐器珍贵的艺术价值。为落实好省委省政府主要领导讲话要求，市委市政府对肃宁乐器产业高度关注，肃宁县将规划占地1000亩的国乐小镇作为“十四五”期间乐器产业重点工程，制定了园区规划，调整了国土空间规划，着力打造一个集音乐教学、乐器研发、乐器制造、国乐传承、文化旅游于一体的国乐特色文化小镇。

（2）做大做强龙头，重点培育星海钢琴、乐海乐器两大龙头企业，发挥“两海”的辐射带动作用，在科技、资金、人才上给予重点支持，推动产业链上下游集聚化发展。

（3）着力招大引强，制定乐器产业招商政策，积极开展大使招商、精准招商，引进上海民族乐器一厂，形成了“三海”鼎力发展的产业集群格局。

（二）“器、乐”共同发力，奏响肃宁乐器最强音

（1）在乐器制造上提品质，肃宁县全力加快省级工业设计中心、民族乐器技术创新中心和传统国乐研究中心建设，推动乐器生产智能制造，力争实现“半自动化、自动化、安全环保型”新乐器生产模式。同时，积极筹办乐器工匠学院，联合培养有专业文化知识、美学设计知识、动手能力强的新型人才，鼓励企业在产品质量和美学设计上发力，进一步提高肃宁乐器的工艺和品质。

（2）在器乐文化上扩影响，以获评“国家文化产业示范基地”为契机，大力开展“国乐进校园”普及性音教活动，让肃宁乐器伴随国乐文化进入更多学校，着力将肃宁打造成为省、市音乐教育示范县。同时，积极与中央音乐学院、中国音乐学院等院校的顶级演奏家签约合作，定期举办名家名曲音乐会、“乐海杯”“星海杯”乐器大赛，与省民族管弦乐学会合作开展冠名巡演，助推乐器产业与文化产业的深度融合，让“乐器制造+器乐文化”的最强音走出肃宁、走向全国。

（三）发挥政府主导作用，塑造肃宁乐器新优势

（1）强化顶层设计。肃宁县专门成立了乐器产业指导小组，大力实施“五个一”（一个产业、一项工程、一套专班、一个方案、一个清单）工程，立足产业基础和发展定位制定了“十四五”期间乐器产业高质量发展实施方案，强化政策供给，突出精准服务。

（2）发挥协会作用，定期召开行业发展形势交流会，提高行业自律，密切企业间协作，组织参加中国（上海）国际乐器展等展会，推动全县乐器企业抱团发展。

（3）电子商务赋能，依托肃宁县电商发展优势，将乐器产品纳入“肃心匠作”区域公共品牌，在淘宝、天猫建立“肃心匠作臻选商城”，创新发展线下体验、线上销售相结合的乐器“新零售”，乐器产品线上销售率增长到60%，线上销售额同比增长25%，实现了疫情下的逆势增长。

当前，随着教育改革深入推进，音乐教育呈爆发式增长，乐器消费需求不断提升，在乐器产业转型升级、迈向高质量发展的关键时期，肃宁将主动抢抓行业机遇，积极引资源、聚人才、强研发、树品牌，进一步做大做强做优乐器产业，不断擦亮“中国北方乐器之都”金字招牌。在此，诚挚邀请各位领导、专家和企业家朋友们，到肃宁实地走一走、转一转，给予肃宁乐器产业发展更多的指导和帮助，寻找合作良机，实现互利共赢。

品牌带动 电商赋能
助力乐器产业突出重围、抢占国际市场
——中国电声乐器产业基地·郚部

郚部乐器源于20世纪70年代，经过50多年的发展，郚部现有乐器生产及配件加工企业已达到108家，各类从业人员5000余人，年产电吉他、电贝斯等电声乐器200万把、配件500万套，年营业收入突破10亿元，产品远销欧美、日韩等30多个国家和地区。先后被评为中国电声乐器产业基地、全国特色景观旅游名镇、山东省特色产业镇。

郚部乐器产业在中国乐器协会的领导下，发展势头良好，从企业数量、产品销量到产品质量都有了很大提高，特别是近3年来，公司战胜了物流不畅，原材料和海运费用涨价等诸多不利因素，逆势上扬，出口量增加了20%左右。但是随着全球经济面对的持续影响，俄乌战争对欧洲经济带来的致命性打击，2022年下半年开始，企业订单数量明显下降，为了应对乐器产业面对的新形势、新情况，帮助企业尽快走出困境，我们主要做了以下几方面工作，向协会领导和乐器产业同人们汇报一下。

一、实施品牌发展战略，产品影响力不断提升

由昌乐县乐器行业协会统一注册“郚部”牌吉他，作为区域公用品牌由协会企业共同使用。协会抽调专业人才，成立技术研发团队，不断研发新产品，推广运用新技术，为品牌产品提供技术支持；

成立质量检测团队，对使用“郚部”区域公共品牌的产品进行严格的检测，产品达标后才能以“郚部”牌上市销售。11月4日，山东手造“郚部吉他”品牌及产业成果新闻发布会在山东手造展示体验中心召开，陈理事长专门为公司推介了“郚部”吉他区域公用品牌，参会嘉宾共同上台按下启动键，见证了“郚部”吉他区域公用品牌的发布，下步公司还要通过不同渠道，不断宣传推广“郚部”这一品牌。“郚部”吉他品牌的发布，意味着郚部镇吉他产业从贴牌代工生产、B2B贸易形式向自有品牌生产、B2C贸易形式的逐步转变。

加强与高校院所、行业协会联系合作，持续提升郚部乐器知名度。连续举办了13届全国“产、学、研、用”高峰论坛、12届雅特杯全国电吉他大赛，与四川音乐学院、山东艺术学院、天津音乐学院等50多家高校开展“产、学、研”合作。打造了“雅特”“飞灵”“德鲁拉”等本土品牌40多个。雅特乐器公司坚持20年走自主品牌化路子，用心打造的民族品牌“雅特”牌吉他，已经成为国内乃至国际的知名品牌，品牌附加值不断提高，公司充分发挥好中国乐器协会电吉他研究会的作用，立足产品设计研发。创新“乐器+培训”模式，在全国开设837处吉他教室，扩大郚部乐器受众面，公司2款吉他入选2022“山东手造・潍有尚品”名录，进一步提升了品牌形象，增强了竞争优势。

二、打造跨境电商平台，产品直通国际市场

为克服区位等不利条件，主动顺应网络化、电商化、信息化发展趋势，推动“线上+线下”营销扩张，探索“规模化生产+个性化定制”模式突破。一是培植“跨境电商平台”+“物流综合体”。2022年7月份，中国（潍坊）跨境电子商务综合试验区昌乐园区落户郚部，已引进培育各类跨境电商企业53家，电子商务从业人员达1100余人。高标准打造园区“两带三中心”，即电声乐器和珠宝两个跨境电商产业带，“跨境电商综合服务中心、企业孵化中心、产品展示中心”三中心，全方位提供海关、国税、外汇、工商等综合服务，不断延长电商供应链。同时，建设了快件分拣配送中心、仓储中心等，打造昌乐三级物流体系建设的镇级中心，降低物流成本、推动乐器出海。线上依托阿里巴巴、亚马逊、中国制造网等网络平台，线下通过自营进出口、代理销售、贴牌销售等途径拓宽销售渠道，在美国、英国等13个国家设立代理商21家，建立海外仓48个。2020年雅特品牌产品投放国际市场以来，已有20个国家成功代理了中国雅特品牌，借助跨境电商建立海外仓7处，依托亚马逊、雅特独立站平台，首年销售破万只，销售收入突破2000万，单体产品“无头吉他”消费热度国际排行第二名。近年来，产业基地通过线上销售，衍生镇域电商业户300余家，从业人员1100人，实现由农民到电商的转变。各企业积极发展个性化柔性定制发展模式，提高产品利润，批量化乐器产品利润在10%～15%，而定制化产品利润可到60%～70%。二是培植“直播带货平台”+“线上体验”。在产品推广过程中，创新采取“工厂一线直播+乐手线上演奏”的方式，带给音乐爱好者最真实的云体验。组织50多家乐器企业分别在淘宝、天猫、抖音等平台开办网店、开设直播间，目前，迪生乐器连续7年蝉联天猫电声乐器销售单品冠军。2022年6月份，郚部吉他入驻“山东手造・潍有尚品”博物馆，与文化贸易公司签订了直播销售合作协议，开展专业合作。

三、创新融合发展，推动产业转型提质

一是强化产品宣传力度，借助媒体资源，面向全国推介郚部吉他民族自主品牌。加大与卞留念等知名音乐人合作力度，发布联名款吉他，不断提升知名度和影响力。二是树立产业融合理念，创新推动乐器产业与昌乐火山、蓝宝石、珠宝交易、特色农业等资源连接发展，谋划开展“宝石节”“西瓜节”“音乐节”等活动，积极开展乐器进学校、进课堂，扎实做好“工农文教旅”多业态融合发展文章，打造“吉他小镇”文化印象，不断增强产业发展活力。三是持续扩大品牌效应，打造昌韵达、雅特、迪生等龙头企业，着力培育个性定制、制作体验、文化创意等新模式新业态。借助“郚部”区域公用品牌，充分发挥乐器协会作用，组织企业大力发展“网红直播”带货，加快跨境电商赋能，推动区域企业“抱团出海”，有效提高产品利润，扩大产业影响力。

年鉴

—— 2023 ——

CHINA MUSICAL
INSTRUMENT YEARBOOK
（2023）

行业篇 1
指标数据篇 103
协会工作篇 145
科技创新篇 204
职业技能篇 390
音乐教育篇 411
产业集群篇 425
海外信息篇 441

全球乐器报告

日本

日本乐器协会（JMIA）已于近期完成了2021年度音乐制品行业制造商调查。该调查涵盖从2021年4月1日到2022年3月31日为期12个月的音乐制品生产及国内销售状况，共向日本国内86家音乐产品制造商发送了调查问卷，获得56家公司回应。我们相信该调查报告能够总体反映日本各类音乐制品生产与销售概况。

键盘乐器：

据此项调查，去年日本制造商钢琴产销金额647亿日元（4.702亿美元），包括立式、三角和自动钢琴。叠加数字钢琴后，总产值811亿日元（5.894亿美元），占日本乐器总产值48%，成为最大乐器门类。

2021年，日本乐器市场钢琴销量12020台，较前一年增长25%，销售额增加71亿日元（5160万美元），增幅21%。钢琴行业几乎恢复到新冠疫情前的水平[2019年销量为12757台，销售额为77亿日元（560万美元）]。就钢琴产量而言，日本国内市场增长20%，海外制造基地增长29%。

立式钢琴国内销量8763台，增长25%。三角钢琴销为3195台，增长31%。这表明，随着各种钢琴比赛重新开启以及钢琴教学工作室回归正常运营，相关市场需求水涨船高。自动演奏钢琴销量仅62台，下降47%。

数码钢琴国内销量21.6万台，较前一年增长3%，达到过去八年的最高水平，实现销售额149亿日元（1.083亿美元）。数码钢琴出口额增长13%，达到662亿日元（4.811亿美元），而出口量为1519000台，下降5%。数码钢琴海外生产（占总产量的98%）比前一年略有下降，但仍高于新冠疫情前的水平。总体而言，2021年数码钢琴产销均呈现健康增长态势。

2020年，在日本政府发布居家订单后，电子琴产量和销量迅速飙升。一年后，标准尺寸琴键款式在销量和销售额方面均下降22%。尽管销售额减少了14%，其销量仅略微下降了2%，人们对小琴键款式仍保持热情。

管乐器：

日本管乐器出口和内销占总类别的9%，增长32%，达到269亿日元（1.955亿美元），但仍低于2019年310亿日元（2250万美元）水平。2021年，主要受新冠疫情的影响，日本管乐出口和内销大幅下降，降幅从30%扩大至40%。

长笛/短笛出口达到42亿日元（3050万美元），增长48%；单簧管出口19亿日元（1380万美元），增长52%；其他铜管乐器出口33亿日元（2400万美元），增长56%。所有类别的出口销售额均增长了30%至50%。无论是从销量还是销售额来看，几乎都恢复到2019年的水平。

长笛/短笛和萨克斯是最大的管乐产品类别，但长笛/短笛内销减少7%，降至11000支，萨克斯管内销9750支，下降1%，这几种乐器的销售情况均未恢复至2020年的水平。

小号/短号内销额增长13%，但销量减少3%。长号销量和销售额分别增长21%和31%，其他铜管乐销量和销售额分别增长381%和17%。从调查报告中可看出，去年其他铜管乐器销售主要以大量价格低廉产品为主。

弦乐器（不包括吉他）：

日本弦乐器（包括小提琴、中提琴、大提琴、低音提琴、电子弦乐器和其他类型）出口量增长14%，出口额增长43%。但该类别内销量减少75%，销售额下降20%。

打击乐器：

打击乐器出口和内销达到229亿日元（1.664亿美

元），增长12%，不仅实现连续第二年增长，而且是自2016年以来增幅最大的一年。打击乐器总类出口量增长15%，出口额增长18%。内销情况与过去保持一致，销量增长9%，但销售额下降了2%。

架子鼓和单鼓出口量增长34%，出口额增长51%。该类别销量及销售额分别增长12%和16%。相关鼓类配套硬件产品出口量和内销量也分别增长7%和6%。

鼓棒和鼓槌出口连续两年上扬，销量增长106%，销售额增长57%。内销量增长20%，销售额增长27%。行进鼓出口和国内销售在销量及销售额方面均增长30%，几乎恢复至2019年的水平。

桌面木琴出口量增长82%，出口额增长93%。内销售超过新冠疫情之前水平，销量增长26%，销售额增长了24%。

2020年，日本电子鼓子类别涨幅显著，但去年的出口和国内销售在出口量/销量及出口额/销售额方面分别下降13%和2%。尽管如此，电子鼓仍继续推动着打击乐器的发展，份额占总量40%。

吉他：

原声吉他和电吉他、贝斯、放大器、效果处理器/调谐器以及吉他弦的出口和国内销售占总类别17%，即517亿日元（3.756亿美元）。2020年，对原声吉他和电吉他需求大幅增长，这是因为新冠疫情期间，无论初学者还是专业吉他手都纷纷前往琴行购买这些乐器，以应对枯燥的居家时光。

2021年，这一趋势得以延续，日本原声吉他出口量增长16%，出口额增长31%。内销也有所攀升，销量增长8%，销售额增长40%。原声电吉他出口量增长18%，出口额增长33%。内销额增长6%，销量下降5%。

2021年，日本共出口58万把电吉他/贝斯，增幅达37%。实现收益117亿日元（8500万美元），增长了48%。内销11.5万把，增长137%，达到过去十年中最大幅度的销量增长。销售额也激增101%，达70亿日元（5090万美元）。

功放出口量和国内销量分别下降10%和44%。效果器出口量下降18%，国内销量下降3%。

吉他用弦和贝斯弦的出口量增长17%，内销量增长4%。

口风琴和竖笛：

其他乐器（包括竖笛、陶笛和大正琴）销量及销售额均下降了10%。口琴生产和销售降幅从50%扩大至60%。调查报告未提及手风琴相关信息。

竖笛内销增长12%，销售额增长14%，出口量增长106%，出口金额增长16%。虽然与上年相比略有回暖，但尚未超过新冠疫情之前的水平。

口风琴内销量和销售额均下降1%。出口额增长7%，但出口量下降6%。

报告没有陶笛出口数据，陶笛内销额下降4%，销量几乎为零。

数码乐器：

带键盘合成器及其他电子乐器的出口量和国内销量均下降11%，但出口额和销售额增长1%。制造商报告称，带键盘合成器的出口额与前一年相当，其他电子乐器出口额增长14%。带键盘合成器的国内销量和销售额分别下降15%和5%，而电子乐器销量和销售额分别下跌3%和11%。

其他电子乐器的国内年产量从200件到2万多件不等。2020年，日本共制造8367件其他电子乐器，2021年报告中未提供相关数据。海外产量29万件，较上年增长23%。

便携式PA系统：

2020年，新冠疫情防控期间，居家需求推动了数字音频工作站、麦克风和各种接口销售增长。去年，此类需求有所下降，但功放国内销售增长8%，出口增长18%。便携式PA系统内销十分活跃，销量和销售额分别增长76%和82%，接近2017年和2018年水平。与2020年调查一样，制造商只反馈了扬声器出口额，为53.8亿日元（3910万美元）。（撰文：《日本音乐贸易》总监Shuncho Mori）

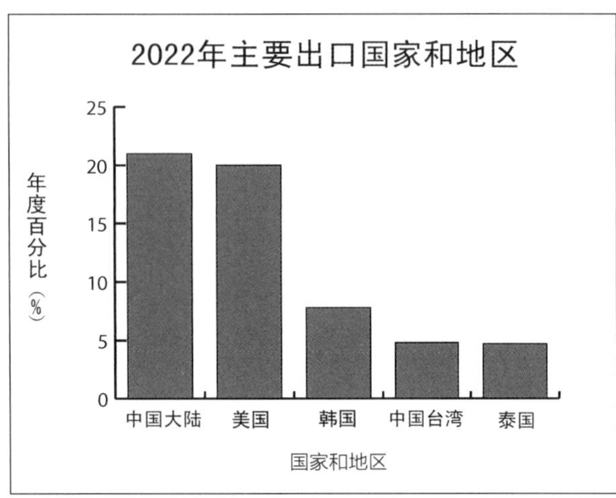
2022年主要出口国家和地区
年度百分比（%）
0
5
10
15
20
25
中国大陆
美国
韩国
中国台湾
泰国
国家和地区

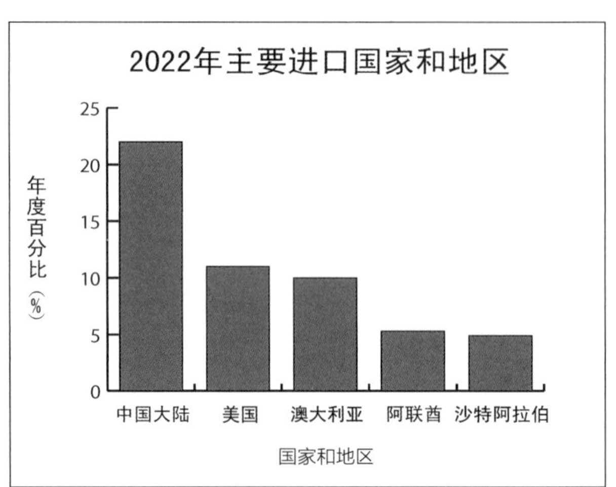
2022年主要进口国家和地区
年度百分比（%）
0
5
10
15
20
25
中国大陆
美国
澳大利亚
阿联酋
沙特阿拉伯
国家和地区

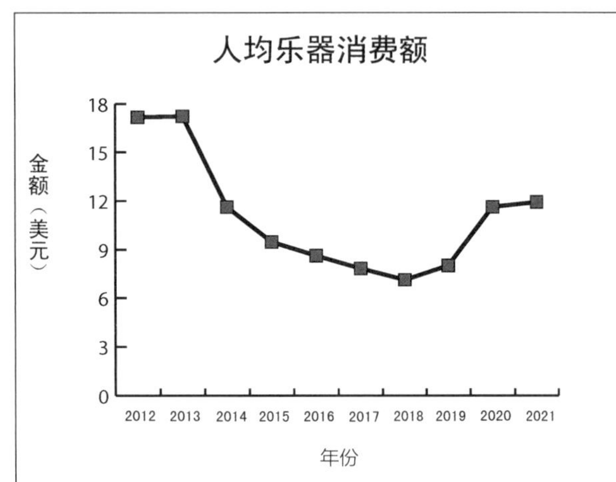
人均乐器消费额
金额（美元）
0
3
6
9
12
15
18
2012
2013
2014
2015
2016
2017
2018
2019
2020
2021
年份

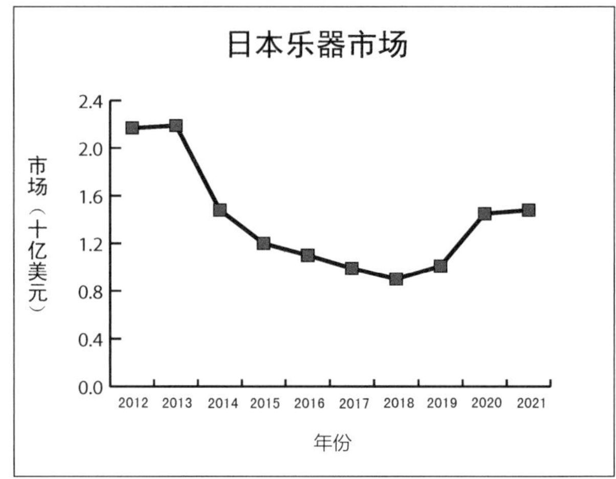
日本乐器市场
市场（十亿美元）
0.0
0.4
0.8
1.2
1.6
2.0
2.4
2012
2013
2014
2015
2016
2017
2018
2019
2020
2021
年份

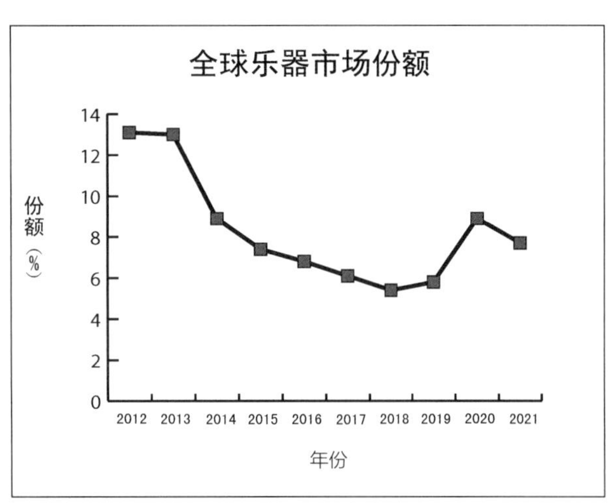
全球乐器市场份额
份额（%）
0
2
4
6
8
10
12
14
2012
2013
2014
2015
2016
2017
2018
2019
2020
2021
年份

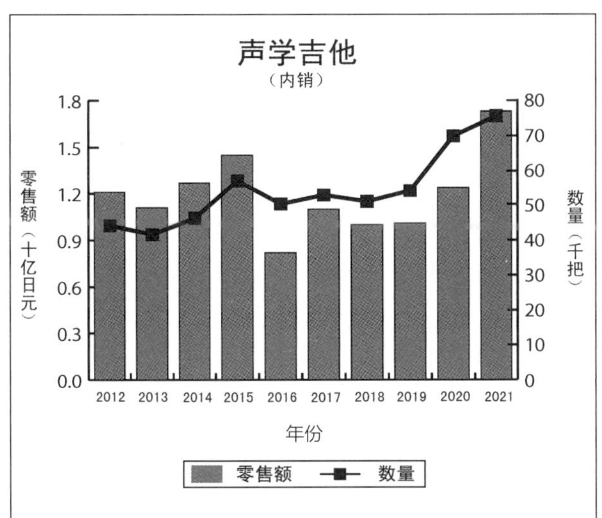
声学吉他
（内销）
零售额（十亿日元）
数量（千把）
年份
零售额
数量

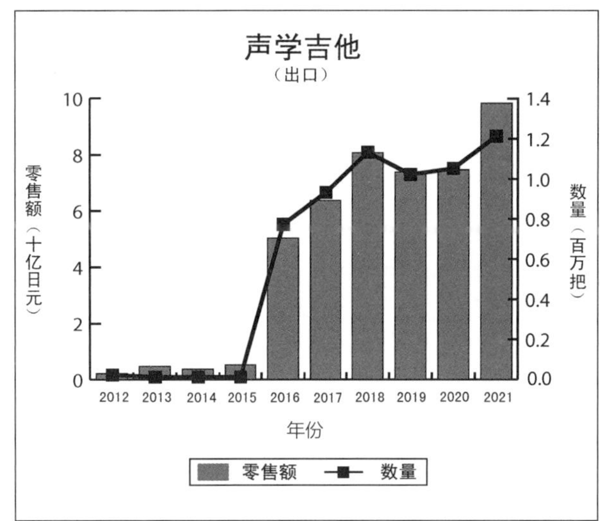
声学吉他
（出口）
零售额（十亿日元）
数量（百万把）
年份
零售额
数量

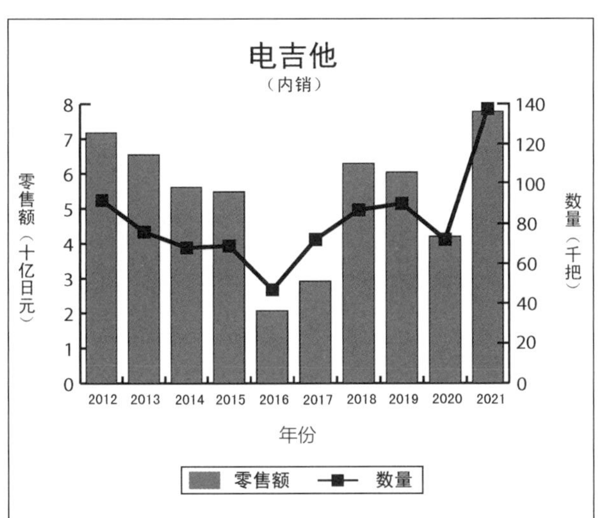
电吉他
（内销）
零售额（十亿日元）
数量（千把）
年份
零售额
数量

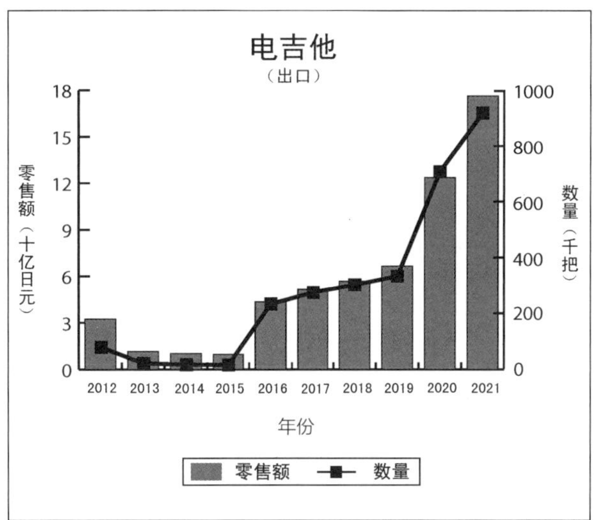
电吉他
（出口）
零售额（十亿日元）
数量（千把）
年份
零售额
数量

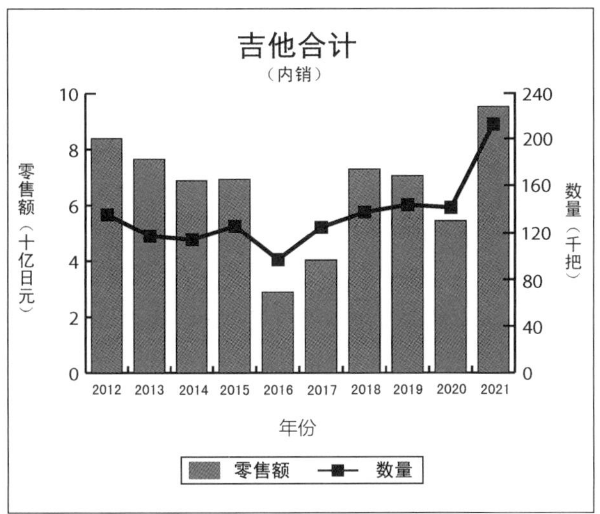
吉他合计
（内销）
零售额（十亿日元）
数量（千把）
年份
零售额
数量

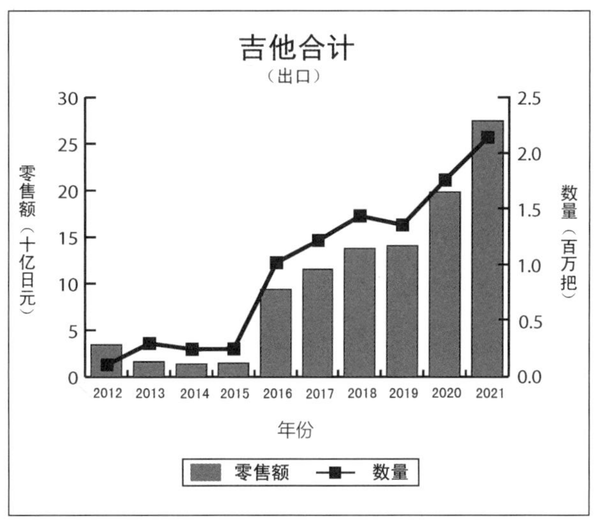
吉他合计
（出口）
零售额（十亿日元）
数量（百万把）
年份
零售额
数量

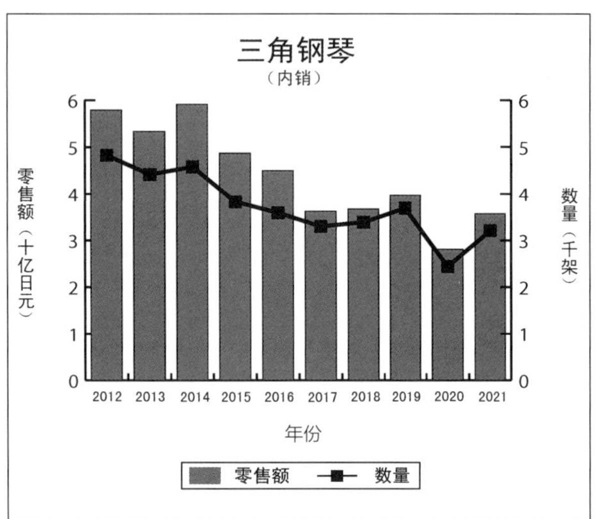
三角钢琴
（内销）
零售额（十亿日元）
数量（千架）
年份
零售额
数量

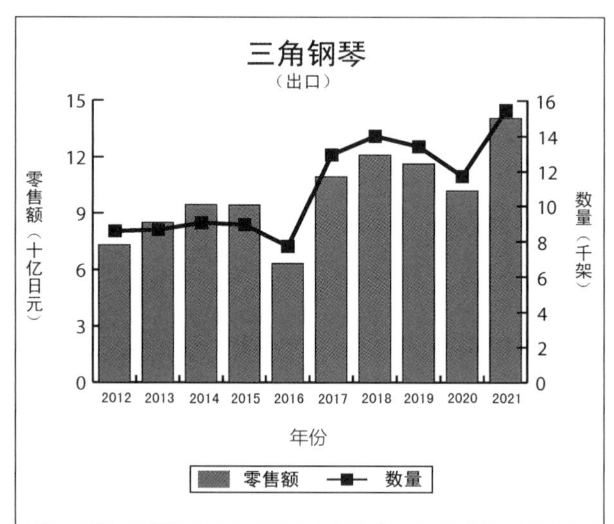
三角钢琴
（出口）
零售额（十亿日元）
数量（千架）
年份
零售额
数量

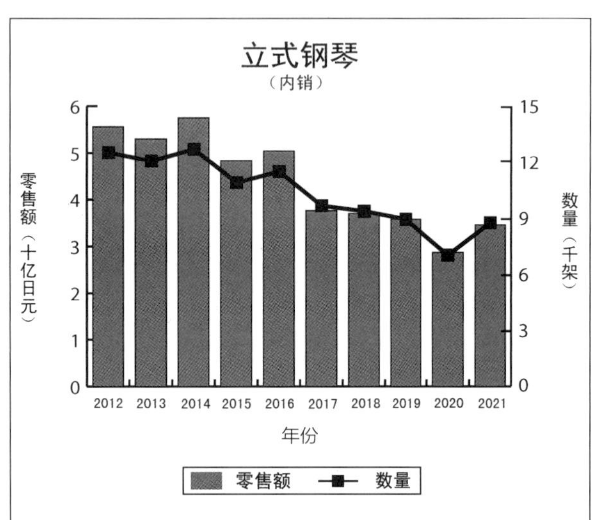
立式钢琴
（内销）
零售额（十亿日元）
数量（千架）
年份
零售额
数量

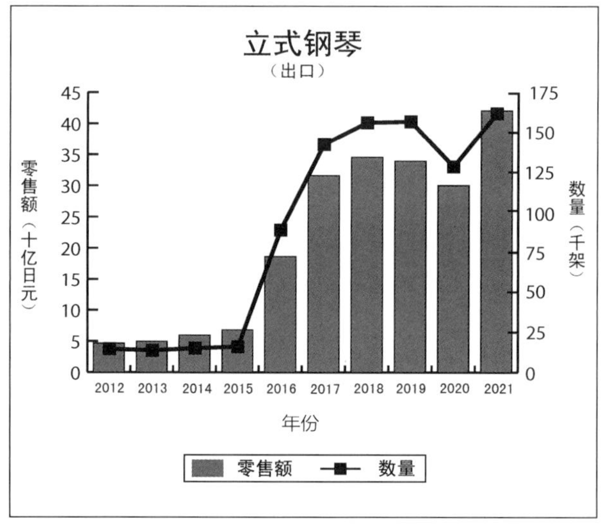
立式钢琴
（出口）
零售额（十亿日元）
数量（千架）
年份
零售额
数量

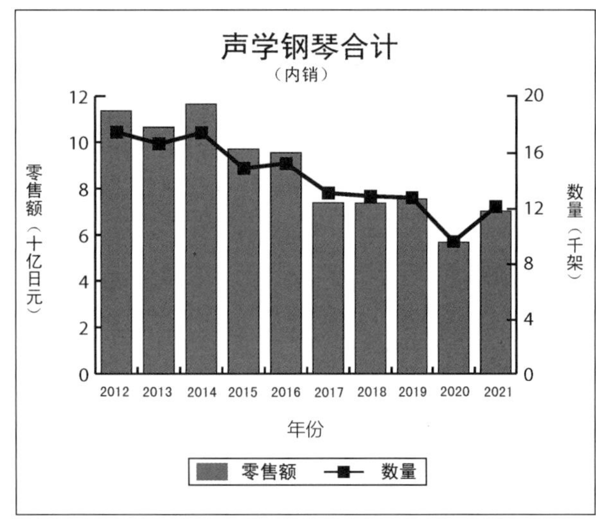
声学钢琴合计
（内销）
零售额（十亿日元）
数量（千架）
年份
零售额
数量

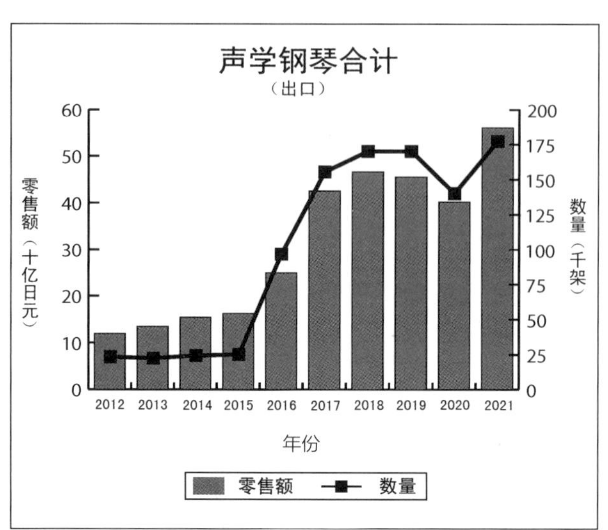
声学钢琴合计
（出口）
零售额（十亿日元）
数量（千架）
年份
零售额
数量

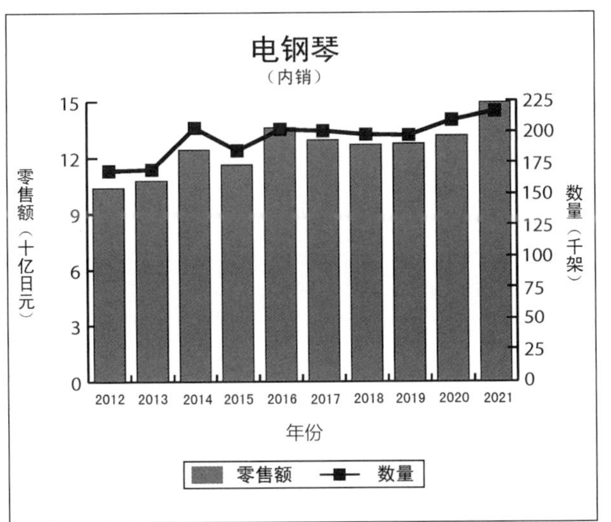
电钢琴
（内销）
零售额（十亿日元）
数量（千架）
15
12
9
6
3
0
225
200
175
150
125
100
75
50
25
0
2012 2013 2014 2015 2016 2017 2018 2019 2020 2021
年份
零售额 数量

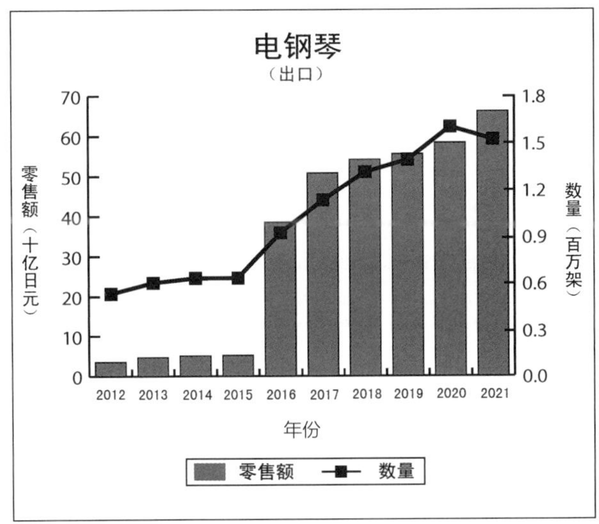
电钢琴
（出口）
零售额（十亿日元）
数量（百万架）
70
60
50
40
30
20
10
0
1.8
1.5
1.2
0.9
0.6
0.3
0.0
2012 2013 2014 2015 2016 2017 2018 2019 2020 2021
年份
零售额 数量

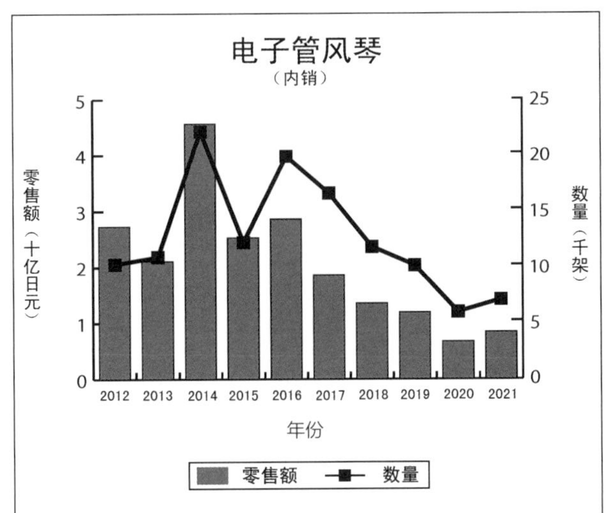
电子管风琴
（内销）
零售额（十亿日元）
数量（千架）
5
4
3
2
1
0
25
20
15
10
5
0
2012 2013 2014 2015 2016 2017 2018 2019 2020 2021
年份
零售额 数量

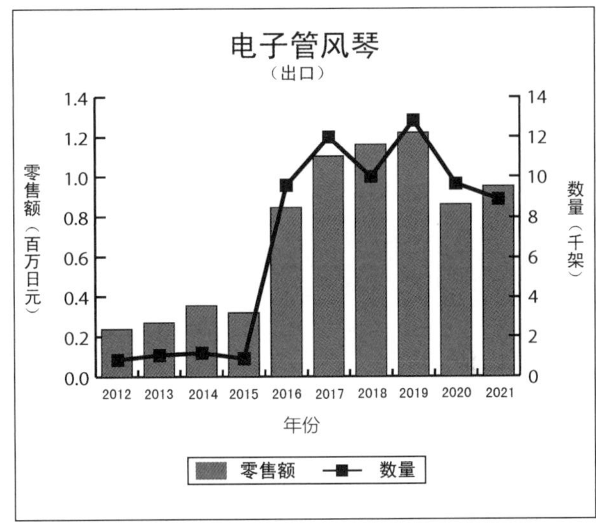
电子管风琴
（出口）
零售额（百万日元）
数量（千架）
1.4
1.2
1.0
0.8
0.6
0.4
0.2
0.0
14
12
10
8
6
4
2
0
2012 2013 2014 2015 2016 2017 2018 2019 2020 2021
年份
零售额 数量

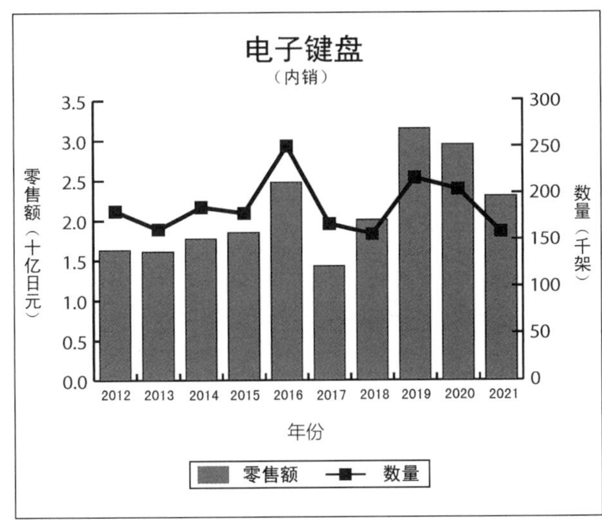
电子键盘
（内销）
零售额（十亿日元）
数量（千架）
3.5
3.0
2.5
2.0
1.5
1.0
0.5
0.0
300
250
200
150
100
50
0
2012 2013 2014 2015 2016 2017 2018 2019 2020 2021
年份
零售额 数量

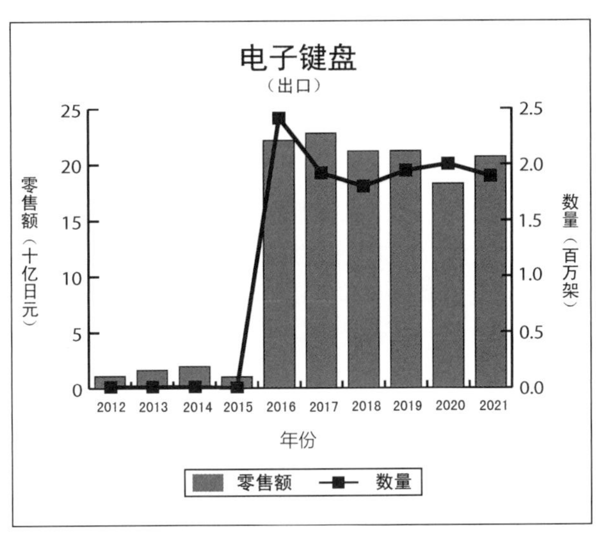
电子键盘
（出口）
零售额（十亿日元）
数量（百万架）
25
20
15
10
5
0
2.5
2.0
1.5
1.0
0.5
0.0
2012 2013 2014 2015 2016 2017 2018 2019 2020 2021
年份
零售额 数量

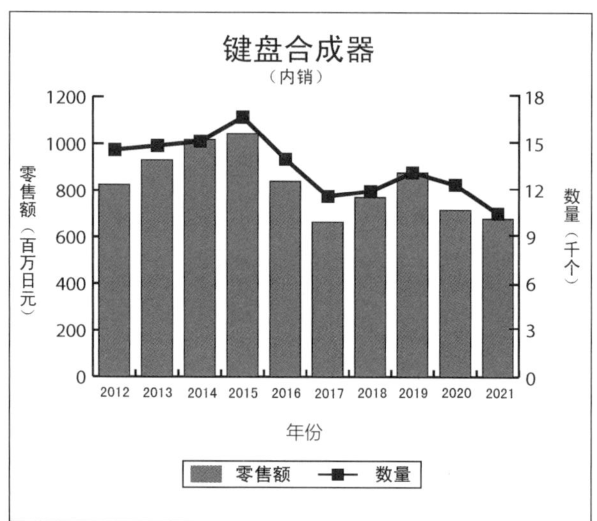
键盘合成器
（内销）
零售额（百万日元）
数量（千个）
1200
1000
800
600
400
200
0
18
15
12
9
6
3
0
2012 2013 2014 2015 2016 2017 2018 2019 2020 2021
年份
零售额 数量

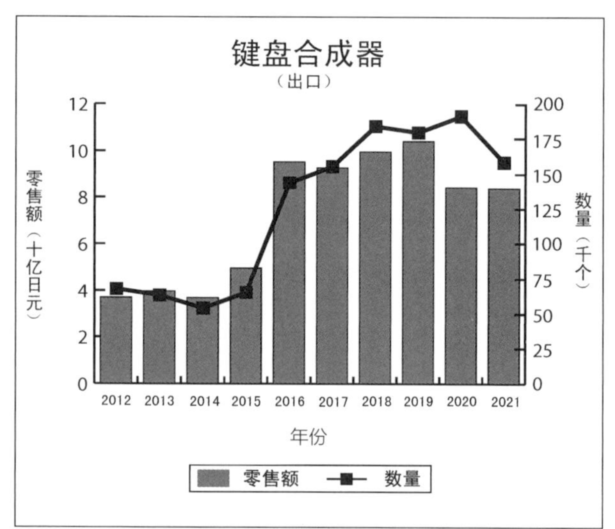
键盘合成器
（出口）
零售额（十亿日元）
数量（千个）
12
10
8
6
4
2
0
200
175
150
125
100
75
50
25
0
2012 2013 2014 2015 2016 2017 2018 2019 2020 2021
年份
零售额 数量

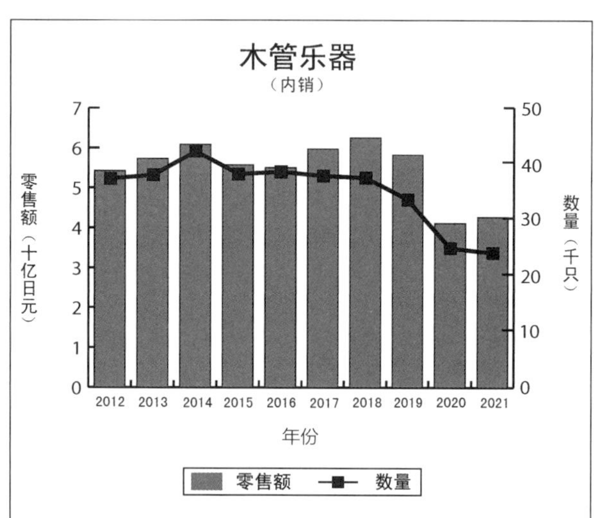
木管乐器
（内销）
零售额（十亿日元）
数量（千只）
7
6
5
4
3
2
1
0
50
40
30
20
10
0
2012 2013 2014 2015 2016 2017 2018 2019 2020 2021
年份
零售额 数量

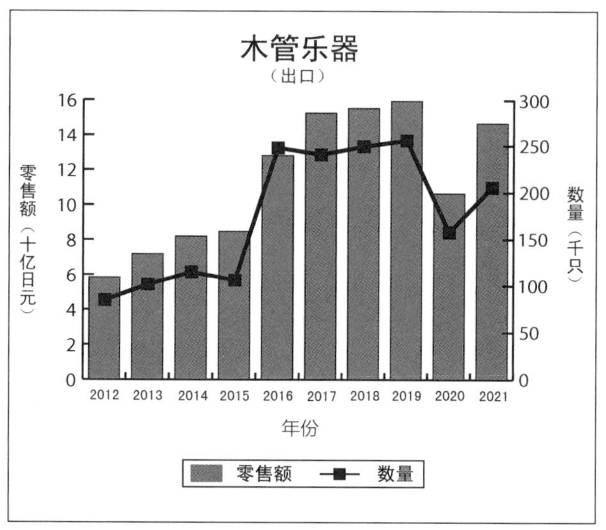
木管乐器
（出口）
零售额（十亿日元）
数量（千只）
16
14
12
10
8
6
4
2
0
300
250
200
150
100
50
0
2012 2013 2014 2015 2016 2017 2018 2019 2020 2021
年份
零售额 数量

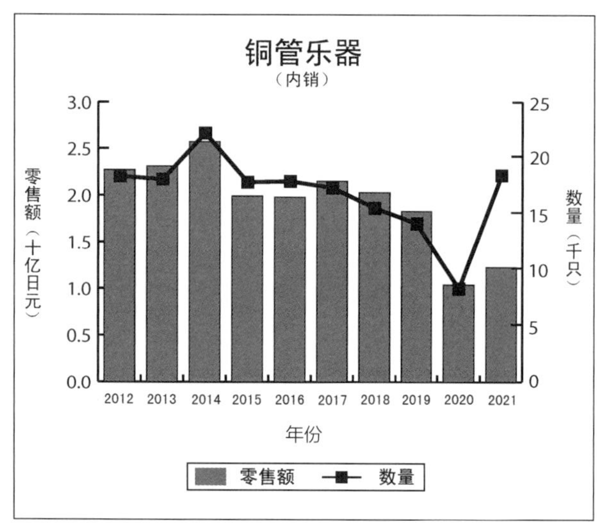
铜管乐器
（内销）
零售额（十亿日元）
数量（千只）
3.0
2.5
2.0
1.5
1.0
0.5
0.0
25
20
15
10
5
0
2012 2013 2014 2015 2016 2017 2018 2019 2020 2021
年份
零售额 数量

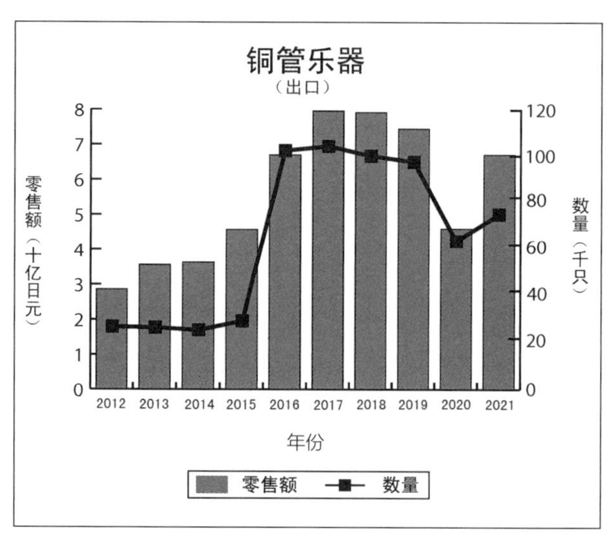
铜管乐器
（出口）
零售额（十亿日元）
数量（千只）
8
7
6
5
4
3
2
1
0
120
100
80
60
40
20
0
2012 2013 2014 2015 2016 2017 2018 2019 2020 2021
年份
零售额 数量

德国

价格上涨创造销售新纪录

德国22家拥有超过50名员工的大型企业销售总额占到德国乐器行业整体销售额的“半壁江山”。

2022年，员工人数超过20名的56家企业实现销售额5.089亿欧元（5.429亿美元），不仅克服了2020年新冠疫情以来的衰退迹象，而且超越了2019年纪录。创造这一销售佳绩的企业从业员工共计3929名，人数比上一年增长2.3%。

2022年德国国内销售额1.784亿欧元（1.903亿美元），增长10.6%，海外销售3.305亿欧元（3.526亿美元），增长13%。

销售额大幅增长的原因与其说销量提升，不如说得益于产品价格的大幅上扬。平均生产者价格上涨8.9%，其中乐器上涨7.5%，乐器零部件和配件上涨12.8%。

特殊统计效应带来显著外贸顺差

德国乐器出口占总销售的比例略有上升，达到64.9%。传统德国乐器外贸一直处于出口顺差地位，但在2020年和2021年出现了赤字。2022年见证了传统模式的回归：乐器出口增长37.8%，进口仅增长约8.6%。出口额预计将达9.81亿欧元（10.5亿美元），进口额8.29亿欧元（8.844亿美元），将带来1.52亿欧元（1.622亿美元）的外贸顺差。

德国乐器出口增长近一半来自电子乐器，其出口额从1.79亿欧元（1.91亿美元）增至2.911亿欧元（3.106亿美元），增加1.12亿欧元（1.195亿美元），占出口额30%。

德国的出口产品广泛分布，最重要的出口国包括法国、美国、中国、英国、奥地利、瑞士、荷兰、西班牙、波兰、意大利和日本，以上国家占德国全部出口的69%。对日本的出口大幅下降，目前已与瑞典、捷克以及比利时处于同一水平。德国对法国出口的激增很大程度上与荷兰进口转口的减少有关，更多货物直接进入德国，然后从德国运往法国。从荷兰转口贸易减少表明，经由德国进行转口贸易销售的亚洲产品出现增长。

2022年，德国对法国的乐器出口几乎翻了一番，达到1.35亿欧元（1.44亿美元）。尽管钢琴和三角钢琴的出口实际减少10%，但所有其他商品的出口均呈现爆炸式增长。从绝对金额来看，电子乐器增幅最显著，猛涨约3100万欧元（3310万美元），增幅高达183.8%，其他商品类别也出现类似增长，弦乐器（+232.1%）、管乐器（+76.1%）、打击乐器（+152.5%）以及乐器零部件和配件（+93.8%）。

进口概况

2022年，德国乐器总进口量的74%来自中国、印度尼西亚、美国和日本。而此前几年，荷兰进口一直排名前四（很可能由于该国拥有众多海港）。出口水平与海外销售水平之间的显著差异可归因于不同的统计调查方法，上述海外销售情况仅反映员工人数20人以上的公司提供的数据。由于选择了其他进口路线或采用了不同统计方式，从荷兰的进口目前已无足轻重。

德国乐器产量增长

2022年，德国59家员工人数超过20名的公司总产值为4.051亿欧元（4.322亿美元），比2021年上升了11%。

就产值而言，钢琴产量增长11.7%，三角钢琴产量增长11.0%。手风琴和口琴产量下降10.9%。在铜管乐器中，圆号产量增长32.4%，长号等其他铜管乐器产量增长56.1%。竖笛产量下降14.2%，而其他木管乐器则增长了18.8%。打击乐器的产量增长了15.6%。在零部件和配件方面，钢琴增长10.6%，风琴增长2.8%，弦乐器增长6. 9%，管乐器增长65%。（撰文：德国乐器制造商协会（BDMH）会长温弗莱德·鲍巴）

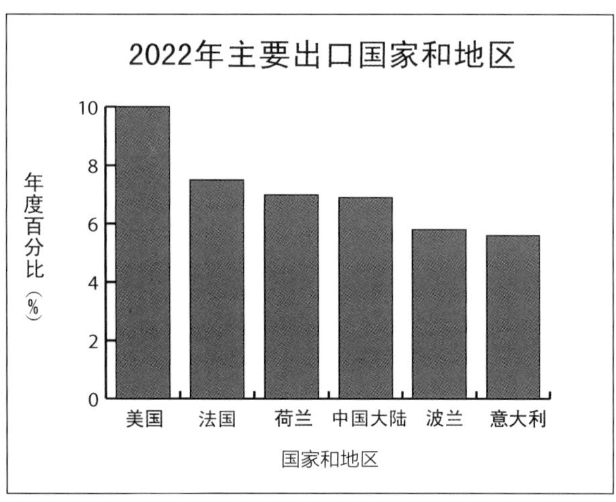
2022年主要出口国家和地区
年度百分比（%）
10
8
6
4
2
0
美国
法国
荷兰
中国大陆
波兰
意大利
国家和地区

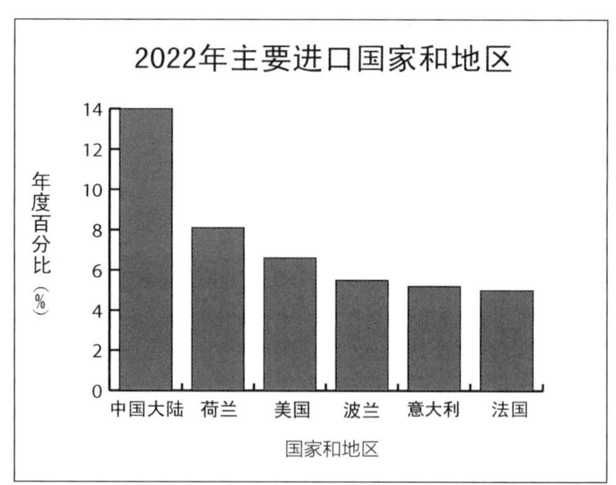
2022年主要进口国家和地区
年度百分比（%）
14
12
10
8
6
4
2
0
中国大陆
荷兰
美国
波兰
意大利
法国
国家和地区

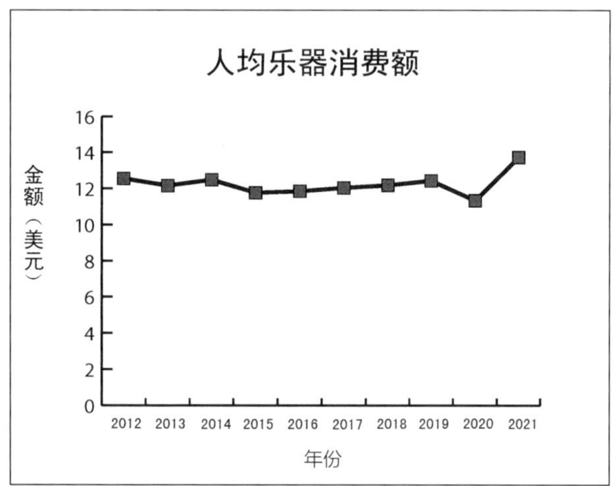
人均乐器消费额
金额（美元）
16
14
12
10
8
6
4
2
0
2012
2013
2014
2015
2016
2017
2018
2019
2020
2021
年份

德国乐器市场
市场（十亿美元）
1.4
1.2
1.0
0.8
0.6
0.4
0.2
0.0
2012
2013
2014
2015
2016
2017
2018
2019
2020
2021
年份

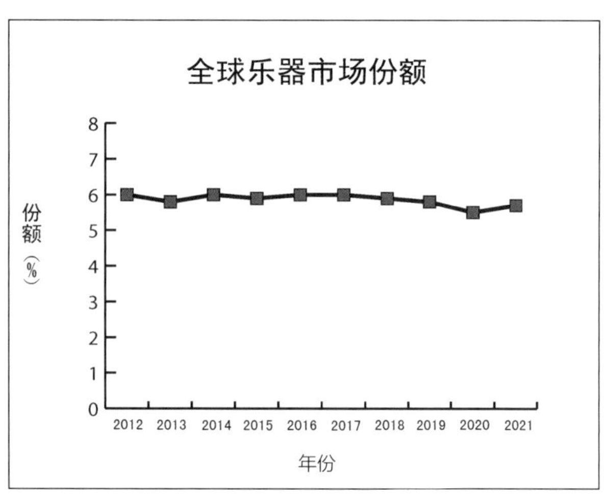
全球乐器市场份额
份额（%）
8
7
6
5
4
3
2
1
0
2012
2013
2014
2015
2016
2017
2018
2019
2020
2021
年份

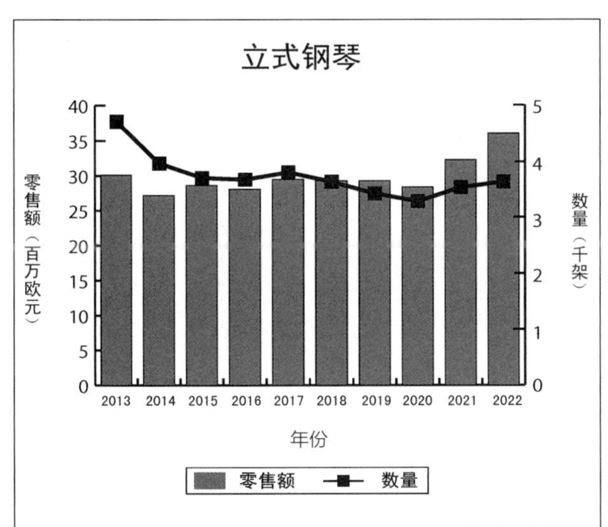
立式钢琴
零售额（百万欧元）
数量（千架）
年份
零售额
数量

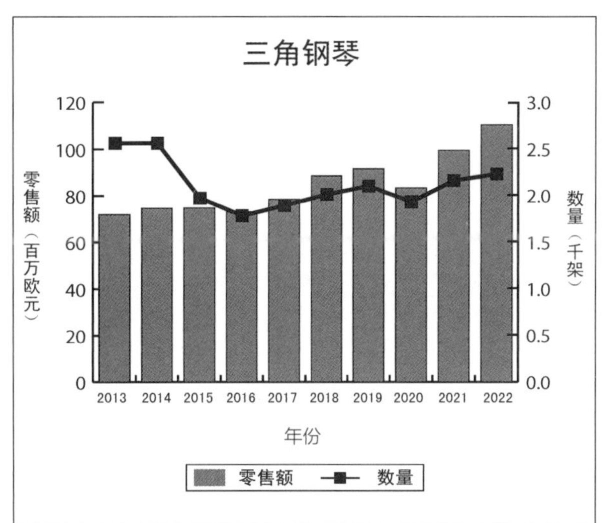
三角钢琴
零售额（百万欧元）
数量（千架）
年份
零售额
数量

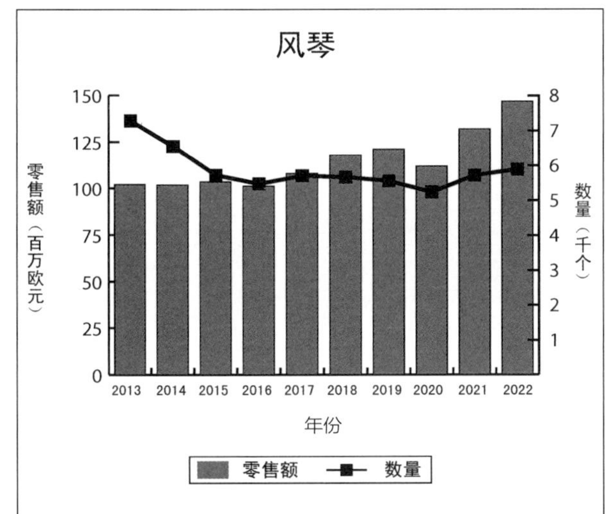
风琴
零售额（百万欧元）
数量（千个）
年份
零售额
数量

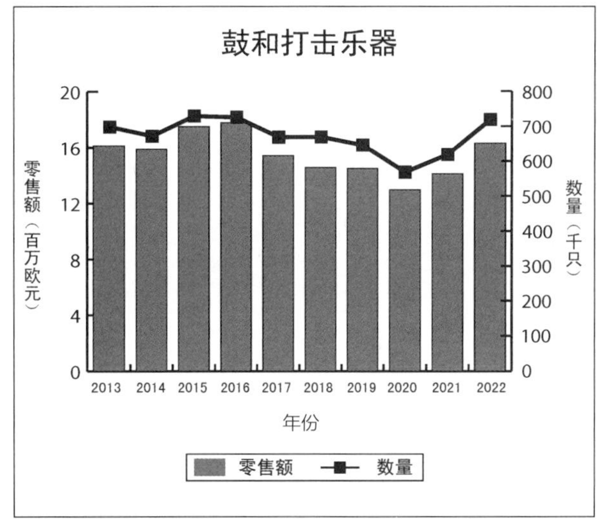
鼓和打击乐器
零售额（百万欧元）
数量（千只）
年份
零售额
数量

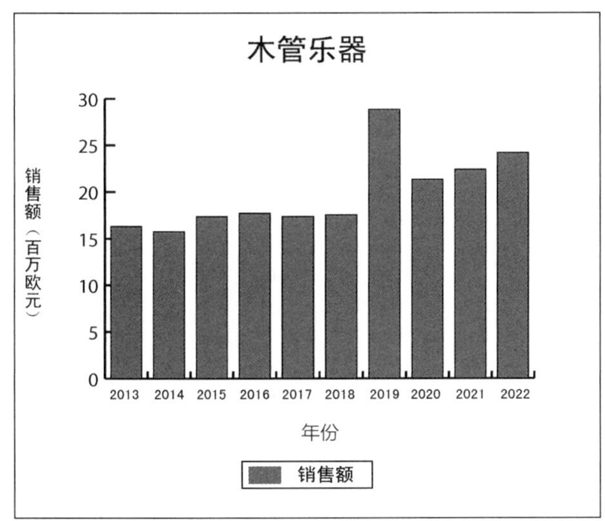
木管乐器
销售额（百万欧元）
年份
销售额

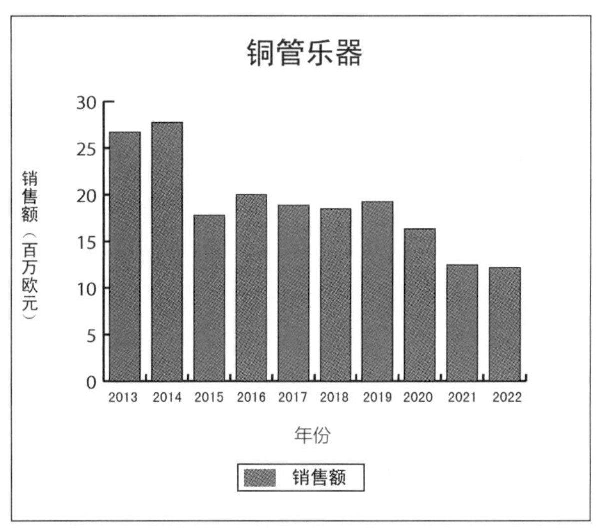
铜管乐器
销售额（百万欧元）
年份
销售额

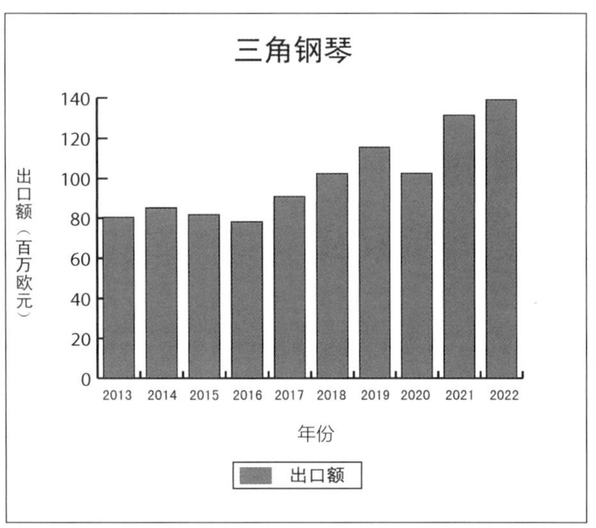
三角钢琴
140
120
100
80
60
40
20
0
出口额（百万欧元）
2013 2014 2015 2016 2017 2018 2019 2020 2021 2022
年份
出口额

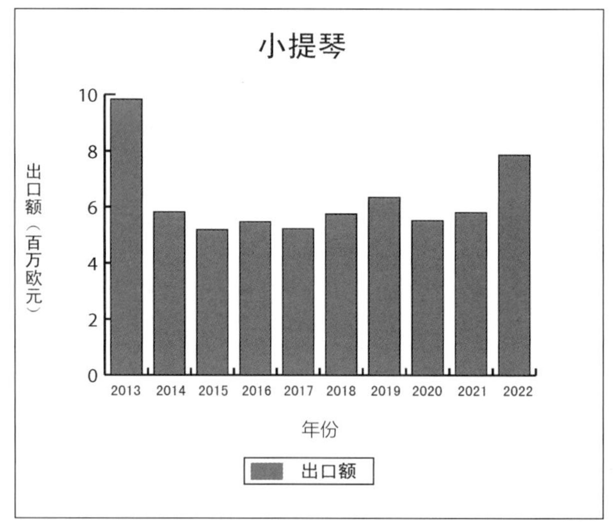
小提琴
10
8
6
4
2
0
出口额（百万欧元）
2013 2014 2015 2016 2017 2018 2019 2020 2021 2022
年份
出口额

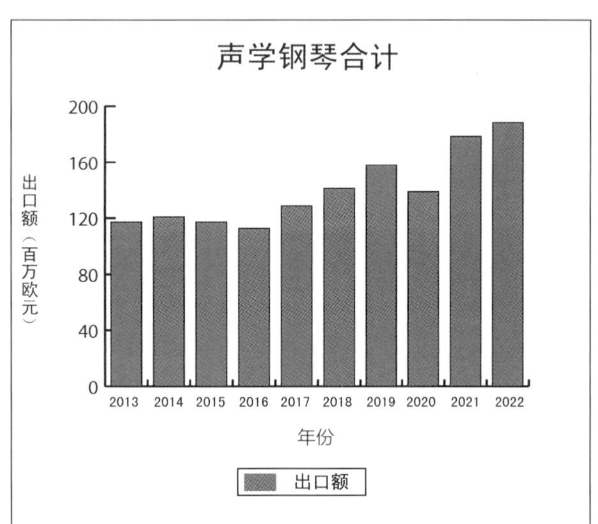
声学钢琴合计
200
160
120
80
40
0
出口额（百万欧元）
2013 2014 2015 2016 2017 2018 2019 2020 2021 2022
年份
出口额

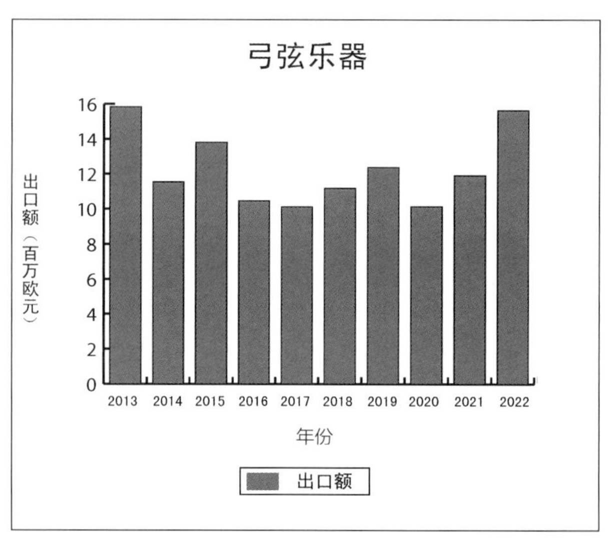
弓弦乐器
16
14
12
10
8
6
4
2
0
出口额（百万欧元）
2013 2014 2015 2016 2017 2018 2019 2020 2021 2022
年份
出口额

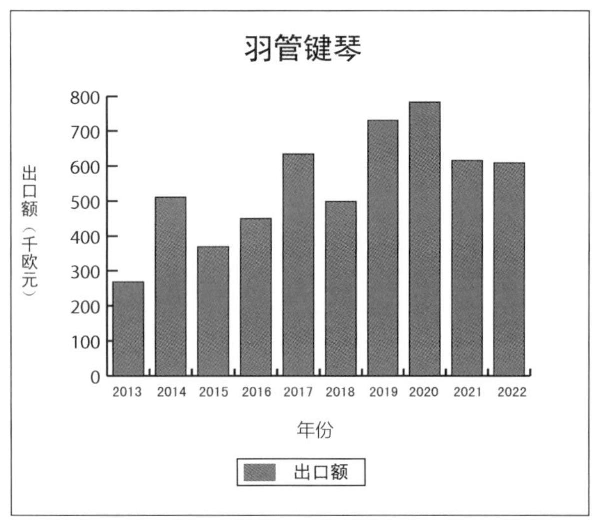
羽管键琴
800
700
600
500
400
300
200
100
0
出口额（千欧元）
2013 2014 2015 2016 2017 2018 2019 2020 2021 2022
年份
出口额

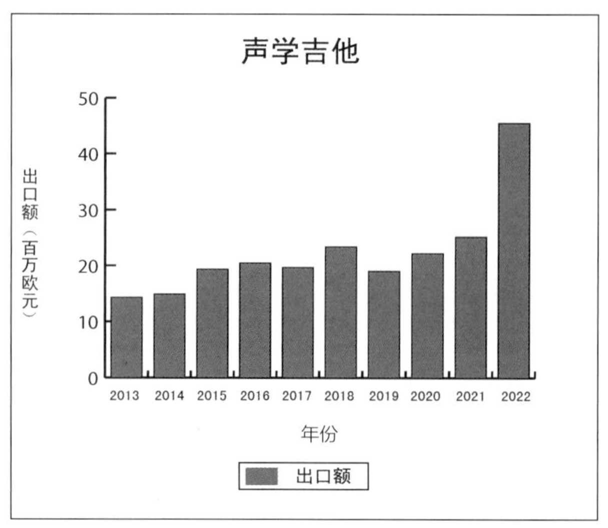
声学吉他
50
40
30
20
10
0
出口额（百万欧元）
2013 2014 2015 2016 2017 2018 2019 2020 2021 2022
年份
出口额

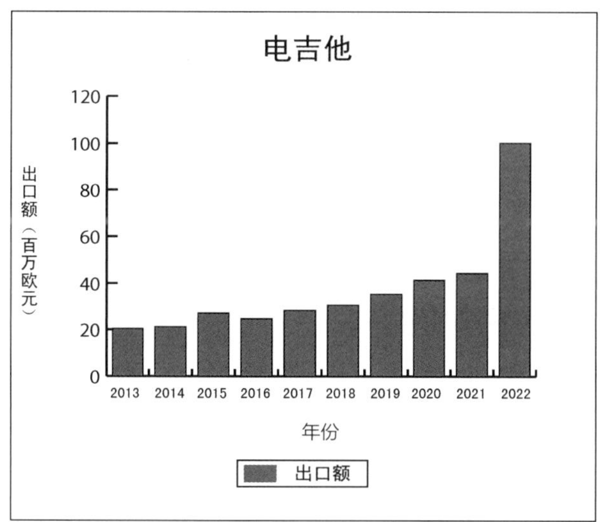

电吉他
出口额（百万欧元）
120
100
80
60
40
20
0
2013 2014 2015 2016 2017 2018 2019 2020 2021 2022
年份
出口额

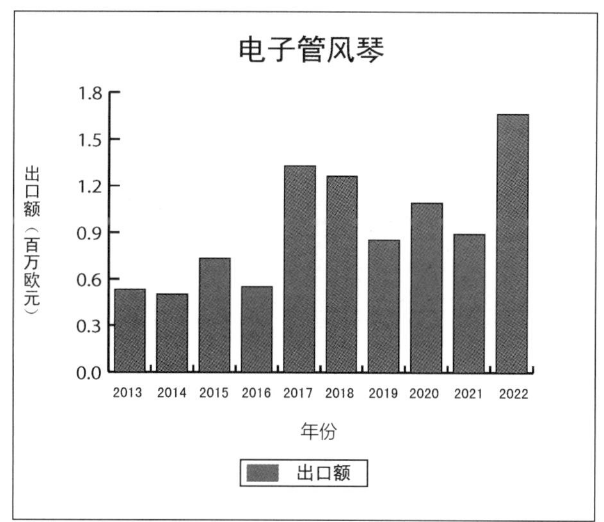

电子管风琴
出口额（百万欧元）
1.8
1.5
1.2
0.9
0.6
0.3
0.0
2013 2014 2015 2016 2017 2018 2019 2020 2021 2022
年份
出口额

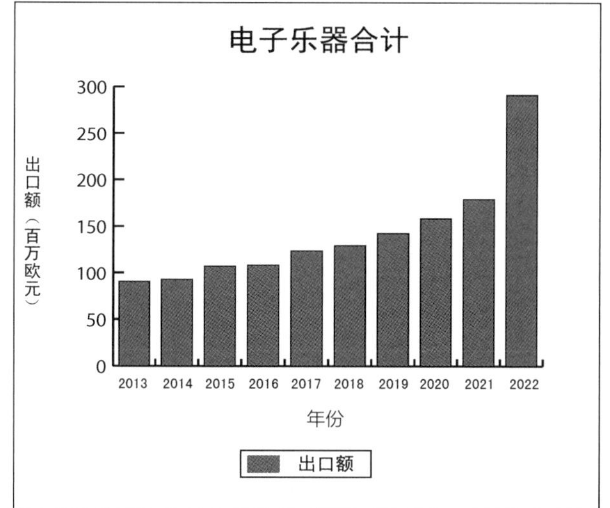

电子乐器合计
出口额（百万欧元）
300
250
200
150
100
50
0
2013 2014 2015 2016 2017 2018 2019 2020 2021 2022
年份
出口额

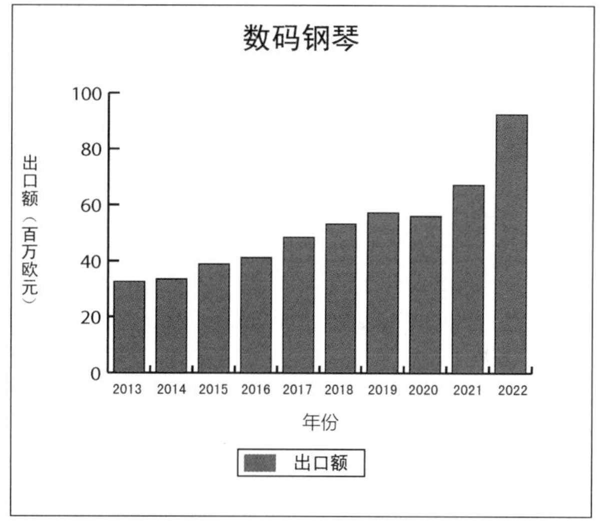

数码钢琴
出口额（百万欧元）
100
80
60
40
20
0
2013 2014 2015 2016 2017 2018 2019 2020 2021 2022
年份
出口额

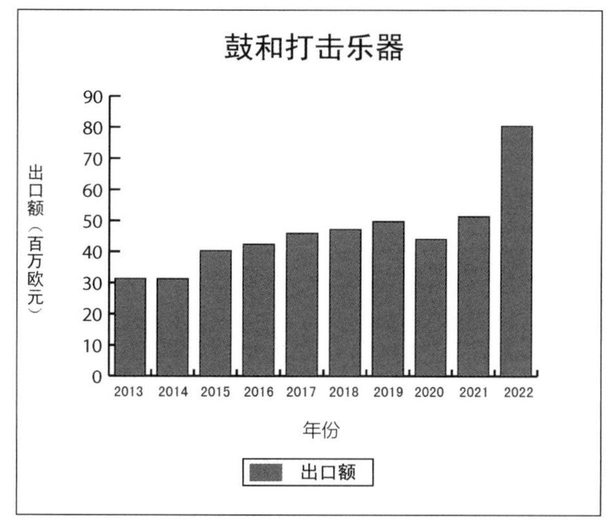

鼓和打击乐器
出口额（百万欧元）
90
80
70
60
50
40
30
20
10
0
2013 2014 2015 2016 2017 2018 2019 2020 2021 2022
年份
出口额

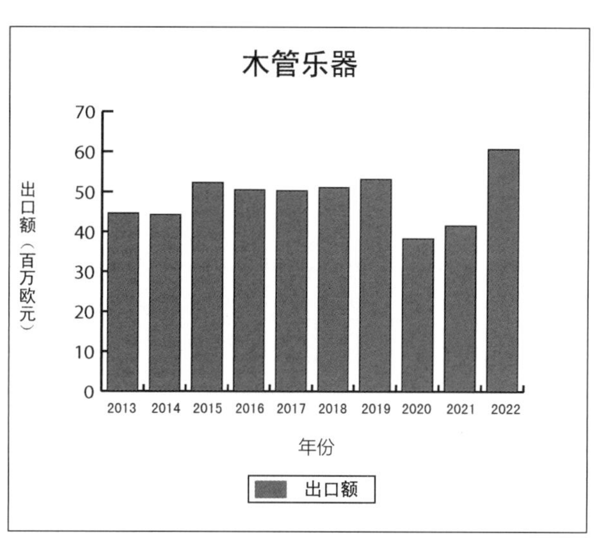

木管乐器
出口额（百万欧元）
70
60
50
40
30
20
10
0
2013 2014 2015 2016 2017 2018 2019 2020 2021 2022
年份
出口额

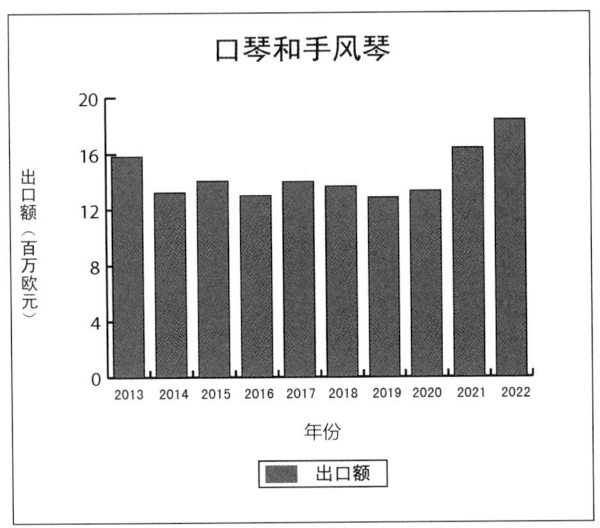

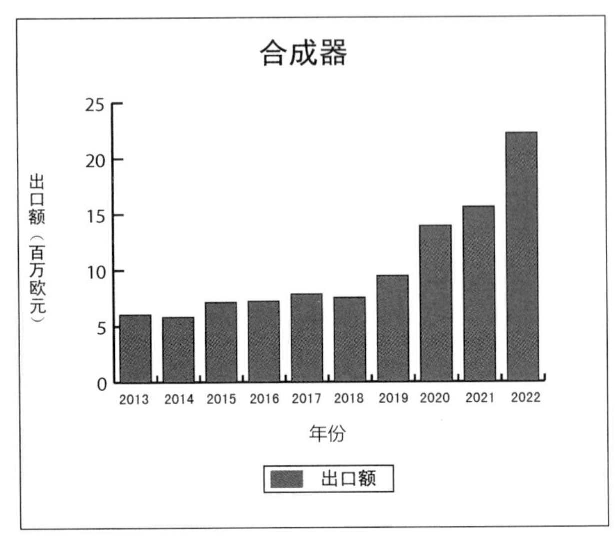

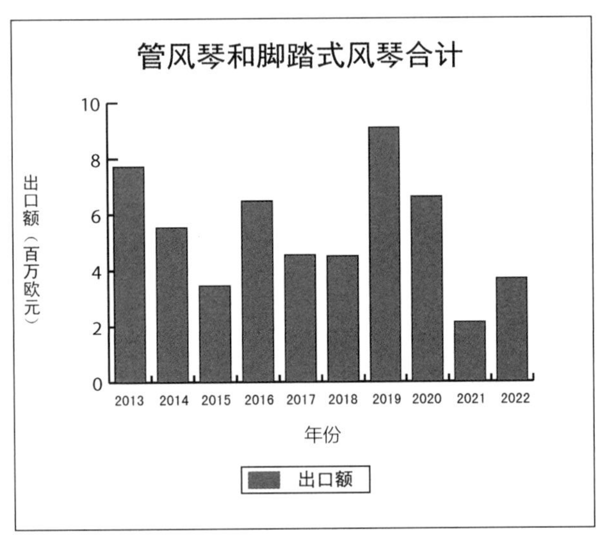

澳大利亚

整个2022年，澳大利亚经济进入通胀和利率上升期，消费品零售和贸易均面临挑战。2022年初，澳大利亚失业率降至4%以下，并长时间保持在这一水平，在达到3.4%的低点之后，于年底回升至3.5%。澳大利亚工资增速高于过去平均水平，工资价格指数近10年来首超3%。然而，与更高的工资和低失业率相伴的是利率更趋高涨。澳大利亚储备银行的现金利率从0.1%升至3.1%，消费者价格指数也达到7.8%的高点。

受各种因素影响，2022年澳大利亚音乐制品行业结果“冷热不均”，其中一些因素与供应链问题及疫情有关。铜管乐器等门类正从2020年的下降趋势中稳步恢复。另外声学吉他由于供应等多种原因未能保持2020年水平。其他乐器门类在过去三年中一直处于增长态势，例如三角钢琴，无论从短期和长期来看销量和销售金额均取得积极成果。

当我们在审视澳大利亚数据时，需要注意的是，澳大利亚乐器协会（AMA）今年采用了不同方法分析进口统计数据。一些产品类别的分析结果与过去基本相似，另一些类别则数据更高，在某些情况下甚至高出很多。因此，有必要对数据进行过滤，并略做假设。

2022年澳大利亚统计局的进口统计数据显示，与2021年相比，澳大利亚整个音乐产品市场总进口额增长12%，总进口量下降16.8%。仅从乐器（不含专业音频、乐谱和配件）来看也是这样，但乐器进口总额增幅更高（14%），进口量降幅较小（13.7%）。

从数据中可以明显看到，澳大利亚正从疫情中复苏，但由于供应链问题和某些产品的短缺，今年和过去几年的情况更加复杂。

举例来说，声学吉他的成绩在过去两年似乎比2020年的高点有所下降。2020年之所以达到峰值，是因为当时人们“被困家中”，因而纷纷购买吉他自娱自乐。但吉他销量在2021年增长之后于2022年出现大幅下降，虽然声学吉他的销量仍高于新冠疫情前的年份，但其价格低了很多。仅从销售额来看，从2020年到2021年再到2022年，声学吉他始终处于稳步下降的态势，但2022年仍远高于新冠疫情前的每一年以及五年和十年的平均水平。这表明，在经历了几年特别强劲的发展之后，吉他的热潮正在退却。电吉他销量下降19%，在过去十年中降幅位列第二，但在过去五年中，其销售额每年都在稳步攀升。

过去三年里，钢琴和键盘门类的销量参差不齐，表现为“三角钢琴一升再升，立式钢琴先上扬再持平，数字钢琴先升后降，便携式电子琴一降再降”，但在销售额方面，所有类别都有所增加。去年的分析曾指出，数码钢琴的平均单位金额较低，与前一年相比几乎没有变化；而在2022年，平均单位金额出现大幅增长。

过去三年，管乐器类别发展方向略有不同，其中铜管乐器和弦乐器在销量方面保持平稳或略有降低。

打击乐器在销售额、整体销量以及各子类别上表现都与前一年大致相同：架子鼓和钹的销量略低于前两年。钹与打击乐器类别中大多数子产品门类不同的是，钹的销量低于前一年以及前五年和前十年的平均值。澳元汇率走高使架子鼓和钹的市场表现走出困境，尤其摆脱了低销量，架子鼓和钹总销售额均有所增加。

2022年，澳大利亚来自中国的进口额低于2021年，从中国进口的市场比例在过去两年中一直处于低点。同时，来自其他东亚国家、欧洲、东南亚和北美的进口额均有所上升。（撰文：澳大利亚乐器协会（AMA）执行官阿列克斯·玛索）

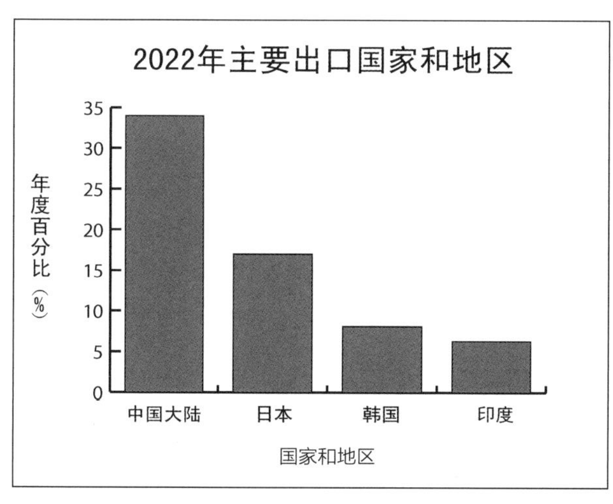

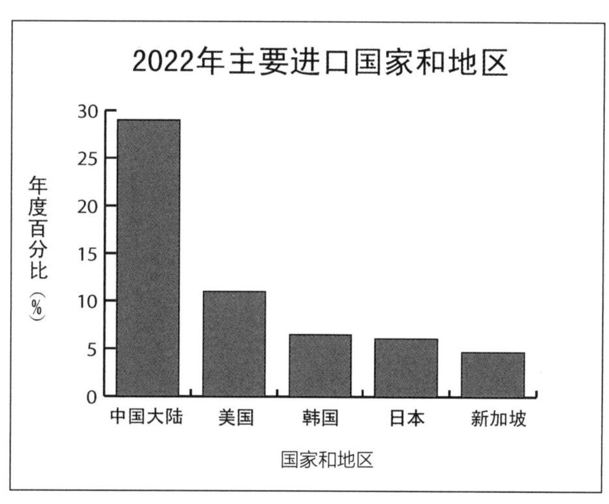

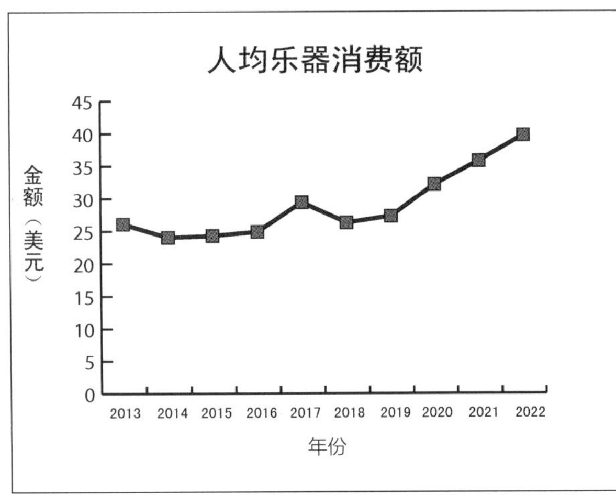
人均乐器消费额
金额（美元）
45
40
35
30
25
20
15
10
5
0
2013 2014 2015 2016 2017 2018 2019 2020 2021 2022
年份

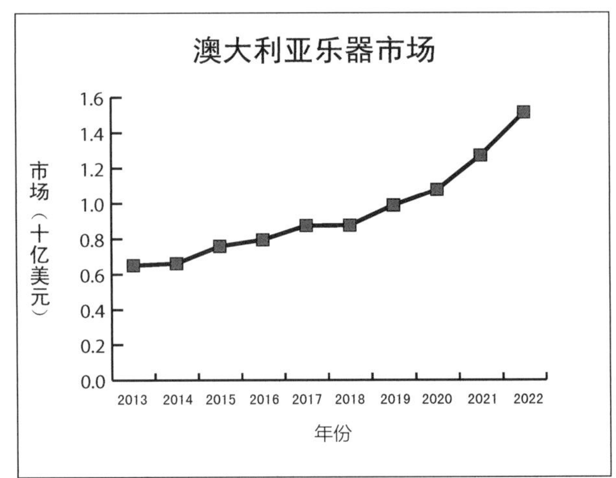
澳大利亚乐器市场
市场（十亿美元）
1.6
1.4
1.2
1.0
0.8
0.6
0.4
0.2
0.0
2013 2014 2015 2016 2017 2018 2019 2020 2021 2022
年份

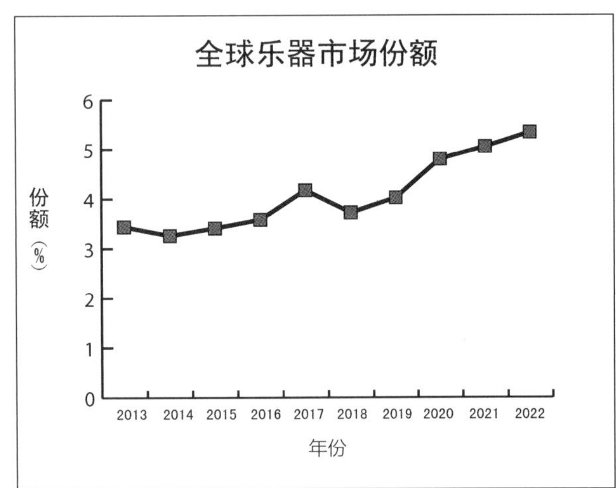
全球乐器市场份额
份额（%）
6
5
4
3
2
1
0
2013 2014 2015 2016 2017 2018 2019 2020 2021 2022
年份

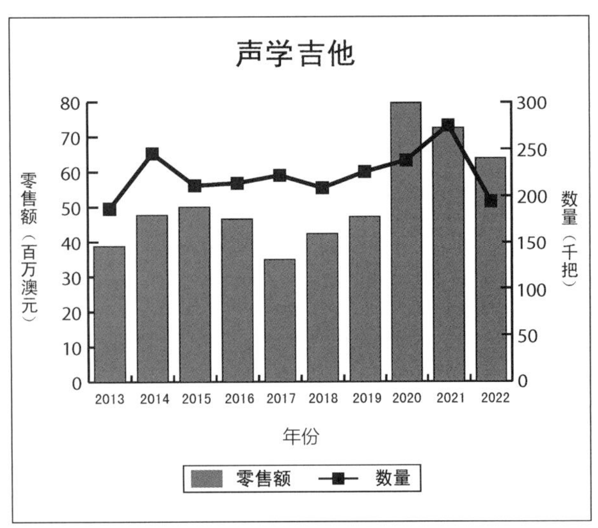
声学吉他
零售额（百万澳元）
80
70
60
50
40
30
20
10
0
数量（千把）
300
250
200
150
100
50
0
2013 2014 2015 2016 2017 2018 2019 2020 2021 2022
年份
零售额
数量

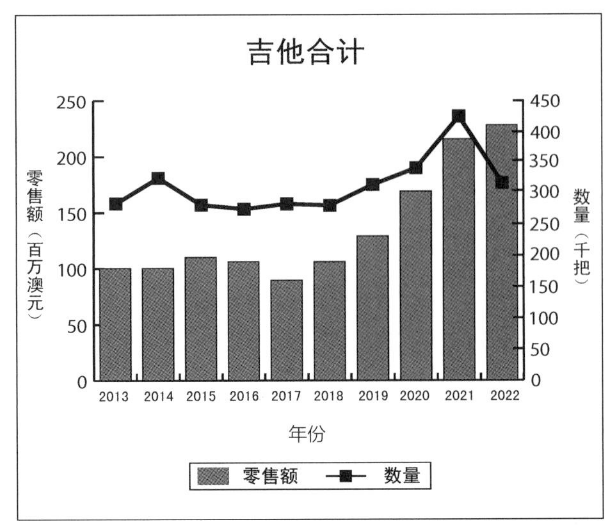
吉他合计
零售额（百万澳元）
250
200
150
100
50
0
数量（千把）
450
400
350
300
250
200
150
100
50
0
2013 2014 2015 2016 2017 2018 2019 2020 2021 2022
年份
零售额
数量

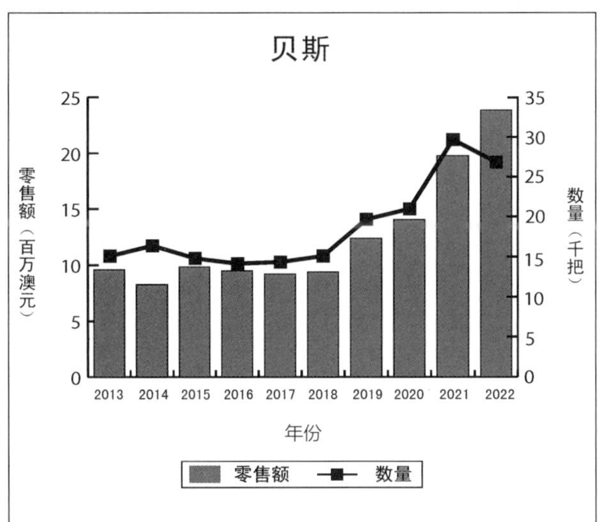
贝斯
零售额（百万澳元）
数量（千把）
年份
零售额
数量

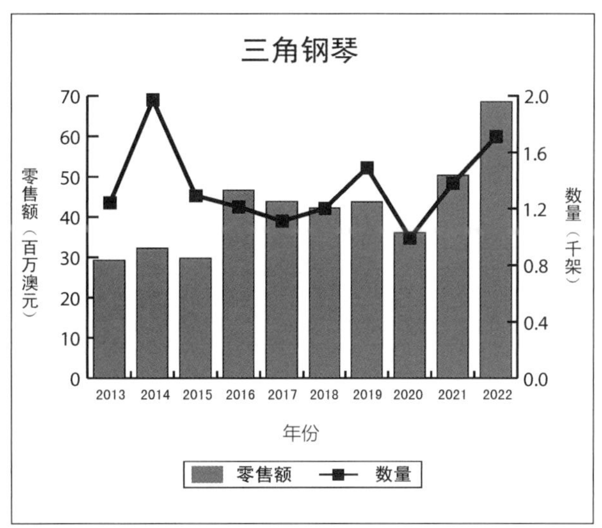
三角钢琴
零售额（百万澳元）
数量（千架）
年份
零售额
数量

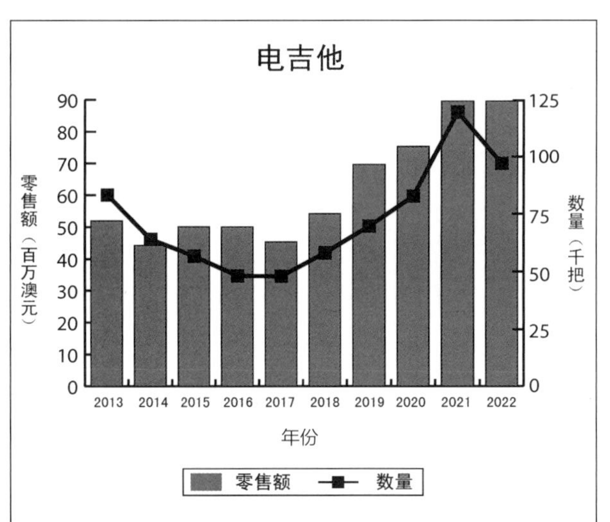
电吉他
零售额（百万澳元）
数量（千把）
年份
零售额
数量

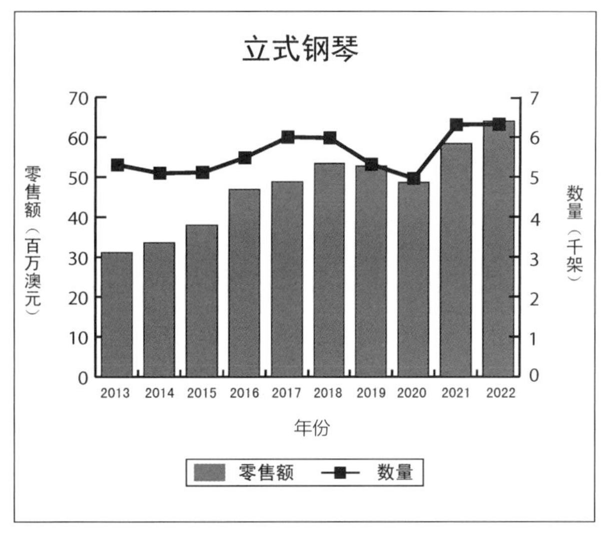
立式钢琴
零售额（百万澳元）
数量（千架）
年份
零售额
数量

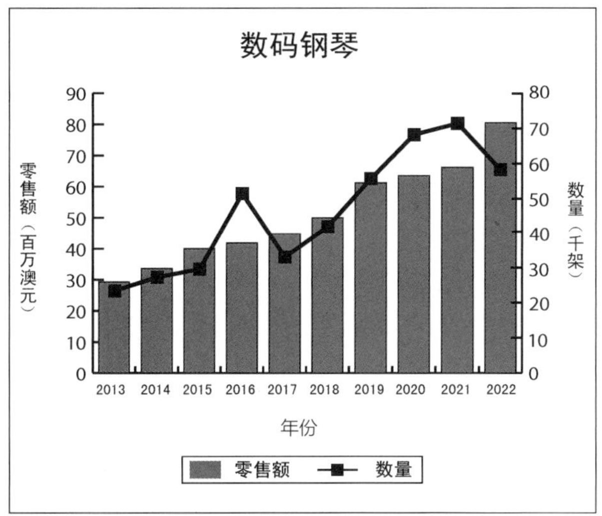
数码钢琴
零售额（百万澳元）
数量（千架）
年份
零售额
数量

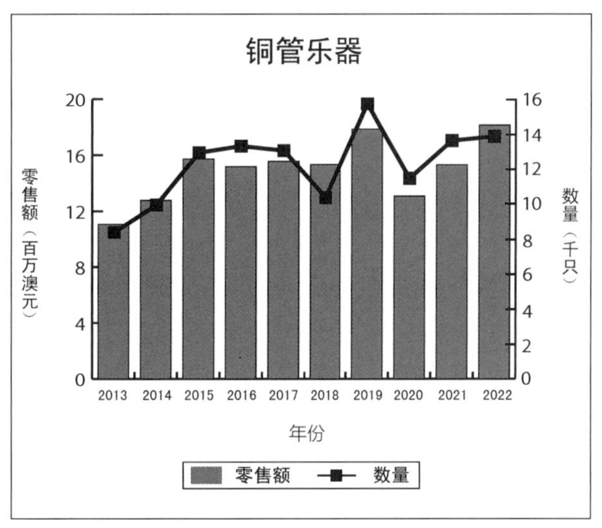
铜管乐器
零售额（百万澳元）
数量（千只）
年份
零售额
数量

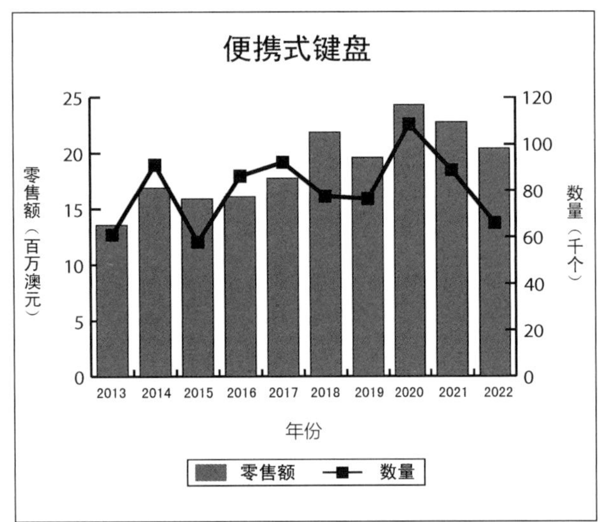

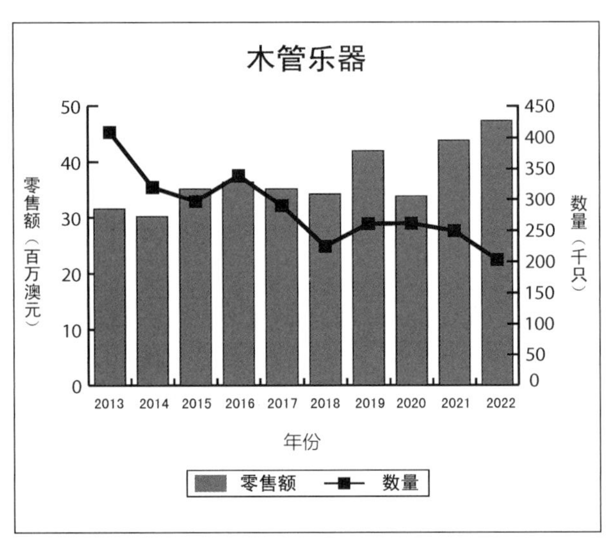

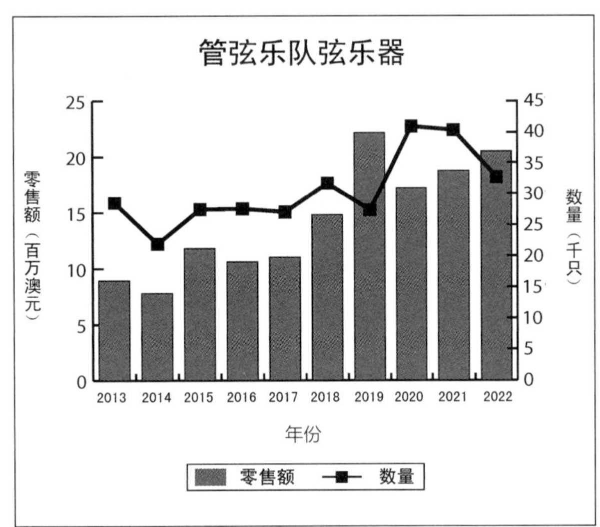

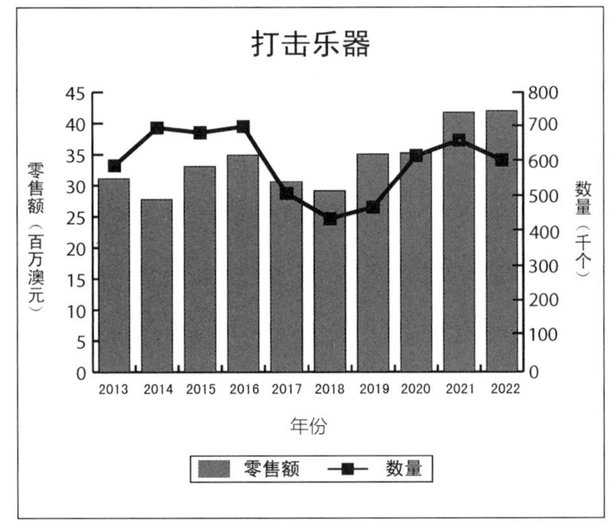

加拿大

加拿大消费者可通过乐器琴行、音乐学院、百货公司、电子产品零售商、礼品店和电商网站选购各种乐器。此类电商网站主要位于加拿大和美国，分为独立运营和线下实体乐器琴行零售运营两种。在加拿大国内销售的大多数乐器均从美国、中国和欧洲进口，注重创新的加拿大本土乐器制造业基地也在不断壮大。

加拿大乐器制造商、经销商、批发商、乐谱出版商、零售商以及音乐教育工作者同为乐器行业供应链上下游相关者，他们均已表达并重申拓展加拿大乐器业务和网络机会的强烈需求。加拿大乐器协会（MIAC）曾每年举办加拿大乐器展和音响技术展。但是自2014年该协会终止之后，加拿大乐器行业再未举行类似活动，行业贸易展会仍处于空白。

在相关制造领域，EXPO-SCENE成为加拿大最大的制造行业贸易展览会，其规模也一直稳步扩大。在因新冠疫情中断两年后，该展会于2022年4月重返蒙特利尔。

自加拿大乐器协会终止后，直到新冠疫情爆发之前，加拿大参加美国NAMM国际乐器展和NAMM

夏季乐器展的人数稳步增长。纵观过去五年，2016年美国NAMM国际乐器展吸引2521名加拿大人，到2020年参加展会的加拿大人达到3100人。参展商方面的情况也颇为类似，2016年有54家加拿大参展商参展，而2020年展会迎来68家加拿大参展商。然而，由于疫情影响，2022年美国NAMM国际乐器展上只有不到30家加拿大公司参展。美国NAMM乐器展期间还特别举办了加拿大招待会，专门面向加拿大乐器和制造领域的专业人士，成为加拿大业内人士年度规模最大的聚会。

近年来，加拿大乐器供应链的同质化趋势十分普遍。虽然不少精品制造商和经销商取得了成功，但许多大中型经销机构及制造商或停止运营，或被大型实体收购，导致加拿大运作知名品牌的专业营销琴行乏善可陈。

随着越来越多年轻人进入就业市场，加拿大乐器行业的发展日趋多元化；然而，它很大程度上仍是一个以男性为主导的行业。此外，加拿大乐器销售代表绝大多数已年过50，而选择进入并留在该行业的30岁以下的年轻人则相对较少，这种状况甚至十年前就已存在。

加拿大开设三家以上门店的乐器琴行数量不断增长。Long & McQuade是加拿大最大的乐器零售连锁琴行，目前在加拿大各地开设了80多家分店。

关于2022年度加拿大乐器市场销售，我们从最近几个月与加拿大乐器零售商的定期访谈和对话中获得一些观察证据，与整个美国乐器行业在新冠疫情期间所反馈的信息不谋而合。在零售商看来，用于家庭录音和表演的产品需求出现大幅增长，例如USB麦克风和接口以及吉他、键盘和电子鼓（甚至班卓琴和手风琴等小众乐器）。令人欣慰的是，根据《加拿大音乐贸易》杂志最近与一些经销商和供应商的对话，受疫情限制影响最严重的产品销售开始反弹，包括灯光音响、其他现场音乐产品及乐队乐器等。总体而言，加拿大在取消学校和公共场所的疫情安全限制方面落后美国四至六个月，因此这些受影响最严重的产品恢复同样有所延迟。

加拿大拥有规模庞大而又充满活力的国内音乐产品制造基地，这里汇聚了世界领先的打击乐器、微动乐器、乐器音箱和PA装备品牌。本土制造的产品既面向加拿大人发售，也远销全球市场。

信息来源：《加拿大音乐贸易》杂志，《加拿大音乐家》杂志，雅马哈加拿大分公司史蒂夫·巴特沃斯，加拿大统计局，国际唱片业协会和维基百科。加拿大NWC集团创立于1979年，出版《加拿大音乐家》、《加拿大音乐贸易》、《专业声光与制作》等多本杂志。同时，该集团还负责运营Music Books Plus网站、加拿大音乐家播客和NWC线上研讨会等项目，为娱乐业提供多种多样的营销服务。（撰文：加拿大NWC总裁吉姆·诺里斯；NWC总编迈克尔·雷恩）

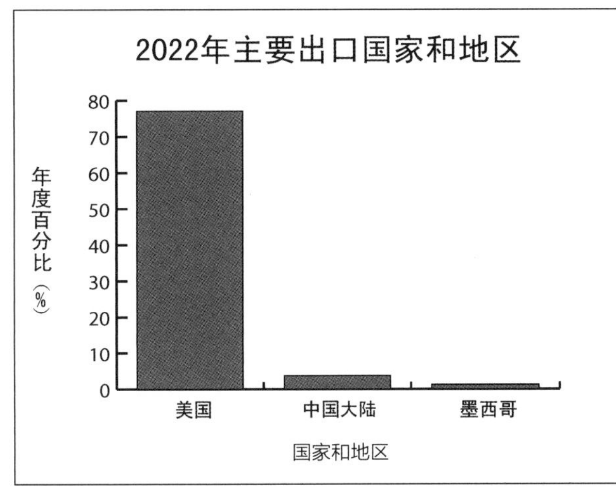

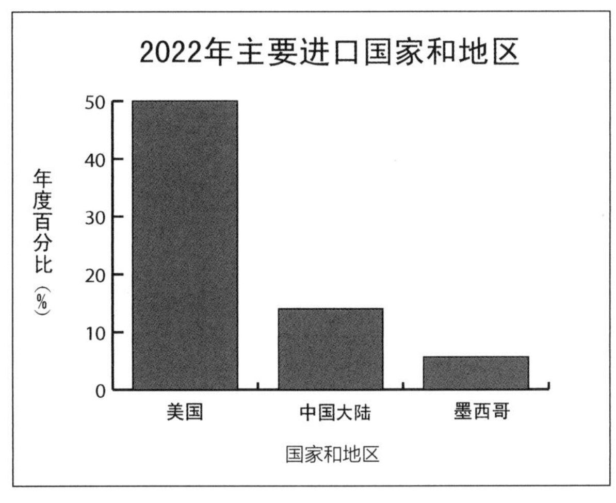

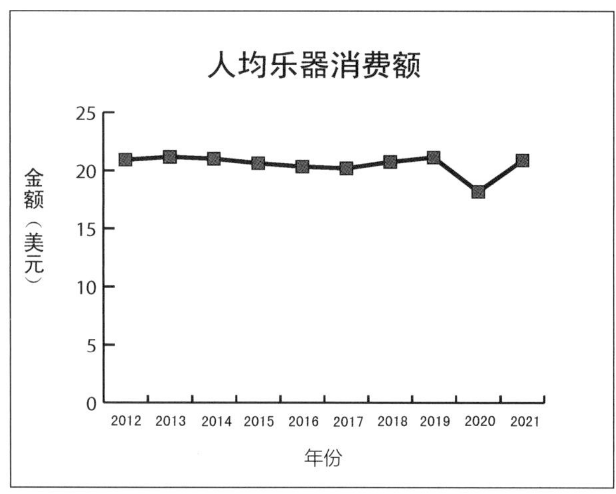
人均乐器消费额
金额（美元）
25
20
15
10
5
0
2012 2013 2014 2015 2016 2017 2018 2019 2020 2021
年份

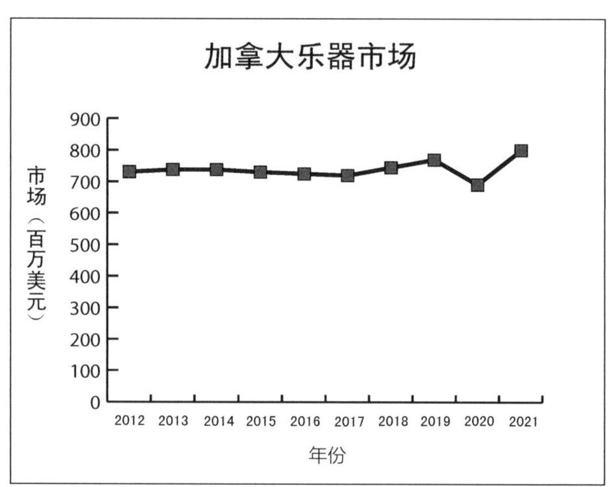
加拿大乐器市场
市场（百万美元）
900
800
700
600
500
400
300
200
100
0
2012 2013 2014 2015 2016 2017 2018 2019 2020 2021
年份

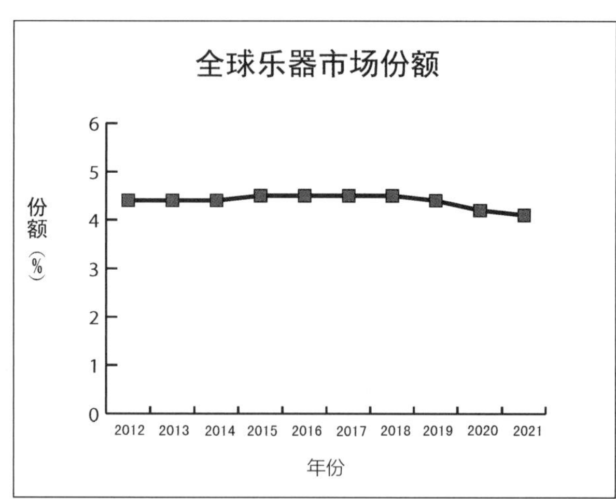
全球乐器市场份额
份额（%）
6
5
4
3
2
1
0
2012 2013 2014 2015 2016 2017 2018 2019 2020 2021
年份

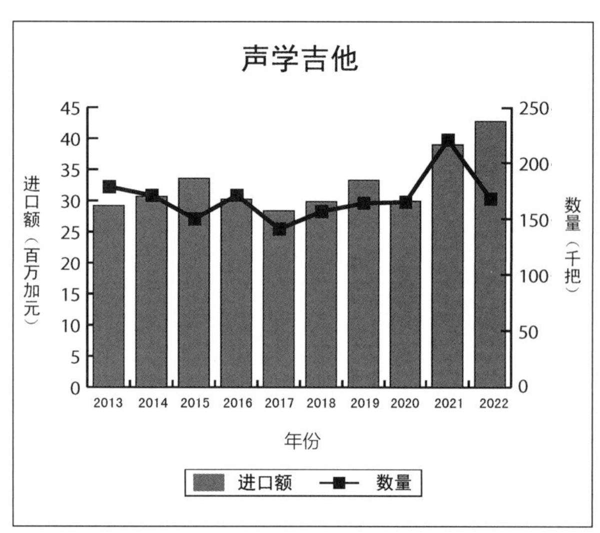
声学吉他
进口额（百万加元）
45
40
35
30
25
20
15
10
5
0
数量（千把）
250
200
150
100
50
0
2013 2014 2015 2016 2017 2018 2019 2020 2021 2022
年份
进口额
数量

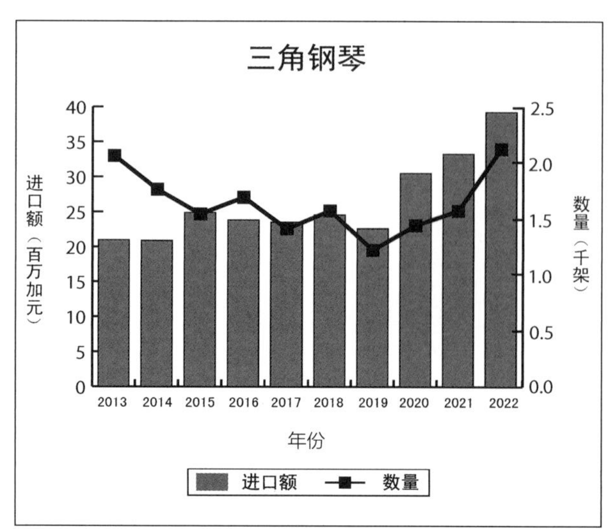
三角钢琴
进口额（百万加元）
40
35
30
25
20
15
10
5
0
数量（千架）
2.5
2.0
1.5
1.0
0.5
0.0
2013 2014 2015 2016 2017 2018 2019 2020 2021 2022
年份
进口额
数量

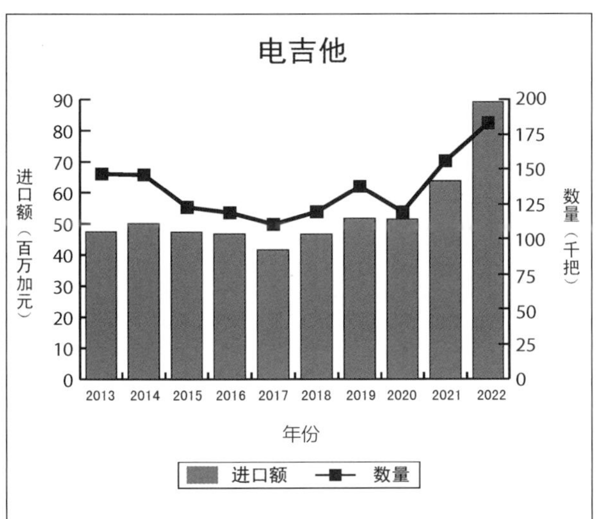
电吉他
90
80
70
60
50
40
30
20
10
0
200
175
150
125
100
75
50
25
0
进口额（百万加元）
数量（千把）
2013 2014 2015 2016 2017 2018 2019 2020 2021 2022
年份
进口额 数量

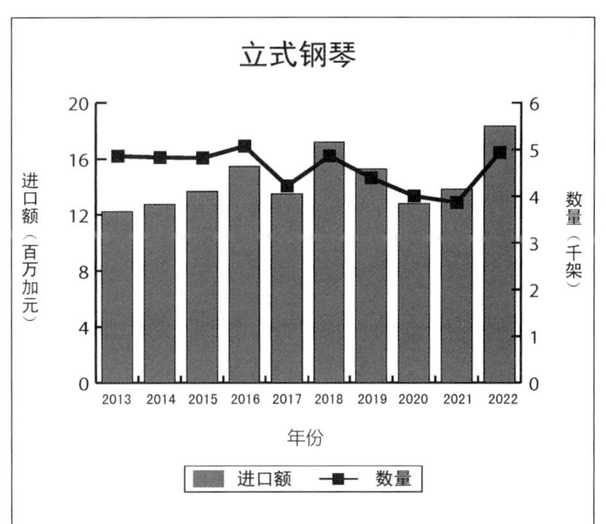
立式钢琴
20
16
12
8
4
0
6
5
4
3
2
1
0
进口额（百万加元）
数量（千架）
2013 2014 2015 2016 2017 2018 2019 2020 2021 2022
年份
进口额 数量

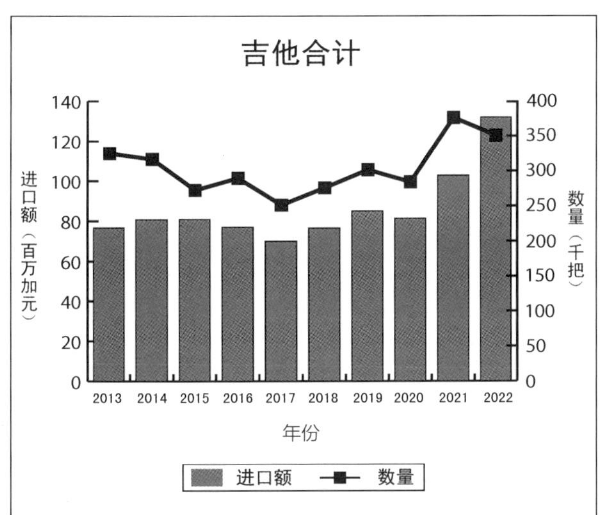
吉他合计
140
120
100
80
60
40
20
0
400
350
300
250
200
150
100
50
0
进口额（百万加元）
数量（千把）
2013 2014 2015 2016 2017 2018 2019 2020 2021 2022
年份
进口额 数量

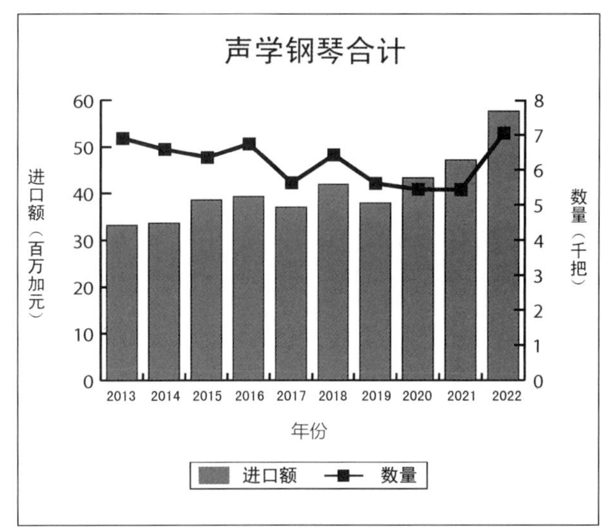
声学钢琴合计
60
50
40
30
20
10
0
8
7
6
5
4
3
2
1
0
进口额（百万加元）
数量（千把）
2013 2014 2015 2016 2017 2018 2019 2020 2021 2022
年份
进口额 数量

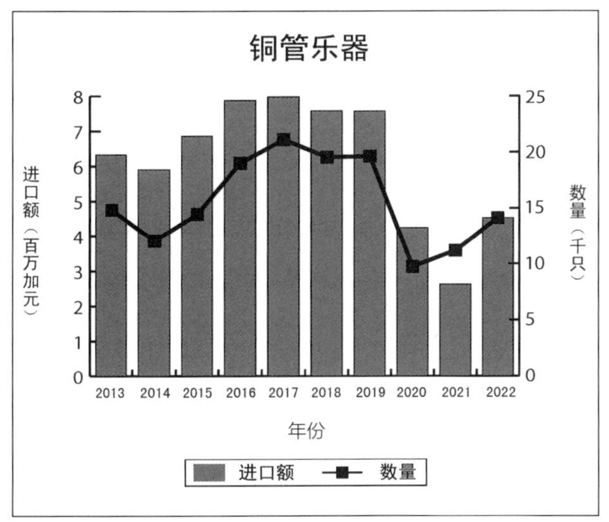
铜管乐器
8
7
6
5
4
3
2
1
0
25
20
15
10
5
0
进口额（百万加元）
数量（千只）
2013 2014 2015 2016 2017 2018 2019 2020 2021 2022
年份
进口额 数量

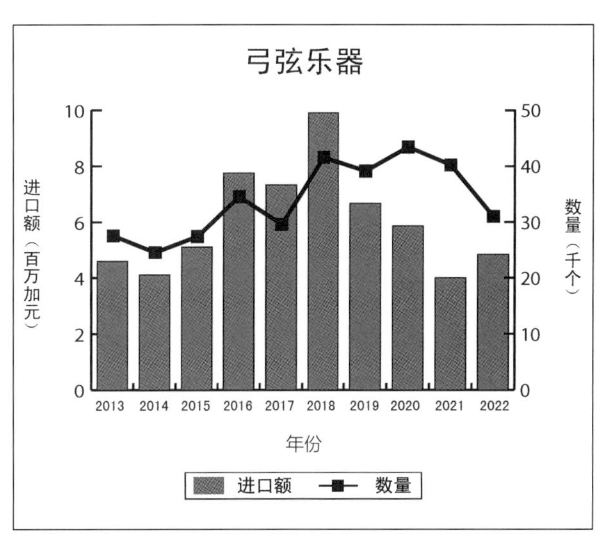
弓弦乐器
10
8
6
4
2
0
50
40
30
20
10
0
进口额（百万加元）
数量（千个）
2013 2014 2015 2016 2017 2018 2019 2020 2021 2022
年份
进口额 数量

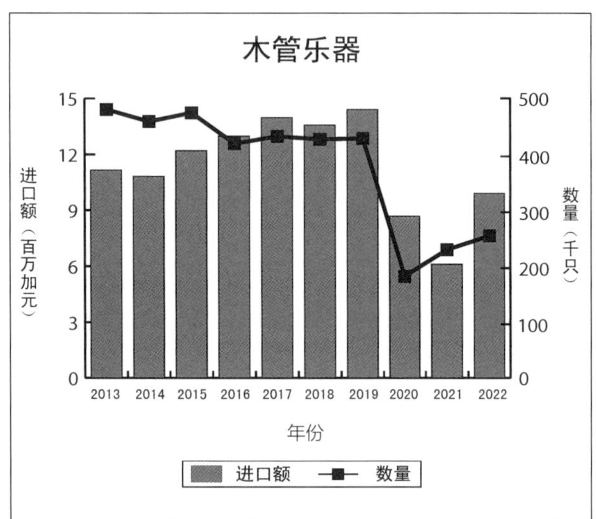
木管乐器
进口额（百万加元）
数量（千只）
15
12
9
6
3
0
500
400
300
200
100
0
2013 2014 2015 2016 2017 2018 2019 2020 2021 2022
年份
进口额
数量

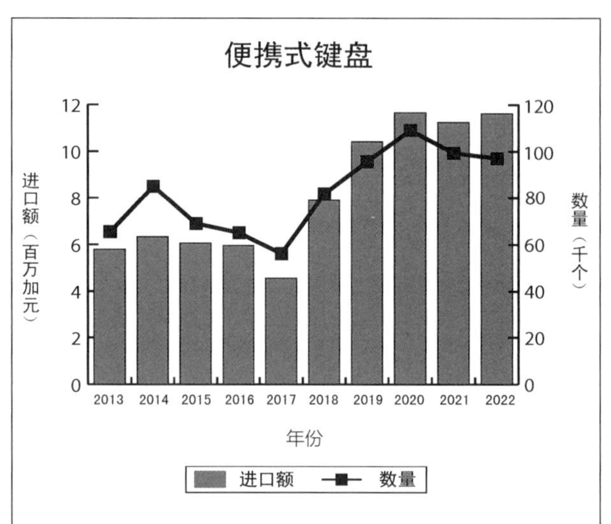
便携式键盘
进口额（百万加元）
数量（千个）
12
10
8
6
4
2
0
120
100
80
60
40
20
0
2013 2014 2015 2016 2017 2018 2019 2020 2021 2022
年份
进口额
数量

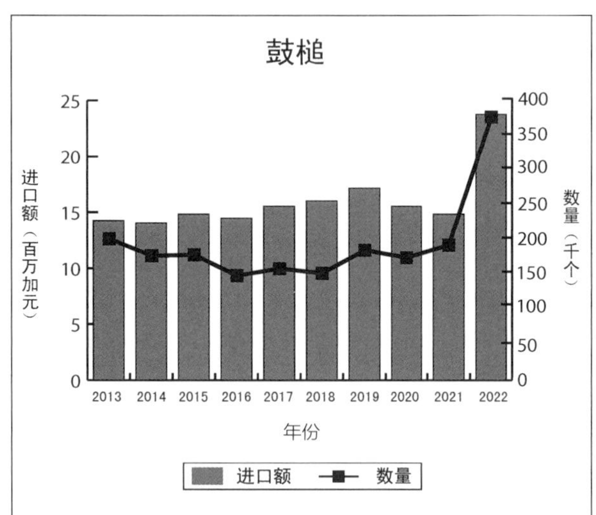
鼓槌
进口额（百万加元）
数量（千个）
25
20
15
10
5
0
400
350
300
250
200
150
100
50
0
2013 2014 2015 2016 2017 2018 2019 2020 2021 2022
年份
进口额
数量

电子键盘合计
进口额（百万加元）
数量（千个）
60
50
40
30
20
10
0
250
200
150
100
50
0
2013 2014 2015 2016 2017 2018 2019 2020 2021 2022
年份
进口额
数量

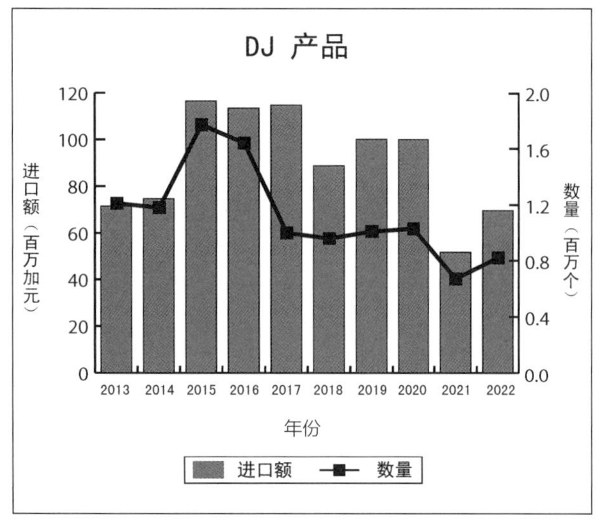
DJ 产品
进口额（百万加元）
数量（百万个）
120
100
80
60
40
20
0
2.0
1.6
1.2
0.8
0.4
0.0
2013 2014 2015 2016 2017 2018 2019 2020 2021 2022
年份
进口额
数量

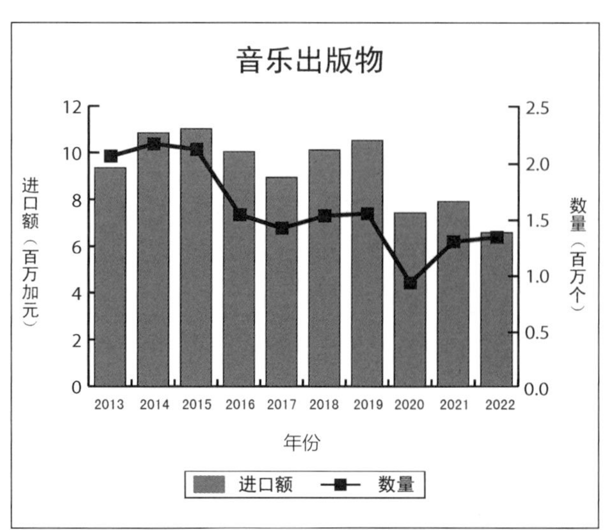
音乐出版物
进口额（百万加元）
数量（百万个）
12
10
8
6
4
2
0
2.5
2.0
1.5
1.0
0.5
0.0
2013 2014 2015 2016 2017 2018 2019 2020 2021 2022
年份
进口额
数量

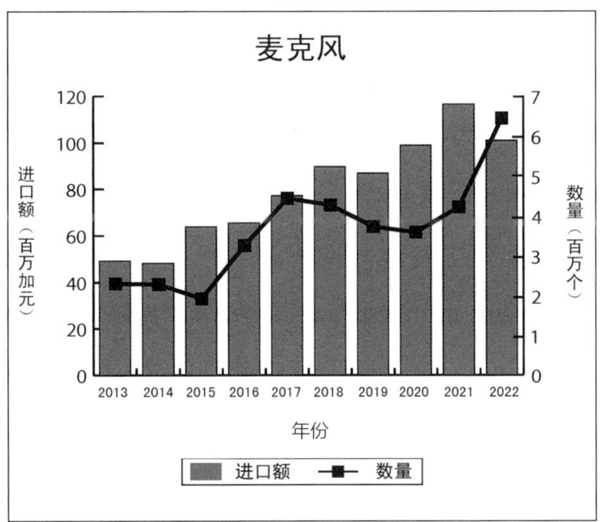

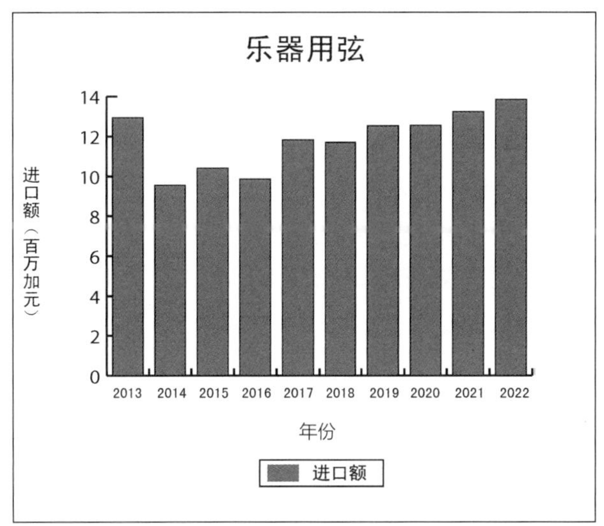

英国

过去十二个月的变化速度非常之慢。实际上，距离我去年撰写这份报告仿佛只过去了五分钟，英国真正面临的问题是，尽管各类严峻事件频频发生，仍有一个非常重要的机构却继续以自己的速度四平八稳地行进着，那便是经济。

虽然各种社会政治活动和全球事件仍在持续发生，但事实证明，英国经济始终疲软，几乎到了背水一战的地步（假设我们可以将一个经济体描述为交战国的话）。我们似乎是在顽强地拒绝反弹，即使我们只是在衰退的洪流中摸索前行，却仍然没有什么积极的东西值得大书特书。

以通货膨胀为例。我去年曾写过这样一个事实，即整个零售业的消费者信心在很大程度上受到商品价格上涨的严重打击。毕马威会计师事务所今年3月收集的数据显示，英国整体零售增长略高于6%，其中食品销售增长4.5%。许多非食品类别要么停滞不前，要么陷入衰退。上述数据都是基于销售额的，而根据英国零售商协会（BRC）和Nielsen IQ的分析，英国平均通胀率已超过8.4%，那么据此推断，实际销量肯定呈下降趋势。

据英国预算责任办公室（OBR）的数据，由于英国家庭收入出现了自20世纪50年代以来最大的实质性紧缩，致使英国整体零售市场仍未恢复到新冠疫情前的水平。好消息是，客流量恢复虽然仍有所停滞，但处于逐月改善中，并有望在年底前趋于正常。

电商方面，与新冠疫情之前相比，虽然英国出现了更多在线经营，但自疫情封控结束以来，电商渗透率一直在不断下降。毕马威会计师事务所的数据显示，2019年非食品行业实体店与电商划分比例约为70%：30%。目前实体店比例跃升超过50%，电商比例已低至40%以下，似乎不太可能回归到疫情前的水平。

所以，经济形势我们有目共睹，只是有点疲软。当然，有很多理由可以解释为什么英国经济未能全面开足马力。我们与其他国家的不同之处在于，英国从未真正从2016年脱欧公投后发生的一切中恢复过来。各种全球事件在一定程度上都被放大了，因为英国的政治局势如此动荡，而这种动荡局面在去年可以说是达到了顶峰。

我们需要经历一段相当长的萧条时刻，以使国家能够有条不紊地重归正途，但随着选举的临近，再加上各个党派之间的大量内讧，英国几乎已经没有任何喘息的机会。

2022年6月，英国政府以“改变生活的音乐力量”为题，发布了一份英国学校音乐教育蓝图，这是对十年前最初的国家音乐教育计划（大多数业内人士将其简称为“国家计划”）的修订。

该蓝图是一次建立在早期计划基础上的修订，重新建议学校在从入学早期到关键第三阶段（指16岁学生的普通中等教育证书周期）结束的各个教育阶段都要安排最低限度的音乐课时间。尽管该蓝图并非法定义务，但预计大多数学校都将予以采用。其重要性不仅在于制定了目标方向，还在于承诺提供2500万英镑的公共资金用于购买各种乐器。

蓝图的核心是促进伙伴关系，并且包含了对产业延伸的强烈“要求”。它不仅解决了可持续性与循环性的问题，而且表达了不让任何孩子因经济、心理或身体等任何形式的障碍而掉队的愿望。在与乐队和交响乐团进行对话、并兼顾传统与传承的同时，该蓝图也将数字技术放在最前沿，以帮助学校和中心扩大服务范围，吸引最广泛的音乐人群。

巨大的机遇摆在眼前，英国乐器行业必须牢牢抓住这一千载难逢的机遇。作为一个充满激情和富有创造力的群体，我们生产的创新乐器产品鼓舞人心，能够引发音乐家的共鸣。我们可以与教育工作者分享我们所拥有的知识和经验，并根据需求为他们赋权和改变意图。通过将教育基础设施作为一种支持机制，并围绕可持续性地营造叙事，我们可以成为学校的合作伙伴而不是供应商，从而帮助塑造几代学生的美好未来。

早在2022年9月，英国乐器协会就对乐器行业进行了详细的调查，以了解其当时的现状。这是该协会尝试过的同类行业项目中最大的一个，在稍作推广之后，行业反响非常强烈。所有回复内容均为匿名，因为该调查并不需要获得具体或确定的公司数据。

此项调查旨在对新冠疫情后的乐器行业提供一个概览，它可能是了解和确定随后一段时间行业发展趋势的基线。从本质上讲，这更像是对整个行业进行的一次诊脉，许多问题都是根据直觉或感知经验得出答案，而不是谋求精确的可量化价值。

虽然这意味着该报告并不能被视为业界福音，但其优势在于，它既反映了英国当下的现状，又存在于一个公差范围之内，使相关数据用于行业的健康度检测。

经过细化分析后，以下内容被大量提及：行业概述，价格通胀，制造成本，人员配置和人力资源，库存水平，销售趋势，音乐教育，商业展望。

11月，英国乐器协会与其会员共同分享了一份长达23页的结果报告，虽然其中的大部分分析都已证实成为既定事实，但令人鼓舞的是，许多乐器企业普遍感到非常自信，并且已经从新冠疫情中脱身而出，实现了既盈利又稳健的良性发展。

据调查回应，产品价格已经在不断上涨，并且预计这种情况还将继续。库存压力也在持续减轻，已不被认为对发展构成大挑战（事实也基本如此）。许多企业虽然稍微削减了员工数量，但正在计划未来招聘事宜，而且企业负债借贷幅度不大。

我们正计划在这项调查工作的基础上再接再厉，更新的问题将于9月发布。这种调查方法的有用之处在于：协会不仅可以确定各种趋势的大方向，而且能够为明年提供更多的相关信息。（撰文：英国乐器行业协会（MIA）执行董事安东尼·肖特）

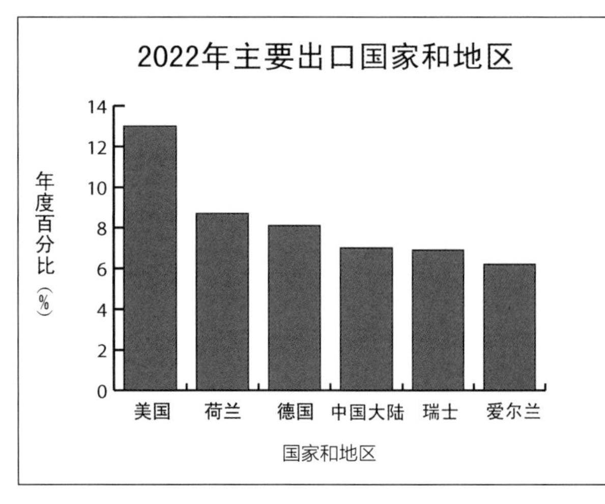

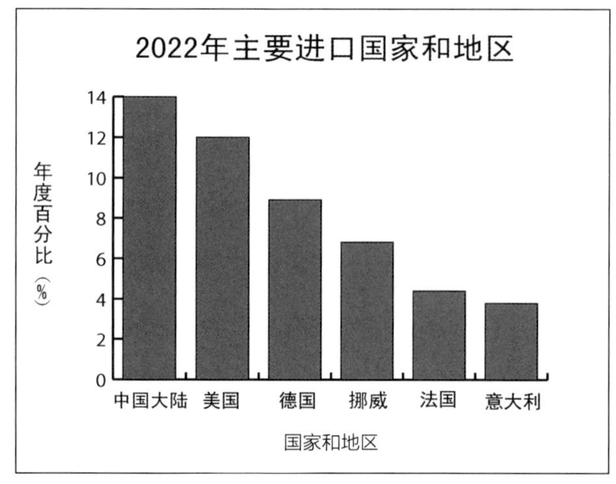

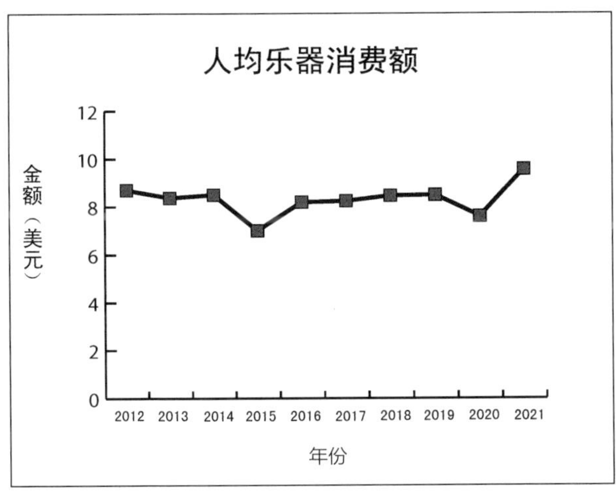
人均乐器消费额
金额（美元）
12
10
8
6
4
2
0
2012 2013 2014 2015 2016 2017 2018 2019 2020 2021
年份

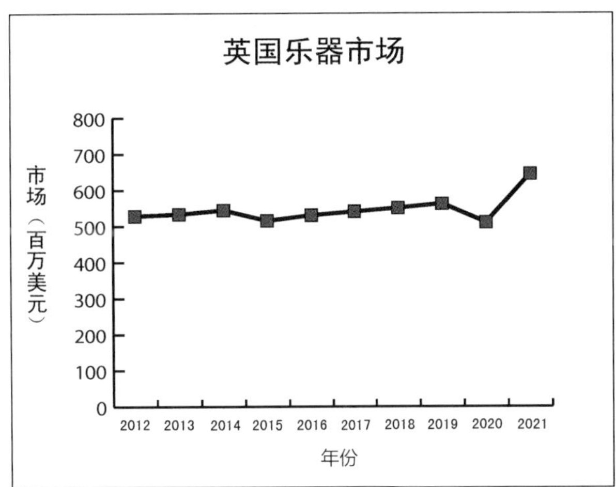
英国乐器市场
市场（百万美元）
800
700
600
500
400
300
200
100
0
2012 2013 2014 2015 2016 2017 2018 2019 2020 2021
年份

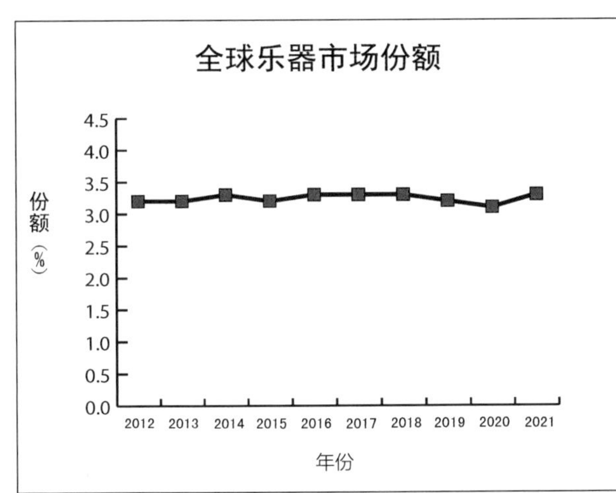
全球乐器市场份额
份额（%）
4.5
4.0
3.5
3.0
2.5
2.0
1.5
1.0
0.5
0.0
2012 2013 2014 2015 2016 2017 2018 2019 2020 2021
年份

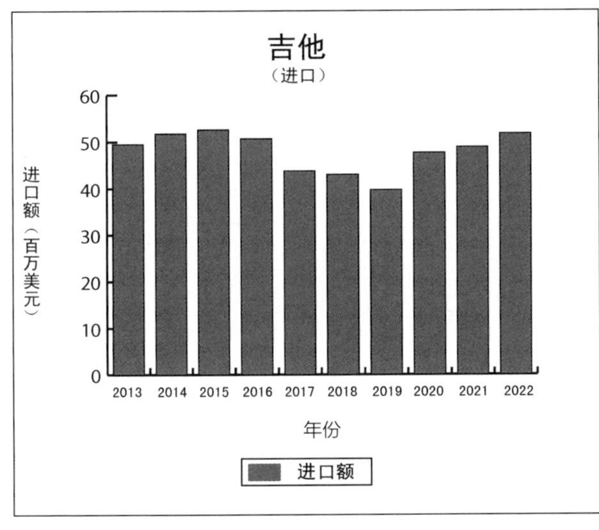
吉他
（进口）
进口额（百万美元）
60
50
40
30
20
10
0
2013 2014 2015 2016 2017 2018 2019 2020 2021 2022
年份
进口额

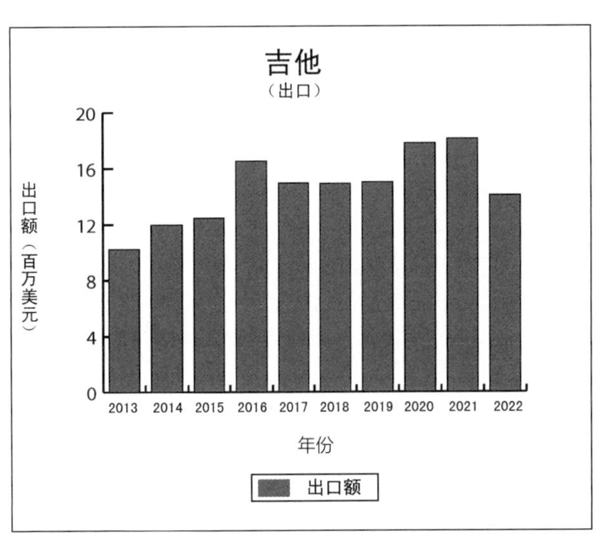
吉他
（出口）
出口额（百万美元）
20
16
12
8
4
0
2013 2014 2015 2016 2017 2018 2019 2020 2021 2022
年份
出口额

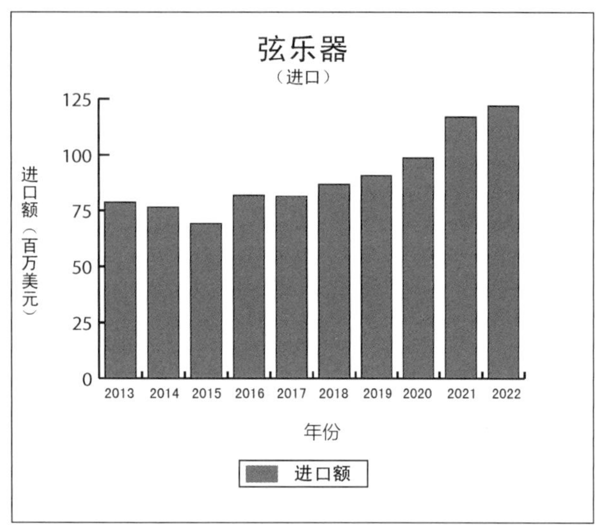
弦乐器
（进口）
进口额（百万美元）
125
100
75
50
25
0
2013 2014 2015 2016 2017 2018 2019 2020 2021 2022
年份
进口额

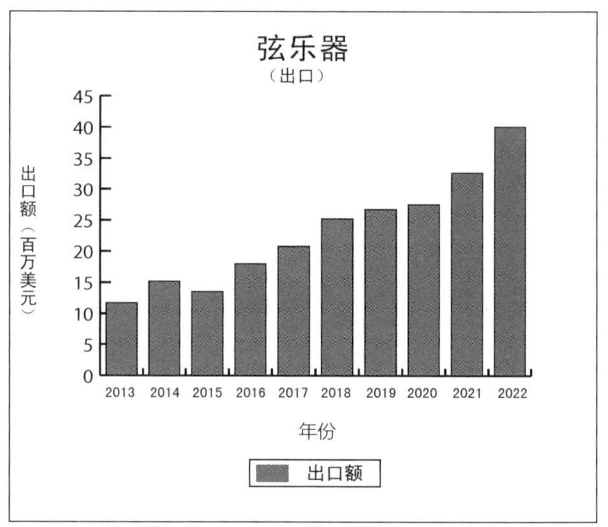
弦乐器
（出口）
出口额（百万美元）
45
40
35
30
25
20
15
10
5
0
2013 2014 2015 2016 2017 2018 2019 2020 2021 2022
年份
出口额

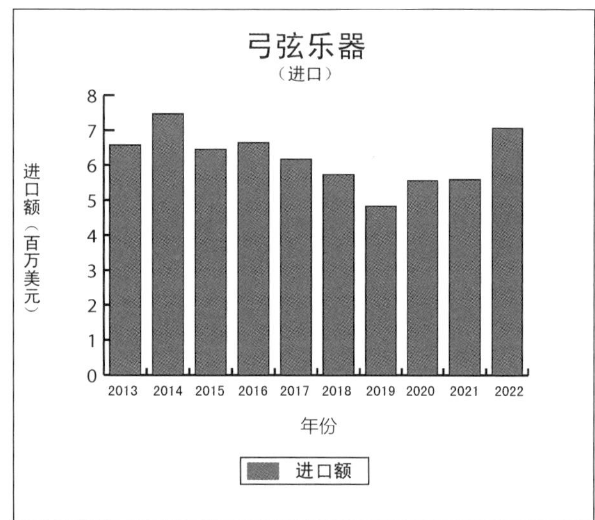
弓弦乐器
（进口）
进口额（百万美元）
8
7
6
5
4
3
2
1
0
2013 2014 2015 2016 2017 2018 2019 2020 2021 2022
年份
进口额

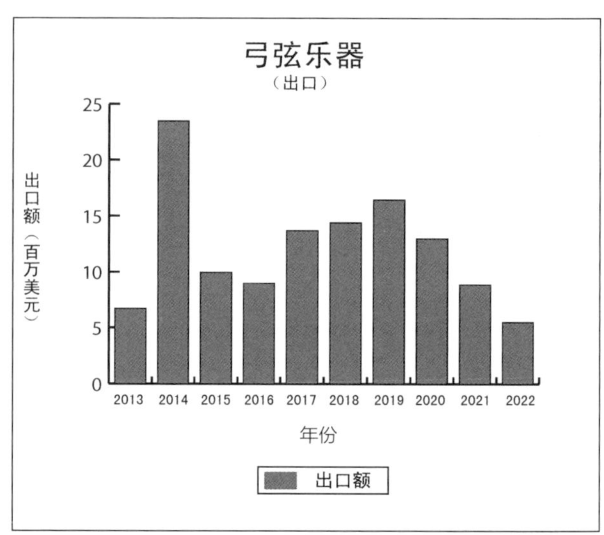
弓弦乐器
（出口）
出口额（百万美元）
25
20
15
10
5
0
2013 2014 2015 2016 2017 2018 2019 2020 2021 2022
年份
出口额

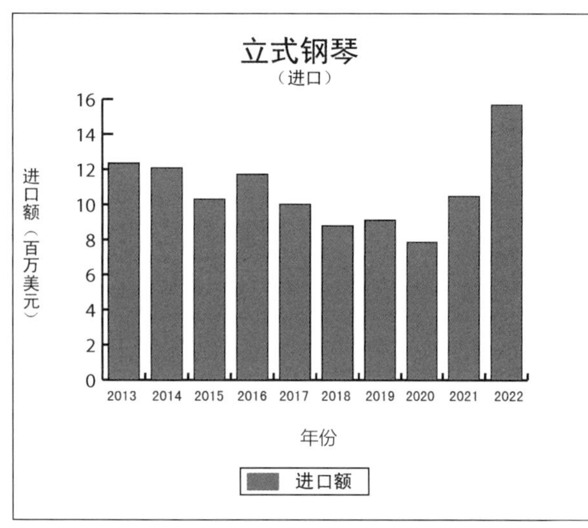
立式钢琴
（进口）
进口额（百万美元）
16
14
12
10
8
6
4
2
0
2013 2014 2015 2016 2017 2018 2019 2020 2021 2022
年份
进口额

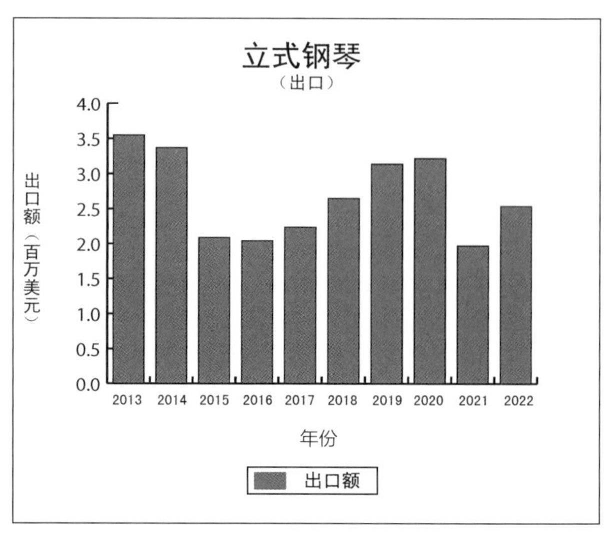
立式钢琴
（出口）
出口额（百万美元）
4.0
3.5
3.0
2.5
2.0
1.5
1.0
0.5
0.0
2013 2014 2015 2016 2017 2018 2019 2020 2021 2022
年份
出口额

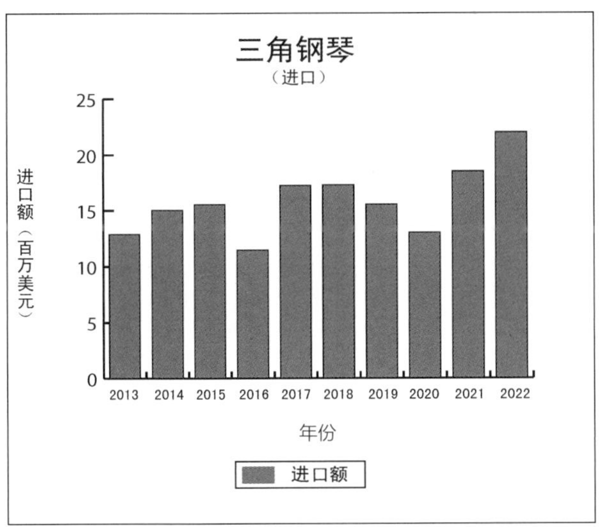
三角钢琴
（进口）
进口额（百万美元）
25
20
15
10
5
0
2013 2014 2015 2016 2017 2018 2019 2020 2021 2022
年份
进口额

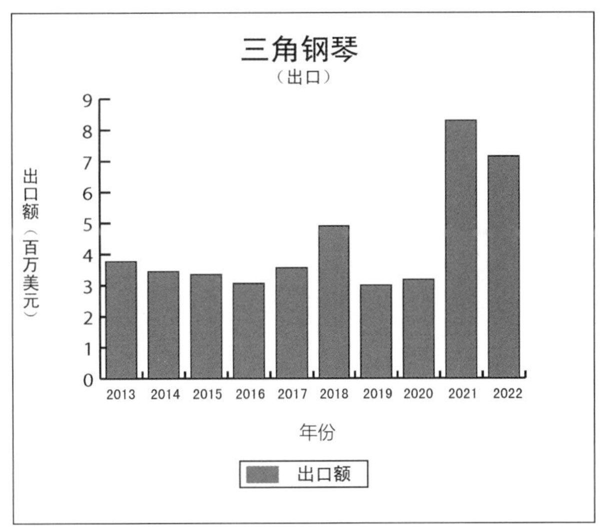
三角钢琴
（出口）
出口额（百万美元）
9
8
7
6
5
4
3
2
1
0
2013 2014 2015 2016 2017 2018 2019 2020 2021 2022
年份
出口额

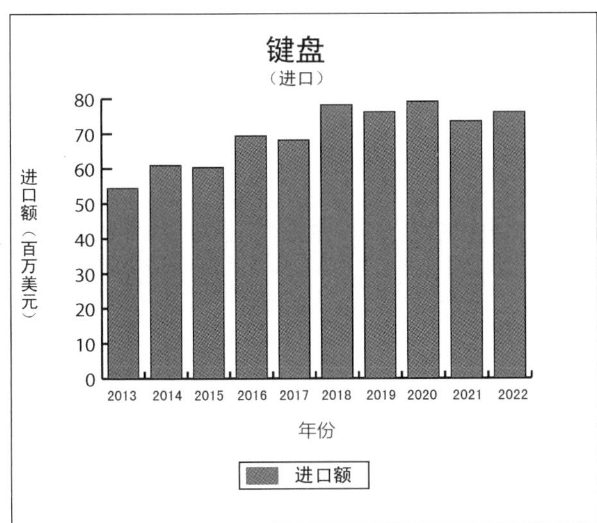
键盘
（进口）
进口额（百万美元）
80
70
60
50
40
30
20
10
0
2013 2014 2015 2016 2017 2018 2019 2020 2021 2022
年份
进口额

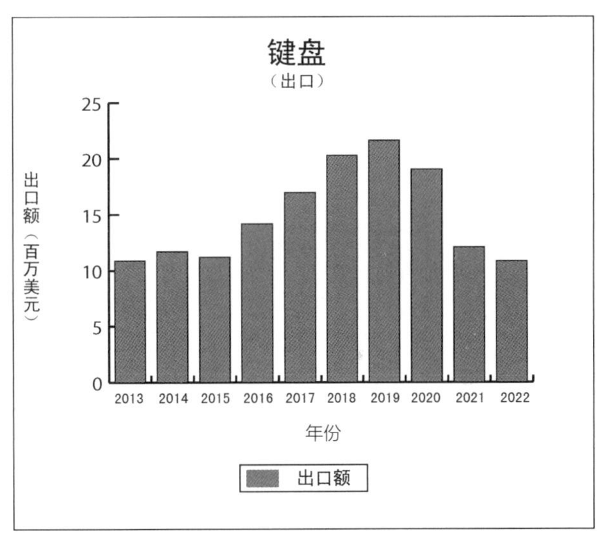
键盘
（出口）
出口额（百万美元）
25
20
15
10
5
0
2013 2014 2015 2016 2017 2018 2019 2020 2021 2022
年份
出口额

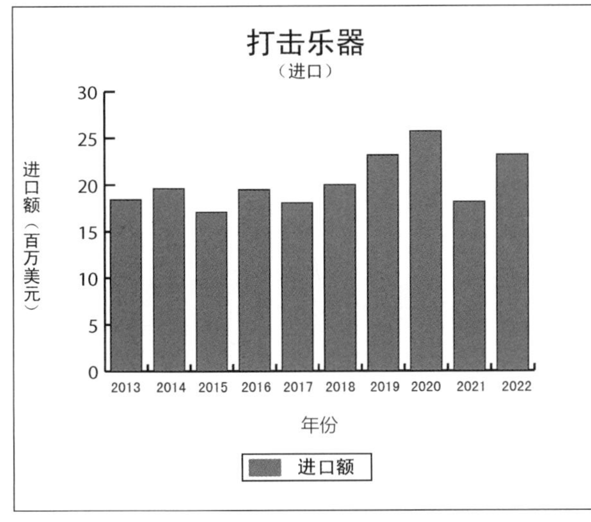
打击乐器
（进口）
进口额（百万美元）
30
25
20
15
10
5
0
2013 2014 2015 2016 2017 2018 2019 2020 2021 2022
年份
进口额

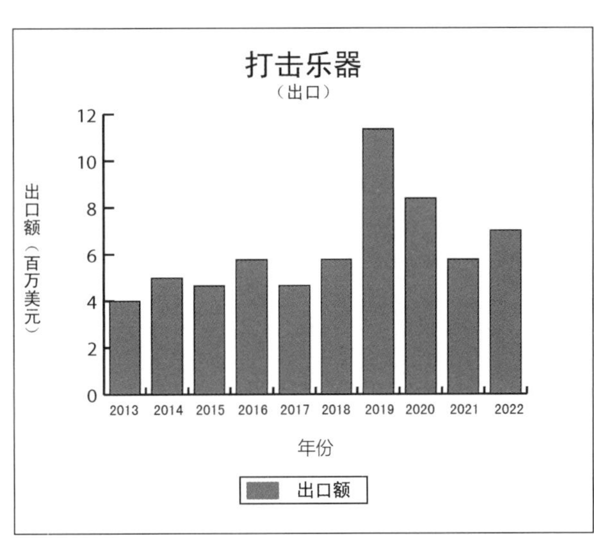
打击乐器
（出口）
出口额（百万美元）
12
10
8
6
4
2
0
2013 2014 2015 2016 2017 2018 2019 2020 2021 2022
年份
出口额

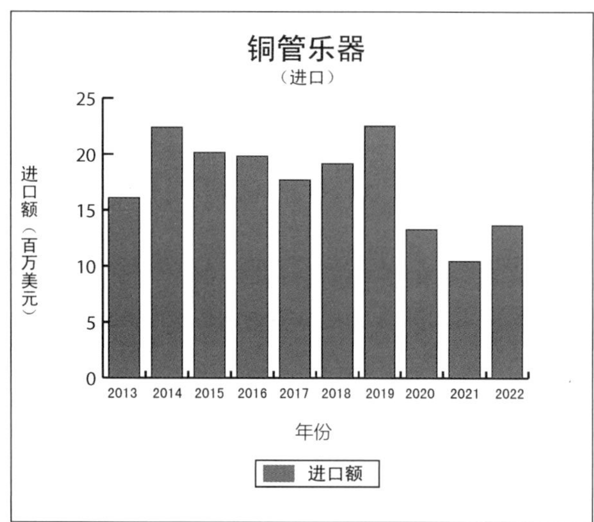
铜管乐器
（进口）
进口额（百万美元）
25
20
15
10
5
0
2013 2014 2015 2016 2017 2018 2019 2020 2021 2022
年份
进口额

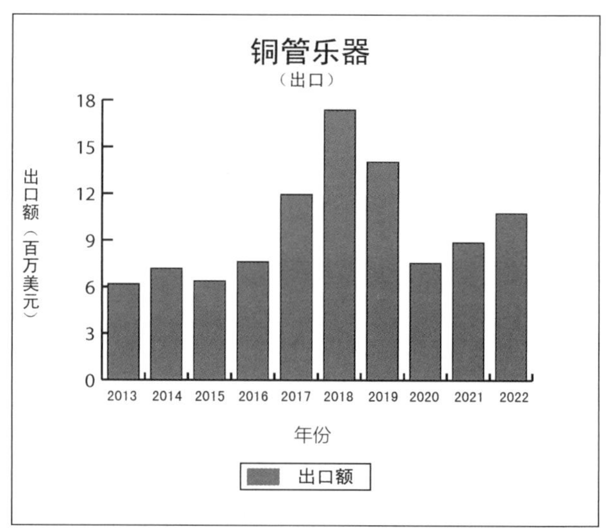
铜管乐器
（出口）
出口额（百万美元）
18
15
12
9
6
3
0
2013 2014 2015 2016 2017 2018 2019 2020 2021 2022
年份
出口额

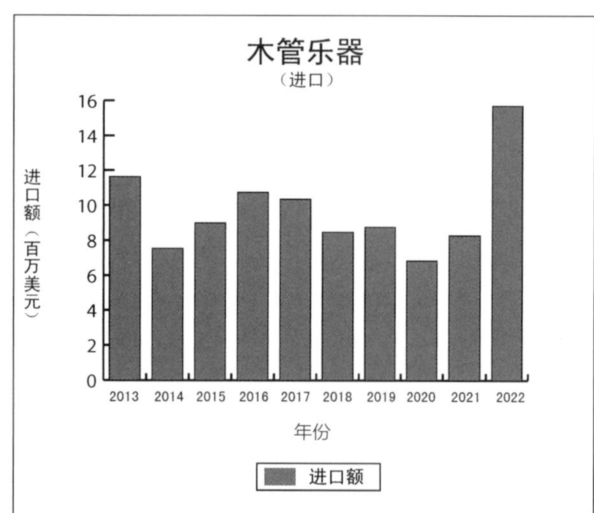
木管乐器
（进口）
进口额（百万美元）
16
14
12
10
8
6
4
2
0
2013 2014 2015 2016 2017 2018 2019 2020 2021 2022
年份
进口额

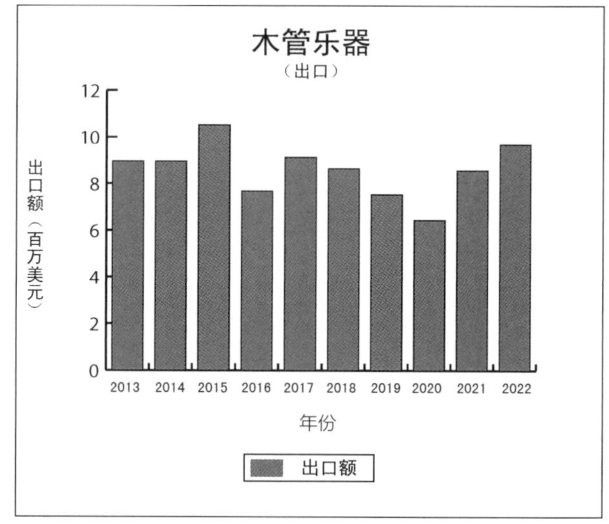
木管乐器
（出口）
出口额（百万美元）
12
10
8
6
4
2
0
2013 2014 2015 2016 2017 2018 2019 2020 2021 2022
年份
出口额

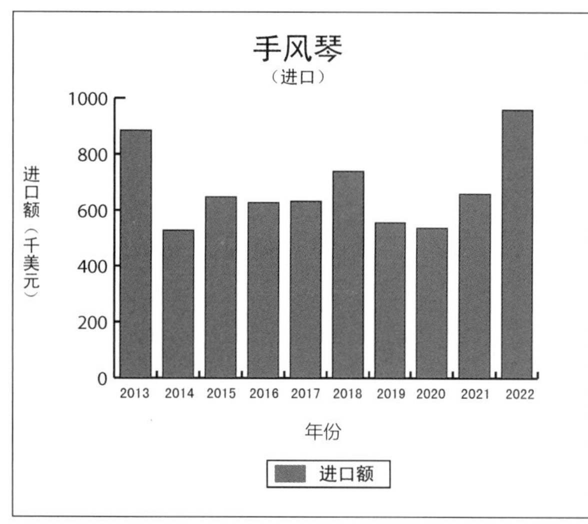
手风琴
（进口）
进口额（千美元）
1000
800
600
400
200
0
2013 2014 2015 2016 2017 2018 2019 2020 2021 2022
年份
进口额

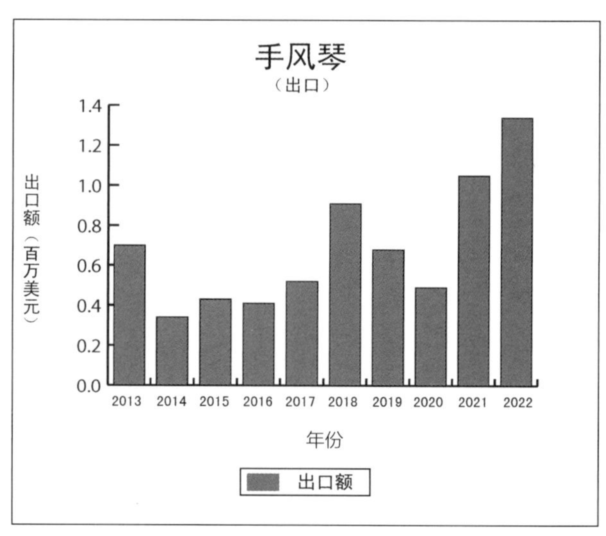
手风琴
（出口）
出口额（百万美元）
1.4
1.2
1.0
0.8
0.6
0.4
0.2
0.0
2013 2014 2015 2016 2017 2018 2019 2020 2021 2022
年份
出口额

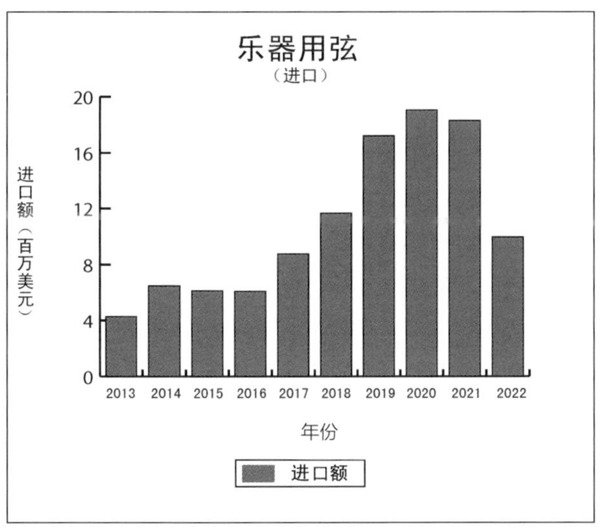

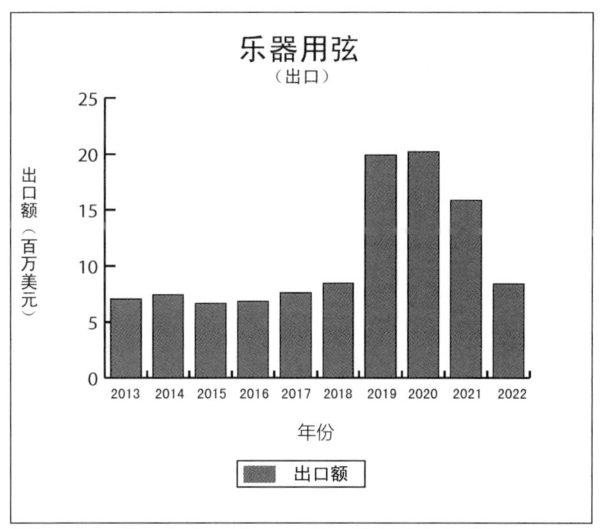

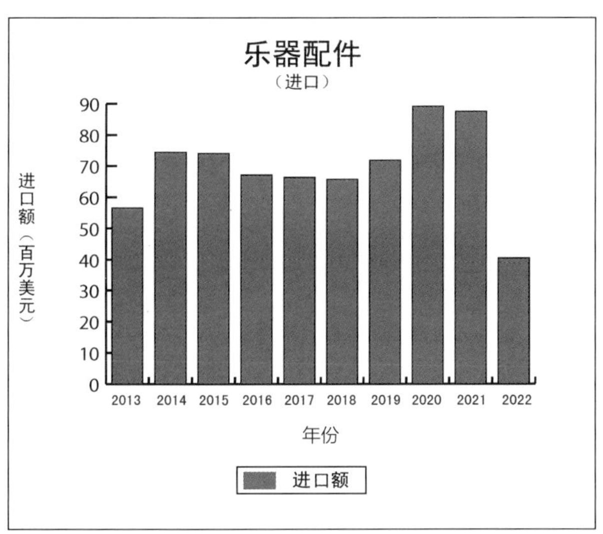

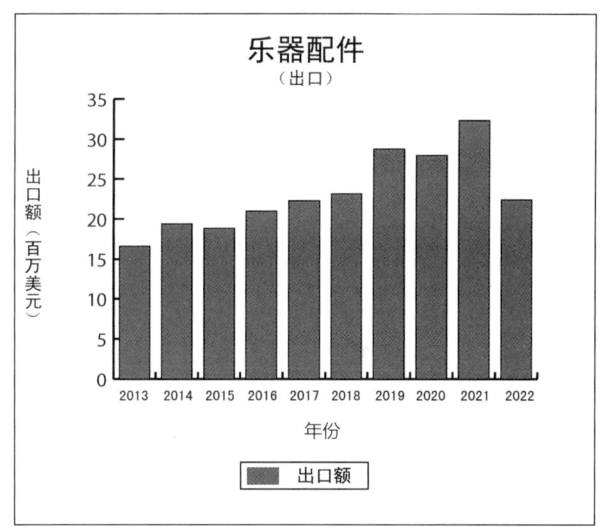

法国

法国乐器协会（CSFI）于2022年启动了一项新的经济调研，以更新协会在2017年调研之后对法国乐器市场现状的了解。此次调研由市场调研机构Xerfi Spécific与法国文化部艺术创作总署（DGCA）以及法国国家音乐中心（CNM）合作进行，扩大了研究的范围，涵盖了数字乐器、DJ设备和家庭工作室等新的领域。

此次调研让我们注意到，乐器演奏这项活动已经深深扎根于法国人的日常生活之中，他们对音乐的热爱可能远远超出人们的想象。在这方面，新冠疫情带来了新的推动力，有人发现可以在音乐的道路上开展新的职业规划，有人重拾之前音乐爱好，乐器演奏也更加普及。演奏者们主要使用键盘和弹拨乐器（处于大幅领先地位），其次为管乐器。

法国的乐器市场覆盖了业余爱好者和专业人士，共销售近160万件乐器，金额超过5.3亿欧元，与

2017年水平相当。每组商品的平均价格略高于500欧元，但各个乐器类别织建差异十分明显。

就购买行为而言，二手市场占购买量的33%。租借仍是很好的途径，可以让演奏者们从练习开始就能够获得更高质量的乐器。音乐学院和音乐学校在这一领域发挥着重要作用。

在新乐器购买方面，研究显示，近年来持续增长的在线购买所占比例已达31%。尽管竞争如此激烈，但本地专业琴行所占市场份额最大，其中钢琴和风琴占60%，弓弦乐器占56%。鉴于近80%计划在未来两年内购买乐器的受访者表示更喜欢综合零售商或专业零售商，琴行未来的前景似乎相当乐观。

关于乐器的维护、修理、修复，仍需展开更广泛的教育工作，因为只有31%的受访者会对乐器进行定期维护。值得注意的是，该数字在18～24岁人群中增加到44%，表明新一代更注重乐器的养护。这一议题至关重要，它不仅涉及乐器的可持续性，而且是乐器领域实现生态转型的一部分。

乐器演奏已完全融入法国人的生活习惯，而不再是特权社会阶层的专属，这表明法国在音乐民主化方面取得了巨大成功。现在有必要创造更多条件，以鼓励仍属于小众范围的成年人集体演奏活动更加普及。

尽管互联网销售份额不断增长，但法国各地的制琴师、乐器制造商和本地专业琴行在乐器销售、维护、维修以及对音乐家及其音乐生活的支持方面仍发挥着关键作用。这2000多家法国小微公司组成了一个遍布法国全境的网络，提供了对音乐生活而言至关重要的就近服务，无论专业还是业余、集体还是个人，都能从中获益。

遗憾的是，这一网络目前正处于决定前途的十字路口。虽然有满腔热情的专业人士竭力推动，但是接二连三的各种危机、专业和业余音乐机构遭遇的困难，以及众多在线网站的残酷竞争都削弱了它的实力。此外，该网络还必须应对生态转型的重重挑战及其带来的监管冲击。

音乐生活与乐器制作的“命运”息息相关，而想要推动和延续它们，都需要一种持续激情。（撰文：法国乐器协会（CSFI）会长杰罗姆·佩罗德）

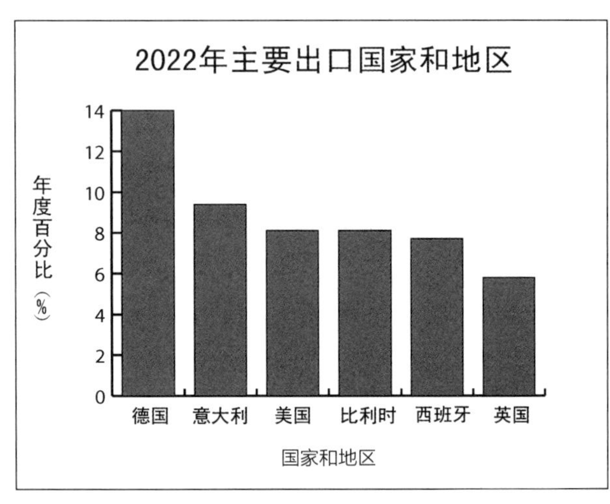

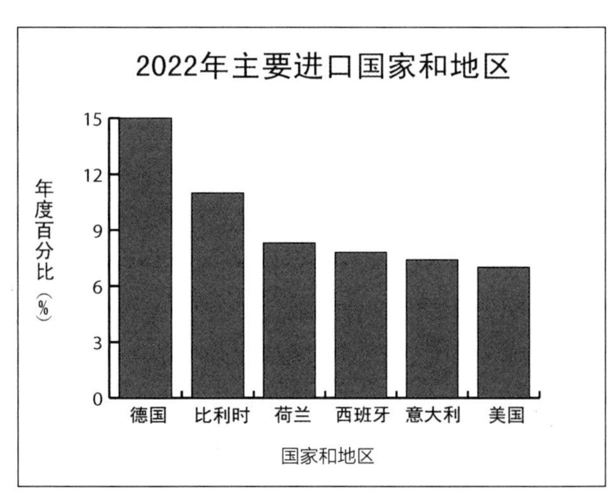

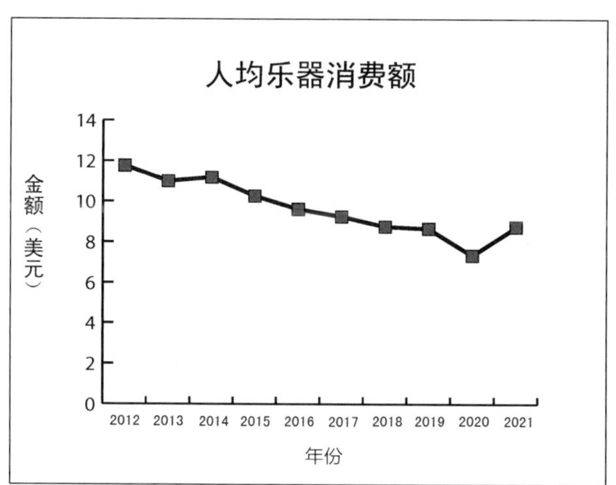
人均乐器消费额
金额（美元）
14
12
10
8
6
4
2
0
2012 2013 2014 2015 2016 2017 2018 2019 2020 2021
年份

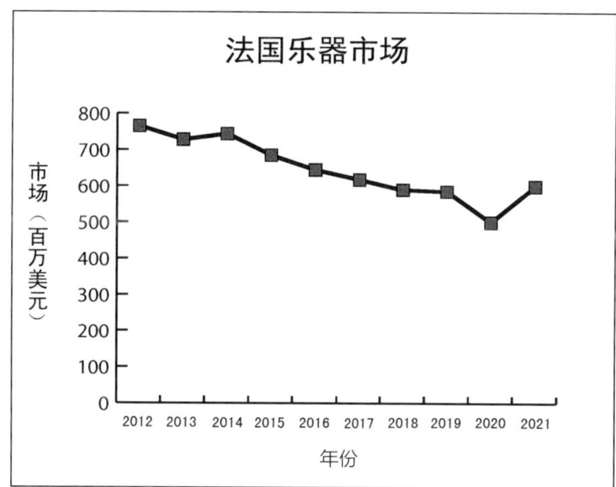
法国乐器市场
市场（百万美元）
800
700
600
500
400
300
200
100
0
2012 2013 2014 2015 2016 2017 2018 2019 2020 2021
年份

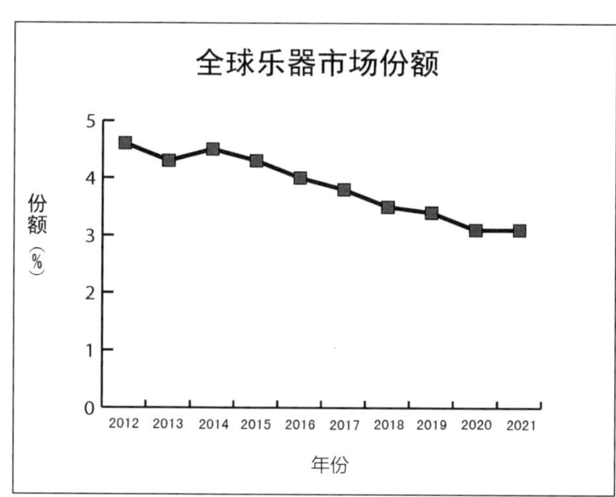
全球乐器市场份额
份额（%）
5
4
3
2
1
0
2012 2013 2014 2015 2016 2017 2018 2019 2020 2021
年份

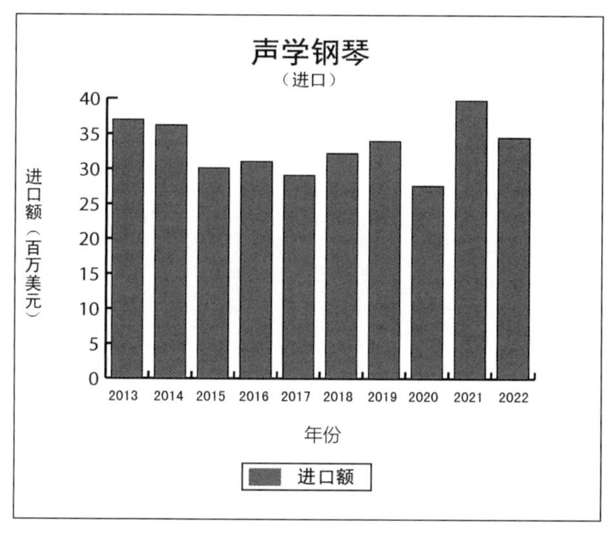
声学钢琴
（进口）
进口额（百万美元）
40
35
30
25
20
15
10
5
0
2013 2014 2015 2016 2017 2018 2019 2020 2021 2022
年份
进口额

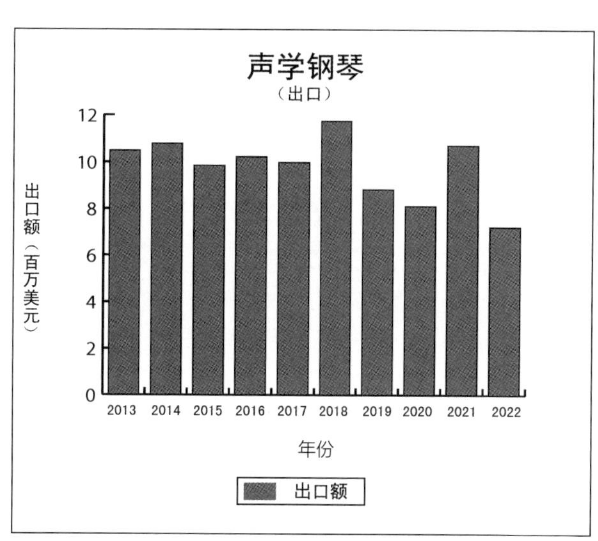
声学钢琴
（出口）
出口额（百万美元）
12
10
8
6
4
2
0
2013 2014 2015 2016 2017 2018 2019 2020 2021 2022
年份
出口额

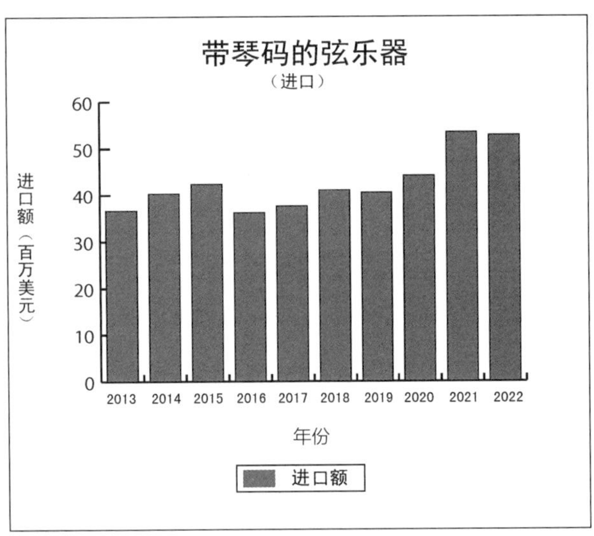
带琴码的弦乐器
（进口）
进口额（百万美元）
60
50
40
30
20
10
0
2013 2014 2015 2016 2017 2018 2019 2020 2021 2022
年份
进口额

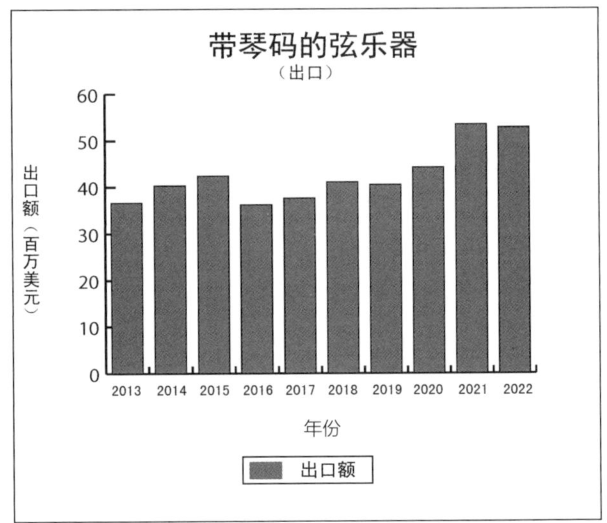
带琴码的弦乐器
（出口）
出口额（百万美元）
60
50
40
30
20
10
0
2013 2014 2015 2016 2017 2018 2019 2020 2021 2022
年份
出口额

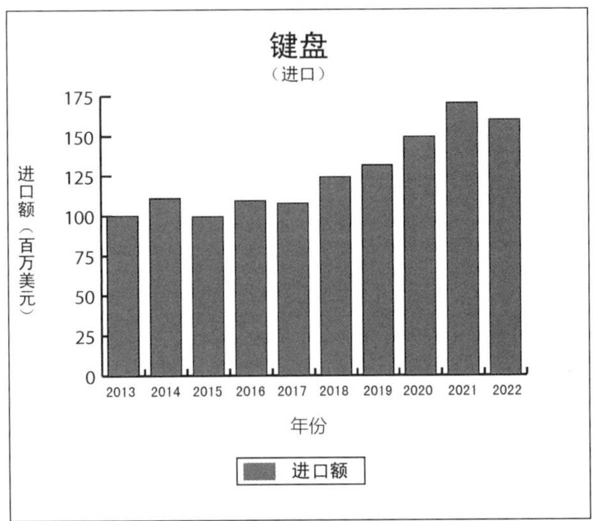
键盘
（进口）
进口额（百万美元）
175
150
125
100
75
50
25
0
2013 2014 2015 2016 2017 2018 2019 2020 2021 2022
年份
进口额

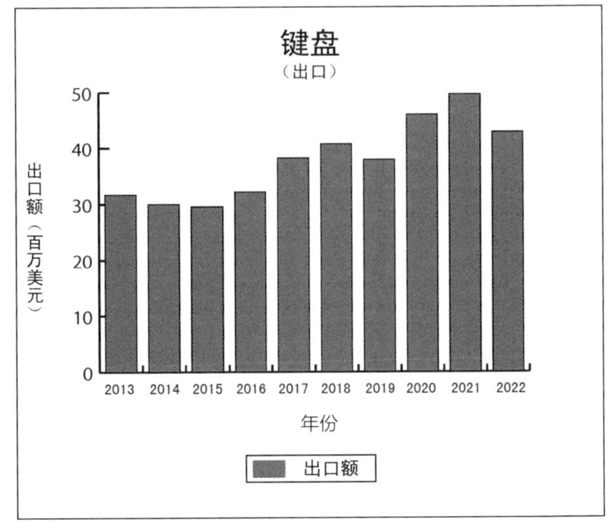
键盘
（出口）
出口额（百万美元）
50
40
30
20
10
0
2013 2014 2015 2016 2017 2018 2019 2020 2021 2022
年份
出口额

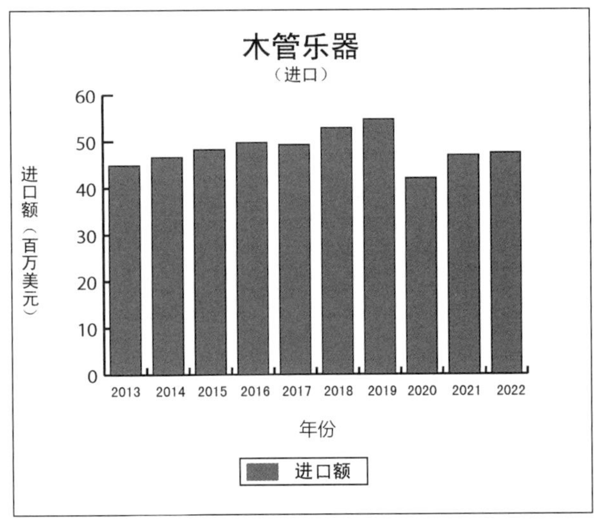
木管乐器
（进口）
进口额（百万美元）
60
50
40
30
20
10
0
2013 2014 2015 2016 2017 2018 2019 2020 2021 2022
年份
进口额

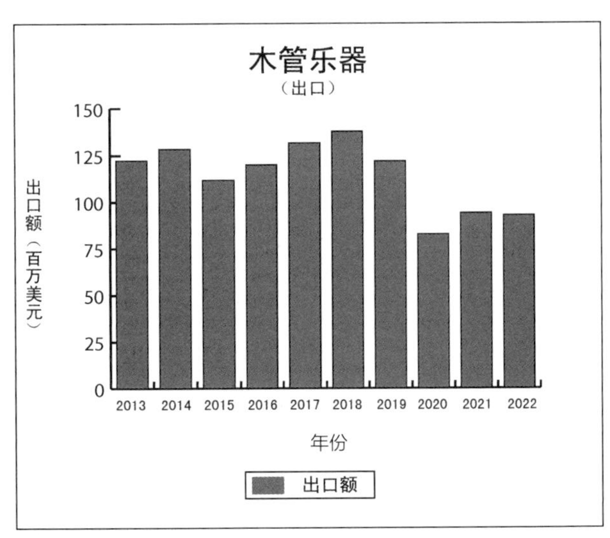
木管乐器
（出口）
出口额（百万美元）
150
125
100
75
50
25
0
2013 2014 2015 2016 2017 2018 2019 2020 2021 2022
年份
出口额

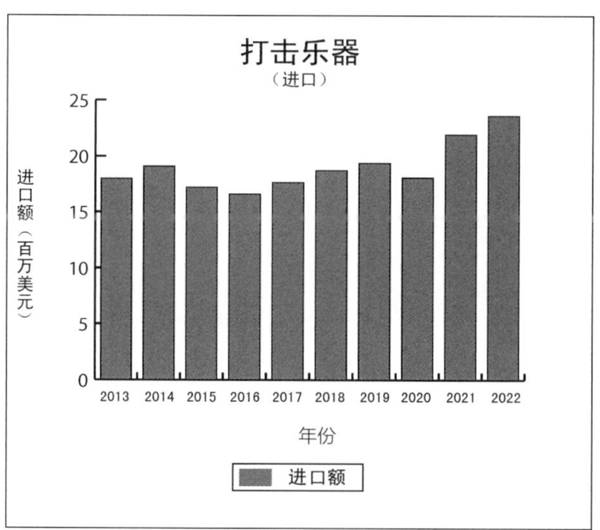

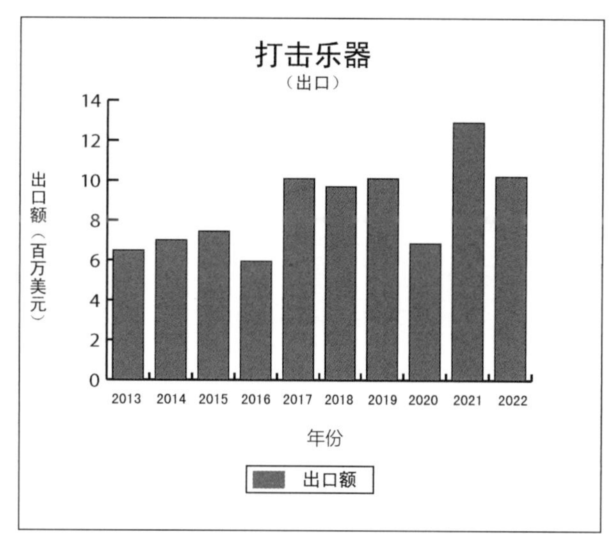

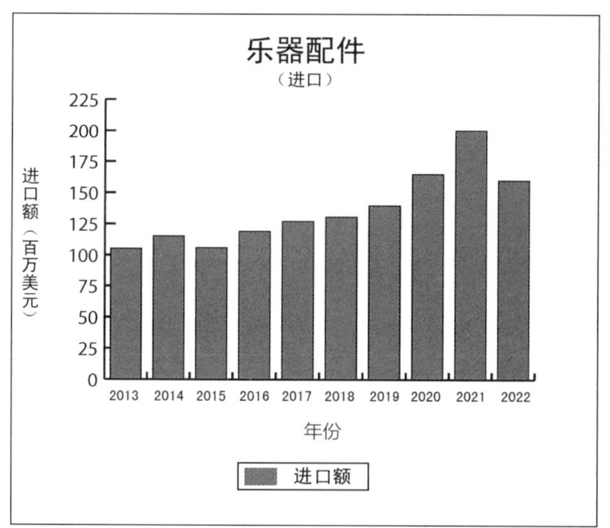

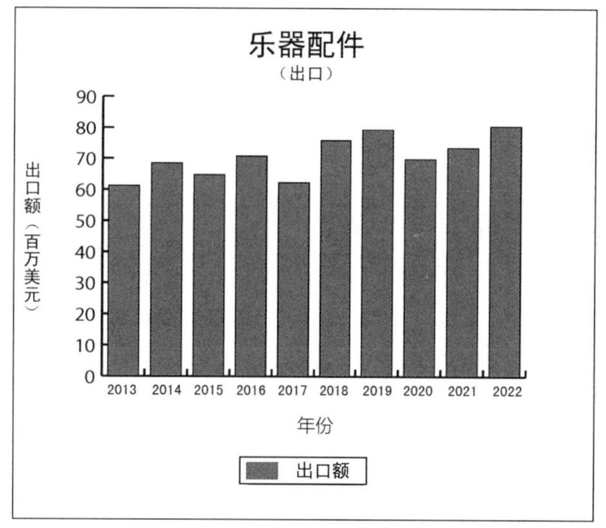

意大利

意大利的乐器制造公司共有1033家，员工人数2048名。2022年，意大利乐器与音乐出版物的制造商和经销商的销售额比2021年高6%，约1.95亿欧元。

意大利全国共有824家零售公司，员工1815人。然而业内普遍认为活跃的零售商不超过630家。2021年意大利乐器行业销售额估计为4.1亿欧元，比2020年的总额高出12%。其中实体琴行销售额2.5亿欧元，电商1.6亿欧元，电商销售金额约占总额的40%。

撰文：意大利乐器零售商协会会长拉斐尔·沃尔佩。米兰圣心天主教大学CERSI研究部教授法比奥·安托尔迪及其团队协助撰写。

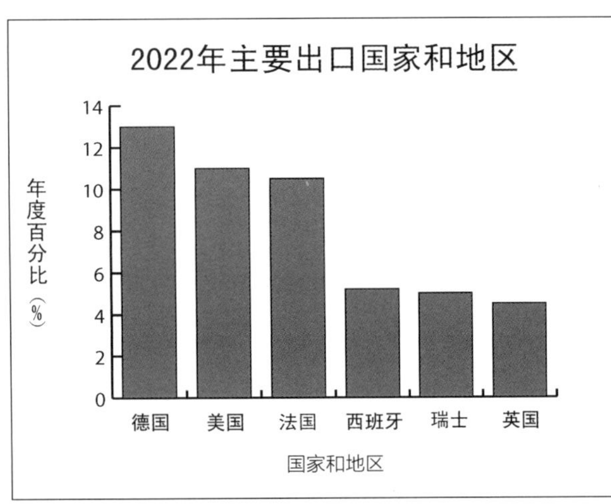
2022年主要出口国家和地区
年度百分比（%）
14
12
10
8
6
4
2
0
德国
美国
法国
西班牙
瑞士
英国
国家和地区

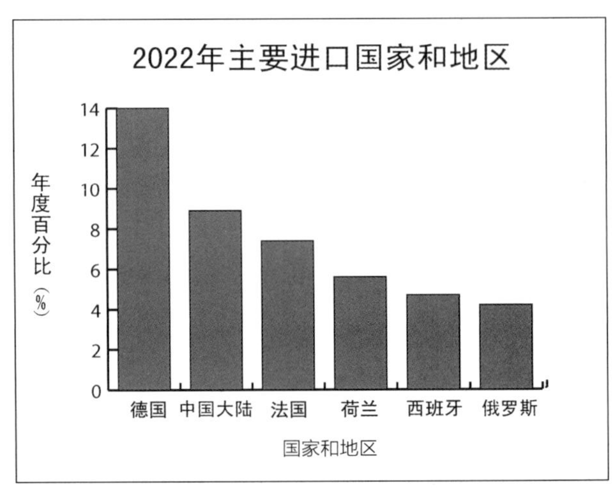
2022年主要进口国家和地区
年度百分比（%）
14
12
10
8
6
4
2
0
德国
中国大陆
法国
荷兰
西班牙
俄罗斯
国家和地区

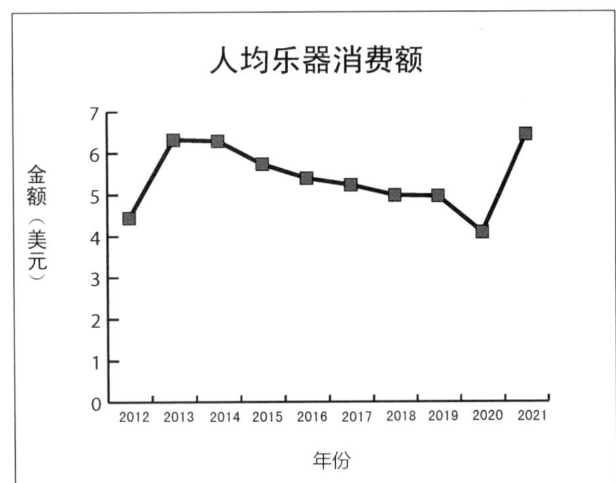
人均乐器消费额
金额（美元）
7
6
5
4
3
2
1
0
2012
2013
2014
2015
2016
2017
2018
2019
2020
2021
年份

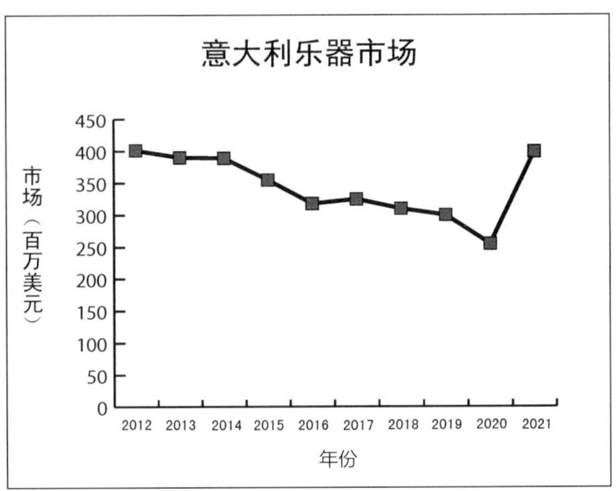
意大利乐器市场
市场（百万美元）
450
400
350
300
250
200
150
100
50
0
2012
2013
2014
2015
2016
2017
2018
2019
2020
2021
年份

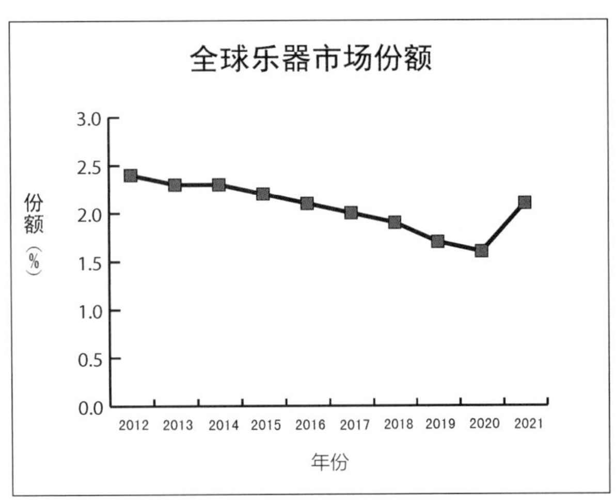
全球乐器市场份额
份额（%）
3.0
2.5
2.0
1.5
1.0
0.5
0.0
2012
2013
2014
2015
2016
2017
2018
2019
2020
2021
年份

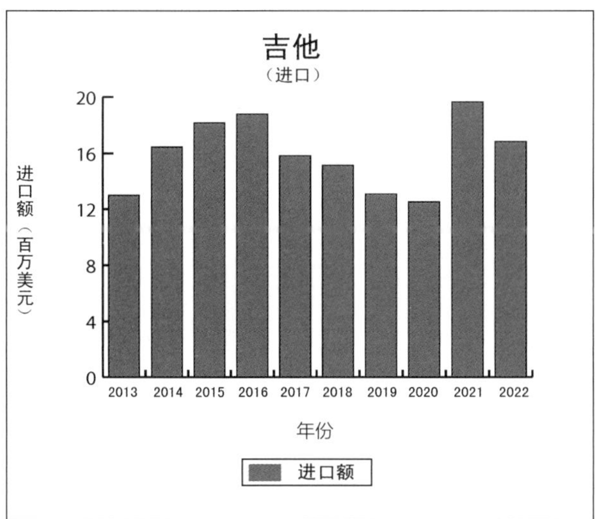
吉他
（进口）
进口额（百万美元）
20
16
12
8
4
0
2013 2014 2015 2016 2017 2018 2019 2020 2021 2022
年份
进口额

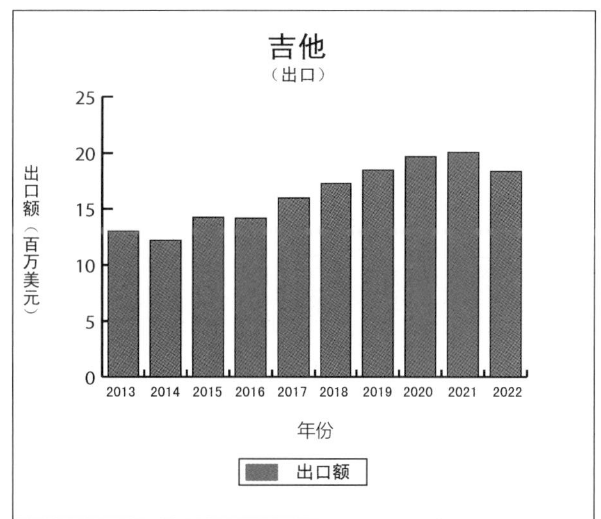
吉他
（出口）
出口额（百万美元）
25
20
15
10
5
0
2013 2014 2015 2016 2017 2018 2019 2020 2021 2022
年份
出口额

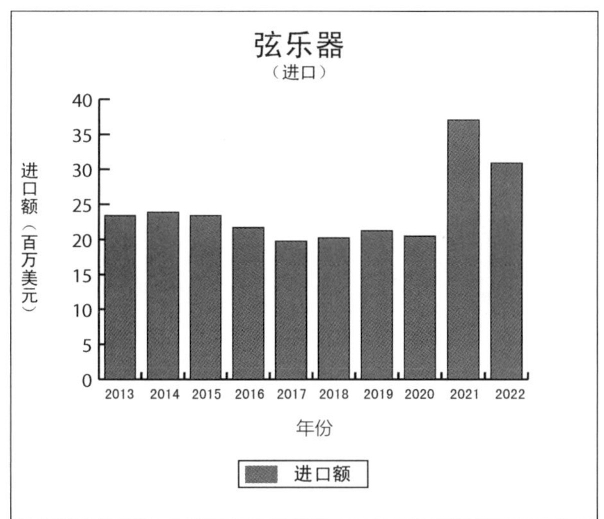
弦乐器
（进口）
进口额（百万美元）
40
35
30
25
20
15
10
5
0
2013 2014 2015 2016 2017 2018 2019 2020 2021 2022
年份
进口额

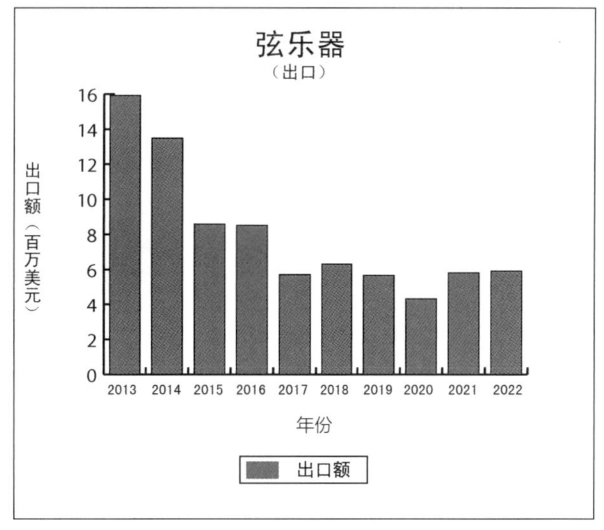
弦乐器
（出口）
出口额（百万美元）
16
14
12
10
8
6
4
2
0
2013 2014 2015 2016 2017 2018 2019 2020 2021 2022
年份
出口额

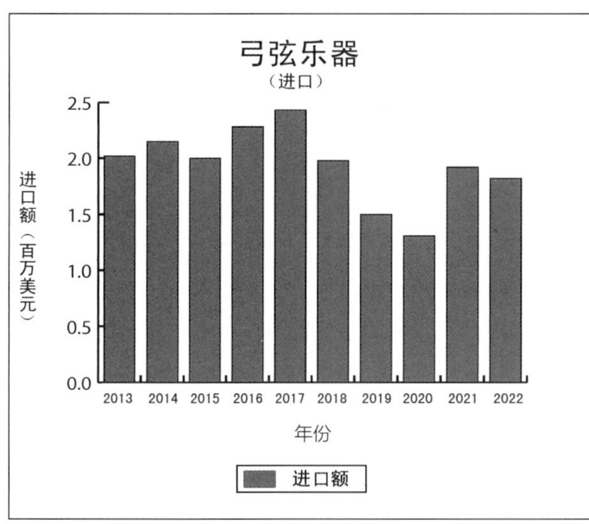
弓弦乐器
（进口）
进口额（百万美元）
2.5
2.0
1.5
1.0
0.5
0.0
2013 2014 2015 2016 2017 2018 2019 2020 2021 2022
年份
进口额

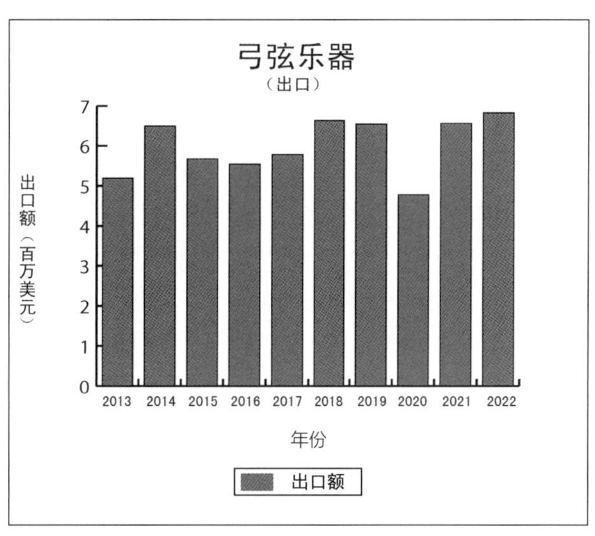
弓弦乐器
（出口）
出口额（百万美元）
7
6
5
4
3
2
1
0
2013 2014 2015 2016 2017 2018 2019 2020 2021 2022
年份
出口额

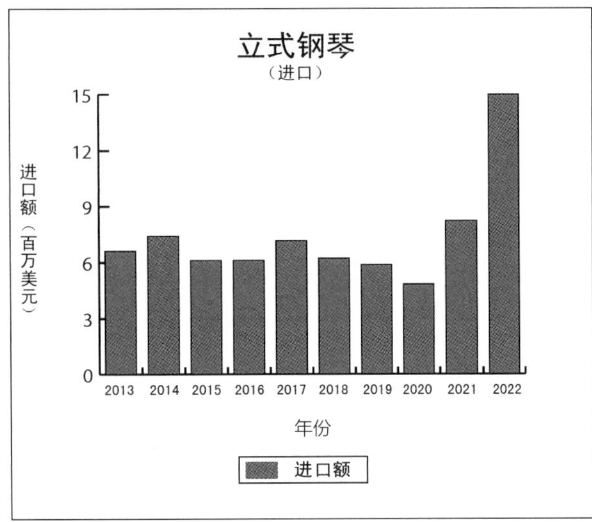
立式钢琴
（进口）
进口额（百万美元）
15
12
9
6
3
0
2013 2014 2015 2016 2017 2018 2019 2020 2021 2022
年份
进口额

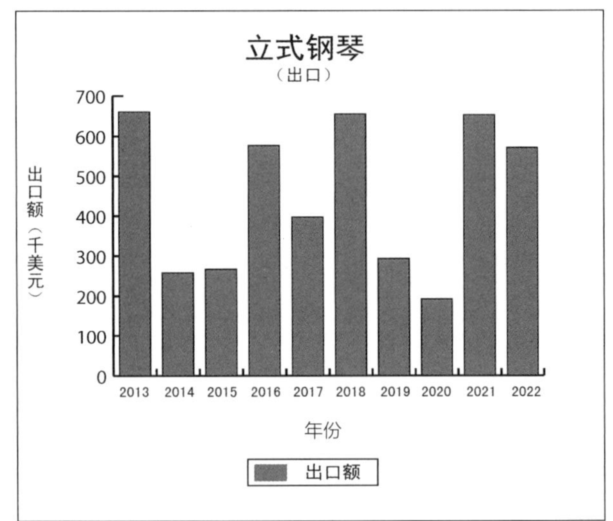
立式钢琴
（出口）
出口额（千美元）
700
600
500
400
300
200
100
0
2013 2014 2015 2016 2017 2018 2019 2020 2021 2022
年份
出口额

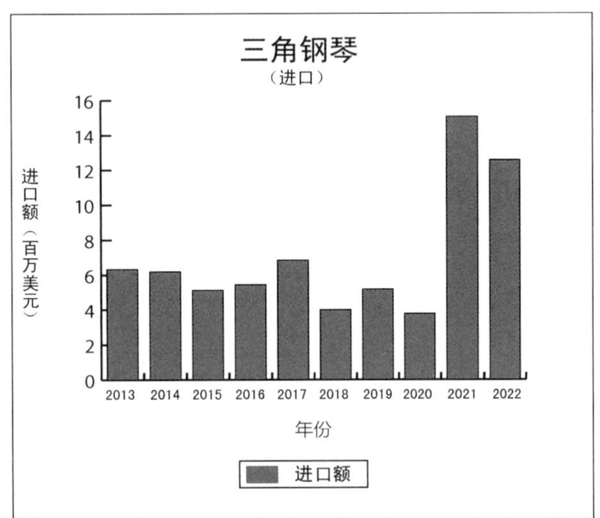
三角钢琴
（进口）
进口额（百万美元）
16
14
12
10
8
6
4
2
0
2013 2014 2015 2016 2017 2018 2019 2020 2021 2022
年份
进口额

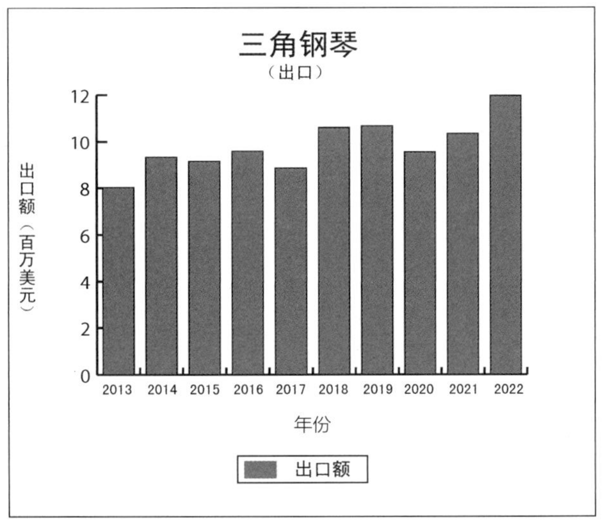
三角钢琴
（出口）
出口额（百万美元）
12
10
8
6
4
2
0
2013 2014 2015 2016 2017 2018 2019 2020 2021 2022
年份
出口额

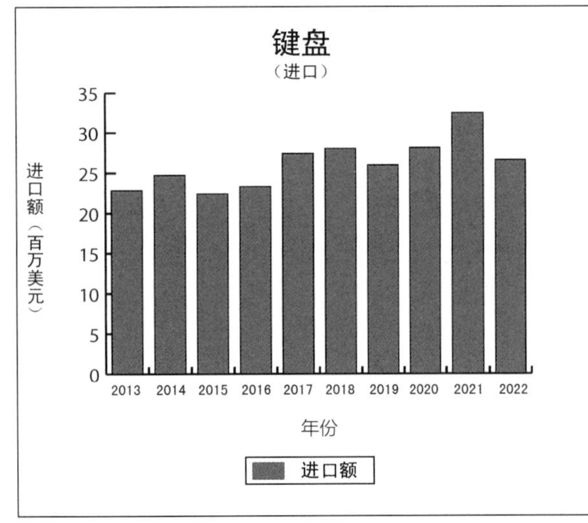
键盘
（进口）
进口额（百万美元）
35
30
25
20
15
10
5
0
2013 2014 2015 2016 2017 2018 2019 2020 2021 2022
年份
进口额

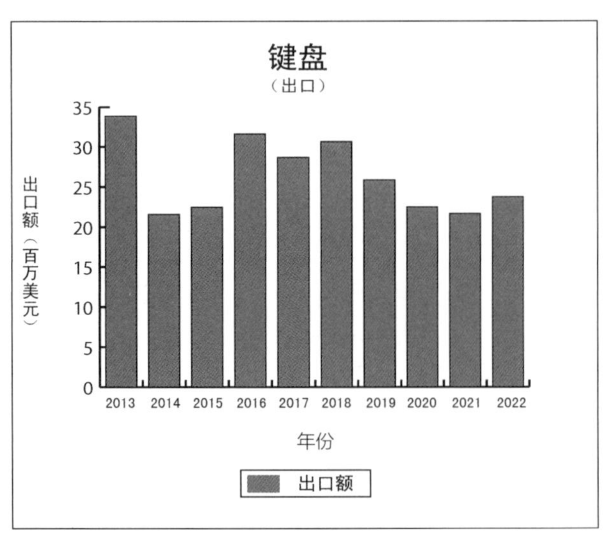
键盘
（出口）
出口额（百万美元）
35
30
25
20
15
10
5
0
2013 2014 2015 2016 2017 2018 2019 2020 2021 2022
年份
出口额

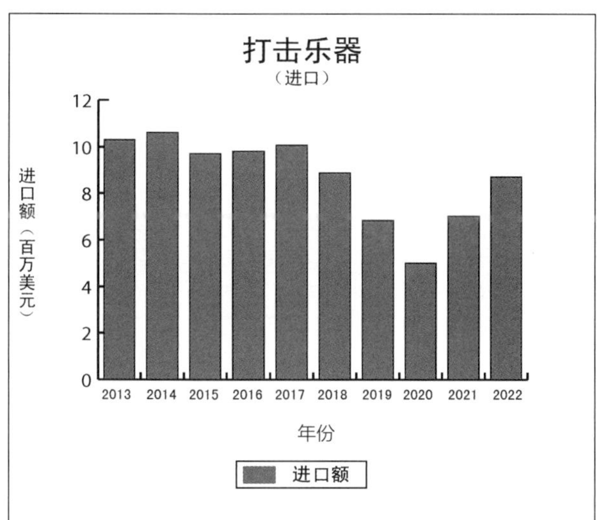
打击乐器
（进口）
进口额（百万美元）
12
10
8
6
4
2
0
2013 2014 2015 2016 2017 2018 2019 2020 2021 2022
年份
进口额

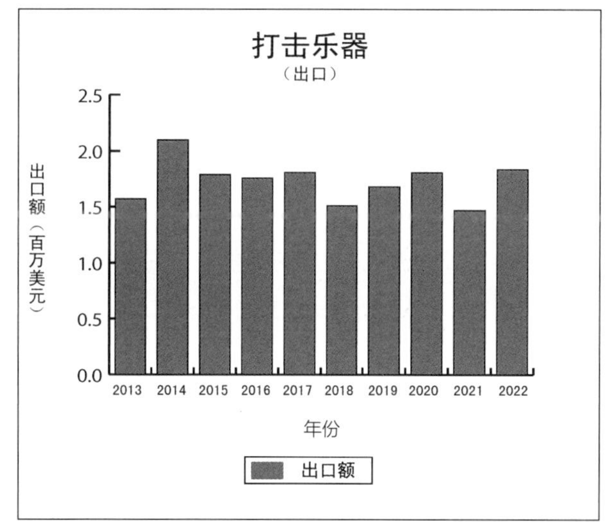
打击乐器
（出口）
出口额（百万美元）
2.5
2.0
1.5
1.0
0.5
0.0
2013 2014 2015 2016 2017 2018 2019 2020 2021 2022
年份
出口额

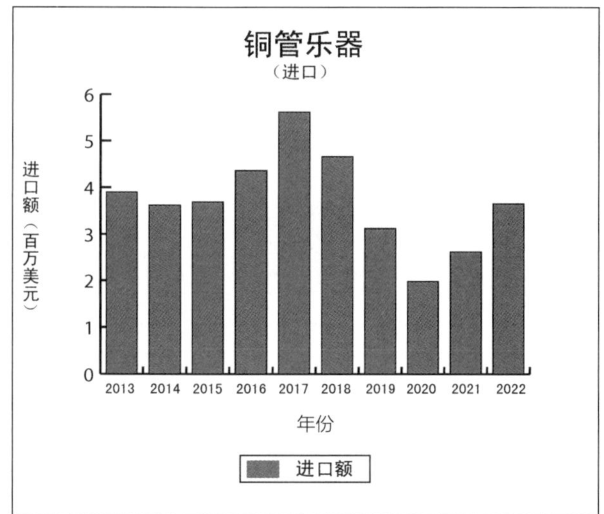
铜管乐器
（进口）
进口额（百万美元）
6
5
4
3
2
1
0
2013 2014 2015 2016 2017 2018 2019 2020 2021 2022
年份
进口额

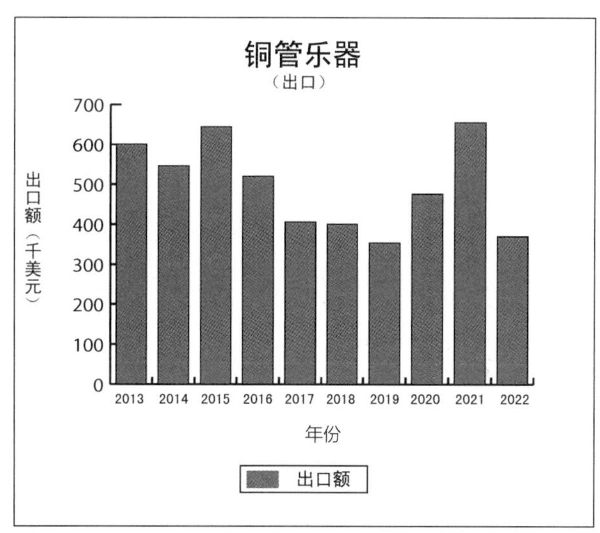
铜管乐器
（出口）
出口额（千美元）
700
600
500
400
300
200
100
0
2013 2014 2015 2016 2017 2018 2019 2020 2021 2022
年份
出口额

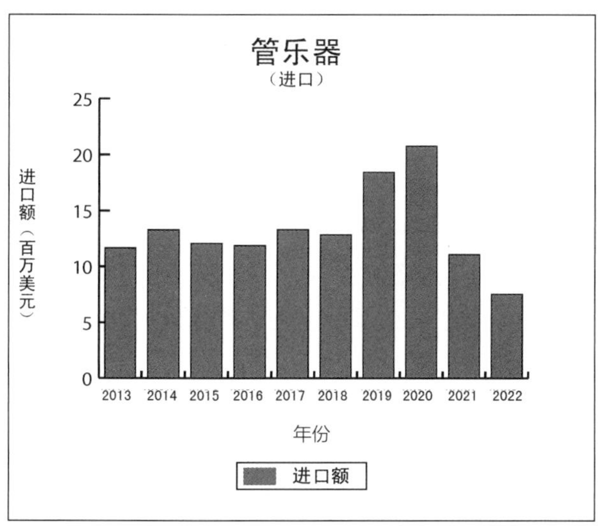
管乐器
（进口）
进口额（百万美元）
25
20
15
10
5
0
2013 2014 2015 2016 2017 2018 2019 2020 2021 2022
年份
进口额

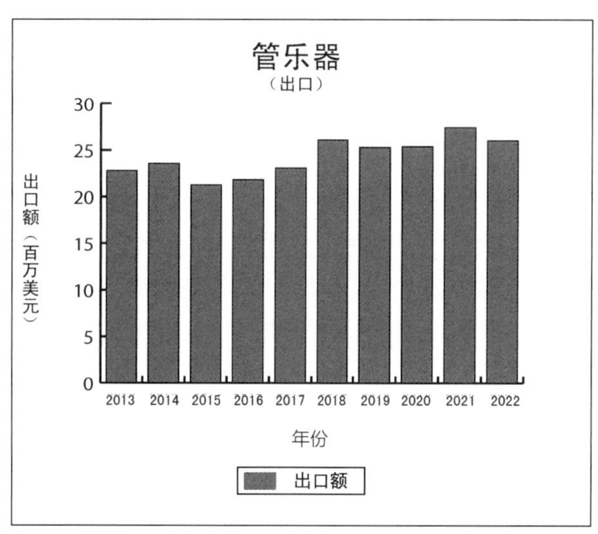
管乐器
（出口）
出口额（百万美元）
30
25
20
15
10
5
0
2013 2014 2015 2016 2017 2018 2019 2020 2021 2022
年份
出口额

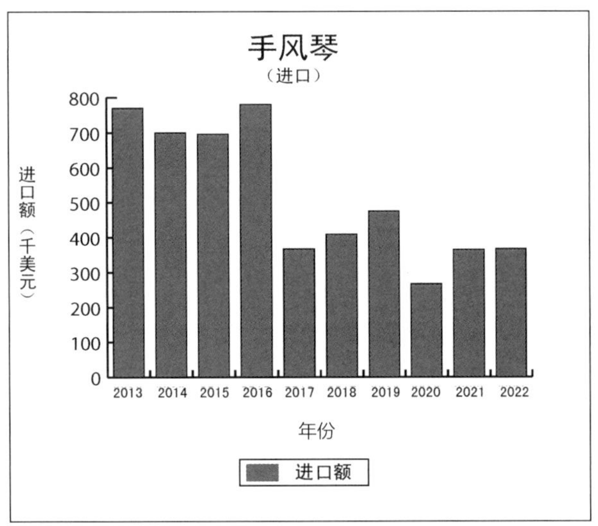
手风琴
（进口）
进口额（千美元）
800
700
600
500
400
300
200
100
0
2013 2014 2015 2016 2017 2018 2019 2020 2021 2022
年份
进口额

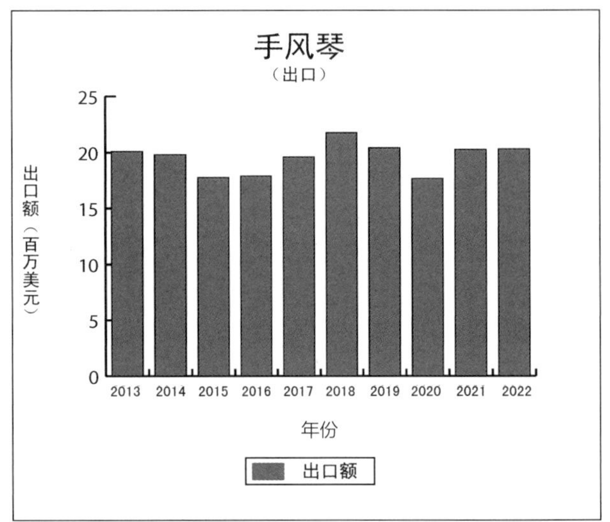
手风琴
（出口）
出口额（百万美元）
25
20
15
10
5
0
2013 2014 2015 2016 2017 2018 2019 2020 2021 2022
年份
出口额

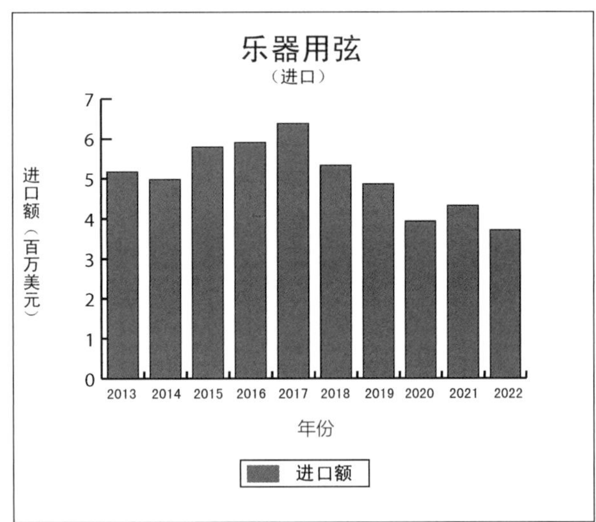
乐器用弦
（进口）
进口额（百万美元）
7
6
5
4
3
2
1
0
2013 2014 2015 2016 2017 2018 2019 2020 2021 2022
年份
进口额

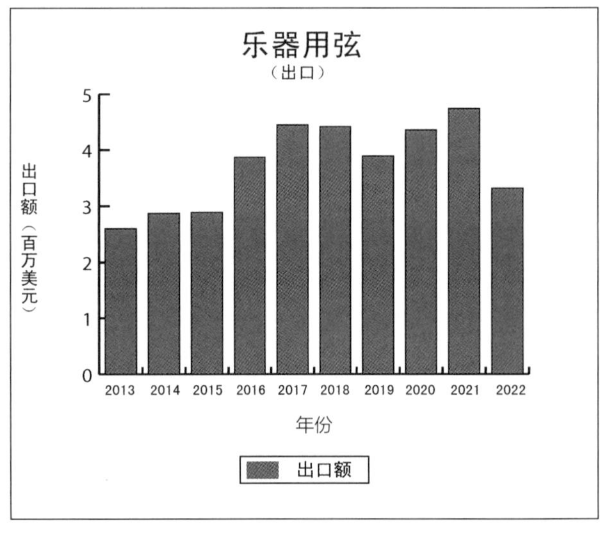
乐器用弦
（出口）
出口额（百万美元）
5
4
3
2
1
0
2013 2014 2015 2016 2017 2018 2019 2020 2021 2022
年份
出口额

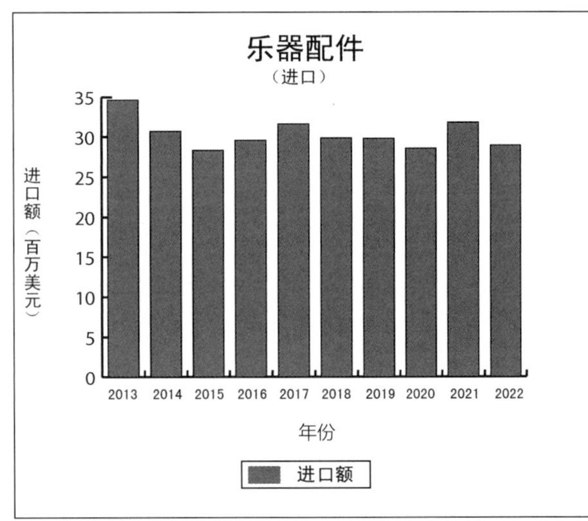
乐器配件
（进口）
进口额（百万美元）
35
30
25
20
15
10
5
0
2013 2014 2015 2016 2017 2018 2019 2020 2021 2022
年份
进口额

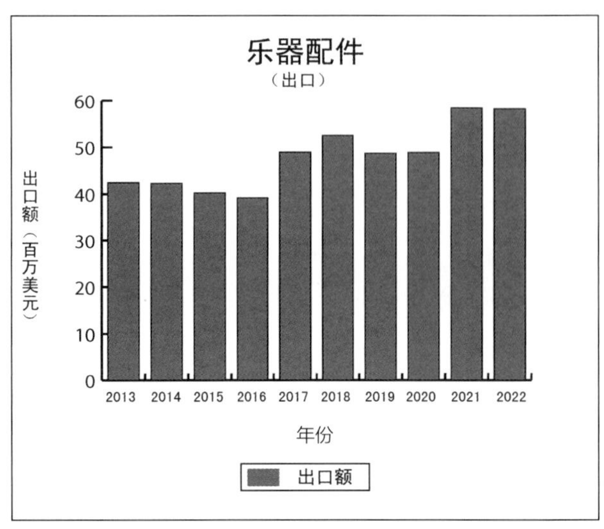
乐器配件
（出口）
出口额（百万美元）
60
50
40
30
20
10
0
2013 2014 2015 2016 2017 2018 2019 2020 2021 2022
年份
出口额

巴西

根据国际货币基金组织（IMF）的数据，巴西经济预计将在2023年和2024年分别增长0.8%和1.2%。推动这一增长的因素很多，其中包括：

（1）全球经济复苏：预计2023年和2024年全球经济增长均将达到3.6%，这会促进巴西出口的强势回归。

（2）国内需求增加：随着失业率下降和工资上涨，预计2023年和2024年巴西国内需求将有所增加。

（3）基础设施投资：巴西政府计划在未来几年大力投资基础设施，这将创造就业机会，从而推动经济增长。

巴西经济也面临一些风险：

（1）通货膨胀高企：巴西通货膨胀目前处于20年来最高水平，预计2023年和2024年仍将居高不下，这可能会抑制消费者支出和投资。

（2）政治不确定性：目前巴西政治格局非常不确定，可能导致经济改革步伐迟缓。

（3）中国经济增长放缓：中国是巴西最大的贸易伙伴，中国经济增长放缓可能会对巴西经济产生负面影响。

总体而言，巴西经济预计将在2023年和2024年实现增长，但增速将较为缓慢。巴西经济面临巨大风险，密切监测其发展形势尤为重要。

2022年至2027年，巴西乐器市场预计将以8.5%的复合年增长率扩大规模。可支配收入增加、音乐教育日益普及以及电子乐器需求增加等因素都将推动巴西乐器市场扩张。

多元音乐风格对乐器销售造成影响。在2023年5月举行的巴西乐器工业协会（ANAFIMA）会议上，根据Onerpm（一家拥有250亿流媒体播放量的音乐发行公司）提供的数据，巴西的阿尔法一代和Z世代群体深受电子音乐的影响，而这种电子音乐往往通过手机制作。需要注意的是，虽然音乐是人类表达的一部分，但是演奏乐器并非一种必备技能。在巴西流媒体平台上播放的音乐中，超过57%通过手机用数字技术制作而成。我们正处于乐器行业系统性革命之中，人们对电吉他等传统乐器的兴趣可能在逐步减弱。

放弃大品牌，OEM盛行。受数字化颠覆冲击后，传统全球品牌正面临消费者行为变化的挑战。例如，将营销工作外包给分销商，忽视OEM兴起和地区品牌的营销努力，没有紧跟当前音乐趋势，将所有环节外包给数字环境，无法了解阿尔法一代和Z世代市场需求等。

另外，还需考虑的是，与大型跨国公司相比，巴西本土品牌公司通常能够提供更具竞争力的价格和更好的客户服务。价格并不能决定一切，更重要的是本地品牌遍布各处且可以轻松试用，而许多全球品牌只能在网上选购。

巴西是世界人口最多的国家之一，该国中产阶级持续壮大，可支配收入不断增加，使得人们对乐器演奏等休闲活动的需求与日俱增。此外，巴西政府始终致力于投资文化领域，极大促进了社会的乐器需求。

在巴西，电子乐器功能多元，音色广泛，加之学习和演奏电子乐器障碍不大，价格也比传统乐器更实惠，电子乐器在巴西越来越受到青睐。

展望未来：

（1）在线音乐教育日益普及：预计这将推动巴西的乐器需求。在线音乐教育平台为人们提供了更加方便且负担得起的学习音乐、演奏乐器的方式。

（2）电子乐器需求方兴未艾：预计将成为巴西乐器市场的另一个关键趋势。

（3）音乐流媒体服务更为广泛：预计这一趋势将推动巴西乐器需求。音乐流媒体服务使人们能够接触到各种各样音乐，激励学习、演奏乐器的兴趣。

巴西乐器市场不仅充满活力而且逐步提升，预计在未来几年仍将实现稳健增长。（撰文：《巴西乐器市场》杂志主编总裁丹尼尔·内维斯）

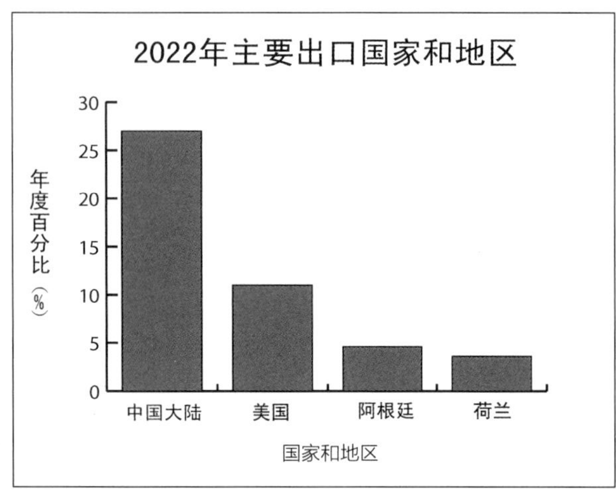
2022年主要出口国家和地区
年度百分比（%）
30
25
20
15
10
5
0
中国大陆
美国
阿根廷
荷兰
国家和地区

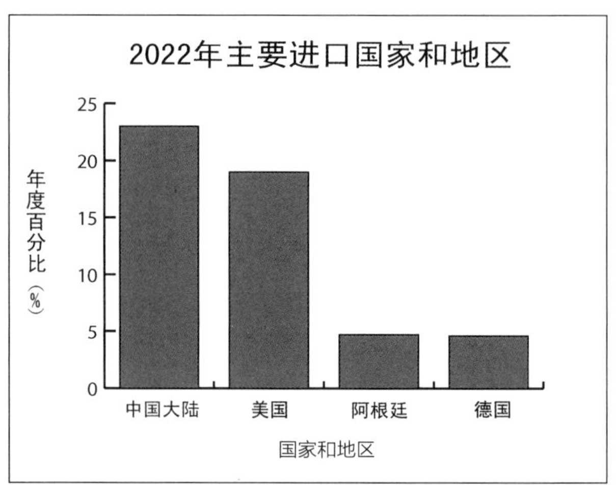
2022年主要进口国家和地区
年度百分比（%）
25
20
15
10
5
0
中国大陆
美国
阿根廷
德国
国家和地区

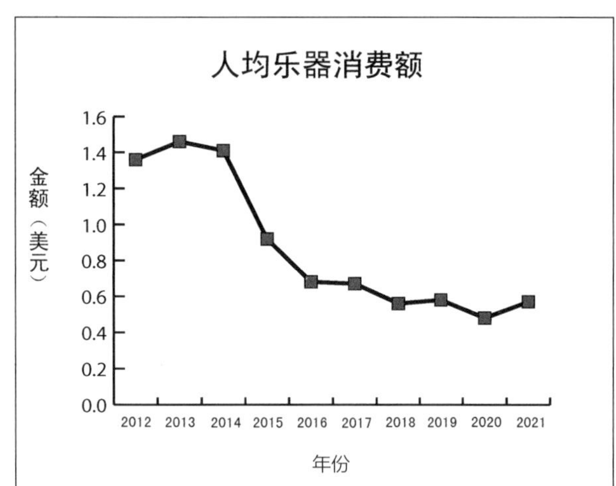
人均乐器消费额
金额（美元）
1.6
1.4
1.2
1.0
0.8
0.6
0.4
0.2
0.0
2012 2013 2014 2015 2016 2017 2018 2019 2020 2021
年份

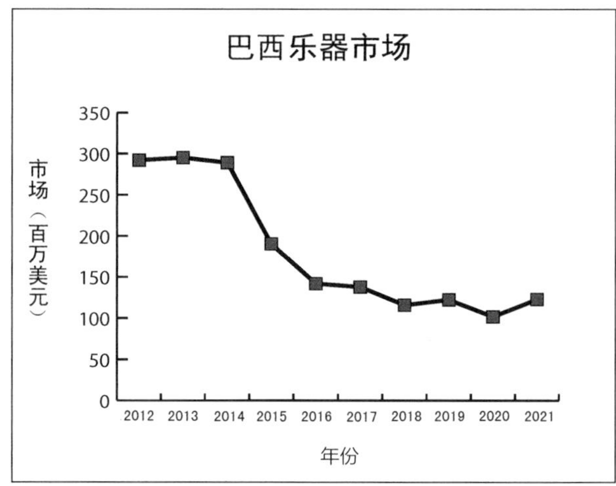
巴西乐器市场
市场（百万美元）
350
300
250
200
150
100
50
0
2012 2013 2014 2015 2016 2017 2018 2019 2020 2021
年份

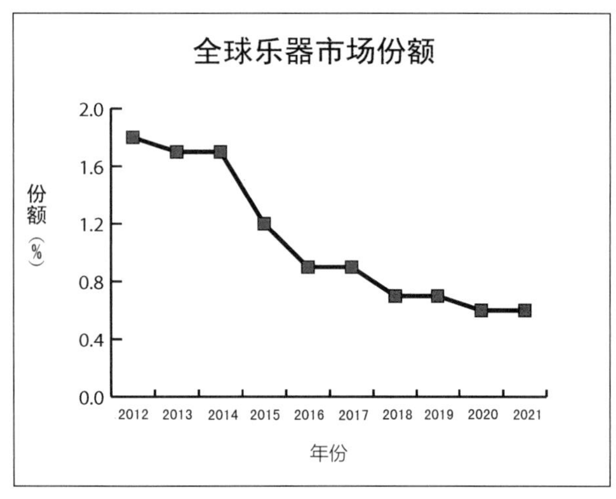
全球乐器市场份额
份额（%）
2.0
1.6
1.2
0.8
0.4
0.0
2012 2013 2014 2015 2016 2017 2018 2019 2020 2021
年份

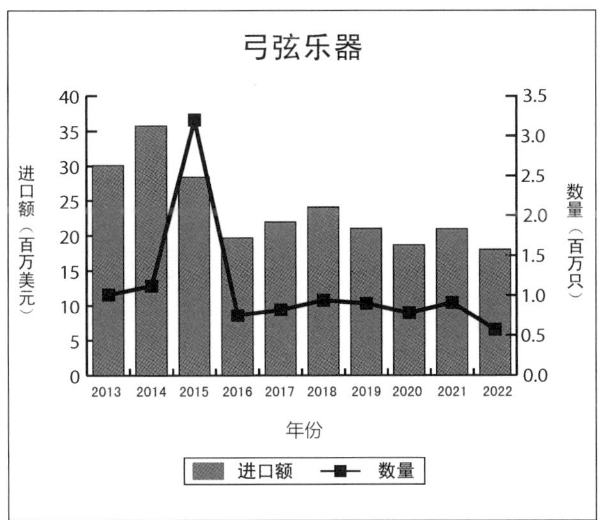
弓弦乐器
进口额（百万美元）
数量（百万只）
年份
进口额
数量

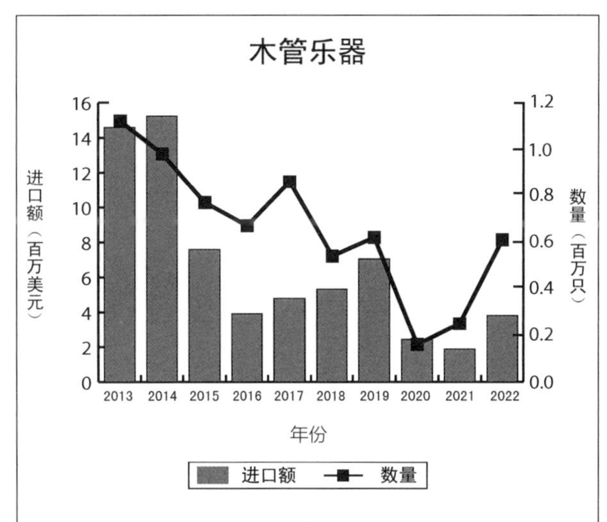
木管乐器
进口额（百万美元）
数量（百万只）
年份
进口额
数量

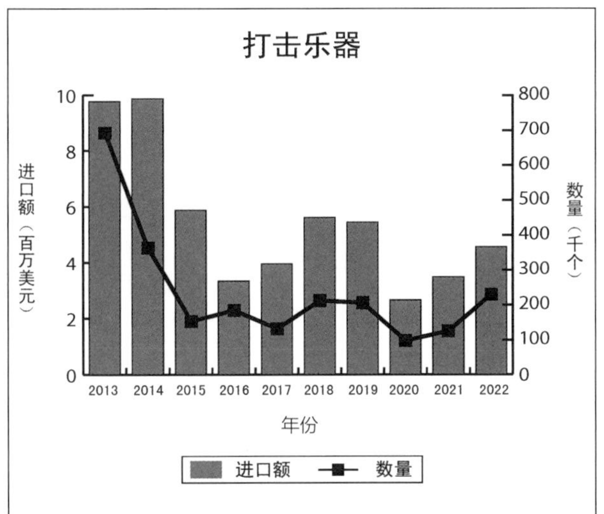
打击乐器
进口额（百万美元）
数量（千个）
年份
进口额
数量

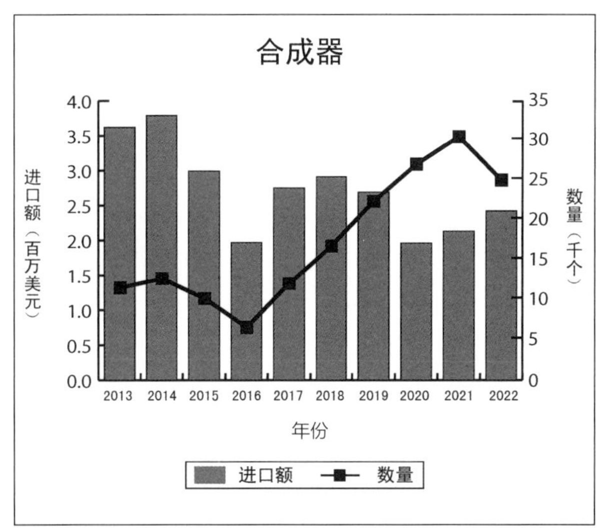
合成器
进口额（百万美元）
数量（千个）
年份
进口额
数量

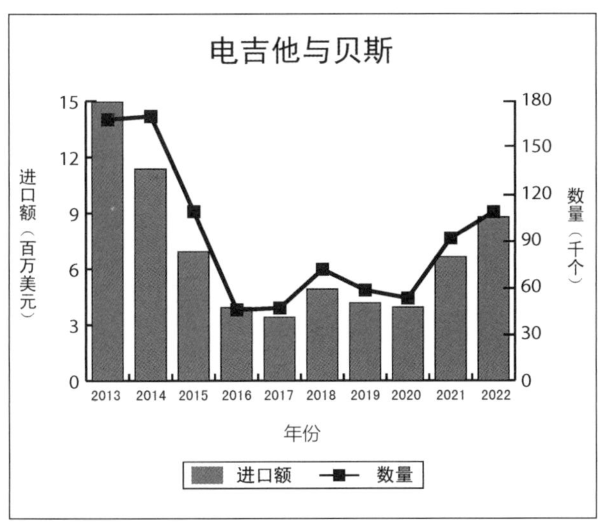
电吉他与贝斯
进口额（百万美元）
数量（千个）
年份
进口额
数量

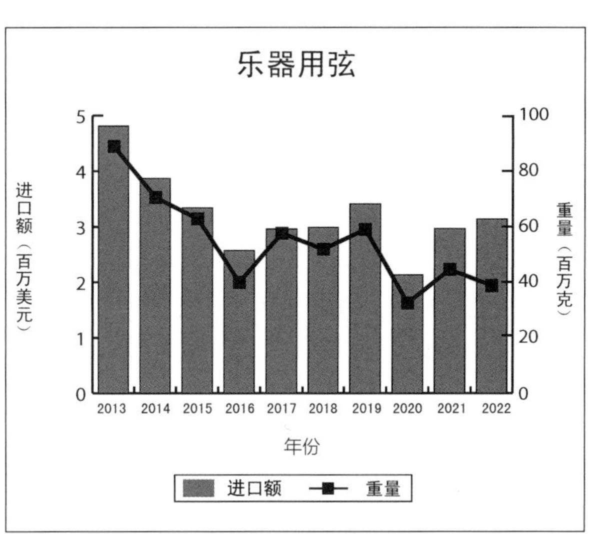
乐器用弦
进口额（百万美元）
重量（百万克）
年份
进口额
重量

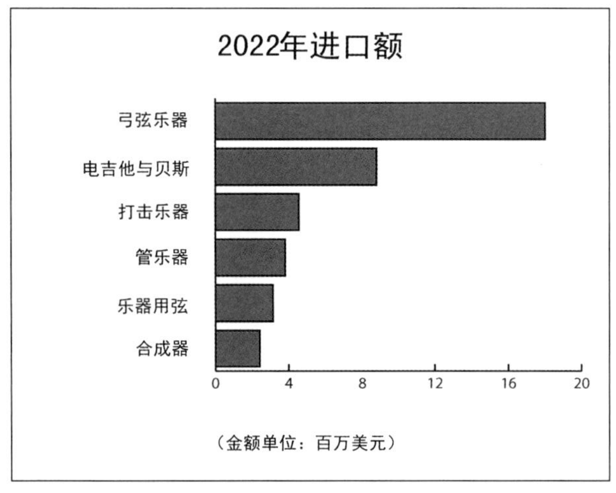

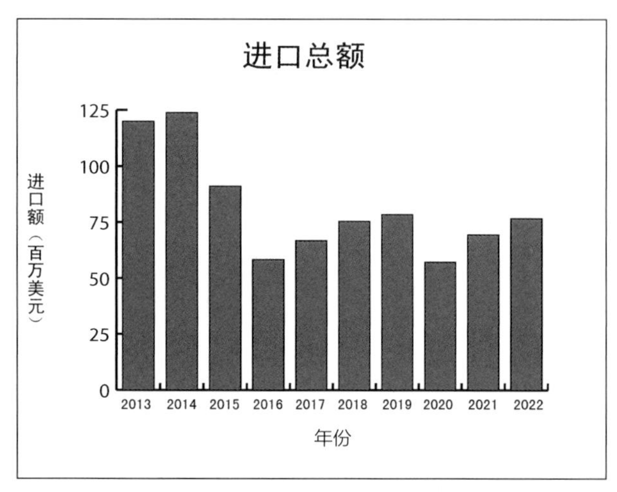

俄罗斯

2021年，尽管仍存在一些限制措施，俄罗斯已开始从经济危机中逐步恢复。乐器需求似乎开始缓慢增长，俄罗斯乐器市场出现了一些新趋势。

此外，自2022年乌克兰危机以来，俄罗斯发生了许多变化，最主要的是从西方国家进口的产品份额减少了50%以上。一般来说，乐器行业没有受到制裁的影响，但一些相关因素仍然形成掣肘：

（1）使用美元和欧元支付商品的过程变得更加复杂。

（2）交付开始需要通过第三国来完成，从而大大增加了产品最终成本。

（3）一些公司自行决定停止向俄罗斯发货。

（4）有些商品因为被担心成为军民两用产品而无法交易。例如，擦拭吉他的柠檬油可能会被视为军民两用的化学物质。

与此同时，乐器的自产以及从亚洲（进口增长超过50%）和拉丁美洲的进口也有所增加，这意味着市场上并不短缺商品，但不同类别的乐器品牌发生了巨大变化。举例来说，曾占据近50%市场份额的雅马哈和卡西欧暂停供应，致使“键盘”类进口份额出现重新分配的市场格局。由于日本、欧洲相关乐器产品短缺，来自中国的新品牌数字钢琴与合成器于2022年下半年进入俄罗斯市场。虽然雅马哈和卡西欧随后引入了少量平替进口产品，但由于与新竞争对手的价格差距较大，很难在价格竞争上取得优势。

声学吉他和电吉他类别的整体降幅最小（−15%），主要是从亚洲进口的产品有所增加。

俄罗斯衰退最明显的主要是声学钢琴、铜管乐器、风琴和专业手风琴等教学乐器类别，降幅从70%到90%不等，导致俄罗斯市场此类乐器产品短缺。乐器配件类下滑并不显著，市场很快被价格更合适但质量差异不大的中国同类产品所代替。总的来说，这些变化带来了商品数量的增长。

销售渠道方面，网上销售通过与亚马逊类似的网络市场（其中最大的几家包括Wildberries、OZON、Yandex Market和Sber Mega Market）进行，并实现了持续增长。另外一方面，琴行自营网站销售却日趋减少。由于网络市场销售的大多是廉价商品，经济制裁对此类销售几乎没有影响。

2022年，在全球局势影响下，俄罗斯乐器和音频设备产量均有所下降。乐器产量减少1%，音频设备产量减少了28%。同样值得注意的是，由于传统出口市场对俄罗斯制造商提高了关税，加之卢布兑美元汇率低迷，乐器和音频设备出口下降约45%。

总之，自2022年2月以来，俄罗斯市场格局发生了重大变化。消费者最初对（中国）未知的新品牌持谨慎态度，但慢慢感到产品质量有保证，此类产品需求出现增长。到2022年年底，亚洲产品已占据了空置市场，俄罗斯消费者也认可了新产品质量。（撰文：Dynatone音乐公司品牌经理阿斯米克·佩托西奥；MIR-MIO公司首席执行官马克西姆·古兹宁；及Dynatone音乐公司首席执行官阿莱玛斯·卡塔科钦）

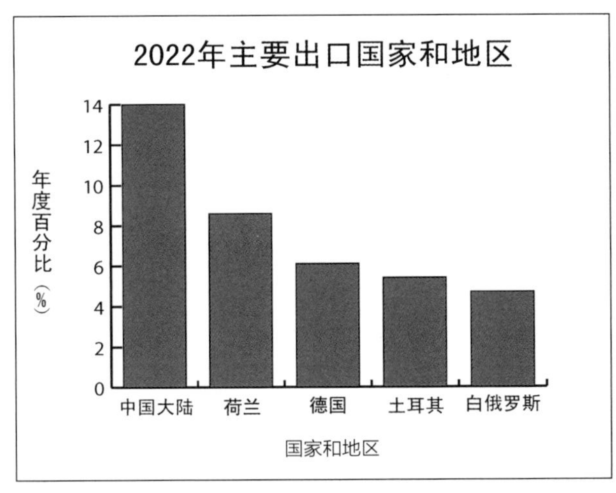

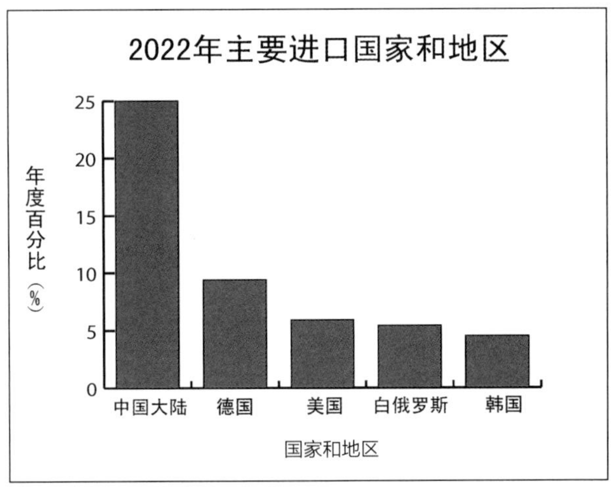

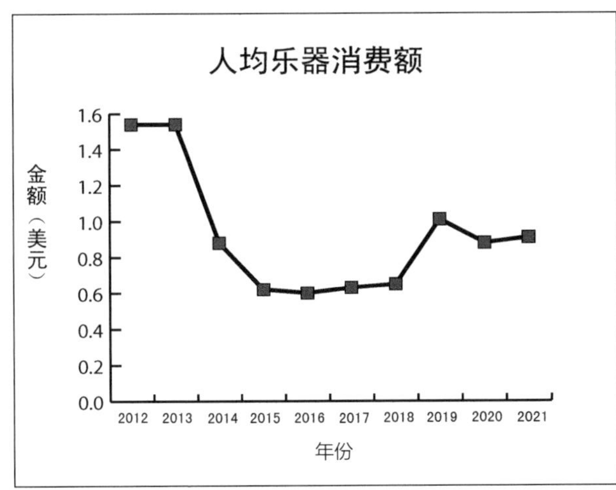

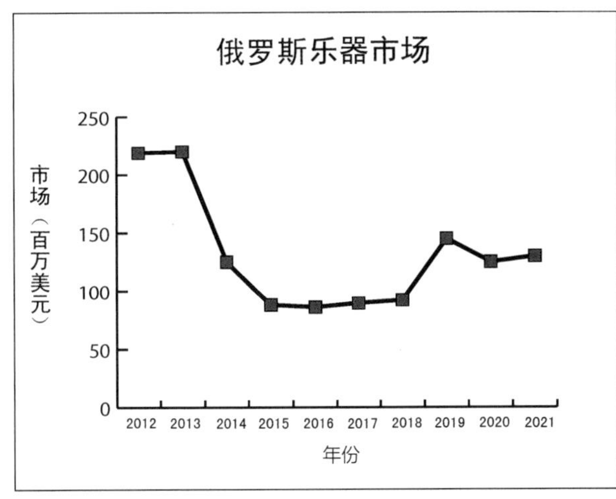

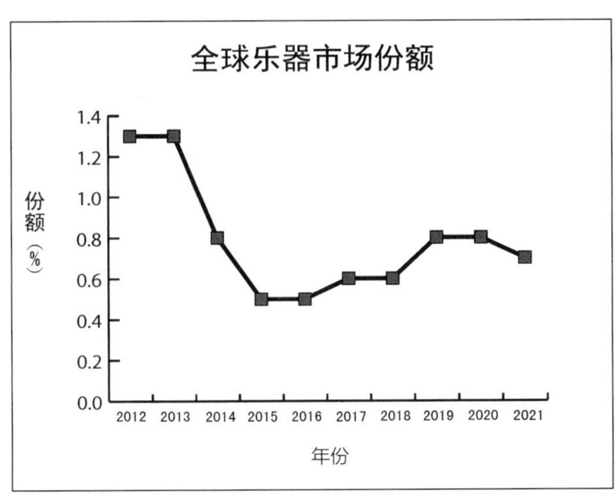

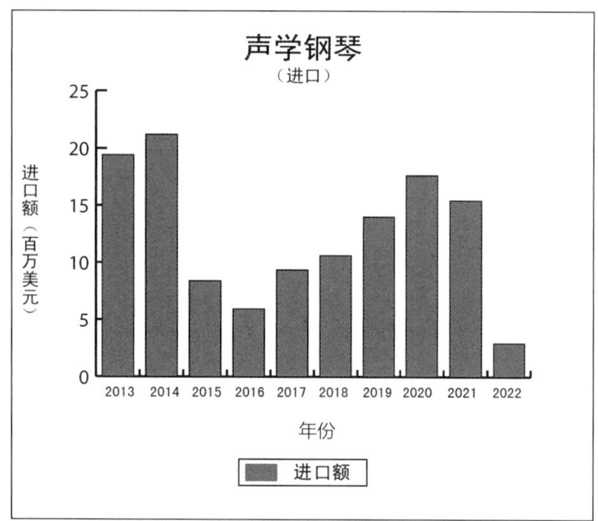

声学钢琴
（进口）
25
20
15
10
5
0
进口额（百万美元）
2013 2014 2015 2016 2017 2018 2019 2020 2021 2022
年份
进口额

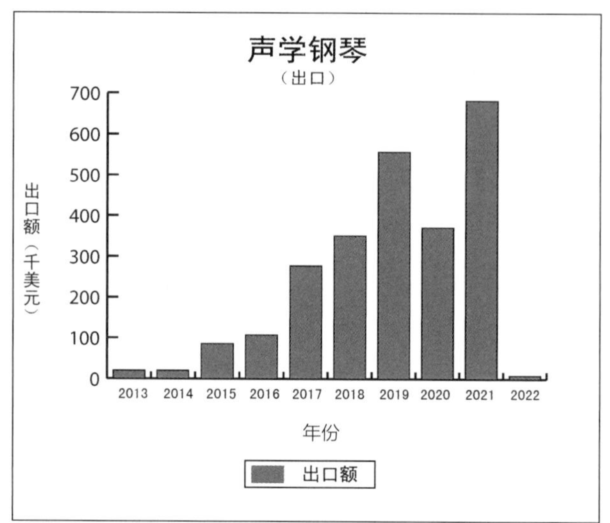

声学钢琴
（出口）
700
600
500
400
300
200
100
0
出口额（千美元）
2013 2014 2015 2016 2017 2018 2019 2020 2021 2022
年份
出口额

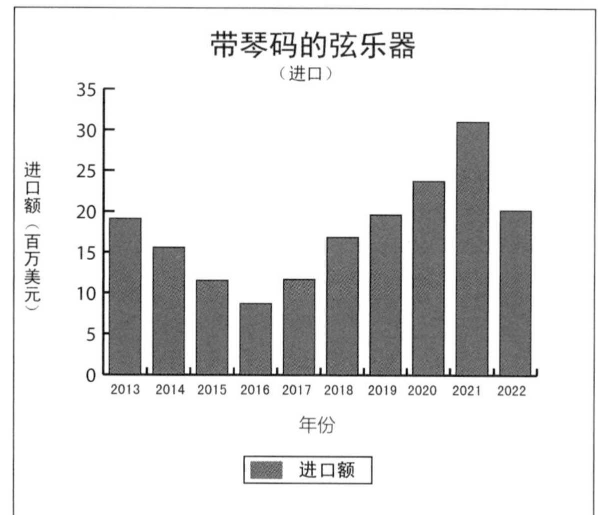

带琴码的弦乐器
（进口）
35
30
25
20
15
10
5
0
进口额（百万美元）
2013 2014 2015 2016 2017 2018 2019 2020 2021 2022
年份
进口额

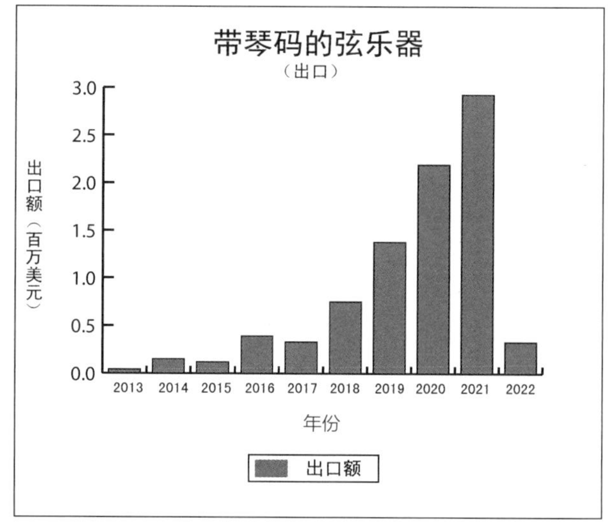

带琴码的弦乐器
（出口）
3.0
2.5
2.0
1.5
1.0
0.5
0.0
出口额（百万美元）
2013 2014 2015 2016 2017 2018 2019 2020 2021 2022
年份
出口额

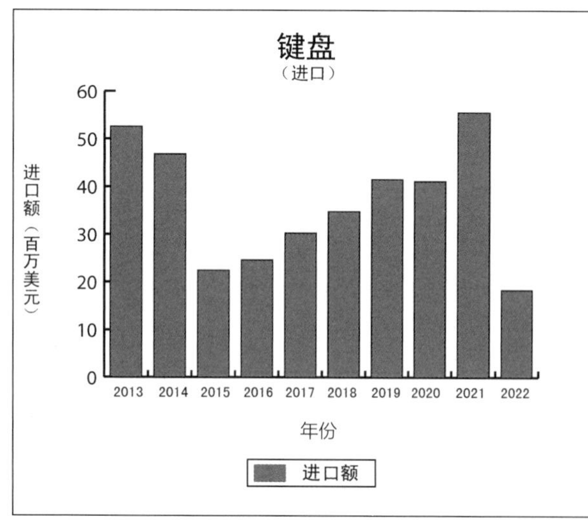

键盘
（进口）
60
50
40
30
20
10
0
进口额（百万美元）
2013 2014 2015 2016 2017 2018 2019 2020 2021 2022
年份
进口额

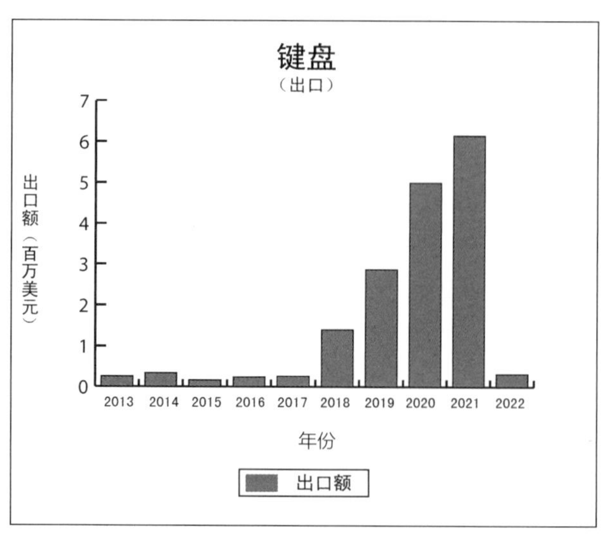

键盘
（出口）
7
6
5
4
3
2
1
0
出口额（百万美元）
2013 2014 2015 2016 2017 2018 2019 2020 2021 2022
年份
出口额

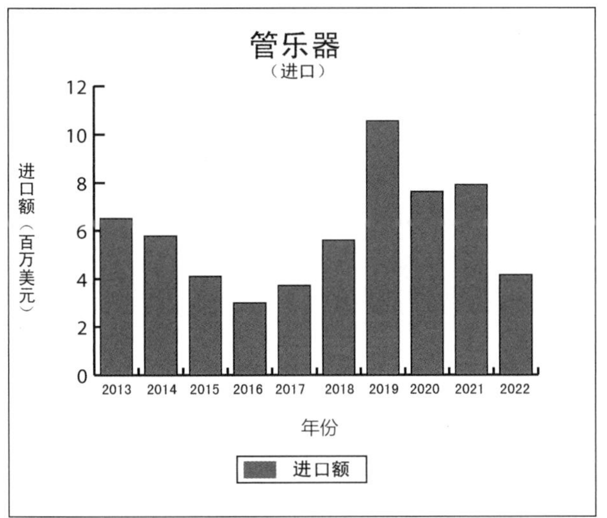
管乐器
（进口）
进口额（百万美元）
12
10
8
6
4
2
0
2013 2014 2015 2016 2017 2018 2019 2020 2021 2022
年份
进口额

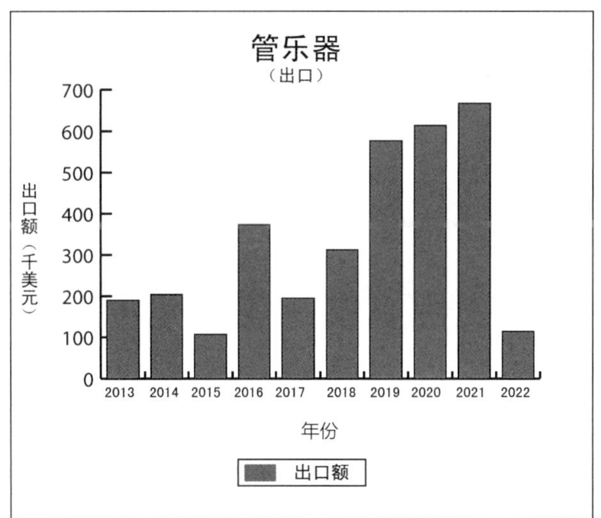
管乐器
（出口）
出口额（千美元）
700
600
500
400
300
200
100
0
2013 2014 2015 2016 2017 2018 2019 2020 2021 2022
年份
出口额

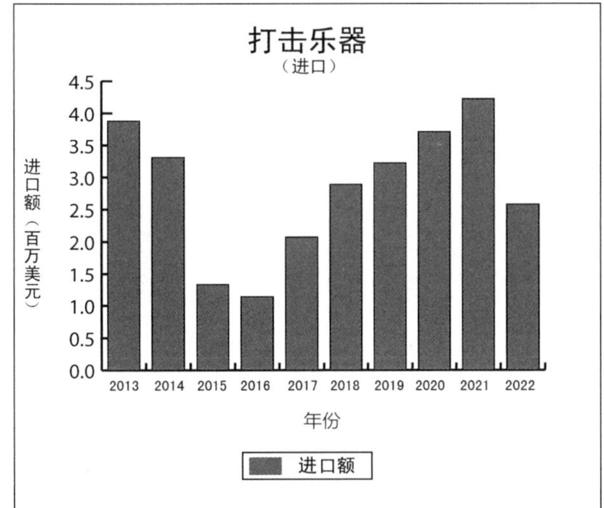
打击乐器
（进口）
进口额（百万美元）
4.5
4.0
3.5
3.0
2.5
2.0
1.5
1.0
0.5
0.0
2013 2014 2015 2016 2017 2018 2019 2020 2021 2022
年份
进口额

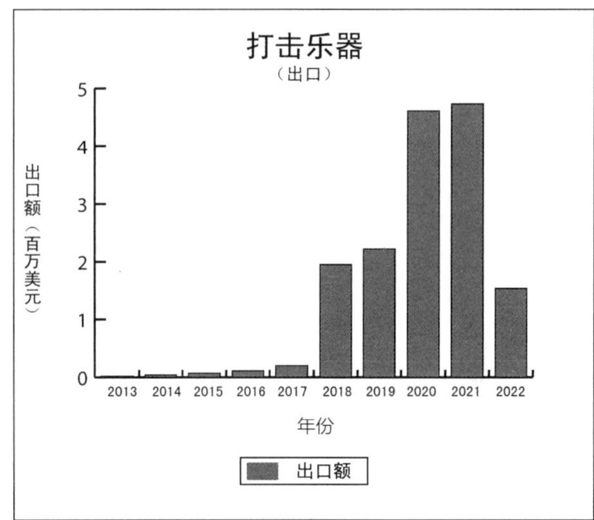
打击乐器
（出口）
出口额（百万美元）
5
4
3
2
1
0
2013 2014 2015 2016 2017 2018 2019 2020 2021 2022
年份
出口额

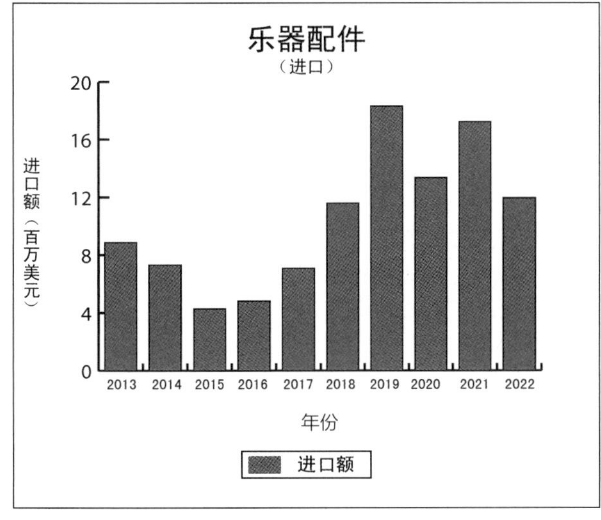
乐器配件
（进口）
进口额（百万美元）
20
16
12
8
4
0
2013 2014 2015 2016 2017 2018 2019 2020 2021 2022
年份
进口额

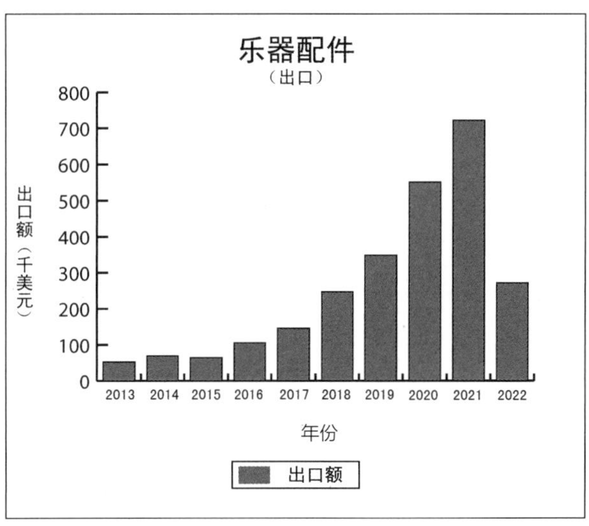
乐器配件
（出口）
出口额（千美元）
800
700
600
500
400
300
200
100
0
2013 2014 2015 2016 2017 2018 2019 2020 2021 2022
年份
出口额

图书在版编目（CIP）数据

中国乐器年鉴. 2023 / 中国乐器协会编. —北京：
中国轻工业出版社，2023.11
ISBN 978-7-5184-4571-4

Ⅰ. ①中… Ⅱ. ①中… Ⅲ. ①乐器—制造工业—中国
—2023—年鉴 Ⅳ. ①TS953-54

中国国家版本馆CIP数据核字（2023）第184896号

责任编辑：杜宇芳
文字编辑：王晓慧 责任终审：劳国强 整体设计：锋尚设计
策划编辑：杜宇芳 责任校对：吴大朋 责任监印：张 可

出版发行：中国轻工业出版社（北京东长安街6号，邮编：100740）
印 刷：艺堂印刷（天津）有限公司
经 销：各地新华书店
版 次：2023年11月第1版第1次印刷
开 本：889 × 1194 1/16 印张：31.25
字 数：890千字 插页：21
书 号：ISBN 978-7-5184-4571-4 定价：450.00元
邮购电话：010-65241695
发行电话：010-85119835 传真：85113293
网 址：http://www.chlip.com.cn
Email：club@chlip.com.cn
如发现图书残缺请与我社邮购联系调换
230794Z1X101HBW